사회복지와 인권

사회복지와 인권

고명석 저

Social Welfare and Human Right

동문사

머리말

이제 우리 사회는 전 세계가 극찬한 성숙한 '촛불 시민혁명'을 통하여 모든 국민이 나라의 주인이 되는 민주국가의 길을 질주하고 있다. 인간이 인간답게 존재하기 위한 보편적이고 절대적인 인간의 권리 및 지위와 자격을 의미하는 것이 '인권'이다. 민주시민은 태어나는 것이 아니라 만들어지는 것이다. 민주사회는 시민이 건설하고 다스리는 사회이다. 따라서 가정이나 학교에서 민주시민을 양성하는 일보다 중요한 과제는 없다. '세 살 버릇 여든까지 간다'라는 해묵은 격언 속에 역사와 진실의 무게가 담겨 있다. 어린 시절부터 공동체에서 '함께 사는' 원리와 예의를 지도하여야 한다. 1948년 한반도에 민주공화국이 수립되어 반세기를 넘겼다. 그동안 우리가 이룬 세계사에 유례없는 외형적 경제성장의 뒤뜰에는 우리가 외면한 민주시민의 권리와 덕목의 무덤이 즐비하다. 국방안보와 빈곤 탈출만이 지상의 과제였던 시절에 인권이라는 단어를 거론하는 것조차도 금기시되었었다.

'인권'의 세계최초 문서인 세계인권선언 제1조에서는 "인간은 태어날 때부터 자유롭고 평등하며 인류는 서로 형제애로 대해야 한다"라고 선언하고 있다. 서로 다른 경제 발전 수준과 다양한 이데올로기, 정치 체제, 종교·문화적 배경을 뛰어 넘어 보편적 가치를 담아내고자 한 세계 모든 국가의 합의가 바로 세계인권선언이다. 인권(human rights)에 대한 중요성은 더 이상 특정 분야에만 한정되는 것으로 치부할 수는 없다. 우리 사회에서도 과거 장애인이나 여성들에 대하여 응급대처식의 접근 방식으로 사안마다 해결하려는 사회문제에 머무르곤 하였다. 하지만 UN이 지난 10여 년간 '인권교육 10개년 계획(1995~2004)' 프로그램을 통하여 다양한 계층에 대한 인권문제를 부각시키고 집중교육으로 인권관점을 제시하면서 인권에 대한 지구촌의 글로벌화가 전개되고 있는 현실이다.

「대한민국 헌법」에도 '인권'에 관한 내용이 있다. 제10조에는 "모든 국민은 인간으로서의 존엄과 가치를 가지며, 행복을 추구할 권리를 가진다", 제34조에는 "모든 국민은 인간다운 생활을 할 권리를 가진다"라고 명시하고 있다. 또한 사회복지사 선서문에서도 사회복지사는 "모든 사람이 인간다운 삶을 살 수 있도록 인간 존엄성과 사회정의의 신념을 바탕으로 일하는 사람"으로 규정하고 있다. 이와 같이 행복추구권, 생존권 등 국가 책무를 국민 삶의 현장에서 직접 수행하는 사람이 바로 사회복지사이다. 최근 몇 년간 우리나라에서도 다양한 분야에서 인권에 대한 인식 개선이 이루어지고 있다. 특히 검찰, 경찰, 교정 등 특수한 기관에서 재직하는 담당자들에 대한 교육을 시작으로 초·중등교육 과정에 이르기까지 확대되고 있는 실정에 있다. 또한 2007년부터는 사회복지실천분야에 인권교육이 시작되었다.

필자는 이와 같은 인식의 출발점에서 전문가인 사회복지사의 길을 선택하였고, 향후 우리나라의 사회복지를 이끌어가야 할 사회복지 전공자의 인권의식을 향상시키고, 인권의 최후 지킴이로 활동하는 실천가로서의 역량을 배가하여 인권옹호의 길라잡이 역할을 수행할 수 있는 전문가를 양성해야 한다는 자세로 본 교재를 집필하게 되었다.

본 교재는 그동안 꾸준히 논의되었던 사회복지사의 전문성 확보와 사회복지서비스 질 향상을 위한 사회복지학 교과목 및 현장실습의 강화를 위해 2020년부터 시행 예정인 사회복지학 교과목에 「사회복지와 인권」이 선택교과목으로 새롭게 편성·개편되어 그에 맞게 집필하였다. 기존의 교재로 출판되었던 「인권과 사회복지」, 「인권과 사회복지실천」이 일반적으로 통용되는 기존의 연구저작물이나 자료집을 인용하거나 활용하여 쉽게 풀어쓰거나 정리하였다면, 「사회복지와 인권」은 새로운 학술적 이론이나 개념을 정의하고, 인권의 학문적인 체계를 구성하였다. 본 교재를 집필하면서 다양한 자료를 인용하였는데, 특히 이준일 교수님(고려대학교), 김지혜 연구원님(헌법재판소), 이승택 교수님(상명대학교), 박진아 교수님(고려대학교) 등의 연구저작물과 개별 저자들의 양해를 구했어야 마땅하지만, 교재의 성격상 비상업적 용도를 고려하여 지면을 통하여 일괄적으로 양해를 구하는 바이다.

인권은 오랜 세월 시행착오를 거치면서 발전시켜 온 인류의 공동자산이다.

또한 인권은 지식이 아닌 실천이라고 생각한다. 다만 인권에 대하여 남보다 많이 알고 있다는 것이 인권에 대한 의식수준이 높다는 것을 의미하지는 않는다. 습득한 만큼 실천을 수행해 나갈 때 그 가치가 빛을 발하는 것이다. 그러한 의미에서 인권에 대한 올바른 기초지식을 한 계단 한 계단 올라가는 것이야말로 무엇보다도 사회복지학을 전공하는 학생들에게 중요하다고 볼 수 있다.

그러므로 「사회복지와 인권」은 사회복지전공 학생들과 사회복지실천 현장의 전문가들이 꼭 숙지하여야 할 인권의 보편적 내용의 핵심 사항들을 서술하도록 유념하면서 몇 가지 세부기준을 두고 저술하였다.

첫째, 모든 사람이 인간으로서 당연히 누려야 할 기본적인 권리의 개념과 내용을 보다 알기 쉽게 서술하고, 이들 권리가 법률에 의하여 어떻게 보장되고 있는지 서술하는 데 중점을 두었다. 개별 권리를 서술함에 있어서 일반적으로 접할 수 있는 현상이나 국내·외 정립된 원칙들을 포함하였다.

둘째, 역사적으로 인권을 선언하고 확인한 각종 문서들과 국제적으로 널리 수용된 인권 원칙을 서술함으로써 인권보호의 역사적 발전과정과 국제적 현황을 포함하였다.

셋째, 인권 전반에 대한 일반이론부터 국내·외적 인권 관련 규정과 노인복지·장애인복지·아동복지 등 분야별 인권문제가 부각되고 있는 실천현장의 세부적인 인권의 개념과 감수성 및 대응방안을 다루었다.

본 교재에 담긴 수많은 권리 사이의 비중과 선후를 구분하는 것은 적절치 않다. 모든 권리가 중요하기 때문이다. 다만 인권과 사회복지실천과의 관계 및 노인·장애인·아동복지 등 분야별 영역을 보다 의미 있게 살펴주었으면 한다. 학교 수업뿐만 아니라 사회복지사로서 실천현장에서 경험하는 일상의 모든 영역에서 노인·장애인·아동 등 대상자들의 인권이 보장되고 그들 스스로가 자신의 인권이 존중되고 있음을 느낄 때 인권 지킴이로서의 역할은 비로소 사회적 공감을 얻을 수 있게 된다.

필자가 이 교재를 통하여 사회복지시설의 종사자로 활동하려는 사회복지전공자와 현장에서 실무를 담당하는 전문가들에게 부탁드리고 싶은 것은 '자기권리'에 못지않게 중요한 것이 타인의 권리와 자유에 대한 존중, 아울러 차이에 대한 관용 및 약자에 대한 배려라는 점을 인식해 달라는 것이다. 특히 아직은 우리 사회복지실천 현장에 정착되지 못한 인권의식이 사회복지전공자들의 책 속에서, 강의실 안에서, 현장에서, 가정에서, 더 나아가 우리 사회복지 정책입안 및 행정집행 등 전 분야에서 살아 숨쉬도록 하는 데 본 교재가 작은 길라잡이가 되기를 기대한다.

끝으로 소중한 원고의 편집·교정 작업에 지원을 아끼지 않는 도서출판 동문사 이중수 사장님과 직원들에게 진심어린 감사의 뜻을 전하고자 한다.

2019년 1월
백련산 기슭에서
저자 고명석

차 례

Chapter

5 인권의 체계적 문서 세계인권선언문

Chapter

6 차별의 개념과 정의

Chapter

7 한국사회와 인권

Chapter

8 사회복지와 인권

Chapter 01

일반적 인권

제1절 인권의 정의와 개념

제2절 인권의 분류와 내용

제3절 인권의 환경변화와 국가의 의무

인권은 어떤 방법으로도 타인에게 양도되어서는 안 되는 신성한 권리이다. 또한 인권은 법률 및 관습의 정당성을 판단하는 기준이 되어 근본적으로는 국가 권력을 제한하는 것이다. 인권은 주변 환경의 변화, 세계관의 차이 등을 반영하는 것으로서 가장 정당한 것에서부터 가장 바람직한 것에 이르는 광범위한 가치 주장을 포괄하고, 모든 장소의 모든 인간존재가 평등하게 소유하는 것이어야 한다. 그리고 어떤 특수한 입장에 있는 개인이나 집단의 권리는 다른 사람의 비슷한 권리나 공동의 이익을 위하여 필요한 만큼만 제한되어야 하는 특성을 갖는다(김충희, 2004).

인간이 왜 인권을 갖는가에 대해서는 인간 자체의 특별한 도덕적 성격을 제한하는 것으로 인간이란 특별한 존재이며, 서로 존중되어야 하는 대상으로서 존엄성과 안녕, 복리를 추구하는 사회적 존재라는 입장이다. 따라서 인권은 인간의 삶 자체를 뛰어넘어 존엄을 누리는 삶, 사람답게 사는 삶을 위해서 필요한 것이다. 이렇게 인권 존재를 받아들이는 것은 인간 사회의 특수성을 인식하고, 인류애를 상징하며, 인간사회의 품격을 높이고자 의도하는 것이다.

또한 21세기를 인권과 환경의 시대라고 한다. 20세기에 두 차례의 세계대전을 겪은 인류공동체는 인권의 중요성을 깨닫게 되었다. 그러나 인류는 20세기 후반에 이르러 인류의 생존을 위협했던 소련과 미국의 핵무기 경쟁 위기로부터 벗어났지만, 사회건설을 위한 무분별한 환경 파괴로 21세기 초반 전지구적 차원의 생태위기에 직면해 있다. 이를 반영하듯이 20세기 후반부터 지금까지 국제사회에 적용되는 법 규범 영역에서 국제인권법과 국제환경법은 빠르게 변화되고 발전되고 있다. 그리고 인권과 환경의 상호 연관성에 대한 관심과 연구도 향상되고 있는 실정에 있다. 따라서 오늘날 국제사회에서 인권과 환경의 문제는 21세기 인류공동체의 당위적 과제로 주류적 관점에서 광범위하게 받아들여지고 있다.

우리나라에서도 사회적·경제적 삶의 변화와 민주주의의 발전에 따라 관심이 높아지고 다양한 정책과 제도가 만들어지고 있다. 보다 많은 사람이 기존의 사회적·경제적·정치적 문제를 인권의 관점에서 이해하게 되었고, 과거에 없었던 다양한 영역에서의 인권문제가 등장하고 있다. 따라서 인권을 둘러싼 논란과 논쟁이 자주 발생하고 있으며, 인권의 중요성에 대한 인식이 사회 모든 영역에서 확산되고 있다. 이러한 과정을 통해 우리 사회에서 인권은 삶의 질을 향상시키고 차별이 없는 열려 있는 공동체, 즉 '사람이 사람답게 사는 세상'을 만들어 가는 데 중요한 기준으로 정착되고 있다.

사실 인권은 '기본권'이라는 국민의 권리로 제헌헌법에서부터 규정하여 현재까지 이르고 있는 점에서 최고의 법 규범으로 「헌법」을 인정하고 있는 우리나라의 법질서 안에서 인권이 중요한 권리임을 확인하고 있다. 특히 세계화 시대를 맞이한 현대사회에서 인권은 지구촌 세계시민들의 기본적 상식이고 문화이며, 보편적인 규범적 가치로 폭넓게 받아들여지고 있다. 인권은 이제 개별 국가의 정책뿐만 아니라 사회의 기본 단위인 가정과 시민사회의 일상적 생활 그리고 국가의 각종 정책을 수립하고 집행하는 모든 영역에서 우선적으로 시행하여야 하는 필수적인 기준이 되었다.

제1절 인권의 정의와 개념

1. 인권의 정의

인권(人權, Human Rights)은 인간의 권리를 줄인 말로서 '인간이 인간답게 살아가기 위해 누구나 마땅히 누리고 향유할 국민의 권리'이다. 이처럼 모든 인간의 권리를 의미하는 인권은 '인간은 누구나 존엄하다'라는 명제에 기초하고 있다. 이러한 인권의 정의에는 '존엄성을 지니고 태어난 모든 인간은 누구나 자유롭고 평등하며 이러한 자유와 평등은 어느 누구에게도 침해될 수 없고 양도될 수 없는 권리이다'라고 할 수 있다.

즉, 인권은 '자유와 평등'으로 표상되는 인간의 존엄성과 '침해될 수 없고 양도될 수 없는' 권리라는 두 개의 철학적·정치적 개념을 주축으로 구성되어 있다고 할 수 있다. 많은 인권학자는 이러한 인권을 '태어나면서부터 하늘에서 부여받았다'는 뜻에서 '천부(天賦) 인권' 또는 '생래적(生來的) 권리' 그리고 '정의롭게 마땅히 누려야 하는 권리'라는 뜻에서 '자연권(自然權)'이라고 한다.

인권에 대한 정의는 다음과 같이 규정하고 있다. 1789년 혁명 프랑스에서 채택된 '인간과 시민의 권리선언(Déclaration des droits de l'homme et du citoyen)' 중 '인간의 권리선언'은 자연법상의 인권개념을 실정법적으로 선언한 것이다. 즉, 인권선언에서는 "인간의 자연적이고 양도불가능하고 신성불가침한 제 권리를 엄숙히 선언"하면서, "인간은 권리로서 자유롭고 평등하게 태어나며 생존한다"(제1조), "인권보장과 권력분립이 되어 있지 아니한 나라는 「헌법」을 가졌다고 할 수 없다"(제16조)라고 천명하고 있다.

세계인권선언 제1조는 인권 이해와 개념 정의를 "모든 인간은 태어날 때부터 자유롭고, 존엄성과 권리에 있어서 평등하다. 인간은 이성과 양심을 부여받았으므로 서로에게 형제(자매)의 정신으로 행해야 한다"라고 표현하고 있다. 한편 우리 「헌법」은 제10조에서 "모든 국민은 인간으로서의 존엄과 가치를 가지며, 행복을 추구할 권리를 가진다"고 인권을 명시하고 있으며, 우리나라 「국가인권위원회법」은 제2조에서 인권을 "헌법 및 법률에서 보장하거나 대한민국이 가입 비준한 국제인권조약 및 국제관습법에서 인정하는 인간으로서의 존엄과 가치 및 자유와 권리를 말한다"라고 폭넓게 정의하고 있다.

따라서 인권은 인간의 존엄성, 자유, 평등 및 정의와 같은 보편적 가치를 통합적으로 담고 있는 규범적 틀이라고 할 수 있다. 세계인권선언 및 「헌법」과 「국가인권위원회법」 등 법규에 나타난 인권은 인간 존엄성을 위한 '최소' 조건을 표현하는 것이다. 인권은 사람(특정한 사람)의 권리(rights of man)가 아니라 사람답게 살 권리(human rights)로서 "인간의 권리를 넘어 인간이 되기 위한 권리, 인간이 가져야 하는 당연한 권리", 즉 사람이 사람다움을 실현하는 권리라고 할 수 있다. 따라서 인권은 아무런 조건 없이 오직 인간이라는 이유로 모든 인간에게 적용된다.

사람은 누구나 소중하게 다루어지고 대접받고 싶어 한다. 그것은 사람은 누구나 자유로운 존재로 세상에 태어났고, 어떤 상황에서도 어떤 힘에 의해서도 빼앗길 수 없는 인권을 가지고 있기 때문이다. 인권이란 무엇인가? 인권이란 한마디로 규정하기는 어렵다. 인권은 시대와 사회적 조건에 따라 늘

변화되고 풍부해지는 역동적인 개념이기 때문이다. 그러나 "사람이기 때문에 당연히 가지는 권리", "사람이 사람답게 살아가기 위해서라면 반드시 누구에게나 보장되어야 하는 권리"가 인권이라는 개념에는 변화가 없다(짐아이프, 김형식·이지영 역, 2001).

인권의 정의에 대한 인류의 합의한 기록을 보면, "모든 인류는 타고난 존엄성과 평등하고 남에게 넘겨줄 수 없는 권리를 가지고 있다. 이 권리를 인정하는 것이야말로 세계의 자유와 정의와 평화의 기본이 되는 것이다. 인권에 대한 무시와 멸시는 인류의 양심을 짓밟는 만행을 저질러 왔다. 모든 인류가 최고로 바라는 것은 인간이 언론의 양심과 자유를 누리고 공포와 결핍으로부터 자유로울 수 있는 세상을 만드는 것이다"(안경환, 2004).

이러한 인권은 오늘날 국내뿐만 아니라 국제사회에서도 모든 인류가 준수하여야 할 일반적 상식 또는 일상적 생활 규범으로 자리잡아가고 있다. 그러나 불과 반세기 전만하더라도 인권은 지금처럼 널리 알려지지도 않았고 준수하여야 할 법 규범으로 받아들여지지도 않았다. 그리고 아직도 오늘날 지구촌 곳곳에서는 수많은 사람이 인권보장 없이 또는 그 자체를 모르고 살아가고 있다. 그러나 인권은 법에 따라 보장되는 권리만으로 한정하지는 않는다. 현재의 법이 보장하고 있지는 않더라도 인간의 존엄성[1])을 보장하는 데 반드시 필요한 권리라면 인권으로 인정될 수도 있다. 이처럼 인권의 의미는 '사람에 대한 존중'의 이론으로 표현되기도 하며, 인간존재는 단순히 '수단'으로서가 아니라 '목적'으로 취급되어야 한다는 사상으로 표현되기도 한다.

이러한 인권[2])을 「헌법」에서는 근본적으로 인간의 존엄과 가치를 선언하고 있고, 이것을 위해 행복 추구권과 국가의 개인에 대한 기본권 보장 의무를

---

1) 인류사회의 모든 사람이 나면서부터 가지고 있는 존엄성과 평등하고 남에게 넘겨줄 수 없는 권리는 인간의 고유한 존엄성에서 나오는 것임을 인정한다(UN, 경제·사회·문화적 권리에 관한 국제조약, 1966).
모든 국민은 사람으로서 존엄함과 가치를 가지고 있으며, 행복을 추구할 권리를 가진다. 국가는 개인이 가지는 침해할 수 없는 기본인권을 확인하고 이를 보장할 의무를 진다(「대한민국헌법」 제2장 제10조, 1987).

2) 현대 인권이념은 근대적 인권이념, 즉 국가 권력으로부터 개인의 존엄성을 지킨다는 소극적 자유의 의미로부터 인간의 존엄성을 지키기 위해 '국가는 무엇을 어떻게 해야 한다'는 적극적 자유의 개념까지 포함함으로써 경제적·사회적·문화적 인권개념으로 확장되고 있다.

규정하고 있다(노강호, 2005 재인용). 특히 우리나라 헌법 제34조에서는 "국민은 인간다운 생활을 할 권리"가 있다고 했으며, 제35조에서는 "모든 국민이 건강하고 쾌적한 생활을 할 권리가 있고 이를 위해 국가가 국민들이 이 권리를 누릴 수 있도록 보호할 의무가 있다"라고 밝히고 있다(김충희, 2004).

인권은 이처럼 규범적 의미를 담고 있는 정치적·사회적·경제적·문화적 개념이다. 즉 인권개념은 정치적·사회적·경제적·문화적 현실을 반영하고 있지만 동시에 정치공동체가 추구해야 할 이상을 담고 있다. 오늘날 사회구성원의 모든 인권을 완벽하게 충족시켜 주는 국가와 사회는 지구상에 존재하지 않는다. 즉 인권의 이상과 현실에는 큰 차이가 있다. 따라서 인권은 필연적으로 현실에 대하여 비판적이기도 하고 사회변화를 이끌어가는 힘과 도구의 역할을 수행하기도 한다. 역사적인 관점에서 볼 때 인류는 '태어나면서 부여받은' 인권을 정치적·사회적 투쟁을 통해 '성취'하여 왔다고 할 수 있다. 이러한 인권의 역할에 대해 세계인권선언은 "인류 가족 모든 구성원의 고유한 존엄성과 평등하고 양도할 수 없는 권리를 인정하는 것이 세계의 자유, 정의, 평화의 기초이다"라고 전문에서 선언하고 있다.

2. 인권의 개념

1) 현대 인권개념

현대 인권개념은 개인의 이익을 중심으로 하는 활동에 기초한 웰빙패러다임으로 전환되었다. 이것은 일원론적 인권개념[3])보다 다원론적 인권개념[4])으로의 접근을 그 내용으로 하고 있다. 현대 인권개념은 다원론적 인권개념하에서 계속 발전되고 있다. 이익을 추구하는 인간이 자신의 권리를 지나치게 주창할 때 발생하는 인권청구과잉의 문제, 그에 따른 대안으로서의 존 롤스[5])(John Rawls, 1921~2002)의 극최소주의가 주창된다. 인권개념을 개인

3) 세계를 하나의 원리로 환원하여 설명하는 이론이다.
4) 세계를 구성하는 요소는 여러 가지인데, 이 요소들은 서로 독립적이어서 다른 것으로 환원될 수 없다는 이론이다.

의 권리로만 볼 때의 한계는 사회권으로서의 인권에 대한 논의를 통하여 보완될 수 있다. 그것이 바로 사회권이자 능력개념으로서의 인권개념을 통한 접근이라 할 수 있다.

또한 21세기 인권개념은 웰빙 인권개념으로 설명할 수 있다. 웰빙 인권개념은 과거 탄압 패러다임을 넘어서는 새로운 패러다임으로 볼 수 있다. 인권개념이 국가와 절대적인 힘에 의해서 탄압되거나 침해되었을 때 이에 대한 저항의 개념으로 제기된 인권의 시대가 탄압 패러다임이었다. 그에 반한 웰빙 패러다임은 현대사회의 광범위한 이익을 확보하려는 인간 이기주의 관점의 패러다임에서 형성된 인권개념이다. 웰빙 패러다임은 자신의 권리를 추구하는 인간으로서 요구하는 청구권을 가지는 권리개념으로 확대된 것이다(조효제, 2007). 웰빙 패러다임은 자신에게 필요한 것을 요구하는 청구권의 특징이 두드러진다. 국가는 시민들의 욕구를 충족시킬 의무의 주체로 변화되었다. 탄압 패러다임에서는 생존욕구와 자유욕구 같은 인간의 기본적 핵심 욕구가 주된 권리이므로 인권의 가해자를 명확히 밝히기 쉽지만 웰빙 패러다임에서는 정확한 가해자보다는 잘못된 경제, 사회구조, 인과적 요인으로 욕구충족이 방해받는 경우가 많다(Galtung, 1994; 조효제, 2007 재인용).

이러한 인권개념은 패러다임의 전환과 인권개념의 철학적 배경에 따라 이론적 근거를 서로 다르게 갖기도 하면서 그 범위가 넓어져 왔다. 끝으로 페

---

5) 20세기의 윤리학자이자 정치철학자이다. 20세기 중반까지 언어적·개념적 분석에 치중하는 분석철학(analytic philosophy)이 유행하던 영미철학 지형에 『공정으로서의 정의』(1958)와 『정의론』(1971)이라는 걸출한 정치철학 텍스트를 발표하면서 윤리학, 정치철학과 같은 규범적 논의를 부활시킨 일등공신이라는 평을 받는다. 실제로 롤스가 정의론을 발표한 후 롤스의 프로젝트를 옹호하는 로날드 드워킨 같은 걸출한 자유주의 법철학자도 주목받게 되었으며, 자유지상주의 진영의 로버트 노직, 공동체주의 진영에서 마이클 샌델, 마이클 왈저, 찰스 테일러, 알래스데어 매킨타이어가 각각 정의론에 대한 의미 있는 비판을 내놓으면서 소위 자유주의-공동체주의 논쟁의 불을 지핀다. 이 논쟁은 원래 영미권, 그 중에서도 미국을 중심으로 전개된 논쟁이었음에도 후에 분석철학자이자 네오프래그머티스트였던 리처드 로티나 독일을 대표하는 사회학자이자 철학자인 위르겐 하버마스도 참가했을 정도로 서구 지성사의 주요한 논쟁이므로 롤스의 파급력을 단적으로 보여주는 사례라고 할 수 있다. 보통 롤스라고 하면 『정의론』만을 떠올리는 게 흔한데 실제로 롤스의 저서 중에서 이 책이 가장 중요하다. 그러나 후기 롤스의 저서인 『정치적 자유주의(Political Liberalism)』(1993)와 『만민법(The Law of Peoples)』(1999)도 이 분야에 관심 있는 사람들이나 전공자들에게는 매우 중요하다. 출간될 때마다 영미 정치철학계가 뒤집혔다고 보면 된다.

미니스트들에 의해서 형성된 차이에 민감한 인권개념이 있다. 이는 보편적·일원적 인권개념을 넘어서 보편성과 특수성을 함께 담보하는 인권개념으로 발전하는 데 기여하였다. 보편주의에 입각한 인권개념을 법적 권리와 도덕적 권리라는 개념적 틀 속에 인간을 가두어 교조적이며 융통성 없는 개념으로 변화하기 쉽다는 딜레마[6]에 빠질 수 있다. 이에 다원주의에 입각한 인권개념에 대한 논의가 수면 위로 떠오른 것은 사회적으로 구성된 구조이자 체계로 보는 이런 관점은 인권의 개념이 한 국가에 제한되어 있어서 다수자에 의해서 소수자를 배제시키는 특성을 가진다고 비판하고 있다. 이렇게 인권개념이 만들어낸 사회체계를 인정하는 관점에서 하버마스(Habermas, 1996)는 차이에 민감한 보편주의를 주장하게 된다. 하버마스(Habermas, 1996)가 주장하는 차이에 민감한 보편주의는 타자의 특성을 평준화하거나 몰수하지 않고 이들에게 보편적 가치를 획일적으로 적용하지 않으면서 만인에 대해 동등한 존중과 포용을 갖는 태도를 말하고 있다(김수영, 2012). 도넬리(Donnelly, 1989)가 주장하는 인권의 보편성이란 인종, 성별, 종교, 사회적 지위, 국적과 같은 개별 인간의 조건이나 각 사회의 특성과 관계없이 모든 인간은 동등한 권리를 가진다는 점을 핵심으로 하고 있다. 잭 도넬리(Donnelly, 1989)는 기존의 인권담론에서 고정화되어 있는 인권개념에서 배제되어왔던 여성, 외국인, 일하지 않는 국민에 대한 문제제기를 넘어서는 보편적 인권의 개념을 제기하고자 하였다.

인권의 개념을 복잡하고 다양하게 논의되고 있지만 그중에서도 사회권으로서의 정당성을 논의한 아마티아 센(Amartya Sen)과 마사 누스바움(Martha Nussbaum)의 경우는 인권의 개념을 정당하게 추구해야 하는 도덕적 개념으로 보고 아리스토텔레스(Aristoteles)와 덕(virtue, 德)개념과 연동시키고 있다. 법적 권리 외에 도덕적 권리로서의 인권개념은 운동으로서의 성격도 함께 갖는다고 보았다. 즉, 인권이 침해되었을 때 작동되는 원리를 가지고 침해를 복원하고 가치를 추구하는 운동으로서의 개념인 것이다. 도덕적 개념으로서

6) 이정우(2004)는 '범주적 폭력'에 대한 정의에서 일원론적 동일성을 지향하는 사유체계가 보편주의가 갖는 문제를 제기하고 있다. 보편주의는 타자와 더불어 살아가는 공동체(가족, 이웃, 국가, 체계)의 경험적인 삶의 맥락을 간과하게 된다는 비판을 받는다.

의 덕은 인간됨이나 적절한 인간(decent peoples)에 대한 검토 속에서 접근하는데 아리스토텔레스는 인간성의 내용으로 도덕성, 신체적·쾌락적 능력, 인식능력, 실천이성, 유아기의 발달, 협력관계의 형성 등을 규정하고 있다. 이런 덕의 개념을 절대적인 이상이 아니라 현실의 실천영역에서 다양하게 구성되는 상대적인 개념으로 보고 있는 것이다(김연미, 2004). 또한 누스바움은 상대적 가치들 속에서 보편적으로 적용할 수 있는 인간능력을 파악하고자 하였으며, 이것이 능력이론으로 정립되었다. 인권의 개념은 보편주의와 다원주의 그리고 상대적 특성을 포괄하는 새로운 능력의 개념으로서 그 내용과 범위가 다변화되고 있다.

현대의 인권개념은 1948년 세계대전이 모두 끝난 상태에서 인권혁명이라고 불리는 세계인권선언 이후의 인권개념의 발달이다. 이 시대 인권개념은 보편성이 추구하는 인간이성을 전제로 한 자연법사상을 부인하진 않았지만 계속적으로 다양한 인권내용이 제안되면서 다각화되기 시작하였다. 현대의 인권개념에서는 평등주의를 더욱 강조하게 되었다. 인권의 평등주의는 기계적 평등이 아니라 모든 사람을 차별 없이 대하는 인권적 평등이라는 도덕적 지향성을 가진 사상이었다. 또한 현대 인권의 개념을 정리한 조효제(2007)는 인권의 패러다임과 인권의 이념이 발달하기 시작한 것이 세계인권선언 이후라고 설명하고 있다. 세계인권선언은 한 국가의 문제로 해결하기 어려운 인권문제가 있다는 것을 인정하고 국가가 침해해서는 안 되는 인권의 기본선이 있음을 강조하면서도 인권의 개념을 세계적인 차원에서 인정되어야 함을 강조한 것이다.

인권의 개념에서 중요한 요소는 '보편성'이다. 인권은 인간의 존엄성, 자유, 평등 및 정의와 같은 보편적 가치를 통합적으로 담고 있는 규범적 틀이다. 인권의 보편성은 인권의 가치가 각 사회의 문화에 따라 다양하게 표현되고 구현되지만 인권의 가치와 문화의 차이에도 불구하고 모든 공동체에서 존중되어야 한다는 의미를 담고 있다.

한편 '누구나 마땅히' 또는 '모든 인간은' 이란 표현에서 나타나듯이 인권의 보편성은 모든 인간은 국적, 인종, 성, 종교, 신분 등의 차이에도 불구하고 자신의 존엄성을 지키기 위해 누려야 할 권리가 있으며, 국가는 이를 보장해야 할 의무를 지닌다는 실질적이고 실천적인 함의를 가지고 있다. 우리나라 「헌법」(제10조)에서도 이러한 인권의 보편성에 기초하여 "개인이 가지는 불가침의 기본적 인권을 확인하고 보장할 의무"를 국가에 부담시키고 있다. 이러한 보편성에 따르면 인권은 더 이상 국가주권과 내정불간섭 원칙에 따른 국내문제로 간주될 수 없으며, 국제사회의 공통의 중대한 관심이고 의무로 이해되고 있다.

2) 사회복지적 개념

인권의 역사적 기원은 미국의 독립선언과 프랑스의 인권선언으로 절정에 달하였던 18세기로 거슬러 올라간다. 그러나 인권의 핵심적 요소는 대부분 오래전부터 동·서양의 문화와 사회 속에 존재하여 시행되어 왔음을 인식하는 것이 중요하다. 18세기에 이르러 개인의 생명과 자유에 대한 권리를 바탕으로 인권을 개념화하였던 것이다. 이러한 개념화는 과거의 위대한 문명으로 물려받은 역사와 전통에서 비롯되었다. 인권의 발전은 점진적인 사회 변화의 일부이다. 18세기에 있어서 인권의 개념화에 최초의 동기가 되었던 시민적·정치적 권리에 대한 관심은 점차 경제적·사회적·문화적 권리에 대한 요구로 대체되었다. 이제 권리 개념의 세 번째는 집합적 권리로서 전체 인류를 위한 합법적이며 보편적 욕구와 평화 발전에 대한 권리와 파괴로부터 보호된 깨끗한 환경에 대한 권리로 점차 인식되고 있다.

경제적·사회적·문화적 권리는 시민적·정치적 권리보다 더 늦게 발전하였다. 투표를 통하여 민주적 구종에 참여(참정권)하는 주체가 처음에는 중류층과 노동자 계층에서부터 점차 여성으로 확대됨으로써 오늘날 '시민적·정치적 권리'라는 개념으로 자리 잡게 되었다. 사회 개혁자들은 무엇보다도 산업혁명에 따른 도시화, 노동 착취, 특히 아동 노동의 착취 그리고 노동자 계층을 괴롭히는 빈곤의 결과에 관심을 집중하였다.

박애주의자와 개인적 자선 행위자들은 산업혁명이 초래한 부정적인 결과에 대하여 최초로 반응하였다. 이들의 행동으로 인하여 점차 사회문제에 대해 사회 전체 구성원이 집합적 책임감을 느끼고, 이로 인해 사회적 책임 의식이 발달하게 되었으며, 사회보험과 같이 사회 전체를 위한 이전의 지출 형태로 발전하게 되었다. 19세기 말 서유럽에서 이러한 형태의 집합적 책임감이 최초로 입법화되었음에도 불구하고, 서유럽은 서인도, 아시아, 아프리카 지역에 대한 식민정책을 여전히 확대하고 있었다. 이러한 식민주의로 인한 부정적 영향은 잘 기록되어 있다. 이들은 상대 국가와 국민들을 정복함으로써 해당 국가의 사회체계와 구조를 파괴시켰다. 예를 들면, 영국과 인도의 경우에서와 같이 피식민 국가의 전통적인 사회적 관계가 붕괴되고, 이들 국민의 인권이 식민국가의 지배 권력에 의하여 무시되거나 유린되었다.

당시 사회개혁자들은 집합적 원인에 의하여 초래된 사회문제를 몇몇 사람이 개인적으로 반응함으로써 해결한다는 것이 부적절함을 인식하게 되었다. 이러한 인식을 바탕으로 보다 사회구조적으로 접근하는 사회복지 개념을 발전시키게 되었다. 이를 통해 사회복지사들은 점차 힘을 모아 협력하고 생각과 경험을 공유하며, 그들의 실천을 보다 조직적·과학적·전문적으로 발전시켜 그들이 직면하는 문제에 대한 집합적 책임감을 표현하기 시작하였다. 이러한 발전과 함께 제1차 세계대전과 그로 인한 후유증은 세계의 관심을 전체 일류의 상호 의존적 관계에 집중시켰다. 따라서 국제사회는 전쟁을 일으킨 국가들을 비난하고 국제적 협력을 위한 제도적 틀을 발전시킬 필요성을 공유하게 되었다.

1920년대에 이르러 국제연맹과 국제노동기구가 설치되고 사회복지국제협의회, 사회사업대학국제위원회, 사회사업가국제사무국 등과 같은 사회복지 조직이 만들어지기 시작한 것은 국가적·지역적·국제적 협력의 새로운 분위기를 증명하는 것이었다. 사회복지 조직들의 주된 관심은 각 국가들에 있어서 전문직을 설립하고 그들의 가치 기준을 설정하는 것에 초점을 두었다. 인권이 사회사업에 가치 기준을 지지하고 전국사회사업가협회에 의하여 채택된 윤리강령에서도 인권에 관한 형식적 표현을 발견할 수 있었음에도 불구하고 인권 이슈에 관한 공식적인 사회복지 교육은 아직까지 일부분에 적용되고 있으며, 전체 영역(교육, 정책, 행정영역 등)에는 제공되지 않고 있다. 국제적 갈등을 초래하였던 제2차 세계대전은 오히려 역설적으로 인권의 발전단계에 있어서 자극제가 되었다. 즉, 제2차 세계대전은 전 세계 국가들로

하여금 국제 협력을 위한 새로운 틀을 채택하도록 하였으며, 국제행동의 기준이 인권으로 표현될 필요성이 있음을 인식하게 되었다. 이러한 배경에서 1948년 이후 세계인권선언이 보급되어 발전하였다. 인권이 어떤 한 국가 내에서 위협을 받게 되면 국제적 규모의 지역사회 공동체는 더 이상 침묵을 지키지 않겠다는 국제적 의식이 마침내 19세기의 극단적 국가주의를 억누르게 되었다.

이러한 국제 협력을 위한 새로운 틀은 또한 국가적·국제적 차원의 사회복지 조직에 영향을 주었다. 사회복지전문직의 관점에서 국제적 연대의식이 싹트기 시작하였으며, 전 세계적으로 사회복지 조직들이 양적으로 증가하였고, 그 조직의 범위와 지역적 배치가 확대되었다. 이러한 조직들은 점차 인권 교육이 사회복지 교육에 통합되어야 할 필요성을 인식하게 되었다(이혜원 역, 2006 재인용). 미국의 경우 사회복지 대표기관인 NASW(National America Social Work)에서는 모든 사회복지이론과 응용지식이 기반으로 삼아야 할 원리로서 '인권'을 채택하였으며, 이를 NASW의 정책강령으로 발표하였다. 이에 대한 내용은 다음과 같다.

첫째, 사회복지사는 세계인권선언뿐만 아니라 유엔(UN)의 '경제, 사회, 문화적 권리 협약' 및 '여성에 대한 모든 형태의 차별 제거 협약', '아동권리협약' 등에 대해 정부의 비준을 촉진하도록 하여야 한다. 둘째, 사회복지사는 아동의 권리 및 아동노동, 아동매춘과 같은 아동착취와 관련한 인권침해에 대해 특별한 주의를 기울여야만 하며, 이러한 문제들과 관련하여 공공과 전문직들의 인식을 개선하는 데 주도적 역할을 해야 한다. 셋째, 사회복지사는 사회적 약자 및 취약계층의 권리를 대변하고 옹호해야 하며, 한 사람의 권리를 죽음의 위험으로 몰고 갈 수 있는 정책과 실천, 편견적 태도, 증오, 인내심 없는 행동들에 대해 비판해야 한다. 넷째, 자격기준이 없거나 적절하지 못하게 이행되고 있을 때, 사회복지사는 정부 및 비영리조직들, 기타 지역사회의 여러 집단과 함께 협력하여 세계에서 가장 취약한 사람들을 포함한 모든 사람의 건강과 복지를 강화시키도록 주도해야 한다. 다섯째, 사회복지사는 경제적 권리와 경제적 격차를 줄이기 위한 노력을 포함한 인간개발과 인권의 발전을 위해 유엔과 파트너가 되어야 한다, 여섯째, 개인이나 가족, 집단, 지역사회, 국내기관 또는 정부 등 사회복지실천의 모든 영역에서 사회복지사는 인권에 기반하여 일해야 한다. 일곱째, 인권을 대표하여 옹호하는 사회복지사는 가치 충돌로 인한 위협의 대상이 될 수 있음을 인식하여, NASW는 "위협을 받는 사회복지사가 충분한 전문직 지원을 제공받고 있음을 확신할 수 있도록 해야 한다"라고 선언하고 있다.

제2절 인권의 분류와 내용

1. 인권의 이념적 기반

인권의 이념적 기반은 서구 역사의 발달과 함께 정착되고 확대되고 통합되어졌다. 『인권의 해설』(오병선 외, 2011)과 『인권의 문법』(조효제, 2007)과 같은 인권 기본서에서는 인권의 개념을 고대와 근대국가를 거쳐 현대로 이어오면서 형성되는 과정을 기록하고 있다. 이러한 인권개념의 이념적 기반은 『인권목록』(Nikel, 2010)의 변화에 대한 추이의 형태로 나타나기도 하고 있다. 인권에 대한 논의가 지나치게 인권 내용의 변화에만 초점을 맞추는 것에 대한 보충으로 인권의 내용 속에 내포되어 있는 작동방식[7](조효제, 2007)을 설명하는 것이 필요하다. 이를 통하여 인권이 생활 속에서 실천되고 인권적 문제를 분석할 때 더욱 적절히 접근할 수 있다고 본다.

인권개념의 이념적 기반은 서구역사의 변화에 따른 인권내용의 변화와 그 철학적 가치를 전제로 근대국가의 형성과 세계대전의 발발 그리고 세계화 등의 변화에 맞추어 고대와 현대의 인권개념을 철학적 인식론과 윤리학의 변화와 함께 인권개념의 역동성을 설명한다.

『인권의 해설』에서 인권개념의 역사는 개인주의 사상의 발전과 평등사상

7) 조효제(2007)는 인권의 작동방식으로 (1) 평등과 차별금지, (2) 법과 규정에 근거한 접근방식, (3) 자율성과 자기결정, (4) 인도주의와 평화적 방식, (5) 민주적 원칙: 참여와 책임성(정치적 책임성과 법적 책임성), (6) 공동체 배려와 사회 전체의 복리 고려로 보면서 인권의 내용과 함께 인권의 작동방식도 인권개념에서 중요함을 설명하고 있다.

의 발전 그리고 과학정신의 발달, 인간이성에 대한 낙관론적 신념이 확산되면서 출현하였다고 본다. 1215년 영국의 인권선언에 이어 1628년 권리청원과 명예혁명의 권리장전까지를 고대 인권의 개념에 포함하여 설명하고 있으며, 초기 인권은 주로 군주와 귀족 간의 권리보장에서 시작되었다.

17~18세기 존 로크(John Locke)의 자연법사상에 따르는 인권개념은 근대 시민헌법[8)]에 근간이 되었다. 인간은 자연상태에서 자연법하에서 생존하는 이성적이고 자립적인 존재로 보고 이에 따라 모든 인간은 평등하고 자유로운 상태에 있다고 보는 인권개념이다. 자연법사상이 보여주는 선험적이며 보편적인 인권이 존재하며 그런 지향점을 가지고 있는 철학적 기반은 이성주의 철학자인 칸트(Kant)의 사상에 기초하고 있다. 보편 일원적 인권개념은 인간의 윤리적 특성을 이상적 차원에서 접근하고자 하는 개념이다.

칸트는 자유로운 존재로서의 합리적 존재의 본성이라는 개념에서 보편화될 수 있는 행위의 법칙을 인식하는 합리적 존재로서, 행위하고자 하는 자가 인간 곧 합리적 행위자라고 말한다. 합리적 행위자의 가장 근본적인 관심은 보편적 선에 있으며 도덕법에 의한 존경이 유일하고도 의심할 수 없는 도덕적 동기(허리금, 2004)라고 설명하고 있다. 선의 추구를 이상으로 합리적 행위자라는 인간상은 모든 인간에게 평등하게 존재하는 인권에 대한 정당성을 제공할 수 있게 된다는 것이다.

자연법사상은 오래도록 인권의 개념에서 출발점 같은 것이 되어 왔다. 신에 의해서 예속된 존재가 아닌 이성과 합리성으로 설명되는 인간 존재에게 타인에 의해 침해받지 않을 이유가 있다는 것이다. 그리고 태어날 때부터 신분에 의하여 계층화되는 인간이 아닌 모두 같은 인간으로서의 권리를 갖는다는 것은 지금도 여전히 인권개념의 중심을 이루는 것이다.

자연법사상에서 다루는 인권의 내용은 자연 상태에서의 자연권, 국가창설로 인한 참정권, 주권재민 입장에서의 저항권이라는 권리구조와 노동에 의한

8) 근대시민헌법에서의 인권보장은 1776년 미국의 독립선언서와 1789년 프랑스의 시민혁명 이후의 인권선언을 들 수 있다(오병선 외, 2011). 미국의 독립선언에서는 자연법에 기초하여 생명, 자유, 행복추구의 권리를 천부적 권리로 보았다. 따라서 각자의 자연권 행사는 사회의 다른 구성원에게 같은 권리의 향유를 확보하는 것 이외에는 한계를 가지지 않으며, 이 한계는 법률로만 정할 수 있다고 정하고 있다.

재산권 등을 들 수 있다. 이러한 인권의 내용이 미국독립선언(1776)과 프랑스 시민혁명(1789)에서 국민기본권, 생명, 자유, 행복추구의 권리로 자리를 잡게 된다. 하지만 자연법사상은 비판에 직면하게 된다. 공리주의 철학자인 벤담(George Bentham)[9]은 선험적 인권이라는 이상을 부정하고 효용의 원리를 강조한다. 벤담은 개인은 효용에 따라 선택하는 존재이고 그건 개인이 집단을 구성한다면 사회 모두에 이익이 된다는 사상을 강조하게 된다.

공리주의뿐만 아니라 사회주의자들에 의해서도 자연권사상은 비판을 받게 된다. 사회주의에서는 인간이 개인의 사익을 위해서만 움직이는 존재로 가정하지 않고 연대하여 공동체의 이익을 추구하는 존재이며 공동체 이익의 추구는 중요한 인간의 실천과정이라고 보았다(조효제, 2007). 많은 사회과학자들이 실존적이며 경험적인 존재로서의 인간이 아닌 형이상학적 존재로서의 인간상을 말하는 자연법사상에 대해서 비판을 제기함에 따라 '인간은 태어날 때부터 부여받은 권리를 가지고 있다'라는 자연법사상은 완벽하게 인권의 개념으로 유지되지 못하였다. 하지만 자연법사상은 폐기되거나 역사의 기록으로만 남는 것이 아니라 보편적 인권개념의 보완이라는 관점에서 지속적으로 논의 되어졌다.

---

9) 모든 식물의 종(種)에 대한 열성적인 연구를 기반으로 종자식물의 분류를 체계화해 현대 관다발 식물 분류학의 기초를 이루었다. 프랑스의 박물학자 P. 드 캉돌의 프랑스 식물상에 대한 분석에 영향을 받은 벤담은 아버지 소유인 몽펠리에 근교의 토지를 관리하다가 철학자이자 법률가인 삼촌 제러미 벤담의 비서로 일하면서 식물학을 공부하기 시작했다.
1833년 아버지와 삼촌의 사망으로 유산을 상속받아 식물학에 전념할 수 있게 되었다.
1854년 약 10만 점이 넘는 그의 표본을 서리에 있는 큐 왕립식물원에 기증했으며, 이 식물원의 원장인 후커 윌리엄 경의 초대로 식물원을 영구적으로 배치하는 과정에 참여했다. 그곳에서 벤담은 그 식물원에서 하는 영연방의 식물상에 대한 연구조사에 가담해 <홍콩 식물상(Flora Hongkongensis)>(1861), <오스트레일리아 식물상(Flora Australiensis)>(7권, 1863~1878)을 저술했으며 7,000종 이상을 분류·기술했다.
그는 속(屬)에 비해 종을 분류하는 기준이 부정확하다는 것을 깨닫고, 모든 종자식물에서 모호한 분류기준을 재구성하려는 큰 계획을 세웠다.
후커 경의 아들인 조셉 경과 공동으로 벤담은 <식물속(Genera Plantarum)>(3권, 1862~1883)을 저술하면서 27년간 표본의 조사와 연구에 종사했다. 이 저서는 라틴어로 출판되었으며 지금의 과(科)와 유사한 200목, 7,569속, 9만 7,200종 이상이 수록되었다. 그들의 분류체계는 캉돌의 분류를 좀 더 체계화시키고 C. 다윈의 개체진화설에 의한 식물 종분화의 역동성을 인식하는 데는 실패했지만, 진화원리에 근거한 현대분류체계를 대폭 이용해 속과 종의 믿을 만한 분류체계를 확립했다. 벤담과 후커의 분류체계는 영연방 전체에서 통용되었다. 벤담의 <영국식물상 편람(Handbook of British Flora)>(1858, 7판 1924)은 아직까지 분류상의 기준이 되고 있다.

2. 인권 관련 이론

인권이념은 근대사회와 더불어 등장하였다. 근대사회에서는 시민의 안전과 자유를 침해하는 요인이 있었기 때문이다. 시민주권이념은 사회구성원, 특히 정부의 자의적인 권력의 침해로부터 자신을 도덕적으로 보호할 수 있는 '권리'라는 보이지 않는 무기를 소유함으로써 취약한 사회적 존재 조건을 보완하려 했다. 이러한 도덕적 권리는 자연권 사항과 결합하면서 '보편적인 인간의 권리(right of a man)'로 선언되었다. 이러한 '인간의 권리'라는 사상은 제2차 세계대전을 겪고 난 후 「세계인권선언」을 통하여 '인권(Human Rights)'이라는 개념으로 재정립되었다(안경환, 2004).

인권이념의 발전은 각 시대마다 인간이 직면한 사회적 위기에 대한 인식을 반영하는데, 자의적인 정부의 권력으로부터의 보호라는 소극적 차원에서 시작된 인권운동은 제2차 세계대전 이후 제2세대의 인권이념인 사회적 평등이념과 적극적 자유의 개념을 내포하게 되었다. 그리고 20세기 이후에는 제3세대의 인권이념이 등장하고 있다.

인권이 근거하는 두 가지 대립된 이론을 언급하였다. 인간이 가진 어떠한 본성에서 권리가 근거하는지를 밝히고자 하였다. 인권 자체를 위한 이론이라기보다 인권이 근거하는 맥락을 근거로 설명하고자 하였다(국가인권위원회, 2006).

1) 인권의 근원적 필요이론

인권은 인간의 근원적 필요로부터 추론된다는 필요이론(Human Needs)이다. 자연에 근거한 '인간의 필요'가 모든 도덕 판단의 기준이 되어야 한다는 것이다. 특히 여기서 강조되는 것은 경제적 생존으로 경제적 필요에 대한 충족 없이 정치적 자유만을 주장하는 것이 잘못되었다는 관점이고, 이는 곧 경제적 복지실현을 위한 국가의 의무 혹은 책임을 강조하는 측면이 있다. 이 이론은 보편주의적 인권이론이 간과하고 있는 중요한 단점을 지적하고 있다. 특정 사회나 개인이 아닌 인류 공통의 번영을 위한 도덕적 목표를 제시하고 그것을 달성하기 위해서 보건, 식량, 교육, 식수 및 주거조건 등 구체적인 정책적 과제를 언급하고 있다. 보편주의적 인권이론이 추상적인 개념에 매달려 후진사회가 당면한 보다 실질적인 생존의 문제를 도외시한다는 비판이 제기되었기 때문이다. 그러나 이 이론은 인권이라는 개념이 담고 있는 핵심 내용, 즉 자유와 평등, 정의와 같은 가치주의적 요소들을 배제했다는 문제점을 안고 있다. 그리고 '필요'의 주체가 누구인가 하는 문제가 제기된다. 이 이론은 주로 공공정책의 관점에서 인간의 필요충족을 합리화시키는 데 현대 인권개념이 내포하고 있는 개인주의적 원리와 심각한 충돌을 가져와 집단적 필요를 충족시킨다는 명분으로 개인의 자유를 억압하는 논리로 위장될 수 있다는 또 다른 한계를 갖는다.

2) 인권의 도적적 보편주의 이론

도덕적 보편주의 이론으로 인간의 도덕적 본성으로부터 인권의 근거를 두고 있는데, 인간의 도덕적 본성이란 개인적 차원에서의 본성이 아니라 사회적 생존이라는 보편적 조건에서 생긴 것이다. 이는 인간이 고립적으로 살아갈 수 없는 약자인 자신의 존엄성을 지키기 위해 반드시 가지고 있어야 할 무기가 되는 것이다. 사회는 인간의 삶에서 필수 불가결한 것이지만, 권력으로부터의 억압, 차별, 전쟁 등 수많은 위기가 존재하는 장이다. 인권이란 바로 사회적 조건이 개인의 존엄성을 박탈해서는 안 된다는 도덕적 요구를 반영한 것이다. 따라서 인권은 사회적 행위의 소산이며, 사회와 국가는 인권실현에 있어서 핵심적인 역할을 하게 된다. 아울러 인권개념은 사회문화적 차이를 넘어서는 도덕적 보편주의의 관점에서 규명되어야 한다고 주장하고 있다. 이 두 가지 범주 사이에는 긴장과 상호 충동이 일어날 가능성도 배제할 수 없다. 그러나 현대 인권 이론은 어느 쪽에도 우선권을 부여하지 않고 모두가 동시에 추구되어야 할 목적으로 인정된다.

이렇게 인권의 개념과 내용이 역사적·사회적 상황에 따라 변천하는 것은, 그러한 권리가 보장되어야 할 사회적 제 조건이 생겨난다는 것을 의미하며, 이는 사회구성원들에 의해 존중되어야 한다는 것을 의미한다. 인간과 인간을 둘러싼 사회를 그 주된 대상으로 하는 사회복지학 측면에서도 이러한 사회적 조건들에 대해 민감하게 움직이고 변화할 필요가 있다. 사회적 소수자들을 일차적인 개입대상으로 하므로 이들의 권리에 대한 민감성을 갖추는 동시에 이것들을 현실 속에서 보장할 수 있는 환경적 차원까지도 고려해야 하기 때문이다(노강호, 2005 재인용).

오늘날 거의 모든 사회가 인권의 가치와 규범적 보편성을 수용하고 있지만 '무엇이 인권이고 무엇이 인권이 아닌가', 즉 '어디까지가 인권인가'라는 질문은 여전히 남아 있다. '인간의 존엄성을 보장하기 위한 인권의 범위를 어디까지 설정할 것인가'라는 문제는 유엔이 지금까지 만들어온 인권에 관한 규범과 제도를 둘러싼 논쟁에서 매우 중요한 위치를 차지하고 있다. 이와 관련하여 유엔이 1948년 채택한 세계인권선언(Universal Declaration of Human Rights, UDHR), 1968년 채택한 경제적·사회적·문화적 권리에 관한 국제규약(이하 사회권규약) 및 시민적·정치적 권리에 관한 국제규약(이하 자유권규약)은 지금까지 국제사회가 합의한 인권의 보편적 기준 가운데 가장 포괄적인 내용을 담고 있다고 평가 받고 있다.

또한 인권의 내용으로는 논란의 여지가 많음을 지적하면서 '존엄성을 갖고 안녕, 복지를 추구하며 사람다운 삶을 누린다는 것'이 사회적 맥락에 따라 전혀 다르게 해석되기 때문에 인권이 사회적 맥락에 따라 전혀 다르게 해석된다고 하였다. 인권을 인식하는 수준과 내용은 정치·경제·사회적 여건, 문화적 전통과 개인적 배경 등에 따라 다르며 인권의 실행모습도 다양하게 나타난다고 지적하고 있다. 특히 인권이 타고난 자연현상이 아니라 인간의 적극적 창조물인 역사적·사회적 현상이라고 규정하면서, 인권발전은 기존질서를 유지하려는 세력의 억압, 탄압에도 불구하고 사회구성원들의 적극적 참여로 이루어낸 것이라고 설명하고 있다. 따라서 인권이란 것은 자연법의 원리에 따른 필연적 결과가 아니라 당시 각 국가가 처한 구체적 상황에서 정치적 이해관계의 고려와 갈등에서 빚어진 열매라는 관점이다. 이런 관점은 인권이라는 것이 사상적이고 이상적인 관점에서 논리적으로 이해하고 실현할 문제만이 아니라, 철저한 현실권력과 투쟁으로 해결할 과제라는 것을 뜻하기도 한다.

인권을 인류의 보편적 권리처럼 이야기하는 근원은 서양의 역사에서 선언된 인권이란 특수한 신분 계급의 이익을 대변하는 특권으로 탄생했다는 것이다. 잉글랜드의 마그나 카르타(Magna Carta)로 시작되는 권리장전의 행렬은 모두 귀족계급의 이익을 위한 것으로 자유민이나 영국민 일반을 표시하는 조항도 실상은 왕권 제한을 통한 귀족의 권한 확장이 목표였다. 모든 권리를 위한 움직임의 실체 추동력은 경제력 계산에서 얻어졌다는 것이다. 영국과 미국은 자유라는 것을 사유재산의 보호로 보았는데, 이러한 서양적 전통에서 인권이란 그 근저에 인간의 존엄성과 함께 사유 재산권이 나란히 자리 잡고 있는 것이다(김중섭, 2001).

인권의 의미 속에는 누구든지 동등한 권리는 지녔으므로 자신의 권리를 위하여 타인의 권리를 유린하거나 희생시켜서는 안 된다는 상호존중의 의미 또한 내포되어 있다(안경환, 2004). 유럽인권협약에서는 인간의 보편적인 인권으로 생명권, 비인도적 대우나 형벌을 받지 않을 권리, 노예제도로부터의 해방, 신체의 자유와 안전소급형법과 처벌의 금지, 사생활과 가정생활의 불간섭보장, 양심의 자유, 종교의 자유, 표현의 자유, 집회의 자유, 집회결사의 자유, 혼인의 자유 등을 채택하였고, 세계인권선언은 인간존엄의 기본권, 시민권 및 참정권, 경제적·사회적·문화적 권리, 단결권의 네 가지 핵심요소로 구성되어 있다(노강호, 2005 재인용).

한국사회에서도 인권에 대한 많은 논의는 있었지만, 아직도 인권을 사형제도의 폐지, 양심수의 석방, 국가보안법 개폐 등과 같은 정치적 이슈로만 생각하는 경향이 있다. 일상생활에 필요한 교육을 받을 권리, 인간다운 생활을 보장받을 권리, 일할 권리 또한 인권의 차원에서 논의되어야 한다(박영란 외, 2001). 인권은 각 나라의 헌법에 보장되어 있는데, 인권의 보편성이라는 측면에서 사회복지실천 현장의 대상자 인권 또한 일반적으로 적용된다. 사회복지시설에서 생활하고 있는 대상자도 당연히 인권의 주체가 되며, 그 보장의 대상이 된다. 이는 특별히 사회복지시설의 대상자 인권을 별도로 고려하는 것이 아니라, 인권의 보편성 관점에서 당연히 포함되어야 하는 것이다(최말옥, 2002).

인권이라는 의미는 천부적인 것이지만, 이것이 법 안에서는 기본권으로 규정되는 것으로, 이는 인간이 세상에 태어나면서 바라게 되는 것, 희망하는 것, 요구하는 것들을 권리의 개념으로 정립한 것이다. 이러한 인권은 인종, 성별, 사회적 신분 등에 구애받지 않고, 모든 인간이 누려야 하는 보편성과 타고난 고유한 권리라는 의미에서 천부적 특성을 가지며, 국가 권력도 인권을 최대한 존중하고 보장하며, 그 본질적인 부분에 대해 절대로 침해할 수 없다는 점에서 불가침성을 그 특질로 한다(윤찬영, 2000).

인권을 논할 때는 '인류사회의 모든 구성원을 고유한 존엄과 평등하고도 양도할 수 없는 권리를 승인함은…'으로 시작되는 1948년 국제연합이 채택한 세계인권선언에 두고 있다. 인권은 인간의 권리를 말하는 것으로, 인간이라면 당연히 가지는 자연법상의 권리를 말한다. 인간이 존엄하다는 것은 한 사회가 가진 도덕성의 지표이며, 인간이라면 누구나 마땅히 누려야 하는 자연권을 의미하는 것이다. 이러한 인권을 우리나라 「헌법」 제10조에는 "모든 국민은 인간으로서의 존엄과 가치를 가지며, 행복을 추구할 권리를 가진다. 국가는 개인이 가지는 불가침의 기본적 인권을 확인하고 이를 보장할 의무를 진다"고 규정하고 있다(안경환, 2004).

그리고 인권은 "~때문에"(빈부, 학력, 직업, 성별, 연령 등)라는 어떤 조건으로도 제한할 수 없다. 인권은 보편적 권리이지만 사회적 약자와 소수자를 위한 권리가 얼마만큼 보장되느냐가 그 사회의 인권상황을 가늠하는 중요한 척도이다. 왜냐하면 사회적 약자나 소수자들은 인간으로서 마땅히 누려야 할 여러 기본조건을 누리지 못하고 사회적 강자에 의해 인권을 침해받고 고통받는 경우가 많기 때문에, 인권은 사회적 약자나 소수자들의 권리로 보아야 하는 것이다. 인권과 기본권의 관계를 보면 인권은 인간의 본성에서 나오는 자연권을 의미하는데 비하여, 기본권은 헌법이 보장하는 국민의 기본적 권리로서 기본권과 인권은 대부분 일치하나, 인권은 보편성(普遍性)[10]과 천부성(天賦性)[11]을 갖는다는 특성을 가지고 있다.

인권은 첫째, 인간이라면 누구나 가질 수 있다는 점에서 보편적 권리

10) 인종, 성별, 신앙, 사회적 신분에 구애받지 않는 것이다.
11) 헌법에 의하여 창설되지 않은 것이다.

(universal rights)이며, 둘째, 모든 사람을 향하여 주장할 수 있다는 점에서 일반적인 권리(general rights)이며, 셋째, 그 내용 또는 대상은 인간으로서의 삶에 매우 필수적인 기본적인 가치들로 이루어져 있는 기본적인 권리들(basic rights)이라고 할 수 있다. 넷째, 법체계의 승인과 독립해서 '오로지 인간이기 때문에' 가지게 되는 도덕적 권리(道德的 權利)[12]로서 인권은 제도적 권리 및 실정법적 권리에 우선하는 지위를 갖는 실정법에 우선성(priority)을 갖고 있다(김도균, 2008 재인용).

첫째, '인권이 보편적 권리이다'라고 하는 것은 '누가 권리를 갖고 있는가?'의 문제로 권리주체 요소로서, 인권은 인간이라면 누구든지 보유하는 권리이므로 보편적 권리라고 할 수 있다. 모든 사람이 권리주체가 되는 경우가 '보편적 권리'가 있고, 특정한 사람들만 권리주체가 되는 '비보편적인 개별적 권리'(particular rights)가 있다.

둘째, '인권이 일반적 권리이다'라고 하는 점은 '누구를 향하여 권리를 갖는가?'의 문제로 권리상대방 요소로서 인권은 모든 사람에게 주장할 수 있는 일반적 권리이다. 인권의 상대방은 모든 개인뿐만 아니라 집단, 사회, 국가 등을 포함하고 있다.

셋째, '인권이 기본적 권리이다'라고 하는 점은 '무엇에 대한 권리인가?'의 문제로서 권리내용으로서 인권은 각 개인이 인간으로서 살아가는 데 없어서는 안 될 근본적이고도 매우 긴요한 속성을 갖고 있다. 인간의 신체적 안전, 최소한의 생존, 자주성의 보장 등 개인이 인간으로서 생존하기 위해 반드시 필수적인 '근본적으로 필요하고 긴박한 재화들이나 가치들'이 인권의 대상이다.

시민적·정치적 권리는 신체의 자유, 사상·양심의 자유, 표현의 자유 등이다. 자유권과 경제적·사회적·문화적 권리는 의·식·주의 문제이며, 교육권과 사회보장 등 사회권은 차별받지 않을 권리로서 성별·장애·나이·인종·종교 등을 이유로 차별금지 평등권으로 권리 상대방의 작위 및 부작위 의무를 요구할 수 있는 내용인가 등 권리내용은 다양하게 나타나고 있다.

---

12) 보편적인 도덕규범의 인정이라는 근거이다.

넷째, 어떤 내용을 권리로 인정하려면 권리인정의 근거가 필요하다. 인권은 법체계가 승인하기 때문에 발생하는 법적 권리(legal rights)와 독립해서 '오직 인간이기 때문에' 가지게 되는 도덕적 권리로서 보편적인 도덕규범의 인정이라는 근거라는 것이다. 인권은 도덕적 정당성(moral validity)이다. 어떤 권리의 내용이 긴급하고도 중요하여 모든 개인에 대하여 정당화될 수 있다면 그 권리는 인권이다. 즉, 인권은 그 내용과 효력을 실정법이 확인하고, 보장해야 할 의무를 가지는 '준(準)실정법적 권리'이다. 보편적으로 정당하기 때문에 인권은 국가와 사회에 대하여 제도화할 것을 요구할 수 있는 강한 의미의 권리이다.

3. 국제권리장전의 인권 분류

국제인권장전(International Bill Human Rights)의 중심적인 내용을 구성하고 있는 세 가지 문서에는 경제적 권리·사회적 권리·문화적 권리·시민적 권리·정치적 권리로 분류하고 있다.

첫째, 경제적 권리에는 일할 권리를 의미하는 노동권이, 둘째, 사회적 권리에는 가족권과 건강권이, 셋째, 문화적 권리에는 교육권이 대표적이며, 넷째, 시민적 권리로는 신체의 자유, 사상·양심 및 종교의 자유와 의사표현의 자유를, 다섯째, 정치적 권리로는 집회·결사의 자유와 참정권 등을 들 수 있다. 국제인권장전에 따른 인권의 분류와 내용은 표 1-1과 같다.

표 1-1 국제인권장전에 따른 인권의 분류와 내용

인권의 분류	개별 인권의 내용
경제적 권리	• 적절한 생화수준을 획득하고 유지할 권리: 배고픔으로부터 자유로울 권리(사회권 11조 2항), 적절한 식량·의복·주거를 포함하는 적절한 생활수준에 대한 권리(사회권 11조 1항) • 노동권(사회권 6조) • 공정하고 유리한 노동조건에 대한 권리(사회권 7조) • 노동조합을 형성하고 가입할 권리, 파업할 권리(사회권 8조)

(계속)

사회적 권리	• 사회보장에 대한 권리(사회권 9조) • 가족, 임산부, 아동의 권리(사회권 10조), 가족에 대한 보호, 혼인의 자유(자유권 23조), 아동의 권리(자유권 24조) • 육체적, 정신적 건강에 대한 권리(사회권 12조)
문화적 권리	• 교육권(사회권 13조), 기초의무교육에 대한 권리(사회권 14조) • 문화적 생활에 참여할 권리와 자유로운 과학적 진보로부터 이익을 향유할 권리(사회권 15조) • 소수자의 권리(자유권 27조)
시민적 권리	• 법 앞에 인간으로서 인정받을 권리(자유권 16조), 법의 평등한 보호를 받을 권리(자유권 26조) • 제소자의 권리 생명권(자유권 6조), 고문금지(자유권 7조), 차별제도의 기본적 원칙(자유권 10조) • 공정한 재판에 대한 권리 및 재판 앞에 평등과 무죄추정의 원칙(자유권 14조), 계약상 의무의 불능만을 이유로 구금금지(자유권 11조) • 아동의 자유에 대한 권리(자유권 12조) • 의사표현의 자유에 대한 권리, 개인적 영역(사생활)의 자유에 대한 보호(자유권 17조), 사상, 양심, 종교의 자유(자유권 19조), 전쟁과 차별에 대한 선점 금지(자유권 20조)
정치적 권리	• 평화로운 집회의 자유(자유권 21조) • 결사의 자유(자유권 22조) • 정치에 참여할 권리(자유권 25조)

이상에서 정리한 인권은 인간의 존엄성을 보장하기 위한 최소조건을 법적으로 규정한 것이다. 현대사회에서는 인간의 존엄성을 유지하기 위해서는 모두가 앞서 언급한 인권을 누릴 수 있어야 하고, 국가는 이러한 인건을 보장해야 하는 의무를 지니고 있다. 오늘날 대다수의 국가는 유엔(UN)이 설정한 이러한 인권의 기준과 조건을 헌법에 기본권의 형태로 수용해왔다. 이와 관련하여 1993년 비엔나에서 개최된 세계인권회의는 비엔나 선언문 제5조에서 '정치적·경제적 및 문화적 체제와 제도의 차이에도 불구하고 모든 인권과 기본적 자유를 증진하고 보호하는 것은 국가의 의무이다'라고 천명하였고, 우리나라 「헌법」 제10조에서도 '국가는 개인이 가지는 불가침의 기본적 인권을 확인하고 이를 보장할 의무를 진다'라고 명시하고 있다.

4. 헌법의 분류

헌법은 기본권 장에서 자유권·평등권·사회권 등을 다양하고 상세하게 보장하고 있다. 신체의 자유, 양심, 종교, 학문, 예술의 자유, 주거·사생활·통신의 비밀, 거주·이전·직업의 자유, 재산권 등은 자유권에 속하고, 성별이나 종교 또는 사회적 신분에 따라 차별받지 않을 권리 등은 평등권에 속하며, 교육을 받을 권리, 근로의 권리, 노동3권, 인간다운 생활을 할 권리, 환경권, 주거권, 혼인과 가족에 관한 권리, 모성권, 보건권 등은 사회권에 속한다. 이처럼 헌법에 명시된 권리들은 대부분 '개별적 기본권'이고, 인간의 존엄과 가치에 관한 기본권이다. 행복추구권은 '일반적 기본권'에 해당한다. 또한 헌법에 명시된 기본권뿐만 아니라 '명시되지 않은' 기본권도 명시되지 않은 기본권에 속한다. 이러한 명시되지 않은 기본권은 명시된 기본권과 같은 수준에서 개별적 기본권으로 인정될 수 있는 기본권도 있지만, 일반적 자유권으로 이해되는 행복추구권에 의해 보장되는 기본권도 있다.

5. 인권의 이론적 분류

앞서 설명한 권리는 국가와의 관계에서 서로 다른 특성을 보여주고 있다. 시민적 혹은 자유권은 국가의 방해로부터 개인의 자유를 방어하는 '소극적 권리'인 반면에 정치적 권리는 국가의 의사결정에 참여하기 위한 '능동적 권리'이고, 사회적 권리 혹은 사회권은 국가에 대하여 급부를 요구하는 '적극적 권리'의 성격을 지니고 있다. 자유권이나 정치적 권리의 영역에서 국가는 공권력의 남용으로 인권의 직접적 침해자가 되지만 사회권 영역에서 국가는 의무를 적극적으로 이행하지 않음으로써 인권의 침해자가 되기도 한다. 국가의 의무라는 관점에서 전자를 부작위(不作爲)의 의무, 후자를 작위(作爲)의 의무로 구분하기도 한다.

한편 자유권과 사회권은 민주주의 역사적 발전과정을 반영하고 있다. 자유권은 보통 '제1세대 인권'이라고 하는데 시기적으로 서방의 자유주의적 국가들에 의해 역사적으로 우선적으로 발전되어온 것이기 때문이다. 이에 반하여 역사적으로 나중에 사회주의 이념에 입각한 국가에 의해 발전되어온 사회권은 '제2세대 인권'이라고 한다. 1세대 인권이 개인의 자유를 핵심적 가치로 강조하는 자유주의 정치사상의 영향을 받았다면 2세대 인권은 사회적 평등을 중요시하는 사회주의 정치사상의 영향을 받았다고 볼 수 있다. 최근에 일부 학자들은 평화적 권리, 발전적 권리, 환경적 권리 등을 '제3세대 인권'이라 한다. 제3세대 인권은 개인이 아닌 집단적 권리를 의미하므로 '연대의 권리'라고 부르기도 한다. 이러한 권리는 민족자결권, 천연자원에 대한 경제적 주권이론 등과 관련이 있는데, 동서 냉전시기 제3세계 국가에 의해 적극적으로 발전되어 왔다.

다수의 학자들은 프랑스 혁명의 세 가지 가치(자유, 평등, 우애)를 근거로 시민적·정치적 권리를 자유권, 경제적·사회적·문화적 권리를 평등권, 그리고 단결 및 연대의 권리를 우애권에 비교하기도 한다. 더 나아가 이러한 권리들을 서구 사회의 역사적 발전 단계에 비유해 18세기를 시민적 권리의 시대, 19세기를 정치적 권리의 시대, 20세기를 사회적 권리의 시대로 구분하기도 한다.

6. 인권의 기능에 따른 분류

인권은 무엇보다도 국가를 상대로 하여 법 이전의 자연 상태의 자유를 저지하거나 방해하지 않도록 요구하는 '방어권'으로 이해될 수 있다. 하지만 인권은 국가뿐만 아니라 사랑인 개인이나 단체(법인)에 의해서도 저지되거나 방해될 수 있기 때문에 인권에 대한 사인의 침해로부터 국가의 보호를 요구할 수 있는 '보호권'도 인권의 중요한 기능이 된다. 또한 인권은 재판절차나 행정절차와 같이 이를 보장하기 위한 절차에 관한 입법이 필요하기 때문에 인권보장을 위한 절차입법을 요구할 수 있는 '절차권'도 인권이 수행해야 할 중요한 기능이다. 그리고 인권은 본질적으로 자율성을 핵심으로 하기 때문에 이러한 자율성을 실현할 수 있는 정책적 여건을 제공해 주도록 요구할 수 있는 '사회권'도 인권의 기능에서 빠질 수 없다. 마지막으로 인권은 일정한 개인의 차원에서만 이해될 수 없고 다른 개인과의 비교 속에서 진정한 의미를 획득하기 때문에 비교가 되는 개인들에게 동등한 인권이 보장되어야 한다는 점에서 '평등권'은 인권의 필수적인 기능이 된다. 이처럼 인권은 수행해야 할 기능에 따라 방어권, 보호권, 절차권, 사회권, 평등권으로 분류되고, 이러한 기능을 모두 수행할 수 있는 경우에만 인권을 보장하는 완전한 의미가 될 수 있을 것이다.

제3절 인권의 환경변화와 국가의 의무

인간은 성장하면서 성격과 외모 등이 변하듯이 인권 역시 시대에 따라 개념에 대해 변화가 이뤄지고 있다. 인권은 과거에 당연지사로 인식되어온 일들의 정당성에 대한 회의가 일고 그것을 부정하는 가운데 새로운 권리의식이 발생하는 까닭이다. 그리고 사회변화에 따라 인간의 자유나 생존에 관한 새로운 문제의식이 발생하기 때문이다. 인권을 범주화시킨 학자들은 인권에 대한 세대구분을 시도하였다. 제1세대 인권은 18세기 절대 권력에 대항하여 자유주의 사상에 기반하고 개인의 권리를 법적으로 보장하기 시작한 시민적·정치적 권리, 제2세대 인권은 19세기 자본주의 경제의 활성화로 이에 따라 발생하는 불평등문제에 대한 접근을 위해 사회주의 사상과 복지국가 담론에 기반을 둔 사회권과 문화권의 인권개념이고, 제3세대 인권은 20세기 제국주의 식민권력에 대한 저항과 소수자 인권에 대한 논의가 문화상대주의자와 페미니스트들에게서 시작되면서 세계화와 환경문제 등에 대한 책임과 권리에 대한 연대권의 인권개념으로 정리한다(Landman, 2006). 이런 과정을 조효제(2009)는 사회구성주의적인 인권이라고 표현하고 있다. 인권은 위와 같은 세 가지 흐름 또는 세대를 거쳐 발전되어 왔다. 이러한 분류는 사회복지를 인권실천활동으로 구조화하는 데 중요하다. 그 흐름에 대해 크게 세 개의 세대로 구분할 수 있다.

1. 시대적 변화에 따른 인권

1) 제1세대 인권

제1세대 인권은 자유권 또는 시민권과 정치권으로 지칭되는데, 이는 18세기 자유주의적 정치철학의 발달과 계몽주의에 그 기원을 둔다(Bobbio, 1996; Galtung, 1994). 제1세대 권리는 개인주의에 기반하고 있으며, 민주주의와 시민사회를 효과적이고 공정하게 조직화하는 데 필수적인 것으로 간주되는 기본적 자유에 관심을 집중한다. 신체의 자유, 투표권, 언론의 자유, 집회의 자유, 공정한 재판과 법 앞의 평등, 사생활 보장, 종교의 자유, 차별(국가인권위원회법은 차별 사유로 성별, 종교, 장애, 나이, 사회적 신분, 출신지역, 출신국가, 출신민족, 신체조건, 혼인 여부, 임신 또는 출산, 가족형태 또는 가족상황, 인종, 피부색, 사상 또는 정치적 의견, 형의 효력이 실효된 전과, 성적 지향, 학력, 병력 등을 규정하고 있음) 받지 않을 권리 등이 포함된다. 이 권리들은 개인의 가치에 대한 자유주의적 견해에 기초하며, 공권력 등으로부터 보호하는 것이 강조되기 때문에 소극적인 권리로 지칭되기도 한다(국가인권위원회, 2006).

2) 제2세대 인권

제2세대 인권은 사회권 또는 경제적·사회적·문화적 권리로 알려진 권리들이다. 이는 개인 또는 집단이 인간으로서의 잠재성을 완전히 실현할 수 있도록 하는 다양한 형태의 사회적 급여와 서비스 등을 받을 권리로서 취업할 권리, 적정임금을 받을 권리, 적절한 의식주에 대한 권리, 교육을 받을 권리, 적절한 의료보호를 받을 수 있는 권리, 사회보장에 대한 권리, 노령기에 존엄 있게 대우받을 권리, 적당한 레크리에이션과 여가에 대한 권리 등을 포함한다. 제2세대 인권은 18세기 자유주의가 아니라 19세기와 20세기의 사회민주주의 또는 사회주의 그리고 여타 집단운동에 그 지적 기원을 둔다. 제2세대 권리는 국가가 훨씬 능동적이고 적극적인 역할을 할 것을 의미하기 때문에 적극적 권리로 지칭된다. 국가는 제1세대 권리처럼 단지 권리를 보호하기

보다는 다양한 사회적 급여를 통하여 이러한 권리의 실현을 실질적으로 보장하도록 기능할 것을 요구받는다. 이 권리는 국가로 하여금 보다 자원을 집중적으로 투여하는 강력한 역할을 요구하고 있다. 따라서 제1세대의 공민권과 정치권보다 더 논쟁의 대상이 되며, 그에 대한 법적 보장은 흔히 취약한 상태에 머물고 있다(국가인권위원회, 2006).

3) 제3세대 인권

제1세대, 제2세대의 권리가 국가와 개인 간의 관계를 중심으로 각 개인에게 보장될 권리라면 제3세대 인권은 집단적 또는 연대의 권리로 볼 수 있다. 자연권과 사회권으로 대별되던 실체적 기본권은 오늘날 국제적 차원의 인권의 발달과 새로운 유형의 기본권의 대두로 인해 더욱 복잡한 상황에 처하게 되었다. 국제적인 인권의 발달로 인해 전통적인 기본권 보장의 체계가 변화되는 현상이 곳곳에서 발견되는가 하면, 환경권을 비롯한 새로운 기본권은 전통적 자유권은 물론 사회권으로 볼 수 없는 독특한 성격을 갖고 있기 때문이다. 이러한 변화는 기본권의 역할 증대 또는 기본권의 보호 영역 확장이라는 측면에서 이해될 수 있다. 즉, 종래의 시각에서 보면 기본권의 보장은 국내법적 문제로 생각되었지만, 오늘날에는 국제법을 통한 보장이 현실적 의미를 점차 더하게 되었고, 일부 국가에서는 지역적 인권규약의 실효성이 매우 높은 것으로 나타나고 있다. 또한 쾌적한 자연환경의 확보 및 유지 등과 같이 과거에는 기본권에 의하여 보호될 수 있는 성질의 것이 아니라고 인정되는 것들도 오늘날에는 기본권의 의의와 기능에 대한 이해가 확장됨으로써 국가의 보호활동을 요구할 수 있는 기본권으로 새롭게 구성되고 있는 것이다.

제3세대 인권은 집단적 수준에서 정의될 때만 의미가 통하는 권리들이다. 즉, 제3세대 인권은 그 실현에 의해 개개인이 명백히 혜택을 볼 수 있지만, 그것은 개개인에게 적용되기보다는 지역사회, 전체 국민, 사회 또는 국가에 해당되는 권리들이다. 경제개발에 대한 권리, 세계무역과 경제성장으로부터 혜택을 받을 권리, 결집력 있고 조화로운 사회에서 살 권리, 그리고 오염되지 않은 공기에서 숨 쉴 권리, 깨끗한 물을 마실 권리, 자연을 경험할 권리 등과 같은 환경권을 포함한다. 이러한 집단적 권리는 식민지 국민들의 자기 결정권을 쟁취하고자 하는 투쟁, 환경 운동가들의 투쟁, 식민주의와 지속 불가능한 경제적·사회적 개발에 대항한 투쟁 등에 의해 20세기에 들어서야 실질적 인권으로 인식되었다. 제3세대 인권을 조약과 협정으로 성문화하는 것은 아주 초기단계에 머물고 있으며, 그 권리를 보호하거나 실현하기 위한 법적 기제는 초보적 형태 이외에는 아무것도 없다. 이는 종래의 선진국에 비해 정치적·경제적으로 불리한 위치에서 국가를 창설하게 된 개발도상국과 저개발국을 중심으로 주장된 제3세대 인권의 특성을 반영한다. 세대별 관련성은 표 1-2와 같이 정리할 수 있다(국가인권위원회, 2006).

표 1-2 인권의 3세대(요약)

	제1세대	제2세대	제3세대
세대명칭	공민권과 정치권	경제적·사회적·문화적 권리	집합적 권리
기원	자유주의	사회주의, 사회민주주의	경제학, 개발학, 녹색이념
예	투표·집회·언론의 자유, 공정한 재판에 대한 권리, 고문·학대 받지 않을 권리, 차별받지 않을 권리 등	교육, 주거, 의료, 고용, 적정 소득, 사회보장 등에 관한 권리 등	경제개발과 성장에 대한 권리, 경제성장의 혜택, 사회적 조화, 건강한 환경·깨끗한 공기 등에 대한 권리 등
행위자	법률상담소, 국제사면위원회, 인권감시단, 난민사업	복지국가, 제3섹터, 민간의 시장복지	경제개발기구, 지역사회개발계획, 그린피스 등
지배적 전문직	법	사회복지	지역사회개발
사회복지	옹호, 난민사업, 보호시설 조사자, 교도소 개혁 등	직접적 서비스, 복지국가 운영, 정책개발과 옹호, 조사연구	지역사회개발: 사회적, 경제적, 정치적, 문화적, 환경적, 개인·정신적 개발

출처: 국가인권위원회(2006). 인권과 사회복지실천.

위 내용과 같이 제1세대 인권이 자유주의에 기반한 자유권과 정치권의 발전을 이루어 온 과정 동안 사회복지 영역에서는 사회취약계층 및 소수자의 권리에 대한 옹호와 대변, 교도소나 정신 장애인 수용시설에서의 인권보장, 난민 보호소와 난민노동의 인권문제를 다루었다. 제2세대 인권은 사회민주주의에 기반하여 경제권과 사회권의 발전을 이루었으며, 이에 따라 교육권, 주택권, 건강권, 직업권, 사회보장권 등 제도적인 사회복지 발전에 중요한 기반이 되어왔다. 또한 사회복지실천영역에서는 공공과 민간에 의한 직접적 서비스 제공과정이 인권보장의 한 과정으로서 이해되었다. 제3세대 인권은 최근에 발전되고 있는 연대를 통한 환경권이 중요한 인권영역으로 강조되면서 사회복지실천영역에서는 지역사회개발의 측면으로 발전되어 왔다.

인권에 관한 논의가 주로 1세대 인권을 중심으로 이루어진 것과 같은 맥락에서 사회권을 인권으로 인정하지 않으려는 도전이 끊임없이 제기되어 왔다. 물론 유엔을 비롯한 국제사회는 사회권도 인권임을 명백하게 밝히고 있다.[13] 그럼에도 불구하고 사회권을 인권으로 인정하지 않으려는 사람들의 주장은 다음과 같다.

첫째, '이행 가능성'의 문제이다. 인권으로 인정되기 위해서는 물리적으로 실현 가능한 것이어야 하는데 완전고용, 의료보장 요구 등은 각 국가가 처한 경제상황 등에 따라 실현이 불가능한 경우도 있을 수 있을 것이므로 인류의 영원한 이상은 될지언정 인권으로 인정하기는 곤란하다.

둘째, '보편성과 일반성'의 문제이다. 인권은 모든 사람이 누릴 수 있으며 모든 사람에게 요구할 수 있어야 한다. 타인에게 해악을 끼치지 말아야 할 의무(소극적 의무; 자유권에 대한 의무)는 모든 사람에게 부과할 수 있으나, 위난에 빠진 자를 구조할 의무(적극적 의무; 사회권에 대한 의무)는 모든 사람에게 요구할 수 없으며, 특정한 관계에 있는 사람에게만 부과할 수 있을 뿐이다. 따라서 인권의 보편성과 일반성 측면에서 권리성을 인정하기 어렵다.

셋째, '권리내용의 근본적 중요성'의 문제이다. 어떤 권리가 인권이 되기 위해서는 그 권리의 내용이 보장되지 않을 경우, 삶에 치명적 타격을 줄 정도로 중대한 것이어야 한다. 유급휴가가 보장되지 않는 것이 개인의 삶에 치

13) 세계인권선언 제22조는 모든 사람이 '국가적 노력과 국제적 협력을 통하여' 그리고 '각 국가의 조직과 자원에 따라서' 자신의 존엄과 인격의 자유로운 발전에 불가결한 경제적 · 사회적 · 문화적 권리들을 보유한다고 규정하고 있다. 그리고 제25조는 모든 사람이 의식주, 의료 및 필요한 사회복지를 포함하여 자신과 가족의 건강과 안녕에 적합한 생활수준을 누릴 권리와 실업, 질병, 장애, 배우자 사망, 노령 또는 기타 불가항력의 상황으로 인한 생계결핍의 경우에 적절한 보장을 받을 권리를 갖는다고 규정하고 있다(안경환, 2004).

명적인 타격을 주지는 않는다(국가인권위원회, 2006).

2. 인권 패러다임의 변화

21세기 인권의 보편화는 많은 지식인에 의하여 19세기는 유럽의 시대, 20세기는 미국의 시대, 21세기는 아시아의 시대라고 전망하고 있다. 아시아가 주역이 될 21세기의 시대적 가치는 인권이다. 따라서 21세기를 인권의 시대라고도 하는 것이다. 그러나 불과 반세기 전만 해도 인권은 지금처럼 보편화되지도 않았고 준수해야 할 국제규범으로 받아들여지지도 않았다. 그런데 20세기에 두 번의 큰 세계 전쟁을 겪은 인류공동체는 인권의 중요성을 깨닫게 되었다. 이제 인권은 지구촌 세계시민의 기본적 상식이자 인류 공동체가 실현해야 할 보편적인 규범적 가치로 폭넓게 받아들여지고 있다. 오늘날 인권은 국가의 위상을 결정하는 대표적 척도가 되었다. 우리가 국제사회에서 위상을 확립하고 존경받는 국가로 발돋움하기 위해서는 '경제선진국'과 함께 '인권의 선진화'가 매우 중요한 것이다. 사람의 품격이 인격에서 나오듯이 국가의 품격은 인권에서 출발한다고 할 수 있다.

21세기가 인권의 시대라는 것은 인터넷 포털 사이트 구글(Google)에서 '인권'을 검색해 봐도 알 수 있다. 수백만 건이 검색되고 있다. 매일 접하는 뉴스나 신문보도에서도 인권은 이미 낯설지 않은 용어가 되었다. 인권을 21세기 시대적 가치로 인식한 곳은 유엔이다. 유엔(UN)은 1945년 창설 이후 평화(Peace), 개발(Development), 인권(Human Rights)을 인류가 실현해야 할 목표 가치로 선정하고 활동하여 왔다. 이 중에서도 특히 인권은 평화와 개발의 전제조건이 된다는 점에서 매우 중요한 가치로 받아들였다. 인권이 보장되지 않는 평화는 잠재적 갈등으로 인해 언제든지 붕괴될 수 있는 불안정한 평화이며, 인권의 무지한 개발은 지속 가능할 수 없다고 보았다.

세계대전에서 인권침해의 경험을 바탕으로 유엔은 1948년 12월 10일 세계인권선언을 선언하고 유엔 주도하에 국제인권보호 체계 및 현대적 인권개념을 발달시켜왔다. 세계인권선언은 330개 언어 및 지역어로 번역되어 명실상부한 가장 보편적 인권기준이 되었다. 세계인권선언을 이행하기 위해 법적 구속력을 갖는 자유권 규약, 사회권 규약을 작성하였고, 이외에 고문방지협약, 인종차별철폐협약, 여성차별철폐협약, 아동권리협약, 이주노동자권리협약, 장애인권리협약이 작성되어 실행되고 있다. 과거에는 '인권'하면 수사기관에 의한 '고문', 양심수 석방 등으로 인식되기도 하였다. 1990년까지는 공권력에 의한 인권침해가 가장 중요한 부분을 차지하기도 하였다. 1990년 이후 최근에는 여성, 장애인, 이주노동자, 성적소수자, 다문화, 한부모, 북한이탈주민 등 사회적 약자·소수자들의 인권문제와 사회권의 각 분야 인권문제가 갈수록 중요하게 대두되고 있다.

유엔은 1999년 1월 세계경제포럼(WEF)총회에서 코피 아난 전 유엔사무총장의 제의로 인권에 대한 기업의 책임성을 강조하면서 Global Compact를 제정하였다. 2000년 7월 기업이 인권, 노동, 환경, 반부패 영역에서 10개 원칙을 준수할 목적으로 출범하였다. 인권과 관련해서 첫째, '기업은 기업의 영향력 및 범위 내에서 국제적으로 선언되어 있는 인권옹호를 지지하고 존중한다'는 원칙을 제시하였다. 즉, 기업은 인권을 기업의 정책과 문화로 받아들이고 업무의 중심 가치와 문화에 인권이 기본이 되게 해야 한다는 인권 친화적 경영을 해야 한다는 입장이다. 둘째, '인권침해를 예방한다'는 것이다. 직접적으로 타인의 인권침해를 하지 않아야 할 뿐만 아니라, 인권침해를 통하여 이윤이 발생해서도 안 되며, 인권침해를 묵시적 용인하거나 방임해서는 안 된다 것이다. 이와 같이 인권은 기업 경영가치로 도입되면서 고용 등 회사운영에 있어 차별 없이 인권을 존중함으로써 이미지가 좋은 기업이라는 긍정적인 평가를 받아 기업의 사회적 책임뿐만 아니라 기업경쟁력을 제고할 수 있다는 것이다.

이와 같이 인권에 기반을 둔 접근(Human Rights-based Approach, RBA)은 1990년대 후반부터, 그 전 수십 년간 지구상에서 이뤄진 개발, 성장, 원조를 둘러싼 온갖 문제들에 대한 반성에 기초하여, 특히 빈곤문제에 보다 근본적이고 효과적인 접근해결을 위해 제시된 새로운 패러다임으로 제시되었다. 전 유엔 인권고등판무관 메리 로빈슨(Mary Robinson)은 인권에 기반을 둔 접근을 '인간 개발(human development)'의 과정에 대한 개념적인 체계로서, 국제적 인권 기준들에 규범적 근거를 두고, 실질적으로는 인권의 증진과 보호에 초점을 맞춘다고 하였다.

국가인권위원회는 2001년 11월 외국인 4명이 기술표준원장과 3개 크레파스 제조업체를 상대로 한 "크레파스 색상의 피부색 차별" 진정에 대해 "특정색의 살색 명명"은 평등권 침해(「헌법」 제11조, 「위원회 법」 제30조 제1항 제1호 등)에 해당함을 판단하고 기술표준원에 개정을 권고한 바 있다. 그리고 그 후 2004년 8월 초·중등학생 6명이 지나치게 어려운 한자어인 연주황 사용은 어린이에 대한 차별이라며 국가인권위원회에 진정을 제기하여 이후 '살구색'으로 최종 확정되었다. 이와 같이 초등학생들의 크레파스 진정에서 볼 수 있듯이, 인권은 인권에 대해 일정 정도의 전문성을 갖춘 사람들만의 것이 아니다. 1948년 세계인권선언을 작성하는 데 주도적 역할을 한 '엘리노어 루즈벨트'[14]는 1958년 세계인권선언 10주년 기념연설에서 '인권의 보편성'을 다음과 같이 역설하였다. "보편적 인권은 우리의 가정과 밀접해 있는 작은 장소, 너무나 가깝고 작아서 세계 어느 지도에도 나와 있지 않는 그러한 곳에서 시작된다. 비록 그곳이 개개인의 세계일이지라도 동일하다. 자신이 살고 있는 동네, 자신이 다니는 학교, 자신이 일하는 농장이나 사무실도 모두 개인의 세계이다. 그러한 곳에서 모든 남녀노소는 차별 없이 공평한 정의, 동등한 기회, 동등한 존엄성을 추구해야 한다. 그러한 곳에서 보편적 인권이 의미가 없다면 그 어느 곳에서도 의미가 없다."

이와 같이 인권은 이제 개별 국가의 정책뿐만 아니라 가정과 시민사회의 일상, 그리고 국제관계를 규정하는 주된 규범으로 정착해 나가고 있다. 따라서 세계 각 국가들의 시민, 그리고 특히 국가의 각종 정책을 수립하고 집행하는 공직자들에게 인권 의식은 교양의 수준을 넘어서서 반드시 숙지하고 우선적으로 실천해야 하는 필수적인 내용이 되었다. 우리나라도 예외는 아니다.

14) 미국 제32대 대통령인 프랭클린 루스벨트 부인(1933~1945년까지 영부인) 제26대 대통령인 시어도어 루스벨트의 조카딸로 뉴욕에서 태어났다. 백부 시어도어 루스벨트의 소개로 먼 친척인 프랭클린 루스벨트를 만나게 되어, 1905년 결혼, 1945년(4.12.) 남편의 사후, 1952년까지 미국의 유엔 대사로 활동하였다. 1946년 유엔인권위원회 초대 위원장을 역임하고, 1948년 12월 10일 세계인권선언 초안 작성자로서 세계인권선언 작성에 커다란 역할을 하였으며, 1961부터 사망 시 때까지 케네디정부의 여성지위위원회 의장을 역임하였다.

우리나라에서도 사회경제적 삶의 변화와 민주주의의 진전에 따라 인권에 대한 관심이 높아지고 있다. 보다 많은 사람이 기존의 사회정치적 문제를 인권의 관점에서 이해하게 되었고 과거에 없었던 새로운 인권문제가 등장하고 있다. 따라서 인권을 둘러싼 논란과 논쟁이 자주 발생하고 있으며 인권의 중요성에 대한 인식이 확산되고 있다. 이러한 과정을 통해 우리 사회에서 인권은 삶의 질을 높이고 차별이 없는 열려 있는 공동체, 즉 '사람이 사람답게 사는 세상'을 만들어 가는데 중요한 기준이며, 가치로 자리잡아가고 있다.

3. 인권에 대한 국가의 의무

현대적 인권이해에 따르면 국가는 모든 국민의 인권을 보호하고 향상시킬 의무를 부담한다. 인권은 인간 존엄성의 최소 조건을 법적으로 규정한 것이다. 즉, 현대사회에서 인간의 존엄성을 보장하기 위해서는 모두가 인권을 누라고 향유할 수 있어야 하고 국가는 그러한 인권을 보장해야 하는 의무를 지니고 있다. 오늘날 대다수 국가는 유엔이 설정한 이러한 인권 기준과 조건을 헌법에 기본권의 형태로 수용하여 왔다. 이와 관련하여 1993년 비엔나에서 개최된 세계인권회의에서 채택한 '비엔나 선언문 제5조'에서 "정치·경제 및 문화적 체제와 제도의 차이에도 불구하고 모든 인권과 기본적 자유를 증진하고 보호하는 것은 국가의 의무이다"라고 천명하였다. 또한 우리 헌법 제10조에 "국가는 개인이 가지는 불가침의 기본적 인권을 확인하고 이를 보장할 의무를 진다"라고 명시하고 있다. 현대적 인권의 이해에 따르면 국가는 모든 국민의 인권을 증진하고 보호할 의무를 지닌다. 과연 국가가 구체적으로 어떤 의무를 지니는가는 1980년대 이후 발전된 '국가의무에 기초한 접근법'에 의하면 국가의 의무는 인권의 존중(respect), 보호(protect) 및 실현(fulfill)의 세 가지로 구분할 수 있다. 이러한 접근법에 세 가지 이행의무 중 어느 것이라도 이행하지 않으면 이들 권리를 침해한 것으로 규정되며, 이 세 가지 인권의무가 효과적으로 이행될 때 비로소 효과적인 인권보호가 가능하다고 보는 것이다.

첫째, 존중의 의무[15]는 국가가 개인의 자유와 권리의 향유를 침해하지 않을 의무를 말한다. 존중의 의무는 시민적·정치적 권리에 주로 적용되어 온 국가의 '불간섭 부작위의 의무'와 유사하다. 존중의 의무의 핵심은 국민 각자가 자신의 문제에 대한 해결책을 스스로 찾을 수 있도록 국가가 개인의 자유와 권리를 보호하는 것이다. 예를 들어, 적법 절차에 따르지 않은 구금이나 고문을 하지 않을 의무가 이에 해당된다. 그리고 국가가 대안적 주거를 공급하지 않고 강제로 공유지의 무단 거주자를 내쫓는 것은 주거권 침해가 될 수 있다.

둘째, 보호의 의무이다. 이는 제3자가 개인의 권리와 자유를 침해하지 못하도록 국가가 입법 혹은 다른 방식의 조치를 취할 의무를 말한다. 기업의 부당노동행위와 노동착취, 가정에서의 아동학대와 가정폭력 등으로부터 개인을 보호할 의무가 이에 해당한다.

셋째, 실현의 의무[16]이다. 이는 개인의 권리와 자유가 효과적으로 실현될 수 있는 조건들을 적극적으로 조성하는 의무를 말한다. 따라서 실현의 의무는 국가에게 보다 광범위한 조치를 요구한다. 실현의 의무에 따르면 개인이 실업, 장애, 노령의 경우와 같이 국민 개인이 기본적 욕구를 충족할 다른 대안적 방법을 가지지 못할 때, 국가가 식량, 주거, 건강, 교육을 제공할 의무를 지닌다. 예를 들면, 기초적인 사회보장제도를 수립하고 공공주거를 제공하는 등 기초적인 인권이 실현될 수 있도록 국가가 적절한 법률, 행정, 예산, 사법 조치를 취하는 의무를 의미한다. 존중, 보호 및 실현의 의무는 모든 개별 인권에 적용이 가능하다.

이러한 세 가지 의무에 기초한 인권의 이해는 모든 개별적인 인권으로부

15) 존중할 의무는 강제철거나 퇴거를 시행하지 않을 의무를 포함한다. 즉, 대안적 주거의 공급 없이 공유지의 무단 거주자를 내쫓는 것은, 경우에 따라 주거권 침해로 간주될 수 있다. 보호할 의무는 제3자, 즉 땅 소유자, 집 주인, 부동산 개발업자에 의한 전횡으로부터 개인의 주거권이 침해되지 않도록 막는 의무를 국가에 부과한다.

16) 실현의 의무는 공공지출, 토지 및 부동산 시장에 대한 규제, 공공 주거 공급, 전세 및 임대료에 대한 감독 등의 문제를 포함한다. 이러한 세 가지 의무에 기초한 인권의 이해는 모든 개별 인권으로부터 국가의 '존중, 보호 및 실현의 의무'가 나온다는 인식을 반영하고 있다. 즉 개별 인권의 차이는 본질적 성격의 차이가 아니라 각각의 의무가 차지하는 비중의 차이에서 비롯된다고 보는 것이다.

터 국가의 '존중, 보호, 실현의 의무'가 나온다는 것을 반영하고 있다. 즉, 개별적 인권의 차이는 본질적인 성격의 차이가 아니라 각각의 의무가 차지하는 비중의 차이에서 비롯된다고 보는 것이다. 이러한 접근법은 과거의 시민·정치적 권리와 경제·사회·문화적 권리의 이분법에 따른 단점을 극복한 것으로 개별 인권이 부과하는 국가의무를 구체화함으로써 인권의 효과적인 보장에 기여하는 장점을 지닌다. 이러한 접근법을 사회복지 분야에서는 과거의 '인간의 기본적 욕구 충족'이라는 국가의 시혜적·자선적 측면의 욕구패러다임(needs paradigm)의 대안인 권리의 패러다임(rights paradigm)이라고도 한다. 권리의 패러다임이란 의식주로 대표되는 사회복지 내용을 시혜나 자선 또는 정책적 선택의 문제가 아니라 기본적인 사회정의와 인권의 문제로 접근하는 것을 의미한다. 따라서 이러한 인권이 침해될 경우 개인이나 집단이 국가를 상대로 자신의 권리를 주장할 수 있고 국가는 이를 실현해야 하는 법적 의무를 지게 되는 것이다.

Chapter 02

인권의 특성과 원칙

제1절 인권의 보편성, 불가분성 및 의존성
제2절 인권의 권리충돌
제3절 인권의 성격과 성립요건 및 청구권

제1절 인권의 보편성, 불가분성 및 의존성

세계인권선언 이후 인권이 반세기 넘게 국제적 발전을 해오는 과정에서 여러 가지 특성과 원칙이 만들어졌다. 가장 대표적인 원칙으로는 인권의 보편성이며, 이외에도 상호의존성과 상호연관성을 들 수 있다. 사실 1993년 비엔나에서 개최된 세계인권회의는 "인권의 기본적 성격에 대해 인권은 보편적이며 불가분하며 상호의존적이며 상호연관적"[1)]이라고 천명하였다. 또한 민주주의 발전 및 인권존중은 상호의존적이며 상호보장적(제1부 제8항)이라고 규정한 바 있다.

'모든 사람을 위한 모든 인권(All Human Rights for All)'이란 표현은 보편성과 상호불가분성의 원칙을 동시에 담고 있다. '보편성'이란 인권은 국적과 신분과 상관없이 모든 인간이 누릴 수 있는 권리라는 뜻이고 '상호불가분성'은 인권을 인위적으로 자유권과 사회권, 개인의 권리와 집단의 권리로 나눌 수 없다는 의미를 담고 있다.

인권이 불가분적 권리라 하는 의미는 인권을 인위적으로 자유권과 사회권, 개인의 권리와 집단의 권리로 나눌 수 없다는 의미를 담고 있다. 그리고 인권은 그 내재된 권리 일부의 구현으로는 보장될 수 없고, 그 전체가 실현될 때만 완전히 보장된다는 것을 뜻한다. 인권은 자유와 평등을 핵심적 가치로 추구한다. 인간이 존엄한 삶을 유지하기 위해서는 빵과 자유 모두가 필요하기 때문이다. 이를 권리의 개념으로 표현하면 자의적 국가 권력의 남용에 의한 '공포나 억압'으로부터 자유로울 수 있는 자유권과 자원 불평등에 따른 '빈곤'으로부터 벗어나 생존을 유지할 수 있는 사회권으로 구체화된다. 그러나 인권의 내용이 법적·개념적으로는 자유권, 사회권 등으로 구분될지라도 현실에서는 자유권과 사회권은 분리될 수 없는 밀접한 연관성을 맺고 있다는 것이 '인권의 상호불가분성'이다.

인권의 '상호의존성' 또는 '상호연관성'은 한쪽의 인권침해는 필연적으로

---

1) 비엔나 선언 제1부 5항

다른 쪽의 인권침해로 이어지기 때문에 개개인의 인권을 증진하기 위해서는 총체적으로 자유권과 사회권을 동시에 보장해야 한다는 것이다. 예를 들어, 어떤 사람이 가난해서 교육을 받지 못하면 자신이 어떠한 권리를 갖고 있는지 모른다. 따라서 자신의 시민적·정치적 권리를 행사할 수 없게 되는 것이다. 이와 같이 인권이 단계적 접근이 아닌 통합적·동시적 접근이 필요하다는 것이다. 인권의 주체인 인간은 추상적 개인으로서 독자적으로 존재하는 것이 아니라 일정한 사회적 관계와 공동체적 삶의 공간 속에서 살아가는 구체적 개인인 것이다. 따라서 사회적 관계 속에서 인간이 자신의 권리를 향유하기 위해서는 다른 사람의 권리를 존중해 주어야 하는 것이다. 나의 인권과 타자(他者)의 인권, 나의 인권과 공동체(共同體)의 인권, 한 공동체의 인권과 다른 공동체의 인권은 상호의존(相互依存)하는 것이다.

그러므로 다른 사람이나 공동체를 희생하는 조건으로 추구되는 인권은 진정한 의미에서 인권이라 할 수 없다. 세계인권선언 제30조에서 "어느 누구에게도 남의 권리를 파괴할 목적으로 자기 권리를 사용할 권리는 없다" 그리고 제28조에서 "모든 사람은 권리와 자유가 온전히 실현될 수 있는 공동체에서 살아갈 자격이 있다"라고 하였다. 인류 모두가 경험했듯이 제2차 세계대전의 경험에서도 알 수 있듯이 다른 사람이나 공동체의 인권이 침해당하는 현실을 묵인하거나 이에 동조할 때 결국 나의 인권까지도 침해되는 결과를 낳게 되는 것이다. 인권의 상호의존적 성격에 따라 특정한 개인이나 공동체의 인권은 다른 사람이나 공동체의 인권을 보장하는 데 필요한 책임을 가진다는 것이다. 한 개인이 인권과 관련하여 갖는 책임은 자신의 인권을 알고 누려야 할 책임과 타인과 공동체의 인권을 존중하면서 지켜 주어야 하는 두 가지 측면에서 책임성을 갖는다. 모든 개개인이 인권에 상응하여 갖는 책임이란 국가가 국민 개개인에게 강제하는 책임이 아니라, 다른 사람의 인권이 침해되는 현실을 외면하지 않고 '연대'하여 모두의 인권이 존중될 수 있는 질서와 사회적 부와 자원의 재분배를 위해 노력하는 것을 의미한다고 할 수 있다. 따라서 인권은 자기존중·타인존중·상호존중인 것이다. 사회복지시설의 생활인 인권을 강조하면 인권의 지식을 배우고 행동하는 과정에서 의견차나 갈등이 빚어질 수도 있다. 생활인과 시설종사자들에게도 인권은 아직까지 충분히 경험되지 못한 가치이기 때문에 상호 인권 옹호와 보장이라는 입장에서 갈등이 발생할 수도 있다. 그러나 생활인도 시설종사자도 지속적인 교육과 행동으로 갈등을 조정해나가는 과정을 통해서 인권의식은 성숙할 수 있다.

인권이 존중되는 사회복지시설 환경에서 시설이용자와 생활인은 나의 의사와 감정을 분명히 표현하는 능력, 남의 의견을 경청하고 토론하는 능력, 민주적 인간관계를 맺어나가는 능력, 평화적·합리적 문제해결능력, 서로의 차이를 포용하고 존중하는 능력, 배제와 차별에 맞서 인권을 옹호할 수 있는 사회적 연대의 능력 등을 향상시킬 수 있을 것이다. 인권이 존중된 시설에서 인권의 개념과 가치를 올바르게 적용하는 사회복지사는 결코 나의 권리와 존엄성만 주장하지 않을 것이다. 다른 사람을 차별하거나 사회적으로 배제시키지도 않을 것이다. 오히려 모든 사람의 인권이 균등하게 존중될 수 있는 사회를 만드는 데 선도적인 역할자인 '인권지킴이'가 될 수 있다. 또한 동료, 친구와 이웃, 특히 우리 사회에서 가장 쉽게 권리를 침해받기 쉬운 취약집단의 인권보장을 위해 활동하는 '인권 길라잡이'가 될 것이다. 우리 사회의 인권을 이끌어가는 미래의 인권 리더(leader)가 될 것이다. 또한 인권은 일정한 책임과 의무를 다한 경우에만 보장되는 것은 아니다. 인권침해 행위를 하였을 때 그 행위에 대한 책임을 물을 수는 있지만 그 사람의 인권이 침해되어서는 안 된다. 인권은 사람이면 누구나 자기 존엄을 지키기 위해 포기할 수 없는 권리들로 구성되어 있기 때문이다. 또한 권리가 주어질 때 책임 또한 명확히 요구할 수 있다. 따라서 사회복지시설에서 상대적으로 약자의 지위에 있는 복지 대상자에게는 인권이 더욱 중요하고 필요한 것이다.

1. 평등과 자유

타인은 자신과 다르지만 자신과 평등한 존재라는 인식은 중요한 인권의 원칙이다. 세계인권선언 제2조에서 "모든 사람은 인종, 피부색, 성, 언어, 종교, 정치적 또는 기타의 견해, 민족적 또는 사회적 출신, 재산, 출생 또는 기타의 신분 등 어떠한 종류의 차별이 없이, 이 선언에 규정된 모든 권리와 자유를 향유할 자격이 있다. 더 나아가 어떤 사람이 속한 나라 또는 영토가 독립국이든, 신탁통치지역이든, 비자치지역이든 또는 그 외 어떤 주권상의 제약을 받고 있는 지역이든 상관없이, 그 곳의 정치적 지위나 사법관할권상의 지위나 국제적 지위를 근거로, 어느 곳에 사는 주민은 지위가 높고, 다른 곳에 사는 주민은 지위가 낮다는 식으로 구분해서는 절대로 안 된다"라고 규정하고 있다. 평등이란 모든 사람의 삶이 균등하다는 절대적 평등을 의미하는 것이 아니라 동등한 기회를 갖는다는 상대적 평등을 의미하는 것이다. 더 나아가 사회권의 입장에서는 결과에 있어서의 평등도 중요하게 간주된다. 차별 없는 평등 조항은 권리장전의 각 문서에서 가장 앞부분에서 명문화되어 있다. 그만큼 평등은 국제인권의 발전에서 중요한 위치를 차지하고 있고 대다수 민주주의 국가의 헌법은 평등의 원칙을 명문화하고 있다.[2] 인권의 내용을 구성하는 두 축인 자유와 평등은 상호의존적이며 서로 필수불가결한 것이다. 자유를 무시한 평등, 평등 없는 자유 모두 불완전하고 지속 가능하지 못하는 것이다. 자유가 생명의 유지와 삶의 목적과 의미를 실현하기 위한 필수적 전제 조건이라면, 평등은 사회구성원 모두에게 그러한 자유를 최대한 보장해 주는 가치이자 원리인 것이다. 인권의 역사는 보다 많은 자유를 쟁취하고 모든 형태의 차별을 철폐를 통한 평등의 실현을 위한 과정이라고 할 수 있겠다.

2. 소수자 보호

차별 없는 평등의 원칙은 소수자(minority) 보호 제도를 통해 구현된다. 소수자 보호는 역사적으로 소수종파에 속하는 종교인에 대한 관용에서 출발하

2) 대한민국 헌법 제11조 제1항에서 모든 국민은 법 앞에서 평등하다. 누구든지 성별, 종교 또는 사회적 신분에 의하여 정치적·경제적·사회적·문화적 생활의 영역에 있어서 차별을 받지 아니한다고 규정하고 있으며, 국가인권위원회법은 차별을 보다 상세히 규명하고 있는데 제30조에서 성별, 종교, 장애, 나이, 사회적 신분, 출신지역, 출산국가, 출신민족, 용모 등 신체조건, 혼인여부, 임신 또는 출산, 가족상황, 인종, 피부색, 사상 또는 정치적 의견, 형의 효력이 실효된 전과, 성적(性的) 지향, 병력(病歷)의 18개 종류를 언급하고 있다.

여 인종 및 정치적 소수자로 확대되어 왔다. 소수자란 보통 종교, 문화, 사회적 신분, 언어, 인종 및 정치적 신념 등을 이유로 인원 수, 신분 그리고 정치적 영향력에 있어서 열세 또는 불리한 위치에 속한 집단, 즉 사회적 약자를 의미한다. 이것은 유색인종, 여성, 소수종교의 신자, 경제적 약자 등이 소수자에 속한다. 소수자는 다수자(majority)에 대응하는 개념이지만 양적인 숫자가 절대적 기준은 아니다. 그리고 소수자는 어떠한 경우에도 보편적으로 적용되는 개념이 아니다. 예를 들어, 여성과 같이 다수임에도 사회적 소수자가 될 수 있고, 양심에 따른 병역 거부자도 도덕적·종교적으로는 소수자이지만 이로 인해 경제적으로도 항상 소수자의 위치에 있게 되는 것은 아닌 것이다.

소수자는 대부분 인종, 성, 언어, 종교 등에서 비롯되지만 계급, 문화 등과 결합되면서 대개 복합적 차별과 중첩적 박탈감을 겪는다. 따라서 소수자의 문제는 가난과 소외와 같은 사회적 문제로 드러나기도 한다. 대부분의 민주주의 국가에서는 이러한 소수자의 문제를 해결하기 위해 소수자 우대조치(affirmative action)와 같은 다양한 종합적 대책을 시행하고 있다. 민주주의가 다수결의 원칙, 즉 '다수의 지배'를 원리로 한다면 인권은 소수자의 보호를 원칙으로 하는 것이다. 민주주의가 이해당사자의 정치적 타협을 통해 벤담의 '최대다수의 최대행복'을 추구하는 공리주의를 취한다면 인권은 보편성 원칙에 따라 '모두의 최소한의 존엄성'을 지키려고 하는 것이다. 역사적 측면에서 바라보듯 소수자의 인권을 보호하지 않는 민주주의는 다수의 횡포 또는 파시즘으로 전락할 수밖에 없었다.

3. 도덕성, 우월성, 근본성, 추상성

인권은 실정법적 권리가 아니라 실정법 밖에 또는 실정법을 넘어서 존재하는 도덕적 권리이다. 따라서 실정법적 권리보다 우월하고, 실정법적 권리의 정당성을 판단할 수 있는 기준이 된다. 인권과 충돌하는 실정법적 권리는 인정될 수 없고, 인권을 충분히 보장하고 있지 않은 실정법 질서는 그 정당성을 의심받을 수밖에 없다. 또한 인권은 인간이 존엄하기 위하여 필수적으로 요구되는 근본적 권리이다. 인간이 주장하는 모든 권리가 인권일 수 없고, 오로지 인간의 존엄성을 보장하기 위하여 반드시 인정되어야 할 권리만이 인권이 될 수 있다. 인권은 이러하듯 의미내용이 추상적이다. 인권의 의미내용은 개별적 사안에 적용되기 위해서 구체화되어야 한다. 법적 권리는 모두 구체화를 필요로 하지만 인권만큼 구체화 과정에서 다양한 의미로 해석되는 권리는 없다. 따라서 인권은 그 존재 여부에 대한 확인도 중요하지만 그 의미 내용에 대한 해석도 중요한 작업이 되는 것이다.

제2절 인권의 권리충돌

1. 인권의 일상적 권리충돌

우리들은 일반적으로 인권개념을 법적이거나 정치적인 개념으로 생각하는 경향이 있다. 우리가 인권이라고 생각하지 못하는 곳에서 인권은 살아 숨 쉬는 것이다. 인권침해라는 것은 늘 피 흘리며 고통받는 박해자의 이미지를 떠올리게 하는 참혹한 일들만은 아니다. 오히려 사소하게 생각하는 일상생활의 관행들 속에서 무심코 자행되는 인권침해 사례가 빈번히 발생하고 있다. 대부분 의도적으로 인권을 무시하거나 침해하려고 하지 않는 상황에서 일어나는 침해들이다. 인권개념을 법적이거나 정치적인 개념으로 생각하는 경향은 인권이 일상적인 모든 삶의 과정과 맥락에서 다루어져야 하는 것이 아니라, 어떤 특별한 상황이나 맥락에서 다루어져야 한다는 생각에 기인하고 있는 것이 주요한 이유이다. 그러나 인권은 어떤 정치적 의도나 관점에 의한 것이 아니라 일상의 삶 그 자체에 있다. 따라서 인권을 바라보는 관점은 정치적인 논리나 시각에서가 아니라 일상생활의 문제로 구체화되어야 하는 것이다. 초기 유엔 인권위원장을 역임한 엘리노어 루즈벨트(Eleanor Roosevelt, 1884~1962)는 "보편적 인권은 우리의 가정 가까이에 있는 작은 장소, 너무나 가깝고 작아서 세계 어느 지도에도 나와 있지 않은 그러한 곳에서 시작되는 것이다"라고 가정하였다. 자신이 살고 있는 동네, 자신이 다니는 학교, 자신이 일하는 일터에서 인권은 시작되는 것이다.

예를 들면, 사회복지실천 현장에서 인권문제는 생활하고 이용하는 시설에서 생활하고 이용하면서 발생하는 것이다. 이용하고 생활하는 모든 이용자와 생활인은 자신의 느낌과 생각, 경험에서 자유로움을 보장받아야 하며, 참여과정에서도 모든 참여자가 동등한 기회를 보장받아야 하는 것이다. 또한 다른 사고와 삶의 방식과 문화의 차이로 인해 차별 받지 말아야 하며, 민주적 논의와 합의를 통해 공정하고 평화롭게 문제를 해결하는 것을 학습할 수 있어야 한다. 이러한 교육과정들이 교육기간 동안 이루어지게 될 때 사회복지실천 현장은 그 과정 자체가 인권을 완성해 가게 되는 것이며, 사회복지시설의 생활과 이용에서 인권과 관련한 다양한 가치를 체득하게 될 수 있다. 인권의 관점에서 보면 이용자와 생활인은 시설종자사와 동등하게 인권을 가지고 향유하며, 현재와 미래의 자신의 삶의 결정과 방식을 이해하고 결정하는 당당한 현재적 삶의 주체자로서 하나의 존엄한 인격을 갖춘 인간인 것이다.

그렇지만 인권은 보편적 가치이지만 적용 과정에서 다양한 가치와 권리 사이에 충돌이 발생할 수밖에 없다. 대표적인 예로 언론의 보도 범위와 내용을 둘러싼 공공의 알권리와 사생활을 보호받을 권리 사이의 충돌, 범죄수사와 형사소송 절차에서 범죄자의 인권존중과 범죄피해자의 인권보호 사이의 갈등을 들 수 있다. 인권의 가치는 최대한 존중해야 하지만 현실적인 측면에서는 선택의 문제인 것이다. 즉, 인권정책의 궁극적 이상은 공동체 구성원 모두의 인권 보호와 증진이지만 모두를 만족시키는 인권정책이란 현실적으로 매우 어렵다고 볼 수 있다. 따라서 인권정책 실현과정에서는 불가피하게 특정 권리를 보호하고 증진하기 위해서는 불가피하게 다른 권리를 제한해야 하는 경우가 발생한다. 이러한 경우에도 최소한의 기준과 원칙을 따라야 하는 것이다. 가장 중요한 것은 국가 기관의 행정적 편의가 아니라 법률에 의한, 즉 법에 의한 지배(법치)의 원칙에 따라야 한다는 것이다. 그리고 특정 집단이 아닌 공공의 안녕과 복리를 위한 것이어야 하는 것이다. 이밖에도 민주적인 절차에 따라 표현된 사회구성원 대다수의 요구를 반영해야 하는 것이다. 이것은 민주주의 사회에서의 의사결정의 기본원칙이기도 하다. 그렇지만 대다수의 의견이라 할지라도 기본적 인권, 특히 소수자의 인권을 침해해서는 안 되는 것이다. 또한 타자의 권리를 침해하지 않는 범위 내에서의 자신의 권리 행사 원칙을 하여야 하는 것이다.

그러나 여기서 논란이 발생할 경우 법원이나 국가인권위원회 같은 공신력 있는 국가기관이 인권의 원칙과 형평성을 고려하여 판단을 내릴 수 있어야 한다. 인권의 증진은 소수의 지도자들의 각성과 지도력에 의한 경우도 있겠지만 대부분의 경우 소수자들의 끊임없는 노력에 의해서 얻어진 결과들이다. 예를 들면, 장애인 당사자들에 의한 꾸준한 노력이 '장애인차별금지법'을 제정하였고, 청각장애인들의 지속적인 노력에 의하여 '한국수어언어법'을 제정하는 등의 인권향상을 가져올 수 있게 하였다. 특히, 우리 사회 각 분야 핵심적 위치에 있는 지도자들의 적극적 노력이 필요하다. 사회적 소수자나 약자들을 배려하고 존중하는 인권 의식이나 인권 감수성을 높여야 인권정책을 마련하는 데 앞장설 수 있다. 이를 위해서는 '인권 중심의 사고방식(human rights oriented thinking)'으로 사회 전반에 인권 친화적 문화의 확산에 진력하여야 한다. 우리들이 인권이라고 생각하지 못하는 곳에서 인권은 살아 숨쉬는 것이다. 사소하게 생각하는 일상생활들 속에서 짓밟히고 유린되는 인권 침해 사례가 무수히 많다. 인권 국가에서 모든 정책은 인권 보호와 증진에 부합되어야 한다. 정책 기획에서부터 입법 과정, 정책 집행에 이르기까지 '인권 중심의 사고방식'의 전환이 필요한 것이다. 사회복지사들이 인권 중심의 사고방식을 갖고 판단할 때 가장 인권 친화적인 정책 수립과 집행이 이루어질 수 있다고 본다. 우리 사회의 인권을 이끌어갈 인권 리더(leader)가 되어주기를 간절히 기대하는 것이다. 인권 증진 리더의 시작은 자신의 권리를 알고 인권침해 사실을 느끼고 깨닫는 인권에 대한 감수성을 향상시켜 나가는 것이다. 사회복지사들이 인권을 알고 옹호할 수 있는 능력과 인간의 존엄성에 대한 실천 활동은 오직 인권을 존중하는 복지실천현장에서의 변화와 인권을 옹호하는 실천 방법을 통해서만 향상될 수 있는 것이다. 인권의 내용과 가치를 제대로 교육 받은 사회복지사는 결코 나의 권리와 존엄성만 주장하지 않으며, 가장 낮은 자리에서 소외되고 고통받고 있는 사람을 차별하거나 사회적으로 배제시키지도 않을 것이다. 우리나라 어느 곳에서도 소외와 고통에 신음하고 있는 단 한 사람이라도 있다면 그곳이 인권실천의 현장이라는 사실을 인식해야 할 것이다.

2. 권리 간의 충돌과 인권 원칙에 따른 해결

인권은 보편적 가치이지만 적용과정에서 다양한 권리 사이에 충돌이 발생한다. 다양한 가치가 인권의 이름으로 충돌하는 경우가 있다. 대표적인 예로 언론의 보도 범위와 내용을 둘러싼 공공의 알권리와 사생활을 보호받을 권리 사이의 충돌, 범죄수사와 형사소송 절차에서 범죄자의 인권 존중과 범죄 피해자의 인권보호 사이의 충돌을 들 수 있다. 인권의 가치는 최대한 존중해야 하지만 현실에서 국가의 정책은 선택의 문제이다. 즉, 정책의 궁극적 이상은 공동체 구성원 모두의 인권 보호와 증진이지만 모두를 만족시키는 정책이란 현실적으로 매우 어려운 것이다. 따라서 정책을 실현하는 과정에서는 불가피하게 특정한 권리를 보호 및 증진하기 위해서 불가피하게 다른 권리를 제한해야 하는 경우가 발생한다. 이러한 경우에도 최소한의 기준과 원칙을 따라야 한다. 「헌법」에서는 기본적 인권을 제한하는 원칙으로 '비례성원칙'과 '본질내용침해금지원칙'을 제시하고 있다(「헌법」 제37조 제2항). 이에 따라서 기본적 인권이 서로 충돌할 때는 어느 하나만을 일방적으로 실현할 수는 없고, 양자가 모두 조화롭고 균형 있게 실현될 수 있는 대안이 제시되어야 한다.

가장 중요한 것은 국가기관의 행정적 편의가 아니라 헌법상 요구되는 법치주의원리에 따라 법률에 의하거나 법률에 근거하여야 한다는 '법률유보원칙'을 준수해야 한다는 것이다. 그리고 특정한 집단이 아닌 공공의 안녕과 복리를 위한 것이어야 한다. 이밖에도 민주적인 절차에 따라 표현된 사회구성원 대다수의 요구가 존중되고 반영되어야 한다는 점도 중요하다.

이는 민주주의 사회에서 의사결정의 기본원칙이기도 하다. 그러나 대다수의 의견이라 기본적 인권, 특히 소수자의 인권을 침해할 수는 없다. 한편 타인의 권리를 침해하지 않는 범위 내에서의 자신의 권리를 행사할 수 있다는 원칙도 중요하다. 그러나 여기서 논란이 발생할 경우 법원이나 국가인권위원회와 같은 공신력 있는 국가기관이 인권의 원칙과 형평성을 고려하여 판단을 내릴 수 있어야 한다.

인권은 교통신호등

현대 사회에서 인권의 사회적 역할은 무엇인가?

여러 가지 설명방식 가운데 교통 신호등 또는 표지판은 인권이 사회적 및 정치적으로 왜 중요한가를 비유적으로 잘 설명해 주고 있다. 신호등은 운전자와 보행자를 보호하고 차량의 소통을 원활하게 하기 위해 설치되어 있다. 즉, 신호등은 운전자의 안전을 보호하고 보행자의 생명을 보호하는 도구이자 공동체의 약속을 실천하는 수단이다.

그러나 일부 운전자는 교통표지판을 무시하고 과속을 하고, 음주운전을 하다가 또는 신호등을 무시하고 질주하다가 사고를 일으키기도 한다. 일부 보행자도 신호등을 못 보거나 무시하고 길을 건너다 차에 치여 다치기도 한다.

운전자든 보행자든 번거롭고 불편하다는 이유로 또는 무지해서 신호등을 무시할 때 사고가 발생한다. 지속적으로 증가하는 사고로 인한 가해자와 피해자의 충돌은 사회적 갈등과 불신으로 이어져 공동체 내에서 무질서와 불안이 증대하고 있다. 한편 이러한 사회적 문제를 제도적으로 해결하고 사회적 신뢰를 회복하는 데 드는 정치사회적 비용이 증가하고 있다.

교통표지판과 신호등은 차를 가진 사람에게 번거롭고 귀찮은 대상일 수 있다. 보행자에게도 마찬가지일 수 있다. 그러나 원래 교통표지판과 신호등은 운전자와 보행자의 생명을 보호하기 위해 만들어진 것이다. 오늘날 인권은 교통신호등 또는 표지판의 역할을 한다. 권력과 재력을 가진 사람들에게 인권은 교통표지판처럼 귀찮은 대상이 될 수 있지만 사회적 약자에게 인권은 희망이자 위안의 근거가 된다. 한편 신호등이 사고를 막아주는 역할을 하듯이 인권은 사회적 갈등을 예방하고 더 나아가 사회를 통합하는 기능을 한다. 인권은 신호등처럼 공동체의 구성원들이 타인의 권리를 침해하지 않으면서 자신의 행복을 추구할 수 있는 길잡이인 것이다.

결론적으로 신호등의 원활한 교통정리 역할처럼, 인권을 제대로 이해하고 실천하면 모든 사람의 존엄성을 보장하고 삶의 질을 높이는 수단이자 건강한 사회적 질서를 유지하는 디딤돌의 역할을 할 수 있는 것이다.

제3절 인권의 성격과 성립요건 및 청구권

1. 인권의 성격

인권은 인간이라면 누구나 보장받아야 하는 자연권으로서의 성격을 갖는다. 인권은 실천 차원에서 나아가 현대 국가에서 그리고 오늘의 세계에서 이념으로 기능하고 있다. 이제 인권이념은 기술의 발달로 인한 국제교류의 증대, 50년대 이후 급증한 신생 독립국의 등장과 국제경제의 구조적 불평등성, 국제기구의 등장, 냉전과 이데올로기 전쟁의 종식으로 인해 현대 사회로 접어들면서 보편적으로 확산되고 있다. 이러한 인권개념은 정치적 도구로 사회운동의 목적으로 쓰이며, 시민교육이라는 계몽적 수단으로 이용되기도 한다(노강호, 2005 재인용). 이러한 인권의 논의와 실천은 우리나라의 경우 국가인권위원회의 설립으로 보다 구체화될 수 있는 근거가 마련되었다. 1945년 유엔(UN)의 성립과 더불어 인권이라는 개념은 보다 일상적으로 사용되었는데, 이제 인권은 중요한 삶의 조건으로 언급되고 있다(김혜정, 2002).

또한 인간의 권리라 함은 인간이 인간으로서 당연히 누리는 권리를 말한다. 이러한 의미의 인권[3]을 최초로 선언한 헌법은 버지니아 권리장전과 프랑스 인권선언이다. 인권 또는 인간의 권리를 독일 등에서는 기본적 인권 또는 기본권이라고 한다. 엄밀한 의미에서 인권과 기본권은 동일한 개념이 아니다. 인권은 인권사상을 바탕으로 하여 인간이기 때문에 당연히 누리는 인간의 생래적·천부적 권리(자연권)를 의미하지만, 기본권은 헌법이 보장하는 국민의 기본적 권리를 의미하기 때문이다. 그러나 각국의 헌법에서 보장하고 있는 기본권은 자유권적 기본권을 중심으로 하고 있을 뿐만 아니라 그 밖의

3) 우리나라 「헌법」을 비롯한 각 나라의 헌법과 1948년 유엔에서 세계 각국이 합의한 '세계인권선언', 그리고 국가 간에 맺은 '국제인권조약' 등은 하나같이 인권에 대한 약속을 담고 있다. 우리나라 최고법인 「헌법」 제10조에서 "모든 국민은 인간으로서의 존엄과 가치를 가지며 행복을 추구할 권리를 가진다. 국가는 개인이 가지는 불가침의 기본적 인권을 확인하고 이를 보장할 의무를 진다"라고 하여 인간의 존엄과 가치 및 행복추구권, 국가의 국민 개개인에 대한 기본적 인권 보장의무를 선언하고 있다(인권교육기본용어, 국가인권위원회, 2005).

정치적·경제적·사회적 기본권 등도 인간의 권리와 보완관계에 있는 것이기 때문에 인권과 기본권을 동일시하여도 무방하다고 할 수 있다.[4] 우리나라 「국가인권위원회법」 제2조 제1호는 인권을 "헌법 및 법률에서 보장하거나 대한민국이 가입·비준한 국제인권규약 및 국제관습법에서 인정하는 인간으로서의 존엄과 가치 및 자유와 권리"라고 정의하고 있다.

이러한 기본권 또는 기본적 인권의 일반적 성격은 다음과 같다.

첫째, 기본적 인권은 인종·성별·신앙·사회적 신분 등에 구애받지 아니하고 모든 인간이 보편적으로 누리는 권리이다. 둘째, 기본적 인권은 인간이 인간으로서 생존하기 위해 당연히 누려야 할 인간에게 고유한 권리이지 국가나 헌법에 의하여 창설된 권리가 아니다. 셋째, 기본적 인권은 일정 기간에만 보장되는 권리가 아니라 영구히 보장되고 또 박탈당하지 아니하는 항구적 권리이다. 넷째, 기본적 인권은 인간이 향유하는 불가침의 권리이다(국가인권위원회, 2006).

이러한 인권의 성격은 각 학문의 영역에서 그 분야의 독자적이고도 주요한 개념으로 적용되고 있는데, 교육학이나 심리학, 법학 등에서 설명된다. 교육학의 경우 민주주의의 기본가치로 인간의 존엄성, 자유, 평등과 기본적 인권은 중심적 개념으로 논의된다(구경화, 1998). 심리학의 경우는 도덕성 발달 이론에 적용되어 설명된다. 법학에서는 인권의 기본 가치와 개념을 법체계 내에서 설명하고자 한다. 그러나 인간의 삶의 질, 사회정의를 그 궁극적 목적으로 하는 사회복지실천에서는 인간과 환경을 주요한 대상으로 삼으면서도, 기본적 가치로서의 인권의 개념을 적용하는 관점이 많이 부족하다.

사회복지영역에서의 인권은 매우 중요하다. 인권이 사회나 집단의 억압으로부터 자유를 얻고, 인간의 존엄을 유지하는 주체로서의 개인을 강조하면서 발전하였다는 것은, 사회문제로 어려움을 갖고 있는 개인이 그들의 존엄을 유지하고 삶의 질을 증진하는 것을 커다란 목적으로 갖고 있는 사회복지실천과 맞닿아 있다(김중섭, 2001).

이러한 인권은 사회복지실천영역에서도 중요한 함의를 갖는다. 보호대상자

4) 권영성(2002). 「헌법학원론」. 경기: 법문사.

및 서비스대상자의 인권을 논의하는 과정에서도, 그 범주에 사회복지실천 현장의 대상자들에 대한 인권은 최근에서야 논의되기 시작했다. 우리나라에서는 「국가인권위원회법 시행령」(2002. 10. 제정)에서 다수인보호시설에 사회복지시설의 포함 여부를 놓고 정부의 관련 부처 간의 이견이 있었으나 최종적으로 사회복지시설도 다수인보호시설에 포함시켜 인권침해 조사대상이 되었다(박태영, 2002).

그동안 사회복지시설의 대상자들은 사회에서 적절한 제 역할을 해내지 못하는 존재로 인식되었고, 편견 속에서만 존재하였기 때문에 이제 사회복지시설에서 대상자의 치료와 재활과정에서 인권침해적 요소를 극복하는 것뿐만 아니라 인권을 보장하는 차원까지 고려해야 한다. 그리고 무엇보다도 인권을 다루는 데 있어서, 보편적인 인권 논의와 시설대상자의 인권 논의는 분리될 수 없다. 보편적인 인권의 논의와 시설대상자의 인권이 별개로 존재하는 것이 아니기 때문이다. 또한 인권이라는 것은 사회복지시설 대상자만의 문제도 아니다. 사회적 소수에 대한 일반적인 인식과 관련이 있는 것이다. 이러한 보편적인 인권인식과 함께 사회복지시설 대상자들이 받는 차별과 편견을 극복하는 인권 논의가 함께 이루어져야 한다(김충희, 2004).

그러나 인권은 추상성으로 인해 현실 속에서 실천으로 구체화되지 못하는 한계가 있다. 인권이라는 이슈가 논의되는 과정에서는 실태나 행동수칙과 같은 당위적인 내용에 초점이 맞추어져, 현실적으로 인권의식이 어떻게 나타나고 있는지에 대한 부분은 오히려 간과되고 있다(국가인권위원회, 2002). 인권에 대하여 어떠한 태도를 갖고 있는지에 대한 진단 없이는 인권의 보장을 위해 궁극적으로 필요로 되는 인권옹호행동을 이끌어내기도 어려울 것이기 때문에 인권은 단순히 개념적으로만 논의되어야 하는 것이 아니라, 실천의 차원으로까지 논의되어야 하며, 따라서 그것을 위해서는 실천과 행동에 앞서 인권에 대한 인식을 갖는 것이 무엇보다 중요하다. 따라서 사회복지실천 현장에서 활동하고 있는 사회복지사들이 어느 정도의 인권의식을 갖고 있는가에 대한 의식 교육이 선행되어야 한다고 본다. 사회복지시설의 실천적 차원의 인권논의를 위해서는 인권에 대한 정확한 진단과 조사가 필요한 것이다.

특히 사회복지시설의 종사자(사회복지사 등)들은 사회적 소수자로서 차별

받는 이용자들을 대상으로 직·간접적으로 서비스를 제공하고 있다. 사회복지사들은 기본적으로 이들을 옹호하는 역할을 하는 집단으로서 사회복지사들이 어느 정도의 인권의식을 갖고 있는가는 이들의 기본적인 태도뿐 아니라 이후 그들을 위한 인권옹호행동에 중요한 지표가 되기 때문이다. 사회복지영역의 전문가들이 사회적 소수자로서 시설이용자(장애인, 노인, 아동, 노숙인 등)와 직접적으로 접촉하고 함께 하는 집단이기 때문에, 이들의 인권인식은 시설이용자의 일상 속에서의 1차적인 인권 경험과 직결된다는 중요한 의의를 갖기 때문이다. 그러나 다른 어떤 소수 집단보다 차별과 편견 속에서 살아온 시설이용자가 치료받고 회복하는 데 있어서, 서비스를 제공하기 이전에 종사자(사회복지사 등)들이 이들에 대한 기본적인 인권에 관한 시각을 어느 정도 갖추고 있는지는 아직 명확하게 진단되지 않았다. 전문직으로서 사회복지는 인간과 사회의 문제를 다루는 실천학문이다. 사회복지의 주요 목표 중 하나는 인간을 중심으로 하는 활동을 통한 개인의 기능의 향상으로 이 안에는 개인의 존엄성을 존중하는 사회복지실천의 주요한 가치가 내재되어 있다(김미원, 1982). 또한 사회복지실천에서 언급되는 주요한 고객(customer)의 옹호자로서의 역할은 기본적인 인권의식 없이는 어려운 일이다.

인권이란 '각 개인이 오로지 인간이라는 이유 하나만으로 가지는 권리'이다. 이 권리는 어떤 국가나 법체계가 권리로 인정하는가와 상관없이 우리 각자에게 인정되는, 실정법 이전의 권리로서 모든 인간(조직, 사회, 국가, 국제조직 등)이 존중하여야 할 의무가 있다.[5] 국가와 실정법이 인정하는가와 상관없이 인간이라면 누리는 권리라는 점에서 자연권(natural rights) 또는 도덕적 권리(moral rights)라고도 한다. 인권의 원칙은 다음 네 가지로 설명할 수 있다.

1) 권리주체의 보편성과 권리상대방의 일반성

인권은 개인으로서의 모든 인간에게 당연히 부여된 권리로서(자신의 노력

5) 인권이란 각 개인이 '오로지 인간이라는 이유 하나만으로 모든 인간들에게 주장할 수 있는 권리'라 할 수 있다(윤찬영, 2000).

이든 품성이든 제도적 승인과 같이 어떤 후천적 기준을 충족함으로써) 획득되는 권리가 아니다. 그리고 인권은 그 상대방이 모든 개인뿐만 아니라 집단, 사회, 국가 등을 포함하고 있다(국가인권위원회, 2006).

2) 도덕적 정당성

어떤 규범이 모든 개인에 대하여 정당화될 수 있다면, 도덕적으로 정당한 규범이다. 그렇다면 어떤 권리의 내용이 긴급하고도 중요하여 모든 개인에 대하여 정당화될 수 있다면 그 권리는 인권이다. 보편적으로 정당하기 때문에 인권은 국가와 사회에 대하여 제도화할 것을 요구할 수 있는 강한 의미의 권리이다. 즉, 인권은 실정법적 권리로 곧바로 전환될 수 있고 되어야만 하는 권리이다. 어떤 권리를 보장하는 규범이 법적으로 효력을 가진다면 그 권리는 법적 권리이다. 인권은 그 내용과 효력을 실정법이 '확인'하고, 보장해야 할 의무를 가지는 '준-실정법적 권리'이다(국가인권위원회, 2006).

3) 권리 내용의 중요성

인권의 내용을 이루는 대상은 긴요하고도 근본적인 속성을 가지고 있다. 개인이 인간으로서 가지는 근본적인 이익들과 욕구들이 인권의 대상이 된다는 점에서, 어떤 권리의 대상이 되는 이익과 욕구가 근본적이면 근본적일 수록 인권으로서의 정당화는 보다 손쉬울 것이다. 그렇다면 인간이 신체적 안전, 최소한의 생존, 자주성의 핵심영역보장을 누리기 위해서 반드시 필수적인 '근본적으로 필요하고 긴박한 재화들이나 가치들'이 인권의 대상이 될 것이다. 이는 앞에서 설명한 근본적·도덕적 권리의 대상을 떠올리면 쉽게 이해할 수 있으리라 본다(국가인권위원회, 2006).

4) 실정법에 대한 우선성

인권은 제도적 권리 및 실정법적 권리에 우선하는 지위를 갖는다. 실정(법)적 권리가 인권형성과 평가의 규준이 되는 것이 아니라, 인권이 실정법적 권리의 내용을 형성하고 평가하는 규준이 된다는 의미에서 인권은 실정법에 대한 우선성이라는 속성을 갖는다. 인권을 침해하는 실정법은 내용상으로 정당하지 못하게 되며, 이 부정당함은 단순히 도덕적 부당함에 지나지 않는 것이 아니라 법적인 성격을 가지게 된다. 즉, '不法的 법률(실정법)'(국가에 의해서 제정되고 적용되는 실정법이기는 하지만 법은 아니라는 의미에서)이라는 것이다. 이러한 표현은 제2차 세계대전이 끝나고 라드브루흐(Gustav Radbruch)라는 독일의 법 철학자가 독일의 나치시대의 법체계와 법률들을 평가하면서 사용했던 것이다. 인권을 의도적으로 침해하는 법률들은 '극도로 부정의한 실정법으로서 법이 아니다'는 견해로 집약된다. 이처럼 실정법에 대하여 갖는 강한 우선성이 인권의 속성이라고 할 수 있다(국가인권위원회, 2003).

Chapter 03

인권의 성립조건 및 발전과 역사

인권 성립의 조건을 다원적 틀에서 제시한 니켈(Nickel)은 세 가지 방식으로 이를 설명하고 있다. 첫째는 근본적 이익을 추구하는 인간이라는 전제조건이고, 둘째는 실용성, 셋째는 청구권이다.

제1절 인권의 성립조건

1. 인권의 이익성

인간은 근본적 이익(fundamental interest)을 추구하는 존재이다. 이것은 정상적인 수명을 누리며 생존하는 데 필요한 조건 또는 인간이라는 존재의 중심적 특징을 개발하고 시험하는 데 필요한 조건 속의 이익이라고 가정할 수 있다. 음식물과 물을 먹는 것, 목숨을 위협하는 공격으로부터의 안전, 부상당하거나 아플 때 조력을 받는 것 등이다. 인간은 행동의 자유(freedom of action)와 사회적 상호작용 및 협력에 대해 접근하는 존재이다. 따라서 사상과 의사소통의 자유, 결사의 자유, 이동의 자유 등이 법적으로 옹호되어야 한다. 근본적 이익은 다른 이익보다 우선한다(Nickel, 2010).

한 개인의 기본적 자유를 보호하는 데 필요한 수단에는 집행 가능한 법적 규범을 만드는 것과 자유를 보호하기 위해서 감당해야 할 비용 또는 비용부담문제에 대한 논의가 필요하다고 할 수 있다.

2. 인권의 실용성

인권은 법 규범을 통해서 실용화되는데 규범과 제도가 복지의 평균수준이 높은 사회를 만드는 데 있어 훌륭하게 작동한다. 근본적 이득이 획득되었다는 것은 복지 상태에 이르렀다는 것을 말한다. 인간의 복지를 높이는 방법 중에 하나는 정부의 폭력성과 위험성을 줄여 민주적 제도를 구축하는 것이다. 따라서 인권체계는 더 나은 정부와 높은 수준의 복지를 촉진하는 것이다.

인권의 결과는 국제사회에서도 영향을 미치게 된다(Nickel, 2010). 권리는 무작정 주장되거나 주어지는 것이 아니라 저항해야 할 그리고 학습한 인권의 영역이 있으나 그 국가의 자원이나 능력에 기반을 두어 감당능력(affordability)을 검토하지 않고 가동하지 않는다. 즉, 경험치에 따라 실행 가능성을 고려한 권리를 논의하는 것이다.

구체적인 권리가 정당화되는 과정은 그것을 지키지 못한 시행착오에서 시작된다고 설명하고 있다. 역사적·국가적 시행착오(전재, 인권탄압, 식민지배 등)로 인하여 인권이 유린되는 부정의 한 경험에서 청구권으로서의 인권이 중심개념으로 떠오르는 것이다. 잭 도넬리(Jack Donnelly)의 경우도 권리를 정당화하는 데 있어서 위협의 중요성을 강조하고 있다. 근대 국가는 도처에 위협적인 요소를 가지고 있고 국제인권은 이러한 위험에 대해 사회적으로 학습화된 해결책이기 때문에 중요하다고 한다.

3. 인권의 청구권

니켈(Nickel)은 인권 청구의 네 가지 기초를 설명하였다. 첫째는 생명을 가지기 위한 확고한 청구이다. 이는 인간은 안전이라는 개인중심의 이익을 추구한다는 정당성에 기반을 두었다. 둘째는 자신의 삶을 주도하기 위한 확고한 청구이다. 정상적인 성인은 자치적인 행위자이다. 그들은 평가하고 선택하고 숙고하고 계획한다. 실제적 문제를 인식하고 해결하는 주체라는 주체적 인간관에서 기반을 두고 있다. 셋째는 심각하게 잔혹하거나 굴욕적인 처우에 반대하는 확고한 청구이다. 넷째는 심각하게 불공정한 처우에 반대하는 확고한 청구이다. 셋째와 넷째는 사회적 존재로서의 인간이 상호작용 속에서 또는 권력과 제도에 의해서 피해 받거나 처우 받는 것이 개인의 이익을 해칠 때 접근한다.

인권의 청구에서는 천부인권이나 자연권의 존재를 부정하지 않으며 일부분 자유주의적 인권개념[1]에 의존하고 있다. 청구에 이르러서 인권개념은 법

1) 대체로 자유주의는 개인의 권리를 강조한다. 인권, 법의 지배, 권력분립을 통한 권력통제, 자유

적인 권리로서 법률가가 논하는 권리이지 철학자가 추상적으로 논하는 권리가 아니라고 명료화시키고 있다. 그리고 이는 실제로 인권이 침해되는 상황 즉 구체적인 인권문제에 접근함으로써 인권내용의 많은 부분을 구축하였다.

그것이 안전권, 적정절차의 권리 자유권(종교, 표현, 집회결사, 이동 등), 참정권, 평등권(차별받지 아니할 권리), 사회권(생계, 건강, 교육에 대한 접근권), 보호권(특별한 집단 즉 민족이나 종족의 권리를 문제제기할 권리) 등이다(Nickel, 2010).

인권은 기본적 권리이며 자신의 이익추구에 반하게 될 때 청구하여 실천하는 행위자에게 돌아오는 개념이다. 실현 가능성을 염두에 두고 접근하는 개인의 권리를 추구하는 개인과 사회의 실천영역에서의 개념인 것이다. 이것은 같은 권리이지만 그것이 실현되거나 만족되는 데 있어서 국가나 문화에 따라서 다를 수 있다.

인권은 인권침해가 발생했을 때 그 모습을 드러낸다. 일상적인 상태에서는 인권의 존재를 기억하게 할 수 없는 것이다. 즉, 자신의 욕구와 권리가 침해되었다고 제기하고 청구하는 행위가 발생할 때 인권의 개념이 드러나므로

로운 경제활동이 보장되는 시장경제 등을 특징으로 한다. 오늘날 자유주의자는 자유롭고 공정한 선거, 법에 의한 모든 시민들의 동등한 권리와 기회가 보장되는 자유민주주의를 지지한다. 서구 대부분의 국가와 비서구권의 상당 나라에서 자유주의를 표방하고 있다.
과거의 정부이론에서 핵심이었던 왕권신수설, 세습적 지위, 국교화된 종교 등의 가정을 부정한다. 기본적 인권을 주창하며 이는 사람의 생명과 자유, 재산에 대한 권리를 포함한다. 자유롭고 평등한 개인들을 기초로 개인의 기본적 인권을 지키려고 사회와 각종 제도들이 필요하다고 말한다.
고전적 자유주의자들은 시장의 독과점을 부정하고 완전히 평등하고 자유롭게 경쟁할 수 있는 경제체제를 목표로 한다. 이러한 경제체제 안에서 추가적인 정부의 간섭을 부정하고 기업가의 자유로운 경제활동과 개인의 재산권을 강조하며 경제를 자유로운 시장질서에 맡겨야 한다고 주장한다. 이에 반하여 자유사회주의자들은 차별철폐법안, 공공서비스, 대중교육, 적극적인 과세 등으로 정부가 시장에 상당한 개입을 해야 한다고 말하고 정부가 실업자에게는 실업수당을, 무주거자들에게는 주택을, 아픈 사람들에게는 의료적 혜택을 주는 방식 등으로 충분한 복지를 제공하여야 한다고 주장한다. 이 주장은 북유럽 복지국가의 탄생에 큰 역할을 하였다. 한편 정부실패와 복지국가가 갖는 큰 정부로서의 비효율성을 비판하며 힘을 얻은 신자유주의자들은 고전적 자유주의와는 달리 정부의 규제를 최소화하고 시장에 좀 더 큰 역할을 맡길 것을 주장한다.
자유주의라는 용어는 자유 민주주의라는 맥락 속에서 더 널리 사용되는데, 이 단어의 의미상 정부의 권한은 제한되고 시민의 권리는 법적으로 분명히 규정하는 민주주의를 가리킨다. 이것은 거의 모든 서구의 민주주의에 적용되고 있고, 그렇기 때문에 자유주의 정당에만 관계를 맺고 있는 개념이라고 할 수 없다.

인권담론이 엘리트 중심의 개념이나 인간을 자기 이익만을 추구하는 이기적 존재로 보는 것이 아니냐는 의구심이 발생하였다. 이러한 의구심을 실제로 이익집단의 자기이익추구가 인권의 영역인지에 대한 의문점을 제기하게 되는 것이다.

제2절 인권의 역사적 발전과정

인권의 개념은 문명의 산물이고 역사의 소산이다. 따라서 인권에 대한 이해와 관념은 특정한 시대의 인간관과 세계관을 반영하고 있으며, 역사적으로 변화하고 발전하여 왔다. 1948년 채택된 세계인권선언은 현재 보편적인 선언으로 받아들여지고 있지만 당시 세계역사를 주도하던 서방 국가, 특히 미국과 유럽의 정치문화가 상대적으로 더 많이 반영되어 있다. 따라서 현재의 인권을 이해하기 위해서는 서구지역에서 인권의 개념과 제도가 역사적으로 어떻게 전개되었는지를 이해할 필요가 있다.

1. 근대 서구의 인권의 발전

서구에서 근대적인 인권보장은 국민의 권리를 문서로 보장하는 제도의 발전과 함께 진행되어 왔다. 1215년 영국의 대헌장(Magna Carta, 마그나 카르타), 1628년 권리청원(The Petition of Rights), 1679년 인신보호령(Habeas Corpus Act)을 거쳐 1689년 권리장전(Bill of Rights)으로 귀결된 일련의 사건을 통하여 부당한 권력에 대한 저항권과 왕은 군림하지만 통치하지 않는다는 입헌군주제의 법치주의 원칙이 수립되었다. 이를 계기로 근대 입헌국가의 헌법에 인권이 기본권으로 성문화되기 시작했다. 영국에서 전개된 권리의 문서화는 왕권에 대한 귀족 특권층의 권리보장의 성격을 지니고 있었다. 그러나 봉건사회가 붕괴되면서 권리 쟁취의 주도권이 서서히 귀족 특권층에게서 의회로 넘어갔고, 이를 계기로 의회민주주의의 원칙과 제도가 수립되었다. 이러한 변화는 곧 유럽대륙, 특히 프랑스에 큰 영향을 미쳤고 대서양을 건너 미국으로도 이어졌다. 이 과정에서 다양한 사회·정치사상이 탄생하였고, 인권사상은 이를 통해 널리 확산되기 시작하였다. 대표적인 예로 루소는 <사회계약론>을 1762년 발표하여 인민주권의 원칙을 제시하였고, 몽테스키외는 <법의 정신>을 1748년 발표하여 권력분립 제도를, 로크는 <시민정부론>을 1690년에 발표하여 정부의 목적이 생명, 자유, 재산이라는 불가침의 인권을 보장하는 데 있음을 강조하였다. 휴머니즘의 계몽주의를 바탕에 깔고 있는 이들의 사상을 기초로 절대왕권을 대체하는 자유민주주의의 제도적 기초가 마련되었고, 국민주권의 상징으로 각 나라마다 만든 헌법에 기본권이란 형태로 인권이 선언되기 시작하였다.

이러한 유럽대륙에서의 정치적·사회적 변화는 대서양을 건너 전 대륙에 영향을 끼쳐 1776년 <미국독립선언>이 발표되었고, 프랑스에서는 혁명 기간 중인 1789년 <인간과 시민의 권리선언>이 선포되었다. 이 두 개의 역사적 선언을 계기로 자유와 평등에 기초한 인권보장의 기본 틀이 마련되고 이후 유럽 전역으로 확산되었다. 이를 보통 근대 시민혁명기라고 부르는데 이 시기는 경제적으로 봉건제 말기로 자본주의적 생산관계가 서서히 자리를 잡아가고 있었다.

따라서 당시 정치세력으로 부상하던 시민계급인 자본가계층이 인권운동을 주도하였다. 19세기에 접어들면서 인권보장을 위한 투쟁은 흑인노예 해방, 여성의 권리향상 그리고 전쟁 기간 중의 인권보호, 즉 인도주의법의 발전으로 확대되었다. 한편 산업혁명을 계기로 자본주의가 본격화되면서 노동자 계급이 양적으로 급격히 증대하였고 아동노동, 저임금 그리고 열악한 노동조건이 심각한 사회문제로 등장하였다. 이러한 상황에서 노동자의 인권에 대한 관심이 높아졌고 당시 노동자 계급의 해방을 주장했던 사회주의 사상은 인권운동에도 큰 영향을 미치게 되었다.

1) 권리청원

권리청원(petition of rights)이란 1628년 영국 하원에서 기초하여 그 해 6월 7일 찰스 1세의 승인을 얻은 국민의 인권에 관한 선언을 말한다. 1628년 에스파냐 등과의 대외전쟁 비용에 궁색해진 찰스 1세가 의회를 소집하자 의회는 강제공채와 불법투옥 문제를 둘러싸고 왕과 대립하게 되었고, 하원이었던 에드워드 코드(Edward Coke) 등이 중심이 되어 국왕에게 청원이라는 형식으로 권리선언을 한 것이 곧 권리청원이다.

청원이라는 형식을 취하는 것은 새로운 입법의 형식으로는 국왕의 동의를 얻을 수 없으리라고 판단한 입안자들이 이 문서가 과거부터 영국인이 가지고 있던 권리를 단순히 선언한 것에 불과하고 새로운 권리의 창설이 아니라는 것을 국왕에게 이해시키려고 하였기 때문이었다고 한다. 주요내용은 의회의 동의 없이는 어떠한 과세나 공채도 강제되지 않는다는 것, 법에 의하지 않고는 누구도 체포·구금되지 않는다는 것, 육군 및 해군은 인민의 의사에 반하여 민가에 숙박할 수 없다는 것, 민간인의 군법에 의한 재판은 공개한다는 것, 각종의 자유권을 보장한다는 것 등이다.

이 청원은 많은 선례를 인용하여 영국인 고래(古來)의 자유와 권리를 확보하고 당면한 사태를 구제하려는 데서 나온 것이지만, 역사적으로 보면 주권이 국왕으로부터 의회로 옮겨지는 첫 걸음이 되었기 때문에 영국 헌정사상 중 중대한 의의를 가지는 것이다.

후세 사람들은 이 권리청원을 마그나 카르타 및 권리장전과 함께 영국 헌법의 3대 성경(聖經)이라 부르기도 하였다. 그러나 1629년 국왕은 이 권리청원을 무시하고 의회를 해산함과 동시에 의회의 지도자를 투옥한 뒤 11년간 의회를 소집하지 않고 전제정치를 하여 1688년 명예혁명의 직접적인 원인이 되었다.

2) 인신보호법

인신보호령, 인신보호율이라고도 번역되는 인신보호법(1679)은 부당한 구금에 따른 인권침해를 방지하기 위해 1679년에 제정된 영국의 법률을 뜻한다.

인신보호법이 제정되기 이전 영국에서는 개인이 공적 기관이나 사인(私人)에 의하여 이유 없이 구금당하거나 장기간 구류되는 것을 막기 위하여 신병(身柄)을 재판소에 출두시켜 법원에 보이도록 문서로 명령하는 인신보호영장(人身保護令狀, Habeas Corpus)제도가 있었다. 이 시기의 인신보호영장은 명백히 부당한 구금으로부터 신체의 자유를 보호하는 기능의 맹아를 보여주고 있으나 국왕의 특별명령에 의한 구금에는 영향을 미치지 못하는 문제점을 가지고 있었다. 이러한 문제점은 17세기에 들어와 의회의 대립항쟁의 과정을 거쳐 국왕의 전단(專斷)적 체포·구금을 부정하는 인신보호법의 제정(1679)으로 이어졌다.

인신보호법은 전문에서 이 법의 목적이 종래의 인신보호영장의 효력을 회피하여 국가기관이 불법적으로 장기간 구금을 계속하는 것을 막기 위한 것임을 명시하고, 이에 따라 이유를 명시하지 않은 체포는 위법으로 간주하고, 인신보호영장을 받는 동시에 피구금자는 반드시 신속히 재판을 받아야 하며, 인신보호영장에 의하여 석방된 자는 이후 어떠한 경우에도 동일한 범죄를 이유로 재차 체포 또는 수감될 수 없도록 하여 국가기관에 의한 부당한 체포나 구금을 법으로 금지함으로써 인권의 보장에 큰 진전을 보게 되었다.

3) 권리장전

권리장전의 정식명칭은 'An Act the Subject Settling the Succession of the Crown'으로서 1689년 국민의 기본적 권리와 자유를 다시금 확인하여 영국 헌정의 기초가 되는 중요한 법적 문서의 하나이다. 권리장전은 영국 국민과 의회가 스튜어트 왕가를 상대로 벌인 오랜 투쟁의 산물이다. 제임스 2세의 국외탈출로 인해 공석이 된 영국 왕위는 오랜지 공(公) 윌리엄(윌리엄 3세)과 그 아내 메리(메리 2세)가 승계하였다. 권리장전은 윌리엄과 메리의 왕위계승에 대하여 의회가 조건으로 내건 '권리선언'의 조항들을 구체화한 것이었다.

권리장전은 모든 신교도에게 종교의 자유를 허용하는 관용법(Toleration Act, 1689)과 3년마다 총선거가 실시되도록 규정한 3년 회기법(Triennial

Act, 1694) 그리고 하노버 가문의 왕위계승권을 인정한 왕위계승법(Act of Settlement, 1701)과 함께 1688년 명예혁명 이후 영국 헌정의 토대를 마련했다. 권리장전은 새로운 원칙의 도입이 아닌 기존 법률을 명백하게 선포한다는 것을 표명하고 있으나 권리장전이 만들어진 뒤 이를 보충하기 위해 취해진 위의 혁명적 조치(the revolution settlement)들은 군주가 의회의 결정에 분명히 제한받도록 만들었다. 또한 전제정부로부터 자유를 확보해 주었으며 이렇게 공인된 자유는 이후 18세기 영국인들의 긍지가 되었다.

권리장전의 주요 목적은 제임스 2세가 자행한 여러 관행이 불법이었음을 분명히 선언하는 데 있었다. 권리장전의 선포에 의해 금지된 과거의 관행들 가운데는 국왕이 법률을 무시하고 자의로 행사하는 특권을 비롯해 의회의 동의 없이 법률의 효력을 완전히 정지시키는 것, 의회의 특별한 승인 없이 과세하거나 평화 시에 상비군을 유지하는 행위 등이 있었다. 또한 선거가 자유롭게 실시될 것과 의원들에게는 완벽한 언론의 자유를 보장할 것을 강조하면서 의회의 소관문제에 대한 왕의 개입을 없애도록 명시한 조항들이 있다. 또한 재판과정에 대해서 어떤 형태로든지 국왕의 간섭을 금지했다.

이후 영국의 권리장전은 영국 헌정뿐만 아니라 미국의 독립선언, 버지니아 권리장전, 매사추세츠 권리선언 등에도 영향을 주었고, 이들을 통하여 다시 프랑스 인권선언에도 영향을 끼쳤다. 오늘날 권리장전이라는 말은 일반화되어 각국의 헌법 속에 규정된 인권을 보장하는 조항을 가리키는 말로 사용되기도 한다.

4) 권리선언

인간과 시민의 권리(De’claration desdroits de l’ homme et citoyen)는 프랑스 혁명 당시 인간으로서 그리고 시민으로서 누려야 할 권리에 대하여 입법회의가 공포한 선언[2]을 말한다. 1789년 8월 20일부터 8월 26일 사이에서 라파에트(Marquis de Lafayette) 등의 주도 아래 열린 프랑스 국민회의가 채택한 이 선언의 17개 조항은 1791년에 제정된 헌법의 전문이 되었다. 이 선

2) 프랑스 인권선언, 1789

언은 또한 1793년 헌법과 1795년 헌법의 전문으로 승계되었다.

인간과 시민의 권리선언의 기본 원칙은 "인간은 자유롭게 그리고 평등한 권리를 가지고 태어났다"(제1조)는 것이며, 이 권리는 자유·소유·안전 그리고 압제에 대한 저항으로 명시되었다(제2조). 구체적으로 모든 시민은 법 앞에 평등하며, 직접 또는 간접적으로 입법 활동에 참여할 권리를 지니며(제6조), 영장 없이는 누구도 체포될 수 없다(제7조)고 선언하였다. 또한 종교의 자유(제10조)와 언론의 자유(제11조)는 '공공질서'와 '법률'의 테두리 안에서 보호되어 있다.

인간과 시민의 권리선언은 근본적으로 이 문서를 작성한 부르주아(Bourgeois) 계급의 이익을 반영하였다. 소유권은 신성불가침한 지위를 부여받았고, 정당한 사전 보상 없이는 침탈할 수 없게 되었다(제17조). 또한 공직은 중산층에게도 개방되었다(제6조).

인간과 시민의 권리선언은 기본적으로 천부인권사상에 기초하였으며, 버지니아 주와 뉴햄프셔 주 등 북아메리카의 몇몇 주에서 제정한 헌법의 영향을 받았다. 이 선언에 담긴 권력분립의 개념은 몽테스키외(Charles de secondat Montesquieu)에서 자연권의 원칙은 영국의 존 로크(John Locke) 사상에서 유래했으며, 일반의지이론과 국민주권이론은 장 자크 루소(Jean-Jac1ues Rousseau)로부터 유래되었다. 개인은 자의적인 치안 및 사법 활동으로부터 보호받아야 한다는 사상은 볼테르(Voltaire)에서 소유권의 불가침원칙은 중농주의자[3]들

3) 스미스가 사회적 부의 전체를 (1) 직접적 소비재원, (2) 고정자본, (3) 유동자본으로 분류하고 있는 것은 그의 오류이다. 이것에 의하면 부는 (1) 기능하고 있는 사회적 자본의 어떠한 부분도 이루지 않는 소비재원(비록 이것의 부분들은 항상 자본으로서 기능할 수 있다고 하더라도)과 (2) 자본으로 구분되어야 할 것이다. 따라서 부의 일부분은 자본으로서 기능하고 다른 부분은 비자본 또는 소비재원으로서 기능한다. 그리고 여기에서는, 암컷과 수컷의 어느 하나로 되는 것이 포유동물에게 있어서 자연적 필연성인 것처럼, 고정자본 또는 유동자본의 그 어느 하나로 되는 것이 모든 자본이 피할 수 없는 필연성으로 나타난다. 그러나 우리가 이미 본 바와 같이 고정자본과 유동자본 사이의 대립은 오직 생산자본의 요소들에 대해서만 적용될 수 있는 것이며, 따라서 이밖에도 고정자본이나 유동자본일 수 없는 형태로 있는 매우 큰 양의 자본-상품자본 및 화폐자본-이 존재하는 것이다.
중농주의자들에게 있어서는 임금으로 투하된 자본부분이 정당하게도 최초의 투자와 대립하는 년년의 투자 중에 나타나고 있다. 다른 한편으로, 그들에게 있어서는 차지농업가가 사용하는 생산자본의 구성부분으로 나타나는 것은 노동력 자체가 아니라 농업노동자들에게 지불되는 생활수단(스미스가 말하는 "the maintenance of the workman")이다. 이것은 그들의 독특한 이론과

에서 유래하였다고 본다. 인간과 시민의 권리선언 전체는 18세기 프랑스 사상의 특징, 즉 실제규칙을 만들기 전에 우선 인간에게 기본적이고 따라서 보편적으로 적용할 수 있는 원칙을 따로 떼어 구체적으로 명시하려는 노력을 잘 나타내고 있다. 인간과 시민의 권리선언은 19세기 프랑스의 역사가 쥘 미슐레(Jules Michelet)가 인정했듯이 '새로운 시대의 신조'가 되었다. 이후의 인권선언과 각국의 헌법에 지대한 영향을 미쳤으며, 인권의 구체화와 보장의 효시가 되었다.

5) 마그나 카르타

마그나 카르타(Magna Carta, 1219), 즉 대헌장(大憲章)은 1215년 내란의 위협에 직면한 존 왕(King John)이 반포한 인권헌장으로 이후 1216년, 1217년, 1225년에 각각 개정되었다. 존 왕의 실정(失政)에 견디지 못한 귀족들이 런던의 시민의 지지를 얻어 왕과 대결하여 템스 강변의 러니미드에서 왕에게 승인하도록 한 귀족조항을 기초로 작성되었다. 원문에는 개조번호(個條番號)가 없었으나 18세기 이래 63개조로 정리되었다. 새로운 요구를 내놓은 것은 없고 구래(舊來)의 관습적인 모든 권리를 확인한 문서로서 교회의 자유, 봉건적 부담의 제한, 재판 및 법률, 도시 특권의 확인, 지방 관리의 직권남용 방지, 사냥, 당면한 애로사항의 처리 등 여러 규정[4]을 포함하고 있다.

밀접하게 관련되어 있다. 즉, 그들에게 있어서는 노동에 의하여 생산물에 첨가되는 가치부분은 노동자들에게 지불되는 생활수단의 가치와 동등할 따름이다. 불변자본과 가변자본을 구별해 낸다는 것은 중농주의자들에게는 그들의 이론 자체에 의하여 거부되고 있다. 노동이 그 자체의 가격을 재생산하는 이외에 잉여가치를 생산한다면, 노동은 농업에서와 마찬가지로 공업에서도 잉여가치를 생산한다. 그러나 중농주의적 체계에 의하면, 노동은 오직 농업이라는 생산부문에서만 잉여가치를 생산하기 때문에, 잉여가치는 노동으로부터 생기는 것이 아니라 이 생산부문에서의 자연의 특수한 활동(협조)으로부터 생긴다. 그리고 오직 이 이유 때문에 그들은 농업노동을 기타 종류의 노동들과 구별하여 생산적 노동이라고 부르는 것이다.

4) 교회의 자유와 권리의 보장 및 자유민에 대한 권리보장(제1조), 봉지(封地)상속세의 최고액의 구체적인 한정(제2조), 병역면세금, 원조금에 대한 왕국전체회의의 동의권 보장(제12조, 제14조), 봉(封)에 수반되는 봉사(奉仕) 이상의 과대봉사금지(제16조), 민사사건에 대한 순회재판, 동배(同輩)재판의 보장과 방법의 한정(제18조-제19조), 위법행위의 정도와 형벌의 비례의 보장과 한정(제20조-제22조), 재산권의 보장(제28조, 제30조, 제31조), 증인에 근거한 소추의 보장(제38조), 형사사건에 관하여 합법적 재판의 보장과 국법에 의하지 아니하고서는 체포, 감금, 처벌, 권리침해 등을 받지 않을 자유의 보장(제39조), 출입국의 자유(제41조, 제42조), 합법적인 재판

마그나 카르타는 본래 귀족의 권리를 재확인한 봉건적 문서였으나 17세기에 이르러 왕권과 의회의 대립에서 왕의 전제(專制)에 대항하여 국민의 권리를 옹호하기 위한 최대의 전거(典據)로서 이용되었다. 특히 일반 평의회의 승인 없이 군역대납금(軍役貸納金), 공과금을 부과하지 못한다고 정한 제12조는 의회의 승인 없이 과세할 수 없다는 주장의 근거로서 또 자유인은 같은 신분을 가진 사람에 의한 재판이나 국법에 의하지 않으면 체포·감금할 수 없다고 정한 제39조는 보통재판소에서의 재판요구의 근거로서 크게 이용되어 금과옥조(金科玉條)가 되었다.

이 헌장은 그 시대의 사람들보다 후세 사람들에게 더 큰 힘을 지니게 되었다. 대헌장은 반포된 지 얼마 안 되었을 때부터 압제에 항거하는 상징과 구호로 인식되었으며, 이후에도 사람들은 자신들의 권리가 위협받을 때마다 그에 맞서 대헌장을 자신들의 보호 장치로 해석했다. 영국의 권리청원(1628)과 인산보호령(1679)은 "모든 자유민은 …… 동등한 자격을 갖는 사람들의 법률적 판단이나 국법에 의하지 않고서는 …… 구속되거나 재산의 몰수를 당하지 않는다"라고 1215년 대헌장의 제39조항을 그대로 인용하고 있다. 미국의 연방헌법과 주(州)헌법은 마그나 카르타에서 그 기원을 찾을 수 있는 이념을 담고 있다.

6) 버지니아 권리선언

버지니아 권리장전으로도 언급되는 버지니아 권리선언(Virginia Declaration of Rights)은 버지니아 식민지 제헌회의에서 1776년 6월 12일 채택한 시민의 천부인권을 선언한 문서를 말한다. 버지니아 권리장전은 조지 메이슨(George Mason)이 주로 기초한 것으로서 자유시민의 제 권리에 대한 개인적 메이슨의 초고에 약간의 수정을 가하고 두 조항을 추가하여 통과시켰는데 그 중 신앙의 자유에 관한 조항은 패트릭 헨리(Patrick Henny)의 제안이었다.

에 의하지 않고 권리를 침해당하였을 경우 복권과 원상회복의 보장(제52조)

버지니아 권리선언은 "모든 사람은 태어나면서부터 평등하며 자유롭고 독립되어 있으며, 자신이나 자신의 후손들을 빼앗길 수 없는 천부의 권리를 갖는다"고 선언하였다. 여기에서 천부의 권리란 "생명과 자유를 누릴 권리와 더불어 재산을 형성·소유할 권리, 행복의 안전을 추구, 획득할 권리"를 말한다. 구체적으로 열거된 시민권은 언론의 자유, 종교의 자유, 어떠한 사람도 국법 또는 법원의 판결에 의하지 않고서는 자유를 박탈당하지 않는다는 금지명령 등을 포함하고 있다. 주요내용은 다음과 같다.

첫째, 모든 사람은 태어나면서부터 평등하며 자유롭고 독립되어 있으며 일정한 천부의 권리를 가지고 있다. 이들 권리는 인민이 들어감에 있어 여하한 계약에 의해서도 그 자손으로부터 박탈할 수 없는 것이다. 그것은 생명과 자유를 누릴 권리와 더불어 재산을 형성·소유할 권리, 행복과 안전을 추구·획득할 권리이다(제1조).

둘째, 모든 권력은 인민의 것이며 인민으로부터 나온다. 집행관은 인민의 수탁자이며 봉사자이고 인민에게 책임을 진다(제2조).

셋째, 정부는 인민, 국가, 사회의 이익, 보호, 안전을 목적으로 설치된 것이므로 정부가 이 목적에 반하는 경우에는 사회의 가수는 정부를 개폐할 수 있다(제3조).

넷째, 권력분립을 도입한다. 입법권과 행정권의 담당자는 압제에 빠지는 것을 방지하며 인민이 부담을 피부로 느낄 수 있을 정도로 정기적으로 선출한다(제5조).

다섯째, 의회의 선거는 자유롭지 않으면 안 된다. 선거권은 사회와 시종 이해를 함께하고 사회에 애정을 가지고 있다는 충분한 증거를 가지고 있는 사람에게 주어진다. 과세나 재산에 대한 제한은 공익을 위하여 인민 또는 그 대표의 동의를 얻어서 행해진다(제6조).

여섯째, 이 외에도 인민 대표의 동의 없이 법률의 효력을 좌우할 수 없으며(제7조), 형사상 적법절차가 준수되어야 하고(제8, 9, 10조), 배심 제도를 신뢰하며(제11조), 언론과 출판의 자유를(제12조), 종교와 양심의 자유를 보장한다(제16조)고 규정한다.

이 권리선언의 역사적 의의는 다음과 같이 요약할 수 있다.

첫째, 당시의 식민지 중에서 가장 강력했던 버지니아가 권리장전을 채택하는 최초의 식민지가 됨으로써 다른 식민지들로 하여금 영국에 대한 소극적·수동적 태도를 벗어나 강력한 저항에 나서게 하는 데 기폭제의 역할을 하는 계기가 되었다.

둘째, 사상적으로 존 로크의 영향을 받은 것이 분명한 이 권리장전은 국민을 모든 권력의 원천으로 보고, 여기에 입각하여 자유시민의 여러 가지 권리를 주장하였다. 이후부터 3주 후에 열린 대륙회의가 채택하게 되는 독립선언서의 문구상의 유사성이 말해주듯이 미국 독립혁명의 이념적 바탕을 제공하는 데 기여하였고, 같은 맥락에서 훗날 프랑스혁명에도 이념적 차원에서 큰 영향을 미쳤다.

2. 제1차 세계대전 이후의 인권

20세기 들어와 인류는 제1차 세계대전이라는 전대미문의 참상을 겪게 되었다. 독가스, 탱크, 세균전 등 근대의 과학기술로 남용에 의한 군인과 민간인의 대량살상이라는 대규모 인권침해가 발생하였다. 이어 발생한 제2차 세계대전 기간 중 유럽과 아시아에서 다시 대규모 인권유린 사태가 발생하였다. 유럽에서는 나치에 의해 유태인과 소수민족이 대규모로 학살되었고, 아시아에서는 일본 제국주의 군대에 의한 남경대학살, 종군위안부(정신대) 등 대규모 인권침해가 발생하였다. 반세기에 두 번의 세계대전을 겪은 인류, 특히 서구사회는 전쟁과 같은 대규모 인권침해를 제도적으로 예방하기 위한 노력을 많이 기울였다.

우선 제1차 세계대전에 대한 반성의 결과 1919년 국제연맹을 창설하였다. 같은 해에 노동권 문제를 국제적으로 다루기 위하여 국제노동기구(ILO)가 창설되었다. 그러나 국제연맹의 규약에는 인권에 대한 명시적 언급이 없었고 인권을 국제적으로 보장하기 위한 제도적 장치에 대한 계획도 없었다. 왜냐하면 당시의 정치적 분위기에서 다른 나라의 인권에 관여하는 것은 내정간섭, 즉 주권침해로 받아들여졌기 때문이다. 그러나 제2차 세계대전을 계기로 주권의 절대성 주장은 약화되고 대신 인권의 중요성이 부각되었다. 당시 정치지도자들은 전쟁을 방지하기 위한 집단적인 안보체제의 필요성을 자각하였고 인권의 존중과 보장이 평화의 전제조건이라는 것을 공통적으로 인식하게 되었다. 그러한 결과 1945년 창설된 유엔(United Nations)의 헌장에는 인권이 명시적으로 언급되었고 유엔은 1948년 세계인권선언 채택에 주도적인 역할을 수행하게 되었다.

제3절 유엔과 인권의 발전

오늘날 유엔(UN)은 인권보장적 측면에서 가장 포괄적이고 중심적인 국제기구로 자리 잡았다. 유엔은 헌장 전문에서 기본적인 인권과 인간의 존엄과 가치에 대한 신념을 재확인하였고, 헌장 제1조에서 유엔의 기본 목적 중의 하나로 "인종·성별·언어 또는 종교에 따른 차별 없이 모든 사람이 인권 및 기본권 자유에 대한 존중"을 명시하고 있다. 이러한 정신에 따라 유엔은 1948년 세계인권선언의 채택을 시작으로 각종 인권기준의 제정과 인권보장제도의 발전을 주도하여 왔다.

1. 국제인권장전

국제인권장전은 1958년의 세계인권선언, 사회권규약의 양대 규약, 그리고 자유권규약의 개인청원 및 사형폐지에 관한 두 개의 선택의정서로 구성되어 있다. 이 다섯 개의 문서를 국제인권장전이라고 부르는 이유는 이 문서들이 현재 국제사회의 인권규범과 인권보장제도의 근간을 구성하고 있기 때문이다. 세계인권선언(Universal Declaration of Human Rights)은 1948년 12월 10일 파리에서 열린 제3차 유엔총회에서 만장일치로 채택되었다. 세계인권선언은 유엔헌장에서 언급된 인권에 대해 보다 구체적으로 명확한 기준을 제시하기 위해 만들어졌는데 당시 국제적 인권운동의 성과를 집대성한 이정표의 성격을 지닌 문서라고 할 수 있다. 인류의 '마그나 카르타'로 비유되는 세계인권선언은 인류가 수세기 동안 투쟁을 통한 성취하고자 한 기본적 자유와 권리에 대한 집단의식을 총괄적으로 대변하고 있다고 볼 수 있다. 그러나 현실적으로 세계인권선언의 가장 큰 의의는 역사상 최초로 모든 국가가 준수해야 하는 인권에 관한 보편적인 기준을 제시하고 있다는 데 있다.

세계인권선언은 명칭 자체가 말해 주듯 강제집행력을 가진 국제법적 문서가 아니라 도덕적 구속력을 지닌 선언문이다. 그러나 1948년 이후 독립하여 헌법을 제정한 많은 국가도 세계인권선언의 내용을 국가의 헌법에 인용하거나 반영하였다. 그리고 유엔의 여러 전문기구의 프로그램은 세계인권선언의 내용을 이행하기 위해 많은 노력을 기울였고 그 결과 오늘날 세계인권선언은 국제법의 일부로 자리 잡게 되었다.

세계인권선언은 1946년 경제사회이사회 산하에 구성된 인권위원회(UN Commission of Human Right)가 30개월의 작업 끝에 합의한 것을 유엔총회가 채택한 것이다.[5] 30개 조항으로 구성된 세계인권선언은 시민적·정치적·경제적·사회적 및 문화적 권리를 망라하고 있는데 선언의 내용은 그 후에 사회권규약과 자유권규약의 양대 규약에 의해 법적 권리의 형태로 세분화되게 되었다. 유엔총회는 1966년 사회권규약과 자유권규약을 동시에 채택하였다. 당시 세계인권선언처럼 하나의 문서를 만들고자 하는 노력이 있었지만 당시 동서의 이데올로기 대결과 냉전의 영향으로 두 개의 법적 문서로 나누어졌다. 이 두 규약은 같은 내용의 서문을 공유하고 있는데 서문은 두 규약의 상호불가분성과 상호의존성을 강조하고 있다. 양대 규약은 채택 이후 11년이 지난 1976년 35개국의 비준과 함께 발효되었다. 최근 기준으로 사회권규약은 162개국, 자유권규약은 168개국이 가입하였다. 두 규약은 모두 제1부에서는 자결권의 원칙을, 제2부에서는 당사국의 일반적인 의무, 제3부에서는 권리의 목록, 제4부에서는 이행감시제도 그리고 마지막은 비준과 발효 등

5) 세계인권선언의 협상 및 채택 과정에 대해서는 유네스코한국위원회 엮음, <인권이란 무엇인가: 유네스코와 세계인권선언의 발전과 역사> 1995, 오름 출판사 참조.

행정절차에 대한 사항으로 구성되어 있다. 자유권규약은 개인통보(individual communication)와 사형폐지 문제를 다루는 두 개의 선택의정서(Protocol)를 지니고 있다. 자유권규약과는 달리 사회권규약은 선택의정서가 없었으나 최근 개인통보를 수락하는 선택의정서의 제정이 논의되고 있다.

2. 국제 인권조약과 선언

1948년 채택된 세계인권선언을 모태로 지금까지 다양한 분야에서 국제인권기준을 제정하는 작업이 이루어져왔다. 국제인권기준은 보통 원칙(pninciple), 선언(declaration), 헌장(charter), 협약(covvention) 등으로 구분할 수 있다.[6) 보통은 원칙이나 선언이 먼저 만들어지고 이후에 이를 법적으로 보장하기 위한 협약이 만들어진다.

인권협약의 경우 1966년에 채택된 사회권과 자유권에 관한 양대 국제규약 말고도 1966년에 인종차별철폐협약, 1979년 여성차별철폐협약, 1984년 고문방지협약, 1989년 아동권리협약, 1990년 이주노동자협약, 2006년 장애인권리협약 및 강제실종자협약 등이 만들어졌다. 인권협약을 제정하는 작업은 오늘날도 계속되고 있다. 아동권리협약의 경우, 자유권규약처럼, 두 개의 선택의정서를 지니고 있는데 아동의 무력분쟁 관여에 관한 선택의정서와 아동매매, 아동매춘 및 아동 포르노그래피에 관한 선택의정서가 발효 중이다. 또한 장애인권리협약도 하나의 선택의정서를 가지고 있다.

인권협약이 채택되고 나서 특정한 숫자의 국가가 비준을 하면 조약은 발효, 즉 효력이 발생한다. 그러나 특정한 인권의 성격에 따라 비준 국가의 숫자, 그리고 채택에서 발효까지의 기간에 큰 차이가 나타나고는 한다. 예를 들어, 1990년 9월부터 발효된 아동권리협약은 최근 가입국의 수가 194개국으로 가장 많으며, 2010년 10월 발효된 강제실종자협약은 가입국의 수가 43개국으로 가장 적다. 47개국이 비준한 이주노동자협약이나 156개국이 비

6) 인권에 관한 조약 가운데 사회권과 자유권은 '규약'이란 표현을 사용하고, 나머지 대다수는 '협약'이란 표현을 사용한다.

준한 고문방지협약도 상대적으로 비준국의 수가 적은 편이다. 표 3-1의 국제인권조약 현황표에 나타나듯이 아직 적지 않은 수와 국가들이 국제인권조약의 가입을 미루고 있다. 특히 가장 기본이 되는 사회권과 자유권에 관한 양대 규약 모두를 가입하지 않은 국가도 상당수에 달하고 있는 현실이다. 한편 이주노동자권리협약은 1990년에 채택되었지만, 2003년 발효까지 무려 13년이 소요되었다. 1989년 채택된 지 1년 만에 발효된 아동권리협약과 매우 대조적이다. 사회권규약과 자유권규약 또한 채택부터 비준까지 10년이라는 적지 않은 시간이 걸렸다. 비준과 관련한 국내법과 제도의 정비 자체가 시간이 걸리는 작업이기도 하지만 무엇보다도 국가의 정치적 의지의 결핍이 지체의

표 3-1 국제인권조약 현황7)

조약 공식명칭(약칭)	채택/발효 연도	당사국 수
경제적·사회적·문화적 권리에 관한 국제규약 (ICESCR, 사회권 규약)	1996년/1997년	162
시민적·정치적 권리에 관한 국제규약 (ICCPR, 자유권 규약)	1966년/1976년	168
모든 형태의 인종차별 철폐에 관한 국제협약 (ICERD, 인종차별철폐협약)	1966년/1969년	177
여성에 대한 모든 형태의 차별철폐에 관한 협약(CEDAW, 여성차별철폐협약)	1979년/1981년	188
고문 및 그 밖의 잔혹한 비인도적인 또는 굴욕적인 대우나 차별의 방지에 관한 협약(CAT, 고문방지협약)	1984년/1987년	156
아동의 권리에 관한 협약(CRC, 아동권리협약)	1989년/1990년	194
이주노동자의 가족의 권리보호에 관한 협약 (MWC, 이주노동자권협약)	1990년/2003년	47
장애인권리에 관한 협약 (CRPD, 장애인권리협약)	2006년/2008년	151
강제실종자의 보호에 관한 협약 (ICPPED, 강제실종자협약)	2006년/2010년	43

출처: 행정과 인권. 국가인권위원회 2014년 연구용역자료집.

7) 인권조약의 영어 원문은 유엔 인권고등판무관실 웹사이트에서 한글 번역은 유네스코한국위원회 웹사이트에서 찾아볼 수 있다.

주요 원인으로 지적되고 있다. 즉, 적지 않은 수의 국가가 인권의 국제적 보호의 시급성보다는 자국의 정치적·경제적 이해관계를 앞세워 비준 또는 가입을 늦추기도 하고 있다.

한편 조약에 선행에서 또는 조약과 별도로 채택되는 각종 인권에 관한 선언도 국제인권기준의 중요한 일부분이다. 1948년의 세계인권선언 이후 가장 대표적인 선언으로는 유엔총회가 1986년 채택한 <발전권에 관한 선언>[8)]을 들 수 있다. 발전권은 모든 인류의 경제적·사회적 발전을 증진하기 위한 국제적인 중요성을 강조한 유엔헌장과 세계인권선언 제28조에서 강조한 '사회적 및 국제적 절차에 대한 권리'를 구체화하기 위한 노력의 결과로 받아들여지고 있다. 한편 발전권은 모든 개인과 인민에게 속하는 불가침의 인권으로 독립된 인권이자 다른 인권을 향유하기 위한 전제조건의 성격을 지니고 있다.

3. 유엔 주최의 국제인권회의

유엔은 상술한 바와 같이 선언과 협약을 통해 국제인권기준을 제정하는 역할 이외에도 대규모 인권회의를 개최함으로써 전 세계 인권상황을 종합적으로 점검하고 인권과 관련된 문제의 해결을 위한 국제적 협력의 장과 계기를 제공해 오고 있다. 유엔은 이러한 국제회의를 통하여 국제적 인권규범과 주최한 대표적인 국제인권회의로는 1968년의 테헤란 국제인권회의, 1993년의 비엔나 세계인권회의, 그리고 가장 최근에는 2001년 더빈 인종차별철폐회의를 들 수 있다.

테헤란 국제인권회의(International Conference on Human Rights)는 세계인권선언 채택 20주년인 1968년 개최되었다. 테헤란 인권회의는 1966년 채택된 사회권규약과 자유권규약의 중요성을 재확인하였고, 무역분쟁 사회 인권보호와 과학기술의 발전에 따른 인권침해의 가능성 등 당시 새롭게 등장한 인권문제를 다루었다. 테헤란 인권회의는 1960년대 신생독립국가들이 대거 유엔에 가입함으로써 유엔에서 제3세계의 발언권이 증대되던 정치적

---

8) 발전(發展)권은 The Right Development의 번역어인데 개발(開發)권으로 번역하기도 한다.

분위기에서 개최되었는데, 인권의 국제적 보장을 위한 제도의 신설과 같은 행동계획을 채택하는 데까지 이르지는 못한 회의였다.

비엔나 세계인권회의(World Conference on Human Rights)는 테헤란 인권회의 25주년인 1993년 개최되었다. 비엔나 인권회의는 1990년대 유엔이 주도한 7대 국제회의의[9] 하나로, 테헤란 회의와는 달리 탈냉전의 정치적 분위기의 배경에서 개최되었다. 비엔나 인권회의는 인권고등판무관 제도의 신설과 인권교육 10년 선언(1994~2004)이 선포되는 계기가 되었고, 국제적 인권규범을 국내적으로 실현하는 방안의 하나로 국가인권기구의 활성화가 중요하게 다루어졌다. 비엔나 인권회의의 가장 큰 의의는 인권의 보편성을 재확인하면서 기존의 국제적 인권규범을 실행하는 구체적인 행동계획을 담은 '비엔나 선언과 행동계획(Vienna Declaration and Plan of Action)'을 채택한데 있다.

인종차별철폐회의(World Against Conference Racism)는 인종차별의 대명사였던 아파르트헤이트가 종식된 남아프리카공화국의 더번에서 2001년 개최되었다. 더번 회의는 탈냉전과 아파르트헤이트가 종식된 이후 전 세계의 인종주의나 인종차별과 관련된 인권문제를 종합적으로 검토할 목적으로 열렸는데 전통적인 인종주의나 이종차별 이외에도 식민주의에 대한 배상과 보상, 종족 간 분쟁, 유대인과 이슬람에 대한 혐오증, 난민, 이주노동자, 남아시아의 달릿(불가촉천민), 유럽의 집시, 전 세계에 흩어져 있는 아프리카 후손의 인권상황 등 다양한 인권문제가 논의되었다. 테헤란과 비엔나 회의처럼 모든 인권문제를 다룬 종합적 회의는 아니었지만 1994년 신설된 유엔 인권고등판무관실의 주관하에 열린 첫 대규모 인권회의로 인권의 국제적 발전에 중요한 이정표가 되었다. '더번 선언과 행동계획'을 채택하였다.

---

9) 1990년대 유엔 주도의 7대 회의는 1992년 브라질 리우에서 열린 환경과 발전, 1993년 비엔나의 인권, 1994년 카이로의 인구와 발전, 1995년 코펜하겐의 사회발전, 1995년 북경의 여성, 1996년의 이스탄불의 정주권, 1997년 로망의 식량 관련 회의를 말한다. 각 회의는 선언문과 행동계획을 채택하였다.

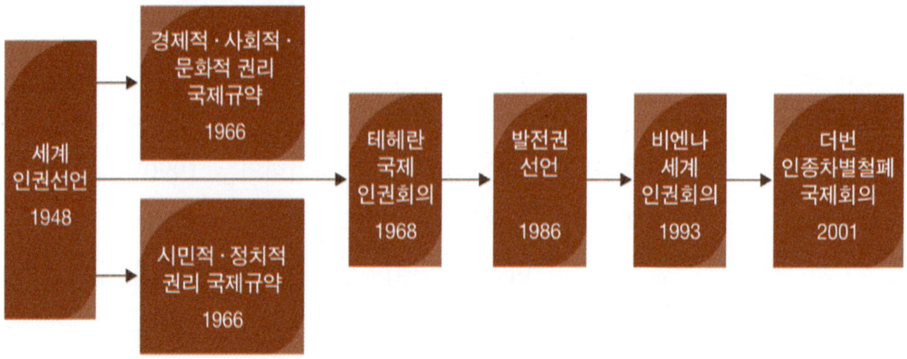

그림 3-1 유엔의 인권의 국제적 발전과정

제4절 유엔과 비정부기구

유엔은 주권국가를 대표하는 정부로 구성된 정부 간 기구(Inter-Governmental Organization)이다. 그러나 유엔은 경제사회이사회(ECOSOC)가 그 권한 내에 있는 사항과 관련이 있는 비정부 간 기구와의 협의를 위하여 적절한 약정을 체결할 수 있다고 명시한 유엔헌장 제71조를 통하여 처음부터 비정부(민간)단체(Non-Governmental Organization, NGO)의 참여를 제도적으로 보장해 왔다. 현재 활동의 영역과 범위에 따라 포괄적 협의자격(General), 특정분야(Special), 등록명부(Roster)와 같은 세 가지 종류의 협의자격(Consultative Status)제도가 있는데, 최근 약 3,900개 이상의 비정부기구가 협의자격 지위를 부여 받고 있다.

협의자격을 지닌 비정부기구는 인권이사회, 여성지위위원회, 사회발전위원회, 지속가능발전위원회 등 경제사회이사회 하위 여러 위원회에 참석할 수 있고,[10] 구두 및 서면으로 발언을 할 수 있는 기회가 주어지기도 한다. 때로는 유엔총회나 안전보장이사회는 논의 중인 안건과 관련된 비정부기구를 조정해 의견을 청취하기도 한다. 유네스코, 세계보건기구(WHO) 등 대다수의

10) 여성지위위원회, 사회발전위원회, 지속가능발전위원회는 모두 뉴욕에서 2주를 회기로 열린다.

유엔 전문기구들도 협의자격과 유사한 제도를 마련하여 비정부기구의 참여를 제도적으로 보장하고 있다.

유엔에서 인권문제를 다룰 때 정부는 국익을 우선적으로 고려하는 데 반하여, 비정부기구는 인권의 가치와 피해자를 대변한다. 비정부기구는 다양한 역할을 수행하는 데 정부가 국제인권규범을 제대로 준수하는가를 감시(monitor)하고, 인권규범을 위반한 경우 해당 정부를 비판하기도 한다. 인권침해국으로 비판받는 정부는 비정부기구와 종종 긴장 및 갈등의 관계에 처하게 되며 인권에 보다 우호적인 국가의 정부는 비정부기구와의 적극적 협력을 통하여 인권문제를 다루고 있다.

유엔에서 인권분야 비정부기구의 역할은 크게 국제적 인권규범의 결정, 국제적 인권보장제도의 확산, 그리고 국제적 인권보장제도의 실행 세 가지 단계로 구분할 수 있다.

첫째, 비정부기구는 새로운 국제적 인권규범을 설정하는 데 촉매자의 역할을 수행한다. 모든 인권 관련 선언이나 조약은 정부 간 기구인 유엔이 채택하고 공표한다. 그러나 대부분의 선언과 조약의 제정은 피해자를 대변한 비정부기구의 문제제기에서 비롯되었다고 해도 과언이 아닐 정도로 비정부기구는 중요한 역할을 수행하여 왔다. 내용의 구성에 있어서도 비정부기구는 국익의 틀에서 쉽게 벗어나지 못하는 정부에 비해 보다 적극적인 역할을 수행하고 있다.

둘째, 비정부기구는 국제적 인권보장제도의 수립과 확산에 중요한 역할을 수행한다. 비정부기구는 다양한 인권교육과 캠페인 등을 통하여 정부가 국제인권규약을 비준 및 가입할 것을 촉구하고, 특별보고관과 실무분과처럼 국제적 인권규범의 실현을 위한 각종 제도와 절차적 수립을 위한 주도적인 활동과 로비를 한다. 이를 통하여 주권의 제약과 구실로 소극적 입장에 있는 경우를 설득하고 압력을 가하는 역할을 수행한다.

셋째, 비정부기구는 국제적 인권보장제도의 실행에서도 중요한 역할을 수행하는데 크게 감시와 주창활동(advocacy)으로 구분할 수 있다. 비정부기구는 정부가 국제적 인권규범이 부과하는 의무를 제대로 이행하는지 감시하고, 로비를 통하여 압력을 행사하기도 한다. 필요한 경우에는 인권침해에 대한 진상조사를 수행하고, 정부의 인권정책에 대한 비판적 평가를 하기도 한다. 그리고 인권침해 사례를 유엔의 관련 기구에 제기하고 유엔의 인권침해 구제 절차를 활용하기도 한다.

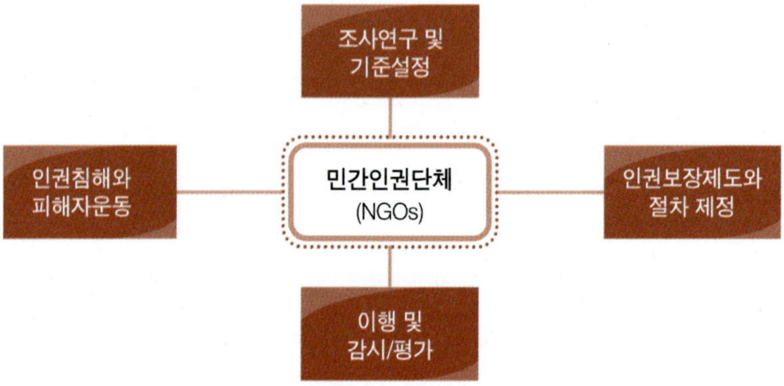

그림 3-2 국제인권의 발전단계와 NGO의 역할

Chapter 04

유엔의 인권보장제도

제1절 유엔헌장에 근거한 인권보장제도
제2절 인권조약에 근거한 인권보장제도
제3절 유엔의 인권침해 구제제도와 절차

유엔헌장의 정신에 따라 유엔의 모든 기관은 인권보장의 의무를 지니며 직·간접적으로 인권의 보호와 증진과 관련된 역할을 수행한다. 유엔총회에 제기된 의제의 상당수가 인권과 관련된 것이며, 안정보장이사회도 안보와 관련된 인권 문제를 다루기도 한다. 한편 유엔 인권고등판무관실은 유엔 내에서의 인권을 전담하는 사무국의 역할을 수행하며 상당수의 유엔 전문기구와 프로그램도 인권을 다룬다. 2003년 출범한 국제형사재판소와 지역 인권기구는 유엔 조직에 직접 속하지는 않지만 인권의 국제적 보장이라는 측면에서 중요한 역할을 수행한다.

유엔의 인권보장제도는 크게 '유엔헌장에 근거한 기구(Charter-based Bodies)'와 '인권조약에 근거한 기구(Treaty-based Bodies)'로 구분할 수 있다. 두 제도는 대조적인 성격을 지니지만 서로 보완적 역할을 수행한다. 전자의 대표적인 기구는 인권이사회이고, 후자는 아홉 개의 인권조약이행을 감시하는 위원회(committee)이다. 구성원의 경우 전자가 정부대표라면 후자는 독립적인 민간 인권전문가로 구성되어 있다. 형식의 측면에서 전자가 다자 간 토론과 협상을 주도한다면 후자는 위원회와 조약 당사국의 양자 간 대화의 성격을 지닌다. 그리고 전자가 다루는 내용이 정치적이라면 후자는 법적인 성격이 강하다.

표 4-1 유엔의 인권 기구 비교

	헌장에 근거한 기구	조약에 근거한 기구
대표적 기구	인권위원회	인권조약위원회
구성원	정부대표	독립 인권전문가
형식	다자 간 협상	양자 간 대화
대상	유엔 회원국 전부	가입 당사국
성격	정치적	법률적

출처: 행정과 인권. 국가인권위원회 2014년 연구용역자료집.

제1절 유엔헌장에 근거한 인권보장제도

1. 국제인권조약 체계

국제인권조약(1976)은 세계인권선언의 내용을 보다 구체적이며 강제력이 높은 국제적 조약 형태로 제정한 것이다. 먼저 '경제적·사회적·문화적 권리에 관한 국제조약'(International Covenant on Economic, Social and Cultural Rights, 1976)에서는 "세계인권선언에 따라 공포와 결핍으로부터의 자유를 향유하는 자유인간의 이상은 모든 사람이 자신의 조약상의 권리뿐만 아니라 경제적·사회적·문화적 권리뿐만 아니라 시민적·정치적 권리를 향유할 수 있는 여건이 조성되는 경우에만 성취될 수 있음을 인정"하고 있다.

이와 같이 국제규정에 의한 인권은 인간의 존엄성과 평등권, 경제적·사회

표 4-2 인권의 범주 체계와 권리

인권범주	하위범주	내용별 실체적 권리
인간의 존엄	인간의 존엄	천부적 자유와 존엄, 생명권, 신체의 자유와 안전, 강제노동, 노예금지, 고문금지, 법 앞에 평등, 차별금지
시민적	시민적 권리	사생활의 자유(명예, 명성, 정보통신, 통신, 혼인선택 포함), 거주이전의 자유, 국적취득권, 아동의 권리, 재산소유권, 사상, 양심, 종교의 자유
정치적	정치적 권리	의사표현의 자유(알권리, 정보접근권 포함), 언론, 출판의 자유, 집회 결사의 자유, 참정권(발언권, 참정권, 공무참여권, 청원권 포함)
경제적	경제적 권리	사회보장권, 노동에 대한 권리, 적정보수의 권리, 유리한 노동조건 향유권, 노동조합의 권리
사회적	사회적 권리	가족형성권, 적정생활수준 향유권(식량권, 물에 대한 권리, 주거권, 건강권 포함)
문화적	문화적 권리	교육에 대한 권리, 문화생활참여(과학기술향유권), 저작권(자기문화향유권 포함), 인권질서 추구권
법절차적	법절차적 권리	법의 인격체의 인정, 법적 구제권, 인신보호, 공정신속재판을 받을 권리, 적법절차, 무죄추정, 죄형법정주의, 수형자의 권리

출처: 인권관련 정부통계 현황에 대한 실태조사, 국가인권위원회, 2005.

적·문화적·정치적 권리를 큰 범주로 하여 구성되어 있음을 알 수 있다. 한편, 세계인권선언 및 국제인권조약을 토대로 인권의 범주적 구성에 따른 구체적인 인권의 체계를 살펴보면 표 4-2와 같다.

2. 유엔 인권이사회

유엔 인권이사회(UN Human Rights Council)는 2006년에 설립되어 그 당시까지 활동하던 유엔 인권위원회(UN Commission Human Rights)를 대체하였다. 종래에 각 지역을 대표하는 53개국의 정부대표로 구성된 인권위원회가 활동하였고,[1] 임기는 3년으로 해마다 1/3의 위원국이 선거로 교체되었다.[2] 인권위원회는 해마다 3월과 4월 6주간을 회기로 제네바에서 개최되었으며, 유엔 인권고등판무관실은 유엔 인권위원회의 사무국 역할을 수행하였다. 인권위원회는 역사적으로 세계인권선언과 자유권규약과 사회권규약의 양대 인권규약의 초안을 작성한 바 있는데, 인권문제의 형태와 규모와 다양해짐에 따라 권한 영역이 확장되어 왔다. 2006년에 폐지될 때까지 인권위원회는 전 세계 인권상황 감시, 인권침해 사전 조사, 인권에 관한 조사연구를 토대로 한 새로운 프로그램 개발, 새로운 국제인권기준 설정, 유엔총회나 경제이사회 등 상급기관이 부여하는 인권 관련 과제의 수행 등의 역할을 하였다. 그리고 유엔 회원국의 요청이 있을 때 자문서비스와 기술적 협력을 제공하기도 하였다. 유엔 인권위원회는 전 세계의 인권침해 상황을 조사하기 위한 다양한 절차를 발전시켜 왔다. 이를 특별절차(special procedure)라고 하는데 국가별 수임사항(mandate)과 주제별 수임사항으로 구분한다. 이러한 절차를 담당하는 사람을 특별보고관(special rapporteur), 독립전문가(independent

1) 유엔 인권위원회 53개 위원국은 다음과 같다. 아르헨티나, 오스트레일리아, 오스트리아, 아르메니아, 아제르바이젠, 방글라데시, 부탄, 보츠와나, 브라질, 카메룬, 캐나다, 중국, 콩고, 코스타리카, 쿠바, 도미니카공화국, 에콰도르, 이집트, 에리트레아, 에티오피아, 핀란드, 프랑스, 독일, 과테말라, 기니, 온두라스, 헝가리, 인도, 인도네시아, 이탈리아, 일본, 케냐, 말레이시아, 모리타니, 멕시코, 모로코, 네팔, 네덜란드, 나이지리아, 파키스탄, 페루, 카타르, 대한민국, 루마니아, 러시아, 사우디아라비아, 남아프리카공화국, 토고, 영국, 미국, 베네수엘라, 짐바브웨.

2) 한국정부는 1993년 위원국으로 처음 피선된 이래 지금까지 계속해서 위원국으로 재선출되었다.

expert), 특별대표(special representative), 실무분과(working group)[3]라고 부르는데, 보통 유엔 인권위원회나 유엔 사무총장에 의해 임명되었다. 이 가운데 실무분과는 보통 다섯 대륙을 대표하는 다섯 명의 인권전문가로 구성되며 나머지는 혼자서 임무를 수행하였다. 이들은 특정한 인권침해 사건에 관하여 해당 정부에 정보제출을 요구하고, 해당 정부에 즉각적인 시정을 요구하는 긴급조치를 권고하며, 현장방문 조사를 통해 국가별 및 주제별 인권문제를 조사·연구하여 인권위원회에 보고하였다. 대개 국가별 보고관의 임기는 1년, 주제별 보고관의 임기는 3년인데 유엔 인권위원회의 결의안에 의해 임기가 연장 또는 종료되기도 한다. 주제별 보고관 가운데 강제실종에 관한 수임사항이 1980년 가장 먼저 설립되었다. 이후 시민적·정치적 권리 분야에 관한 수임사항이 집중적으로 설립되었고, 1995년 이후에는 경제적·사회적·문화적 권리에 관한 수임사항이 상대적으로 강화되었다.

인권위원회를 대체한 인권이사회는 정부 간 기구로서 47개국을 회원국으로 하고,[4] 유엔총회에서 비밀투표를 통하여 지역별 인구비례에 따라 아프리카 지역 13개국, 아시아·태평양 지역 13개국, 중남미 지역 8개국, 동유럽 및 기타 지역 7개국, 서유럽 지역 6개국을 위원국으로 선출한다. 임기는 3년이고, 2회 연속 선출되면 다음 임기에는 선출될 수 없다. 인권이사회의 사무국은 5개의 지역을 대표하는 의장 1인과 부의장 4인으로 구성된다. 인권이사회도 종래의 인권위원회와 마찬가지로 특별절차를 운영하고 있는데, 최근 14개의 국가별 인권과 39개의 주제별 인권을 담당하는 특별절차가 운영 중에 있다.

3) "Working Group"은 실무분과 이외에도 실무작업반으로 번역되기도 한다.

4) 현재 유엔 인권이사회는 다음과 같은 47개의 위원국으로 구성되어 있다. 알제리아, 아르헨티나, 오스트리아, 베냉, 보츠와나, 브라질, 브르키나소파, 칠레, 중국, 콩고, 코스타리카, 코트디브아르, 쿠바, 체코, 에스토니아, 에티오피아, 프랑스, 가봉, 독일, 인도, 인도네시아, 아일랜드, 이탈리아, 일본, 카자흐스탄, 케냐, 쿠웨이트, 몰디브, 멕시코, 몬테그로, 모로코, 나미비아, 파키스탄, 페루, 필리핀, 대한민국, 루마니아, 러시아, 사우디아라비아, 시에라리온, 남아프리카공화국, 전 유고 연방 마케도니아, 아랍에미리트, 영국, 미국, 베네수엘라, 베트남.

표 4-3 유엔 인권이사회(구 인권위원회)의 국가별 수임사항

형태	해당 국가
특별보고관	벨라루스(2012), 캄보디아(1993), 에리트리(2012), 북한(2004), 이란(2012), 미얀마(1992), 1967년 이후 점령된 팔레스타인(1993), 시리아(2011)
독립전문가	중아프리카공화국(2013), 코트디부아르(2014), 아이티(1995), 말리(2013), 소말리아(1993), 수단(2009)

표 4-4 유엔 인권이사회(구 인권위원회)의 수임사항

형태	주제
특별보고관	비사법적 즉결 또는 자의적 처형, 고문, 종교와 신념의 자유, 용병, 아동매매·아동매춘 및 아동포르노, 의사표현의 자유, 인종주의인종차별, 외국인 혐오증과 불관용, 판사와 법률가의 독립성, 여성폭력, 유독성 폐기물과 위험물질의 불법적 이동 및 유기, 교육권, 이주노동자, 선주민 인권, 주거권, 식량권, 건강권, 여성과 아동 인신매매, 반테러리즘과 인권보호, 안전한 식수와 위생, 현대적 형태의 노예제, 문화적 권리, 반인도적 범죄의 진실·정의·회복·재발방지, 평화적 집회·결사의 자유, 장애인권리, 인권에 대한 일방적·강압적 조치의 부정적 효과
독립전문가	발전권, 극심한 가난과 인권, 구조조정정책과 외채, 강제적 비자발적 실종을 방지하기 위한 국제 형사 및 인권제도, 경제적·사회적·문화적 권리에 관한 국제규약 선택의정서 초안, 국제인권과 연대성, 민주적이고 평등한 국제질서의 촉진, 환경 관련 인권책임, 노인의 인권
특별대표	국제강제이주민(1992), 인권옹호자(2000)
실무분과	강제적 비자발적 실종(1980), 자의적 구금(1991), 고문방지협약 선택의정서 초안(1992), 선주민의 권리에 관한 선언 초안(1994), 강제실종자 보호를 위한 법적 구속력 있는 조약(2011), 더번 선언문과 행동계획의 실천(2002) 및 아프리카 출신 사람들이 직면한 인종차별(2003), 법과 관행에서 여성차별(2010), 기업과 인권(2011)

출처: 행정과 인권. 국가인권위원회 2014년 연구용역자료집.

이처럼 유엔은 다양한 제도와 방법을 통하여 인권보장을 하고 있다. 세계 각 국가의 인권보장상황이 다르지만 다양한 제도를 통하여 국제인권보장을 실현하고 있는데 유엔의 인권보호시스템은 2개 체계로 구성되어 있다. ① 인권기준을 만들고 이행하는 유엔헌장에 기반한 헌장중심체계(Charter Body System), ② 자유권 규약 등 주요 인권조약의 이행을 위한 위원회, 즉 조약중심체계(Treaty Body System)이다. 그림 4-1과 같다.

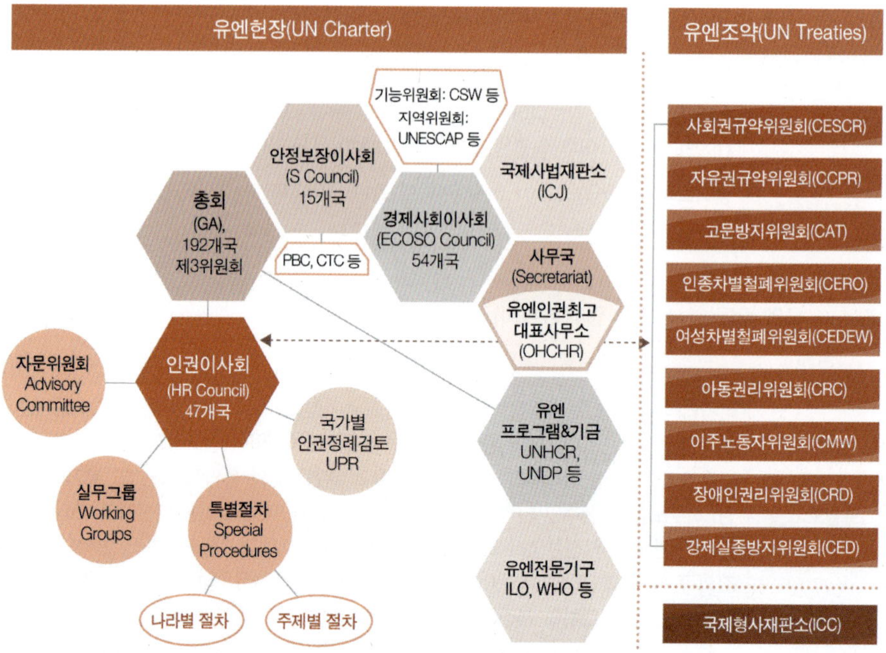

그림 4-1 UN의 인권보호 체계

그중에서 인권 관련 가장 중요한 인권기관으로서 '인권이사회(Human rights Council)'가 있다. 인권이사회는 2006년 3월 경제사회이사회 산하 '인권위원회(Commission on Human Rights)'를 총회 산하 기구 '인권이사회'로 승격된 유엔 인권전담기관으로서 인권보호·증진에 대한 유엔의지를 강조한다고 하겠다. 유엔 인권이사회는 유엔총회 산하의 이사회로 세계의 인권 보호 및 증진을 목표로 한다. 유엔 인권이사회는 47개의 이사국으로 구성되며, 이사국 선출 시 총회의 절대과반수인 96표 이상을 획득해야 한다.

또한 이사국이 중대한 인권침해를 저질렀을 경우 총회는 2/3 이상의 찬성으로 이사국 자격을 정지시킬 수 있다. 이사국 선출 시 회원국은 인권의 보호와 증진에 대한 후보국의 기여와 후보국의 자발적 공약사항(voluntary pledges and commitments)을 고려해야 한다. 그리고 선출된 이사국은 인권의 보호와 증진에 있어 최고의 기준을 지향하고 인권이사회와 협력을 다해야 하며 임기 중 자국의 인권 상황에 대한 보편적 정례검토를 받아야 한다.

인권이사회가 구 인권위원회와 차별성을 가지는 제도 가운데 하나가 국가별 보편적 정례 인권검토(Universal Periodic Review, UPR) 제도이다. UPR 제도는 인권이사회가 192개 유엔회원국 인권상황을 유엔헌장, 세계인권선언, 각종 인권협약 등에 비추어 정례(4년 주기) 검토하는 활동으로, 매년 2주의 기간 동안 검토회의를 3회 개최하여 총 48개국씩 검토를 하는데, 각국별 검토순서는 현행 이사국 및 자발적 희망국 우선, 지역그룹별 안배, 이사국 및 옵저버 국가 안배, 알파벳 순 원칙하에 추첨으로 결정하도록 되어 있다.

인권이사회가 각국 정부, 국가인권기구, 인권 비정부기구(NGO)그룹 등에 보고서 제출을 요구하고, 이에 따라 해당 기관이 보고서를 작성·제출한다. UPR 제도는 구 인권위원회가 특정 인권우려 국가를 지목하여 공개 비난함으로써 정치화 논란이 지속됨에 따라, 2006년 6월 출범한 인권이사회가 모든 국가(universal)의 인권상황을 정기적(periodic)으로 공동검토(Peer Review)한다는 취지에서 새로이 도입한 제도이다. 이는 특정국을 비난하기보다는 동 국가의 실질적 인권 개선을 위한 능력을 배양하고 자문을 제공하는 데에 중점을 두고 있는 것이다. 우리나라는 2008년 5월에 평가를 받았다. 이제 어떤 나라도 국제사회의 인권규범을 무시하고 인권유린을 자행하기 어려운 상황이 되었다. 유엔 인권이사회 사무국 역할을 하는 유엔 인권최고대표 사무소(UN OHCHR)가 있다.

1994년에 설립되어 '인권고등판무관실'로 불렸던 '인권최고대표사무소'는 유엔 내 다양한 인권 관련 활동을 조정·강화하고 다양한 국제적 인권기준의 실행을 담당한다. 제네바에 본부가 있으며 560여 명 근무하고 있다. 유엔 사무총장을 배출한 대한민국은 유엔 인권이사회(47개 국가) 이사 국가에 재선임되어 세계의 인권보호 및 증진을 위해 기여하고 있다. 국제사회, 특히 유엔으로부터 많은 도움을 받은 우리나라가 이제는 세계 곳곳의 인권문제에 공감하고 이를 해결해 나가는데 적극 동참하면서 그동안 다른 나라들에게 빚진 고마움을 갚기 시작하였다. 이런 활동이 대한민국을 진정한 '인권 선진국'의 반열에 오를 수 있도록 하며, 세계인들의 존경을 받는 품격 있는 국가가 될 것이다. 유엔은 헌장체계와 달리 조약체계를 가지고 있다.

유엔의 이름으로 채택된 수십 개의 국제인권규범(International Human

Rights Norms) 가운데 가장 보편적이고 중요한 의미를 획득하고 있는 것은 시민적·정치적 권리에 관한 국제규약(International Convention on Civil and Political Rights, 이하 '자유권규약')과 경제적·사회적·문화적 권리에 관한 국제규약(International Convention on Economic, Social and Cultural Rights, 이하 '사회권규약')이다. 두 규약은 세계인권선언과 더불어 '국제인권장전(International Bill of Human Rights)'이라 불릴 정도로 인권에 관한 가장 보편적인 기준을 제시하고 있다. 그 외에도 인종차별, 성차별, 집단학살, 아동, 이주노동자, 장애인인권 등 주요 인권문제들을 해결하기 위한 다양한 국제인권조약들이 채택되어 있다.

각각의 국제인권조약은 조약 가입 당사국의 의무이행을 감시하는 제도를 가지고 있다. 보통 위원회라고 부르는데 위원회의 위원 수는 보통 10명에서 23명 사이이고 임기는 4년이다. 위원은 조약 가입 당사국이 추천하고 선출한 인권전문가로 구성되는데 정부대표가 아닌 개인 자격으로 일한다. 유엔 인권 최고대표사무소는 조약위원회의 업무를 지원하는 사무국 역할을 한다. 여성차별철폐협약위원회는 해마다 2회 뉴욕에서 개최되며 다른 위원회는 매년 2~3회 제네바에서 열린다. 2002년부터 모든 위원회의 대표가 참여하는 연례 정기회의가 열리는데 여기서 각 위원회가 직면한 문제점과 공통의 관심사가 논의된다. 각국의 정부는 인권조약을 비준 또는 가입할 때 특정 조항의 이행을 유보할 수도 있다. 일단 조약을 비준 또는 가입하면 조약 당사국은 정기적으로 국가보고서(state report)를 제출하는 의무가 부과되고 조약이행감시기구의 당사국 보고서 심의에 참석할 의무를 지닌다. 보고서는 보통 당사국이 조약상의 인권을 보장하는 국내법과 제도를 설명하고 의무를 수행하기 위해 취한 조치에 대한 설명을 담고 있다. 조약 당사국은 비준한 지 1년 내에 첫 보고서를 제출하고 이후에는 보통 2년에서 5년을 주기로 제출한다. 감시기구가 당사국의 보고서를 심의할 때 국제기구와 민간단체는 해당 당사국의 인권상황과 정부의 의무이행을 평가하는 정보를 위원회에 제공한다. 비정부기구는 직접 위원들에게 보고서를 설명하는 기회를 가질 수도 있다. 위원회는 당사국 정부가 제출한 보고서 심의 중 당사국 정부 대표와 질의응답을 통해 조약의무이행의 여부를 판단한다. 심의는 보통 하루에서 하루 반 정도 걸리며 위원회는 심의 후 위원회의 관심, 인권상황을 개선하기 위한 제안을 담은 최종 권고안(concluding observations/comments)을 발표한다. 한편 위원회는 조약의 주요 조항이 지닌 의미에 대해 해석을 제공하는 일반논평(general comments)을 채택하기도 한다. 정기적인 국가보고서 제출 및 심의제도가 해당 국가의 인권정책을 종합적으로 평가하고 개선하는 계기라면 개인통보(individual communication)제도는 개인이 자신의 인권침해를 국제인권조약을 통해서 구제받을 수 있는 기회를 제공한다. 이밖에도 국가 간 고발제도가 있다. 예를 들어, 자유권규약에 따르면 규약의 의무를 이행하지 않는 규약 당사국을 대상으로 다른 당사국은 개선과 시정을 촉구하는 고발을 할 수가 있다. 그러나 이러한 국가 간 고발제도는 대다수 국가가 인권문제로 외교적 마찰을 꺼리기 때문에 거의 활용되지 않아 유명무실한 상태이다.

3. 난민의 국제적 보호체계

난민의 일반적 의미는 생활이 곤궁한 궁민, 전쟁이나 천재지변으로 곤궁에 빠진 이재민을 말한다. 그러나 국제법상 난민(refugee)은 정치적 이유로 박해받을 위험을 피해 국적국 또는 상주국으로부터 탈출한 외국인(외국구민과 무국적자), 즉 정치적 난민(정치적 망명자)만을 의미한다. 1951년 난민지위협약 제1조A(2)는 "인종·종교·국적·특정 사회집단에의 소속 또는 정치적 의견을 이유로 박해당할 공포로 인해 국적국 또는 상주국 밖에 있는 국민 또는 무국적자로서 국적국의 보호를 받을 수 없거나 국적국의 보호를 받기를 원하지 않는 자"로 명시하고 있다. 국제법상 난민은 난민지위협약에 근거하여 협약 당사국에 의하여 보호되는 난민인 "협약난민"과 유엔난민고등판무관에 의하여 보호되는 "위임난민"으로 구분된다.

이와 같이 국제법상 난민의 개념이 제한됨에 따라 그 범위를 확장하기 위하여 여러 가지 노력이 진행되었는데, 유엔난민고등판무관은 사실상의 관행에 의하여 유랑민까지 위임난민으로서 보호하고 있으며, 지역적 차원에서 1969년 '아프리카 난민문제의 특별한 측면들에 적용되는 협약'과 1984년

'카르타헤나난민선언', 1992년 '아랍세계에서 난민과 피난민의 보호에 관한 선언' 등을 들 수 있다.

20세기 들어와 난민이 발생한 사례를 보면, 러시아혁명 기간에 약 150만 명의 난민이 러시아를 떠났고, 1934년 독일에 나치정권이 수립되자 반체제 인사들과 유태인을 비롯한 나치의 피해자 약 250만 명의 난민이 독일을 등지고 각지로 흩어졌다. 또 제2차 세계대전 후에는 1947년 인도의 분열과 팔레스타인 분열, 1948년의 팔레스타인 전쟁, 1975년의 캄보디아와 라오스 및 베트남 등지에서 '보트 피플'로 유출된 인도차이나 난민 등이 그 대표적인 예라고 할 수 있다. 그리고 1998년부터 시작된 코소보에 대한 세르비아군의 인종청소 때는 78만 명에 달하는 주민이 학살을 피해 국외로 탈출하였다.

난민에 대해 국제사회에서는 여러 가지 방법으로 구출과 원조를 제공해 왔다. 러시아 혁명으로 인해 난민이 발생하자 국제연맹은 노르웨이의 탐험가 난센을 난민구제판무관으로 임명하여 외국에서 거주할 수 있는 신분증명서(난센여권)를 발급하였고, 1939년에는 국제연맹에 독일난민고등판무관사무소를 두어 난민보호에 나섰다. 또 1946년 유엔은 산하에 국제난민기구(International Refugee Oranization, IRO)를 설치하여 제2차 세계대전 때 피해를 당한 난민, 정치적 추방자의 보호와 구제를 행하여 난민을 자유의사에 따라 원하는 나라에 정주시키는 임무를 담당하였다.

오늘날 난민문제는 인권보장적 측면과 함께 영토주권의 문제라는 이중적 지위를 가지고 있다. 1951년 난민지위협약은 강제추방 및 강제송환금지원칙 등을 규정하여 난민을 보호하는 규정을 두고 있으나 국제법상 난민의 보호는 인권으로서 비호를 획득할 권리가 아니라 비호를 부여할 국가의 권리 또는 국가가 부여하는 비호를 향유할 권일 뿐이다. 세계인권선언 제14조도 동일한 입장에 있다. 이와 같은 난민보호의 공백에 따라 유엔은 국제난민기구의 계승자로서 난민고등판무관사무소(UNHCR)를 설치하여 난민보호를 위한 유엔총회의 보조기관으로 삼아 오늘날에 이르고 있다. UNHCR의 권한은 난민의 보호에 관한 국제협약의 적용을 감독하는 일과 위임난민을 보호하는 일이다.

4. 인권의 증진과 보호에 관한 소위원회와 자문위원회

인권의 증진과 보호에 관한 소위원회(Sub-Commission on the Promotion and Protection of Human Rights)는 상급 기관인 유엔 인권위원회에 의해 1947년 설립되었다. 인권소위원회는 26명의 독립적인 인권전문가로 구성되는데 인권위원회가 정부의 임명을 받은 후보자를 대상으로 투표로 선출하였다. 위원의 임기는 4년으로 연임이 가능하고 2년에 한 번씩 전체의 반인 13명을 대상으로 선거를 실시하였다. 회의는 해마다 8월 첫 3주간을 회기로 제네바에서 개최되었다. 인권소위원회는 일종의 '씽크 탱크'라고 할 수 있는데 새로운 인권규범의 제정, 기존 규범의 해석 및 적용, 유엔 회원국의 인권조약 비준에 대한 촉구, 조약 이행상황의 감사, 인권침해 진정 사건의 조사 등의 역할을 수행하기도 하였다. 인권소위원회도 인권위원회처럼 특별보고관과 실무분과를 두고 있었는데 국가별 수임사항은 없고 주제별 수임사항만 있었다. 인권소위원회는 특별보관제도를 통하여 비시민/무국적자(Noc-citizen)의 권리, 물에 대한 권리, 인간의 권리와 책임, 테러와 인권의 이슈를 다루고, 실무분과를 통해서는 사법행정, 원주민, 소수자, 초국적기업, 현대적 노예제도의 문제를 다루었다.

2006년 인권이사회가 인권위원회로 대체하면서 인권소위원회는 폐지되고, 인권이사회 자문위원회(Human Rights Council Advisory Committee)가 설치되었다. 자문위원회는 18명의 전문가로 구성되고, 2008년에 처음으로 소집되었는데 통상적으로 1년에 2회(2월 및 8월) 개최된다. 자문위원회는 인권이사회가 자문을 요청한 의제에 대하여 연구한 결과를 보고하고, 의견을 제시하기도 하며, 인권의 보호와 증진을 위한 자문을 제시할 뿐이지 결의나 의결을 하지는 않는다.

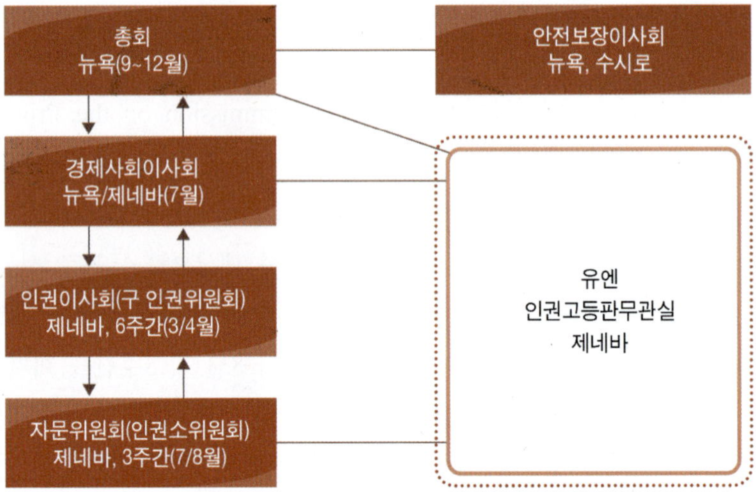

그림 4-2 유엔헌장에 기반한 인권기구

제2절 인권조약에 근거한 인권보장제도

각각의 인권조약은 조약 가입 당사국의 의무이행을 감시하는 제도를 가지고 있다. 보통 '위원회'라고 부르는데, 위원회의 위원 수는 보통 10명에서 23명 사이이고 임기는 4년이다. 위원은 조약 가입 당사국이 추천하고 선출된 인권전문가로 구성되는데 정부대표가 아닌 개인 자격으로 일한다. 유엔 인권고등판무관실은 조약위원회의 업무를 지원하는 사무국 역할을 한다. 여성차별철폐협약위원회는 해마다 2회 뉴욕에서 개최되며 다른 위원회는 매년 2~3회 제네바에서 개최된다. 2002년부터 모든 위원회의 대표가 참여하는 연례 정기회의가 열리는데 여기서 각 위원회가 직면한 문제점과 공통의 관심사가 논의된다.

표 4-5 국제인권조약 위원회 현황

조약이름 감시기구	근거조약	임기와 위원 수	보고서 제출	연례회의 일정	한국가입
자유권규약위원회 (CCPR)	자유권규약	4년/18명	5년	3회	1990년
사회권규약위원회 (CESCR)	사회권규약	4년/18명	5년	2회	1990년
인종차별철폐협약 위원회(CERD)	인종차별철폐협약	4년/18명	2년	2회	1978년
여성차별철폐협약 위원회(CEDAW)	여성차별철폐협약	4년/23명	4년	2회	1984년
고문방지협약위원회(CAT)	고문방지협약	4년/10명	4년	2회	1995년
아동권리협약위원회(CRC)	아동권리협약	4년/10명	5년	3회	1991년
이주노동자권리협약위원회 (CMW)	이주노동자 권리협약	4년/10명	5년	미정	미가입
장애인권리협약위원회 (CRPD)	장애인권리협약	4년/18명	4년	2회	2008년
강제실종자협약위원회(CED)	강제실종자협약	4년/10명		3회	미가입

각국의 정부는 인권조약을 비준 또는 가입할 때 특정 조항의 이행을 유보할 수도 있다. 일단 조약을 비준하거나 가입하면 조약 당사국은 정기적으로 국가보고서를 제출할 의무가 부과되고, 조약이행감시기구의 당사국 보고서 심의에 참석할 의무를 진다. 보고서는 보통 당사국이 조약상의 인권을 보장하는 국내의 법과 제도를 설명하고 의무를 수행하기 위해 취한 조치에 대한 설명을 담고 있다. 조약 당사국은 비준한 지 1년 내에 첫 보고서를 제출하고 이후에는 보통 2년에서 5년을 주기로 제출한다.

감시기구가 당사국의 보고서를 심의할 때 국제기구와 민간단체는 해당 당사국의 인권상황과 정부의 의무이행을 평가하는 정보를 위원회에 제공한다. 비정부기구는 직접 위원들에게 보고서를 직접 설명하는 기회를 가질 수도 있다. 위원회는 당사국 정부가 제출한 보고서를 심의 중 당사국 정부대표와 질의 및 응답을 통해 조약의무의 이행 여부를 판단한다. 심의는 보통 하루에서 하루 반 정도 소요되며 위원회는 심의 후 위원회의 관심, 인권상황을 개선하기 위한 제안을 담은 최종 권고안(concluding observations/comments)을 발표한다. 한편 위원회는 조약의 주요 조항이 지니고 있는 의미에 대해서 해석을 제공하는 일반논평(general comments)을 채택하기도 한다.

정기적인 국가보고서를 제출하고 심의하는 제도가 해당 국가의 인권정책을 종합적으로 평가하고 개선하는 계기가 된다면 개인통보(indvidual communication) 제도는 개인이 자신의 인권침해를 국제인권조약을 통해서 구제받을 수 있는 기회를 제공한다. 이밖에도 국가 간 고발제도가 있다. 예를 들면, 자유권규약에 따르면 규약의 의무를 이행하지 않는 규약 당사국을 대상으로 다른 당사국은 개선과 시정을 촉구하는 고발을 할 수가 있다. 그러나 이러한 국가 간 고발제도는 대다수 국가가 인권문제로 외교적 마찰을 꺼리기 때문에 거의 활용되지 않아 유명무실한 상태이다.

1. 유엔 인권고등판무관[5)]

앞에서 간단히 상술했듯이 유엔 인권고등판무관(UN High Commissioner for Human Rights) 제도는 1993년 비엔나 세계인권대회에서 유엔 인권보장 제도의 전반적인 개선과 효율성을 증진하기 위한 방안으로 논의되었고 민간단체는 물론 많은 정부의 광범위한 지지를 받았다. 즉, 인권고등판무관제도는 비엔나 인권대회의 가장 큰 결실이라고 할 수 있다. 1993년 제48차 유엔 총회는 '모든 인권의 증진과 보호를 위한 고등판무관'에 관한 결의안의 채택을 통하여 '비엔나 선언과 행동계획(VDPA)'을 승인하고 인권고등판무관제

5) 1949 유엔총회가 유엔난민고등판무관을 임명하고 1950년 유엔난민고등판무관실 규약(Statute of the Office of the UN High Commissioner for Refugees)을 채택했다. 1951년 1월 1일 규정이 발효되었고 본래 3년을 기한으로 하는 임시기구였으나, 현재는 5년마다 임기를 연장하고 있다. 유엔난민고등판무관의 기능은 인도주의에 입각, 난민 보호 및 난민에 대한 물질적 지원 제공과 박해에 대한 공포에도 불구, 난민의 강제적의 송환 방지, 난민문제의 항구적 해결을 위한 국제 협력 도모 등이다. 현재 117개국에서 근무하는 6,500여 명의 직원들이 3,440만 명에 달하는 난민과 보호대상자들을 돕고 있으며 난민보호의 공로로 1954년, 1981년 두 차례 노벨평화상을 수상하였다.
유엔난민고등판무관 [United Nations High Commissioner for Refugees](경제학사전, 2011. 3. 9., 경연사)

도의 신설을 결정하였다. 이에 따라서 다음해인 1984년 유엔 인권고등판무관실(Office High Commissioner for Human Rights)은 제네바에 설치하고 정식으로 출범하였다.

인권고등판무관의 임무로는 모든 인권의 증진과 보호, 인권 증진과 보호를 위한 국제협력의 강화, 인권고등판무관실의 전반적인 감독, 발전권을 포함한 모든 시민적·정치적·경제적·사회적 및 문화적 권리의 보호와 증진, 인권실현에 장애가 되는 요소들의 제거와 예방, 인권기구와 조약감시기구의 지원 등을 들 수 있다. 인권고등판무관은 인권이사회와 유엔경제사회이사회에 자신의 임무에 대한 연차보고서를 할 의무도 지닌다. 인권고등판무관실은 유엔 인권이사회의 사무국의 역할을 하는데 인권이사회에서 채택한 각종 결의안의 이행을 보조 및 지원하고 결의안의 성격에 따라서는 직접 집행하는 기능을 하기도 한다.

1994년 설립된 이 제도로 유엔은 이전에 흩어져 있던 다양한 인권관련 활동을 조정 및 강화하고 다양한 국제적 인권기준을 효과적으로 실행할 수 있는 제도적 틀을 마련할 수 있게 되었다. 인권고등판무관실은 제네바에 본부가 있으며 상근 직원은 약 560여 명이다. 이중 약 280여 명이 제네바 본부에 근무하고 나머지는 뉴욕의 열락사무소를 비롯하여 전 세계 약 40개 지역과 국가에 있는 현지사무소에서 일하고 있다. 아시아의 경우 방콕의 아시아·태평양지역 경제사회이사회(ESCAP)에는 인권고등판부관의 특별대표가 상주하고 있다.

인권고등판무관은 유엔 사무총장에 의해 임명되는데 초대 판무관은 전 에콰도르 외무부 장관이었던 호세 아랄라 라쏘(Jose Ayala-Lasso)가 1994년부터 1997년까지 역임했고, 제2대 판무관으로 인권변호사 경력과 전직 아일랜드 대통령 출신인 메리 로빈슨(Mary Robinson)이 2002년까지 5년간 활동을 하였다. 라쏘 판무관이 판무관실의 기초를 다졌다면 로빈슨 판무관은 이를 토대로 주춧돌을 놓았다고 비유할 수 있을 정도로 로빈슨 판무관의 정력적인 활동으로 인하여 국제정치에서 인권의 위상이 상대적으로 매우 높아졌고 판무관실의 실무역량 또한 크게 강화되었다. 제3대 판무관은 유엔 공무원 출신으로 유엔동티모르과도행정기구(UNTAET)의 대표였던 브라질 출신의 세르지오 비에라 드 멜로(sergio Vieira de Mello)가 임명되었으나 코피 아난 제7대 유엔 사무총장(1997~2006)의 유엔특사로 이라크에서 활동하다가 지난 2003년 8월 19일 바그다드 유엔본부에 대한 폭탄테러 사건으로 순직했다. 그 후 2004년 7월에 새로운 판무관이 임명될 때까지 변호사로 유엔에서 30여 년 동안 활동한 버르란트 람차란(Bertrand Ramcharan)이 권한대행을 맡았고, 제4대 판무관으로 임명된 캐나다 출신의 대학교수인 루이즈 아부르(Louise Arbour)가 2008년까지 활동하였다. 그의 후임으로 임명된 제5대 판무관은 남아프리카공화국 출신의 변호사로 인종차별정책에 반대하는 활동을 해오다 2003년부터는 국제형사재판소의 재판관으로 재임했던 나바네템 필레이(Navanethem Pillay)가 맡았다. 2014년 9월 1일부터는 제6대 판무관으로 요르단 출신의 외교관인 자이드 라드 알 후세인(Zeid Ra' ad Al Hussein)이 업무를 맡아 수행하고 있다.

2. 국제형사재판소

국제형사재판소(International Criminnal Court, IOC)는 국제인도주의법 및 국제인권법 상의 심각한 범죄를 저지른 개인을 법정에 기소하여 심판할 수 있는 최초의 상설 국제재판소로 2003년 2월부터 본격적인 활동을 시작하였다.[6)]

6) 2002년 7월 1일 설립된 국제범죄를 범한 개인을 심리·처벌하는 국제재판소. 약칭은 ICC이다. 1925년 열국의회동맹(列國議會同盟) 제23차 총회 때 상설된 국제형사재판소(International Criminal Court, ICC)에 개인의 국제범죄를 재판하는 형사부를 설치해야 한다는 제안이 있었다. 1937년 테러리스트를 처벌하기 위한 ICC 설치에 관한 조약(프랑스·소련 등 13개국 서명, 미발효) 등의 움직임이 있었으나, ICC 설립이 구체화된 것은 제2차 세계대전 후이다.
1948년 12월 제노사이드(집단살해죄) 방지 및 처벌에 관한 조약을 채택하였고 UN 총회에서 국제법위원회(International Law Commission, ILC)의 ICC에 관한 예비 검토를 지시하였다. 제노사이드 조약 제6조에 범인을 심리·처벌하는 기관으로서 행위지의 국내재판소와 함께 ICC를 세울 수 있다고 명시하고 있기 때문이었다.
1950년 ILC로부터 동 재판소 설치가 가능하며, 바람직하다는 보고를 받은 총회는 ICC 관할권 위원회를 설치하여 재판소 규정 초안을 만들게 하였다. 그러나 냉전 당사국들과 세계 여러 강국의 반대에 부딪쳐 뚜렷한 결실을 거두지 못하였다. 1998년 6월 이탈리아 로마에서 열린 UNCP에 세계 160여 개국이 참가하여 ICC 설립에 관한 로마 선언을 채택하였다.
1999년 5월 헤이그에서 ICC 설립을 위한 연합캠페인을 시작하였고 세계 각국에 ICC 인정을 요청하는 활동을 펴고 있다. 1953년에 작성한 ILC 개정 초안을 보면 ICC는 상설로 하며, 헌법

국제형사재판소는 집단살해(genocide), 반인도주의 범죄(crimes againity humanity), 전쟁범죄(war crimes), 침략범죄(crimes of aggression)[7] 등을 다룬다. 반인도주의 범죄란 민간인에 대한 광범위한 또는 체계적인 공격의 일환으로 행해진 살해, 질병, 노예화, 주민의 추방 또는 강제이주, 강간, 강제임신, 성적 노예와 같은 심각한 성폭력, 강제실종 및 인종차별 등의 범죄를 의미한다.

형사재판소의 설립의 근본 목적은 반인도 범죄와 같은 심각한 인권침해에 대해 해당 주관 국가가 이를 무시하거나 방관할 경우 국제사회가 나서서 책임자를 처벌한다는 것이다. 이러한 형사재판소의 설립으로 국제사회가 오랫동안 고민하고 싸워온 불처벌(impunity)의 문제가 해결될 수 있는 가능성이 현실화되었고, 각종 반인도주의 범죄의 예방에 큰 기여를 할 수 있게 되었다.

국제형사재판소는 역사적으로는 제2차 세계대전의 전쟁범죄자를 처벌한 뉘른베르그와 동경국제군사재판소의 경험, 그리고 탈냉전 시기에 유엔 안전보장이사회가 르완디와 구 유고슬라비아의 반인도주의 범죄자를 처벌하기 위해 설치한 특별재판소의 경험을 토대로 설립되었다. 그러나 국제형사재판소는 독립된 상설재판소라는 점에서 이전의 재판소와 구별된다. 국제형사재판소는 1990년대 초 냉전의 종식과 함께 국가 간 무력충돌 대신 국경 내에서 인종, 종교, 문화 등에 의해 갈등이 증대하는 현실을 배경으로 탄생하였

상 책임을 지는 사람은 지배자, 공무원, 일반인을 불문하고 국제법상 범죄라고 인정되는 행위를 하면 재판하는 것을 목적으로 한다.

일방 당사국이나 독자적 수사권을 가진 소추관이 제소하는 경우에 범죄발생지국이나 범죄인 국적국이 로마규정의 당사국인 경우에 한하여 재판소는 관할권을 행사할 수 있다. 로마규정은 "자동적 관할권"을 규정하고 있기 때문에 당사국은 로마규정을 비준함과 동시에 자동적으로 재판소의 관할권에 동의하게 되는 것이다. 그러나 국제연합헌장 제7장에 따라 안전보장이사회가 재판소에 사건을 회부하는 경우에는 재판소는 범죄발생지국이나 범죄인 국적국이 당사국이 아니더라도 관할권을 실행할 수 있다.

제노사이드 조약이나 인류 평화와 안전에 대한 범죄에 관한 법전초안 등에서 규정한 개인의 국제범죄를 공평하고 유효하게 심리·처벌하기 위해서는 ICC의 설립이 필요하나 많은 나라들이 장래 자국 지도자나 국민이 피고인 입장에서 재판을 받을 경우를 두려워하여 그 설치에 소극적이어서 실현되지 못하고 있다.

7) 2002년 발효 당시 합의가 이루어지지 않아 미루었던 침략범죄에 대하여 2009년 초안 작성, 합의가 이루어졌고, 드디어 16년 만인 2018년 7월 17일 부터 ICC 침략범죄에 대하여 관할권 개시를 결정하였다.

다. 국제형사재판소는 기존의 국제인도법을 보완하고 강화하는 새로운 제도로 탈냉전 이후 세계 곳곳에서 빈발하는 반인도주의 범죄를 보다 신속하면서 근본적으로 해결할 수 있는 대안으로 만들어진 것이다.

3. 유엔 전문기구와 프로그램

유엔헌장은 '인권과 기본적 자유의 존중'을 중요한 목적의 하나로 천명하고 있다. 따라서 유엔의 전문기구(Specialized Agencies)를 포함한 모든 유엔기구가 인권존중의 의무를 지닌다. 사실 유엔의 모든 기구가 인권과 직·간접적으로 관련되어 있다고 말할 수 있다. 다양한 전문기구 가운데 인권의 보호와 증진과 관련하여 국제노동기구(ILO), 국제교육고학문화기구(UNESCO), 세계보건기구(WHO) 등이 대표적이다. 이밖에도 유엔난민고등판무관(UNHCR), 유엔개발계획(UNDP), 국제적십자(ICRC) 등의 유엔 관련 기구도 인권문제를 다루고 있다.

1919년 창설된 국제노동기구는 노동인권과 관련된 분야에 각종 국제조약을 만들어왔고 이의 이행을 감시하는 제도의 발전을 주도해왔다. 특히 집회·결사의 자유, 차별의 철폐, 강제노동의 철폐, 아동노동의 철폐 등의 분야에서 국제적 기준의 설정과 문제해결을 주도하였다. 유네스코는 세계인권선언의 제19조(표현의 자유), 제26조(교육권), 제27조(문화생활향유권)에 규정한 권리를 다루어 왔다. 최근에는 인권과 평화교육, 그리고 문화적 다양성 분야에서 역할을 증대해왔는데, 특히 교육분야에서의 차별철폐에 주도적인 역할을 수행하여 왔다.

4. 지역 인권보장제도

유엔이 인권의 보편성을 토대로 운영된다면 지역 인권보장제도는 인권의 보편성과 문화적 다양성 간의 조화의 산물이라고 할 수 있다. 지역인권보장제도는 공통의 역사와 문화적 배경을 가진 국가들로 구성된 지역에 적합한 인권 내용과 기준에 기초하여 만들어졌다. 1960년대 초 유럽에서 가장 먼저 만들어졌는데 현재는 미주와 아프리카도 자체의 지역 인권보장제도를 만들어 활동하고 있다.

1) 유럽 인권체제

인권보호의 기제는 단일국가를 넘어 지역적 수준에서 형성될 수 있다. 유럽의 인권보호체계를 살펴보면, '인권과 근본적 자유의 보호를 위한 유럽협약'과 11개 의정서는 서구 자유주의적 모델의 포괄적인 권리장전으로서 유럽평의회에서 탄생하였다. 체약국은 자국 관할권에 속한 모든 사람에게 권리와 자유를 보장하기로 약속했다. 권리와 자유가 매우 정교하게 정의되어서 일부 당사국은 그 권리를 자기 집행적 조항으로 국내법에 편입시킬 수 있었다. 이 협약의 초안을 작성할 때 많은 나라가 받아들일 수 있도록 적용상의 일정한 제한을 포함하였다. 제17조는 '이 협약은 그 어떤 국가, 집단 또는 사람에게도 여기에 규정된 권리와 자유의 파괴를 위한 그 활동에 개입하거나 그런 행위를 수행할 수 있는 권리를 주는 것으로 해석되지 않는다'라고 규정하고 있다. 제15조는 '전시 또는 국가의 생존을 위협하는 공공의 위기상황'에서 협약상의 의무로부터 이탈하는 조치를 허용한다. 그러나 이러한 이탈이 허용되지 않는 조항으로 제2조 생명권, 제4조 노예에의 예속, 제7조 소급처벌금지 등이 있다.

모든 청구는 협약의 주요기관인 인권위원회에서 다루어졌고, 인권법원과 인권위원회가 일구어낸 일들은 시민의 자유와 국내적 구제 절차 완료의 개념을 구체화시키는 데 소중한 자료가 되었다.

2) 미주 인권체제

미주 인권보호체계는 서로 다른 외교적 출발점을 가진 중복적인 두 개의 메커니즘에 기초한다. 우선미주인권위원회(Inter-American Commission on Human Rights)가 1960년에 미주국가기구(Organization of American States, OAS)의 기관으로 창설되어 인권보호 촉진의 기능을 부여받았다. 부에노스아

이레스 의정서에 의해 개정된 미주기구(OAS) 헌장은 실질적인 경제적·사회적·문화적 기준의 목록을 포함하며, 1969년 미주인권협약에 따라 재정립된 위원회는 이러한 사안에 대해 미주기구 회원국들에 대해 광범위한 권한을 갖게 되었다. 이 협약에 근거하여 인권을 장려하기 위해 추가적인 체제가 마련되었다. 미주인권위원회가 재창설되었고, 미주기구 내부에서 광범위한 권한을 유지한다. 또 위원회는 미주협약에서 비롯하는 책임을 부여받았다. 위원회는 당사국에 대한 개인청원을 청취할 수 있는 자체적인 관할권을 갖는다. 추가적으로 분쟁의 양 당사국이 모두 선언을 통하여 위원회의 분쟁해결 권한을 인정하는 경우 국가 간 분쟁을 다룰 수도 있다.

미주협약에 따라서 미주인권법원이 설립되어 1979년부터 활동을 개시하였다. 이 위원회와 법원의 관할권을 명시적으로 수락한 당사국은 협약의 해석과 적용에 관하여 이 사건을 법원에 회부할 수 있다. 또한 제64조는 권고적 관할권도 신설하였는데 이에 따라 미주기구 회원국과 미주기구헌장 제10장에 열거된 기관들은 '이 협약 또는 미주국가들의 인권보호에 대한 다른 조약들의 해석'에 관하여 법원의 의견을 들을 수 있다.

포괄적으로 미주협약은 유럽협약과 인간의 권리와 의무에 대한 미주선언(1948), 그리고 시민적·정치적 권리에 관한 국제규약 등의 내용을 원용함으로써 매우 광범위한 규정을 보유하게 되었다. 오직 미주기구 회원국만이 당사국으로 가입할 수 있으며 현재 25개의 당사국으로 가입하고 있다.

3) 아프리카 인권체제

1981년 6월 17일 아프리카단결기구의 제18차 국가수반 총회는 '인간과 인민의 권리에 대한 아프리카 헌장(African Charter on Human and People's Rights)'을 채택하였다. 이 헌장은 유럽과 미주의 선례와 많은 부분이 유사하지만 독자적인 특징도 있다. '모든 개인'의 권리뿐만 아니라 의무도 구체화되어 있고, '부와 자원을 자유롭게 처분할 권리' 등과 같은 인민의 권리를 규정하는 조항도 많다. 유럽협약의 제15조와 유사한 이탈규정은 없다. 제도적 보호수단의 영역에서는 사법적 또는 준사법적 기관이 결여되어 있다. 헌장상 기관은 '아프리카 인간과 인민의 권리위원회'로 위임사항은 매우 일반적인 요건으로 규정되어 있으나 당사국의 요청 시 헌장을 해석할 수 있다.

위원회는 헌장 위반에 대한 국가의 청원을 조사할 수 있으며, 우호적인 해결에 도달하기 위하여 노력한다. 또 위원회는 일정한 요건하에 개인의 청구를 검토할 수 있다. 청구가 심각하거나 중대한 권리 위반의 경우에만 위원회는 아프리카단결기구(Organization of Africa Unity, OAU)총회를 통해 개입하여야 하며, 그 경우 총회는 위원회에 심도 있게 조사하고, 판정과 권고를 담은 사실관계 보고서를 작성하도록 요청할 수 있다. 각 당사국은 2년마다 입법적 이행에 대해 보고할 의무가 있다.

4) 아랍 인권체제

아랍 인권체제는 1994년 아랍연맹에서 아랍인권헌장을 채택함으로써 공식적으로 존재하게 되었다. 이 헌장은 첫째, 체약 당사국에 의해 제출된 보고서를 검토하거나 그들에 관하여 아랍연맹 상설인권위원회에 보고하기 위하여 인권전문가위원회를 규정하고 둘째, 모든 근본적 인권의 부인을 금지하지만 국가안보, 경제, 공공질서, 타인의 권리 등 모든 권리에 대한 제한을 규정하고 있으나 셋째, 정치적 조언과 참여에 대한 어떠한 권리도 규정하고 있지 않다.

5) 아시아 인권체제

아시아 지역은 유일하게 지역 인권보장제도가 없는 대륙이다. 그러나 최근 아시아 지역의 경제적으로 긴밀히 통합되고 지역 상황에 적합한 경제적·사회적 권리의 보장 필요성이 지속적으로 증가되면서 아시아 지역의 문화에 적합한 인권규범을 개발할 필요성이 증대되고 있다. 1993년의 비엔나 세계인권대회는 아시아·태평양 지역 국가에게 지역 인권기구를 만들 것을 간접적으로 촉구했으며, 유엔 인권위원회는 해마다 이에 관한 결의안을 채택해왔다. 한편 유엔은 1990년 이래로 정기적으로 지역인권기구에 관한 회의를 개최하여 오고 있다.

제3절 유엔의 인권침해 구제제도와 절차

국제법은 전통적으로 국가를 주체로 전제했고 주로 국가 간의 관계를 다루어왔다. 국제법 일반과 비교해서 국제인권조약의 근간을 이루고 있는 국제인권법의 가장 큰 특성은 개인이 국제법의 주체가 되었다는 데 있다. 따라서 대다수의 국제인권조약은 개인이나 집단의 인권이 침해되었을 경우 이를 국제적으로 구제하는 절차를 가지고 있다. 이러한 국제인권법의 발전으로 인해 이제 개인은 한 국가 내에서 헌법과 다른 관련 법률 이외에도 국제인권법을 통한 이중의 보호를 받을 수 있게 되었다.

유엔이 마련한 개인의 인권침해 구제제도와 절차는 크게 국제 인권조약에 따른 개인통보(individual communication)제도와 인권조약 밖의 제도로 나눌 수 있다. 후자의 대표적인 예로는 유엔 인권이사회와 여성지위위원회가 있다. 전자가 주로 개인의 인권침해를 다루는데 반해 후자는 좀 더 지속적인 인권침해 행태와 경향 그리고 국가를 대상으로 한다. 따라서 두 제도는 서로 보완의 성격을 지니고 있다. 전자의 제도는 법적 성격이 강하다면 후자는 정치적 성격이 강하다.

유엔 인권이사회의 제도는 1503제도와 특별절차로 나뉘는데 특별절차는 다시 국가의 주제별로 나뉜다. 이밖에 긴급상황에서 이용할 수 있는 긴급행동 절차도 있다.

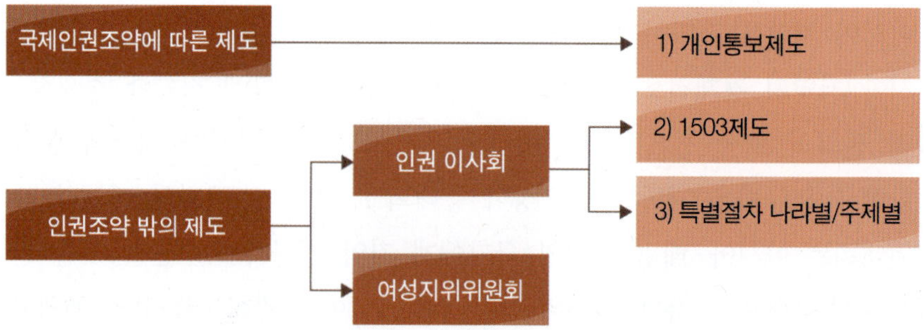

그림 4-3 유엔의 인권침해 구제제도의 절차

1. 국제인권조약에 따른 개인통보제도

대부분의 인권조약은 규약이나 협약에 규정된 권리를 침해당한 개인이 국내의 구제 절차를 완료했음에도 불구하고 권리침해가 해결되지 않은 경우 조약이행감시기구에 진정을 접수하여 심리를 받는 장치를 마련하고 있다.

자유권 규약은 선택의정서를 통해서 개인청원 절차가 마련되었고 인종차별철폐협약과 고문방지협약은 협약 내에 개인청원을 수락하는 조항이 있다. 여성차별철폐협약은 자유권규약처럼 선택의정서를 통해 개인통보 절차를 수락하는 제도를 1999년에 채택하였다.

사회권규약위원회는 1996년 '통보절차에 관한 선택의정서 초안'을 채택하였고, 현재 유엔 인권이사회가 이에 대한 논의를 하고 있는 중이다. 초안에 따르면 사회권은 개인과 집단 모두 진정의 주체가 될 수 있다. 2003년 7월 1일 발효된 이주노동자협약 또한 통보 절차가 명시되어 있어 조약이행감시위원회의 설립과 함께 절차가 작동되고 있다.

국제인권조약의 특성에 따라 약간의 차이는 있지만 개인통보 절차는 대체로 공통점을 지니고 있는데 개인통보가 가능하기 위해서는 몇 가지 조건을 충족해야 한다.

먼저 개인통보 절차를 활용하고자 하는 당사자가 속한 국가가 해당 조약에 가입하고 개인청원 절차를 수용한 조약 당사국이어야 한다. 개인통보는 해당 조약의 구체적인 조항 위반에 관한 것이어야 하며 국내적 구제 절차를 완료해야 한다. 한편 다른 국제적 절차에 의해 심의 중인 사건은 통보의 대상이 될 수 없으며 피해자뿐만 아니라 피해자를 대신한 대리인도 통보절차를 이용할 수 있다.

위에서 상술한 요건을 갖추어 제출된 개인통보가 조약위원회에 의해 받아들여지면 위원회는 청원 내용을 해당 국가의 정부에 보낸 의견을 청취한다. 해당 정부는 보통 6개월 이내에 이에 대한 해명서를 제출해야 한다. 조약위원회는 가능한 정보와 자료, 그리고 조약의 원칙에 따라 개인통보를 심의하고 최종견해 또는 권고를 채택한다. 조직위원회는 규약이나 협약과 관련한 인권침해 여부를 판단할 권한을 가지고 있으므로 당사국은 조약위원회의 결정을 이행해야 하는 국제법의 의무를 진다.

2. 1503제도 및 새로운 절차

1970년 유엔 경제사회이사회가 채택한 결의안의 번호에서 명칭이 유래한 1503제도는 2007년 6월에 새로운 제도로 대체될 때까지 유엔에서 가장 오래된 인권침해 구제 절차로 작동하였다. 효율성 제고를 위해 2000년에 대폭 개정 보완된 이 제도는 인권조약하의 개인통보 제도와 달리 개인의 인권침해가 아니라 특정 국가 내의 인권 상황을 다루었다. 이른바 기본적인 자유와 인권의 심각한 침해가 지속적으로 발생하는 상황(a consistent pattern of gross violation of human rights)이 일어난 경우 인권침해의 피해자, 그 가족 또는 관련 비정부기구는 해당 기구에 통보(communication)를 제출할 수 있었다. 통보의 요건은 국내의 구제 절차 완료, 다른 국제적 절차와의 중복 금지 등 인권조약하의 개인통보 제도와 비슷하였다. 다섯 명으로 구성된 인권소위원회의 통보처리 위원회는 인권소위원회가 끝나는 8월 말에 개최되어 통보의 내용을 심의하고 해당 정부에 해명을 요청한다. 위원회의 위원 중 세 명 이상이 찬성하면 통보는 인권소위원회에 회부된다. 인권소위원회는 해당 정부의 답변과 기타 관련 정보를 참조하여 상급기관인 인권위원회로의 회부 여부를 결정한다. 이어서 인권위원회는 집중적인 조사를 통해 인권소위원회가 제기한 사항을 다시 심의하여 통보의 채택 여부를 결정한다. 이때까지의 모든 과정은 비공개이며 인권위원회의 공개회의에 이르러서야 심의대상이 된 국가의 이름이 공개된다. 이를 통해 해당 국가는 국제사회에서 인권침해 국가로 비판의 대상이 되며 국제적인 도덕적·정치적 압력을 받게 된다.

인권이사회가 인권위원회를 대체한 후에는 2007년 6월부터 새로운 구제 절차를 운용하고 있다. 인권침해의 피해자 또는 인권침해에 관한 직접적이고 믿을 만한 정보를 가지고 있는 개인이나 단체 또는 비정부기구는 인권이사회에 통보를 제출할 수 있다. 관련 국가와의 협력을 제고하기 위하여 구제 절차는 비공개로 진행된다. 이러한 새로운 절차는 공정성, 객관성, 효율성, 피해지향성, 신속성을 제공하기 위한 방향으로 개선되었다. 구제 절차는 두 개의 실무분과에서 진행되는데 통보담당 실무분과(Working group on communications)와 사실담당 실무분과(Working group on situations)가 그 것이다. 전자는 인권이사회 자문위원회에 의해 조직되고, 3년의 임기로 5개 지역을 대표하는 전문가로 구성된다. 인권침해가 상당하고 근거 있는 것인지를 판단하여 후자로 이송한다. 후자는 인권이사회 가입국가의 대표들에 의해 5개 지역을 대표하는 전문가로 구성되고, 전자로부터 제공받은 정보와 권고에 따라 이송 받은 인권침해사건에 대해서 조사한다. 조사가 끝나면 보고서를 작성하여 어떠한 조치를 취해야 할 것인지에 대해서 인권이사회에 보고한다.

3. 특별절차-특별보고관과 실무분과

유엔 인권이사회의 특별보고관과 실무분과는 구체적인 인권침해를 다루는 진정 절차를 가지고 있다. 이를 비공개를 특성으로 하는 1503제도와 비교하여 특별절차라고 부른다. 이에 따르면 인권침해의 피해자, 피해자 가족, 민간단체 등은 현재 존재하고 있는 다양한 특별보고관과 실무분과에 인권침해에 관한 정보를 제공할 수 있다. 진정에는 피해자 및 가해자의 신원정보, 각 특별절차의 이슈와 관련된 인권침해에 대한 상세한 설명, 그러한 사실을 뒷받침할 만한 증거 등이 포함되어야 한다. 진정이 반드시 특정한 사용해야 하는 것은 아니지만 진정 양식 모델을 사용해서 담당 비서관에게 보내는 것이 바람직하다.

이 제도는 국제인권조약에 따른 개인청원 제도 또는 1503통보제도와 달리 국내 절차가 완료될 때까지 기다릴 필요가 없다. 따라서 절차적으로 빠르고 단순한 것이 장점이다. <자의적 구금에 관한 실무그룹> 등 몇몇 특별절차의 경우 진정의 내용을 심사한 후 해당 정부에 평가서를 전달하기도 한다. 대부분의 특별보고관은 진정 내용을 유엔 인권이사회나 유엔총회의 연례회의에 제출하는 보고서에 포함시킨다. 1503제도에 비해서 상대적으로 효과가 약하지만 보고서에 국가의 이름이 언급되는 것 자체로 정치적 압력의 효과를 발휘한다.

4. 긴급행동

고문과 실종 또는 즉결 처형과 같은 시각을 다투는 인권침해의 경우에 보다 신속한 조치를 필요로 한다. 이 경우 유엔 인권이사회 산하의 관련 특별보고관이나 실무그룹에 즉각적인 개입을 요청할 수 있다. 긴급행동의 성격상 특정한 형식이나 요건이 있는 것은 아니지만 내용이 믿을 만하고 확실한 것이어야 하며 기본적 정보를 담고 있어야 한다. 예를 들어, <고문에 관한 특별보고관>, <비사법적 즉결 또는 자의적 처형에 관한 특별보고관>, <강제적 비자발적 실종에 관한 실무그룹>, <자의적 구금에 관한 실무그룹> 등은 긴급행동 절차를 가장 적극적으로 활용하고 있다.

Chapter 05

인권의 체계적 문서 세계인권선언문

제1절 세계인권선언의 기준

오늘날 대다수의 사회가 인권의 가치와 규범적 보편성을 수용하고 있지만 '무엇이 인권이고 무엇이 인권이 아닌가', 즉 '어디까지가 인권인가'라는 질문은 여전히 남아 있다. '인간의 존엄성을 보장하기 위한 인권의 범위를 어디까지 설정할 것인가'라는 문제는 유엔이 지금까지 만들어온 각종 국제인권 규범과 제도를 둘러싼 논쟁에서 매우 중요한 위치를 차지하고 있다. 인류는 두 차례의 끔찍한 세계대전을 겪고 난 이후에야 비로소 인권침해와 침략행위는 밀접한 연관성을 갖고 있다는 교훈을 얻게 되고, 이를 통해 인권의 보편적 존중과 증진을 위한 국제적 노력을 하였다.

세계 각국의 경제적·사회적 협력을 통해 기본적 인권을 존중·증진시킬 때만 세계평화가 유지될 수 있다는 교훈에 기초하여 1945년 창설된 유엔(UN)은 '인권 및 기본적 자유의 보편적인 존중'이 국제적 과제임을 명확히 함으로써 국제인권법의 발달에 기초를 제공했다. 또한 유엔에 인권을 정의하고 성문화할 수 있는 법적 권한을 부여했다. 이러한 노력의 첫 결실이 바로 세계인권선언(Universal Declaration of Human Rights)이다. 현대적인 인권 개념은 세계인권선언의 내용을 통해서 정리된다고 할 수 있다. 1948년 12월 10일 유엔총회에서 제정된 세계인권선언은 원문을 영어, 프랑스어, 스페인어, 러시아어, 중국어, 아라비아 등 6개 국어로 작성되었다. 현재는 세계인권선언 공식 사이트에 전 세계 386개 언어로 작성되어 있다. 세계인권선언(1948)은 전문과 총 30조의 내용으로 구성되어 있다. 세계인권선언은 제2차 세계대전의 참상 속에서 처절하게 짓밟힌 인간적인 삶과 국가 간의 권리침해와 특정 인종에 대한 말살 등 참혹한 인권침해 상황에 대한 전 세계인들의 자성으로 만들어졌다. 하지만 일부학자들에 의해서 비판받고 있기도 한다.

그 이유는 첫째, 지나치게 자유주의적이고 달성 불가능한 자유를 추구한다. 둘째, 국가 대 개인이라는 틀 속에서만 사고하고 있다. 셋째, 인권주장과 제도를 혼돈하여 허구적인 사회계약의 잔재를 너무 많이 반영하고 있다. 넷째, 어떤 특정한 정치이념 자유민주주의를 선험적으로 전제하고 있는 선언문이라는 비판이 있다. 하지만 제임스 니켈(James W. Nickel)이 정리한 세계인권선언의 인권개념을 통하여 이 선언이 전제하고 있는 권리의 주체와 대상, 법적 권리를 넘어선 고도의 우선개념, 정부를 상대로 한 정부의 행위규범, 이상적 사회건설이 아닌 최소기준설정을 위한 지향하고 있음을 통하여 이해할 필요가 있다. 니켈이 정리한 세계인권선언의 기본원칙과 인권기준의 내용은 다음과 같다.

1. 경제적 권리

적절한 생활수준을 획득하고 유지할 권리-배고픔으로부터 자유로울 권리(사회권 제11조 2항), 적절한 식량 의복 주거를 포함하는 적절한 생활수준에 대한 권리(사회권 제11조 1항), 노동권(사회권 제6조), 공정하고 유리한 노동조건에 대한 권리(사회권 제7조), 노동조합을 형성하고 가입할 권리, 파업할 권리(사회권 제8조)

2. 사회적 권리

사회보장에 대한 권리(사회권 제9조), 가족, 임산부, 아동의 권리(사회권 제10조)-가족에 대한 보호, 혼인의 자유(자유권 제23조), 아동의 권리(자유권 제24조), 육체적 정신적 건강에 대한 권리(사회권 제12조)

3. 문화적 권리

교육권(사회권 제13조)-기초의무교육에 대한 권리(사회권 제14조), 문화적 생활에 참여할 권리와 자유로운 과학적 진보로부터 이익을 향유할 권리(사회권 제15조), 소수자의 권리(자유권 제27조)

4. 시민적 권리

법 앞에 인간으로서 인정받을 권리(자유권 제16조), 법의 평등한 보호를 받을 권리(자유권 제26조), 재소자의 권리 생명권(자유권 제6조), 고문금지(자유권 제7조), 처벌제도의 기본적 원칙(자유권 제10조), 공정한 재판에 대한 권리-재판 앞에 평등과 무죄추정의 원칙(자유권 제14조), 계약상 의무의 불능만을 이유로 구금금지(자유권 제11조), 이동의 자유에 대한 권리(자유권 제12조), 의사표현의 자유에 대한 권리 개인적 영역(사생활)의 자유에 대한 보호(자유권 제17조), 사상, 양심, 종교의 자유(자유권 제19조), 전쟁과 차별에 대한 선전 금지(자유권 제20조)

5. 정치적 권리

평화로운 집회의 자유(자유권 제21조), 결사의 자유(자유권 제22조), 정치에 참여할 권리(자유권 제25조)

제2절 세계인권선언의 내용

전문에서는 "모든 사람은 태어날 때부터 자유롭고 동등한 존엄성과 권리를 가지고 있다. 사람은 천부적으로 이성과 양심을 가지고 있으며, 서로 형제애의 정신으로 행동하여야 한다"[1]고 규정하였다. 이로서 인권이 천부적으로 부여받은 인간의 존엄성을 의미하고 있다. 또한 구체적인 권리로 다음과 같은 내용을 선언하고 있다.

1) 세계인권선언 제1조

1. 안전의 권리

생명, 자유, 안전권의 권리로 고문과 잔인한 형벌을 금지하고 있다.

2. 적정 절차의 권리

권리의 침해에 대하여 효과적 구제를 받을 권리, 인권 향유할 수 있는 질서에 대한 권리로 자의적인 체포, 구금, 추방의 금지, 형사사건에 대한 재판을 받을 권리, 형사사건에서 무죄추정의 권리, 소급형법이나 소급처벌의 금지, 자의적인 국적 박탈의 금지, 개인이 저작한 과학적·문화적·예술적 창조에서 나오는 정신적·물질적 이익의 보호와 기본적인 자유의 권리로 노예제 또는 예속상태의 금지, 다른 사람의 사생활, 가족, 주거, 통신에 대한 자의적인 간섭의 금지, 거주와 이전의 자유, 입출국의 자유, 박해를 피해 다른 나라로 망명할 자유, 전적으로 자유로운 동의 없는 결혼의 금지, 사상·양심·종교의 자유, 견해의 자유 및 표현의 자유, 평화적인 집회와 결사의 자유, 노동조합을 결성하고 가입할 자유, 자식을 위한 교육을 선택할 부모의 자유, 문화적 활동에 참여할 자유이다.

3. 정치적 참여권리

직접적으로 또는 자유로이 선출한 대표자를 통해 정부에 참여할 권리, 공직에 대한 평등한 접근권, 정기적이고 진정한 선거에서 투표할 기회를 갖는 권리이다.

4. 평등의 권리

근본적인 권리와 자유에 대한 평등, 법 앞에서 인간으로 인정받을 권리, 법 앞에 평등할 권리, 차별로부터의 자유, 혼인과 가족에 대한 평등권, 동일

노동에 대한 동일 임금의 평등, 혼외 출생 아동에 대한 평등한 사회적 보호의 권리이다.

5. 경제적·사회적 권리

사회보장을 받을 권리, 정당하고 유리한 임금을 받을 권리, 휴식과 여가를 즐기는 권리, 건강과 안녕에 대한 적절한 기준의 권리, 건강관리권, 모성과 아동에 대한 특별한 보호권, 교육을 받을 권리 등이다.

또한 세계인권선언 제2조에서는 "모든 사람은 인종, 피부색, 성, 언어, 종교, 정치적 또는 기타의 견해, 민족적 또는 사회적 출신, 재산, 출생 또는 기타의 신분 등 어떠한 종류의 차별이 없이, 이 선언에 규정된 모든 권리와 자유를 향유할 자격이 있다"고 함으로써 평등의 가치와 차별금지의 원칙을 확인시키고 있다.

이처럼 세계인권선언에 나타난 인권의 내용을 보면 인권을 경제적 권리, 사회적 권리, 문화적 권리, 시민적 권리, 정치적 권리로 분류하고 있다. 경제적 권리에는 일할 권리, 즉 노동권, 사회권은 사회보장제도, 문화권은 교육권이 대표적이며 시민적 권리로는 신체의 자유, 사상 양심 및 종교의 자유와 의사 표현의 자유를, 정치적 권리로는 집회·결사의 자유와 참정권 등을 들 수 있다.

이상에서 나열한 인권은 인간 존엄성의 최소 조건을 법적으로 규정한 것이다. 즉, 현대사회에서 인간의 존엄성을 지니기 위해서는 모두가 위에서 언급한 인권을 누릴 수 있어야 하고 국가는 그러한 인권을 보장해야 하는 의무를 지닌다. 오늘날 대다수 국가는 유엔이 설정한 이러한 인권 기준과 조건을 헌법에 기본권의 형태로 수용해왔다. 이와 관련하여 1993년 비엔나에서 개최된 세계인권회의는 비엔나 선언문 제5조에서 정치·경제 및 문화적 체제와 제도의 차이에도 불구하고 모든 인권과 기본적 자유를 증진하고 보호하는 것은 국가의 의무라고 천명하였고, 우리나라 「헌법」 제10조에도 "국가는 개인이 가지는 불가침의 기본적 인권을 확인하고 이를 보장할 의무를 진다"

라고 명시하고 있다. 세계인권선언은 “모든 사람이 태어날 때부터 자유롭고 존엄성과 권리에 있어서 평등”하다는 이념과 어떠한 차별도 있어서는 안 된다는 비차별의 원칙을 대전제로 인권에 관한 가장 보편적인 기준을 제시 한 국제문서라고 할 것이다.

세계인권선언은 전문과 본문 30개조의 구조형태를 가지고 있다. 그 전문에서는 “모든 인류 구성원의 천부의 존엄성과 동등하고 양도할 수 없는 권리를 인정하는 것이 세계의 자유, 정의 및 평화의 기초”라고 하여, 동 선언의 취지를 명시하고 있다. 세계인권선언의 제1조와 제2조는 다른 조문들의 기초를 이루고 있는 것으로, 제1조에서는 “모든 인간은 태어날 때부터 평등한 존엄과 권리를 갖는다. 인간은 천부적으로 이성과 양심을 부여받았으며 서로 형제애의 정신으로 행동해야 한다”고 선언하고 있으며, 제2조는 차별로부터 자유로운 삶의 보편적 존엄성을 확인한다. 즉, “모든 사람은 인종, 피부색, 성, 언어, 종교, 정치적 또는 기타의 견해, 민족적 또는 사회적 출신, 재산, 출생 또는 기타의 신분 등 어떠한 종류의 차별이 없이, 이 선언에 규정된 모든 권리와 자유를 향유할 자격이 있다”고 규정하고 있다. 제3조 내지 제21조까지는 모든 사람에게 부여된 시민적·정치적 권리를 규정하고 있다. 제3조에서 인정하고 있는 생명권, 신체의 자유와 안전에 대한 권리는 공정한 재판, 언론의 자유와 이전의 자유, 사생활에 대한 권리뿐만 아니라 노예, 고문, 자의적인 체포로부터의 자유도 포함하는 등 모든 정치적 권리와 시민적 자유의 바탕이 된다.

제22조 내지 제27조까지는 모든 사람에게 부여된 경제적·사회적·문화적 권리를 규정하고 있다. 제22조는 이 권리들의 시금석으로서, 모든 사람은 사회구성원으로서 사회보장을 받을 권리를 가지며, 따라서 자신의 존엄과 자유, 개인적인 발전에 ‘불가결한’ 경제적·사회적·문화적 권리를 실현할 자격이 있다는 것을 인정하고 있다. 나머지 5개 조항에서는 직업, 정당한 보수, 여가와 관련된 경제적 권리, 건강, 복지와 교육을 위한 적절한 생활수준에 관한 사회적 권리, 공동체의 문화생활에 참가할 권리를 포함하고 있는데, 사회보장을 위한 근본적인 권리 등을 향유하게 하기 위해 필요한 권리를 구체화했다. 제28조 내지 제30조까지는 보편적으로 향유될 수 있는 모든 인권에

대해 더 큰 보호 틀을 제공한다. 제28조에서는 인권과 기본적인 자유가 실현될 수 있도록 사회적·국제적인 질서에 대한 권리를 인정하고 있고, 제29조에서는 모든 사람은 사회 속에서 자유롭고 완전하게 개인의 잠재력을 개발할 수 있는 권리뿐 아니라 의무도 갖고 있다는 것을 규정하고 있다.

마지막으로 제30조에서는 어떤 외부적인 간섭에 의해 이 선언의 조항이 유엔의 목적과 원칙에 반하여 해석되는 것을 막고 있다. 이것은 어떤 국가, 집단 또는 개인도 이 선언에 근거하여, 선언에 규정된 어떠한 권리와 자유를 파괴하기 위한 활동에 가담하거나 또는 직접 파괴할 수 있는 권리를 요구할 수 없음을 명백히 하고 있는 것이다. 이와 같이, 세계인권선언은 시민적·정치적 권리와 함께 경제적·사회적·문화적 권리를 함께 보장하고 있으며, 정치체제의 상이를 넘어 다수의 국가로부터 지지되어 인권이 비로소 국제적인 기준을 갖게 되고, 이러한 인권이 완전히 실현되는 사회질서를 구축해야 할 의무를 전 인류와 모든 국가에 부과하고 있다. 선언은 인류 역사상 처음으로 모든 인간의 기본권에 대한 명료한 기준과 포괄적 전망을 제시한 것이었으며, 선언의 제정은 인권이 국가주권 내의 문제가 아니라 국제적 책임의 문제임을 설파한 일대 변혁이었다. 선언이 선포된 후 국제관습법과 국제조약 등 국제인권법이 비약적으로 성장하기 시작했으며, 각국의 인권정책에 대한 자기통제 효과를 불러일으킴으로써 국제적 수준에서 가장 강력한 규범적 효력을 미치고 있다. 세계인권선언에서 언급한 권리는 국가와 관계에서 서로 다른 특성을 보인다.

예를 들어, 시민적 권리가 국가로부터 개인의 자유를 보호하는 것이라면 정치적 권리는 국가를 통제하기 위한 권리이고 사회적 권리는 국가에 의해 보장되어야 하는 권리의 성격을 지닌다. 전자를 소극적 권리, 후자를 적극적 권리라고 부르기도 한다. 자유권의 영역에서 국가는 종종 공권력의 남용으로 인권의 직접적 침해자가 되지만 사회권 영역에서 국가는 의무를 적극적으로 이행하지 않음으로써 인권의 침해자가 되기도 한다. 한편 국가의 의무라는 관점에서는 전자를 부작위(不作爲)의 의무, 후자를 작위(作爲)의 의무로 구분하기도 한다. 세계인권선언은 시대의 산물이다. 즉, 선언은 전후의 사회경제적 가치관과 미소 간의 냉전체제로 서서히 들어가고 있던 시기라는 시대적 한계와 재산권·사회보장권·교육권·노동권 등 선언의 기초과정에 서 불거졌던 논쟁조항, 차별금지, 식민지 문제, 여성의 권리 등 새로운 권리를 반영하면서도 급진적으로 해석되지 않도록 극도로 신중을 기했고, 여성이나 가족생활과 관련된 내용에서는 보수적 사회기조를 반영하고 있는 등 여러 문제점과 한계를 지닌 것임에 분명하다. 하지만, 세계인권선언은 점차로 세계를 통하여 그 권위를 확대해왔다. 그리고 여러 가지의 결점에도 불구하고, 그 중요성은 헌장과 같은 수준에 있다. 적어도 오늘날 그것은 유엔기구의 초석의 하나로 생각된다. 몇 나라에서는 헌법 전문에서 직접 그것을 언급했고, 인권에 관한 모든 국제적 문서, 나아가 몇 개의 국내적 문서조차 반드시 세계인권선언으로부터 출발하거나 논리적으로 거기에 도달한다. 세계인권선언은 그 존재 자체로서 이후에 유엔을 중심으로 전개되는 인류의 인권분야에서의 눈부신 발전을 견인해왔다.

제3절 세계인권선언의 기능

세계인권선언의 내용들은 국제적 관습법으로서의 기능을 한다. 그 외에 세계인권법으로는 경제적·사회적·문화적 권리를 위한 국제규약(A-1966), 시민적·정치적 권리에 대한 국제규약(B-1996), 인종차별철폐협약(1966), 여성에 대한 모든 형태의 차별철폐에 관한 협약(1979), 고문방지협약(1984), 어린이, 청소년권리협약(1989), 국제 이주노동자 권리협약(1990), 장애인 군리협약(2006) 등이 있다.

우리나라 「국가인권위원회법」 제2조에서는 인권의 개념을 법률로 보장하고 있거나 대한민국의 가입 또는 비준한 국제인권조약과 국제관습법에서 인정하는 인간의 존엄과 가치자유와 권리에 대한 내용으로 보고 있다. 따라서 실정법상 인권의 개념에서 국제인권선언의 내용들은 구체적인 범주이고 기준이 된다.

제4절 국내 인권보장체계

1. 헌법

우리나라 「헌법」 제10조에서는 “모든 국민은 인간으로서의 존엄과 가치를 가지며 행복을 추구할 권리를 가진다. 국가는 개인이 가지는 불가침의 기본적 인권을 확인하고 이를 보장할 의무를 진다”고 하여 인간의 존엄과 행복추구권 등을 선언하고 있다.

2. 국가인권위원회법

「국가인권위원회법」 제2조 제1호에서는 “인권이라 함은 「대한민국 헌법」 및 법률에서 보장하거나 대한민국이 가입·비준한 국제인권조약 및 국제관습법에서 인정하는 인간으로서의 존엄과 가치 및 자유와 권리를 말한다”고 정의하고 있다. 이러한 정의는 인권을 결국 국내법에 의한 권리로서의 성질뿐만 아니라 자연권적인 인간으로서의 권리를 폭넓게 수용하는 것이라 할 수 있다. 특히 제2조 제3호에서는 “평등권 침해의 차별행위”에 대해 합리적 이유 없이 성별, 종교, 장애, 나이, 사회적 신분, 출신지역, 출신국가, 민족, 용모 등 신체조건, 혼인여부, 가족형태나 가족상황, 피부색, 사상 또는 정치적 의견, 전과경력, 성적지향(sexual orientation), 학력, 병력 등을 이유로 고용이나 교육에서의 차별대우를 금지하고, 성희롱 등을 금지하도록 정의하고 있다.

Chapter 06

차별의 개념과 정의

제1절 차별의 개념과 정의

1. 개념

차별(差別)은 차이에 제도적 가치를 부여하는 인위적인 조치이다. 차이란 문자 그대로 서로 다름을 의미하는 말로서 사람마다 다른 취향과 선호, 기질과 특색을 있는 그대로 인정하는 것이다. 사람과 사람, 집단과 집단 사이에 문화와 생활양식의 차이가 있는 것은 지극히 당연하다. 그런데 이 차이에 일정한 가치를 부여함으로써 차별이 생겨난다. 차별은 불합리하고 자의적인 기준으로 인간의 차이를 평가한 결과를 토대로 기본적으로 평등한 인간집단에 대해 불평등한 대우나 사회적 통제·격리를 가하는 것을 의미한다. 예를 들어, 성 차이는 남성과 여성이 가진 신체적·정서적 차이를 뜻하는 것이지만, 성차별은 그러한 신체적·정서적 차이를 비합리적인 기준을 토대로 평가하여 직업선택이나 임금 등에 불평등한 처우를 하는 현상을 말한다. 역사적으로 한 사회의 지배 권력은 자신들의 지배체제를 유지, 강화하기 위하여 여러 가지 차별적인 제도를 이용하였다. 많은 나라의 경험에서 공통적으로 발견되는 대표적 차별 유형으로 인종차별, 성차별, 장애인차별 등이 있다.

2. 정의

우리나라는 「헌법」 제11조 제1항에서 "모든 국민은 법 앞에 평등하다. 누구든지 성별, 종교 또는 사회적 신분에 의하여 정치적·경제적·사회적·문화적 생활 모든 영역에 있어서 차별을 받지 아니한다"라고 규정하고 있다. 「헌법」에서는 차별이 무엇인가를 적극적으로 정의하고 있지 않으면서, 평등권보장의 차원에서 차별을 금지하고 있다.

한편 「국가인권위원회법」(이하 '위원회법')에서는 보다 적극적으로 차별의 유형을 정의하고 있다. 「위원회법」 제2조 제3호에서는 다음과 같이 규정하고 있다. "평등권침해의 차별행위라 함은 합리적인 이유 없이 ① 성별, ② 종교, ③ 장애, ④ 나이, ⑤ 사회적 신분, ⑥ 출신 지역, ⑦ 출신 국가, ⑧ 출신 민족, ⑨ 용모 등 신체조건, ⑩ 혼인 여부, ⑪ 임신 또는 출산, ⑫ 가족 상황, ⑬ 인종, ⑭ 피부색, ⑮ 사상 또는 정치적 의견, ⑯ 형의 효력이 실효된 전과, ⑰ 성적 지향, ⑱ 병력을 이유로 고용(모집, 채용, 교육, 배치, 승진, 임금 및 임금외의 금품지급, 지급의 융자, 정년, 퇴직, 해고 등을 포함한다)에 있어서 특정한 사람을 우대·배제·구별하거나 불리하게 대우하는 행위, 교육시설이나 직업훈련기관의 이용에 있어서 특정한 사람을 우대·배제·구별하거나 불리하게 대우하는 행위"라고 정의하고 있다.

다만 다른 법률에서 특정한 사람(특정한 사람들의 집단을 포함)에 대한 우대를 차별행위의 범위에서 제외한 경우 그 우대는 차별행위로 보지 않고 있다(「위원회법」 제2조 제3호). 「위원회법」에서는 차별을 '합리적인 이유 없이 특정인 내지 특정 집단을 우대·배제·구별하거나 불리하게 대우하는 행위'로 정의하고 있다.

제2절 차별의 유형

차별유형은 고용차별, 재화 및 용역차별, 교육훈련차별, 제도적 차별, 구조적 차별로 범주를 세분할 수 있다. 부부가 같은 회사에 함께 근무하는 경우, 여성 직원의 상사가 순수히 사적인 의견으로 남편을 살리기 위해 부인이 사직서를 쓰는 것이 좋겠다는 권고를 하여 여성이 사직을 하였다면 개인적 차별이 될 것이다. 그러나 그러한 상사의 권고가 회사의 지침에 기한 것이거나 이러한 사적 의견표명이 여성 직원에게 불리한 영향을 미칠 것을 알면서도 회사의 경영진이 묵인하였다면 이는 제도적 차별이다. 이상의 경우와는 달리 회사가 특정한 차별의 의도 없이 명예퇴직제도를 실시한 바, 여성의 퇴직을 남성의 경우보다 현저하게 높은 결과가 나타났다면 이는 구조적 차별로 범주화되는 것이다. 적극적 조치 또는 적극적 차별 수정조치는 구조적 차별을 수정하기 위한 조치이다. 이는 단순한 차별금지정책이 아니라 차별을 야기하는 편견과 통념, 고정관념, 관습 등을 수정하기 위한 조치이다.

1. 성별에 의한 차별

성별에 의한 차별은 법적 용어로는 남녀차별이라는 용어를 쓰는데, 여성차별철폐협약에서는 남녀차별을 "정치적·경제적·사회적·문화적·시민적 또는 기타 분야에 있어서 결혼 여부에 관계없이 남녀평등의 기초 위에서 인권과 기본적 자유를 인식, 향유 또는 행사하는 것을 저해하거나 무효화하는 효과 또는 목적을 가지는 성에 근거한 모든 구별, 배제 또는 제한"[1]이라고 정의하고 있다.

우리나라에서는 남녀차별을 "정치적·경제적·사회적·문화적 생활의 모든 영역에서 인간으로서의 기본적 자유를 인식·향유하거나 권리를 행사함에 있어서 합리적인 이유 없이 성별을 이유로 행하여지는 모든 구별·배제·제한"[2] 이라고 말한다. 아울러 우리나라에서는 고용영역의 남녀차별이라 함은 "사업주가 근로자에게 성별, 혼인 또는 가족상의 지위, 임신, 출산 등의 사유로 합리적인 이유 없이 채용 또는 근로의 조건을 달리하거나 기타 불이익한 조치를 취하는 경우"[3]라고 하고 있다.

「남녀고용평등법」 제2조 제1항은 차별개념은 직접차별과 간접차별로 구분하고 있다. 직접차별은 "사업주가 근로자에게 성별, 혼인 또는 가족상의 지위, 임신, 출산 등의 사유로 합리적인 이유 없이 채용 또는 근로의 조건을 달리하거나 그 밖의 불이익한 조치를 취하는 경우"를 말한다. 간접차별은 "사업주가 채용 또는 근로의 조건을 동일하게 적용하더라도 그 조건을 충족시킬 수 있는 남성 또는 여성이 다른 한 성에 비하여 현저히 적고, 그로 인하여 특정 성에게 불리한 결과를 초래하며 그 기준이 정당한 것임을 입증할 수 없는 경우"를 말한다.

1) 여성차별철폐협약 제1조
2) 「남녀차별금지 및 구제에 관한 법률」 제2조 제1호
3) 「남녀고용평등법」 제2조 제1항

다만 첫째, 직무의 성질상 특정 성이 불가피하게 요구되는 경우(직무성질), 둘째, 근로여성의 임신, 출산, 수유 등 모성보호를 위한 조치를 취하는 경우(모성보호조치), 셋째, 현존하는 차별을 해소하기 위하여 국가 및 지방자치단체 또는 사업주가 잠정적으로 특정 성을 우대하는 조치를 취하는 경우(적극적 차별시정조치)는 차별로 보지 않고 있다. 그리고 "성에 따라 근로자를 달리 대우함에 합리적 이유가 있다고 하기 위해서는 당해 사업의 목적, 당해 직무의 성질·태양·작업 조건 등을 구체적·종합적으로 고려하여 기업경영상 남녀를 달리 대우할 필요성이 인정되고 그 방법·정도 등이 적정하여야 한다"[4]고 규정하고 있다.

2. 장애에 의한 차별

우리나라에서 가장 심각한 차별 중의 하나가 바로 장애차별이다. 장애인은 연령, 성별, 지역을 가리지 않고 차별의 대상이 되고 있다. 「장애인복지법」 제2조는 장애인이란 "신체적·정신적 장애로 인하여 장기간에 걸쳐 일상생활 또는 사회생활에 상당한 제약을 받는 자"로 정의하고 있다. 여기서 말하는 신체적 장애란 주요 외부 신체기능의 장애, 내부기관의 장애 등을 말한다. 그리고 정신적 장애란 정신지체 또는 정신적 질환으로 발생하는 장애를 말한다. 그러나 일시적 질병이나 장애를 장애인의 범주에 포함시키고 있지 않은 점은 유엔의 기준에 비추어 볼 때 장애의 범주를 협소하게 이해하고 있다는 지적을 받고 있다.

장애를 이유로 한 차별이란 정치적·경제적·사회적·문화적 또는 그 밖의 모든 생활분야에 있어서 신체적·정신적인 특징으로 인해 다른 사람들의 평등한 입장에서 사회생활에 참가할 기회를 빼앗기거나 제한당하고 있는 상태를 말한다. 「장애인복지법」 제8조는 장애를 이유로 하는 정치, 경제, 사회, 문화생활의 모든 영역에서의 차별을 일반적으로 금지하고 있다. 또한 「장애인고용촉진법」 제4조에 의하면, 사업주는 장애인이 가진 능력을 정당하게 평

4) 남녀고용평등업무처리규정 제3조, 노동부 예규 제422호

가하며, 고용의 기회를 제공함과 동시에 적정한 고용관리를 행할 의무를 가지며, 근로자가 장애인이라는 이유로 채용, 승진, 전보 및 교육훈련 등 인사관리상의 차별대우를 하여서는 안 된다고 규정하고 있다. 또한 「장애인차별금지 및 권리구제 등에 관한 법률」 제4조 제1항에는 "장애인을 장애를 사유로 정당한 사유 없이 제한·배제·분리·거부 등에 의하여 불리하게 대하는 경우, 장애인에 대하여 형식상으로는 제한·배제·분리·거부 등에 의하여 불리하게 대하지 아니하지만 정당한 사유 없이 장애를 고려하지 아니하는 기준을 적용함으로써 장애인에게 불리한 결과를 초래하는 경우, 정당한 사유 없이 장애인에 대하여 정당한 편의 제공을 거부하는 경우, 정당한 사유 없이 장애인에 대한 제한·배제·분리·거부 등 불리한 대우를 표시·조장하는 광고를 직접 행하거나 그러한 광고를 허용·조장하는 경우. 이 경우 광고는 통상적으로 불리한 대우를 조장하는 광고효과가 있는 것으로 인정되는 행위를 포함한다"라고 차별행위를 규정하고 있다.

우리 사회에서는 장애문제를 인권차원에서 접근하는 것은 1980년대 중반 이후의 장애인 고용촉진 등 장애인 노동권 보장, 장애인들의 이동권·참정권·교육권의 보장 등이 주요한 이슈로 부각되었다. 장애인 인권에 대한 정부의 의지는 1998년 한국장애인인권헌장의 제정을 시점으로 보편화되었다. 1998년 선포된 한국장애인인권헌장은 편견과 시혜의 대상으로서의 장애인을 벗어나 사회구성원인 권리의 주체로서 "완전한 참여의 권리와 평등을 통한 사회통합"을 재확인하고 이를 선언한 것이다. 장애인인권헌장은 장애인의 인간존엄과 가치를 확인하고 건전한 사회구성원으로 장애인의 자립노력과 인권보호, 사회참여와 평등을 보장하는 것을 기본원리로 하고 장애인의 기본권적 권리인 차별 받지 않을 권리, 인간다운 삶의 권리, 시민권과 정치적 권리, 자유로운 이동과 의사표현, 정보이용권리, 교육과 근로의 권리, 가족과 함께 생활할 권리, 학대·멸시받지 않을 권리, 법률상의 도움을 받을 권리, 여성 장애인의 권리, 국가정책 참여 권리 등을 명시하고 있다.

우리 사회에 나타난 장애인 인권침해 유형은 크게 개인생활에서의 인권침해와 사회생활에서의 인권차별로 구분할 수 있다. 개인생활에서의 권리침해는 시민적·정치적 권리침해와 유사한 것으로 형사상의 권리, 생활시설 장애인의 권리, 가족권, 참정권, 소비자 권리, 신체자유 권리, 재산권 등에서의 차별이 있다. 사회생활에서의 권리 침해는 경제적·사회적·문화적 권리 침해와 관련된 것으로 노동권, 여성장애인의 권리, 생존권, 건강권, 교육권, 문화향유권, 접근권, 정보접근권, 지원서비스에의 차별이 있다.

3. 연령에 의한 차별

연령차별이란 합리적인 이유 없이 차별 대상자의 연령을 이유로 기회를 박탈하거나 불리한 대우를 하는 것을 말한다. 「국가인권위원회법」 제2조 제3호는 합리적인 이유 없이 나이 등 18가지의 차별사유에 기하여(모집, 채용, 교육, 배치, 승진, 임금 및 임금 외의 금품지급, 자금의 융자, 정년, 퇴직, 해고 등을 포함)에서 특정한 사람(특정한 사람의 집단을 포함)을 우대·배제·구별하거나 불리하게 대우하는 행위를 평등권침해의 차별 행위로 규제하고 있다. 이밖에도 우리나라에서는 연령차별금지에 관한 개별 규정을 두고 있다. 「고용정책기본법」 제7조(취업기회의 균등한 보장)에 의하면, "사업주는 근로자를 모집·채용함에 있어서 성별, 신앙, 연령, 사회적 신분, 출신지역 또는 출신 학교 등을 이유로 차별을 하여서는 아니 되며, 균등한 취업기회를 보장하여야 한다." 고령자고용법 제4조의4(모집·채용 등에서의 연령차별 금지)에 의하면, "사업주는 근로자의 모집, 채용 또는 해고를 함에 있어 정당한 사유 없이 고령자 또는 제15조 제1항의 규정에 의한 준 고령자임을 이유로 차별하여서는 아니 된다"고 규정하고 있다.

일반적으로 연령은 건강함, 재정적 능력, 책임감, 기술 등을 판단하는 데 효과적인 대용물로 사용되고 있다. 그런데 직무내용과 상관없이 채용 시 취업연령을 제한하거나 나이가 많은 사람을 직장에서 몰아내기 위해 승진, 교육기회, 복지면에서 불이익을 가하거나, 구조조정에서 연령이 많은 사람을 우선대상으로 삼는 등 근로관계에서 연령에 관련된 모든 형태의 차별뿐만 아니라 각종 서비스 시설·교육 시설 등을 이용할 때 나타나는 불이익을 연령차별이라고 할 수 있다.

모집·채용광고에서 “00세에서 00세까지” 또는 “00세 미만”, “00년 이후 출생자”, “고졸이상, 전문대졸 이상, 4년제 대학졸업(예정)자” 등 특정 나이 제한을 두거나 특정 나이대의 선호도를 밝히는 것은 나이에 기초하여 특정인의 능력을 발휘할 기회를 제한하는 것이기 때문에 위법한 차별 행위로 판단한다. 또한 모집·채용에서 생년월일과 나이를 지원자에게 물을 경우, 그러한 정보를 알아야 할 분명한 이유가 있어야 한다. 그리고 동일 자격 조건임에도 불구하고 나이에 따른 다른 고용형태로 채용하거나 채용 방법 및 경로를 달리 하는 경우, 사용자 같은 사업장에 근무하는 근로자 집단, 모집의뢰인 또는 고객의 선호를 이유로 나이에 따라 채용을 거부하는 경우도 모집, 채용에서 연령을 이유로 한 차별에 해당한다.

이와 같이 모집 및 채용과정의 공고에서 특정 연령제한을 두거나 특정 연령대의 선호도를 밝히는 것은 연령에 기초하여 특정인의 능력을 발휘할 기회를 제한하는 것으로 위법한 차별행위가 된다. 고령의 지원자가 단념하게 함으로써 채용기회를 박탈하는 연령에 기인한 차별이기 때문이다. 또한 고령자의 경우 그 절대다수가 정년을 채우지 못하고 있는 상황에서 어떠한 방법으로든 재취업이 필요하다. 그러나 대부분 모집, 채용 단계에서의 연령차별에 막혀 큰 어려움을 겪고 있는 현실이다.

4. 인종차별

인종차별은 성별에 의한 차별만큼이나 역사적 뿌리가 깊다. 현대에서 문제되는 인종차별의 원인은 서구의 타 지역에 대한 우월주의, 19세기 유럽에서 성행한 백인종 우월주의, 독일민족 우월주의 등이 거론된다. 제국주의적 식민지 개척시대 이래 유색인에 대한 백인의 가혹행위는 자민족 중심주의적인 사고방식 아래 세계 곳곳에서 자행되었다. 나치의 유태인 학살과 일본의 조선인 및 중국인의 학살, 남아프리카공화국의 흑인차별, 미국의 흑백차별 등은 인종차별의 역사적 대표 사례라고 하겠다.

세계화 시대에 들어선 오늘날에는 역사적으로 단일 인종, 단일 민족으로 이루어진 나라에로 외국인들의 이동이 증가하면서 더욱 심각한 문제로 등장하고 미국과 소련의 양극체제가 무너지자 민족, 인종, 종교적 요구가 분출되면서 유고에서는 '인종청소'라는 이름하에 대학살이 벌어지기도 했다. 미국에서도 9.11 테러 이후 이슬람지역 출신의 유색인종에 대한 조사와 감독을 강화하고 있어 새롭게 인종차별에 대한 논란을 불러일으켰다. 우리나라와 같이 역사적으로 인종차별 문제가 심각하지 않은 국가에서도 외국인 근로자의 유입에 의한 고용과 외국인 신랑, 신부와의 결혼 등 다문화 가족에 있어서 인종을 이유로 다양한 차별양상이 나타나고 있다.

인종차별철폐협약에서는 인종차별을 "인종, 피부색, 또는 민족이나 종족의 기원에 근거를 둔 어떠한 구별, 배제, 제한 또는 우선권을 말하며, 정치, 경제, 사회, 문화 또는 기타 어떠한 공동생활의 분야에 있어서든 평등하게 인권과 기본적 자유의 인정 및 향유 또는 행사를 무효화시키거나 침해하는 목적 또는 효과를 가지고 있는 경우"로 정의하고 있다. 각 국가마다 인종차별에 대한 정의가 조금 다르지만 대체로 인종, 피부색, 가문, 출신국가, 출신민족에 근거하여 합리적인 이유 없이 차별하는 것을 말한다.

우리나라의 경우 단일민족국가여서 「헌법」에 차별금지의 대표적 사유로 인종을 들고 있지 않지만 국제법과 조약이 정하는 바에 의하여 외국인의 지위를 보장한다는 규정이 있기 때문에 인종차별을 금지하고 있는 것으로 해석할 수 있다. 그런데 「병역법 시행령」 제136조가 혼혈아와 귀화인을 제2국민역에 편입하고 있다든지, 외국인과 결혼 시 국적법상의 부부국적동일주의 내지 섭외법상의 부계혈통주의는 외국인 배우자와 자녀의 국적변경을 강요하는 결과를 초래하고 있어 인종차별의 문제를 야기하고 있다고 할 수 있다.

인종에 근거한 차별의 사례를 살펴보면 다음과 같다. 첫째, 인종과 관련된 제한이나 선호를 표시하거나 함축하는 채용모집 광고를 하는 것, 둘째, 인종을 이유로 특정인에게 낮은 임금을 지급하는 것, 셋째, 직장 내의 배치에 있어서 인종을 이유로 특정인을 분리하는 것, 넷째, 인종을 이유로 특정인을 승진에서 배제하는 것, 다섯째, 합리적인 이유 없이 특정 언어의 사용을 금하는 것, 여섯째, 인종을 이유로 특정인에 대해 위협적이고 모욕적인 말을 하는 것, 일곱째, 인종을 이유로 토지 주거시설의 처분을 거절하는 것 등을 들 수 있다.

제3절 국제협약의 차별금지조항

국제협약에 명시된 차별금지조항은 각 국가의 차별금지에 관한 법률에 적극적인 권리와 의무를 준수할 것을 권고하는 것으로 그 내용은 다음과 같다.

1. 유엔헌장 제1조의3

경제적·사회적·문화적 또는 인도적 성격의 국제문제를 해결하고 인종·성별·언어 또는 종교에 따른 차별 없이 모든 사람의 인권 및 기본적 자유에 대한 존중을 촉진하고 장려함에 있어 국제적 협력을 달성한다.

2. 세계인권선언 제2조

모든 사람은 인종, 피부색, 성, 언어, 종교, 정치적 또는 기타의 견해, 민족적 또는 사회적 출신, 재산, 출생 또는 기타의 신분 등 어떠한 종류의 차별이 없이, 이 선언에 규정된 모든 권리와 자유를 향유할 자격이 있다. 나아가 개개인이 속한 나라나 영역이 독립국이든 신탁통치 지역이든, 비자치 지역 또는 그 밖의 다른 주권상의 제한을 받고 있는 지역이든, 그 나라 영역의 정치적·사법적·국제적 지위를 근거로 차별이 행하여져서는 안 된다.

3. 경제적·사회적·문화적 권리에 관한 국제규약 제2조의2

이 규약의 당사국은 이 규약에서 선언된 권리들이 인종, 피부색, 성, 언어,

종교, 정치적 또는 기타의 의견, 민족적 또는 사회적 출신, 재산, 출생 또는 기타의 신분 등에 의한 어떠한 종류의 차별도 없이 행사되도록 보장할 것을 약속한다.

4. 시민적·정치적 권리에 관한 국제규약 제2조의1

이 규약의 각 당사국은 자국의 영토 내에 있으며, 그 관할권 하에 있는 모든 개인에 대하여 인종, 피부색, 성, 언어, 종교, 정치적 또는 기타의 의견, 민족적 또는 사회적 출신, 재산, 출생 또는 기타의 신분 등에 의한 어떠한 종류의 차별도 없이 이 규약에서 인정되는 권리들을 존중하고 확보할 것을 약속한다.

5. 아동의 권리에 관한 협약 제2조의1, 2

당사국은 자국의 관할권 안에서 아동 또는 그의 부모나 후견인의 인종, 피부색, 성별, 언어, 종교, 정치적 또는 기타의 의견, 민족적·인종적 또는 사회적 출신, 재산, 무능력, 출생 또는 기타의 신분에 관계없이 그리고 어떠한 종류의 차별 없이 이 협약에 규정된 권리를 존중하고, 각 아동에게 보장하여야 한다. 당사국은 아동이 그의 부모나 후견인 또는 가족구성원의 신분, 활동, 표명된 의견 또는 신념을 이유로 하는 모든 형태의 차별이나 처벌로부터 보호되도록 보장하는 모든 적절한 조치를 위하여야 한다.

6. 여성에 대한 모든 형태의 차별 철폐에 관한 협약 제1조

본 협약의 목적을 위하여 '여성에 대한 차별'이라 함은 정치적·경제적·사회적·문화적·시민적 또는 기타 분야에 있어서 결혼 여부에 관계없이 남녀동등의 기초 위에서 인권과 기본적 자유를 인식, 향유 또는 행사하는 것을 저해하거나 무효화하는 효과 또는 목적을 가지는 성에 근거한 모든 구별, 배제 또는 제한을 의미한다.

7. 모든 형태의 인종차별철폐에 관한 국제협약 제1조의1, 2

이 협약에서 '인종차별'이라 함은 인종, 피부색, 가문 또는 민족이나 종족의 기원에 근거를 둔 어떠한 구별, 배척, 제한 또는 우선권을 말하며, 이는 정치, 경제, 사회, 문화 또는 기타 어떠한 공공생활의 분야에 있어서든 평등하게 인권과 기본적 자유의 인정, 향유 또는 행사를 무효화시키거나 침해하는 목적 또는 효과를 가지고 있는 경우이다. 이 협약은 체약국이 자국의 시민과 비시민을 구별하여 어느 한쪽에의 배척, 제한 또는 우선권을 부여하는 행위에는 적용하지 아니한다.

8. 모든 형태의 인종차별철폐에 관한 국제협약 제2조의2

체약국은 상황이 적절한 경우 사회적·경제적·문화적 그리고 기타 분야에 있어서 특정 인종 집단 또는 개인의 적절한 발전과 보호를 보증하는 특수하고 구체적인 조치를 취하여 이들에게 완전하고 평등한 인권과 기본적 자유의 향유를 보장토록 한다. 이와 같은 조치는 어떠한 경우에도 소기의 목적이 달성된 후 별개의 상이한 인종집단에 대한 불평등 또는 별개의 권리를 존속시키는 일을 초래하여서는 안 된다.

제4절 적극적 평등실현조치

1. 적극적 평등실현조치의 의미

적극적 평등실현조치(affirmative action)란 역사적으로 사회로부터 차별을 받아온 일정 집단에 대하여 그러한 차별로 인한 불이익을 보상해 주기 위하여 그 집단의 구성원이라는 이유로 취업이나 학교입학, 기타 사회적 이익을 직접 또는 간접으로 부여하는 정부의 정책을 말한다.

2. 적극적 평등실현조치의 목표

적극적 평등실현조치는 기회의 평등보다 결과의 평등·실질적 평등을 추구하는 정책이고, 개인보다는 집단에 초점을 맞춘 개념이며, 항구적 정책이 아니라 구제(救濟)의 목적을 달성하게 되면 종료하게 되는 잠정적 조치라는 특성을 가지고 있다.

그러나 적극적 평등실현조치를 부정하는 견해에 의하면, 첫째, 기회균등의 원칙에 반하며, 둘째, 소수집단에 속하지 아니한 사람도 피해자일 수 있으므로 우선적 처우를 개별화하는 것이 바람직하며, 셋째, 과거에 소수가 차별받은 사실 때문에 차별에 관여하지 않은 후세의 다수가 희생되어서는 안 되며, 넷째, 차별받은 소수에게 그 차별을 받았다는 이유로 혜택을 주는 것은 과거의 차별로 인해 반사적인 이익을 받았을 뿐인 무고한 다수를 차별하는 것으로 부당한 역차별(逆差別)이라고 본다.

적극적 평등실현조치는 분명히 평등원칙에 어긋날 소지가 있다. 미국 연방대법원에서도 1978년 '바크'(Bakke) 판결에서 대학입학에 있어서 일정비율 이상 소수 인종을 선발하도록 강제하는 쿼터제는 금지하되, 인종이 가산점 인정사유가 될 수 없다고 하여 적극적 평등실현조치를 인정하되 그 수단을 제한하는 중도적인 판결을 내린 바 있고, 2003년 부시 대통령이 인종별 가산점 부여와 같은 적극적 평등실현조치를 폐지하겠다는 내용의 연설을 함으로써 다시 한 번 역차별 논란을 불러일으킨 바 있다.

그러나 차별 집단에 우선적 처우를 통해서 과거차별의 기회를 극복하고 진정한 기회의 평등을 달성할 수 있고, 소수집단이 겪었던 차별은 개인적인 사유가 있어서 차별을 받은 것이 아니라 소수라는 '집단'에 속했기 때문에 차별을 받은 것이므로 과거에 차별받았던 개인을 일일이 골라내는 것은 무의미하다는 점과 소수 진단이 과거에 받아왔던 차별에 의하여 무고한 다수

집단 모두가 직접 또는 간접적으로 이익을 받았다고 볼 수 있고, 다수집단이 당하는 희생도 과거에 소수집단이 받았던 희생에 비교하면 미비한 수준에 불과하다는 사실과 그리고 평등실현조치가 없을 경우 사회의 다양성과 평등을 달성하기가 현실적으로 곤란하다는 점을 생각해 볼 때, 적극적 평등실현조치의 필요성은 부정하기 어려울 것이다.

현재 우리나라에서는 적극적 평등실현조치의 하나로 여성채용목표제[5]와 「장애인고용촉진법」에 따른 장애인고용할당제[6] 등을 시행하고 있다.

5) 공무원임용시험령 제11조의3
6) 「장애인고용촉진 및 직업재활법」 제123조

Chapter 07

한국사회와 인권

제1절 한국사회와 인권의 발전
제2절 한국사회의 인권환경 변화
제3절 한국사회의 주요 인권문제
제4절 인권의 주류화와 인권보장제도
제5절 국가인권위원회

제1절 한국사회와 인권의 발전

인권의 현대적 개념과 인권보장의 제도가 서구사회에 의해 주도되어 온 것은 부정할 수 없는 역사적 사실이다. 그러나 인권의 가치는 대다수 비서구 사회에서도 어렵지 않게 찾아볼 수 있고 한국사회도 예외가 아니다. 특히 인권의 가치는 과거 한국의 불교와 유교의 전통, 19세기 말 인내천(忍耐天) 사상, 기독교 사상 등에 내포되었고, 역사적으로 다양한 사회사상과 운동을 통하여 표출되어 왔다고 볼 수 있다.

그러나 한국사회에서 인권의 법적·제도적 보장의 역사는 1948년 「대한민국헌법」의 제정과 함께 시작되었다고 볼 수 있다. 이후 한국사회에서 인권의 발전은 민주사회의 역사와 궤를 같이해왔는데, 역사적으로 인권은 민주주의 발전에 중요한 원동력을 제공하였고 민주주의가 발전한 만큼 인권도 증진되었다.

한국사회는 1945년 일제 식민지에서 독립하자마자 분단과 전쟁이라는 대규모 인권침해를 집단적으로 경험했다. 휴전에 따른 분단의 고착화는 이후 남한과 북한 모두 인권의 발전에 부정적 영향을 끼쳤다. 약 30년이 넘는 기간 동안의 군부에 의한 권위주의 정부하에서 사상 양심의 자유와 언론·출판 및 집회·결사의 자유, 그리고 참정권이 심각하게 제약 및 부정되었고 불법 연행과 감금, 고문이 광범위하게 자행되었다.

한편 민주화운동의 과정에서 적지 않은 수의 인권운동가가 실종되거나 의문스럽게 사망하는 사건이 발생하였다. 당시에는 인권을 주장하는 것 자체만으로도 반정부 또는 반체제로 간주되어 자의적으로 연행·구속되었다. 당시의 권위주의 정부는 민주적 정당성과 정통성을 갖추지 못했기 때문에 민주주의의 가장 기본인 자유롭고 공정한 선거조차도 정권에 대한 위협으로 받아들여졌다. 따라서 이 시기의 인권운동은 민주주의의 회복, 즉 민주화운동과 함께 전개될 수밖에 없었다.

권위주의 정부하에서 가장 조직적인 인권침해는 「국가보안법」에 의해 발생하였다. 그리고 「국가보안법」은 한국사회에서 인권침해의 대명사가 되었고, 국제인권단체는 물론이고 유엔으로부터도 비판의 대상이 되었다.

권위주의 정부하에서 인권은 이른바 국가안보와 경제성장 우선주의의 논리에 의해 왜곡되고, 수용되어왔다. '국가안보 없이 인권 없다' 또는 '선 경제성장 후 인권보장'의 논리는 온갖 반인권 정책을 합리화하는 구실을 제공하였다. 권위주의 정부는 인권의 철저한 보장이 진정한 국가안보의 전제조건이고 지속 가능하고 질적인 경제성장은 인권의 보장을 통해서 가능하다는 인권중심의 접근 대신, 인권을 국가안보-실제적으로는 정권안보였지만 경제성장의 장애 또는 걸림돌로 인식하였고 인권을 정치적 수사나 구호로 이용하였다.

한편 권위주의 정부하에서 이루어진 급속한 경제성장으로 인하여 소득이 증대하면서 경제적 및 사회적 권리를 향유할 수 있는 물질적 조건이 조성되었다. 전반적으로 국민 전체의 평균소득은 늘어났지만 농촌과 도시 주변에 새로운 형태의 빈곤이 양산되었고 빈부격차가 심화되면서 오히려 일부 계층과 집단의 생존권, 즉 경제적·사회적 권리가 침해되는 현상이 나타났다. 이에 대한 대응으로 노동, 농민 및 도시빈민 중심의 인권운동이 활성화되었다.

인권의 실현과 민주주의 회복을 위한 부단한 노력의 결과로 1993년 평화적이고 민주적인 선거를 통해서 군부의 권위주의 정부 시대가 막을 내리고 민간정부 시대가 열리게 되었다. 1993년 김영삼 '문민정부', 1997년 김대중 '국민의 정부', 2003년 노무현 '참여정부', 2008년 '이명박 정부', 2013년 '박근혜 정부', 2017년 '문재인 정부'를 거치면서 한국사회에서 절차적 민주주의가 제도적으로 진일보하고 있다. 특히 민주정권에 의한 과거청산 노력도 나름대로 결실을 맺어 인권 피해자의 배상과 명예회복이 부분적으로 이루어졌다.

1991년 한국은 북한과 함께 유엔에 동시 가입하였다. 이를 계기로 유엔이 지금까지 발전시켜온 국제적 인권기준에 비추어 한국의 인권현실을 비판적으로 살펴보고 개선하는 계기가 마련되었다. 한국정부는 1993년부터 지금까지 계속해서 유엔 인권이사회의 위원국으로 활동하고 있으며, 인권소위원회, 여성차별철폐협약위원회, 아동권리협약위원회 등 유엔의 인권기구에 한국인이 독립적인 민간 인권전문가로 활약하고 있다.[1)] 더 나아가 한국정부는 국제형사재판소(IOC) 로마규정을 비준하였고, 이어서 한국인이 헤이그의 국제형사재판소에 재판관으로 선출되었다.2) 한국정부의 인권에 대한 과거의 소극적 입장에서 벗어나 인권의 국제적 발전에 보다 적극적으로 기여하는 인권외교 정책을 펼치고 있다.

1998년 제정된 <청소년권리헌장>과 <장애인권리헌장>, 1999년의 「남녀차별금지 및 구제에 관한 법률」의 인권기준 제정과 2000년 설립된<의문사진상규명위원회>, 2001년 <여성부>와 <국가인권위원회>, 2002년 <부패방지위원회> 등의 제도 설립은 한국사회에서 인권의 보호와 증진을 체계적으로 보장하는 중요한 계기가 되었다. 특히 유엔의 권고안에 따라 2001년 설립된 국가인권위원회는 인권보장을 포괄적으로 실행하는 인권 전담 국가기구로서 국내·외적으로 큰 관심과 기대를 받고 있다.

그러나 국내·외적으로 이러한 긍정적인 변화와 발전에도 불구하고 한국의 인권실현은 여전히 국제기준에 매우 뒤떨어진 것으로 평가받고 있다. 한국이 가입한 주요 국제인권조약위원회, 특히 인권이사회는 반복해서 「국가보안법」이 한국이 가입한 인권조약을 위배하고 있으므로 개정 내지 폐지하라'는 권고안을 채택하였지만 한국정부는 여전히 이를 이행하지 못하고 있다. 이밖에도 자의적 구금, 고문, 집회결사의 자유, 성차별, 학생의 체벌, 호주제, 장애인, 양심(신념)에 따른 병역거부, 사형제도, 난민, 이주노동자 등 한국사회가 여전히 직면하고 있는 수많은 인권문제가 유엔 인권이사회와 유엔 인권조약위원회에 의해 문제점으로 지적되어 왔지만 아직 실질적인 개선이 이루어지고 있지 않다.

표 7-1은 한국이 가입한 국제인권조약위원회가 한국정부가 제출한 국가보고서를 심의한 후 채택한 최종권고안의 주요 내용을 정리한 것이다.

---

1) 인권소위원회의 경우 박수길 전 유엔대사가 1999~2003년까지 위원으로 일했고, 유엔 여성차별철폐위원회는 2001~2008년까지 신혜수 박사가, 아동권리위원회는 2007~2012년까지 이양희 교수가 활동하였다.

2) 송상현 전 서울대 법대 교수가 한국 정부의 추천을 받아 국제형사재판소 초대 재판관으로 선출되었다.

표 7-1 국제인권조약 위원회의 한국정부에 대한 권고사항

인권조약기구 (권고연도)	주요 권고사항 내용
인권이사회 (1992)	• 규약과 헌법 일치 노력 • 국가보안법 점진적 폐지 • 사형규정 범죄 축소 • 죄형법정주의 준수 • 평화적 집회시위보장 • 규약에 대한 유보철회 • 인권규약에 대한 교육홍보
경제사회문화권 위원회 (2001)	• 통계제관련기구와 관계부처는 권리와 관련된 데이터 수집 방법을 검토 • 파리원칙에 부합하는 국가인권위원회의 설립 • 규약에 모든 국내법(특별법, 규약가입보다 먼저 제정된 법 포함)보다 우선적인 지위보장 • 신설된 여성부에 적절한 자원제공 비정규직의 권리보장 • 교사와 공무원의 단체교섭권, 파업권보장 • 아동성매매와 아동 노동금지 및 피해자들의 보호와 복구를 위한 프로그램 확대 • 정부 내 주택문제 지원을 위한 진정을 다루는 담당관 지정 • 강제철거민에 대한 보상 및 임시거주지 제공 • 공교육제고 강화계획수립 중등교육에 대한 의무교육 도입계획, 사교육에 대한 공교육 제도의 기능과 질에 대한 재검토, 고등교육을 포함한 모든 수준의 교육 접근성에 대한 인식향상을 위한 대규모 캠페인 실시 • 국가행동계획(national action plan) 마련
인종차별철폐협약 위원회 (1999)	• 인종·피부색·출신·국적 등에 의한 차별방지를 위한 규정 도입 • 다음 정부보고서에 정부가 취한 법적, 실질적 조치에 대한 설명 첨가 • 외국인노동자 특히 불법노동자의 노동조건 및 상황을 개선하기 위한 차별금지 규정 도입 • 외국인거주자 차별 철폐 • 혼혈아동 및 난민과 혼인한 여성에 대한 차별방지를 위한 홍보 캠페인의 제공 • 구제 절차 및 기관에 대한 접근 용이성 제공(특히 취약그룹에 대한) • 차별행위 피해자에 대한 법적 조치 제공 • 인종차별철폐조약의 홍보, 교육, 훈련 등을 용이하게 하기 위한 제도 도입
고문방지협약 위원회 (1996)	• 고문범죄규정 도입 • 인권조약에 따른 국내법 정비 • 경찰, 검찰 등 법집행공무원 인권교육 • 수감장소 독립적 감찰기관 설치 • 고문에 대한 공정한 조사 • 구속기간 축소 • 피의자신문에 변호인 참여 • 고문방지조약 유보 철회
여성차별철폐협약 위원회 (1998)	• 국가인권위원회 설치 • 간접차별에 대한 구제 • 공사부문 여성지위향상 환경 유도 • 여성 정치 참여 및 교육 지원 • 불완전한 고용에 대한 통계 • 동일노동 동일임금 실현 • 임금미지급 여성 노동 인정 • 공사 영역 여성 동일보호 • 여성 경제인 지원 • 유급출산휴가 연장 • 여성노동자보호에 노조역할 증대 • ILO조약 110, 111호 비준 • 여성 가장 가구에 대한 지원 • 여성채용차별 제거 • 성희롱 금지 위한 홍보 • 성희롱, 가정폭력, 성폭력 방지교육 • 농촌여성 지위와 복지보호 • 여성결혼 연령 18세로 높일 것 • 상속법 개선 • 장애여성에 대한 사회보장 • 조약에 대한 유보 철회 • 조약과 위원회 권고사항 홍보
아동권리협약 위원회 (1996)	• 조약유보철회 • 조약교육홍보강화 • 소녀, 장애아, 혼외 출생자 보호 • 아동 관련 전문가 교육 • 국내법과 조약의 일치 • 국적법 개정 • 체벌금지 • 최소고용연령 조정 • 입양제도 개선 • 조약이행체제 건설 • 민간단체와 협력 • 자료정보수집체계 개선 • 아동권리에 국가자원 배분강화 • 가정, 학교, 사회에 대한 아동참여 강화 • 양심, 표현, 결사자유보장 • 가족지원, 아동가장지원확대 • 가정폭력, 아동학대예방감시체계구축 • 교육정책 재검토 • 소년사법제도 개선 *위원회 회의록과 권고의 홍보

제2절 한국사회의 인권환경 변화

앞에서 설명하였듯이 한국사회는 1960~1980년대의 한강의 기적이라는 경이로운 경제성장과 독재·비민주적 정권 교체 등의 권위주의 사회에서 5.18 민주화 운동, 6월 민주항쟁을 통해 1980~1990년대 민주화를 연속적이며 동시에 성취[3]하였다. 경제성장과 민주화의 동시 달성으로 인해 서구사회의 기본권 발달 과정과는 다르게 국가로부터 침해받지 않을 권리, 즉 자유권과 국가에게 요구할 수 있는 권리, 사회권을 동시에 해결하는 압축 성장을 이루게 되었다. 유교적 문화로 과도한 남성 중심 사상, 고정된 성 역할, 경직된 상하의식, 공동체의 가치 중시로 개인의 개성과 주체성 경시 및 획일적 생활 방식의 폐쇄된 사회에서 호주제 폐지로 인한 남성중심 및 가부장적 사고의 붕괴로 인한 양성평등, 성적 지향, 다문화 가정 등 가치관 및 정체성에 대한 다양성이 요구되는 개방된 사회화가 급속하게 진행되었다. 그리고 국내 체류 외국인이 2백만여 명을 넘어섰고, 매년 급속도로 증가하는 다인종·다문화 사회로 진행하고 있다. 또한 고도 압축 성장으로 인한 사회적 불평등 해소 및 성장과 분배의 조화와 개발과 환경 보전이라는 문제가 절실한 당면 과제이다. 그리고 장애인 등 사회적 약자 보호 및 급격한 노령화로 인한 노인인권 문제 해결과제 등이 전개되고 있다. 국제적 인권기준보다 낮은 우리나라의 인권수준을 보여주고 있다. 우리나라의 인권수준은 그동안 민주화 노력의 결과 전사회적으로 인권수준이 과거보다 훨씬 나아졌지만 아직도 인권사각지대는 적지 않으며, 국민들의 인권 감수성은 선진국에 비하여 매우 낮은 수준에 있다고 할 수 있다. 최근에는 장애인·아동·노인 등 사회적 약자 및 소수자 인권문제와 사회권 분야 인권문제가 갈수록 중요하게 부각되고 있는 실정이다. 사회적 약자와 소수자 그리고 소외계층이 누리고 향유하여야 할 권리 인식은 당사자뿐만 아니라 사회 전체적으로도 부족하고 전 근대적인 관행은 여전히 존재하고 있다.

3) 제3세계 이상모델

국가인권위원회 활동으로 국가공권력의 행사는 점차 민주화, 인권 친화적으로 개선되고 있지만, 국민들의 인권에 대한 눈높이가 더 높아지고 있음을 나타내고 있다고 볼 수 있다. 국가인권위원회 인권 관련 진정통계는 우리 사회 인권수준을 나타내는 리트머스로서 국민의 '인권체감(體感)지수'라고 볼 수 있다. 통계를 살펴보면, 2017년 말 인권상담은 42,938건으로 2016년보다 상담은 4,753건(15%), 민원·안내는 4,918건(12.9%)이 대폭 증가하였다.

진정사건 접수 및 처리 건수는 2018년 말 21,599건으로 2017년 문재인 정부 출범 이후 급증하고 있다. 이는 문재인 정부가 국가인권위원회의 위상 강화를 정책 목표로 하고 있기 때문에 국민들의 인권 향상에 대한 기대감이 상승한데 따른 것으로 판단된다. 또한 차별행위 진정 건수도 상대적으로 증가하고 있다. 이는 우리 사회가 점차 자유권과 관련한 인권 의식 중심에서 차별에 대한 권리의식이 점점 높아지고 있다는 점을 보여주는 것이라고 할 수 있다. 특히 2005년 6월 성희롱·성차별사건 등 차별시정업무가 국가인권위원회로 통합되고, 「장애인차별금지법」이 2008년, 2010년부터 연령차별 금지법이 시행되면서 차별 관련 진정은 더욱 증가하고 있는 추세이다. 국가인권위원회 발족 초기에는 10% 초반이었는데 이제는 차별 진정 건이 약 20%를 차지하고 있다. 이와 같이 한국사회의 인권발전은 처음에는 반독재 민주화투쟁시대의 '저항 이념적 인권운동'에서 시작하여 사회적 취약계층인 사회적 약자·소수자 등의 인권 증진을 위한 '소수자 인권운동'으로 발전하였다.

최근에는 모든 국민의 일상생활에서 삶의 질을 향상하는 '생활밀착형 인권운동'으로 새롭게 발전하고 있다. 사회적 소수자와 약자의 인권을 보호함과 동시에 보통사람들의 일상 속의 크고 작은 인권이 침해되지 않도록 생활 속에서의 절차적·실체적 정의를 구현시키는 생활 속 인권 구현의 목소리가 커져가고 있다. 최근 경제상황 악화로 인하여 국민 1인당 실질 소득의 지속적 감소 등으로 양극화 심화 및 빈곤계층 증가 등으로 사회권 강화가 절실하게 필요하다. 2007년 기준 한국 저임금 계층 비율 OECD 국가 중 1위이다. 경제적 양극화는 절대빈곤층 및 차상위 계층의 지속적 양상, 노숙인, 철거민 등 빈곤계층에 대한 기초생활보장 등 사회복지 강화 필요성을 제기하고 있다. 그럼에도 불구하고 사회권 개선은 많은 예산과 장기간의 시간을 필요로 하며, 우리 사회에서는 사회권에 대한 기본적 인식이 아직도 부족한 상태에 있다. 누구나 평등하게 자유권을 보장받아야 하지만 실제로 자유권을 행사할 수 있는 권리인 정신적·물질적·사회적 권리, 즉 사회권이 보장되지 않으면 보장된 자유권이란 형식적 권리에 미칠 수밖에 없다. 우리나라가 제2차 세계대전 이후 독립한 나라들 가운데 경제성장을 가장 짧은 기간에 달성하였다는 것을 증명해 보이는 것 같다. 이런 뉴스위크 조사내용을 보면 '국제사회에서 한국에 대한 관심과 위상이 높아졌다'라고 볼 수 있겠다. 이번 조사에서 한국은 삶의 질 부문이 평가 부문 중 가장 나쁜 점수를 받았다. 전체적으로 인권과 밀접하게 관련된 분야에서 높은 점수를 받지 못하였다. 유엔개발계획(UNDP)이 182개국을 대상으로 국가별 국민소득과 교육수준, 기대수명과 유아 사망률 등을 종합 평가해 매긴 인간개발지수(HDI) 순위에서도 한국은 2018년 조사에서 2017년 23위에서 22위로 지난해보다 한 계단 올라서게 되었으나 아직 20위인 중국보다 뒤쳐진 수준이다. 한국은 국가 영향력 분야에서 세계 11위, 기업가 정신 분야는 12위 등 상위권에 오를 수 있었다. 그러나 기업 환경 25위, 삶의 질 24위, 세계 문화유산에 미치는 영향이 무려 48위 등으로 밀려나게 되었다. 매년 1,800만 관광객이 찾아오고 인터넷이 발달되고 하이테크 서비스가 발달된 국가라고 언급이 되었지만 불안한 지정학적 형세, 높은 청년 실업률, 정치적 낙후, 부패, 수입불평등, 성평등, 삶의 질 등 낮은 평가를 받았다.

세계 사람들이 한국을 바라보는 시선이 달라지고 있기 때문에 그에 따른 우리의 모든 영역에서의 질적 향상을 국제사회 발전 방향에 맞게 조정해나갈 필요가 있다. 한국의 경제·교육 경쟁력이 세계 수준급이라고 하지만 '경제적 수치'에 기반을 둔 것이지 질적인 면에서 그렇지 않다는 것은 분명히 짚어볼 필요가 있다. 인권적 삶의 질에 대한 획기적인 개선을 통해 살기 좋은 나라를 지향하는 전략을 모색할 필요가 있다. 즉, 경제민주화와 함께 인권선진화를 동시에 추구해야만 살기 좋은 나라로 발전할 수 있다.

제3절 한국사회의 주요 인권문제[4)]

과거 권위주의 정부하에서 민주화운동을 하다가 구속된 정치인, 즉 양심수의 석방과 「국가보안법」 철폐는 인권운동의 대표적인 의제이자 과제였다. 비록 문민정부가 들어선 지 수십 년이 지났지만 「국가보안법」은 아직 적용되고 있으며 청와대 공직기강 감찰부서, 검찰과 경찰, 국가정보원 등 국가기관의 부당한 공권력 남용에 의한 이른바 '후진국형 및 디지털(포렌식)형 인권침해'가 아직 근절되지 않고 있다. 오랜 노력에도 불구하고 사형제도가 아직 완전히 폐지되지 않고 있으며 가정 내 폭력과 같은 문제 또한 여전히 심각한 인권침해문제로 남아 있다. 최근에는 군대 내 가혹행위로 자살하는 병사가 발생하였을 뿐만 아니라 여성군인에 대한 성희롱이나 성추행 그리고 사회의 다양한 분야에서의 성폭력 등이 중요한 인권침해문제로 등장하고 있다.

또한 사회적·경제적 조건이 변하고 민주화가 진전되면서 환경권, 정보인권, 이주노동자, 난민과 같은 사회권, 장애인, 신념(양심)에 따른 병역거부, 직장 내 갑질, 여성 및 남성 혐오, 동성애자 등 사회적 소수자에 대한 차별과 같은 인권문제도 중요하게 대두되고 있다. 이러한 현상은 과거에 없던 것이 새롭게 발생한 것이 아니라 민주화와 함께 인권의식과 감수성이 높아지면서 기존의 사회문제가 인권문제로 등장하는 것으로 해석할 수 있다.

한편 민주주의의 실질적 내용이라고 할 수 있는 사회권 분야, 특히 사회복지분야 인권문제가 갈수록 중요해지고 있다. 경제적 효율과 경쟁을 강조하는 신자유주의 경제정책하에서 발생하는 분배의 불평등, 비정규직 노동자의 확산과 최저임금 인상에 따른 고용불안, 최저임금 인상 등에 따른 소상공인의 경제적 위협, 극빈 저소득층, 장애인 등에 대한 생존권의 위협, 공무원노조의 불인정, 직권중재조항으로 인한 합법적인 파업의 원천적인 봉쇄 등으로 기본

4) 대한변호사협회가 해마다 발간하는 인권보고서는 한국사회의 주요 인권문제에 대해서 유용한 정보와 자료를 제공하고 있다. 보고서는 한국의 인권상황을 생명·신체의 자유, 표현의 자유, 노동자의 인권, 교육에 관한 권리, 환경과 건강권, 사회보장의 권리, 여성의 인권, 사법과 인권, 아동 및 청소년의 권리, 장애인의 인권, 국제인권으로서 국제형사재판소, 난민, 탈북자 및 양심적 병역거부자의 인권으로 나누어 분석하고 있다.

적인 노동인권이 여전히 중요한 인권문제로 대두되고 있다.

제4절 인권의 주류화와 인권보장제도

인권의 주류화(mainstreaming)란 인권의 가치와 기준이 사회적 삶의 모든 영역에 실현되는 것을 의미한다. 다시 말해 인권의 주류화는 주변화되고 부차적으로 취급되던 인권이 국가기구의 정책은 물론이고 시민사회의 문화 그리고 더 나아가서는 국제관계와 국제정치에도 중심적 가치이자 기준으로 자리 잡는 것을 의미한다. 각종 경제·사회개발 사업과 평화유지군에 이르기까지 유엔의 모든 활동에 인권의 주류화는 이제 상식으로 자리 잡았다.

일국적 차원에서의 인권의 주류화에는 국가기관(국회, 법원, 헌법재판소, 행정부), 언론, 기업, 종교, 민간 인권단체 등 다양한 사회집단과 행위자의 역할이 중요하다. 2001년 말 창립된 한국의 국가인권위원회는 이러한 다양한 집단과 행위자의 인권향상 노력을 종합적으로 조정하고 이끌어 나가는 명실상부한 인권주류화의 중심 기구로서의 역할을 부여 받았다.

다음은 국가기관을 국회, 법원 및 헌법재판소, 행정부로 나누어 각각의 역할을 인권의 주류화 관점에서 간단히 정리한 것이다.

1. 국회

인권은 정치적 공약이 아닌 법 규범에 의해 보장된다. 따라서 이러한 법 규범을 '법률'의 형식으로 제정하는 국회는 인권의 보호와 증진에 중추적 역할을 수행한다. 민주주의 사회에서 법은 특정 사회의 다양한 정치세력 간의 타협의 산물이다. 그러나 보편적으로 승인된 인권은 정치적 타협의 대상이 아니라 사회구성원 모두가 존중하고 준수해야 할 가치이자 규범이다. 그리고 이러한 가치와 규범은 국회에서 만드는 모든 법률에 반영되어야 한다. 국회가 제정하는 거의 모든 법률은 인권에 직접·간접적으로 영향을 미친다. 따라서 특정 법률이 시행될 경우 인권에 미치는 영향을 미리 평가하는 '인권영향평가제도'의 도입은 인권침해의 예방적 측면에서 매우 중요하다. 그리고 시민들의 입장에서는 자유롭고 공정한 선거를 통하여 인권의식과 감수성이 높은 정치인을 선출하고 국회의 입법과정을 철저하게 감시하는 것이 필요하다. 인권은 기본의 형태로 「헌법」에 보장되어 있다는 점에서 헌법재판제도를 활용하여 인권을 침해하는 위헌적 법률을 제거하는 것도 인권의 보호와 향상에 효과적이다.

한편 국회는 인권조약의 국내적 실현과 관련하여 중요한 역할을 지니고 있다. 먼저 국회는 한국정부가 가입한 인권조약에 맞추어 국내법을 체계적으로 정비하는 데 적극적인 역할을 요구받고 있다. 이 과정에서 국회는 유엔의 인권기구가 권고한 내용을 국내적으로 실행하는 데 필요한 각종 법령제정에 적극적으로 나서야 한다. 더 나아가 국회는 한국정부가 아직 가입을 미루고 있는 각종 인권조약을 조속히 가입하고 이미 가입한 인권조약의 경우도 유보조항을 가급적 빨리 철회하는 조치를 취할 것을 촉구하는 역할을 할 수 있다.

「헌법」에 따르면 「헌법」에 의하여 체결·공포된 조약과 일반적으로 승인된 국제법규는 국내법과 같은 효력을 갖는다(「헌법」 제6조 제1항). 또한 국회는 상호원조 또는 안정보장에 관한 조약, 중요한 국제조직에 관한 조약, 우호통상항해조약, 주권의 계약에 관한 조약, 강화조약, 국가나 국민에게 중대한 재정적 부담을 지우는 조약 또는 입법사항에 관한 조약의 체결·비준에 대하여 동의권을 갖는다(「헌법」 제60조 제1항). 이에 따라 국회는 조약에 대한 동의권을 행사하여 조약이 국내법적 효력을 갖도록 하는 역할을 수행한다.

2. 사법부

사법부는 국회에서 제정한 법을 해석하고 판단하는 역할을 통해 정의의 이념을 실현한다.

사법부는 현행 실정법을 국제인권기준을 인권의 관점에서 적극적으로 해석하고 판결을 내림으로써 한국사회의 법문화와 관행을 국제적 수준으로 끌

어울리는 역할을 할 수 있다. 그러나 현실에서 사법부는 국제인권의 원칙과 기준에 부합되지 않는 판결을 내림으로써 정의가 지체되고 인권이 퇴보하는 데 기여하기도 한다.

보편적 인권은 대부분 '기본권'이라는 이름으로 이미 「헌법」에 수용되어 있다는 점에서 「헌법」을 해석하고 적용하는 권한을 부여받은 헌법재판소는 인권의 보호와 향상에 중요한 역할을 수행한다. 「헌법」상 보장된 헌법재판관제도, 특히 위헌법률심판제도나 헌법소원제도를 통해서 헌법재판소는 기본권을 침해하는 법률을 무효화시키고, 경우에 따라서는 기본권을 침해하는 집행적용(처분)이나 사법작용(제도)도 무효화시킨다. 문제는 헌법재판소가 입법작용을 포함한 국가작용의 기본권 침해성을 판단하면서 한국이 가입하거나 일반적으로 승인된 국제법규를 재판규범으로 인정하고 적용할 수 있는지 여부인데, 현재까지 헌법재판소는 조약이나 국제법규를 재판규범으로 원용하는 데 인색하다고 볼 수 있다.

인권의 주류화를 위해서는 사법부를 대상으로 국제인권기준 일반, 특히 한국이 가입한 인권조약의 내용에 대한 이해와 감수성을 높이는 제도적 장치와 프로그램을 개발할 필요가 있다. 현행 변호사시험과 로스쿨교육과정 그리고 사법연수원 교육과정에 인권법 관련 교과목을 포함하는 것도 하나의 대안이 될 수 있다. 특히 사회권의 소송 가능성(justiciability)과 같은 현대 국제인권법의 추세를 적극적으로 소개함으로써 한국사회에서 경제적·사회적 권리의 법적 보호와 증진을 앞당기는 노력을 할 필요가 있다.[5)]

3. 행정부

행정부는 국회에서 만든 법을 집행하는 집행기구이다. 행정부는 법에 따라 다양한 정책을 만들고 시행하며 행정 경험을 바탕으로 필요한 법의 제정을

5) 인권을 시민적·정치적 권리와 경제적·문화적 권리로 나누고 후자를 권리의 성격상 사법적 보호가 가능하지 않다는 왜곡된 인권론을 바로잡기 위해서 '경제적·사회적·문화적 권리에 대해서도 사법적인 보호와 구제수단을 제공해야 한다'는 사회권의 사법적 실현 가능성에 대한 관심이 최근 국제적으로 높아지고 있다.

주도할 수 있다. 넓은 의미에서 행정부의 모든 부서가 직·간접적으로 인권과 관련이 있으므로 행정부는 인권 주류화의 주된 수단이자 도구라고 말할 수 있다. 행정부는 '인권정책담당관'과 '인권영향평가제도' 등의 도입을 통하여 인권의 효과적 보호와 증진을 위한 부처 내 및 부처 간의 업무 협력과 조정을 강화할 필요가 있다. 이를 위해서는 유엔이 권고한 기준에 따른 종합적인 국가 차원의 중장기적 인권정책, 즉 국가행동계획(National Action Plan)을 조속히 수립할 필요가 있는데 법무부를 중심으로 국가행동계획을 수립하고 있다.

인권교육은 국가행동계획에서 특히 중요하게 다루어질 필요가 있다. 국민 각자가 자신이 향유할 수 있는 인권의 내용을 아는 것은 인권 보호와 증진의 출발점이기 때문이다. 행정부 차원, 특히 교육부에서는 초등학교부터 대학에 이르기까지 각각의 수준에 맞는 다양한 인권교육 프로그램을 개발하고 제공함으로써 어려서부터 학교에서 국제인권기준을 자연스럽게 배우고 익히도록 하여야 한다. 특히 대학수학능력시험, 각종 공무원시험과 국가고시 등에 인권관련 교과목을 개설하여 학습을 진행하고 적용하여야 인권이라는 인식과 감수성을 향상시킬 수 있다고 본다. 이처럼 인권교육은 국가의 의무이자 동시에 한국사회의 당면과제이기도 하다. 행정을 담당하는 공직자는 인권이야말로 세계화 시대에 '국가경쟁력'의 핵심이라는 발상의 전환을 할 필요가 있다.

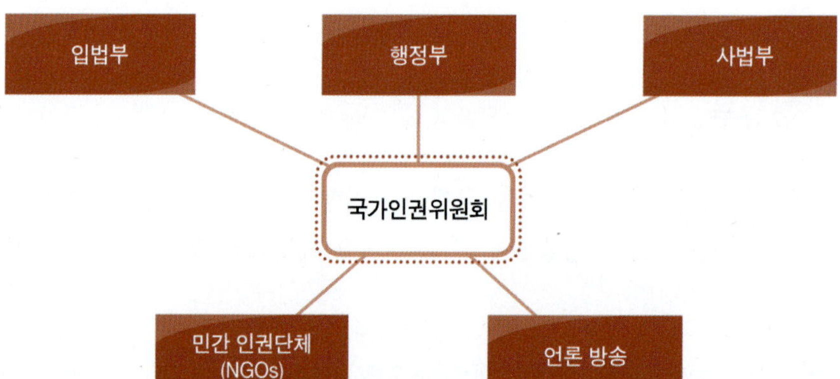

그림 7-1 인권의 주류화와 주요 행위자

정책의 수립뿐만 아니라 집행과정에서도 인권은 중요한 역할을 한다. 왜냐하면 민주주의에서 절차가 중요한 이유는 아무리 좋은 내용의 법이라도 실행되는 과정에서 왜곡되고 변질되는 경우가 자주 발생하기 때문이다. 따라서 입법과정뿐만 아니라 행정의 실행과정에서도 시민단체와 인권단체의 끊임없는 감시와 참여가 필요하다. 특히 검찰과 경찰과 같이 인권과 밀접한 법 집행담당기관에 대해서는 시민의 감시와 참여를 제도화함으로써 정책의 수립과 실행 과정에서 투명성과 효율성을 높일 필요가 있다.

제5절 국가인권위원회

1. 의의와 특성

2001년 11월 출범한 국가인권위원회는 한국의 인권과 민주주의 발전 역사에서 큰 획을 그은 사건이다. 국가인권위원회는 지금까지 민주화의 성과를 인권의 관점에서 재조명하고 국제인권기준에 맞게 한국사회의 인권 수준을 향상시키기 위한 제도적 장치이다. 다시 말해 국가인권위원회는 지금까지 민주주의 발전을 인권의 보장적 제도를 통하여 실질적인 민주주의의 발전으로 견인하는 역할을 부여받았다고 볼 수 있다. 국가인권위원회의 설립으로 이제 한국사회에서 인권은 특정 정권의 정치적 공약이 아니라 국가의 존재 이유이자 존립 목적임을 법적으로 재확인하고 제도적으로 보장하게 되었다.

한국의 국가인권위원회는 국제적으로 국가인권기구의 한 형태이다. 국가인권기구는 19세기 초 스웨덴을 비롯한 북유럽 국가들이 옴부즈만(Ombudsman) 형태로 나타나기 시작하였다. 이후 유엔의 창립과 함께 유엔은 국가인권기구에 관한 논의를 공론화하였고, 국제인권기준과 제도의 발전과 함께 유엔 내에서 국가인권기구의 역할에 대한 관심이 증대하였다. 1991년 파리회의에서 파리원칙(국가인권기구의 지위에 관한 원칙)이 채택되면서 국가인권기구 설립의 보편적인 준거틀이 마련되었고 1993년 개최된 비엔나 세계인권대회를 계기로 전 세계적으로 급속히 확산되었다. 지금까지 약 60개국 이상 국가에 다양한 형태의 국가인권기구가 설립되었으며 제네바의 유엔 인권고등판무관실에 국가인권기구를 지원하는 담당부서가 설치되어 있다.

국가인권위원회는 이전에 인권 관련 문제를 다루어왔던 국가의 각종 제도와 절차와 질적으로 다르다. 국가인권기구는 국제적으로는 보편화된 제도이지만 한국사회에서는 역사가 아주 짧아 아직 많은 국민이 모르거나 생소하게 느끼고 있다. 그리고 국가 기관들 내에서도 국가인권위원회의 위상과 역할에 대한 이해가 부족하거나 종종 오해가 발생하기도 한다.

한국 국가인권위원회는 설립 의의와 특성은 일반적으로 다음과 같이 나누어서 설명할 수 있다. 첫째, 국가인권위원회는 '인권전담 국가기관'이다. 현재 국가인권위원회가 수행하는 역할은 매우 포괄적이고 종합적이다. 국가인권위원회는 이전에 특정 분야나 성격의 인권문제를 다루는 제한적 또는 한시적 기구와 달리 한국사회의 인권전반, 즉 인권 관련 법령, 제도, 정책, 관행 등 인권의 보호와 증진에 관한 모든 측면을 포괄적으로 다룬다. 이른바 '인권주류화'의 중심기구로 법과 제도의 개선과 더불어 인권교육의 확산을 통한 인권 감수성 증대와 인권문화 발전에 주도적인 역할을 수행한다. 이러한 의미에서 국가인권기구는 인권의 보호와 증진을 위한 제도적, 즉 '인권전담 국가기구'라고 할 수 있다.

둘째, 국가인권위원회는 국제 인권규범의 국내적 실행을 담당하는 '준국제기구'이다. 국가인권위원회는 형식적으로는 「국가인권위원회법」에 따른 국가기구이지만 내용적으로는 국제사회 특히 유엔을 중심으로 발전해온 국제인권법과 규범을 다룬다. 이에 따라 「국가인권위원회법」에서 인정하는 인간으로서의 존엄과 가치 및 자유와 권리(제2조)라고 국제기준에 맞게 폭 넓게 정의하고 있다. 국가인권위원회는 국가의 인권정책을 시행하는 단순한 행정기구가 아니다. 국가인권위원회는 유엔의 국제인권규범에 입각하여 국내의 인권 관련 법령, 제도, 정책, 관행을 평가하고 개선하는 역할을 수행한다. 즉, 국가인권위원회는 국제 인권기준의 국내적 실현과 국내의 경험을 토대로 한 국제 인권기준의 발전이라는 쌍방향의 과정에서 매개자 역할을 수행한다.

셋째, 국가인권위원회는 '독립적인 국가기관'이다. 국가인권위원회는 입법,

사법, 행정부 어느 곳에도 소속되지 않는 독립적인 국가기관으로 만들어졌다. 즉, 형식으로는 국가기관이면서 다른 국가기관의 권력행사를 인권의 관점에서 감시하고 견제하는 역할을 수행한다. 국가인권기구는 삼권분립제도에 입각한 민주주의 정치제도의 구조적 한계와 단점을 보완하고자 하는 의도에서 비롯되었다. 즉, 국가인권위원회는 입법, 사법, 행정의 세 권력이 절충적 타협에 의한 남용이 아닌 인권의 가치와 원칙에 따라 행사될 수 있도록 감시하는 역할을 수행하는 것이다.

1993년 유엔총회가 채택한 '국가인권기구 지위에 관한 원칙'(파리원칙)은 국가인권기구의 독립성을 강조하고 있다. 독립성은 정부뿐만 아니라 대법원 등 다른 주요 헌법 기관으로부터 지휘·감독을 받지 않고 주어진 권한을 독립적으로 수행해야 한다는 것을 의미한다. 이러한 독립성은 정부의 각 부처에 흩어져 있던 인권 관련 기능을 종합적으로 조정하여 인권정책의 실효성을 높이고 사회적 약자와 피해자의 입장에서 인권을 보장하고 국가공권력에 의한 인권침해를 예방하는 역할을 효과적으로 수행하는 데 필요한 필수적인 전제조건이기도 하다.

넷째, 국가인권위원회는 '준사법기구'로 인권옹호자의 역할을 수행한다. 국가인권위원회는 국가의 공권력에 의한 인권침해뿐만 아니라 국가기관, 공사기업 또는 사인(私人) 간에 발생하는 온갖 종류의 평등권 침해의 차별행위에 대한 조사 및 구제 역할을 한다. 기존의 실정법에 근거한 국내 사법제도와 달리 '준사법기구'로서의 국가인권기구는 보편적인 국제인권규범에 입각하여 인권침해 문제를 다룬다. 특히 사회적 약자에 대한 상대적으로 간편한 인권침해 구제 절차를 제공함으로써 실효성 있는 인권보장제도의 역할을 수행한다.

이러한 특성을 지닌 한국의 국가인권위원회는 2001년 11월 25일 출범하였다. 그러나 논의의 역사 자체는 1993년 6월 비엔나 세계인권대회까지 거슬러 올라간다. 당시 비엔나 회의에 참가한 한국의 민간단체들은 처음으로 정부에 국가인권기구의 설치를 요구하였다. 이후 민간 인권단체들은 기회가 있을 때마다 국가인권위원회의 중요성을 강조해왔다. 국가인권위원회의 설립은 1997년 김대중 대통령 후보자의 공약에 포함되었고, 당선 후 '국민의 정부'의 100대 국정과제에 포함되었다. 1998년 법무부가 국가인권위원회 설립에 관한 논의를 시작한 이래 법무부와 민간인권단체는 위원회의 위상과 역할을 둘러싸고 3년간 갈등을 겪었다. 결국 국회에서 2001년 4월 다수결로 「국가인권위원회법」이 통과되었고 국가인권위원회는 6개월 후인 11월 25일 정식으로 설립되었다.

2. 조직과 기능

2001년 11월 25일 출범한 국가인권위원회는 위원장 1인, 상임위원 3인, 비상임위원 7인을 포함하여 총 11인의 인권위원으로 구성되었다. 인권위원은 인권 문제에 관하여 전문적인 지식과 경험이 있고, 인권의 보장과 향상을 위한 업무를 공정하고 독립적으로 수행할 수 있다고 인정하는 사람으로 국회가 선출하는 4인(상임위원 2인 포함), 대통령이 지명하는 4인 그리고 대법원장이 지명하는 3인을 대통령이 임명한다. 위원장은 위원 중에서 국회 인사청문회를 거쳐 대통령이 임명하며, 위원 중 4인 이상은 여성으로 구성하도록 되어 있다. 위원장은 위원회를 대표하여 국회에 출석하여 의견을 진술할 수 있고, 국무회의에 출석하여 발언할 수 있으며 소관 사무에 관하여 국무총리에게 의안(대통령령안 포함)의 제출을 건의할 수 있다.

위원장을 포함한 인권위원의 임기는 3년이며 한 번만 연임할 수 있고, 위원 중 결원이 생기면 대통령은 결원된 날로부터 30일 이내에 후임자를 임명하여야 하며, 결원이 된 위원의 후임으로 임명된 인권위원의 임기는 새로이 시작된다.

이와 관련하여 「국가인권위원회법」 개정(2016. 2. 3)을 통해 인권위원의 자격과 선출 절차가 명확하게 규정되었으며, 인권위원의 직무상 발언에 대한 면책권이 부여되었다. 이는 세계국가인권기구연합(GANHRI)의 권고에 따른 것으로 우리나라 정부와 국회가 이를 수용한 결과이다.

사무처 조직은 1관 2국 2관 1센터 12과, 정원 220명(본부 178명, 지역사무소 42명)으로 구성되어 있다. 사무처에는 운영지원과, 정책교육국, 침해조사국을 두고, 사무총장 밑에 기획조정관을 둔다. 지역사무소는 부산, 광주,

대구, 대전, 강원원주에 설치되어 있다.

한편 국가인권위원회에 설치되어 있는 위원회의 주요 기능은 인권정책 기능, 인권침해 및 차별행위의 조사와 구제 기능, 인권교육과 홍보 기능, 국내외 협력 기능 등 크게 4가지로 구분된다.

첫째, 인권정책 기능은 「국가인권위원회법」 제19조에 규정된 업무 가운데 인권에 관한 법령, 제도, 정책, 관행의 조사와 연구 및 그 개선이 필요한 사항과 국제인권조약 가입 및 그 조약의 이행에 관한 권고 또는 의견을 표명할 수 있다. 또한 인권의 보호와 향상에 중대한 영향을 미치는 재판에 대해 위원회가 필요하다고 인정하거나 법원(헌법재판소)의 요청이 있는 경우 법원의 담당재판부(또는 헌법재판소)에 법률상의 의견을 제출할 수 있다. 위원회가 조사하거나 처리한 내용에 관해서도 의견을 제출 등은 국가인권위원회가 정책기능을 원만하게 수행하기 위해 필요한 기능 등이다.

둘째, 인권침해 및 차별행위 조사와 구제 기능으로 우선 국가기관, 지방자치단체, 「초·중등교육법」 제2조, 「고등교육법」 제2조와 그 밖의 다른 법령에 따라 설치된 각급 학교, 「공직자윤리법」 제3조의2 제1항에 따른 공직유관단체 또는 구금·보호시설의 업무 수행과 관련하여 「헌법」 제10조부터 제22조의 규정에 보장된 인권을 침해당한 경우 이를 조사하고 구제한다. 그리고 법인, 단체 또는 사인(私人)에 의한 합리적인 이유 없는 평등권 침해의 차별행위에 대해 조사하고 구제한다. 주요 차별 사유로는 성별, 종교, 나이, 사회적 신분, 출신지역, 출신국가, 출신민족, 용모 등 신체조건, 혼인 여부, 임신 또는 출산, 가족 상황, 인종, 피부색, 사상 또는 정치적 의견, 형의 효력이 실효된 전과, 성적 지향, 학력, 병력 등 19가지가 있다. 또한 공공기관 종사자, 사용자 또는 근로자가 업무 등과 관련하여 성희롱을 하는 경우 이에 대한 조사와 구제를 담당한다.

아울러 차별행위와 관련해서는 「장애인차별금지법」 및 「고용상 연령차별금지 및 고령자 고용촉진에 관한 법률」에 따른 차별시정기구이며, 성차별 조사·구제 기능을 한다. 또한 조사 중이거나 조사가 끝난 진정에 대하여 사건의 공정한 해결을 위하여 필요한 구제 조치를 당사자에게 제시하고 합의를 권고할 수 있다.

셋째, 인권 교육과 홍보 기능으로 공무원, 시설종사자, 언론인, 일반 시민 등 대상별로 다양한 인권교육과정을 운영하고 있으며, 인권교육 콘텐츠의 개발·보급·표준화를 통해 체계적인 인권교육을 수행한다. 또한 인권 영화, 인권 만화, 인권 포스터, 인권 사진첩 등 다양한 인권문화 콘텐츠를 개발하여 보급하고 인권 체험관 등 다양한 방법을 통해 인권 의식을 확산하기 위한 홍보 업무를 수행하고 있다. 위원회의 홍보는 모든 사람의 인권의식 향상을 위해 위원회가 수행하는 고유한 기능의 한 부분으로 추진된다는 점에서 다른 기관의 일반적인 홍보와 구분되는 기능을 수행한다.

마지막으로 국내외 협력 기능으로 인권의 옹호와 향상을 위해 국내외의 인권·시민사회단체 및 개인과 협력하고, 인권과 관련된 국제기구 및 외국 인권기구와 교류·협력하는 업무를 수행하고 있다. 국내 인권·시민 사회단체들과 긴밀한 협력을 통하여 구제가 필요한 인권 현장의 상황을 파악하고 자문하며, 또한 단체들이 위원회의 인권상황 실태조사와 같은 프로젝트에 참여함으로써 위원회의 역할을 분담하고 전문성을 보충해 주고 있다. 그리고 각 국가에 설치된 국가인권기구와 협력해 국제사회의 인권 향상에 기여하고 우리나라보다 앞서 인권기구를 운영해온 나라들의 경험을 습득하는 등 국제교류 협력사항 등을 수행하는 기능을 한다.

3. 국가인권위원회 설립의 의미

국가인권위원회는 한국 시민사회에서의 민주주의의 지속적 발전과 유엔의 국제인권기준의 제도적 확산 노력이 당시 '국민의 정부'의 정책과 결합해서 탄생한 제도이다. 국가인권위원회의 출범으로 이제 한국사회에서 인권은 정치적 수사나 선언이 아닌 국가 정책의 중심가치이자 기준으로 자리매김하는 형식적 틀을 갖추게 되었다. 「국가인권위원회법」 제1조는 국가인권위원회의 존립 목적을 "개인이 가지는 불가침의 기본적 인권을 보호하고 그 수준을 향상시킴으로써 인간으로서의 존엄과 가치를 구현하고 민주적 기본질서의 확립에 이바지함"이라고 명시하고 있다. 오늘날 국가인권기구의 존재 여부,

그리고 위상과 권한의 정도는 해당 국가의 민주주의와 인권에 대한 정치적 의지와 수준을 가늠하는 기준으로 평가받고 있다. 국가인권위원회의 출범으로 한국은 역사적으로 1948년의 세계인권선언에서 국제적으로 합의되고, 1993년 비엔나 세계인권대회에서 재확인된 인권의 보편적 실현이라는 인류의 열망과 대의에 보다 떳떳하고 효과적으로 참여할 수 있는 제도적 길이 마련되었다고 할 수 있다.

Chapter 08

사회복지와 인권

제1절 사회복지에 대한 권리
제2절 사회권의 발생배경

제1절 사회복지에 대한 권리

1. 「헌법」상 사회국가원리와 인간다운 생활을 할 권리

「대한민국헌법」은 사회국가원리를 수용하여 국가가 소득불평등과 이로부터 파생되는 불균형을 적극적으로 조정하는 복지정책을 펼치는 것을 기본 방향으로 삼고 있다. 사회국가의 의미에 대하여 헌법재판소는 다음과 같이 밝히고 있다.

"사회국가란 사회정의의 이념을 헌법에 수용한 국가, 사회현상에 대하여 방관적인 국가가 아니라 경제·사회·문화의 모든 영역에서 정의로운 사회질서의 형성을 위하여 사회현상에 관여하고 간섭하고 분배하고 조정하는 국가이며, 궁극적으로는 국민 각자가 실제로 자유를 행사할 수 있는 그 실질적 조건을 마련해 줄 의무가 있는 국가를 의미한다"(헌재 2004. 10. 28. 선고 2002헌마328).

「헌법」에서 채택하고 있는 사회국가원리에 따라 국가는 복지정책을 마련하여야 할 의무가 있다. 복지정책은 또한 실업, 노령, 질병 등 누구나 인생의 어느 순간 당면할 수 있는 사회적 위험을 사회가 함께 나누어 부담한다는 사회연대원리에 기초한 것이기도 하다. 아동·청소년, 여성, 노인, 장애인 등 특히 사회적으로 취약한 사람들에 대한 구조적인 불평등을 해소하기 위하여 적극적인 지원을 제공하는 것을 포함한다. 복지정책은 단순히 '불쌍한' 사람을 돕는 의미가 아니라, 누구도 소외되지 않고 모든 사람이 「헌법」상 기본권과 인권을 온전히 누리며 민주사회의 시민으로 사회에 참여할 수 있도록 한다는 적극적인 의미를 가진다.

국가가 이와 같은 복지정책을 펼치도록 우리 「헌법」에서는 국민의 권리와 국가의 의무를 규정하고 있다. 「헌법」 제34조 제1항은 "모든 국민은 인간다운 생활을 할 권리를 가진다"라고 규정하고, 제2항은 "국가는 사회보장·사회복지의 증진에 노력할 의무를 진다"라고 규정하고 있다. 아울러 제3항은 "여자의 복지와 권익 향상의 의무", 제4항은 "노인과 청소년의 복지향상을 위한 정책을 실시할 의무", 제5항은 "지체장애자 및 질병·노령 기타의 사유로 생활능력이 없는 국민을 보호해야 할 의무", 제6항은 "재해를 예방하고 그 위험으로부터 국민을 보호할 의무"를 국가에 부여하고 있다.

이밖에도 「헌법」에서 사회적 기본권으로 포괄되는 권리를 구체적으로 나열하고 있다. 제31조에서는 교육권, 제32조에서는 근로의 권리, 제33조에서는 근로자의 단결권·단체교섭권 및 단체행동권을 보장하고, 제35조에서는 환경권과 주거권을 규정하고 있다. 제36조에서는 국가가 혼인과 가족생활이 개인의 존엄과 양성의 평등을 기초로 성립되고 유지되도록 보장하고(제1항), 모성의 보호를 위해 노력하도록 하며(제2항), 국민이 보건에 관해 국가의 보호를 받을 권리를 보장하고 있다(제3항). 국가는 위와 같은 "사회적 기본권의 보장을 통하여 되도록 국민 누구나가 자력으로 자신의 기본권을 행사할 수 있는 실질적인 조건을 형성해야 할" 의무가 있다(헌재 2000. 4. 27. 98헌가16 등).

따라서 모든 사람이 인간다운 생활을 하고 사회적 기본권을 향유하도록 국가가 사회보장과 사회복지의 정책을 마련하고, 특히 여성, 노인, 청소년, 장애인 등 소수자 및 사회적 약자에 대하여 특별한 보호를 제공하는 정책을 마련하는 것은 국가가 자의적인 판단에 따라 선택할 수 있는 사안이 아니다. 이것은 「헌법」에 의하여 부여된 국가의 의무이며, 개인은 국가가 그러한 정책을 마련하고 실행하도록 요구할 권리가 있다.

2. 사회보장권·사회권에 관한 국제인권규범

사회보장권 및 사회권은 국제인권법에서도 중요한 인권의 내용으로 다루어지고 있다. 세계인권선언 제22조에서는 "모든 사람은 사회의 일원으로서 사회보장제도에 관한 권리를 가지며, 국가의 노력과 국제적 협력을 통하여 그리고 각 국가의 조직과 자원에 따라 자신의 존엄성과 인격의 자유로운 발전을 위하여 불가결한 경제적·사회적·문화적 권리의 실현에 관한 권리를 가진다"라고 천명하고 있다. 제25조에서는 "모든 사람이 의식주와 의료, 필수적인 사회서비스 및 생계 결핍의 경우 사회보장을 누릴 권리가 있다"라고 선언하고 있다.

사회권은 '경제적·사회적·문화적 권리에 관한 국제규약(이하 '사회권규약')'에서 더욱 자세하게 구체화되었다. 사회권규약에서는 모든 사람이 사회보장, 의식주, 교육, 문화 등에 관한 권리를 보장받도록 국가가 "특히 입법조치의 채택을 포함한 모든 적절한 수단에 의하여 이 규약에서 인정된 권리의 완전한 실현을 점진적으로 달성하기 위하여 자국의 가용 자원이 허용하는 최대한도까지 조치"를 취하여야 한다는 의무를 부여하고 있다(제2조 제1항). 여기서 점진적 실현(progressive realization)이란 국가가 충분한 자원이 생길 때까지는 사회권을 보장하지 않아도 된다는 의미가 아니라, 자원이 부족한 경우라도 그 권리의 보장을 위해 모든 노력을 기울여야 한다는 적극적인 의무를 말한다. "가용 자원에 상관없이 국가는 최우선 과제로서 모든 사람이 적어도 최저수준의 권리를 누리도록 보장해야 하고 가난하고 소외되고 혜택받지 못한 사람들을 보호하는 표적화된 프로그램을 마련하여 누구나 이용할 수 있도록 해야 한다." 또한 사회권을 점진적으로 실현해야 한다는 것은 권리가 증진되는 방향으로 나아가야 한다는 의미로서, 이미 보장하고 있는 권리를 퇴보시키는 조치는 원칙적으로 금지된다는 의미를 포함한다.

사회권과 관련하여 다음 5가지 의무는 국가가 자원과 상관없이 즉각적으로 이행해야 하는 의무라고 본다.

1) 차별철폐

국가는 의료, 교육, 직장 등에서의 차별을 즉시 금지시켜야 한다. 인종, 피부색, 성별, 언어, 종교, 정치적 혹은 기타 의견, 국가 혹은 사회적 출신, 재산, 출생, 장애, 성적지향과 성별정체성 등을 이유로 한 차별은 반드시 금지되어야 한다.

2) 점진적 실현에 해당하지 않는 경제적 · 사회적 · 문화적 권리

노동조합을 결성하고 가입할 권리와 파업할 권리를 보장할 의무 등 일부

경제적·사회적·문화적 권리는 많은 자원을 필요로 하지 않으므로 즉시 존중되어야 한다. 초등학교 무상교육 등 지원을 필요로 하지만 점진적 실현의 방식이 적용되지 않는 권리들도 있다.

3) 조치를 취할 의무

국가가 사회권의 향유를 증진시키기 위해 부단한 노력을 기울여야 한다는 의무이다. 국가가 할 수 있는 조치로서 사회권의 향유 상태를 데이터수집 등을 통하여 평가하는 것, 전략과 계획을 수립하는 것, 필요한 법과 정책을 채택하고 기금을 조성하는 것, 계획과 전략의 이행 결과를 정기적으로 모니터링하고 평가하는 것, 국가가 책임을 다하지 못할 경우 개인이 불만을 제기할 수 있도록 구제 절차를 만드는 것 등이 포함된다.

4) 퇴보하지 않는 조치

퇴보적 조치를 해야 하는 정당성이 강력하게 있지 않은 이상, 국가는 사회권에 대한 보호가 현재의 수준보다 열악해지는 방향으로 가서는 안 된다. 국가가 이를 정당화하려고 한다면, 국가가 모든 가능한 대안을 신중하게 고려하고 그 효과를 판단하고 활용할 수 있는 최대한의 자원을 완전히 사용한 후에 비로소 이러한 조치를 채택했다는 것을 증명해야 할 것이다.

5) 최소핵심의 의무

사회권 규약이 정하는 의무 가운데 각 권리의 최소한의 본질적인 수준을 충족시키기 위해 즉시 지켜져야 한다고 보는 의무들이 있다. 국가가 사용할 수 있는 자원이 명백하게 부족하다 하더라도 정부는 적어도 가장 어려운 사람들을 지원하는 저비용의 표적화된 프로그램을 시행함으로써 한정된 자원이 효율적이고 효과적으로 사용될 수 있도록 해야 한다.

제2절 사회권의 발생배경

인권의 역사에서 18~19세기가 자유주의 시대라면, 20세기는 인간의 사회적 권리를 확보하기 위한 시대라고 할 만큼 사회권적 기본권이 헌법에 보장된 것은 20세기의 성과라고 할 수 있다.

사회권은 제1차 세계대전에 패배한 독일을 이끌었던 우파와 자본주의적 모순을 혁파하려는 좌파 사이에 정치적 타협으로 성안(成案)된 1919년 바이마르 헌법에서 최초로 도입되었다.

20세기 사회권은 자본주의 경제체제의 모순과 갈등이 심화되면서 등장하기 시작한 사회주의적 이념의 헌법적 수용으로 볼 수 있다. 그것은 곧 인간의 실질적 평등을 구현하기 위한 자유와 평등 이념의 실질적 조화에 초점이 모아진 것이다. 이러한 문제의식하에 사회권의 보편화는 국제인권장전에 의해 초국가적 인권성을 인정받고 있다. 1948년의 세계인권선언은 제22조 이하에서 사회보장에 관한 권리(제22조), 건강의 권리(제25조) 등을 명시하였다. 경제적·사회적·문화적 권리에 관한 국제규약 역시 광범위한 권리들을 보장하고 있다.

1. 사회권의 기본적 특징

자유권과 구별되는 사회권의 기본적 특징을 살펴보면, 첫째, 사회권은 국가의 적극적 급부와 배려를 통해 보장될 수 있기 때문에 국가의 개입과 간섭을 필요로 하며, 이러한 특성은 종래 자유권이 국가 권력 개입이나 간섭을 배제한다는 점에서 확연한 차이를 보인다. 둘째, 사회권은 그 내용이 매우 불분명하기 때문에 급부의 실현대상이나 방법, 수준 등에 관하여 입법자나 정부에 의한 구체화가 필요하다. 셋째, 사회권의 실현에는 비용이 소요되며, 그러한 점에서 사회권의 실현은 그 사회의 급부능력과 의지에 의해 한계가 설정될 수밖에 없다. 사회권의 핵심은 '인간다운 생활을 할 권리'와 그에 따른 '사회보장수급권'이라고 할 수 있는 데 다음과 같다. 「헌법」 제34조 제1항에 규정된 인간다운 생활을 할 권리는 '인간다운 생활'을 확보할 수 있도록 국가에 대하여 일정한 급부를 요청할 수 있는 권리이다. 이러한 급부는 「헌법」 제32조 제2항부터 제6항까지 규정되어 있는 바와 같이 여성, 노인, 청소년, 신체장애인 등 사회적·경제적 약자에 대한 보호의 형태로 행해지며, 그 구체적 내용과 방법은 각종 법률에 의해 규정되어 있다.

이러한 국가의 급부활동은 주로 국가의 사회적 과제수행을 통해서, 즉 사회보험, 사회보장(기초생활보장), 사회복지서비스 등의 수단으로 인간다운 생활을 확보하는 형태로 이루어진다. 또한 현행 「헌법」 제9장을 통한 '경제에 대한 규제와 조정에 의한 사회국가의 실현'을 통하여 국민의 인간다운 생활을 확보하는 방법이 이용되기도 한다.

2. 사회권의 사회 정책적 목표

사회권이 추구하는 사회 정책적 목표는 첫째, 물질적인 궁핍으로부터 해방될 수 있도록 하는 최소한의 생계보장과 인간생존을 위한 필수적인 물적 수단의 보장, 둘째는 국가와 사용자에 대한 예속성의 해소, 셋째는 빈부격차의 해소, 넷째, 자신의 노력에 의해 성취한 생활수준이 경제사정의 악화에 의해 영향 받지 않고 유지될 수 있는 방법의 보장이 논의된다. 그러나 이러한 목표를 실현하기 위한 구체적인 방법과 기준은 시대에 따라 다르다. 또한 인간다운 생활을 구체화하는 과정에서 현실적인 조건을 고려해야만 한다. 사회권을 실현시키는 국가의 급부활동은 국가 재정에 큰 부담이 되고 국민경제에 대해서도 상당한 영향을 미치게 된다. 그러므로 현실적인 조건 속에서 더불어 '인간다운' 생활이 무엇이고, 어느 정도까지 보장되어야 하느냐에 관한 공동체의 합의와 실행의 의지가 매우 중요하다.

3. 사회권의 유형

1) 사회보장제도

사회보장이란 사회구성원이 일상생활을 영위하면서 맞는 일정한 형태의 위험에 대해 정부 차원에서 입법을 통해 적절한 조치를 부여하는 집합적인 보장수단을 뜻한다. 사회보장이란 용어가 공식적으로 사용되기 시작한 것은 1935년 미국의 사회보장법(Social Security Act)이 최초이다. 사회보장 개념의 정식 등장에 앞서 이미 영국에서는 부분적이나마 유사한 내용의 입법을 제정하였다. 15~16세기에 걸쳐 양모공업의 발전에 따라 촉발된 엔클로우저 운동(Enclosure movement)으로 인해 농토를 잃고 부랑하는 많은 빈민이 출현하자, 16세기 말부터 일련의 구빈(救貧) 입법이 등장하기 시작하였다. 특히 1601년의 엘리자베스 여왕의 구빈법(救貧法, Poor Law)은 노동능력이 없는 자를 구제하고, 그 재원의 조달을 위해 자신이 있는 주민으로부터 구빈세를 징수하였다. 영국에서는 구빈법의 운용에서 드러난 여러 문제점을 극복하기 위한 노력이 이어졌다. 1900년대 초의 여러 가지 법령제정과 노동자들의 계급의식화를 반영해 1911년에는 포괄적인 국민보험법(National Insurance Act)을 제정하여 세계 최초로 실업보험의 기틀을 마련했으며, 국민·정부의 쌍방 책임관계를 확립함으로써 위험분산원칙에 따른 사회보장의 집합주의시대를 열었다. 이어서 제2차 세계대전 종전 무렵 1942년에 제출된 '베버리지 보고서'를 근거로 제반 사회보험법을 구비하고 1948년 비로소 '복지권'을 인정하는 국민부조법을 제정하기에 이르렀다. 이에 오랜 역사의 구빈법은 전면 소멸되었고, 통합적·포괄적이고 적절한 체계를 갖춘 '요람에서 무덤까지'의 사회보장제도를 확립함으로써 사회보장의 보편주의시대를 열어 '사회적 기본권'을 확립하는 등 복지국가를 실현하게 된 것이다.

그러나 이후 재정 압박이나 연금수준에 대한 불만의 증대로 다시 정책 시정의 필요성이 제기되어 1959년 국민보험개정법이 통과되면서 소득 연계식 보험이 도입되었고, 보편주의에서 선별주의로 전환되어 '사회권적 기본권'이 위기를 맞게 되었다. 이후에도 인플레이션, 불황, 직업복지의 성장, 빈곤개념의 변화, 이데올로기 논쟁 등으로 사회보장제도는 변화를 거듭했다.

2) 사회보험제도

일반적인 성격의 사회보험을 처음 도입한 것은 1880년대 독일이었다. 1883년 질병보험, 1884년 재해보험, 1889년 노령보험제도 등 비스마르크에 의해 채택된 일련의 사회보험제도는 당시 고조되고 있던 사회주의 운동을 저지하려는 정치적 목적에 기인한 것이었으나, 향후 각국 사회보험제도의 본보기가 되었다. 1884년 오스트리아에 이어 1893년에 이탈리아, 1901년 스웨덴·네덜란드 등지에 이와 유사한 제도가 등장했다. 사회보험은 노동자·고용주·정부에 의한 기여금으로 적립금을 마련해 뜻하지 않은 위험이 닥쳤을 때 생활을 보장하도록 대비하는 제도이다. 위험의 형태나 성격에 따라 사회보험의 급여형태는 의료·출산·장례에 관한 의료보험, 노령, 유족, 폐질 등에 관한 연금보험, 실업에 관한 실업보험, 업무상 재해에 관한 산업재해보상보험 등으로 구분된다.

3) 공공부조

공공부조(公共扶助)는 사회보험이 포괄하지 못하는 빈곤계층을 위하여 국가가 전액 원조하는 것으로서, 우리나라는 생활보장, 의료보장, 원호사업 등으로 나누어 시행하고 있으며, 국민기초생활보장법은 과거의 생활보호법을 계승하여 공공부조를 규정한 대표적인 제도라고 할 수 있다.

4) 문화권

문화권(文化權)이란 물질적인 측면에서 인간다운 생활을 할 권리를 뛰어넘어 문화적 측면에서 인간다운 생활을 누릴 권리라고 정의할 수 있다. 세계인권선언은 제27조에서 "모든 인간은 자유롭게 공동체의 문화생활에 참여하고 예술을 감상하며 과학의 진전과 혜택을 나누어 가질 권리를 갖는다"라고 규정하였고, 1966년 유엔총회에서 채택된 '국제적 문화협력의 원칙에 관한 선언'에서는 무엇보다도 모든 인간이 그 자신의 문화를 발전시킬 수 있는 권리와 의무를 갖고 있으며, 국제적 문화협력은 교육, 과학 및 문화와 관련된 모든 국면의 지적·창조적 활동을 포함해야 한다는 것을 명시하고 있다. 또한 국제적 협력은 모든 사람이 지식에 접근할 수 있고, 다른 사람들의 예술과 문학을 즐길 수 있으며, 과학이 이룬 발전과 그 결과로 얻은 혜택을 나누어 갖고, 문화생활을 하는 데 기여할 수 있어야 함을 강조하고 있다.

그리고 1976년 유엔총회에서 채택한 '문화생활에의 일반 대중의 참여 및 공헌에 관한 권고'는 문화에의 접근을 특히 "적절한 사회·경제적 조건의 창출을 통해 정보, 훈련, 지식 및 이해를 자유롭게 획득할 수 있고, 또한 문화적 가치와 문화재를 즐기는 데 있어서 모든 사람이 이용 가능한 확실한 기회"라고 정의하고 있다. 문화에 대한 국가의 포괄적 지배의 시대를 마감한 프랑스혁명 이래 전개된 자유주의적 사상의 흐름에 따라 문화의 자율성 시대를 맞이하게 되었으나, 문화의 경제적 종속성, 문화적 불평등의 심화로 인하여 문화권은 복지국가적 관점에서 국가의 적극적인 조성·개입에 의하여 더욱 잘 보장될 수 있게 되었다. 특히 국가는 문화생활에 대한 참여를 보장하여야 한다. 즉, 모든 사람이 자신의 인성을 최대한 발전시키고, 조화로운 삶과 사회적 진보를 위해서 자유로이 표현하고 창조적인 활동에 참여하도록 확실한 기회를 보장하여야 한다.

그러나 국가는 원칙적으로 문화의 내용적 측면이 아니라 목적과 방법상의 한계 내에서 개입하여야 한다. 또한 개입은 문화의 조성·육성·진흥·계승·발전·지원의 차원에서 이루어져야 하며, 직접적인 규제는 최소한에 그쳐야 한다. 이러한 측면에서 국내영화산업 보호를 위한 '스크린쿼터제'[1)]에 대하여

1) 스크린쿼터(screen quota)는 해외 영화가 지나치게 우리나라 영화시장을 잠식하는 것을 막고 우리나라 영화산업을 보호하고 육성하기 위해 마련한 제도적 장치이다. 「영화 및 비디오물의 진흥에 관한 법률」에 따르면 영화상영관의 경영자는 매년 1월 1일부터 12월 31일까지 연간 상영일수의 5분의 1(73일) 이상 우리나라 영화를 상영하여야 한다. 여기서 한국영화상영일에 외국 영화 유료시사회를 개최하는 경우, 한국영화상영일에 2회 이상 외국영화 무료시사회를 개최하는 경우, 한국영화상영일에 불법으로 외국 영화를 상영하다 적발된 경우의 상영일수는 우리나라 영화상영일수에 포함되지 않는다. 한·미 간 쟁점이 돼온 스크린쿼터는 한·미 FTA협상을 앞두고 2006년 1월 정부에서 축소하여 시행하기로 결정하면서, 연간 146일(상영비율 40%)이던 스크린쿼터는 2006년 7월부터 73일로 축소 시행되고 있다. '스크린쿼터제'를 시행하고 있는 나라는 우

찬반양론이 대립하고 있으나 영화인을 중심으로 한 영화 산업적 시각을 벗어나 국민의 문화권 보장의 차원에서 접근할 필요가 있다.

5) 혼인과 가족생활 권리

현행 「헌법」은 제36조 제1항에서 "혼인과 가족생활은 개인의 존엄과 양성의 평등을 기초로 성립되고 유지되어야 하며, 국가는 이를 보장한다"라고 규정하여 혼인과 가족생활에 관한 권리를 명시적으로 보장하고 있다. 이러한 헌법규정은 혼인제도와 가족제도는 인간의 존엄과 민주주의 원리에 따라 규정되어야 함을 천명한 것이라고 할 수 있다. 따라서 혼인에 있어서도 개인의 존엄과 양성의 본질적 평등의 바탕 위에서 모든 국민은 스스로 혼인을 할 것인가 하지 않을 것인가를 결정할 수 있다. 혼인을 하는 경우에도 그 시기는 물론 자유의사로 상대방을 선택할 수 있으며, 이러한 결정에 따라 혼인과 가족생활을 유지할 수 있고 국가는 이를 보장해야 한다.

혼인에 대한 법적 보호의 문제는 무엇보다 혼인의 자유의 보호로 시작되었다. 즉, 혼인이 당사자의 자유의사가 아니라 교회나 영주의 허가를 받아서만 가능하였던 중세적 혼인의 틀을 깨고 당사자의 자유의사에 따라 이루어지나 미성년자 등의 경우에는 일정한 요건에 따라 혼인의 자유가 제한될 수 있다. 혼인의 결과로 구성된 가족은 전통적으로 동·서양 모두 가부장적 구조를 가지고 있었다. 그에 따라 가족에 대한 책임은 가장이 지는 것으로 인정되고 있었기 때문에 가족생활에 대한 국가적 보호는 특별히 문제되지 않았다. 가족생활에 대한 보호가 문제되기 시작한 것은 주로 인구정책적인 이유 때문이었다. 과거 인구의 수는 국력의 중요한 요소의 하나였기 때문에 가급적 많은 자녀를 낳고 건강하게 키우도록 국가가 배려를 해야 한다는 요청이 있었으며, 이러한 측면에서 '가족에 대한 국가적 배려나 지원'이 정당화되었던 것이다.

이와 같은 혼인과 가족생활의 변화 속에서 가장 두드러지게 대두되는 문제 중의 하나가 양성의 평등이다. 우리나라에서는 한때 처(妻)를 민사법상

리나라를 포함하여 프랑스, 스페인, 브라질, 파키스탄, 중국 등이다.

무능력자로 규정한 시대도 있었으나 지속적인 법 개정을 통하여 여성의 권리신장을 도모해 왔다. 1990년의 「민법」 개정으로 가정생활에서 처(妻)의 지위가 부(夫)와 대등하게 되었다.

헌법재판소는 간통죄에 대하여 "선량한 성도덕과 일부일처주의·혼인제도 유지 및 가족생활의 보장을 위하여서나 부부간의 성적 성실의무의 수호를 위하여, 그리고 간통으로 인하여 야기되는 사회적 해악의 사전예방을 위하여, 간통행위를 규제하고 처벌하는 것은 …… 「헌법」 제36조 제1항의 규정에도 반하는 것이 아니다"라고 판시하고 있다. 반면, 부부의 자산소득을 합산하여 과세하도록 하는 '자산소득합산과세제도'는 일반 개인보다 부부를 부당하게 차별하여 "「헌법」 제11조 제1항에서 보장하는 평등원칙을 혼인과 가족생활에서 더 구체화함으로써 혼인한 자의 차별을 금지하고 있는 「헌법」 제36조 제1항에 위배된다"라고 판시하였다.

6) 여성의 권리

인권이란 인간이 가지는 기본적인 권리라는 점에서 원칙적으로 남성과 여성을 구분하여 여성의 권리를 개별적으로 규정해야 할 이유는 없다. 그러나 임신과 출산을 담당하여야 하는 여성의 신체구조상 특성과 동서양을 막론하고 가부장제하에서 남성에게 종속되고 차별당하며, 산업혁명 이후 남성보다도 낮은 임금에 고된 노동을 해야 했던 역사적 배경 아래 여성의 권리를 독립적으로 논의하게 이르렀다. 이는 여성의 인권에 대한 인류의 새로운 인식에 근원을 두고 있지만 제1, 2차 세계대전 중 사회의 역량을 총동원해야 하는 상황에서 여성 노동력의 중요성을 정면으로 인정해야 하는 매우 현실적인 이유 때문이었기도 하다.

여성의 권리로는 남성에 대한 여성의 평등권, 모성의 특별한 보호·여성의 복지향상을 들 수 있다. 먼저 여성의 평등권에 대하여 살펴보면, 국제적인 노력으로 1979년 유엔총회는 '여성에 대한 모든 형태의 차별철폐에 관한 협약'을 채택하였다. 이 협약은 1981년 9월 3일부터 효력이 발생하였고, 174개국이 가입(2003년 11월 기준)해 있다. 협약 제1조에 의하면, 차별의 정의를 정치적·경제적·사회적·문화적·시민적 또는 기타 분야에 있어서 여성이 인권과 기본적 자유를 누리는 것을 저해하는 모든 형태의 구별, 배제 또는 제한을 포함하는 것으로 넓게 규정한다.

우리나라 헌법 역시 일반적인 평등권 규정에서 차별금지사유로 성별을 명시하고 있을 뿐만 아니라(「헌법」 제11조), 「헌법」 제32조에서는 별도로 근로조건에 있어서 남녀차별금지를 규정하였고, 제36조에서는 혼인과 가족생활에 있어서의 양성평등을 특히 강조하였다. 「헌법」 제정 이후 제도적으로 그리고 사회적으로 남녀평등의 실현은 가장 중요한 목표였다. 특히 국민의 일상생활을 직접적으로 규율하는 재산법과 가족법의 개정은 남녀평등의 실현에서 가장 중요한 문제였다. 대표적인 문제로 상속분, 부부간 평등, 호주제 문제를 들 수 있다. 상속분 문제를 살펴보면, 1960년 제정 이후 「민법」은 한때 결혼한 딸의 상속분이 장남의 상속분의 1/6에 불과하도록 규정한 적도 있으며, 결혼 여부에 따라 딸 사이에도 상속분의 차등을 두기도 했다. 결국 상속비율에 있어서의 남녀차별은 철폐되어 현재는 성별, 결혼 또는 장남 여부와 상관없이 모든 자녀는 균등한 상속분을 인정받게 되었다. 또한 부부간 평등에 있어서도 과거에는 친권의 행사에 있어서 아내는 보조적 지위에 불과했으나 지금은 동등한 주체로 인정받게 되었고, 이혼 시에도 재산분할청구권이 인정되어 여성의 지위 향상에 큰 역할을 하였다. 또한 역사적으로 여성차별의 상징이 되어온 호주제(戶主制)의 폐지를 전제로 한 「민법」 개정안이 정부의 심의를 통과한 상태이다. 이밖에도 공무원의 채용에 있어서의 남녀의 실질적 평등을 위한 '여성채용목표제'와 '여성교수 특별할당제' 등 대학에서의 여성교수 채용 장려를 위한 노력을 병행하고 있다.

또한 「헌법」은 제36조 제2항에서 모성의 보호를 위한 국가의 노력의무를 규정하고 있고, 제34조 제2항에서 모성의 보호를 위한 국가의 노력의무를 규정하고 있다. 여성의 보호에 관한 법률로는 「모자보건법」, 「성매매방지법」 등을 들 수 있으며, 여성의 사회활동·일할 권리의 보장을 위한 탁아시설의 확충, 생리대에 대한 면세문제 등이 최근 논의의 초점이 되고 있다. 특히 생리대 면세문제는 여성운동단체들에 의해 주장된 것으로 모성보호와 가장 근접한 상품이자 여성의 필수품인 생리대에 부가가치세 등을 과세하는 것은 여성의 부담을 차별적으로 가중시키는 것으로서 면세가 필요하다는 주장이다.

남녀평등과 여성의 보호문제는 남성들의 역차별 주장과 반발을 불러올 수 있다. 특히 남성의 의무적 군복무는 여성보호정책에 대한 남성들의 상대적 박탈감을 심화시킬 수 있다. 공무원 채용에 있어서의 군필자가산점제가 헌법재판소에 의하여 만장일치로 위헌으로 결정되자 남성들이 집단적으로 반발한 것이 그 예이다. 최근 천안함 피폭사건, 연평도 포격사건을 계기로 군필자가산점제를 추진하는 방향으로 여성단체들의 강한 반발과 위헌의 소지가 있는 문제로 신중한 결정을 필요로 한다. 그러나 과거의 불평등을 시정하고, 남성에게 과도하게 지워진 가부장제하의 의무를 걷어낸다는 입장에서 남녀평등과 여성보호는 현실적 필요성이 적지 않다고 생각된다.

7) 아동의 권리

아동(兒童)이란 일반적으로 청소년기 이전의 어린아이를 뜻하는 말이다. 특별히 보호받을 권리를 가지는 아동은 법에 의한 특별한 예외가 없는 한 18세 미만의 모든 사람[2)]을 뜻한다.

아동의 권리는 일반적으로 성숙한 인격체로 완성될 때까지 아동이 정신적·신체적·물리적 측면에서 보호받을 권리, 그리고 자신의 운명과 관계되는 중대 사안에 대한 적극적인 의사 표명권 등으로 나누어 설명할 수 있다. 모든 아동은 적절한 의식주를 제공 받으며 건강하고 위생적인 삶을 향유하며 문화적인 생활을 누릴 수 있는 복지권을 가진다. 또한 모든 아동은 폭력과 공포, 학대나 방임으로부터 보호받을 권리를 가지며, 자신의 의견을 주장하고 결정할 수 있는 권리와 자신이 원하는 각종 활동에 참여할 수 있는 권리를 가진다.

그러나 아동의 권리는 권리의 주체인 아동이 법률상 미성년자이며 사회관습적으로 양육의 대상일 수밖에 없다. 그 때문에 인류 사이에 있어서 아동이 부모의 소유물로 또는 종족의 유지나 국가의 방위를 위한 수단으로 간주되었던 시대에는 아동의 권리는 존재할 수 없었다. 20세기 들어와서도 법은

2) 아동의 권리에 관한 협약 제1조

아동을 보호의 객체로 파악했을 뿐 아동의 생존, 보호, 발달을 위한 적극적인 권리의 주체로 인식하지 않았다. 산업혁명으로 봉건제도가 붕괴되고 자본주의가 탄생한 근대사회는 구빈법에 의한 아동보호에 대한 국가개입이 시작되었고 또한 민간단체의 자발적인 참여가 시작된 시기였다. 그러나 산업혁명에 따른 자본가들의 무리한 이윤추구는 임금이 싼 연소자들을 대상으로 한 아동 노동력의 착취를 초래하게 되었으며, 당시 아동들의 비참한 생활은 <올리버 트위스트> 등 영국의 문호 찰스 디킨스(Charles Dickens)의 여러 작품을 통해서도 엿볼 수 있다.

산업사회와 도시화로 특징 지워지는 현대사회는 국제사회의 노력으로 수동적인 아동보호에서 능동적인 아동권리보장이라는 적극적인 아동권리사상이 발달하게 되었다. 그러나 아동이 보호의 대상에서 권리의 주체로 인식의 전환이 이루어지기에는 아직도 장애물이 많으며, 본질적으로 아동이라는 계층이 '사회적 소수자'라는 점에서 근본적으로 권리보장에 한계를 가지고 있다.

아동권리사상은 1922년 아동복리회(save the Children Fund)의 창설자인 에글란타인 잽(Eglantyne Jabb) 여사에 의하여 성문화된 아동권리선언(Declaration of the Rights of the Child)으로 싹이 텃다. 그는 "인류는 아동에게 주어야 할 최선의 것을 돌려주어야 한다"고 주장하였으며, 1942년 9월 26일 국제연맹(League of Nations)은 그의 선언문을 기초로 하여 전문과 5개조로 된 '아동권리에 관한 제네바 선언(Declaration of Geneva)'으로 채택하였다.

이어 1959년 11월 20일 유엔은 아동의 최선의 이익을 보장하기 위한 전문 10개조로 이루어진 '유엔 아동권리 선언(UN Declaration the Rights of the Child)'을 채택하였으며 선언 채택 20주년의 기념의 해인 1979년을 유엔이 정한 '세계아동의 해'로 선포함으로써 아동에 관한 세계의 관심을 불러일으켰다.

그리고 '세계아동의 해' 선포 10주년을 기념하여 1989년 11월 20일 유엔은 전문 54개조로 된 '아동의 권리에 관한 협약(Convention on the Rights of the Child)'을 만장일치로 채택하였다. 이 협약은 1990년 9월 2일을 기해 세계 191개국이 비준함으로써 인류사상 가장 많은 국가가 비준한 국제협약이 되었다. 한편 개발도상국의 학대받는 아동의 문제를 해결하기 위한 국제사회의 노력은 인류사상 최초로 '아동'이라는 단일 주제하에 1990년 9월 29~30일 양일간 뉴욕에서 개최된 '아동을 위한 세계정상회담(World Summit for Children)'이었다. 전 세계 71개국 국가원수를 포함한 158개국 대표들이 참석한 '아동을 위한 세계정상회담'에서는 1990년대 아동의 생존, 보호, 발달을 위한 세계선언과 국가행동계획을 만장일치로 채택하였다.

우리나라는 기독교 단체의 선교 사업에 의하여 현대적 의미의 각종 아동 보호사업이 구체적으로 시작되었다. 해방 이후 미군정은 법령 112호로 '아동노동법규'를 공포하였으며, 14세 미만 아동의 고용금지, 16세 미만 아동의 유해한 노동금지, 18세 미만 아동의 유해 또는 위해한 노동금지 등 조치를 취했다. 1947년 과도정부령 제14호에서도 「미성년자노동보호법」을 공포함으로써 12세 미만 아동의 노동 절대금지와 18세 미만 아동의 위험한 직종의 노동을 금지하였다. 제1, 2공화국시대에는 「교육법」(1949), 「근로기준법」(1953), 「소년법」(1958)을 포함한 보호를 필요로 하는 아동을 위한 법적 규정들이 입법화되었다. 제3,4공화국 시대에는 아동학대금지규정이 포함한 「아동복리법」(1961)을 비롯한 「생활보호법」(1961), 「미성년자보호법」(1961), 「학교보건법」(1967), 「모자보건법」(1973), 「특수교육진흥법」(1977) 등 많은 아동 관련 법이 제정되었다. 제5, 6공화국에서는 「아동복리법」을 개정한 「아동복지법」(1981), 「심신장애자복지법」(1981), 「유아교육진흥법」(1981), 「청소년육성법」(1987) 등이 입법화되었다. 아동의 권리를 보호하려는 시민사회의 노력의 일환으로 1921년에 소파 방정환이 '어린이'라는 말을 처음으로 사용하였으며, 1923년 어린이날이 제정되었다. 1975년부터 5월 5일 어린이날이 공휴일로 지정되어 현재까지 유지되고 있다. 1957년 '대한민국 어린이헌장'이 제정되어 1988년에 개정 선포되었고, 정부는 1990년 9월 25일 '아동의 권리에 관한 협약'에 서명하고 1991년 11월 20일 이를 비준함으로써 협약 당사국이 되어 1994년 11월 8일 제1차 국가보고서를 유엔아동권리위원회에 제출하였다.

사회권에 관한 오해와 진실

첫째, 사회권이 사람들의 복지에 대한 의존성을 높인다.

사회권은 인간이 인간답게 존엄하게 살아갈 수 있는 기본적 조건을 만드는 것이며, 이를 통하여 자신의 능력과 자유를 적극적으로 발휘할 수 있게 하는 것을 목적으로 한다. 사회권을 보장하기 위해 마련한 어떤 정책 때문에 사람들이 무력하게 되는 양상이 나타난다면, 그 정책이 오히려 사회권의 목적에 부합하지 않는 것으로 평가되고 수정되어야 한다.

둘째, 경제성장이 이루어지면 자연히 사회권도 보장된다.

경제성장으로 인하여 사회권이 저절로 보장되는 것은 아니다. 오히려 경제성장을 위하여 경쟁을 중요한 가치로 여기면서 사회에 불평등이 더욱 심화되는 경향을 가져온다. 국가가 경제를 활성화한다는 이유로 소득재분배를 적극적으로 실천하지 못하고, 사회적 취약계층 사람들은 교육, 근로, 문화 등 다양한 사회권 분야에서 더욱 소외되고 결과적으로 빈익빈 부익부의 현상을 가중시키기 쉽다.

셋째, 민주주의가 실현되면 사회권의 실현도 따라서 이루어진다.

오히려 민주주의의 실현을 위해 사회권을 보장하는 것이 중요하다. 민주주의가 진정으로 실현되려면 모든 사람들이 정치 과정에 참여하여 자기의 목소리를 내고 그 의견이 소통되어 사회적 합의가 이루어지는 기회와 절차가 보장되어야 한다. 사회권의 보장은 단순히 현물을 제공하는 것을 넘어서 이러한 기회와 절차가 가장 취약한 사람들에까지 보장되도록 방안을 마련하고 실현하는 것을 포함한다. 그런데 그러한 정책이 없다면 빈곤한 사람, 홈리스, 장애인 등 사회적인 영향력이 크지 않고 오히려 배척당하는 사람들이 사회적으로 충분한 목소리를 내고 그 견해를 정책에 반영할 수 있는 기회를 갖는 데 큰 어려움을 겪을 수 있다.

〈유엔인권최고대표사무소 사회권 FAQ 참조〉

Chapter 09

사회복지 인권정책 관련 법제도

제1절 복지정책의 영역

제2절 복지정책과 인권 관련 쟁점

제1절 복지정책의 영역

복지정책에는 노령, 질병, 실업, 빈곤, 장애 등 사람이 당면하게 되는 다양한 사회적 위험에 대비하여 마련된 각종 정책이 포함될 수 있다. 이 장에서는 사회보장·사회복지에 관한 기본법으로서 「사회보장기본법」 및 「사회복지사업법」과 빈곤과 위기상황에 대비하여 마련된 국민기초생활보장제도와 긴급복지지원제도, 북한이탈주민, 한센인 등 특수한 상황에 있는 사람들을 위하여 마련된 제도를 간략하게 살펴보기로 한다.

1. 사회보장기본법

「사회보장기본법」은 사회보장 및 사회복지정책에 관한 기본법이다. 모든 국민은 "사회보장 관계 법령에서 정하는 바에 따라 사회보장급여를 받을 권리"(제9조)를 가지고, 국가와 지방자치단체는 "모든 국민이 건강하고 문화적인 생활을 유지할 수 있도록 사회보장급여의 수준 향상을 위하여 노력하여야 한다"(제10조). 「사회보장기본법」에 따라 보건복지부장관은 5년마다 사회보장에 관한 기본계획을 수립하고(제16조), 이에 따라 매년 사회보장과 관련된 소관 주요 시책의 시행계획이 수립된다(제18조). 지방자치단체에서도 사회보장에 관한 지역계획을 수립하고 시행한다(제19조).

「사회보장기본법」에서는 사회보장에 관한 주요 시책을 심의·조정하기 위한 기구로 국무총리 소속으로 사회보장위원회를 설치하고 있다(제20조). 한편 사회보장정책의 기본방향으로서 평생사회안전망구축·운용(제22조), 사회서비스 보장(제23조), 소득 보장(제24조)을 제공할 국가와 지방자치단체의 의무를 정하고 있다. 사회보장정책의 수립·시행을 위하여 국가와 지방자치단체는 사회보장에 관한 통계를 작성·관리하여야 한다(제32조).

2. 사회복지사업법

「사회복지사업법」은 사회복지서비스를 제공하는 사업에 관한 기본적 사항을 규정한다. 우선 사회복지사업의 기본이념으로 개인이 사회복지서비스를 신청하고 제공받을 권리, 사회복지법인 및 사회복지시설과 사회복지사업이 공공성을 확보해야 할 의무, 사회복지제공자가 수급자에 대하여 인권을 보장해야 할 의무를 정하고 있다(제1조의2).

「사회복지사업법」 제4조에서는 복지와 인권 증진에 대한 국가와 지방자치단체의 책임을 규정하고 있다. 즉, 국가와 지방자치단체는 사회복지서비스를 증진하고, 서비스를 이용하는 사람들에 대하여 인권침해를 예방하고 차별을 금지하며 인권을 옹호하여야 하고, 사회복지를 필요로 하는 사람의 인권이 충분히 존중되는 방식으로 사회복지서비스를 제공하고 사회복지와 관련된 인권교육을 강화하여야 하며, 사회복지서비스를 이용하는 사람이 긴급한 인권침해 상황에 놓인 경우 신속히 대응할 체계를 갖추어야 할 의무가 있다. 한편 누구든지 정당한 이유 없이 사회복지시설의 설치를 방해하여서는 안 되고, 시장·군수·구청장은 정당한 이유 없이 사회복지시설의 설치를 지연시키거나 제한하는 조치를 하여서는 안 된다(제6조).

시장·군수·구청장은 지역주민 등 이해관계인의 의견을 들은 후 지역사회복지협의체의 심의를 거쳐서 시·군·구의 지역사회복지계획을 수립하고 이를 시행한다(제15조의3 내지 제15조의6). 사회복지서비스를 필요로 하는 사람과 그 친족, 그 밖의 관계인은 관할시장·군수·구청장에게 보호대상자에 대한 사회복지서비스의 제공을 신청할 권리가 있다(제33조의2). 국가나 지방자치단체는 사회복지시설을 설치·운영할 수 있으며, 국가 또는 지방자치단체 외의 자는 신고에 의하여 시설을 설치·운영할 수 있다(제34조). 시설의 수용인원은 노인양로시설 등 일부 예외를 제외하고 300명을 초과할 수 없다(제41조, 시행령 제19조).

국가나 지방자치단체는 사회복지서비스를 제공할 때 시설입소에 우선하여 가정봉사서비스나 주간·단기 보호서비스의 재가복지서비스를 제공하여야 하고(제41조의2), 보호대상자를 자신의 가정에서 돌보는 사람에 대하여 상담이나 금전적 지원 등을 할 수 있다(제41조의3).

3. 국민기초생활보장법

「국민기초생활보장법」은 「헌법」상 인간다운 생활을 할 권리를 구체적 제도로 마련한 것으로 '생활이 어려운 사람에게 필요한 급식을 실시하여 이들의 최저생활을 보장하고 자활을 돕는 것을 목적'으로 제정되었다. 이 법에 의하여 인정되는 소득이 최저생계비 이하인 사람에게 국가는 최저생계비에 해당하는 급여를 제공한다. 단, 보충성의 원칙에 의하여 수급자가 자신의 소득, 재산, 근로능력 등을 활용하여 최대한 노력할 것을 전제로 하며, 부양의무자의 부양이 이 법에 따른 급여에 우선하여 행해지도록 한다(제3조).

외국인에 대해서는 국내에 체류하고 있으면서, 대한민국 국민과 혼인하여 본인 또는 배우자가 임신 중이거나, 대한민국 국적의 미성년 자녀를 양육하고 있거나, 배우자의 대한민국 국적인 직계존속과 생계나 주거를 같이하고 있는 사람인 경우에 한하여, 위 소득기준과 부양의무자 기준을 충족하면 수급자격을 부여한다(제5조의2). 「국민기초생활보장법」에 의하여 제공되는 급여의 종류는 생계급여, 주거급여, 의료급여, 교육급여 등이다(제7조). 이 법에서는 또한 자활지원센터의 설치근거를 마련하고, 수급자의 고용촉진을 위한 기업지원에 관한 규정을 두고 있다. 이 법에서 부양의무자의 유무 및 부양능력 등 부양의무자와 관련된 사항으로 '수급권자 및 부양의무자의 소득·재산에 관한 사항'과 제2항에서 '시장·군수·구청장은 제1항에 따라 신청한 수급권자 또는 그 부양의무자의 소득, 재산 및 건강상태 등을 확인하기 위하여 필요한 자료를 확보하기 곤란한 경우 보건복지부령으로 정하는 바에 따라 수급권자 또는 부양의무자에게 필요한 자료의 제출을 요구할 수 있다'는 요건을 말한다. 이때 부양의무자란 1촌 이내의 직계혈족과 그 배우자(부모, 딸, 아들, 며느리, 사위)를 규정하고 있다(제22조 제1항 및 제2항).

급여를 실시하는 보장기관은 수급권자 또는 수급자의 거주지를 관할하는 시·도지사와 시장·군수·구청장이 되며(제19조), 「장애인복지법」상 장애인

생활시설과 「정신보건법」상 정신질환자사회복귀시설 및 정신요양시설 등 일부 사회복지시설은 보장시설로 급여를 실시한다(제32조, 시행령 제38조), 수급자에 대한 급여는 정당한 사유 없이 수급자에게 불리하게 변경할 수 없고(제34조), 수급권은 압류나 양도의 대상이 될 수 없다(제35조, 제36조).

4. 긴급복지지원법

「긴급복지지원법」은 위기상황에 처한 사람에게 일시적으로 신속하게 지원하기 위한 제도로 마련되었다. 이때 위기상황이란 주 소득자가 사망, 가출, 행방불명, 구금시설에 수용되거나 중한 질병 또는 부상을 당하거나 가구구성원으로부터 방임, 유기, 학대 등을 당하거나, 가정폭력, 성폭력을 당하거나, 화재 등으로 인하여 거주지에서 생활하기 곤란하게 된 경우 등으로 생계에 곤란을 겪게 된 경우를 말한다(제2조).

외국인의 경우에는 국내에 체류 중인 사람으로서, 대한민국 국민과 혼인 중이거나, 대한민국 국민인 배우자와 이혼하거나 그 배우자가 사망한 사람으로서 대한민국 국적으로 가진 직계존비속을 돌보고 있거나, 난민으로 인정되었거나, 본인의 귀책사유 없이 화재, 범죄, 천재지변으로 피해를 입어 위기상황에 처한 경우 지급대상자가 될 수 있다(제5조의2, 시행령 제1조의2).

5. 특수한 상황의 사람들에 대한 지원

1) 북한이탈주민의 보호 및 정착지원에 관한 법률

「북한이탈주민의 보호 및 정착지원에 관한 법률」(약칭: 북한이탈주민법)은 북한이탈주민 정착을 위한 보호 및 지원에 필요한 사항을 규정한다. 북한이탈주민으로서 보호대상자로 선정된 사람들을 위하여 통일부장관이 정착지원서를 설치, 운영하도록 하고(제10조), 보호대상자가 북한이나 외국에서 이수한 학교 교육에 상응한 학력이나 자격을 인정받을 수 있게 하며(제13조, 제

14 조), 대한민국에 정착하는 데 필요한 기본교육, 직업훈련을 제공하고, 최초 취업에 대하여 3년간 취업보호를 실시한다(제15조 내지 제17조의2), 그 밖에 가족관계등록 창설의 특례, 이혼의 특례, 주민등록번호 정정의 특례, 주거지원, 정착금 지급, 거주지 보호, 전문상담사제도, 교육지원, 북한이탈주민 예비학교 설립, 의료급여, 생활보호, 국민연금에 대한 특례, 생업지원, 자금의 대여 등에 관한 내용을 두고 있다.

2) 한센인피해사건의 진상규명 및 피해자생활지원 등에 관한 법률

「한센인피해사건의 진상규명 및 피해자생활지원 등에 관한 법률」(약칭: 한센인사건법)은 한센인피해사건에 관한 진상을 파악하고 이 사건과 관련된 피해자에 대한 지원을 함으로써 이들의 인권신장 및 생활안정을 도모하기 위한 특별법으로 제정되었다. 이때 '한센인피해사건'이란 한센인입소자가 1945년 8월 16일부터 1963년 2월 8일까지 격리 수용되어 폭행, 감금, 단종수술을 당한 사건, 1945년 8월 20일을 전후하여 소록도 갱생원 직원에 의해 폭력으로 한센인이 사망, 행방불명 또는 부상을 당한 사건, 1962년 7월 10일부터 1964년 7월 25일까지 전남 고흥군 간척공사와 관련하여 한센인이 강제노역을 당한 사건을 의미한다. 「한센인사건법」에서는 한센인피해사건과 관련하여 진상규명위원회를 설치하여 진상조사를 하고 피해자를 결정하도록 하고, 피해자로 결정된 한센인에게 의료 지원금을 지급하며, 피해자를 위한 한센인주거복지시설 및 한센인의료복지시설을 설치하는 근거를 마련하였다.

이 외에도 대일항쟁기 강제동원 피해의 진상을 규명하고 희생자 및 그 유족에게 위로금 미수금지원금, 의료지원금 등을 지급하도록 한 「대일항쟁기 강제동원 피해조사 및 국외강제동원 희생자 등 지원에 관한 특별법」과, 일제에 의하여 강제 동원되어 위안부 생활을 한 피해자의 지원과 명예회복을 위하여 생계급여, 의료급여, 생활안정금의 지급, 간병인 지원, 임대주택의 우선 임대, 일본군 위안부 및 피해자 보호시설의 설치 등을 규정한 「일제하 일본군 위안부피해자에 대한 생활안정 및 기념사업 등에 관한 법률」 등이 있다.

제2절 복지정책과 인권 관련 쟁점

1. 국민기초생활보장법의 부양의무자 기준[1])과 가상의 소득추정의 불합리성

2014년 2월 서울 송파구에서 세 모녀가 경제적 어려움으로 자살을 하는 사건이 있었다. 큰 딸은 당뇨로 투병 중이었고, 어머니는 식당 노동을 하고, 작은 딸은 아르바이트를 하면서 생계를 이어가다 어머니가 팔을 다쳐 식당 일을 하지 못하게 되자 마지막 집세와 공과금을 남기고 생명을 끊은 사건이었다. '모든 사람'에게 기초적인 수준의 생활을 보장한다는 목적으로 국민기초생활보장제도가 마련되었지만, 이와 같이 우리 사회에는 아직도 생활고로 인하여 자살하는 사람이 많이 발생하고 있다. 이러한 현상은 국민기초생활보장제도가 그 기본적 취지에도 불구하고 결함이 있다는 사실을 보여주는 것이라고 할 수 있다. '기초적인 생활'을 보장한다는 국민기초생활보장제도의 성질을 생각할 때 그 제도적 결함은 인간의 생존과 직결된다고 할 수 있고, 그렇기 때문에 그 개선은 다른 어떤 정책보다 우선시 되어야 한다.

현행 국민기초생활보장제도의 결함으로 가장 많이 제기되는 문제가 소위 '부양의무자 기준'이다. 부양의무자 기준은 '소득인정액 기준'과 함께 수급자격요건의 한 가지로서, 「국민기초생활보장법」 제22조 제1항에서 부양의무자의 유무 및 부양능력 등 부양의무자와 관련된 사항으로 '수급권자 및 부양의무자의 소득·재산에 관한 사항'과 제2항에서 '시장·군수·구청장은 제1항에 따라 신청한 수급권자 또는 그 부양의무자의 소득, 재산 및 건강상태 등을 확인하기 위하여 필요한 자료를 확보하기 곤란한 경우 보건복지부령으로 정하는 바에 따라 수급권자 또는 부양의무자에게 필요한 자료의 제출을 요구

1) 제5조에 수급자격을 판단할 때 실제 소득수준 이외에도 '부양의무자가 없거나 부양의무자가 있어도 부양능력이 없거나 부양을 받을 수 없는 사람'이어야 한다는 소위 '부양의무자 기준'을 충족하는지 심사한다는 규정은 2014년 12월 30일 삭제하였으나, 제2조 제4호 및 제22조 제1항, 제2항에 '부양의무자'를 규정하고 있다.

할 수 있다'라는 요건을 말한다. 이때 부양의무자란 1촌 이내의 직계혈족과 그 배우자(부모, 딸, 아들, 며느리, 사위)를 말한다. 이 요건은 국가보다 가족이 먼저 서로 돌봄 책임이 있다는 원칙 아래 가족이 돌볼 수 있는 상황에서는 국가가 도움을 지급하지 않겠다는 장치로 이해된다. 그러나 무엇보다도 기초적인 생계를 보장받을 「헌법」상 개인의 권리와 그에 대한 국가의 책임을 이와 같이 가족에게 부여하는 것의 타당성에 대하여 계속하여 문제가 제기되고 있다.2) 또한 이러한 보충성의 원칙을 받아들인다 하더라도 여전히 현재의 부양의무자 기준은 심각한 결함을 가지고 있다고 볼 수 있다. 2019년 1월부터 적용되는 개정 제도에서도 실제로 가족으로부터 얻는 소득은 소득인정액 기준으로 파악하고 있다. 부양의무자기준은 실제 소득으로 파악되지 않는 그러나 단순히 그런 가족이 있다는 사실만으로 '아마도 받을 수 있을 것이다'라는 추정에 의하여 기초생활보장급여의 지급을 거부하는 장치이다. 예컨대, 지금 받고 있지는 않지만 돈을 받아낼 가족이 있으므로 그 가족에게 찾아가 생계를 보조해달라고 사정하거나 소송 등을 통하여 받아내라는 의미이다.

이러한 구조는 결과적으로 부양을 받을 '권리'가 있는 사람에게 매우 큰 부담을 주는 것이다. '부양 의무'를 하지 않는 사람에게 책임에 대한 부담을 주는 것이 아니라, 오히려 부양을 받지 못하는 사람이 부양을 받기 위해 노력해야 하는 구조이다. 또는 부양을 받을 수 없다는 사실을 국가에게 입증하여야 하고, 이를 위해서 가족과의 관계가 악화되거나 파괴되었다는 사실을 설명해야 하는 세세한 사생활까지 국가에 고지해야 한다. 이미 생존 자체를

---

2) 2019년1월부터 기초생활보장제도의 부양의무자 기준이 완화된다. 그만큼 더 많은 사람들이 기초생활보장제도의 혜택을 보게 된다. 기획재정부가 26일 발표한 '2019년부터 이렇게 달라집니다'를 보면, 내년 1월부터 부양의무자 가구에 장애인연금 수급자가 포함되면 생계급여와 의료급여의 부양의무자 기준 적용을 제외한다. 기초연금 수급자를 포함하는 경우에는 생계급여에 대한 부양의무자 기준을 적용하지 않는다. 30세 미만 한부모가구 및 시설보호종료 아동에 대한 생계·의료급여 부양의무자 기준 적용도 제외한다. 기초생활보장 급여 보장수준은 확대한다. 생계급여는 기준중위소득과 최대 생계급여액 인상으로 확대 지급한다. 의료급여는 본인부담 경감, 지원액 확대, 급여 비급여화 등 보장성을 강화한다. 주거급여는 내년 기준 임대료 인상으로 급여가 늘어난다. 지원대상도 기준중위소득 43%에서 44%로 확대한다. 교육급여는 최저교육비의 100% 수준으로 인상한다.

위협받는 빈곤상태에 있는 사람에게 이러한 부담이 합리적인 수준이라고 하는 것은 문제가 있는 것이다. 이러한 제도가 가족 간 부양을 촉진한다고 보기도 어렵고, 단순히 부정수급자의 발생을 '예방'하기 위한 장치라고 한다면 지나치게 가혹하다는 측면이 있다. 생존의 문제가 직결된 문제에 있어서 발생할 수 있는 오류에 대한 부담은 실제로 빈곤하여 당장의 생계가 어려운 사람이 아니라 행정적 손실이 있다 하더라도 회복할 수 있는 국가가 부담하는 것이 합리적인 것으로 판단할 수 있다.

추정소득의 위헌성

국민기초생활보장제도에서 가상의 소득을 실질소득으로 취급하여 수급에 영향을 주는 또 다른 방법으로, 소득인정액을 선정할 때 추정소득을 부과하는 방식이 있다. 즉, 근로능력이 있는 수급자의 취업 및 근로 여부가 불분명하여 소득이 파악되지 않는 경우, 보건복지부 지침에서는 수급자에게 일정한 소득이 있다고 추정하고 그 '추정소득'을 「국민기초생활보장법」 제2조 제8호에 따른 소득인정액 중 '개별가구의 소득평가액'에 포함되도록 하고 있다.

그렇지만 추정소득 부과처분은 법령에 근거가 없고 위임규정이 존재하지 아니하여, 2014.2.20. 서울행정법원(2013구합51800)은 이러한 행정처분이 「헌법」상 법률유보원칙에 반하는 것으로서 당연 무효에 해당한다고 선고한 바 있다. 이 사건에서 행정법원은 법률에 근거가 없다는 형식적인 이유로 위헌이라고 판단한 것이다.

그러나 내용적으로 보더라도 생계소득이 아닌데도 불구하고 실제소득처럼 취급하여 최저생계비에도 미치지 않는 수준의 급여를 지급하는 것이 「헌법」상 인간다운 생활을 할 권리에 부합하는지에 대해서는 심각하게 검토할 필요성이 있다. 부양의무자 기준과 마찬가지로 추정소득 역시 부정수급을 예방하자는 취지라고 할 수 있겠지만, 생존과 직결된 급여에 대하여 이러한 행정 편의적 업무처리는 정당성이 현저히 떨어질 수 있기 때문이다.

부정수급의 문제는 국가예산을 집행하는 데 해결해야 할 중요한 문제이지만, 이와 같이 부당수급의 가능성이 있다는 것만으로 전면적이고 원천적으로 수급을 제한하는 것은 지나치며, 일단 선 급여를 제공한 후에 부정 수급의 유무를 밝히는 것도 가능한 것이다. 부양 의무자에게 부양의 의무를 다하도록 하려면 먼저 부양받을 사람에게 지급한 뒤 사후적으로 부양 의무자를 상대로 그 가액을 청구할 수 있는 방법도 고려할 수 있다. 이와 함께 사회가 연대성의 원리에 근거하여 부담을 나누는 복지국가의 모델 속에서 가족에게 우선적으로 부담을 지우는 것이 과연 타당한 것인지 고민하여야 할 것이다. 국가는 모든 개인이 인간다운 생활을 할 권리를 보장할 의무가 있고, 이와 같은 기초적이고 근본적인 인권의 보장에 있어서 행정적 편의나 부정수급의 문제를 지나치게 강조하여 우선순위를 역행하는 것은 문제가 있다고 본다.

2. 사회복지서비스에서의 인권침해와 차별

1970년대 1980년대 걸친 군사정권 시대에 많은 사람이 '부랑인 선도'를 명목으로 강제로 시설에 수용되는 일이 대규모로 발생하였다. 그 중에서도 부산의 형제복지원에서 강제시설 수용과 강제노역, 심한 구타와 방치로 12년 동안 513명이 사망에 이르게 되었던 소위 '형제복지원 사건'이 최근 다시 사회적 관심을 모으고 있다. 특히 이 사건의 진실을 밝히고 피해자를 구제하기 위한 '형제복지원 특별법' 제정의 움직임이 일고 있다. 이렇게 심각한 수준의 인권침해사건이 일어나기까지 입법·사법·행정적으로 무엇이 잘못되고 미흡하였는지를 밝히는 것은 개인적 구제의 측면을 넘어 정책적으로도 중요한 의미가 있다.

물론 형제복지원 사건은 군사정권이라는 시대적 배경에서 일어난 것이기는 하지만 사회복지서비스를 제공한다는 명목으로 이루어지는 활동 속에서 인권침해가 발생하는 것은 과거 어느 특정한 시대의 문제만은 아니다. 무엇보다도 아직까지도 국가인권위원회에 진정되는 상당수의 인권침해사건이 사회복지시설에서 일어난다는 점을 주목할 필요가 있다. 이러한 문제가 드러나는 이유는 사회복지시설에 대한 국가의 감독과 종사자에 대한 열악한 처우 및 적정한 종사자 배치의 부재 등 여러 가지 원인이 있을 수 있다. 그중에는 근본적으로 사회복지서비스가 지나치게 대규모 시설을 중심으로 제공되고 있다는 점에도 원인이 있다. 특히나 이용자가 신체적·정신적·사회적으로 취약한 사람이고 시설이 지역사회에서 혐오시설로 인식되고 고립되어 운영되고 있어 심각하고 광범위한 인권침해가 발생할 가능성이 존재하는 것이다. 사회복지서비스는 원칙적으로 이용자가 지역사회 속에서도 독립적인 생활을 하도록 돕는 방향으로 제공되어야 하며, 이러한 원칙에 맞추어 국가나 지방자치단체의 정책에서 후 순위로 밀려나는 시설환경개선, 종사자의 적정한 배치와 처우개선, 적정한 운영비 지원 등 후진국 수준에 머물고 있는 제도를 적극적으로 개선해 나가는 노력이 시급하다.

사회(의료)복지서비스를 제공하는 사람이 이용자를 차별하는 상황도 발생하고 있다. 예를 들면, 에이즈 환자를 위한 병원으로 지정되었던 요양병원에서 인권침해가 발생하였던 2013년 12월 지정 해제가 된 이후, 다른 요양기관에서 에이즈에 대한 편견으로 환자를 받지 않으려고 거부하여 이들에 대한 서비스가 중단되는 일이 발생하였다. 한센인도 잘못된 인식과 편견 때문에 일반 사회복지서비스 이용에서 어려움을 겪는 경우가 있고, 동성애자나 트랜스젠더 등 성소수자에 대해서도 편견이나 개인적인 혐오감에 기초하여 서비스를 거부하거나 적절한 내용의 서비스를 제공하지 못하기도 한다. 특히 대다수의 사람이 사회복지시설 등을 혐오시설로 자신의 지역에 설치를 반대하는 등 님비현상이 서비스 이용 대상자에 대한 편견과 차별로 공동체 사회가 붕괴되고 있는 사실이다. 일반적으로 사회복지서비스의 직접·간접적 제공자(사회복지사, 사회복지직공무원, 요양보호사, 의사, 간호사 등)는 사회에서 가장 취약한 사람들을 접촉할 가능성이 많은 만큼 인권에 대한 올바른 인식을 갖추고 감수성과 대처능력을 향상시키기 위하여 지속적인 교육과 훈련 등이 필요하다고 할 수 있다.

3. 취약한 사람을 범법자로 만드는 법규와 관행

빈곤하다는 것은 다양한 사회문제에 대응하지 못하고 경제적으로 어려운 상태를 말한다. 그런데 우리 사회는 '경제적' 개념에서 더 나아가 빈곤한 사람들이 어떤 부정적인 특징을 가진 사람들인 것처럼 인식하고 낙인을 부여하는 경향이 있다. 가난한 사람은 게으르고, 노력을 하지 않고, 무책임하고,

부정직하고, 무가치하고, 범죄적 성향이 있다고 편견을 가지고 있는 것이다. 이러한 관념 속에서 빈곤한 사람들은 경제적 상태로 인한 어려움에 더하여 부정적인 사회적 시선과 편견을 감당하고 살아야 하는 어려움을 겪고 있다. 이러한 의심과 모욕적인 인식은 일상 속에서 이루어지며, 이러한 이유로 학교, 경찰, 공공기관에서 불합리한 대우를 받기도 한다.

빈곤과 인권에 관한 특별보고관은 2011년 유엔총회에 제출된 보고서(A/66265)에서 특히 빈곤한 사람들에 대한 국가의 인권침해적 행위로 다음 네 가지를 지적하였다. 첫째로 빈곤한 사람들이 공공장소에서 생존하기 위하여 하는 행동을 제한하는 법규정의 제정, 둘째로 빈곤한 사람들에게 중요한 공간인 공공장소를 고급주택화하고 사유화는 도시계획, 셋째로 공공서비스와 사회적 급여를 받기 위한 요건이라고 하며, 빈곤한 사람들의 자율성, 사생활, 가족생활을 침범하는 것, 넷째로 빈곤한 사람을 과도하고 자의적으로 감금하고 자유를 위협하는 것 등이다. 이와 같은 국가행위는 우리나라에서도 발견되는데 대표적으로 세 가지를 들 수 있다.

첫째, 경범죄처벌법에서 구걸행위를 처벌하는 것은 어떤 사람이 빈곤하기 때문에 공공장소에서 하게 되는 행동을 범죄화하는 대표적인 규정이라고 할 수 있다. 폭력이나 구체적으로 보행자를 괴롭히는 행위가 있다면 다른 법으로 처벌할 수 있는데, 굳이 '구걸행위'에 대하여 형사적으로 훈육하는 과연 타당한지의 의심스럽다. 구걸행의에 대한 처벌이 상대적으로 가볍다고 하여도 빈곤하여 범칙금을 낼 형편이 되지 않는 사람은 결국 자유형으로 연결될 수 있다. 이러한 종류의 범죄는 경찰이 자의적으로 집행할 가능성도 매우 크며, 빈곤한 사람들이 공권력을 두려워하고 믿지 못하게 하는 부작용이 있다. 이렇게 구걸행위를 범죄로 규정하고 처벌하는 사회적 태도에 근본적으로 빈곤한 사람에 대한 낙인인식이 깔려 있는 것이 아닌지 이러한 정책이 과연 정당성과 효과적인 측면에서 타당한지 진지하게 검토할 필요가 있다.

둘째, 도시정비사업 때문에 세입자들이 살고 있던 집이나 상가에서 쫓겨나고 범죄자로 취급되는 경우가 종종 발생한다. 세입자들을 불법점유자로 보고 무력을 행사하여 강제로 퇴거시키는 것이다. 도시환경을 더 좋게 만든다고 하는 정책이 빈곤한 사람들에게는 오히려 살던 곳을 잃게 하고 부동산 가격을 상승시켜 생활을 더 어렵게 하는 정책이 되는 상황이 발생한다. 2009년 1월 서울 용산구에서 경찰력을 동원하여 강제로 건물 세입자를 철거시키는 과정에서 저항하던 철거민 5명과 경찰특공대 1명이 사망한 사건이 이러한 사회상을 대표적으로 보여준다고 할 수 있다. 이렇게 무력을 행사하는 상황이 일어나는 것은 세입자를 포함하여 도시정비사업으로 인해 영향을 받는 사람들이 그 과정에 충분하게 참여하고 의견표명의 기회를 갖지 못했음을 반증하는 것이기도 하다.

사회권 규약 선택의정서

유엔총회는 2008년 12월 10일에 경제적·사회적·문화적 권리에 관한 규약 선택의정서(Optional Protocol to the International Covenant on Economic, Social and Cultural Rights 이하 '사회권 규약 선택의정서')를 채택하였다. 사회권 규약 선택의정서는 2013년 5월 5일에 발효되었고, 최근 17개국이 비준한 상태이다.

사회권 규약 선택의정서에 가입하게 되면, 당사국 관할에 있는 개인이나 집단 또는 그 대리인이 직접 사회권규약에서 보장하고 있는 권리가 침해되었다고 사회권위원회에 진정할 수 있게 된다. 진정이 접수되면 사회권위원회는 진정을 심의하여 해당 국가에 대한 권고와 견해를 당사자들에게 전달한다. 사회권위원회는 진정을 심의하는 동안 피해자에게 회복이 불가능한 손해가 발생하는 것을 방지하기 위하여 잠정조치를 당사국에게 요청할 수도 있다. 한편 국가 간 진정도 가능하다.

한국은 사회권 규약 선택의정서를 아직 가입하지 않은 상태이다. 유엔 사회권위원회는 한국이 사회권 규약 선택의정서를 서명 및 비준하도록 권고하고 있다. 선택의정서에서 마련하고 있는 절차는 인권침해의 당사자들을 위해 국제인권규범이 실질적으로 효력을 갖도록 하는 중요한 장치로서 우리나라도 시민사회단체와 각계의 의견을 수렴하여 선택의정서 가입을 추진하는 것이 바람직할 것이다.

마지막으로 앞세워 이야기한 것과 같이 「국민기초생활보장법」에서는 생존에 필요한 기초적인 사회적 급여를 지급하면서 빈곤한 사람들에게 과도하게 많은 정보를 요구하는 경향이 있다. 즉, 자신의 수입과 재산뿐만 아니라 내밀한 가족관계와 가족의 수입과 재산 상태까지 자세한 정보를 상시로 제공하도록 하고, 그렇지 않은 경우 수급을 거부한다. 이러한 강제적인 정보의 수집은 빈곤한 사람의 사생활을 침해하는 측면이 있다고 볼 수 있다. 사회보장 급여를 집행하기 위해서는 어느 정도의 개인정보가 필요한 것은 당연하다. 하지만, 생존의 문제에 급여를 제공하면서 그 조건으로 어떤 정보를 요구할 때 사실상 이를 거부할 수 없다는 점을 고려하여 최소한의 꼭 필요한 정보만을 요건으로 하여야 할 것이다.

4. 사회보장제도의 발전과 사회적 불평등의 해소

사회보장제도는 기본적으로 실업, 질병, 노령, 장애 등 사람이 누구나 인생에서 부딪힐 수 있는 각종 사회적 위험에 대비하여 마련하는 사회적 안전장치이자 소득재분배를 통하여 사회적 불균형을 해소하고 공동의 유대와 발전에 기여하기로 하는 사회적 합의라고 할 수 있다. 사회보장제도가 잘 발전한 상태에서는 빈곤과 사회적 배제가 감소하고, 모든 사람의 평등한 자유 행사와 정치 참여가 가능하게 된다. 사회보장에 대한 권리는 세계인권선언 제22조 및 제25조와 사회권 규약 제9조에서 보장하고 있는 권리이며, 국제노동기구(International Labour Organization, ILO)는 2001년에 사회보장이 "기본적 인권이며 사회적 결속을 형성하는 근본적 조치"라고 확인하였다.

우리나라에서는 각종 연금법을 비롯하여 「국민건강보험법」, 「산업재해보상보험법」, 「고용보험법」 등 노령, 질병, 재해, 실업, 사망 등에 대한 사회보험제도가 기본 골격을 갖추어 운영되고 있지만, 보장의 범위와 수준은 여전히 미흡하다고 할 수 있다. 2011년 6월에 발간한 OECD 보고서에서는 한국의 사회복지지출은 GDP의 7.5% 수준으로서 OECD 국가인 평균인 20%에 크게 미치지 못함을 지적하였다. 게다가 세금과 소득재분배 체계가 불균형을 해소하는 OECD 국가 가운데 가장 낮은 수준이었다. 오히려 소득이 낮은 사람이 내는 세금의 수준은 다른 많은 OECD 국가에 비하여 높은 편이었다. 무엇보다도 노인의 빈곤의 수준은 심각한 수준이며, 건강보험에서 개인부담이 높은 문제도 지적되었다.

물론 사회보장제도의 발전은 한정된 자원의 한계 속에서 이루어질 수밖에 없지만, 또한 무엇에 우선순위를 두고 재원을 사용하느냐의 정책적 선택의 문제이기도 하다. OECD 보고서에서 지적하고 있는 바와 같이 우리나라에서는 아직까지 사회복지지출에 지극히 소극적인 수준이다. 국민에 세금과 사회보장기여금으로 국가에 내는 금액 가운데 사회복지지출에 사용되는 금액의 비율을 따져보면 34.7% 수준으로, OECD 20개국 평균치인 63.9%에 비해 현저하게 낮다.[3] 단순히 재원이 부족한 것의 문제만이 아니라 국민이 낸 기여금과 세금을 국가가 어떻게 사용하고 있느냐가 더욱 핵심적인 문제일 수 있는 것이다.

사회보장에 대한 권리가 한 순간에 완벽하게 실현되기 어려운 것이 사실이지만 적어도 점진적으로 실현해 나가야 하는 국가의 의무가 있다. 재정이 없다는 위기감을 조성하며 사회보장제도를 후퇴하려고 시도하기보다는 OECD가 지적하듯 부가가치세나 재산세 등 다른 OECD 국가에 비하여 세율이 낮은 편인 부분에 대하여 재원을 더 확보할 수 있는지 검토하고, 현재 국가예산의 사용에서 사회복지지출에 더 우선순위를 부여할 필요가 있다. 사회보장에 대한 권리는 분명 인간의 삶과 직결되는 기본적 인권이자 사회가 활기를 가지고 성장하도록 동력을 제공하는 원천으로서 대규모 국가행사나 전시성 행정과 같은 고비용의 다른 어떤 정책보다 우선시 되도록 전면적인 인식의 전환이 필요한 것이다.

5. 소수자를 위한 복지정책과 차별에 대한 구조적 접근

복지정책은 대부분의 경우 노인, 장애인, 아동, 여성, 노숙인 등 소수자 또는 사회적 약자를 주요 대상으로 한다. 이때 그 대상자를 어떻게 바라보는지에 대한 시간이 매우 중요하다. 이들을 '안타까운 사람'이나 '도움이 필요한' 사람으로 단순하게 규정하는 것이 아니라 이들이 그와 같이 상대적으로 불리한 처지에 놓이게 되는 것은 사회구조적·역사적·반복적으로 차별받고 배제된 결과라는 더욱 본질적인 문제를 인식할 필요가 있다. 이론적으로는 모든 사람이 인격적으로 존중받고 평등하게 권리를 행사할 수 있어야 하지만,

3) 입법조사처(2014), 국민부담률과 공공사회복지지출 현황과 시사점.

현실적으로는 어떤 집단의 사람들은 반복적으로 차별받고 배제되는 경험을 한다는 사실을 인식하는 것이다. 이러한 시각에서 볼 때 소수자, 사회적 약자에 대한 복지정책이 단순히 당장 필요한 급부를 제공하는 것에 머물러서는 안 되는 것이다. 더욱 근본적으로 이들이 사회에서 평등하게 대우받고 정치적 과정에서 참여할 수 있도록 권리를 보장하고 구조를 개선하는 인권의 정책들이 필요하다.

어떤 집단이 차별받는 이유는 여러 가지가 있을 수 있는데, 특히 차별이 '지속'되는 이유에 관심을 가질 필요가 있다. 차별이 지속되는 데는 대개 그 차별을 정당화하는 논리들이 있고, 많은 경우 이러한 논리들이 과학적 근거가 없고 사실과는 다른 허구의 편견과 스테레오타입[4)]에서 비롯한다. 대표적인 것이 어떤 집단에 소속된 사람은 '무능력'하다는 생각으로 장애인, 여성, 아동에 대하여 이런 집단적 편견이 작용하곤 한다. 개인의 개별성, 고유성이나 권리를 보장하지 않았기 때문에 능력이 발현될 수 없었던 사회적 상황을 무시하는 논리이다. 혹은 도덕적인 비난을 하거나 사회적인 영향을 과장하여 두려움을 조장하는 주장을 조성하기도 한다. 노숙인, 이주노동자, 성소수자, 난민 등에 대해서 게으르다거나, 일자리를 빼앗는다거나, 범죄를 저지르고 왔다거나, 성적 문란과 질병을 일으킨다는 등의 주장을 하고, 이를 근거로 집단적 혐오를 조장하기도 한다.

국가가 복지정책을 실시하면서 이와 같은 편견과 스테레오타입을 유지하거나 심지어 그러한 편견과 스테레오타입에 호소한다면, 이는 구조적인 불평등을 더욱 강화하는 결과를 초래하게 된다. 다시 말해 이러한 집단의 사람들이 나약하고 힘이 없다는 것을 강조하며 동정에 호소하여 복지정책을 실시하는 경우 일시적으로는 물질적인 도움을 줄 수 있겠지만 「헌법」상 평등과 민주주의의 정신에 부합하는 정책이 되기 어렵다.

국가가 어떤 집단에 대한 부정적인 편견과 고정관념을 방치할 경우, 그 집

---

4) 어떤 사람을 판단함에 있어 그 사람이 속한 집단에 대한 선입관을 바탕으로 판단을 하는 경우로 평가자가 피평가자가 속한 그룹의 속성을 통하여 그의 특성을 추론하고자 하는 경우에 발생한다. 예를 들면, 어떤 사람을 평가할 때 그 사람의 성격이나 능력, 가치관 등을 통해서 그를 판단하지 않고 출신학교, 학과, 출신지역, 종교 등에 따라 판단하는 것이다.

단에 대하여 극단적인 혐오와 증오의 감정으로 발전하기 쉽고, 이는 결과적으로 사회적 분열을 키우고 폭력을 유발하기도 한다. 이러한 이유로 해외 일부 국가에서는 이미 소수자를 보호하는 차별금지법을 제정하여 왔으며, 국가나 사인의 차별적 행위에 대하여 강력하게 규제하고 있다. 특히 혐오에 기반하는 폭력은 가중처벌하며, 표현행위이더라도 혐오를 선동하는 행위에 대해서는 규제대상이 되고 있다. 표현의 자유가 근본적으로 다양하고 건전한 토론의 장을 마련하는 것이라고 할 때 이와 같은 혐오적 표현은 오히려 건전한 토론을 불가능하게 만들고 다양성을 무시하는 효과가 있기 때문에 용납되지 않는다고 보는 것이다.

유엔의 사회권규약위원회, 여성차별철폐위원회, 아동권리위원회 등은 모두 우리나라에 대하여 차별금지법을 제정할 것을 촉구하여 왔다. 특히 국제인권법에서 차별금지사유로 인정하는 '성적지향'과 '성별정체성' 관련 조항이 문제가 되어 그동안 차별금지법 제정이 무산되었음에 우려를 표하였으며, 특별히 성소수자에 대한 차별금지규정을 명시하도록 권고하였다. 어떤 사유에서든 개인의 인격 특성을 이유로 불합리하게 차별해서는 안 된다는 것은 「헌법」상 너무나 당연한 원칙이자 기본권이라고 할 수 있다. 차별금지의 원칙 자체에 반대하며 어떤 사람에 대하여 차별을 해야 한다고 주장하는 것은 사실상 그 자체로 인권에 반하는 것이며, 오히려 해당 사유에 대하여 차별을 금지하도록 명문화해야 할 필요성을 역설적으로 주장하고 있다고 볼 수 있다.

Chapter 10

사회복지 분야별 정책과 인권

제1절 노인복지정책과 인권
제2절 장애인복지정책과 인권
제3절 아동복지정책과 인권

제1절 노인복지정책과 인권

1. 고령화사회와 노인의 권리

모든 인간은 시간 속에서 살아가고 있다. 인간이라면 누구나 어머니에게서 태어나 성인으로 성장하며 시간의 흐름에 순응하며 늙어간다. 우리 공동체는 인간의 성장과정인 유아기, 청소년기, 성년기, 장년기, 노년기와 같은 개념으로 분류하여 각각의 특징에 따른 인간의 성장 환경이 형성되고 있다. 현대사회의 의료 및 보건은 인간의 수명을 급격하게 증진시키는 등 고령사회의 현상을 가속화시키고 있으며, 이러한 현상은 우리나라가 직면한 가장 중요한 사회문제 중 하나로 심각한 현상 중 하나이다.

인구의 연령비율에 따른 개념으로 사용되는 고령사회화 현상은 구체적으로 총 인구 중 65세 이상 인구 구성비가 7% 이상이면 고령화 사회, 14% 이상이면 고령사회, 20% 이상이면 초고령사회로 명명하고 있다. 현재 우리나라의 경우 2000년 고령화 사회에 진입하여 2017년 고령사회에 진입하였고, 2025년에는 초고령사회로 진입할 것으로 예측되고 있다. 우리나라의 고령사회화 현상의 가장 큰 특징은 고령사회화의 진행 속도가 선진국에 비해 매우 빠르게 진행되고 있는 것이다. 이러한 이유로는 해방 이후 급속도로 경제적 번영을 이루고 사회의 변화가 인구 구성비에 영향을 미치는 것이라고 할 수 있으며, 이러한 급속한 고령사회화는 고령사회를 대비할 충분한 시간적 여유가 제공되지 않는다는 사실을 분명하게 보여주고 있다.

우리 사회에 노인 인구가 공동체의 인구구성에 차지하는 비중이 증가하면서 사회적으로는 여러 가지 변화가 수반되고 있다. 생계를 유지하는 수단인 직업 영역으로부터의 은퇴한 노인계층에게는 당장의 생계유지를 위한 수단이 필요하며, 각종 노인성 질병과 사고로부터의 보호 및 여가의 활용에 이르기까지 매우 다양한 접근이 필요하다. 이른바 실버산업이라고 불리는 노인을 대상으로 하는 다양한 민간 산업의 발달이 이러한 수용에 부응하고 있지만 이것을 누릴 수 있는 노인들은 경제적 안정을 갖추고 있는 한정된 노인일 뿐 대다수의 노인들은 하루하루 생계를 걱정하며 삶의 지속에 대한 두려움을 안고 살아가고 있다. 그리고 이러한 삶의 지속에 대한 두려움은 자살이라고 하는 극단적인 선택으로 연결되고 있으며, 특히 우리나라 70대의 경우 매우 높은 자살률은 현재 우리 노인 세대가 느끼는 삶에 대한 두려움을 나타내는 지표라고 할 수 있다.

표 10-1 장래인구추계 (단위: 15~64세 인구 100명당 65세 이상 인구)

	1970	1980	1990	2000	2005	2010	2013	2015	2020	2025	2030	2040	2050	2060
노년부양비	5.7	6.1	7.4	10.1	12.5	14.8	16.3	17.5	21.8	29.4	38.2	58.2	72.6	82.6

출처: 통계청 「장래인구추계(2015~2060)」.

고령사회화는 단순히 공동체에 노인층의 비율이 높아지는 표면적 현상이 아니다. 이것은 이른바 노동가능인구라고 하는 19~65세가 전체 인구에서 차지하는 비중이 감소하면서 발생하는 노동생산성의 약화, 경제성장의 약화를 가져올 것이며, 복지 수요층의 증대에 의한 복지재정 지출 증대를 야기할 수 있다. 그리고 이러한 국가재정과 경제의 위기 요소는 다시 노인 세대와 청장년 세대 간의 마찰과 대립으로 이어질 가능성이 높으며, 결국 공동체의 통합을 저해하는 매우 중대한 위험성을 가지고 있는 문제라고 할 수 있다.

이러한 사회 구성의 변화와 맞물려 경제 공동체로서의 가족의 의미도 변모하고 있다. 과거 부모를 자식이 부양하는 구조는 공동체의 노인층에 대한 부양 부담을 경감시키고 있었지만 최근의 부모자녀 관계의 인식변화는 노인 스스로가 자신의 노후를 책임져야 한다는 인식이 확산되고 있으며, 이는 동시에 사회의 노인층에 대한 부양 부담을 증대시키고 있다.

이러한 고령사회에서 노인의 문제는 시간적 차이가 있을 뿐 우리 모두에게 다가오는 문제라고 할 수 있으며, 정책 형성에 있어서 노인 문제와 노인 인권에 대한 적극적인 인식은 공동체의 통합과 지속을 위한 중요한 과제라고 할 수 있다. 특히 지금까지의 노인 문제에 대한 정책적 접근은 주로 노인 복지의 관점에서 이루어졌다고 할 수 있다. 노인복지의 확대를 통하여 노인의 인간다운 삶의 기본적 수요를 충족시키는 것도 매우 중요한 국가의 과제라고 할 수 있지만 동시에 인권의 관점에서 노인을 우리 공동체에서 소외시키고 차별하는 것은 없는지, 존엄한 인간으로서의 권리를 노인이라는 이유로 손쉽게 침해하고 있는 영역은 없는지에 관한 인권적 감수성을 함께 가지고 접근할 필요가 있다.

2. 노인의 헌법상 권리

우리나라 「헌법」은 사회적 기본권의 영역에서 노인에 관한 명시적 규정을 두고 있다. 「헌법」 제34조 제4항에서 '국가의 노인복지향상을 위한 정책을 실시할 의무'를 규정하고 있으며, 동조 제5항에서는 '노인을 이유로 한 생활무능력에 대한 국가의 보호'를 규정하고 있다. 이러한 규정은 모든 국민의 인간다운 생활을 할 권리의 보장과 이를 위한 국가의 사회보장 및 사회복지 증진 의무를 규정한 「헌법」 제34조에서 특히 국가가 우선적으로 보호해야 할 대상으로 노인을 여성, 청소년, 장애인, 아동과 함께 명시한 것으로 사회복지 정책의 우선순위에 관한 「헌법」의 직접적 지시 규정이라고 할 수 있다.

이러한 사회적 기본권에서의 노인에 대한 보호 의무 규정은 현재 「노인복지법」을 비롯하여, 「노인장기요양보험법」, 「장애인·고령자 등 주거약자 지원에 관한 법률」 등 여러 복지 관련 법제의 헌법적 근거라고 할 수 있으며, 국가의 복지정책의 방향과 우선성에 관한 지침으로서의 역할을 수행한다고 할 수 있다. 물론 이러한 사회적 기본권의 영역에서와 같은 명시적인 언급은 없지만 노인은 「헌법」 제10조에서 명시하고 있는 '인간으로서의 존엄과 가치를 가지며, 행복을 추구할 권리'가 있고, 「헌법」 제11조의 평등권에 따라 연령에 따른 차별로부터 보호받을 권리를 가진다.

3. 노인의 권리에 관한 국제인권법의 근거

노인의 권리에 관한 국제인권법의 규정은 여성, 장애인, 아동과 같은 다른 집단에 비하여 높은 관심을 받고 있지는 않다. 왜냐하면 대체로 연령과 사회적 지위가 비례적으로 상승한다고 할 때 일부 노인은 사회적 지위의 정점에서 있기도 하고, 실제로 국가 권력의 중심을 장악하고 있는 사람들이 연령적으로 고령층인 경우가 많기 때문에 상대적으로 소수자 집단과 비교하여 절실함이 약하였다고 할 수 있다. 하지만 노인층은 빈곤과 질병으로부터 다른 집단과 비교하여 상대적으로 훨씬 취약함을 갖는 집단으로서 국제인권법의 보호가 필요하다고 할 수 있으며, 현재 노인의 권리에 관한 독립적인 국제인권규범은 존재하지 않고 있지만 세계인권선언(제25조)을 비롯한 인권규범들에서 노인의 권리에 관한 근거들을 찾아볼 수 있다.

국제법상 노인의 권리와 가장 깊은 관련을 가지고 있는 규정은 '시민적·정치적 권리에 관한 국제 규약(IOCPR)'과 '경제적·사회적·문화적 권리에 관한 규약(ICESCR)'이다. 노인은 이들 국제규약상 보장되는 인권을 향유하는 개인에 포함되며, 특히 각 인권규약의 차별금지 규정 및 ICESCR 제9조의 사회보장권이 노인의 인권과 밀접한 관련을 맺고 있다.[1)] 이러한 국제인권법의 근간을 이루는 인권규약 이외에도 국제 사회는 전 지구적 차원에서 고령사회화의 문제에 관한 대응을 위하여 1982년 비엔나 회의와 2002년 마드리드 회의를 개최하여 고령화 문제를 논의하였다. 비엔나 회의에서는 노인에 관한 최초의 독립적인 국제문서라고 할 수 있는 '고령화에 관한 비엔나 행동계획'을 채택하였고, 마드리드 회의에서는 '고령화에 대한 정치선언과 행동계획'을 채택하였다. 유엔(UN)은 이러한 국제 회의가 진행되는 가운데 '노인을 위한 유엔 원칙'을 총회에서 의결하여 노인의 권리와 국제사회의 대응에 관한 기본 골격을 제시하고 있다.

특히 유엔총회의 결의로 채택된 '노인을 위한 유엔 원칙'은 독립, 참여, 돌봄, 자아실현, 존엄이라고 하는 다섯 개의 영역에 총 18개 항으로 선언하고 있는데, 노인의 권리에 대한 인류 공동체의 합의라는 점에서 주목할 필요가 있다. 또한 노인을 위한 유엔 원칙의 구체적 내용에서 확인할 수 있는 점에

1) 노인의 권리에 대한 국제법 규정의 자세한 내용에 관하여는 강병근(2008. 11) 노인과 국제법, 「한국의료법학회학술대회」, 63-80 참고.

서 동 원칙은 기존의 노인에 관한 국가적·사회적 대응이 주로 노인에 대한 돌봄 중심이었던 것과는 달리 노인의 독립과 참여 및 자아실현, 존엄 등을 함께 강조하여 노인을 위한 공동체적 접근의 기본 틀을 새롭게 제시하고 있다는 점에서 우리나라의 노인 관련 법제 및 정책의 수립에 있어서 매우 중요한 방향을 제시하고 있다고 평가할 수 있다.

노인을 위한 UN원칙(United Nations Principles for Older Persons)

노인을 위한 유엔원칙은 1991년 12월 10일 유엔총회에서 결의안 46/91에 의해 채택되었다. 노인을 위한 유엔원칙은 사회에 기여하는 노인들에 대한 감사에서 시작되며, 각 국가들은 가능한 시기에 그들의 국내 프로그램에 이 원칙들을 반영하여야 한다. 원칙들은 다음과 같다.

〈독립: Independence〉

1. 노인들은 소득이나 가족 및 지역공동체의 지원 그리고 스스로의 능력으로 적절한 의식주 외 의료보호 서비스에 접근할 수 있어야 한다.
2. 노인들은 일할 기회를 갖거나 소득을 늘릴 수 있는 다른 기회에 접근할 수 있어야 한다.
3. 노인들은 언제, 어느 시기에 종사하고 있는 노동으로부터 제외될지 결정하는 데 참여할 수 있어야 한다.
4. 노인들은 알맞은 교육과 훈련 프로그램에 접근할 수 있어야 한다.
5. 노인들은 개인의 선호와 변화능력에 따라 안전하고 적응 가능한 환경에서 할 수 있어야 한다.
6. 노인들은 가능한 한 오랫동안 가정에서 거주하여야 한다.

〈참여: Participation〉

7. 노인들은 사회에 통합되어 생활하고, 직접적으로 자신들의 참 삶에 영향을 주는 정책의 형성과 실행에 활발하게 참여하며, 자신들의 지식과 기술을 젊은 세대와 공유하여야 한다.
8. 노인들은 공동체를 위한 서비스 기회를 찾고 개발할 수 있어야 하며, 자원봉사자로서 자신들의 관심과 능력에 따라 알맞은 위치에서 봉사할 수 있어야 한다.
9. 노인들은 노인을 위한 사회운동이나 단체를 형성할 수 있어야 한다.

〈보살핌: Care〉

10. 노인들은 가족과 공동체의 보살핌 그리고 문화적 가치에 따른 각 사회시스템에 부합하는 보호에서 우선 혜택을 받아야 한다.

11. 노인들은 신체적·정신적 최적의 상태와 감성적인 안정을 유지하거나 되찾기 위해 또는 발병을 예방하거나 늦추기 위해 보건의료 서비스에 접근할 수 있어야 한다.
12. 노인들은 자신들의 자치, 보호 및 보살핌을 향상시키기 위해 사회적·법적 서비스에 접근할 수 있어야 한다.
13. 노인들은 인도적이고 안전한 환경에서 보호, 자활, 그리고 사회적·정신적 자극을 제공하는 제도적인 보살핌을 알맞은 수준에서 활용할 수 있어야 한다.
14. 노인들은 어떤 주거지에서 생활하든 자신들의 존엄, 믿음, 필요, 사생활, 그리고 자신들의 간호와 삶의 질을 결정하는 권리를 포함하는 인권과 기본적 자유를 향유할 수 있어야 한다.

〈자아실현: Self-fulfillment〉

15. 노인들은 자신의 잠재력을 완전히 계발시킬 수 있는 기회를 추구할 수 있어야 한다.
16. 노인들은 사회의 교육적·사회적·영적·여가적인 자원에 접근할 수 있어야 한다.

〈존엄: Dignity〉

17. 노인들은 존엄성을 가지고 안전한 곳에서 살 수 있어야 하며, 착취와 육체적·정신적 학대로부터 자유로워야 한다.
18. 노인들은 나이, 성, 인종적 혹은 민족적 배경, 장애 또는 다른 직위와 상관없이 공평하게 대우 받아야 하며, 그들의 경제적 기여와 무관하게 존중 받아야 한다.

4. 노인복지 관련 법제 개관

1) 노인복지 관련 법제

노인이란 일반적으로 출생으로 기점하는 생물학적 연령이 일정 수준 이상이 되면서 육체적·심리적·사회적 능력이 약화되고 자립적 생활능력이 저하되고 있는 사람을 의미한다. 통상적으로 법과 정책의 영역에서는 65세 이상의 사람을 노인으로 결정하는 생물학적 연령을 개념으로 사용하고 있다. 물론 이러한 일률적 개념은 법과 정책의 적용에 있어서 편의성과 효율성을 가질 수 있지만, 사람마다 노화의 정도가 상당한 격차가 있다는 점에서 동시에 한계를 갖는다고 할 수 있다. 또한 이른바 기대수명이 80세 중반에 이르면서 생물학적 연령을 기준으로 하는 노인 개념의 범위 내에서 좁게는 10년에서 넓게는 30년 이상의 격차가 있는 사람들을 하나의 집단으로 범주화하는 문제도 존재하고 있다. 이를 보완하기 위해서 노인복지학에서는 75세 이상의 노인을 후기 노년기로 분류하기도 한다.

우리나라 「노인복지법」은 노인을 연령을 기준으로 개념을 정의하고 있지는 않으나 생업규정에 있어서의 65세 이상의 자에 대한 우선적 반영제도, 경로우대, 건강진단, 노인복지시설 입소 등에서 65세 이상 규정을 두고 있어 적극적으로 보호하는 노인의 기준을 65세로 설정하고 있다. 그 밖에도 「장애인·고령자 등 주거약자 지원에 관한 법률」에서 주거약자 중 부부 중 한사람을 65세 이상인 사람으로 규정하고 있어 고령자 기준을 제시하고 있다. 예외적으로 「고용상 연령차별금지 및 고령자고용촉진에 관한 법률 시행령」에서는 고령자의 기준을 55세 이상인 사람으로 규정하고, 준 고령자를 50세 이상 55세 미만인 사람으로 규정하고 있다.

(1) 노인복지법

노인의 질환을 사전예방 또는 조기발견하고 질환상태에 따른 적절한 치료·요양으로 심신의 건강을 유지하고, 노후의 생활안정을 위하여 필요한 조치를 강구함으로써 노인의 보건복지증진에 기여함을 목적으로 하는 「노인복지법」은 노인을 후손의 양육과 국가 및 사회의 발전에 기여하여 온 자로서 존경받으며 건전하고 안정된 생활을 보장받아야 하는 대상으로 규정하고, 동시에 그 능력에 따라 여전히 적당한 일에 종사하고 사회적 활동에 참여할 기회를 보장하여야 함을 기본이념으로 하는 법률이다. 「동법」에 따라서 국가는 노인의 보건 및 복지증진의 책임을 부여받고 있으며, 노인실태조사 및 발표, 노인전용주거시설 공급 지원 사업, 생업지원, 경로우대 정책, 노인 건강진단, 독거노인 지원 등을 시행하여야 한다고 규정하고 있다.

(2) 노인장기요양보험법

「노인장기요양보험법」(2007년 제정, 2008년 7월 시행)은 우리나라의 고령화가 세계에서 유례가 없을 정도로 빠르게 진행됨에 따라서 치매, 중풍 등 일상생활이 어려운 노인이 증가하고 있으나 핵가족화·여성의 사회참여 증가 등으로 장기요양이 필요한 노인을 가정에서 돌보는 것이 어렵고 그 가정의 비용부담이 과중하여 노인의 간병·장기요양문제를 사회적 연대성의 원리에 따라 정부와 사회가 공동으로 해결하는 노인장기요양보험제도를 도입하여 노인의 노후생활안정을 도모하고 그 가족의 부양부담을 완화해 줌으로써 국민의 삶의 질을 향상하려는 목적으로 제정되었다. 「동법」은 65세 이상인 노인 또는 65세 미만인 자로서 치매 및 뇌혈관 질환 등의 노인성 질병을 가진 자를 대상으로 장기요양급여 및 장기요양서비스를 제공하는 사업을 시행하고 있다.

(3) 저출산고령사회기본법

「저출산고령사회기본법」(2005년 제정)은 고령사회화에 대한 국가적 대비의 필요성에 관한 합의가 이루어지면서 자녀의 출산 및 양육이 원활하게 이루어지고 노인이 중요한 사회적 행위자로서 건강하고 활력 있는 사회생활을 할 수 있도록 국가의 책임을 정하고, 저출산·고령사회정책의 기본방향과 그 수립 및 추진체계에 관한 사항 등을 규정하고자 제정되었다. 「동법」은 국가의 지속적 발전을 위한 인구 구성의 균형과 질적 향상을 실현하고, 국민이 건강하고 안정된 노후생활을 영위할 수 있도록 하는 것을 기본이념으로 한다(제2조). 「동법」에 따라 국가는 종합적인 저출산·고령사회정책을 수립·시행하고, 지방자치단체는 국가의 저출산·고령사회정책에 맞추어 지역의 사회적·경제적 실정에 부합하는 저출산·고령사회정책을 수립·시행하여야 한다. 그리고 이를 뒷받침하기 위하여 정부는 저출산·고령사회기본계획 및 시행계획을 수립하도록 하고 있다.

(4) 고용상 연령차별금지 및 고령자 고용촉진에 관한 법률

「고용상 연령차별금지 및 고령자 고용촉진에 관한 법률」(약칭: 고령자고용법)이 제정, 시행(1992년) 중이던 고령자고용촉진법에 연령차별 금지를 포함시켜

2008년 개정한 「고령자고용법」은 합리적인 이유 없이 연령을 이유로 하는 고용차별을 금지하고, 고령자가 그 능력에 맞는 직업을 가질 수 있도록 지원하고 촉진함으로써, 고령자의 고용안정과 이에 기초한 고령자의 생활 안정 및 국민경제의 발전에 이바지하는 것을 목적으로 한다(제2조). 「동법」의 핵심적인 내용은 고용상 연령차별금지와 고령자고용촉진이라고 하는 두 개의 영역으로 나누어 볼 수 있다. 연령차별금지에 대해서는 국가인권위원회에 대한 연령차별금지 위반 진정 및 권고제도와 고용노동부장관의 시정명령을 규정하여 실질적으로 연령차별을 방지하고자 하고 있다. 그리고 고령자 고용촉진에 관해서는 구인, 구직 정보의 제공, 고령자 직업능력개발 훈련, 고용지도 및 지원 제도 등을 규정하고 있다.

(5) 고령친화산업 진흥법

「고령친화산업 진흥법」(2007년 제정)은 급속한 고령화로 노인이 주로 수요계층으로 등장하면서 고령친화산업을 국가의 새로운 성장 동력산업으로 육성할 필요성이 증가함으로써 고령친화산업 관련 각종 시책을 종합적으로 수립·추진하고, 고령친화산업의 기반조성과 고령친화제품 및 서비스의 품질 향상 등 고령친화산업을 체계적으로 육성할 수 있는 법적 기반을 마련하기 위하여 제정되었다. 동법은 노인이 주로 사용하거나 착용하는 용품, 거주 또는 이용하는 주택, 요양서비스, 금융·자산관리 서비스, 정보기기, 여가·관광·문화 또는 건강지원 서비스 등 노인과 관련된 매우 광범위한 산업을 고령친화산업으로 지정하여 이를 육성하고자 한다.

2) 노인 관련 국가인권정책기본계획(National Human Rights Plan for Action: NAP)

현재 우리나라 정부가 진행하고 있는 노인 인권 증진을 위한 정책의 기본 골격은 국가인권정책 기본계획을 통하여 파악될 수 있다. 제3기 국가인권정책기본계획(2018~2022)[2]은 노인 인권 분야의 기본방향으로 첫째, 노인장기요양보험제도의 내실화, 둘째, 농지연금제도의 활성화, 셋째, 노인 학대 예방 및 교육과 상담, 넷째, 노인복지시설 내 인권보호, 다섯째, 고령친화제품 및 서비스 수요 충족, 여섯째, 노인 빈곤 완화와 안정적 공적 연금 보장 등을 제시하고 있다.

첫째, 노인장기요양보험제도의 내실화는 기본적으로 동 보험의 대상자를 확대하고, 장기요양서비스의 접근성 제고를 위한 물적 인프라의 지속적인 조성 및 서비스 공급 역량 강화에 초점을 맞추어 진행되고 있다. 이러한 용야 보험제도는 노인 인권보장에 있어서 노인에 대한 돌봄만이 아니라 가정의 노인부양에 대한 부담을 경감시켜주는 효과를 가져다 줄 수 있으며, 이는 장기적으로 노인의 학대, 고독사, 자살 등의 극단적인 인권 상황에서부터 노인의 존엄과 안전을 지켜줄 수 있는 국가적 안전망으로 기능할 수 있을 것이다.

둘째, 농지연금제도의 활성화로서 농지연금제도는 농업 종사 노인의 상당수가 국민연금 등 사회보험 체계에 편입되지 못하고 있어 노후준비가 부족하고, 노동능력의 상실과 함께 극심한 생활고에 시달릴 우려가 크기 때문에 이에 대한 대비책으로 2011년부터 도입된 제도이다. 그러나 아직 널리 알려져 있지 않은 상황으로 국가는 농촌 노인들의 노후보장을 위한 연금제도로서 농지연금을 노인과 노인들의 자녀를 대상으로 지속적으로 홍보를 강화하여야 한다. 이밖에도 노인의 인권보호를 위한 여러 가지 프로그램 개발을 정책 과제로 삼고 있으며, 기초연금제도 확대를 통하여 노인 생활의 최소한의 경제적 기반을 제공하고자 노력하고 있다.

3) 노인인권 관련 쟁점

(1) 노인 학대와 노인인권

2018년 보건복지부의 자료에 따르면 노인 학대 신고건수가 2013년 1만

2) 국가인권정책기본계획은 2007년부터 5년마다 대한민국 정부가 개선해야 할 각 분야의 주요 인권 개선안을 담은 안이다. 계획안에는 장애인 비정규직 등 사회적 약자 보호와 정보 인권, 집회 및 시위의 자유 등 시민 정치적 권리보호, 사회보장권, 노동권 등 경제·사회·문화적 권리증진의 내용을 주로 담는다. 우리나라는 제1차 국가인권정책기본계획(2007~2011), 제2차 국가인권정책기본계획(2012~2016)에 이어 제3차 국가인권정책기본계획(2018~2022)을 2016년부터 2년여의 협의 끝에 2018년 8월 7일 공표했다.

162건에서 2017년 1만 3,309건으로 증가하고, 노인 학대 판정건수도 같은 기간 3,520건에서 4,622건으로 증가하는 등 노인 학대가 매년 지속적으로 증가하는 추세이며, 재학대 비율도 2013년 6.0%에서 2017년 7.8%로 증가한 것으로 나타났다. 전국적으로 32개소에 불과하고 있어 노인보호전문기관 등 노인보호 인프라를 확충하여야 하고, 노인 학대의 89.3%가 가정 내에서 발생하는 점을 감안, 가정 내 학대 예방 및 재학대 방지를 위한 대책을 강화해야 한다.

보건복지부의 '노인 학대 재발생(재신고) 추이'에 따르면 재학대 건수가 2016년 249건에서 지난해 359건으로 급증하고, 재학대 비율도 2016년 5.8%에서 지난해 7.8%로 2.0%P 증가한 것으로 나타났다. 또한 2017년 발생한 노인 학대 판정건수 2,651건을 유형별로 분류하면 정서적 학대가 42.0%로 가장 높고, 신체적 학대가 36.4%, 방임 8.9% 등의 순으로 나타났다. 이러한 자료를 보더라도 노인 학대에 대한 노인들의 자발적이고 적극적인 대응이 부족하다는 점을 알 수 있다.

현행 「노인복지법」은 노인 학대를 "노인에 대하여 신체적·정신적·정서적·성적 폭력 및 경제적 착취 또는 가혹행위를 하거나 유기 또는 방임을 하는 것"으로 정의하고 있으면서(「동법」 제1조의2 제5호), 노인 학대의 범위를 단순한 신체적·성적 위해만이 아닌 정신적·정서적 영역까지 확대하여 규정하고 있다. 또한 「동법」에서는 중앙노인보호전문기관을 설치하여 노인인권보호를 위한 정책 제안 및 노인 학대 예방의 홍보, 교육 자료의 제작 및 보급 등을 담당하게 하고 있으며, 동 기관은 학대받는 노인의 발견·보호·치료 등을 처리하고 노인 학대를 예방하기 위하여 지역노인보호전문기관을 특별시, 광역시, 도, 특별자치도에 두고 있다. 또한 노인 학대에 관한 적극적인 보호를 위하여 노인 학대 신고의무를 규정하여 의료인, 노인복지상담원, 장애인복지시설에서 장애노인 관련 업무를 수행하는 자, 사회복지관 등 종사자, 119구급대 구급대원 등에게 신고의무를 부여하고 있으며, 신고의무를 이행하지 아니한 사람에게는 과태료를 부과하고 있다.

이러한 「노인복지법」의 노인 학대 예방과 근절을 위하여 여러 규정에도 불구하고 노인 학대는 지속적으로 증가하고 있는 추세이다. 특히 노인복지시설 및 노인요양시설에서 생활 중인 시설노인에 대한 학대문제는 사회적 이슈가 되고 있다. 이러한 시설노인의 인권보호와 학대 예방을 위하여 보건복지부에서는 '노인복지시설 인권보호 및 안전관리지침'을 규정하여 시설 생활노인이 존엄한 존재로 존경받고 건강하고 안정된 노후생활을 영위할 수 있도록 지원하고 있다.

표 10-2 연도별 노인 학대 신고건수 및 학대건수 (단위: 건, %)

구분	2015년	2016년	2017년
전체 노인 학대 신고 건수	11,905	12,009	13,309
	(100)	(100)	(100)
노인 학대 판정 건수	3,818	4,280	4,622
	(32.1)	(35.6)	(34.7)

출처: 김광수 국회의원실. 2018년 국정감사자료.

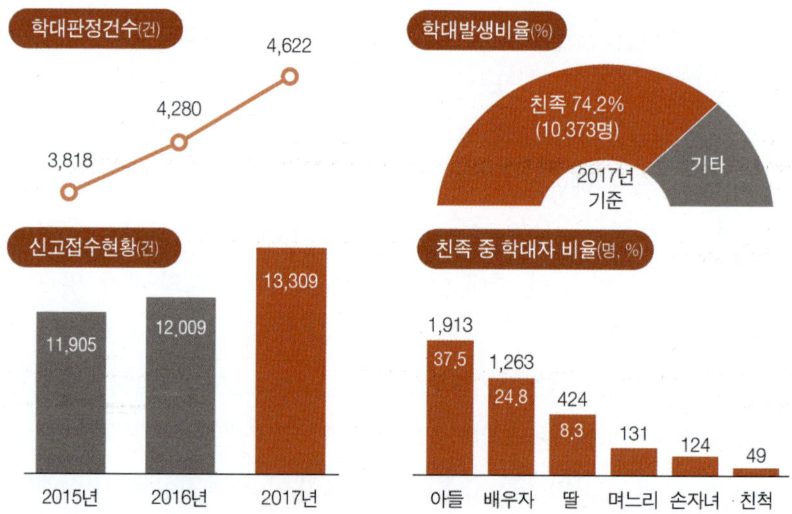

(2) 독거노인과 고독사 문제

독거노인은 노인 1인이 단독가구를 형성하고 있는 경우를 의미하며, 특히 「국민기초생활보장법」에 의해 보호를 받고 있는 거택보호대상자를 의미한다.

이러한 독거노인은 기본적으로 절대적인 빈곤에 시달리고 있으며, 따라서 질병문제 및 가사와 주거환경 개선 등을 위해 적절한 조치를 취할 수 있는 물질적인 토대가 매우 취약한 상태의 노인이다. 독거노인의 문제는 노인인구의 급증, 전통적 부양의식의 약화, 핵가족화의 경향 등으로 지금보다 앞으로 더 심각해질 우려가 크다. 자녀와 함께 거주하기를 희망하는 노인의 비율이 점차 줄고 있는 가운데 노년기를 부부끼리 생활하다가 배우자의 사망에 의해 독거 형태로 전환되는 것이 일반적인 상황이다. 물론 이른바 황혼이혼 등에 의해 형성되는 독거노인도 상당수에 이른다고 할 수 있다.

이러한 독거노인들의 삶의 질에 대한 전반적인 문제도 심각한 문제이지만 여기서 더 충격적인 현실은 독거노인이 아무도 모르게 홀로 죽어가고 있는 현실이다. 이른바 고독사라고 불리는 임종 당시 누구의 보살핌과 관심도 받지 못하여 장례 절차도 제대로 치루지 못하고 사체가 장시간 방치되다 발견되는 경우가 독거노인 층에게 매우 큰 공포로 다가오고 있는 현실은 우리 사회의 노인층에 대한 보살핌의 부재의 심각성을 보여주는 사례라고 할 수 있다. 이러한 독거노인 고독사 문제를 해결하기 위해서는 정책적인 관심과 배려는 노인 인권 문제에 있어서 매우 중요한 사안이라고 할 수 있다. 이러한 독거노인의 삶의 질 저하와 고독사의 문제에 대한 해법은 결국 우리 사회에서 상실되고 있는 연대성과 공동체성의 강화라고 할 수 있으며, 이를 위한 정책적 고려가 시급한 상황에 있다.

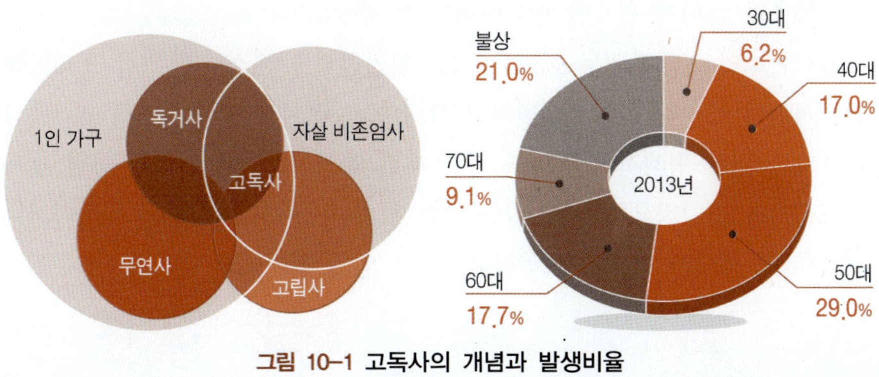

그림 10-1 고독사의 개념과 발생비율

(3) 노인이 소수자인가

노인 인권문제에서 논의되어야 할 사안은 노인은 과연 소수자인가라고 하는 문제이다. 특히 우리 사회의 경제와 정치 영역에서 권력집단을 구성하고 있는 상당수는 노인이다. 이러한 권력자의 노인을 과연 소수자라고 할 수 있는가의 질문에서 핵심적인 사항은 노인은 단순한 노인이기 때문에 소수자라고 할 수 있는 것이 아니라 경제적인 빈곤에 시달리고 있거나 장애나 질병과 같은 다른 요인이 결합되어 지위가 더 취약한 경우에 소수자로서의 차별과 인권침해에 쉽게 노출된다는 점이다. 특히 노인 빈곤의 문제는 스스로의 경제적 활동이 어렵고, 장래에 경제적인 향상을 희망하는 것이 거의 불가능하다는 점에서 심각한 문제를 구성하고 있다. 또한 이러한 빈곤의 문제는 질병과 노화 등으로 인하여 신체적 건강이 악화되고 의료비용의 지출이 증대되는 노인에게 삶 자체를 포기하도록 유인하는 심각한 문제가 되고 있다.

따라서 소수자로서 노인 집단에 대한 문제 인식은 노화라고 하는 생물학적인 변화에 기인하는 측면에서도 접근할 필요가 있지만 우선적인 정책적 고려가 필요한 영역은 이렇게 어려움을 갖는 노인의 인권 현실이라고 할 수 있다. 따라서 장기적인 정책으로서 입안되어야 하는 것은 노년기에 이르기 전에 공동체 구성원이 경제적 빈곤에 직면하지 않고 노년기를 보낼 수 있도록 하는 준비를 사회적으로 함께 해나가도록 하는 것이 중요하다. 이러한 정책의 핵심은 연금제도와 같은 사회보험제도라고 볼 수 있다. 하지만 이러한 사회보험제도는 단시일 내에 마련되고 변화시킬 수 있는 것이 아니고 장기적인 예측과 준비가 필요한 영역이라고 할 수 있다.

따라서 노인 인권문제는 직면한 노인 인권침해를 해소하기 위한 노력만큼이나 사전적이고 장기적인 대비가 필요하다고 할 수 있다. 예를 들면, 출산율 증가를 위한 정책적 고려는 노인에 대한 직접적인 복지대책이 아닌 것처럼 보이지만 장기적으로 노인 집단에 대한 연금제도의 안정성을 위하여서는 무엇보다도 중요한 정책적 고려라고 할 수 있을 것이다.

(4) 노인 연령 기준 상향조정 필요

현재 각종 법령에서 65세를 기준으로 하는 노인 혹은 고령자에 대한 보호에 있어서 기준을 변경하자는 논의가 일어나고 있다. 기획재정부가 제시한 '2060 미래 한국을 위한 중장기적정인구 관리방안'에서는 기초연금을 비롯한 각종 노인복지혜택의 기준이 65세로 집중되어 있는데, 이러한 기준을 상향하는 검토를 해야 한다고 주장하면서, 그 이유로는 너무나 급속하게 진행되는 고령화 문제를 제시하고 있다. 특히 현재 생산인구당 노인의 수가 17.5명이지만 2060년에는 80.60명으로 늘어나 생산가능 근로자 1명이 노인 1명을 부양해야 하는 시대가 다가온다는 것이다. 여기서 노인 기준을 상향조정하면 이른바 '1대1' 부양과 같은 과도한 노인 부양 부담을 경감시킬 수 있다는 것이다.

표 10-3 노년부양비 (단위: 15~64세 인구 100명당 65세 이상 인구)

	1970	1980	1990	2000	2005	2010	2013	2015	2020	2025	2030	2040	2050	2060
노년부양비	5.7	6.1	7.4	10.1	12.5	14.8	16.3	17.5	21.8	29.4	38.2	58.2	72.6	82.6

출처: 통계청. 장래인구추계(2015~2060), 국가승인통계.

노인복지정책 결정의 입장에서 노인 인권 문제와 연결되는 가장 중요한 것은 국가가 보호하고 부양하는 노인을 어떠한 기준으로 결정할 것인가의 문제이다. 특히 고령화와 더불어 한국인의 기대수명도 함께 늘어나면서 부양해야 하는 수 못지않게 부양해야 하는 기간의 장기화를 우려하는 목소리가 커지고 있다는 점도 이러한 노인 기준 상향의 논리로 제시되고 있다. 또한 변화된 사회적 인식도 노인 기준의 상향 논의의 논거로 제시되고 있다. 수명이 늘어난 만큼 노년층의 건강상태도 함께 양호해졌고, "70세 정도는 되어야 노인"이라는 사람들이 통상적으로 생각하는 연령기준이 크게 높아지고 있다는 점도 노인기준 상향의 논거로 제시되고 있다. 이에 관하여 반대하는 목소리도 존재한다.

노인자살, 노인 빈곤의 문제가 사회적 문제인 상황에서 노인에 대한 복지

증진에 역행하는 발상이라는 것이다. 결국 이러한 논의의 핵심은 노인의 기준을 상향할 때 발생하는 고령층의 은퇴와 복지 수급 사이의 격차가 존재하고, 확대된다면 이것을 노인 계층이 쉽게 수용할 수 없을 것이고, 노인 빈곤의 문제는 더욱 심화될 것이라는 점이다. 결국 노인 기준의 상향을 위해서는 최소한 그에 부합하는 정년 연장에 대한 사회적 합의가 함께 도출되어야 하는 것이며, 정년 연장 없는 노인 기준 상향은 생계가 막막해진 고령자를 국가와 사회가 외면하는 것이라는 지적이다. 임금피크제의 도입과 확대문제, 정년 연장의 문제, 노인 일자리 창출문제, 노인기준 상향 문제는 모두 고령화시대에 우리 사회가 함께 고민해야 할 과제라고 할 수 있다.

표 10-4 기대수명(0세 기대여명) 및 유병기간 제외 기대수명(건강수명) 추이 (단위: 년)

		2009	2010	2011	2012	2013	2014	2015	2016	2017
기대수명	계	80.04	80.24	80.62	80.87	81.36	81.80	82.06	82.36	82.70
	남자	76.68	76.84	77.26	77.57	78.12	78.58	78.96	79.30	79.70
	여자	83.39	83.63	83.97	84.17	84.60	85.02	85.17	85.41	85.70
유병기간제외 기대수명(건강수명)		–	–	–	65.70	–	65.20	–	64.90	–

출처: 통계청. 생명표, 국가승인통계.

(5) 기초연금 확대의 필요성

기초연금 확대 논쟁은 현재 65세 이상 노인 중 소득하위 70%(약 410만명)에 대하여 월 평균소득의 5%를 지급하는 기초연금제도의 지급액과 지급대상을 확대하자는 주장과 이에 반대하는 주장 사이에 이루어지고 있는 논쟁이다. 문제의 시작은 박근혜 전 대통령의 대선공약으로 제시할 당시는 65세 이상 모든 노인에게 월 20만원을 지급하겠다고 약속하면서 논쟁이 시작되었다. 기초연금의 확대를 주장하는 입장은 확대가 가져오는 재정 부담은 크지만 무상급식이나 무상보육이 모든 학생을 대상으로 하는 것처럼 기초연금도 모든 노인에게 지급해야 하고 그 액수도 현실적인 생계유지를 위해 증대할 필요가 있다는 것이다. 이러한 주장은 세금을 많이 내는 사람을 복지에서 제외시키는 것이 오히려 불합리한 조치이고 소득과 관계없이 복지혜택을 제공하는 것이 현재의 국가 정책의 일관성을 유지하는 것이라고 한다.

점차 심각해지는 노인 빈곤의 문제를 해결하기 위해서는 기초연금의 확대가 반드시 필요하다는 주장도 일리가 있다고 할 수 있지만, 결국 문제는 재원의 마련이다. 국가 재정은 한정되어 있고 한 쪽으로 가는 지출을 증가하면 상대적으로 다른 쪽으로 가는 지출은 감소시킬 수밖에 없는 것이다. 따라서 진정으로 필요한 노인에게만 가능한 범위에서 기초연금을 지급하는 제도를 유지하는 것이 오히려 기초연금을 지속적으로 지급할 수 있는 길이라며 기초연금의 확대를 반대하는 입장도 나름의 근거가 있다고 할 수 있다. 특히 고령화시대는 가만히 있어도 기초연금의 지출을 확대시키기 때문에 이를 선별적으로 지급하지 않고 무차별적으로 복지보다는 선별적 복지를 점차 선호하고 있다는 주장도 그러한 논거로 제시되고 있다.

2019년 4월부터 정부는 저소득 노인(소득하위 20%)에게 기초연금을 월 5만원씩 더 지급해도, 가장 가난한 기초생활수급 노인들의 기초연금을 사실상 '줬다 뺏는' 현행제도를 유지하면 정책효과가 3.5%P 반감되는 것으로 나타났다. 기초연금이 오를수록 제도 혜택에서 소외되는 극빈곤층 노인들의 상대적 박탈감도 커져 대안을 마련해야 한다는 지적이다. 국회입법조사처의 '기초생활보장 보충성 원칙과 기초연금 수급' 보고서에 따르면, 기초연금을 현행(월 25만원)보다 5만원 더 인상할 때 기초생활수급 노인도 기초연금 혜택을 누리도록 '보충성 원칙'을 고려하지 않을 경우(55.7%)보다 현행처럼 보충성 원칙을 지킬 때(52.2%) 전체 노인 가구의 빈곤율 완화 효과가 3.5%P 낮아졌다. '보충성의 원칙'이란 「국민기초생활보장법」(제3조 제1항)에서 자신의 소득 및 재산으로 최저생활을 유지할 수 없을 때 생계급여를 보충적으로만 지원하도록 한 규정을 뜻한다. 소득이 없는 사람에게는 최저생계비 전액을 주지만 10만원을 버는 사람에게는 최저생계비에서 10만원을 뺀 돈을 지급하는 식이다. 현재 기초생활수급 노인은 이 원칙을 적용해 기초연금을 받은 만큼 생계급여를 감액하는 것이다.

연구 결과 기초연금을 '줬다 뺏는' 제도로 인한 피해는 홀로 사는 노인 빈곤 가구에서 두드러졌다. 노인 1인 가구의 경우 보충성 원칙을 따르지 않으면 빈곤율 완화 효과가 61.6%지만 고려할 때는 57.1%로 4.5%P 낮아져 노인 부부가구(3.2%P)의 격차보다 컸다.

또 기초연금 수급액이 커질수록 '줬다 뺏는' 제도로 인한 사각지대도 커졌다. 기초연금을 현행보다 10만원 더 인상하면 전체 노인빈곤율 완화 효과는 수급노인도 혜택을 줄 경우 67.6%에 이르지만, 보충성 원칙을 적용하면 60.7%에 그쳤다. 기초연금 5만원 인상 시(3.5%P)보다 차이가 더 벌어지는 것이다. 향후 기초연금이 인상될수록 수급노인들의 상대적 빈곤도 심화된다는

사례 줬다 뺏는 기초연금? 복지사각지대 개선 시급

2018년 12월 어느날. 아침 9시에 맞춰 걸려온 민원전화 "이럴거면 뭐하러 줘? 차라리 준다고 하지나 말지? 사람을 놀리는 것도 아니고" 화가 잔뜩 섞인 목소리가 쉽사리 끝날 통화가 아닌 듯 했다. 만 65세가 되자 기초연금 신청통지서를 받고 동사무소에 가서 신청서를 작성하고 25만원 연금 받을 생각에 기대하고 있었는데, "생계급여"에서 25만원이 차감되어 동사무소에 잘못 지급된 거 아니냐고 확인했더니 "기초연금 받은만큼 생계급여가 차감"된 사연이었다.

한참 듣고선 "어르신같은 분들이 많으시고 지난 제도개선이 필요하다고 건의하고 있고, 국회에서도 내년도부터는 달라지는 제도를 만들고 있다니 조금 더 기다려 보세요". 그렇게 지난 3년간 기초연금 담당자로서는 달래드리는 방법밖에 없었다.

제주의 경우 598백명 중 기초연금과 생계급여를 동시에 수급하시는 분들은 68백명(11.3%)으로 전국평균 10.4%인 53만명가량 해당되고 있다. 즉 어르신들 입장에서는 기초연금을 줬다가 생계급여에서 감액하다 보니까 「기초생활수급 노인에게 지급되는 기초연금에 대해서는 줬다 뺏는 기초연금이라는 별칭」이 붙어졌다. 지난연말 예산심의에 기초연금 증액을 의결하였다는 기사를 보면서 내심 기대하고 있었다. 그런데 결과는 막판에 반영되지 못하였다. 기초연금이 20만원에서 2018년 9월에 25만원, 2019년 4월에는 30만원으로 계속 인상될수록 생계급여 어르신들의 상대적 빈곤은 더 심화되고 있다. 정부도 국회에서도 문제점은 알고 있으나 섣불리 제도개선을 못하는 이유는 재정부담이다. 재정부담이 문제라면 연금액 인상보다는 기초연금사각지대 해소에 먼저 관심을 가져야 하지 않을까 싶다.

기초생활보장제도와 기초연금제도의 연계로 최하위 소득의 어르신들의 소득 양극화는 깊어지고 있다. 노인인구의 70%가 수혜자인 기초연금은 기초생활보장제도의 선별적(저속득층 등에게 제한적으로 제공) 복지제도의 발에 묶여 보편적(모든 국민이 혜택) 복지의 제기능을 못하고 있다. 하루빨리 기초연금이 더 많은 어르신에게 안정적 소득기반이 될 수 있도록 제도개선이 이루어지길 간절히 바란다.

〈문원영 / 제주특별자치도 노인장수복지과 〉

뜻이다. 이 때문에 지난해 국회 보건복지위원회도 수급 노인들에게 월 10만원씩 '부가급여' 형태로 지급하는 방식을 논의했으나 예산 문제로 무산되었다.

그러나 보건복지부는 제도 개선에 부정적이다. 기초생활수급 노인이 기초연금도 받으면 가처분 소득이 늘어 차상위계층 등 비수급 빈곤층과 소득 역전이 발생한다는 것이다. 이에 대해 국회 입법조사처는 "기초생활수급 노인과 차상위 노인은 동일한 기초연금을 받으므로 노인끼리는 소득역전현상이 더 심해지지 않는다"며 "복지부가 「국민기초생활보장법 시행령」(제5조 제2항) 소득 인정 예외 범위에 기초연금을 포함하는 방식 등으로 제도 개선을 모색해야 한다"고 지적하고 있다.

기본적인 생활의 수요를 충족시키는 근로의 영역으로부터 물러난 노인층에게 최소한의 생활을 유지하기 위해 현물지원을 하는 것은 노인의 인권 실현을 위한 최소한의 장치라고 할 수 있다. 그리고 현재 지급되는 월 25만원(2019년 4월부터 저소득 노인(소득하위 20%)에게 기초연금을 월 5만원씩 더 지급함) 정도의 금액은 생계유지를 위해 매우 부족한 금액이라고 할 수 있다. 하지만 동시에 재원을 고려하지 않는 기초연금의 확대는 국가 재정의 부실을 야기할 위험성을 가지고 있으며, 급격하게 증가하는 노인의 수 및 근로인구의 감소문제를 함께 고민하지 않을 수 없다. 그리고 선별적 복지와 무차별적 복지 사이의 정책 결정도 장기적인 차원에서 고려해야 하는 중요한 문제이다.

이러한 노인문제와 고령화에 관한 고민의 중심에는 이러한 논점이 노인인구만을 위하는 것이 아니라 우리 모두의 미래에 관한 것이라는 인식이 필요하다. 따라서 모든 사회공동체 구성원이 당사자로서 이러한 문제를 고민해야 한다는 것이다. 그리고 고령사회에 대한 대응은 전 세대가 함께 살기 좋은 사회를 만들기 위한 것이라는 사실을 명심해야 할 것이다.

제2절 장애인복지정책과 인권

1. 장애인의 권리

1) 헌법상 장애인의 권리

「헌법」 제10조는 “모든 국민이 인간으로서의 존엄과 가치를 가지고 행복을 추구할 권리를 가진다”라고 천명하고 있다. 또한 “국가는 개인이 가지는 불가침의 기본적 인권을 확인하고 이를 보장할 의무를 진다”라고 규정하고 있다. 「동법」 제11조에서는 “모든 국민은 법 앞에 평등함을 인정하고, 누구든지 성별, 종교 또는 사회적 신분에 의하여 정치적·경제적·사회적·문화적 생활의 모든 영역에 있어서 차별을 받지 아니한다”라고 규정하고 있다. 이러한 정신에 비추어 볼 때 어떤 사람이 장애를 가졌다는 것은 사회적으로 불리한 대우를 받을 이유가 될 수 없으며, 국가는 장애로 인한 차별이 발생하지 않도록 조치를 취할 의무가 있다.

「헌법」 제34조 제5항에서는 “신체장애자 및 질병·노령·기타의 사유로 생활능력이 없는 국민은 법률이 정하는 바에 의하여 국가의 보호를 받는다”라고 하여 특별히 장애인을 보호해야 할 국가의 의무를 부여하고 있다. 이는 단순히 장애인을 차별로부터 보호하는 것에서 더 나아가 더욱 적극적인 국가의 조치를 요구하는 것으로 볼 수 있다. 장애인과 같이 사회구조적으로 취약한 소수자 집단이 진정한 의미로 평등한 권리를 누리고 사회에 참여할 수 있는 환경을 만들기 위해서는 정당한 편의를 제공하는 등의 조치가 필요함을 고려한 규정이라고 할 수 있다.

이에 대하여 헌법재판소는 일정한 수 이상의 근로자를 고용하는 사업주에 대하여 장애인을 일정비율 고용하도록 의무화하는 구 「장애인고용촉진 등에 관한 법률」’ 제35조 제1항 본문 등이 사업주의 기본권을 침해하지 않는다는 결정을 선고하며 다음과 같이 판시하였다(헌재 2003. 7. 24. 2001헌바, 판례집 15-2상, 58,85).

“우리는 장애인의 완전한 사회참여와 평등을 보장하여 장애인으로 하여금

사회공동체에 주체적으로 참여하여 진정한 자립을 기할 수 있도록 하고, 비장애인과 균등한 참여기회를 보장받아 취업 및 고용이 이루어지도록 함으로써 궁극적으로는 더불어 살아가는 사회공동체를 구현하고자 하는 과제를 안고 있다. 그런데 장애인은 신체적·정신적 조건으로 말미암아 유형·무형의 사회적 편견 및 냉대를 받기 쉽고, 이로 인하여 능력에 맞는 직업을 구하기가 지극히 어려운 것이 현실이므로 장애인의 근로의 권리를 보장하기 위하여 사회적·국가적 차원에서의 조치가 요구된다.

이러한 관점에서 볼 때 자유민주적 기본질서를 지향하는 우리 「헌법」이 원칙적으로 기업의 경제활동을 보장(「헌법」 제119조 제1항)하고 개인의 계약자유의 원칙(「헌법」 제10조 전문)을 보장하고 있다 하더라도 일정한 범위에서 이러한 자유를 제약하는 것은 불가피한 조치라고 할 수 있다. 즉, 일자리 창출은 국가 이외에도 일반 사기업이 담당하므로 장애인의 고용보장과 관련하여 사기업에 대해서도 상당한 정도 내에서의 의무의 부과는 불가피한 것이다.

이와 같이 우리 헌법에서는 장애인의 완전한 사회참여와 평등을 보장하기 위하여 때로는 비장애인에게는 적용되지 않는 장애인 우대조치를 하는 것이 용인된다고 보고 있다. 그리고 진정한 평등을 실현하기 위해서는 공적 부문뿐만 아니라 사적 부문도 어느 정도 규제대상이 될 수 있음을 인정하고 있다.

2) 국제인권법에서 장애인의 권리

국제적으로는 장애인권리협약(Convention on the Rights of Persons with Disabilities)이 2006년에 채택되어 2008년 5월 3일부터 발효되었다. 우리나라는 제25조 마호(건강보험, 생명보험의 제공 시 장애인에 대한 차별금지)를 유보한 채 2008년 12월 11일 협약을 비준(2009년 1월 10일부터 발효)하였다. 위 협약에서 장애인이란 '다양한 장벽과 상호작용하면서 다른 사람들과 동등한 조건으로 완전하고 효과적인 사회 참여를 저해하는 장기간의 신체적·정신적·지적 또는 감각적인 손상을 가진 사람'으로 정의하였다.

장애인권리협약에서는 ① 천부적인 존엄성, 선택의 자유를 포함한 개인의 자율성 및 자립에 대한 존중, ② 차별금지, ③ 완전하고 효과적인 사회 참여 및 통합, ⑤ 기회의 균등, ⑥ 접근성, ⑦ 남성과 여성의 평등, ⑧ 장애아동의 점진적인 발달능력 및 정체성 유지에 대한 권리의 존중 등 8가지를 원칙으로 정하고, 이를 실현하기 위한 국가의 의무를 정하고 있다.

구체적으로 차별금지, 장애아동과 장애여성의 동등한 권리보장, 장애인의 권리와 존엄성, 능력과 사회적 기여에 대한 인식제고, 각종 시설과 서비스 등에의 접근, 생명권, 법 앞의 평등, 사법에 대한 접근, 신체의 자유와 안전, 고문 방지, 착취, 폭력 및 학대로부터의 자유, 개인의 존엄성 보호, 이주 및 국적의 자유, 자립적 생활 및 지역사회에의 동참, 개인의 이동성 보장, 의사 및 표현의 자유와 정보의 접근권, 사생활의 존중, 가정과 가족과에 대한 존중, 교육받을 권리, 건강의 보장, 훈련과 재활, 근로 및 고용, 적절한 생활수준과 사회적 보호, 정치 및 공적 생활에 대한 참여, 문화생활, 여가생활 및 체육활동에 참여 등에의 권리를 상세하게 설명하고 있다. 위 내용 중 평등 및 차별금지와 관련한 국가의 의무(제5조), 장애를 이유로 한 차별을 금지하고 장애인에게 동등하고 효과적인 법적 보호를 보장하여야 하고, 평등을 증진하고 차별을 철폐하기 위하여 합리적인 편의 제공을 보장하기 위한 모든 적절한 절차를 취할 것 등을 규정하고 있다. 장애인의 사실상의 평등을 촉진하고 달성하기 위하여 필요한 구체적인 조치는 차별로 간주되지 아니한다고 본다.

우리나라는 장애인권리협약의 당사국으로서 국내의 조약의무이행에 관하여 장애인권리위원회에 보고해야 할 의무가 있다. 장애인권리위원회는 한국의 제1차 보고서에 대한 최종 견해를 2014년 9월 30일에 채택하였고, 차기 보고서를 2019년 1월 11일까지 제출하도록 하였다.

(1) 세계인권선언

제5차 유엔총회(1948년 12월 19일)에서 채택한 세계인권선언은 인류의 모든 구성원은 고유한 존엄성과 평등하고 양도할 수 없는 일반적이고 원칙적인 인간적 권리를 가진다고 선언하였다. 따라서 모든 인류의 구성원에 장애인도 포함되는 것은 당연하다. 장애인도 정당한 사회의 한 구성원으로서 인권이 존중되어야 한다. 장애인을 포함한 모든 인간은 태어날 때부터 자유롭고 동등한 존엄성과 권리를 가지고 있다고 규정하고 있다.

(2) 장애인권리선언

제30차 유엔총회(1975년 12월 9일)에서는 정신장애인, 신체장애인을 포함한 모든 장애인에 대한 장애인 권리선언을 채택하였다. 이는 신체적·정신적·장애를 예방하고 장애인들이 능력을 최대한 개발할 수 있도록 원조하고, 가능한 한 통상적인 일상생활에 통합될 수 있도록 적극적으로 촉진할 것을 명시하고 있다. 여기에서 장애인에 대한 정의를 명확히 규정하고 있는데 '장애인이라 함은 신체적·정신적으로 능력이 불완전하여 개인 또는 사회생활에 필요한 것을 확보하는 데 자신의 혼자 힘으로 완전하게 또는 부분적으로 기능이 제한되어 있으며, 장애인으로 인정하는 기능적인 입장에 있는 사람'을 의미한다고 하고 있다.

(3) 국제장애인권리협약

제61차 유엔총회(2006년 9월)에서 장애인인권협약을 채택하였다. 장애인권리협약이 채택된 이후 회원국들은 각국 입법기관 등에서 정식 비준 절차를 통하여 국내법에도 동일한 영향을 미치도록 하였다. 이 협약은 기존의 국제규정에 비하여 장애인인권에 관한 기본적이며 중요한 근본적 원리들을 다음과 같이 규정하고 있다.

① 자율적 선택권, 고유의 존엄성, 개인적 자율성, 개인의 독립성에 관한 존중
② 장애인 차별의 금지
③ 완전하고 실질적인 사회참여와 통합
④ 인류의 다양성과 인간성 부분으로서 장애의 다양성 수용에 대한 존중
⑤ 기회의 균등
⑥ 장애인 접근성
⑦ 양성의 평등

⑧ 장애아동 역량개발, 장애아동 정체성 보호를 위한 권리의 존중

(4) 장애인에 관한 세계행동계획

1983년 국제연합 총회에서는 '장애인에 관한 세계행동계획'을 채택하였는데, 이 행동계획은 '세계장애인의 해'의 이념을 보다 효과적으로 실천하도록 권고하고 있다. 즉, 유엔은 '세계장애인의 해' 취지를 세계 모든 국가에 철저하게 전달하고, 주도면밀하게 세계의 모든 사람에게 호소할 설득력 있는 지침을 제시할 필요가 있다고 판단한 것이다. 이 행동계획은 모두 201항에 걸친 것으로 세계의 여러 장애인과 철학을 취합하여 구체성을 가진 제안을 집약시키고 있다.

(5) 장애인의 기회평등화에 관한 기본규칙

유엔은 '장애인의 해(1983~1992)' 이후 '장애인의 기회균등화에 대한 기본규칙'(1993년 12월)을 제정하여 장애인의 권리와 이에 대한 사회적 책임의 실천을 달성하고자 하였다. 본 규정은 총 22개의 규칙과 191개의 세부조항으로 구분되어 있으며, 단계적 접근을 시도하고 있다. 이 기본규칙은 장애인의 여건을 개선하기 위해서는 장애인의 권리에 관한 이해가 선행되어야 함을 강조하고 있다.

2. 장애인정책 관련 현행 법제

1) 대한민국 헌법

우리나라의 「헌법」은 제10조에서 인간으로서의 존엄성과 행복추구권 보장을 통하여 "모든 국민은 인간으로서의 존엄과 가치를 가지며, 행복을 추구할 권리를 가진다. 국가는 개인이 가지는 불가침의 기본적 인권을 확인하고 이를 보장할 의무를 진다"라고 명시하고 있다. 또한 모든 영역에 있어서 각인의 기회균등, 법 앞의 평등원칙과 차별금지 및 교육의 기회 균등 등을 규정

하고 있다. 따라서 모든 국민이라 함은 정신적·육체적 장애를 가진 사람을 포함하는 것은 당연하다.

2) 장애인복지법

「장애인복지법」은 장애발생의 예방과 장애인의 의료, 교육, 직업재활, 생활환경개선, 자립생활 보호, 수당 등에 관한 정책 및 서비스의 근거를 마련하고 있다. 이 법에서 장애인이란 '신체적·정신적 장애로 오랫동안 일상생활이나 사회생활에서 상당한 제약을 받는 자'로 규정하고 있다(제2조). 「동법」 제3조에서 "장애인은 장애인으로서의 존엄과 가치를 존중받으며 이에 상응하는 처우를 받는다"라고 기본이념으로 규정하고 있고, 「동법」 제4조 제2항에서는 "모든 장애인에게는 국가, 사회를 구성하는 일원으로서 정치, 경제, 사회, 문화, 기타 모든 분야의 활동에 참여할 기회가 보장된다"라고 함으로써 「헌법」에서 보장하고 있는 기본적 인권이 장애인에게 역시 동등하게 보장되고 있음을 천명하고 있다.

또한 「동법」에서는 보건복지부장관이 5년마다 장애인정책종합계획을 수립하도록 하며, 관계 부처 간의 의견을 조정하기 위하여 장애인정책조정위원회를 구성하도록 하고 있다(제10조의2, 제11조). 장애인의 정보접근권을 보장하기 위하여 국가와 지방자치단체는 전기통신 및 방송시설의 개선을 위하여 노력하고, 방송에서 수어 또는 폐쇄자막과 화면해설 또는 자막해설을 포함하도록 요청하여야 하고, 각종 행사에서 수어통역사 또는 점자자료를 제공하도록 요청할 수 있으며, 해당 민간사업자나 행사주최자는 그 요청에 따를 의무가 있다(제22조)라고 규정하고 있다.

3) 장애인 등에 대한 특수교육법

장애인의 특수교육은 특수교육대상자의 교육적 요구를 충족시키기 위하여 특수교육대상자의 특성에 적합한 교육과정 및 특수교육 관련 서비스 제공을 통하여 이루어지는 교육이다. 특수교육 관련 서비스는 특수교육대상자의 교육을 효율적으로 실시하기 위하여 필요한 인적·물적 자원을 제공하는 서비스로, 상담지원·가족지원·치료지원·보조인력지원·보조공학기기지원·학습보조기기지원·통학지원 및 정보접근지원 등이 포함된다(제2조).

국가 및 지방자치단체는 특수교육대상자에게 적절한 교육을 제공하기 위하여 장애인에 대한 특수교육종합계획의 수립, 특수교육대상자의 조기발견, 특수교육대상자의 취학지도, 특수교육의 내용·방법·지원체제의 연구·개선, 특수교육교원의 양성 및 연수, 특수교육기관 수용계획의 수립, 특수교육기관의 설치·운영 및 시설·설비의 확충·정비, 특수교육에 필요한 교재·교구의 연구·개발 및 보급, 특수교육대상자에 대한 진로 및 직업교육 방안의 강구, 장애인에 대한 고등교육 및 평생교육 방안의 강구, 특수교육대상자에 대한 특수교육 관련 서비스 지원방안의 강구, 그 밖에 특수교육의 발전을 위하여 필요하다고 인정하는 사항에 관한 업무를 수행하여야 한다(제5조).

국가 및 지방자치단체의 업무수행에 관한 주요 사항을 심의하기 위하여 교육부장관 소속으로 중앙특수교육운영위원회를, 교육감 소속으로 시·도특수교육운영위원회를, 교육장 소속으로 시·군·구특수교육운영위원회를 둔다(제10조). 특수교육지원센터는 특수교육대상자의 조기발견, 특수교육대상자의 진단·평가, 정보관리, 특수교육 연수, 교수·학습활동 지원, 특수교육 관련 서비스 지원, 순회교육 등을 담당한다(제11조).

특수교육대상자는 시각장애, 청각장애, 지적장애, 지체장애, 정서·행동장애, 자폐성장애, 의사소통장애, 학습장애, 건강장애, 발달지체, 그 밖에 대통령령으로 정하는 장애에 해당하는 사람 중 소정의 절차에 따라 특수교육을 필요로 하는 사람으로 진단·평가된 사람이다(제15조). 특수교육대상자로 선정된 자는 해당 특수교육운영위원회의 심사를 거쳐 일반학교의 일반학급·일반학교의 특수학급·특수학교에 배치하여 교육하되, 특수교육대상자의 장애정도·능력·보호자의 의견 등을 종합적으로 판단하여 거주지에서 가장 가까운 곳에서 교육받도록 한다(제17조).

특수교육대상자가 일반학교에서 장애 유형·장애 정도에 따른 차별 없는 상태에서 또래와 함께 개개인의 교육적 요구에 적합한 교육(통합교육)을 받기 위해서는 특수교육대상자를 배치받은 일반학교의 장은 교육과정의 조정, 보조인력의 지원, 학습보조기기의 지원, 교원연수 등을 포함한 통합교육계획을 수립·시행하여야 한다(제21조).

개별화교육은 각급학교의 장이 특수교육대상자 개인의 능력을 계발하기 위하여 장애유형 및 장애특성에 적합한 교육목표·교육방법·교육내용·특수교육 관련 서비스 등이 포함된 계획을 수립하여 실시하는 교육으로, 각급학교의 장은 특수교육대상자의 교육적 요구에 적합한 개별화교육을 제공하기 위하여 보호자, 특수교육교원, 일반교육교원, 진로 및 직업교육 담당 교원, 특수교육 관련 서비스 담당 인력 등으로 개별화교육지원팀을 구성하며, 개별화교육지원팀은 학기마다 특수교육대상자에 대한 개별화교육계획을 작성하도록 한다(제22조).

특수교육대상자의 배치를 요구받은 교육감 또는 국립학교의 장은 대통령령으로 정하는 특별한 사유가 없는 한 이에 응하여야 하며, 장애를 이유로 특수교육대상자의 입학을 거부하거나 입학전형 합격자의 입학을 거부하는 등 차별을 행하였을 경우에는 교육기관의 장에게 300만원 이하의 벌금에 처하도록 하고 있다(제38조).

「장애인 등에 대한 특수교육법」은 국가 및 지방자치단체가 장애인 및 특별한 교육적 요구가 있는 사람들에게 통합된 교육환경을 제공하고, 생애주기에 따라 장애 유형·장애 정도의 특성을 고려한 교육을 실시하여 이들이 자아실현과 사회통합을 하는데 기여함을 목적으로 하고 있다. 이 법에 의하여 장애학생도 의무교육을 받을 수 있게 되었고, 교사가 학생을 찾아가 지도하는 순회교육, 장애아동과 장애를 입지 않는 아동이 동일한 교육환경에서 사회적으로 상호 통합하는 것을 내용으로 하는 통합 교육, 장애의 특성에 따라 지도내용 및 방법을 달리할 수 있도록 하는 개별화 교육, 치료를 겸할 수 있도록 하는 치료 교육, 부모로 하여금 장애아동의 지도에 동참하도록 하는 보호자 교육 및 직업교육 등을 받을 수 있게 규정되어 있다.

4) 장애인 · 노인 · 임산부 등의 편의증진 보장에 관한 법률

본 법률은 장애인·노인·임산부 등이 생활을 영위함에 있어서 다른 사람의 도움 없이 안전하고 편리하게 시설 및 설비를 이용하고 정보에 접근하도록 접근권을 보장함으로써 이들의 사회활동 참여와 복지증진에 이바지함을 목적으로 규정하고 있다.

5) 한국장애인인권헌장

1998년 12월 9일 공표된 '한국장애인인권헌장'은 전문과 13개 조항으로 구성되어 있다. 한국 장애인 인권헌장 전문에서는 장애인이 인간의 존엄과 가치를 가지며 행복을 추구할 권리를 갖는 인권의 주체임을 천명하고, 국가와 사회는 장애인의 인권보호와 완전한 사회참여 및 평등을 위한 사회적 여건과 환경을 조성하여야 함을 선언하고 있다.

6) 장애인차별금지 및 권리구제 등에 관한 법률

「장애인차별금지 및 권리구제 등에 관한 법률」(약칭: 장애인차별금지법)은 장애인에 대한 차별을 금지하면서 장애인의 완전한 사회참여와 평등을 실현하기 위한 정당한 편의제공에 관하여 규정하고 있다. 현재 우리 사회에서는 장애인의 사회화 과정에서 모든 정보에 동등하기 위한 기회의 박탈과 접근권의 배제로 개인 간의 격차가 커지며 차별의 문제가 되고 있다. 장애를 겪는 사람들은 제한된 정보 속에서 살 수밖에 없는 환경에 처해 있고, 따라서 배출할 수 있는 정보도 한계가 있을 수밖에 없다. 그러므로 장애인은 제2, 제3의 사회적 소외를 겪게 되고, 그 원인은 사회 환경 속에 있다. 「장애인차별금지 및 권리구제 등에 관한 법률」에서는 장애인을 "장애로 인해 사회적 배제 기제에 의해 불이익을 당하는 사람"이라고 바라봄으로써 문제는 장애인을 기피하려는 '차별적 사회 기제'에 있다는 점을 명확히 하고 있다.

7) 정신건강 및 정신질환자 복지서비스 지원에 관한 법률

「정신건강 및 정신질환자 복지서비스 지원에 관한 법률」(약칭: 정신보건법)은 정신질환의 예방·치료, 정신질환자의 재활·복지·권리보장과 정신건강 친화적인 환경 조성에 필요한 사항을 규정함으로써 국민의 정신건강증진 및 정신질환자의 인간다운 삶을 영위하는 데 이바지함을 목적으로 한다. "정신질환자"란 망상, 환각, 사고(思考)나 기분의 장애 등으로 인하여 독립적으로 일상생활을 영위하는 데 중대한 제약이 있는 사람을 말한다(제3조). 모든 정신질환자는 인간으로서의 존엄과 가치를 보장받고, 최적의 치료를 받을 권리, 정신질환이 있다는 이유로 부당한 차별대우를 받지 아니하고, 미성년자인 정신질환자는 특별히 치료, 보호 및 교육을 받을 권리, 정신질환자에 대해서는 입원 또는 입소(이하 "입원등"이라 한다)가 최소화되도록 지역 사회중심의 치료가 우선적으로 고려되어야 하며, 정신건강증진시설에 자신의 의지에 따른 입원 또는 입소(이하 "자의입원등"이라 한다)가 권장되어야 한다. 또한 정신건강증진시설에 입원등을 하고 있는 모든 사람은 가능한 한 자유로운 환경을 누릴 권리와 다른 사람들과 자유로이 의견교환을 할 수 있는 권리, 원칙적으로 자신의 신체와 재산에 관한 사항에 대하여 스스로 판단하고 결정할 권리, 특히 주거지, 의료행위에 대한 동의나 거부, 타인과의 교류, 복지서비스의 이용 여부와 복지서비스 종류의 선택 등을 스스로 결정할 수 있도록 자기결정권을 존중받으며, 자신에게 법률적·사실적 영향을 미치는 사안에 대하여 스스로 이해하여 자신의 자유로운 의사를 표현할 수 있도록 필요한 도움을 받을 권리, 자신과 관련된 정책의 결정과정에 참여할 권리를 가진다(제2조)라는 기본이념으로 규정하고 있다.

8) 장애인고용촉진 및 직업재활법 및 기타 관련 법률

「장애인고용촉진 및 직업재활법」(약칭: 장애인고용법)에서는 장애인의 고용촉진 및 직업재활을 도모하기 위한 정책으로, 장애인 직업재활, 직업지도, 직업적응훈련, 직업능력개발훈련 등을 실시하게 하고, 장애인 고용 사업주에 대한 지원, 장애인 고용에 필요한 지원, 취업알선 등을 제공하며, 국가와 지방자치단체가 보호고용을 실시하도록 하고 있다.

「장애인고용법」에서는 장애인고용의무에 관하여 정하고 있다. 국가와 지방자치단체의 각 시험 실시 기관(이하 "각급기관")의 장은 신규채용시험을 실시할 때 신규채용 인원에 대하여 장애인이 제1항 각 호의 구분에 따른 해당연도 비율(장애인 공무원의 수가 제1항 각 호의 구분에 따른 해당 연도 비율 미만이면 그 비율의 2배) 이상 채용하도록 하여야 하고(제27조), 상시 50명 이상의 근로자를 고용하는 사업주는 그 근로자의 총수의 100분의 5의 범위에서 시행령에서 정하는 의무고용(2014년부터 2,7%) 이상에 해당하는 장애인을 고용하여야 한다(제28조, 시행령 제25조).

의무 고용률 이상으로 장애인을 고용한 사업주에게 고용노동부장관은 고용 장려금을 지급할 수 있고, 의무 고용률에 못 미치는 장애인을 고용하는 사업주는 고용부담금을 납부하여야 한다(제30조 내지 제33조). 다른 법률로는, 장애아동의 특별한 복지 욕구에 적합한 지원을 통합적으로 제공하려는 목적으로 제정된 「장애아동복지지원법」, 중증장애인에게 장애인연금을 지급하는 내용의 「장애인연금법」, 장애인의 자립생활을 위한 활동보조인 제공, 방문목욕, 방문간호 등의 활동지원급여에 관한 내용을 정한 「장애인활동 지원에 관한 법률」 등이 있다.

3. 장애인 인권 관련 쟁점

1) 장애학생과 통합교육

우리나라에서는 통합교육을 기본적인 정책기조로 설정하고 있지만, 여전히 통합의 수준은 미진한 실정에 있다. 처음에는 일반학급을 신청한 장애학생이 특수학급으로 이동하고 있는데, 이는 개별화 교육계획과 이를 위한 다양한 편의가 제공되지 않아 결국 통합교육을 포기하고 특수교육으로 이동하는 경우가 발생하는 것으로 나타나고 있다.

현재 전국 평균 특수학교(급)당 학생 수는 유치원 3.5명, 초등학교 4.2명, 중학교 5.3명, 고등학교 6.9명이다(「특수교육법」 제27조에서 특수학교(급) 학급당 학생정원을 유치원 4명, 초·중학교 6명, 고등학교 7명으로 정하고 있다). 학급의 규모가 일반학급에 비해서는 작다고 해도 개별적인 장애학생의 장애유형과 장애 정도를 고려하여 충분한 서비스를 지원하기에는 학생 수 대비 특수교사의 수가 부족한 편이라고 할 수 있다. 공립 특수교원의 확보율도 61.6%(10,695명)에 지나지 않고 있어 미흡한 수준이라고 할 수 있다.

장애인의 동등한 교육권 보장을 위하여 「장애인차별금지법」 제14조에서는 교육활동에 불이익이 없도록 교육책임자가 정당한 편의를 강구하고 제공하도록 의무를 부여하고 있다. 제공하여야 할 편의사항으로는 ① 각종 이동용 보장구의 대여 및 수리, ② 교육보조인력의 배치, ③ 확대 독서기, 보청기기, 높낮이 조절용 책상, 각종 보완·대체 의사소통 도구 등의 대여 및 보조견의 배치나 휠체어의 접근을 위한 여유 공간 확보, ④ 수어통역, 문자통역(속기), 점자자료, 큰 문자자료, 화면낭독·확대프로그램, 보청기기, 무지점자단말기, 인쇄물음성변환출력기를 포함한 각종 장애인보조기구 등 의사소통 수단 제공, ⑤ 학습 진단을 통한 적절한 교육 및 평가방법의 제공 등이 포함된다.

그런데 현실적으로 일반학교에서는 장애학생과 관련하여 문제나 어려움이 발생할 때, 장애 학생을 지원하는 것보다는 오히려 장애학생이 불편을 감수하도록 하는 경향이 있어서 문제가 되고 있다. 장애학생이 학교에서 폭력의 피해를 당하는 경우도 종종 있는데, 그러한 경우 피해자임에도 불구하고 적절하게 보호받지 못하고 있기도 하다.

국가인권위원회에 접수된 한 사건의 예를 들면, 일반 고등학교 3학년에서 학교폭력이 발생하자 학교가 피해자인 청각장애학생을 귀가시키고 등교하지 않도록 조치한 일이 있었다. 수능시험을 앞둔 학급의 학생들의 안정을 찾도록 하려는 등의 이유였다(인권위 2012. 1. 10. 10진정 0710700). 이에 대하여 국가인권위원회는 학교가 해당 사안을 적법하게 학교폭력사건으로 처리하지 않고 자의적인 판단으로 장애학생을 수업참여에서 배제한 것이 장애를 이유로 한 위법한 차별행위이라고 판단하였다. 그리고 교직원, 학생, 학부모 등에게 장애인차별예방교육과 학교폭력예방교육을 실시할 것을 권고하였다.

장애학생이 이와 같이 일반학교에서 놀림을 당하고 폭력의 피해를 입는 것은 근본적으로는 장애인의 권리와 인격 존중에 대한 학교 내 교육과 정책이 부족한 것과 관련 있을 수 있다. 통합교육이 가능하도록 하려면, 각종 물리적 지원뿐만 아니라 인권 친화적 교육환경을 조성하는 정책적 노력이 필요하다. 이러한 교육과 정책은 일방적으로 장애인에게만 유익한 것이 아니다.

인권과 인간의 다양성 및 차이를 존중하는 법을 배우는 환경을 조성하는 것은 장애인과 비장애인 모두에게 교육적으로 유익한 것이다.

기자회견문 **전국의 장애학생 부모들은 특수학교 폭력 사태 해결 및 근본 대책 마련을 요구한다**

태백미래학교 교사가 벌인 충격적인 장애학생 성폭력 사건, 서울 인강학교 사회복무요원들이 벌인 장애학생 상습 폭행, 서울 교남학교 교사들이 벌인 아동 학대 및 방조 등 하루가 멀다 하고 줄이어 특수학교 폭력 사태가 언론에 보도되고 있다. 7월 태백미래학교 성폭력 사건에 대한 교육부 솜방망이 처분 발표 이후 10월 또다시 특수학교에서의 폭력 사건이 줄지어 폭로되고 있다. 지난 10월 8일 교육부장관은 서울인강학교에서 절대로 있어서는 안 될 일이 일어난 것에 대해 사과하였으며, 언어·신체적·성 폭력 등 인권침해 실태를 전수조사하고 근본적 대책을 마련하겠다고 발표한 바 있다. 그러나 교육부장관의 사과 메시지가 일선학교에 전달되기도 전에 서울 교남학교에서의 여러 교사들이 장애학생을 폭행했던 사실이 폭로되었다.

장애학생들이 특수학교에 들어가는 대개의 이유는 일반학교에서 교육받기를 원하지만, 지금 우리 교육 현실에서는 일반학교에 비해 특수학교가 좀 더 장애학생에게 적절한 교육을 제공할 수 있고, 보다 더 안전하게 교육받을 수 있기 때문에 특수학교를 선택한 것이다. 안전의 보루로 믿어왔던 특수학교는 이제 위험한 폭력의 도가니가 되어 버렸다. 이제 장애학생들은 어디로 가서 교육을 받아야 하는가?

특수학교마저 안전하지 못한 공간이라는 인식이 확산되자 일부 학부모들은 모든 특수학교의 교실에 CCTV 설치를 요구하고 나섰다. 학생과 교사에 대한 인권침해 논란에도 불구하고 왜 적지 않은 부모들이 CCTV 설치를 요구하고 있겠는가? 특수학교를 더 이상 믿을 수 없고, 위험한 공간으로 인식하고 있기 때문이다. 정부는 부모들의 이와 같은 심정을 잘 헤아려 연이은 특수학교 교내 폭력 사건의 실태와 실체를 철저히 분석하여 근본적인 대안을 제시하여야 할 것이다. 이런 사건이 터질 때마다 전수조사 실시, 학교구성원 인권교육 등 몇 가지 대안을 제시해 왔으나, 이번에는 그런 대안만으로 그쳐서는 안 된다. 정부는 학부모들이 CCTV 설치까지 요구하는 엄중한 상황을 직시하고 보다 근본적인 대책을 내놓아야 할 것이다.

부모연대는 이번 특수학교 폭력 사건이 일부 학교구성원들의 도덕적 해이, 인권 감수성 부족 등으로 인해 발생된 개인적 일탈로만 보지 않는다. 특수학교를 둘러싼 특수교육의 구조적 문제가 해결되지 않는 한 이와 같은 개인의 일탈은 계속될 수밖에 없고 또 다른 폭력을 야기할 것이라 판단하고 있다. 따라서 이 문제를 일으킨 근본 원인을 짚어보고자 한다. 먼저 훈육이나 행동수정이라는 미명하에 장애학생에 대한 폭력을 정당화해온 특수학교의 고질적인 지도 행태를 지적한다. 장애학생의 도전적 행동을 통제하기 위해서는 어쩔 수 없이 체벌과 폭력을 사용할 수밖에 없다는 변명이 지금껏 고쳐지지 않고 있는 것이다. 도전적 행동에 대한 효과적인 대응 및 지원 체계가 갖추어졌다면, 좀 더 전문적인 행동분석전문가 등이 배치되었더라면, 특수교사 양성과정에서부터 행동지원 역량을 강화하기 위한 교육을 체계적으로 제공했더라면 체벌과 폭력으로 도전적 행동을 다루는 비교육적이고도 야만적인 일이 벌어지지 않았을 것이다.

물론 일부 학교구성원의 인권감수성 부족, 장애학생 특성과 요구에 대한 이해 부족 등도 이 문제를 심화시킨 원인이기도 하다. 많은 학교에서 장애인식개선교육을 의무적으로 실시하고 있으나 교육 횟수도 적고 내용의 질에 대한 관리도 의문스러운 상황에서 과연 이와 같은 교육으로 학교구성원들의 인권감수성이 얼마나 향상되고 있는지 알기 어렵다. 인권교육의 횟수를 늘리고 인권교육에 대한 질 관리도 이루어져야 하며, 학교구성원 개개인의 인권감수성 증진은 물론이고 학교 전체를 인권 친화적 환경으로 만들기 위한 교육 운동도 철저하게 이뤄져야만 학교 전반의 인권 수준이 향상될 수 있을 것이다.

뿐만 아니라, 특수교사 양성 과정 및 현직 교사에 대한 연수 체계에 대해서도 문제를 제기한다. 과거와 달리 특수학교 현장에서는 특수교사가 교수·학습 지원 역량 이외에도 장애학생에 대한 인권감수성 등 인성과 태도와 관련된 역량, 문제행동에 대한 효과적인 지원 역량, 중도·중복장애학생을 고려한 건강관리지원 역량, 다양한 학교구성원과 학부모 간의 협력 역량 등 새로운 역량을 갖추기를 기대하고 있다. 그러나 현재의 특수교사 양성 체계와 현직 특수교사 연수 체계에 이와 같은 역량 향상을 위한 내용이 충분히 반영되어 있다고 보기 어렵다. 일부 특수교사들의 폭력 행위에서 보여주고 있는 낮은 인권 감수성의 문제, 문제행동에 대한 대처 역량의 부재 등은 좀 더 양성 및 연수 체계 문제 개선을 통해 점진적으로 해결해 나가야 할 것이다.

한편, 특수교육 자체의 열악한 교육현실에 대해 지적하지 않을 수 없다. 장애학생의 장애 정도에 따르는 개별적 교육서비스의 필요성은 더욱 심화되어 가는데 반해, 학급당 학생 수는 오히려 날로 늘어나고 있고, 특수교사는 추가 배치되지 않는 등 특수교육에 대한 국가 차원의 행·재정적 지원 부재의 문제를 무엇보다도 근본적인 원인으로 짚을 수 있다. 특수교사의 법정정원 확보율이 70% 수준에 머무르고 있고, 특수학교의 과밀학급 수가 전체 학급의 14.7%에 달하고 있다는 이번 2018년 조승래 의원실 국정감사 자료가 이 같은 현실을 뒷받침해 주고 있는 증거이다. 특수교사가 부족하고 학급당 학생 수가 과밀인 이 현실에서는 그 어떠한 능력 있는 교사도 학생들을 제대로 지도할 수 없을 것이다. 한정된 인력으로 많은 학생을 효과적으로 통제하려면 강압적인 방법으로 대응하고 싶은 유혹이 생길 수 있으며, 일부 교사의 일탈 행동은 이에 타협한 결과였을 것이다.

다음으로 특수학교의 분리된 교육 환경 특성이 갖는 한계도 이 문제의 근본 원인이 될 수 있다고 판단한다. 이번 폭력사건들은 특수학교라는 분리된 공간에서 장애학생들을 집단으로 통제하는 과정에서 발생된 산물이라고도 볼 수 있다. 특수학교는 장애학생들에게 보다 효율적인 교육을 맞춤형으로 제공하기 위해 등장한 교육기관이지만 한편으로는 장애학생들만을 이 사회에서 따로 분리하여 별도의 시스템에서 관리, 통제하기 위한 곳이기도 하다. 따라서 특수학교는 장애인들의 거주생활을 지원하기 위해 설치된 장애인거주시설과 유사한 특성을 갖고 있다. 장애인거주시설의 거주인들은 집단생활을 해야 한다는 이유로 기상, 목욕, 식사, 운동시간 등 모든 생활을 통제받고 있고, 지역사회와의 자유로운 교류를 제한받고 있는 등 장애인거주시설은 인간의 자유권과 평등권 등 기본적 권리를 제한당하는 인권침해의 공간으로 규정되고 있다.

이 과정에서 일부 장애인거주시설은 거주인에 대한 일상 통제 수단으로 체벌과 폭력을 사용해 왔고, 이것이 뉴스거리가 되어 왔던 것도 어제 오늘 일이 아니다. 최근 장애인 단체의 탈시설 운동, 문재인 정부의 탈시설 추진을 위한 국정과제 등도 이 같은 맥락에서 과감히 추진되고 있는 것이다. 그간 장애인 거주시설에서 빈번하게 발생되었던 인권침해 사건과 마찬가지로 특수학교 또한 인권침해라는 사회의 독버섯이 생장할 수 있는 분리된 환경이라는 구조적인 한계를 갖고 있다.

따라서 분리된 환경에서 교육이 이루어지는 특수학교가 아닌 통합된 환경에서 이루어지는 일반학교 통합교육이야말로 이 문제를 해결할 수 있는 근본 대안인 것이다. 특수학교가 아닌 일반학교에서 장애학생과 비장애학생이 차별없이 동등하게 교육받을 수 있는 환경을 조성하고, 통제가 아닌 자율로, 체벌과 폭력이 아닌 적절한 심리적·행동적 지원으로 장애학생을 지원할 수 있는 교육 여건을 만들어내는 것이 이번 사건을 해결하기 위한 근본적 대안인 것이다.

전국장애인부모연대는 이번 특수학교 학교폭력 사건에 대한 직·간접 가해자에게 그 책임을 묻고, 이러한 사고가 다시는 발생되지 않도록 근본적인 재발 방지 대책을 수립할 것을 강력히 촉구한다. 이번 사건 해결 및 재발 방지를 위한 우리의 요구는 다음과 같다.

첫째, 특수학교 폭력 사건을 철저하게 진상규명하고 관련 자를 처벌하라.

추가 범행 및 가담자 색출 등 사건에 대한 철저한 진상 규명이 이루어질 수 있도록 관할 경찰서에 협조 요청을 하고, 재발 방지를 위한 범행 가담자 외에도 동조, 방조한 학교 교직원을 법률에 따라 처벌하도록 요청한다.

둘째, 사고 발생 이후 아무런 조치를 취하지 않은 학교 관계자 및 교육청 담당자를 징계하여야 한다. 장애학생에 대한 폭행 사건을 인지하였음에도 신고의무자로서 그 책무를 다하지 않고 장애학생에 대한 폭행 사건을 인지하였음에도 사건을 은폐, 축소시킨 관련자를 즉각 징계하도록 요청한다.

셋째, 피해 장애학생 조사 및 보호 방안을 수립하여야 한다.

피해 장애학생의 피해 내용 및 학교생활 어려움 등에 대한 조사를 실시하고, 피해학생에 대한 심리상담 및 학교생활 적응 지원 등 후속 조치 마련을 요청한다.

넷째, 모든 특수학교 종사자 및 일반학교 특수교사와 통합교사, 관리자, 보조인력 등 관련인 인권교육 실시를 의무화하여야 한다.

최소 20시간 이상의 강도 높은 인권교육을 실시하고 정기적인 인권교육 실시 계획 수립하고 그 결과를 관할 교육청에 보고할 것을 요청한다. 또한 인권교육 내용의 질을 담보하기 위한 관리 방안을 수립할 것을 요구한다.

다섯째, 학교 배치 사회복무요원에 대한 관리 방안이 마련되어야 한다.

현재 특수학교에 배치된 사회복무요원은 관할 병무청에서 배치, 관리되고 있어, 선발 과정에서부터 관리에 이르기까지 학교 및 교육청이 개입·관리할 수 있는 권한이 없는 실정이다. 교육부는 병무청과 TF팀을 구성하고, 교육청과 병무청이 학교 배치 사회복무요원에 대한 선발, 배치, 교육, 관리·감독 등을 통합 관리할 수 있는 방안을 마련하여야 한다. 특히 관련 학과(특수교육과, 사회복지학과, 재활학과 등)를 졸업했거나, 관련 분야에 경험이 있는 사회복무요원만을 선발하고, 일정 수준 이상의 인성 및 적성검사를 통과한 사회복무요원만을 특수학교로 배치할 수 있는 체계를 마련하고, 기존 사회복무요원에 대한 강도 높은 인권교육 및 관련 연수를 실시할 것을 요청한다.

여섯째, 사회복무요원보다 유급 특수교육보조인력 확충, 인턴교사제 신설 등 다양한 방법을 통해 보조 인력을 확충할 수 있는 방안을 마련하여야 한다. 특수교육기관 내 보조 인력에 대한 수요는 날로 증가하고 있으나, 유급 보조인력만으로 이를 충당할 수 없어 사회복무요원을 활용하고 있다. 특히 남성 유급 보조인력 부족 문제를 해결하기 위한 수단으로 사회복무요원이 주로 활용되고 있는 실정이다. 자질이 검증되지 않은 사회복무요원을 활용하기보다 유급 특수교육 보조인력 확대 배치, 관련 학과 졸업생을 활용한 인턴교사제 활용 등 교육청 차원에서의 보조인력 수급 방안을 마련하라.

일곱째, 부실 사립 특수학교를 공립 특수학교로 전환 추진하여야 한다.

이미 학교 폭력이 발생되고, 적절한 대응 체계를 구축하지 못하는 등 그 운영 역량과 자질이 의심되는 사립 특수학교에 대해서는 교육청이 직접 나서 공립 특수학교 전환을 추진할 것을 요청한다.

여덟째, 특수학교, 특수학급 및 통합학급 모두 학교폭력에 대한 전면 실태조사를 실시하여야 한다. 지난 7월 태백 미래학교 사고 이후 교육부가 모든 특수학교를 대상으로 성폭력 사건 등에 대한 전수조사를 실시한 바 있으나 학교폭력 전반에 대한 조사는 실시하지 않았다. 교육부는 인권 단체 활동가, 학부모, 관련 전문가 등과 함께 민·관 합동특수학교실태조사단 구성하고, 폭행, 체벌, 성폭력, 언어폭력, 괴롭힘, 사이버폭력 등 학교폭력 전반에 대한 실태조사 계획 수립 및 조사 실시를 요청한다.

아홉째, 도전적 행동이 있는 장애학생을 위한 행동 지원 체계를 구축하여야 한다.

특수학교 및 특수교육지원센터 내 행동지원센터를 설치·운영하고, 행동분석 전문가, 심리상담 전문가 등을 배치하여 도전적 행동을 지원, 관리할 수 있는 시스템을 구축할 것을 요청한다. 특히 특수교사 대상 행동지원 컨설팅 제공 및 관련 교육·연수 실시 등을 통해 특수교사가 도전적 행동이 있는 학생을 수업 시간 내에 효과적으로 지도할 수 있는 체계 마련을 요구한다.

열째, 분리된 장소에서 교육이 이루어지는 특수학교가 아닌 통합된 장소에서 이루어지는 일반학교 통합교육이 실현될 수 있도록 특수교육정책의 대전환을 요구한다. 특히 통합교육의 촉진을 위하여 특수학교를 점진적으로 일반학교로 전환하는 등 보다 획기적이고 적극적인 통합교육 정책 수립을 요구한다.

정부는 완전 통합교육 실현을 위한 비전과 로드맵, 재원 조달 및 특수교사 충원 방안을 제시하고, 국회는 이를 실현하기 위한 장애인 등에 대한 특수교육법 전부 개정을 추진할 것을 요청한다. 또한 통합교육을 가속화하기 위하여 특수학교를 점진적으로 일반학교로 전환하는 방안도 내놓을 것을 요구한다. 특히 현재 문제가 되고 있는 사립 특수학교를 중심으로 일반학교로 우선 전환할 수 있는 방안 마련을 요구한다.

전국장애인부모연대는 또다시 발생된 특수학교 학교폭력사건에 대해 분노를 금할 수 없으며, 무책임한 교육당국과 장애아동에 대한 인권 감수성이 부족한 학교구성원이 만들어낸 참사라고 엄중히 판단하고 있다. 우리는 특수학교에서 벌어진 장애학생에 대한 일련의 인권침해 사건들이 과연 어떻게 처리되고 그에 대한 대책이 마련되는지 철저하게 살피고 감시할 것이다. 만일 특수학교의 정확한 장애학생 인권실태 전면조사와 근본적인 대책이 조속한 시일 내에 마련되지 않는다면 우리 부모들은 특수학교 인권침해 및 각종 적폐 청산을 위한 그 어떠한 행동도 불사할 것임을 천명한다.

2018년 10월 22일

사단법인 전국장애인부모연대 전국특수학교학부모협의회 전국통합교육학부모협의회

2) 장애인 고용과 근로조건

현행 「장애인고용촉진 및 직업재활법」에 의하면, 국가와 지방자치단체의 장은 장애인을 소속공무원의 3% 이상 고용하여야 하고(제27조), 공공기관은 상시 고용하고 있는 근로자의 수 3%를 장애인으로 고용하여야 한다(제28조의2). 상시 50명 이상의 근로자를 고용하는 사업주에 대해서는 그 근로자의 총수의 5% 범위에서 의무고용률을 대통령령으로 정하도록 되어 있는데(제28조), 시행령 제25조에서는 2014년부터는 의무고용률 2.7%를 적용하고 있다. 실제 장애인 고용률은 2012년 기준 정부부문 2.61%, 공공기관 2.80%, 민간부문 2.30% 등으로 아직 법정 의무고용률에 미치지 못한 수준이다. 한편 많은 장애인은 개방된 노동시장에 진입하지 못한 채 보호소 내의 작업장에서 계속 노동을 하고 있는 실정이다.

표 10-5 장애인 의무 고용 현황 (단위: 명, %)

	2009	2010	2011	2012	2013	2014	2015	2016
정부부문 고용률	1.97	2.40	2.52	2.57	2.63	2.65	2.80	2.81
민간부문 고용률	1.86	2.21	2.24	2.30	2.41	2.48	2.51	2.56

출처: 고용노동부(장애인 고용계획 및 실시상황 보고자료)

근로조건에 있어서도 장애인에 대한 차별이나 부당한 대우가 존재하고 있다. 무엇보다도 제도적으로도 장애인에 대한 차별이 존재하고 있다. 대표적으로 「최저임금법」 제7조에서는 '정신장애나 신체장애로 근로능력이 현저히 낮은 자'에 대하여 사용자가 대통령령으로 정하는 바에 따라 고용노동부장관의 인가를 받아 최저임금의 적용을 받지 않도록 하고 있다. 이에 관하여 「동법 시행령」 제6조에서는 '정신 또는 신체의 장애가 업무 수행에 직접적으로 현저한 지장을 주는 것이 명백하다고 인정되는 사람'에 대하여 최저임금의 적용을 제외할 수 있다고 규정하고 있다. 결과적으로 근로를 하고 있는 많은 장애인들이 최저임금 이하의 급여를 받고 있는 것이다. 유엔장애인권리위원회는 한국 정부에 대한 최종견해에서 이러한 법령의 문제를 지적하며, 최저임금에 대한 혜택으로부터 배제되는 장애인에게 임금을 보조해 주는 임금체계를 도입하는 등 개선방안을 마련할 것을 권고하였다.

3) 장애인에 대한 착취, 폭력, 학대와 존엄성 훼손

장애인시설 및 중소기업 그리고 개인에 이르기까지 장애인이 강제노역을 당하거나, 신체적·성적·정서적으로 학대와 폭력의 피해를 당하는 사례가 종종 이슈화되곤 한다. 특히 지적장애인이나 중증장애인과 같이 저항이 어렵고 외부에 도움을 요청하지 못하는 취약한 상태에 있는 장애인을 대상으로 이러한 사건이 발생되곤 한다. 여성 장애인의 경우 성폭력이나 강제불임의 피해를 당하기도 한다. 이러한 인권침해가 장애인복지시설 등 장애인에게 서비스를 제공하는 곳에서 발생한다는 것은 매우 심각한 문제이다. 장애인에게 필요한 서비스를 제공한다는 명목으로 시설이 보호자와 유사한 권한을 부여받고, 그러한 권한을 남용하여 착취하고 학대하는 것은 권력의 사용을 매개로한 매우 심각한 수준의 인권침해라고 할 수 있다.

「장애인복지법」상 장애인복지시설의 설치는 신고의 절차로서 가능하다. 장애인 거주시설 운영자는 시설이용자의 인권을 보호하고, 인권이 침해된 경우에는 즉각적인 회복조치를 취하여야 하고, 시설이용자의 사생활 및 자기결정권의 보장을 위하여 노력하여야 하는 등의 의무가 있다고 규정하고 있지만

(제60조의4), 그 의무를 이행하기 위한 구체적인 행위를 정하는 내용은 찾아보기 어렵다. 보건복지부장관, 특별시장·광역시장·도지사·특별자치도지사 또는 시장·군수·구청장 등 장애인복지실시기관이 인권침해실태를 지도·감독하도록 하고, 인권침해 등 불법행위가 있을 때 폐쇄할 수 있지만 감독을 위한 구체적인 시기나 방법에 대한 내용이 없고 이 또한 의무사항이 아니라 재량사항으로 규정되어 있다(제61조, 제62조).

즉, 제도적으로나 현실적으로나 장애인복지시설이 장애인을 대상으로 운영자의 이익을 도모하는 일부의 시설이 있고 보조금의 일부를 횡령한 시설들이 있다는 사실을 부인하기는 어려운 실정에 있다. 물론 시설의 운영과 관련된 운영비가 적절하게 제공되지 못하고, 시설종사자들에 대한 열악한 근무환경과 처우의 문제도 있지만, 시설의 운영과 관련된 권한을 남용하는 국가 및 지방자치단체의 공무원들의 의식과 태도도 지적하지 않을 수 없다. 장애인시설에서 직접적인 폭력이나 학대가 발생되지 않더라도 시설이 장애인의 이익을 도모하는 기관으로서의 역할을 수행하는 시설이 대부분이지만, 일부 시설 등이 제 기능을 수행하지 못한다면 장애인을 지역사회로부터 격리시키고, 사회적으로 무력하게 만드는 수용시설로 변질되는 경우도 있다.

이것은 국가가 장애인복지정책을 수행하기 위하여 예산을 사용하면서도 사실상 장애인을 방치하는 것과 다를 바 없는 효과를 가져올 수 있다. 장애인이 '다른 사람과 동등한 완전하고 효과적인 사회 참여'를 할 수 있도록 하는 것을 목표로 하는 정책적 관점에서 현재의 장애인복지체계를 재평가하고 개선의 방향을 찾아야 할 것이다.

4) 장애인의 투표권과 정치참여

장애인권리협약 제29조(a)에서 장애인이 다른 사람과 동등하게 선거권과 피선거권의 권리와 기회를 포함하여 정치 및 공적 생활에 '효과적이고 완전하게 참여'할 수 있도록 보장하여야 할 의무를 부여하고 있다. 이를 위해 당사국은 투표 절차, 시설 및 자료가 적절하고 접근 가능하며, 그 이해와 사용이 용이하도록 보장하고, 적절한 경우 보조기술 및 새로운 기술의 사용을 촉진하여 장애인이 아무런 위협 없이 선거 및 국민투표에서 비밀투표를 할 권리와 선거에 출마하고 효과적으로 취임하여 정부의 모든 단계에서 모든 공적 기능을 수행할 장애인의 권리를 보호하고, 유권자로서 장애인 의사의 자유로운 표현을 보장하고, 필요한 경우 장애인의 요청에 따라 그가 선택한 사람에 의하여 투표하는 데 도움을 받도록 하고 있다.

그러나 현실에서 많은 장애인은 여러 가지 이유로 기표소 접근에 어려움을 겪는다. 휠체어 이용 장애인의 경우 기표대가 좁거나 투표소가 건물 2층 이상에 위치해 접근에 어려움을 겪는 경우가 있다. 청각장애인이나 시각장애인의 경우 수어 및 자막방송, 점자형 공보물 제작 등이 의무화되어 있지 않아 선거 관련 정보 접근에 어려움을 겪는다. 시설에 거주하는 중증장애인의 경우 혼자 기표할 수 있도록 편의가 제공되지 않아 시설장과 후견인으로부터 특정한 후보나 당을 찍도록 강제당하는 등의 문제가 지적되고 있다. 이와 같이 다양한 장애요인을 고려하여 장애인의 선거권을 실질적으로 보장하는 정책과 제도를 마련하여야 한다.

또한 유엔장애인권리위원회는 금치산선고를 받은 자에 대하여 선거권과 피선거권을 부정하고 있는 「공직선거법」 등 관련 규정에 대하여 우려를 표하며, 장애인에 대한 참정권 제한을 해소하고 편의 제공을 위한 방안을 마련할 것을 한국 정부에 권고하기도 하였다(2014년). 이와 관련하여 금치산선고를 받은 자 대신 성년후견자가 있는 '피성년후견인'에 대해 선거권을 제한한다는 논의가 있으나 이러한 점도 성년후견자의 존재 여부에 따라 선거권이 제한되는 불합리한 결과가 발생하게 된다는 지적에도 귀를 기울일 필요가 있다. 무엇보다도 장애인에 대하여 선거권을 제한하는 방향으로 정책을 마련하는 것이 아니라 해외의 사례와 같이 이해하기 쉬운 홍보발간물을 제작하는 등 편의제공을 위한 정책을 마련할 필요성이 제기된다.

선거권 행사를 통한 정치적 활동 이외에도 각종 공적·정치적 활동에서 장애인과 장애인 단체가 참여할 수 있도록 격려하고 지원하는 것이 중요하다. 장애인 단체의 집회나 시위에 경찰이 최루액과 물대포를 발사하는 등 과도하게 무력을 행사하여 진압하거나 원천적으로 불허하는 일이 종종 있었다. 휠체어 장애인의 경우 집회나 행진 시 차도로의 이동이 불가피한데 그를 이유로 「집회 및 시위에 관한 법률」 위반과 일반교통방해죄를 적용하여 벌금이 부과되는 등의 문제도 발생되고 있다. 집회 및 결사의 자유를 행사함에 있어서 장애인에 대한 차별이 없어야 함은 당연한데, 오히려 장애인이 이러한 정치적 자유와 권리를 원활하게 행사할 수 있도록 국가가 편의를 제공하기 위한 방안을 마련하여야 할 것이다.

제3절 아동복지정책과 인권

1. 아동의 권리

1) 헌법상 존엄하고 평등한 인간으로서의 아동

아동은 성인과 마찬가지로 온전하고 존엄한 독자적인 인격체로서 「헌법」상 기본권과 인권을 향유한다. 과거에는 아동이 부모에게 종속된 일종의 물건 또는 소유물로 취급되어 부모가 아동에 관한 모든 권한을 행사하던 때가 있었다. 하지만 오늘날 우리 「헌법」에서는 '모든' 국민이 인간으로서의 존엄과 가치를 가지고(제10조), '모든' 국민이 법 앞에 평등하다(제11조 제1항)라고 하여 아동도 성인과 동등한 인간으로서 평등하게 권리를 보장받도록 천명하고 있다.

「헌법」은 아동에 대하여 평등한 기본권을 인정하고 국가가 이를 보장하여야 한다는 의무를 부여하고 있을 뿐만 아니라 더 나아가 국가가 아동을 특별히 우대할 것을 요청하기도 한다. 「헌법」 제32조 제4항에서는 연소자가 근로에 대하여 특별한 보호를 받도록 하고, 제34조 제5항에서는 청소년의 복지향상을 위한 정책을 실시할 의무를 국가에 부여하고 있다.

그러므로 「헌법」상 보장되는 기본권에 대하여 단순히 연령이 어리다는 이유로 국가가 기본권을 제한하는 것은 원칙적으로 허용되지 않는다. 어떠한 경우에도 국가가 자의적으로 아동을 불리하게 하여서는 안 되고, 다만 연령과 실제로 관련이 있다고 입증된 사안에서 정당한 이유가 있는 경우에 한하여 침해를 최소화하는 방식으로 아동의 권리제한이 허용될 수 있음에 유의하여야 할 것이다.

2) 국제법상 아동의 권리에 대한 특별한 보상

유엔 아동권리협약은 인권 사각지대에 놓인 아동의 권리 보장을 목적으로 한다. 역사적으로 아동은 성인의 시각에서 보호와 통제의 대상으로만 여겨졌으며, 의존성과 불완전한 의사능력 등으로 인해 권리 침해에 관한 관심을 받기 어려웠다. 특히 산업혁명과 제1·2차 세계대전을 거치면서 아동의 인권침해 문제가 대두했으며, 20세기 중반부터는 아동의 권리를 보장하고 인권침해를 방지해야 한다는 여론이 국제적으로 형성되었다. 그 결과 유엔이 아동권리협약을 채택하기에 이르렀다. 아동의 인권은 1989년 유엔총회에서 채택된 아동의 권리에 관한 국제협약(The UN Convention on the Child; 약칭: '아동권리협약')에 구체적으로 명시되어 있다. 아동권리협약은 회원국 196개국 가운데 미국을 제외한 모든 국가가 가입하여 보편적으로 인정되는 규범으로 자리 잡았다고 할 수 있다.

아동권리협약에서 아동을 18세 미만의 사람으로 정의하고 있으며, 기본적으로 협약은 아동을 '보호대상'이 아닌 '권리의 주체'로 규정하고 있다. 국제인권 A규약(경제적 사회적 및 문화적 권리에 관한 국제규약)과 B규약(시민적 정치적 권리에 관한 국제규약)에 인정되는 제반 권리를 아동의 권리로 규정하고, 거기에 추가해 의견표명권, 놀이·여가의 권리 등 아동에게 필요한 인권을 확보하기 위한 구체적인 사항을 규정하고 있다.

1991년 9월 17일에 유엔에 가입한 대한민국은 같은 해 12월 20일에 이 협약을 비준하여 조약 당사국이 되었다.

대한민국 정부는 비준 당시 이 협약의 제9조제3항(부모로부터 분리된 아동의 면접교섭권 보장), 제21조a목(공인된 기관에 의한 아동입양 허가 절차), 제40조제2항b목5호(아동의 항고권 보장)를 유보하였으나, 2007년 12월 21일에 「민법」 제837조의2(면접교섭권)를 개정·시행한 후 2008년 10월 16일에 제9조제3항의 유보를 철회하였고, 2013년 7월 1일에 미성년자의 입양에 대해 가정법원의 허가를 받도록 개정한 「민법」을 시행한 후 2017년 8월 11일에 제21조a목의 유보를 철회하였다.

현재 대한민국 정부가 이 협약에서 유보를 철회하지 않은 규정은 제40조 제2항b목5호뿐인데, 이를 충족하기 위해서는 비상계엄하의 군사재판에 대해 단심제를 규정하고 있는 「군사법원법」 제534조를 개정해 적어도 만 18세 미만의 사람은 그 적용 대상에서 제외하여야 한다.

구체적인 권리로는 아동의 생명권 및 생존과 발달보장(제6조), 아동의 출생 등록, 성명권과 국적취득권, 양육받을 권리(제7조), 부모로부터 분리되지 않을 권리(제9조), 가족 재결합의 권리(제10조), 아동의 불법 해외이송 및 이·귀환 방지(제11조), 입양 아동의 최선의 이익 고려(제21조) 등 아동의 생존과 발달의 권리보장을 위한 국가의 의무를 규정하고 있다. 또한 아동권리협약은 아동의 사상·양심 및 종교의 자유, 결사의 자유와 평화적 집회의 자유(제14조, 제15조)와 같이 아동의 사회적 참여에 대한 권리를 보장하고 있다. 그리고 모든 형태의 폭력으로부터 보호(제19조), 유해한 노동으로부터 보호(제32조), 마약·성적착취·유인·매매 등으로부터 보호(제33조~제36조), 고문금지(제37조), 무력분쟁아동의 보호(제38조, 제39조)와 같이 각종 폭력으로부터의 특별한 보호를 요구하고 있다. 건강원(제24조), 사회적 혜택(제26조), 교육권(제28조), 여가권(제31조) 등 사회적 권리를 인정하고, 난민아동(제22조), 장애아동(제23조), 소수민족 및 원주민 아동(제30조)과 같은 소수자에 대한 특별한 보호를 부과하고 있다.

한국은 아동권리협약의 당사국으로서 아동권리협약에서 정한 바에 따라 협약의 이행 상황을 유엔아동권리위원회에 정기적으로 보고하여야 한다. 한국은 지난 2011년 11월 21일 유엔아동권리위원회에서 제3차·제4차 국가보고서에 대한 심사를 받았고, 그 결과 한국 정부에 대한 권고를 담은 유엔아동권리위원회의 최종견해가 2011년 10월 7일 채택되었다. 한국은 위원회의 최종견해를 정책에 반영하여 아동의 인권상황을 개선할 의무가 있으며, 제5차·제6차 국가보고서를 2017년 6월 19일까지 제출하였다.

그림 10-2 유엔아동권리협약 주요 내용

2. 아동정책 관련 현행 법제

1) 아동의 정의

아동은 본질적으로 사람이다. 고유의 인격이 있으며 존재의미가 있고 소망이 있다. 다른 사람의 간섭에 의하지 않고 양심에 따라 생각하고 말하고 행동하는 존재이다. 이러한 기본적 가치를 나이를 이유로 인정하지 않거나 훼손시켜서는 안 된다. 나이는 생물학적인 상태일 뿐 인간의 존재의미에 영향을 미치는 이유가 되어서는 안 된다.

아동은 어른과 본질적으로 같은 존재이다. 동물로서의 본성을 지니고 있어 의식주에 대한 욕구가 있으며, 인간으로서 문화를 향유하고자 한다. 동시에 아동은 어른과 다른 특성을 가지고 있는 존재이다. 선악에 대한 개념이 어른보다 매우 희박하며 권리·이익·체면·권력·투쟁 등에 대하여 관심이 훨씬 덜하다.

아동은 한 사람 한 사람이 그 자체로서 존귀한 자이다. 다른 아동과 대체될 수 없으며 비교되어서는 안 된다. 어른의 잘못된 도덕관과 욕심에 희생되어서는 더욱 안 되는 것이다. 아동은 어른들의 지시에 수동적으로 복종해야 하는 수동적인 존재가 아니라 자신의 꿈과 희망을 키워 나가는 능동적이며 창조적인 존재이다. 아동의 존재가치는 어른과 동등한 것이다. 아동이 어른의 어려움을 해소하는 도구로 이용되어서는 안 되며, 아동 개개인을 어른 보다 소홀히 여겨서는 안 되는 것이다.

그리고 아동은 사회적으로 친구들과 어울리면서 자연을 이해하고 세상을 익히며 살아가는 나이 어린 사람이다. 어떠한 문제를 해결하는 능력이 부족하므로 어른들의 도움이 절실한 시기이다. 아동의 마음은 세상에 대하여 열려져 있다. 모든 것을 고정관념 없이 받아들이며 호기심이 많고 지속적으로 성장하고 있다. 신체도 끊임없이 발달하여 키가 성장하고 체중도 늘어나며 힘도 강해지는 과정이다. 아동의 사회적 관계도 점점 더욱 활발해지고 적극적인 자세를 취하에 된다. 아동은 사회의 미래이다. 지금의 아동이 성장하여 성인이 되면 그 사회의 중추적인 역할을 수행하는 구성원으로서 절대적 의미를 지닌다. 현재의 아동이 미래사회의 희망이 될 것인지 아니면 절망이 될 것인지에 대하여는 현재를 살고 있는 우리의 선택에 달려 있다. 아동을 귀하게 여기고 잘 기르고 바르게 가르치고 든든하게 지지하면 우리의 미래는 밝아질 것이고, 그렇지 않고 아동을 소홀히 여기고 제 역할을 올바르게 수행하지 않는다면 우리의 미래는 밝아지지 못하는 것이다.

아동권리협약에서는 아동(child)을 18세 미만으로 정의하고 있는 것에 비하여, 우리나라 법체계에서는 아동의 정의는 법률에 따라 서로 다를 뿐만 아니라 아동, 청소년, 미성년자, 소년소녀 등의 용어가 혼용되고 있다. 예를 들면, 「민법」에서는 19세에 성년에 이른다고 하여(제4조) 19세 미만의 사람을 '미성년자'라고 부른다. 「형법」에서는 14세 미만인 사람을 '형사미성년자'로 규정하고(제9조) 형사적 책임에서 제외하고 있다.

「아동복지법」에서는 18세 미만의 사람을 '아동'으로 정의하고(제3조), 「청소년기본법」에서는 9세 이상 24세 이하의 사람을 '청소년'으로 정의하고 있다(제3조). 한편 「청소년보호법」에서는 「민법」에서와 마찬가지로 19세 미만의 사람을 '청소년'으로 정의하고(제2조), 「소년법」에서는 같은 연령의 19세 미만의 사람을 '아동·청소년'으로 정의하고 있다(제2조).

위와 같은 아동(여기에서는 아동, 청소년 등을 통칭한 일반적 용어로 사용하며, 내용에 따라 청소년 또는 아동·청소년이란 용어를 사용한다)의 정의는 다른 법률에서도 준용되어 사용된다. 법률에 따라 아동의 정의가 다른 이유는 법률의 목적에 따라서 그 적용대상을 달리하는 것과 관련이 있다.

2) 아동복지법

「아동복지법」에 의하면 아동은 18세 미만의 자를 말한다. 기본이념으로, 아동은 자신 또는 부모의 성별, 연령, 종교, 사회적 신분, 재산, 장애유무, 출생지역, 인종 등에 따른 어떠한 종류의 차별도 받지 아니하고 자라나야 한다. 아동은 완전하고 조화로운 인격발달을 위하여 안정된 가정환경에서 행복하게 자라나야 한다. 아동에 관한 모든 활동에 있어서 아동의 이익이 최우선적으로 고려되어야 한다. 아동은 아동의 권리보장과 복지증진을 위하여 이 법에 따른 보호와 지원을 받을 권리를 가진다(제2조). 또한 다음과 같은 유사한 용어정의가 있다. "보호를 필요로 하는 아동"이라 함은 보호자가 없거나 보호자로부터 이탈된 아동, 또는 보호자가 아동을 학대하는 경우 등 그 보호자가 아동을 양육하기에 부적당하거나 양육할 능력이 없는 경우의 아동을 말한다(제3조 제4호).

"보호자"라 함은 친권자, 후견인, 아동을 보호·양육·교육하거나 그 의무가 있는 자 또는 업무·고용 등의 관계로 사실상 아동을 보호·감독하는 자를 말한다(제3조 제3호).

"아동학대"라 함은 보호자를 포함한 성인에 의하여 아동의 건강·복지를 해치거나 정상적 발달을 저해할 수 있는 신체적·정신적·성적 폭력 또는 가혹행위 및 아동의 보호자에 의하여 이루어지는 유기와 방임을 말한다(제3조 제7호).

위의 법률적 정의들을 분석해 보면 아동은 18세 미만의 자로서 아동의 친권자, 후견인, 아동을 보호·양육·교육하거나 그 의무가 있는 자 또는 업무·고용 등의 관계로 사실상 아동을 보호·감독하는 자가 최선의 노력으로 보호해야 할 대상이며, 아동의 건강·복지를 해치거나 정상적 발달을 저해할 수 있는 신체적·정신적·성적 폭력 또는 가혹행위 및 아동의 보호자에 의하여 이루어지는 유기와 방임을 해서는 안 된다는 것을 정의하고 있다(18세 미만 적용).

3) 청소년기본법

청소년의 권리 및 책임과 가정·사회·국가·지방자치단체의 청소년에 대한 책임을 정하고 청소년정책에 관한 기본적인 사항을 규정함을 목적으로 제정되었다. 이 법은 청소년이 사회구성원으로서 정당한 대우와 권익을 보장받음과 아울러 스스로 생각하고 자유롭게 활동할 수 있도록 하며 보다 나은 삶을 누리고 유해한 환경으로부터 보호될 수 있도록 함으로써 국가와 사회가 필요로 하는 건전한 민주시민으로 자랄 수 있도록 하는 것을 기본이념으로 하고 있다.

기본이념을 구현하기 위한 장기적·종합적 청소년정책을 추진할 때는 청소년의 참여 보장, 창의성과 자율성을 바탕으로 한 청소년의 능동적 삶의 실현, 청소년의 성장 여건과 사회 환경의 개선, 민주·복지·통일조국에 대비하는 청소년의 자질 향상을 청소년 정책추진의 방향으로 설정하며, 청소년육성 정책수립, 청소년지도자 양성, 청소년단체지원 등에 관련된 규정을 두고 있다(9세 이상 24세 이하 적용).

4) 청소년복지지원법

청소년복지 향상에 관한 사항을 규정함을 목적으로 제정되었다. 청소년을 우대하고, 청소년의 건강보장과 지역사회 청소년통합지원체계 및 위기청소년 특별지원, 청소년 가출 예방과 보호·지원, 이주청소년 및 다문화가족 청소년 지원, 교육적 선도 등의 서비스에 관한 근거규정과 해당 업무를 수행하기 위한 한국청소년복지개발원, 청소년상담복지센터, 이주배경청소년지원센터, 각종 청소년복지시설의 설치·운영에 관한 규정을 마련하고 있다(9세 이상 24세 이하 적용).

5) 아동의 빈곤예방 및 지원 등에 관한 법률(약칭: 아동빈곤예방법)

빈곤아동이 복지·교육·문화 등의 분야에서 소외와 차별을 받지 아니하고 한 사회구성원으로 건강하게 자랄 수 있도록 제도적 기반을 마련하는 것을 목적으로 하며, 기본이념으로는 빈곤아동이 부모의 사회적·경제적 지위와 상관없이 태어나서 자립할 때까지 충분한 역량을 갖출 수 있도록 균형 있고 조화로운 성장과 건강하고 행복한 삶을 누릴 수 있도록 하는 것을 규정하고 있다. 국가가 빈곤아동의 욕구에 대한 실태조사를 실시하여 지원에 관한 기본계획을 수립하도록 하고, 아동빈곤예방위원회를 중앙정부와 지방자치단체에 구성하는 등을 내용을 규정하고 있다(18세 미만 적용).

6) 아동학대범죄의 처벌 등에 관한 특례법(약칭: 아동학대처벌법)

아동학대범죄의 처벌 및 절차 관한 규정과 함께 피해아동에 대한 보호절차 및 아동학대행위자에 대한 보호처분을 규정하고 있다. 아동학대범죄 신고의무와 절차, 아동보호사건의 처리 절차를 규정하고, 피해아동의 후견인 지정과 상담위탁, 가해자의 접근금지와 친권제한 또는 정지 등의 보호처분, 피해아동 등의 청구에 의한 법원의 아동보호명령과 보조인 선임 등에 관한 규정을 두고 있다(18세 미만 적용).

7) 아동·청소년의 성보호에 관한 법률(약칭: 청소년성보호법)

아동·청소년대상 성범죄자의 처벌과 절차, 피해아동·청소년을 위한 구제 및 지원 절차, 아동·청소년대상 성범죄자와 관리에 관한 내용을 담고 있다. 가해자가 피해아동·청소년의 친권자나 후견인인 경우 친권상실청구, 피해아동·청소년의 보호조치 및 상담치료, 성범죄피해 진술 시 피해아동 보호를 위한 절차, 아동·청소년대상 성범죄의 신고의무, 성매매청소년에 대한 보호처분, 성범죄자의 신상공개 및 취업제한 등에 관한 규정을 두고 있다(19세 미만 적용).

8) 청소년보호법

청소년을 유해한 환경으로부터 보호·구제하기 위한 목적으로, 각종 영화, 게임, 음악, 공연, 방송, 신문, 잡지, 광고 등 청소년유해매체물을 심의·결정하여 유통을 규제하고, 주류, 담배, 마약류 등의 청소년유해약물과 성기구 등의 청소년유해물건 및 술집, 비디오방, 도박장 등 청소년유해업소에의 접근을 규제하고 위반 시 관련 사업자를 처벌하는 내용과 규정을 두고 있다. 한편 청소년유해환경으로부터 청소년을 보호하고 피해 청소년의 피해청소년의 치료와 재활을 지원하기 위한 청소년 보호·재활센터의 설치 근거를 마련하고 있다(19세 미만 적용).

9) 입양특례법

「아동복지법」상 보호대상아동의 입양에 관한 요건 및 절차 등에 대한 특례와 지원에 필요한 사항을 정하고 있다. 입양은 아동의 이익이 최우선이 되도록 하여야 한다는 원칙을 천명하고, 국내입양 우선 추진과 국외입양의 감축을 위하여 노력해야 할 국가의 의무를 정하고 있다. 양자가 될 자격과 양친이 될 자격, 친생부모의 동의에 관한 사항, 입양의 효과로서 「민법」상 친양자와 동일한 지위를 주는 규정, 파양, 국외입양, 입양기관, 입양아동의 복지지원, 입양정보의 공개 등에 관한 사항을 규정하고 있다(18세 미만 적용).

10) 헤이그 국제아동탈취협약 이행에 관한 법률(약칭: 헤이그아동탈취법)

'국제적 아동탈취의 민사적 측면에 관한 협약(Convention on the Civil Aspects of International Child Abduction)'은 1980년 10월 25일 헤이그에서 채택된 다자 조약이다. 양육권이 없는 부모가 해외로 아동을 불법 이동시킬 경우 아동을 원래 나라로 돌려보내도록 규정하고 있다. '헤이그 국제아동탈취협약' 혹은 '탈취협약', '헤이그협약' 등으로 부르며, 2016년 기준으로 한국과 미국, 일본, 독일, 영국 등 90개 이상의 국가가 가입해 있다.

헤이그 국제아동탈취협약은 헤이그국제사법회의(Hague Conference on International Private Law, HCCH)에 의해 만들어졌다. 헤이그국제사법회의는 가족·아동 보호와 민사소송 관련 법안을 개발해 제공하는 상설 국제기구다. 1893년 첫 회의를 소집한 뒤 1955년 국제기구로 발족했다. 국제결혼이나 이민, 입양 등이 늘어나면서 생기는 분쟁 해결을 위해 국가마다 다른 가족·아동 보호, 민사소송 관련 법률을 조정하는 역할을 한다.

한국은 2012년 2월 헤이그 국제아동탈취협약에 대한 가입동의안이 국회를 통과해 2013년 3월 1일 발효되었다. 또한, 협약 이행을 위해 2012년 12월 「헤이그 국제아동탈취협약 이행에 관한 법률」이 제정되어 2013년 3월 1일부터 시행되고 있다(16세 미만 적용).

11) 소년법

소년에 대한 보호조치와 형사처분에 관한 특별조치 내용을 담은 법률이다. 「소년법」상 소년은 19세 미만인 사람을 말한다. 1958년 7월 24일 처음 제정·공포되었다. 구체적으로는 소년 보호사건의 절차 및 실체, 소년 형사사건의 절차 및 실체에 관한 특칙을 규정하고 있다. 소년사건은 크게 보호사건과 형사사건으로 구분한다. 소년 보호사건은 가정법원 소년부 또는 지방법원 소년부의 관할에 속한다. 소년 보호사건의 심리와 처분 결정은 소년부 단독 판사가 한다. 소년사건에 대하여는 보호처분을 원칙으로 한다. 형사처분해야 할 경우에도 소년법 절차에 따라야 하지만, 특별한 규정이 없을 경우엔 형사소송법의 규정에 따른다.

(1) 보호사건

검사는 소년에 대한 피의사건을 수사한 결과 보호처분에 해당하는 사유가 있다고 인정한 경우에는 사건을 관할 소년부에 송치해야 한다. 이에 따라 송치된 사건을 소년부가 조사하거나 심리한 결과 동기나 죄질이 금고 이상의 형사처분을 할 필요가 있다고 인정될 때는 해당 검찰청 검사에게 송치할 수 있다. 이 경우에는 다시 소년부로 송치할 수 없다.

(2) 형사사건

「소년법」은 소년 형사사건에 대한 심리 방침 등을 규정한다. 소년에 대한 형사사건의 심리는 다른 피의사건과 관련된 경우에도 심리에 지장이 없으면 그 절차를 분리해야 한다. 또한, 친절하고 온화하게 심리를 진행하며 심리 과정에서 소년의 심신상태와 품행, 경력, 가정상황 등에 대해 정확한 사실을 밝힐 수 있도록 특별히 유의해야 한다.

형사사건에서 18세 미만인 소년에 대하여 사형 또는 무기형으로 처할 경우에는 15년의 유기징역을 처하도록 하는 등 처벌을 완화하는 규정을 마련하고 있다(19세 미만 적용).

3. 아동인권 관련 쟁점

1) 아동에 대한 관점과 인권교육

「헌법」에서는 아동을 존중하고 평등한 인간으로 바라보고 있고, 아동권리협약에서도 아동의 의견표명권, 표현의 자유, 결사의 자유, 사상·양심 및 종교의 자유, 평화적 집회의 자유, 사생활에 대하여 간섭받지 않을 자유 등의 권리를 성인과 동등하게 인정하고 있다. 그럼에도 불구하고 자유를 누릴 자격이 없는 것처럼 취급되곤 한다.

아동의 권리에 대한 존중은 일상생활에서 사소하다고 치부하는 것에서부터 시작된다. 국가인권위원회는 2005년 3월 25일자 결정에서 초등학교에서 실시하는 일기장 검사관행이 아동의 사생활과 양심의 자유를 침해할 소지가 있다고 하여 교육인적자원부장관에 대하여 그 개선을 권고하였다. 이러한 사례들은, 일반적으로 아동에 대하여 관행적으로 이루어지는 행동들이 인권의 측면에서 다시 평가되어야 함을 보여 주고 있다.

아동의 인권은 아동이 발달과정에 있기 때문에 더욱 중요하다. 나이가 어리다는 이유로 인권이 무시되는 경험을 하는 것이 아니라 오히려 어린 나이부터 자기 자신과 타인의 인권을 존중하고 존중받는 경험을 하는 것이 매우 중요하다. 이를 위해서 인권 친화적인 사회환경을 만들고, 아동과 성인 모두에 대하여 아동의 인권에 대한 교육훈련을 제공할 필요가 있다. 유엔아동권리위원회에서는 제3, 4차 한국 정부보고서에 대한 최종견해에서 학교 교과과정에 아동권리와 인권에 관한 내용을 포함하는 것은 물론, 아동 관련 활동에 종사하는 모든 전문가 집단에게 아동권리에 대한 적절한 교육을 제공하고, 아동의 권리에 대한 대중들의 인식향상을 위한 조치를 강화할 것을 권고하였다. 아동에게 영향을 미치는 사람들의 범위는 또래, 부모, 교사, 교직원뿐만 아니라 각종 청소년전문가, 미디어 등 광범위하므로 사실상 아동의 권리에 대한 사회 전반적인 인식을 개선하기 위한 노력이 요청된다. 아동인권에 대한 모니터링과 정책연구를 주요 기능으로 하는 독립적인 기구를 마련하는 것이 필요한 방법이다.

2) 탈 가정 청소년과 지위비행

모든 사람이 성인될 때까지 충분히 보호자의 보호와 지원을 받다가 독립에 이룰 수 있다면 바람직하겠지만, 이러한 상황들이 현실에서 가능한 것은 아닌 것이다. 다양한 이유로 청소년은 가족의 적절한 보호를 받지 못하거나 가정 내에서 신체적·정서적·경제적·성적 학대를 당하고 가족을 떠나기도 한다. 서류상에 부모가 있을지라도 실제 생활 속에서 부모의 지원을 전혀 받지 못하고 거리를 떠돌며 살아가는 아동, 청소년이 우리 사회에 존재하고 있다. 실제로 청소년기에 다양한 문제로 가출한 경험은 상당히 광범위하게 나타나고 있다. 이렇게 집을 가출한 청소년은 사회제도적 보호가 미치지 못한 곳에서 극도의 불안과 빈곤한 상태로 생활하여 성인이나 다른 또래에 의한 폭력 등 착취에 무방비로 노출되는 경우가 빈번하게 발생하고 있다. 누구보다도 국가의 보호가 긴급하게 필요한 상황에 처해 있다고 볼 수 있다.

그럼에도 불구하고 흔히 신문 등 뉴스에서 드러나듯 우리 사회는 가출 자체를 반사회적인 행동으로 바라보고 가출한 청소년을 비난하고 범죄 시하는 경향이 있다. 「소년법」에서는 '정당한 사유 없이 가출하는 것' 등을 우범사유로 규정하고 있는 것도 이러한 시각을 반영한다고 볼 수 있다. 이러한 부정적 시선과 편견 속에서 집을 가출한 청소년은 사회의 도움을 요청하는 것이 아니라 보이지 않는 어둠 속으로 숨는 경향이 있고, 결국 범죄의 피해자로 노출되기 쉬운 상태이자 동시에 범죄를 생존방식으로 학습하게 되는 상황에 처하기도 한다.

유엔아동권리위원회는 일반논평 10호(소년사법에서 아동의 권리)에서 가출과 같은 소위 '지위비행'을 철폐할 것을 권고하고 있다. 1990년 12월 유엔총회에서 채택된 소년비행예방지침(The Riyadh Guideline)에서도 아동의 행동에 대하여 일탈, 비행이라는 낙인을 부여하여 범죄시하는 것이 낙인화를 조장하여 결과적으로 범죄행동에 빠질 가능성을 오히려 증가시킨다고 보고 있다. 무엇보다도 청소년이 집 밖에 있다는 사실 자체에 대한 비난에 앞서 현실적인 생존을 보장하고 각종 위험으로부터 벗어나도록 하는데 일차적으로 정책적 관심을 집중해야 할 것이다. 그리고 이러한 인식의 전환이 사회적으로 확산되도록 언론, 검찰, 경찰 등을 상대로 교육을 실시하고 지침을 마련하고 문제가 되는 법령 등에 대해서는 개정을 적극적으로 추진하여야 한다.

청소년이 원가정으로 돌아가야 하는지 대안가정으로 가는 것이 좋은지, 혹은 자립하는 것이 더욱 바람직한지에 대한 결정은 개별적인 청소년의 의견을 청취하고 여러 가지 상황을 살펴본 후에 청소년과 함께 판단하여야 할 것이다. 이러한 과정 없이 무작정 청소년을 원가정으로 돌려보내는 강제적 조치는 문제를 해결하는 것이 아니라 오히려 악화시킬 수 있으므로 유의해야 할 것이다. 사람은 언젠가는 원가족을 떠나서 독립하게 되어 있으며 그 시기가 모두 같지는 않다는 점을 인식하고, 청소년이 일찍 자립해야 할 상황이라면 필요한 지원을 강구하는 것이 더욱 효과적인 개입이 될 수 있다는 방향으로 정책을 마련하여야 할 것이다.

3) 근로 청소년과 노동 보호

우리 사회의 많은 청소년이 노동시장에 참여하고 있다. 많은 청소년이 중학교, 고등학교까지 아르바이트를 경험하고 있으며, 이렇게 아르바이트를 경험한 청소년 대부분이 노동 관련 권리에 대하여 잘 인지하지 못하고 있다. 연소자의 근로에 대한 특별한 보호는 「헌법」 제32조 제5항에서 보장하고 있는 권리이며, 아동권리협약 제32조에서도 경제적 착취로부터 아동을 보호할 국가의 의무를 규정하고 있다. 이러한 권리를 실현하려면 단순히 법령안에 권리들이 활자화되어 있다는 사실로는 충분하지 않을 것이다. 청소년이 그러한 권리를 알고 행사할 수 있도록 교육과 구제 절차, 감독 기제 등을 적절히 마련하는 것이 중요하다. 특히 근로하는 청소년들의 다양한 환경적 배경과 상황에 맞추어 교육 및 구제 절차의 접근성을 높여야 할 것이다.

다양한 조사 자료에서도 이른 시기에 아르바이트를 경험하고 있는 청소년들은 부모의 교육수준이 낮거나 가정의 경제적 수준이 낮은 경향이 있다고 한다. 또한 집 밖에서 부모의 도움이나 보호가 전혀 없는 상태에서 근로하는 청소년들은 특별히 부당한 대우에 취약할 수밖에 없다는 사실을 인식하고 정책을 마련하여야 할 것이다.

4) 아동·청소년 문화와 국가 통제

아동권리협약 제31조에서는 “아동이 휴식과 여가를 즐기고, 자신의 연령에 적합한 놀이와 오락 활동에 참여하며, 문화생활과 예술에 자유롭게 참여할 수 있는 권리”가 있음을 명시하고(제1항), 이에 국가는 “‘문화적·예술적 생활에 완전하게 참여할 수 있는 아동의 권리를 존중하고 촉진하며, 문화, 예술, 오락 및 여가활동을 위한 적절하고 균등한 기회의 제공을 장려” 할 의무를 규정하고 있다(제2항). 우리나라에서는 「청소년활동진흥법」을 제정하여 각종 수련시설, 활동시설 등을 설치하고 있는 것은 이와 같은 권리를 실현하기 위한 노력의 일환이라고 할 수 있다.

하지만 현실적으로 우리나라의 대부분의 아동·청소년은 하루 중 여가시간이 거의 없이 학업에 대부분의 시간을 보내고 있다. 15~24세 청소년의 생활패턴을 OECD 국가와 비교한 김기현 등(2009)의 연구에 의하면, 다른 나라에 비하여 우리나라 청소년의 학습시간이 2시간 이상이 길고(공교육 중심), 참여 및 봉사활동 시간이 저조하며, 수면시간과 운동시간이 가장 짧은 수준으로 나타나고 있다. 유엔아동권리위원회는 한국정부에 대한 최종견해에서 학생들이 학습으로 인하여 심각한 스트레스를 받으며 이로 인하여 여가·문화 활동에서 충분히 권리를 향유하지 못하고 있음을 지적하였다.[3)]

각종 통계에서도 많은 청소년이 핸드폰이나 컴퓨터게임 등 미디어 사용에 대부분의 여가 시간을 보내고, 스포츠에는 겨우 16분 정도를 사용하는 것으로 나타나고 있다. 이러한 배경에는 최근 청소년의 인터넷 게임 중독에 대하여 사회적 우려가 커지고 있다고 보인다. 그렇다고 하여 인터넷 게임을 제한하는 것이 바람직한 정책적 대안인지는 의심의 여지가 있다. 청소년의 생활패턴을 전체적으로 고려할 때, 학습 때문에 사실상 낮 시간에 할 수 있는 다양한 여가활동이나 집단 활동을 하지 못하여 이런 행동패턴이 나타나는 가능성도 살펴보아야 할 것이다. 무엇보다도 우리 사회가 놀이의 가치를 상대적으로 매우 낮게 평가하는 분위기를 조성하는 데 우선순위를 두고 충분한 노력을 기울이고 있다고 볼 수 없고, 이러한 가운데 청소년들이 유일한 여가

3) 유엔아동권리위원회(2012). 최종견해: 대한민국, CRC/C/KOR/CO/3-4, 62 & 63문단 참조.

활동으로 인터넷에 대한 의존도가 더욱 높아진다는 측면을 간과할 수 없는 것이다.

따라서 청소년보호라는 명목으로 시행되고 있는 음악, 영상 등에 대한 등급판정과 같은 강제적 셧다운제 등 각종 시책이 청소년의 문화생활에 대한 권리를 지나치게 제한하고 있는 것은 아닌지 점검해 볼 필요가 있다. 물론 청소년을 유해 환경으로부터 보호하는 것이 국가 의무의 일부이기도 하지만, 관념화된 고정적 관점에서 사로잡혀 빠르게 변화되는 청소년 문화를 이해하지 못하고 성인의 가치판단을 강제하는 것은 매우 위험하다고 할 수 있다. 특히 인터넷 사용은 청소년들 관계의 문화로 빠르게 자리 잡고 있는 것으로, 유엔아동권리위원회는 일반논평 17(휴식, 여가놀이, 오락 활동, 문화생활, 예술에 대한 권리)에서, 오히려 이러한 기술에 모든 아동이 균등하게 접근할 기회를 가질 수 있도록 보장하도록 권고하고 있다. 다만 인터넷을 통하여 이루어지는 괴롭힘이나 폭력과 인터넷으로 인한 동적인 활동이 부족해지는 문제 등에 대처하여야 한다고 지적하고 있는 문제들을 참고할 필요가 있다.[4)]

5) 아동·청소년의 활동과 안전

아동청소년의 안전을 위한 관리감독에 대한 국가의 책임은 매우 중대하다. 아동권리협약 제3조 제3항에서는 당사국이 "안전과 위생분야 그리고 직원의 수 및 적격성은 물론 충분한 감독 면에서 기준에 따를 것을 보장"하여야 한다는 의무를 부여하고 있다. 그러나 우리나라에서는 1999년 씨랜드 청소년수련원에서 18명의 유치원생을 비롯한 23명이 사망한 사건이 있었고, 2013년에는 해병대 캠프에서 고등학생 5명이 사망한 사건, 2014년 4월에는 여객선 세월호가 침몰하는 사고로 수학여행을 가던 고등학생 246명이 사망하고 4명이 실종된 사건까지 아동청소년이 안전사고로 인하여 심각한 피해를 당하는 안타까운 사건들이 발생하였다.

이러한 사고가 발생하면 아동청소년의 활동을 억제하는 방향의 대책이 제

---

4) 유엔아동권리위원회(2013). 일반논평 17: 휴식, 여가, 놀이, 오락활동, 문화생활, 예술에 대한 권리(제31조), CRC/C/GC/17.

시되는 경우도 있다. 그러나 안전사고의 위험을 이유로 아동청소년의 활동자체를 막는 것은 인권에 부합하지 않을 뿐만 아니라 아동청소년들에게도 적절한 것은 아니다. 아동청소년이 여가, 놀이, 오락활동, 문화생활을 향유하는 것은 인권으로서 보장된 권리일 뿐만 아니라 아동청소년의 건강과 창의력, 자신감의 발달, 신체적·사회적·인지적·정서적 기능의 향상에도 긍정적인 효과가 있기 때문이다. 특히 자연환경에서의 활동 경험은 아동의 정서를 풍부하게 하고, 스트레스를 경감시키며, 균형 잡힌 성인으로 성장시키는 데 긍정적인 효과가 있다.

아동권리위원회는 일반논평 17에서 위험에 대한 두려움으로 인하여 아동청소년의 활동을 지나치게 밀착하여 감독하는 것의 위험성을 밝히면서, 위험으로부터 아동을 보호하여야 하지만, 일정한 정도의 위험과 도전은 놀이의 일부이며 이러한 활동을 통하여 혜택을 얻기 위한 필수적인 요소이기도 하다는 점을 지적하고 있다. 그러므로 한편으로는 거리의 차량을 통제하고 거리조명을 밝게 하고 운동장 안전구역을 마련하는 등 위험요소를 줄이면서, 다른 한편으로는 아동이 스스로 자신의 안전을 위하여 주의할 수 있도록 교육하고, 훈련하고, 역량을 향상시키는 균형을 찾아야 한다고 권고하고 있다.

국가가 더욱 관심을 가지고 감독하여야 할 사항은 아동을 상대로 서비스를 제공하거나 영업을 하는 사람들일 것이다. 아동청소년의 경우 문제제기를 하거나 항의할 가능성이 적다는 이유로, 이익을 추구하는 사람들이 이를 악용하여 아동청소년 관련 각종 시설, 활동 등의 사업자를 감독하는 한편, 지도인력에 대한 안전교육과 훈련이 적절히 이루어지도록 엄격하게 관리할 필요가 있다. 국가는 아동청소년이 안전하면서도 자유롭게 이용할 수 있는 공간을 많이 마련하는 방향으로 정책을 추진하여야 할 것이다.

6) 아동의 정신건강과 자살

우리나라 아동·청소년의 자살률은 OECD회원국과 비교하면 평균보다 높은 편이며 크게 증가하는 추세에 있다. 10~24세 아동·청소년의 자살률의 증가추이는 해마다 증가하고 있는 추세이다. 아동의 주관적 행복지수가

2009년 조사한 이래 계속하여 OECD 회원국 가운데 최하위를 차지하는 것도 아동의 정신건강 상황의 열악한 수준을 보여준다.

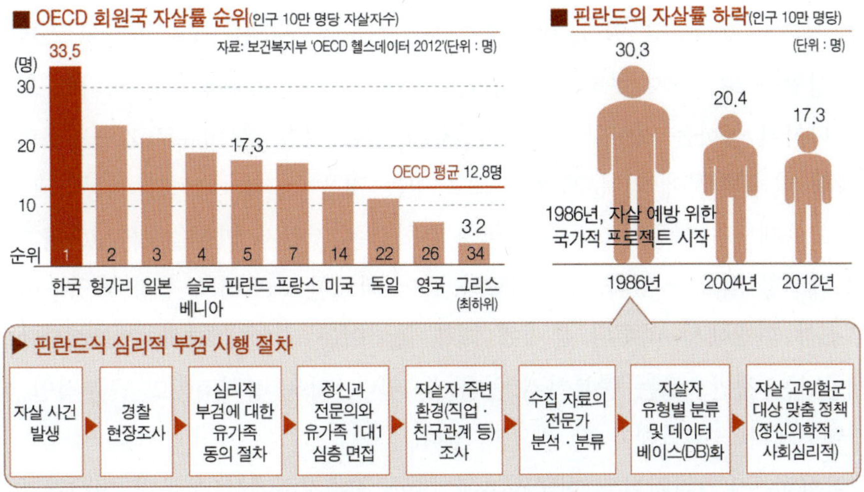

그림 10-3 OECD 국가 자살률

한국 아이들의 행복지수는 경제협력개발기구(OECD) 국가 중 꼴찌로 나타났다. 한국 어린이·청소년 행복지수 국제비교 조사를 한 결과, 2016년 한국의 행복지수가 OECD 23개 회원국 중 가장 낮았다. 행복지수는 청소년 개개인이 얼마나 행복하다고 생각하는지 조사해 점수화한 것이다. 한국 어린이·청소년의 주관적 행복지수는 평균점수(100점)보다 34점이나 낮은 69.29점이었다. 가장 높은 스페인(114.92점)보다는 45.63점이나 낮았다.

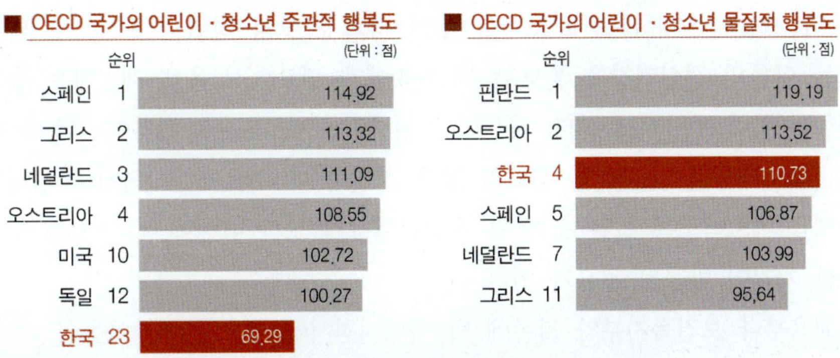

그림 10-4 OECD 국가의 어린이·청소년 행복도

생명에 대한 권리는 인권 중에서도 가장 기본적이고 중대한 권리이다. 아동권리협약 제6조에서는 '모든 아동이 고유의 생명권을 가지고 있음을 인정'하며, '당사국은 가능한 최대한도로 아동의 생존과 발달을 보장하여야 한다'는 의무를 부여하고 있다. 아동청소년이 스스로 목숨을 끊을 만큼의 스트레스 상황을 해소하지 못하고 방치하는 것은 생명권 보장에 대한 국가의 의무를 다하지 못하는 것이다. 특히 자살하고 싶은 가장 큰 이유로 가출청소년이 '성적 및 진학문제'의 문제점을 꼽고 있는 것을 볼 때, 국가가 제공하고 있는 교육제도가 아동청소년의 인권에 부합하는 것인지 의심을 가지고 평가하고 개선할 필요가 있다. 입시제도와 같이 과도한 스트레스 상황을 양산하는 구조적 환경에서 비롯된 문제에 대해서는 아동 개인에 대하여 심리상담을 제공하는 것만으로는 충분하지 않을 수 있다. 더욱 장기적이고 근본적인 국가행동계획을 수립해야 할 필요가 있다.

유엔아동권리위원회는 한국정부에 대한 최종견해에서 아동의 정신건강에 대하여 우려하며, 특히 여자 아동의 우울증과 자살비율이 증가하는 것에 대하여 우려를 표명하였다. 이에 포괄적인 서비스 체계를 개발한 것을 권고하며, 이때 자살 검진과 예방을 위해 적용하는 진단 도구가 아동의 사생활에 대한 권리를 충실히 보장하고 충분한 상의를 통하여 적당한 안전장치를 설치한 것이어야 한다고 권고하였다.

아동의 자살이 발생한 후 사후적 대책에 대해서도 구체적인 정책이 필요하다. 특히 학교에서 자살이 발생하거나, 따돌림이나 괴롭힘 등 학교와 관련된 문제로 자살이 발생할 때 학교가 아동의 이익보다는 학교나 교사의 이익을 우선하여 은폐하는 데 초점을 두어 정작 자살의 경위를 조사하고 남아 있는 아동의 정신건강을 돌보고 그 가족에게 필요한 도움을 제공하는 등의 역할을 하지 못하기도 한다. 자살이 발생하였을 때 자살로 인하여 영향을 받는 다른 아동들이 사실을 정확히 알고 적절히 애도를 표현하면서도 심리적 충격을 해소하도록 돕는 조치 등 시간단위로 학교가 취해야 할 조치를 구체화한 지침이 마련될 필요가 있다.

교육부나 보건복지부가 기존에 발간한 지침서에서는 사망한 아동이 '자살을 통하여 다른 사람에게 피해를 끼쳤다'는 관점을 취하는 경우가 기술되어 있다. 이러한 관점에 편승하여 학교는 책임을 회피하고 오히려 해당 아동과 보호자를 비난하는 경우도 있다. 또 아동이 죽음에 이르게 된 실제 경위를 파악하는 데 필요한 협조를 제공하지 않기도 한다. 수사기관의 협조를 통하여 죽음에 대한 정확한 사실을 신속히 밝힘으로써 사람들의 동요를 최소화하려고 노력하기보다 오히려 사건을 감추고 교사나 학생의 발언을 통제하도록 하는 데 더욱 노력을 기울이는 측면이 드러나기도 한다. 이러한 지침의 적절성을 학교 중심이 아닌 아동 중심의 관점에서 재평가하고, 아동의 이익에 부합하는 내용으로 개선할 필요가 있다.

7) 아동보호와 아동의 의견표명권

아동의 양육에 대한 권한과 책임은 원칙적으로 부모에게 맡겨져 있다. 하지만 부모가 아동을 적절하게 양육하지 못하고 오히려 아동을 학대하거나 방임하는 등 아동에게 해로운 행동을 하게 될 때 국가는 아동의 권리를 보호하기 위하여 개입할 의무가 있다. 때로는 국가가 아동에 대한 부모의 권리를 빼앗는 극단적인 결정을 내리는 경우가 있을 수 있지만, 기본적으로 국가는 부모가 아동양육의 권리와 책임을 적절히 이행할 수 있도록 지원할 의무가 있다.

아동보호에 관한 중요한 대원칙은 '아동의 최상의 이익을 최우선으로 고려'하여야 한다는 것이다. 아동권리협약 제3조는 '공공 또는 민간 사회복지기관, 법원, 행정당국 또는 입법기관 등에 의하여 실시되는 아동에 관한 모든 활동에 있어서 아동의 최상의 이익이 최우선적으로 고려되어야 한다고 하고 있다. 동일한 원칙이 「아동복지법」 제2조 제3항에도 규정되어 있다. 이러한 원칙은 아동을 둘러싸고 부모나 친척 등 여러 이해관계가 갈등적으로 관계가 있을 때 아동을 중심으로 놓고 아동을 위하여 가장 바람직한 해답을 찾는 것이 우선순위로 고려되어야 함을 의미한다.

어떠한 부분이 아동의 최상의 이익을 도모하는 것인지에 대한 판단은 상황에 따라 다를 수 있으나 우선은 아동의 안전과 건강이 최우선적으로 고려되어야 할 것이다. 따라서 아동의 안전과 건강이 위협받고 있는 것을 보고도 부모나 친척에게 양육권한이 있다고 하여 모른 척하는 것은 용인되지 않는다. 상황을 파악하고 필요한 경우 아동보호전문기관(국번 없이 1391)에 신고하여야 할 것이다. 이 과정에서 무엇보다 아동의 의견을 청취하는 것이 중요하다. 아동에게 최선의 이익이 무엇인지에 대한 판단은 아동의 의견에서부터 출발하여야 하기 때문이다. 유엔아동권리위원회가 일반논평 12(아동의 의견표명권)에서 지적하듯이 아주 어린 아동이라도 비언어적인 의사표현을 할 수 있고, 세상의 모든 것을 다 알지는 못할지라도 자신의 인생에서 중요한 사안에 대하여 의견을 말할 수 있다고 보아야 한다.

이를 위해서는 아동이 안전한 상황에서 솔직하게 의사표현을 할 수 있도록 환경을 마련하고 진지하게 경청하는 구체적인 절차와 방법을 마련하는 것이 중요하다. 아동이 직접 의견을 표현하도록 하거나 부모나 친척은 이해관계가 상충되기 쉬우므로 아동과 이해관계가 상충되지 않는 성인이 대리인으로서 아동을 옹호할 수 있도록 절차적으로 보장하는 방법 등이 있을 수 있다. 이러한 노력 없이 아동이 미숙하여 의사표현능력이 없을 것이라고 전제하고 담당자가 마음대로 아동을 배치하는 것은 공권력의 자의적 행사 내지 또다른 폭력이 될 위험이 있는 것이다.

8) 대안양육과 입양, 원가정 지원

아동의 원가족이 아동을 제대로 양육할 수 없거나 원가족이 아동을 유기하거나 포기한다면, 국가가 그 아동에 대한 보호양육에 책임을 져야 할 것이다. 유엔총회에서 채택된 결의안의 아동의 대안 양육에 관한 지침(A/RES/64/142)에서는 이러한 경우에는 아동을 위하여 원가족과 가까운 형태의 가족 같은 대안양육의 공간을 마련하고, 아동이 안정적으로 보호자와 애착관계를 형성하여 성장하도록 하는 목표로 정책을 마련하고 실행하여야 한다는 지침을 제시하고 있다. 가능한 한 대안가정에 형제를 함께 배치하도록 하고, 대안가정에서 아동의 정체성과 종교, 언어가 존중되도록 하여야 한다는 내용 등이다.

우리나라의 경우 아동양육은 주로 대규모 및 소규모시설에서 담당하고 있다. 시설이 반드시 부정적이라고 할 수는 없지만, 아동의 개별성이 존중되고 발현되며 지속적이고 안정된 애착관계를 형성할 수 있기 위해서는 가족과 같은 환경을 제공하는 것이 바람직할 것이다. 유엔아동권리위원회가 한국 정부에 대하여 권고한 바와 같이 국가는 최소한 현재 운영되고 있는 각종 시설 및 대안가정에 관하여 시설의 행정적 운영뿐만 아니라 양육의 질, 인력의 기술과 전문성 등 내용적인 면을 정기적으로 평가해야 할 것이다. 학대와 방임을 발견하고 적절히 조치할 수 있도록 체계를 갖출 수 있도록 지도하고, 지원하여야 한다.

우리 사회 내에서 입양을 통하여 아동이 온전하게 가족관계를 형성할 수 있도록 적극적인 홍보와 지원을 강화할 필요가 있다. 이를 위해서는 무엇보다도 입양에 대한 부정적인 편견이 높은 사회적 분위기를 해소하는 방안이 강구되어야 한다. 입양되었다는 사실이 부정적인 의미로 인식되지 않도록 입양된 아동이 또래집단이나 성인으로부터 비난받는 것이 아니라 존중받는 사회적 환경을 마련하도록 조치를 취하여야 한다. 또한 입양절차에서 아동의 의견을 청취하고 아동 최선의 이익을 위한 판단을 할 수 있도록 법원의 기능을 강화하면서 관련 조항인 아동권리협약 제21조(a)에 대한 유보를 철회하도록 나아가야 할 것이다(국가인권위원회 2005. 4. 11자 '유엔아동의 권리에 관한 협약 제21조의 유보철회 및 이행에 대한 권고 참조).

물론 대안양육에 앞서 먼저 강조되어야 할 중요한 정책은 가능한 한 아동이 원가족과 함께 성장할 수 있도록 국가가 그 가족이 처한 어려운 상황을 해소하도록 지원하는 것이 우선시 되어야 할 것이다. 최근 베이비박스 등 아동이 유기되는 문제가 발생하고 있는데도 유기된 아동을 사회가 어떻게 양육할 것인지의 정책이 중요한 만큼 자녀를 포기할 정도로 사회적·경제적으로 자녀양육에 어려움을 겪는 부모를 지원하는 대책에 대한 고민도 중요하다. 예를 들면, 비혼모 또는 비혼부가 자녀를 양육하기 어려운 사회적 환경 속에서 아동의 유기나 불법 입양이 발생하기도 한다는 점을 고려하여 원가족 지원 우선의 원칙에 따라 비혼모 및 비혼부를 위한 각종 지원과 인식개선 정책을 마련하는 방법 등을 고려하여야 할 것이다.

헤이그국제아동입양협약[5] 원칙

01. 입양은 아동의 가장 근본적인 권리를 존중하고 아동의 최선의 이익을 보장하기 위해서 이루어져야 합니다.
02. 원가정 보호가 원칙이며 원가정 보호가 불가능할 경우 국내에서 보호할 수 있는 가정을 찾고 그래도 없으면 국제입양을 추진하는 순서로 아동 최선의 이익을 보장해야 합니다.
03. 국가는 입양을 위해 행해질 수 있는 아동의 유괴, 인신매매를 방지해야 합니다.
04. 아동 보호를 위해 국가 간 긴밀한 협조체계를 구축해야 합니다.
05. 입양국의 입양결정을 다른 체약국에서도 자동으로 인정해야 합니다.
06. 협약을 이행하기 위한 권한 당국이 있어야 하며, 권한 당국은 중앙당국, 공공당국, 사법 또는 행정당국, 인가단체를 둘 수 있습니다.

9) 다양한 가족의 표용과 수용

아동은 자신이 출생한 한국인 부와 모와 함께 생활하는 형태의 가족관계를 '정상'이라고 여기며, 그 외의 형태의 가정을 '비정상'으로 보는 시각을 가질 때, 가족관계를 이유로 불합리하게 아동을 차별하는 일이 발생할 수 있다. 실제로 가족배경을 이유로 아동이 부정적인 시선과 비난을 받는 경우가 많이 발생하고 있다. 예를 들면, 이혼 가정, 재혼 가정, 한부모 가정, 조손 가정, 다문화 가정이나 이주 배경을 가진 아동, 난민 아동, 입양 아동, 혼외자, 장애인 부모를 가진 아동, 북한이탈주민 아동 등은 그 가족의 모습이 많은 사람들이 흔히 생각하는 '정상적 가정'의 모습이 아니라는 이유로 놀림 받고 따돌림과 괴롭힘을 받으며 피해를 당하거나 인격적으로 무시를 당하기도 한다.

아동이 모두 개별적인 인격체로 누구나 똑같이 존경받아야 한다는 인식에서 출발한다면 아동의 가족배경을 이유로 그 아동에 대한 생각과 대우가 달라져서는 안 될 것이다. 특히 부모의 관계나 자신의 출생 배경 등의 상황은 아동이 스스로 통제할 수 없는 것으로 아동이 비난을 받아야 할 정당한 이

5) 한국은 2013년 5월 24일 '국제입양에 관한 아동의 보호 및 협력에 관한 협약'(헤이그국제아동입양협약)에 가입하였다. 이 협약은 1993년 5월 29일 헤이그 국제사법회의에서 채택되었고, 1995년 3월 1일부터 발효되었다.

유가 없다. 오히려 많은 아동이 다양한 가족 형태 속에서 살아가고 있다는 것을 사회가 인정하고, 그 다양성을 가치 있게 여기고 존중하도록 사회 환경을 조성하는 것이 교육적이고 인권에 부합하는 적절한 것이다. 이를 위해서는 학교와 각종 아동청소년 관련 기관을 중심으로 사회 전체적으로 다양성의 포용을 목표로 하는 아동과 성인 대상 인권 교육 및 인식개선 정책이 필요한 것이다.

국가가 제도적으로 차별을 용인하고 조장하는 부분이 있다면, 그러한 제도에 대한 개선도 동시에 이루어져야 할 것이다. 헌법재판소에서 2005. 12. 22. 선고한 2003헌가5·6(병합) 결정에서 자녀의 성을 부의 성을 따르도록 규정한 「민법」 조항에 대하여 위헌이라고 선고하면서, 가부장적 가치질서를 유지하느라 개인의 실질적인 가족관계를 존중하지 못하는 것이 타당하지 않다고 설명하였다. 형식적·전통적·제도적인 가족관계를 중시하느라 실질적인 가족관계를 존중하지 못하는 행정적 문제가 있다면 그에 대한 개선의 필요성을 지적하고 있는 것이다. 예를 들면, 가족관계등록부에 본인이나 가족과 관계된 개인정보가 지나치게 많이 기재되는 것은 아닌지, 이러한 정보가 다른 사람들에게 공개됨으로써 그 가족이 어떤 피해를 입는 것은 아닌지 등의 문제를 살펴볼 필요가 있다.

또한 청소년이 아이를 출산하여 양육하는 경우, 청소년이자 미혼모라는 이유로 비난을 받고 사회적 불이익을 받는 문제도 심각하게 다루어져야 한다. 청소년이 자녀를 출산하여 양육하는 경우 현대의 사회제도를 구성하고 있는 일반적인 구조와 부합하지 않아 본인이 여러 가지로 어려움을 겪을 수 있는 것이다. 그러한 이유로 청소년기에 자녀를 출산하는 것이 청소년 본인에게 바람직하지 않다는 견해가 있을 수 있다. 하지만 그렇다는 이유만으로 청소년이 자녀를 출산하고 양육하는 행위 자체가 사회적으로 비난을 받는 이유가 될 수 없는 것이다. 오히려 청소년이 자녀를 출산하고 양육하는 문제에 직면하여 교육과 직장생활의 어려움 등 다양한 문제에 직면해 있다면, 국가는 이러한 문제를 완화시킬 수 있는 정책을 마련하여 청소년과 그의 자녀가 모두 건강하게 생활할 수 있도록 지원방안을 강구하여야 할 것이다.

10) 아동청소년의 정치적 참여

우리나라에서는 19세가 되어야 선거권을 행사할 수 있을 뿐만 아니라, 선거운동이 정당 활동까지도 할 수 있도록 제한하고 있다. 선거권의 경우 대통령 선거와 국회의원선거를 포함하여 교육감 선거 및 지방자치단체 선거까지 모두 19세의 연령기준이 적용되고 있다. 헌법재판소에서는 이와 같은 연령기준에 대하여 모두 합헌결정을 내린 바 있다(헌재 2103. 7. 25. 2012헌마74,: 헌재 2014. 4. 24. 2012헌마 287 등).

우리나라의 선거연령기준인 19세 기준은 세계적으로 대부분의 국가에서 선거연령을 많으면 18세, 적게는 16세 정도까지로 낮추고 있는 것과 비교할 때 높은 편이라고 할 수 있다. 「병역법」에서는 18세부터 군 입대를 할 수 있게 하고, 국가공무원 및 지방직 공무원 시험 등도 18세에 지원할 수 있게 하고 있다. 또한 「아동복지법상」 18세까지 만을 보호대상으로 포괄하고 있는 것과 비교하여도 선거연령을 19세로 정하고 있는 것이 법체계상 타당한지 의문을 제기하지 않을 수 없다. 무엇보다도 투표권을 행사하는 것이 아닌 선거운동이나 정당 활동까지도 연령을 기준으로 규정하고 있는 것이 과연 타당한지에 대해서는 여전히 논쟁이 있다.

청소년의 정치적 참여를 현행법과 같이 일률적으로, 전면적으로 제한하는 것이 아동인권에 부합하지 않을 뿐만 아니라 더러 정책적으로 바람직하지 않다는 비판이 설득력 있게 제기될 수 있다. 선거연령을 가지고 민주국가인지 아닌지를 따질 수는 없지만, 우리나라는 그 면에선 확실하게 후진국이다. 왜냐하면 전 세계 대부분의 국가가 18세 이상이면 선거권을 부여한다. 한국처럼 19세가 넘어서야 선거권을 부여하는 나라는 튀니지, 파키스탄, 피지, 쿠웨이트, 보츠와나, 일본 등 20개국 정도에 불과하다.

우리나라의 선거참여 연령은 19세로 되어 있다. 이에 비해 이란은 15세에 선거권을 부여하고 있고, 브라질, 북한은 각각 16세, 17세에 부여한다. 말레이시아, 레바논, 쿠웨이트 등은 비교적 늦은 21세에 선거권을 부여하고 있지만, 미국, 영국, 중국 등을 포함한 세계 82%의 나라는 18세의 연령에 선거권을 부여하고 있다.

청소년의 이해관계가 크고 정책입안자가 청소년의 의견을 청취하는 것이 중요할 때가 있다. 예를 들면, 교육감 선거와 같이 교육정책에 관한 청소년이 의사표현이 중요한 선거에서 선거권 행사는 물론이고 선거운동조차 할 수 없도록 하는 것은 그 제한이 과도한 측면이 있다고 할 수 있다. 청소년의 정치적 참여와 관련하여 청소년이 '미성숙' 하다는 이유로 권리를 부정하는 것은 특히 경계하여야 할 것이다. 아동은 「헌법」 및 아동권리협약에 따라 성인과 동일하게 표현의 자유, 결사의 자유, 평화적 집회의 자유 등을 누릴 수 있는 권리를 부여 받고 있는데, 특정 연령에 이르지 못하였다고 하여 이러한 권리를 행사할 수 없다고 하는 것은 권리 자체를 부정하는 것과 다름이 없기 때문이라고 할 수 있다. 오히려 적극적으로 정치적 참여의 기회를 통하여 청소년이 사회를 더 잘 이해하게 되고 민주사회의 성숙한 시민으로 성장하는데 도움이 된다는 점을 정책적으로 중요하게 고려하여야 할 것이다.

표 10-6 선거권 부여연령 연혁

구분	선거권자 연령
제헌국회 총선거(1948.5.10)~제4대 국회의원선거(1958.5.2)	21세 이상
제5대 국회의원선거(1960.7.29)~2005.8.4. 「공직선거법」 개정 전	20세 이상
2005.8.4. 「공직선거법」 개정 후~현재	19세 이상

표 10-7 세계 각국 선거연령 현황(2017년 기준)

OECD 34개 회원국	미국·영국·독일·일본 등 32개국	18세 이상
	오스트리아	16세 이상
	한국	19세 이상
브라질·아르헨티나·에콰도르·쿠바		16세 이상

※미국 일부 주에서 전당대회 대의원선거는 17세 이상 허용
출처: 중앙선거관리위원회

Chapter 11

인권의 가치와 사회복지의 관계

제1절 인권 가치의 유형
제2절 인권과 사회복지실천의 가치

제1절 인권 가치의 유형

인권의 적용범위는 '모든 인간'이다. 따라서 인권은 보편성(universality)을 띠며, 시간과 공간을 초월하고 모두를 포괄(all-inclusion)하는 적용원리를 가지고 있다(국가인권위원회, 2005). 한편 인권은 인권의 개념과 범주가 발전하는 과정 속에서 보편적으로 동의할 수 있는 몇 가지 특성을 가지고 있다(인권운동사랑방, 2000).

인권의 개념에서도 설명하였듯이 인권 자체가 하나의 가치로 볼 수 있다. 그러나 인권개념이 발생한 것은 인권보다 더 상위의 가치로부터 탄생한 것으로 볼 수 있다. 여기서 이러한 인권에 내재되어 있는 가치들은 이용자(user) 및 자신의 가치를 이해하고 실천 현장에 접근해야 하는 사회복지사를 교육하고 훈련할 때 핵심적인 부분이 된다. 또한, 가치는 인권을 지지한다. 다양한 영역에서 사회복지사들이 직면하는 미시적·중도적·거시적 수준의 사회문제 중 상당 부분은 보다 근원적인 가치 위기로부터 초래된 것이라고 할 수 있다. 이러한 문제들을 해결하고 예방하기 위해서는 각 문제의 심리적·사회적·경제적·가치 구조 및 과정에 관한 다양하고 깊은 차원에 대한 이해와 이들 간의 상호 연관성에 대한 지식을 필요로 하며, 이를 바탕으로 사회복지사가 직면하고 있는 문제의 사회적·심리적·경제적 원인이 규명되어야 한다.

1. 생명권

생명의 가치는 인권과 관련된 모든 일에 있어서 가장 필수적인 것이다. 즉, 인간은 물론 비인간적 존재가 가지고 있는 생명의 가치는 그 뒤를 따르는 다른 모든 가치의 근원이 된다. 이는 곧 생명의 부정을 반대할 뿐만 아니라 생명을 긍정하고 지지하는 것도 의미한다. 사회복지전문직은 가능한 한 모든 곳에서 인권침해에 저항해야 할 뿐만 아니라 생명을 증진하고 양육하는 모든 활동을 적극적으로 지지하여야 한다. 이로써 인간의 존재가 완성될 수 있다.

생명권은 모든 개별 기본권의 전제가 되는 가장 원초적인 기본권이라고 할 수 있을 것이다. 생명권이 보장되지 않은 상황에서 다른 기본권을 인정한다는 것은 사실상 무의미한 것이기 때문이다. 현행 「헌법」에서는 독일 헌법이나 일본 헌법과는 다르게 생명권에 대한 명문규정을 두지 않고 있으나 이를 인정해야 한다는 점에 대해서는 이론의 여지가 없다. 그러나 현행 「헌법」 상의 생명권의 근거규정을 무엇으로 볼 것인가에 대하여는 논란이 있으나 「헌법」의 '제10조 인간의 존엄과 가치'와 '제12조 신체의 자유'에서 비롯된다고 볼 수 있다.

생명권에 있어서 생명은 자연적인 개념으로서 '아직도 생존하지 않는 것'과 죽음에 반대되는 인간의 육체적 존재형식이다. 헌법재판소는 "인간의 생명은 고귀하고 이 세상에서 무엇과도 바꿀 수 없는 존엄한 인간존재의 근원이다. 이러한 생명에 대한 권리는 비록 「헌법」에 명문 규정이 없다 하더라도 인간의 생존본능과 존재목적에 바탕을 둔 선험적이고 자연법적인 권리로서, 「헌법」에 규정된 모든 기본권의 전제로서 기능하는 기본권 중의 기본권"이라고 판시하고 있다.

생명권과 관련된 쟁점들은 매우 복잡하고 다양하다. 태아의 생명권, 인공수정 등에 따르는 문제, 뇌사(腦死)의 인정문제 등 다양한 문제가 생명권과 관련하여 제기되고 있다. 가장 많이 논란이 되고 있는 문제의 하나는 사형제도이다. 사형은 생명을 완전히 박탈하는 것이기 때문에 생명권의 본질적 내용에 대한 침해로서 위헌이라는 주장이 끊임없이 제기되었던 것이다. 그러나 우리나라의 대법원은 생명은 한번 상실하면 회복할 수 없다는 점과 그 존귀성을 인정하나, 사형제도는 항상 국가의 형사 정책적 측면과 인도상의 문제로서 심각하게 고려되고 비판될 문제이며, 이것은 국가의 발전과 도덕적 감정의 변천에 따라 그 제도의 입법적 존폐가 문제될 것이라는 전제에서 현재 우리나라의 실정과 국민의 도덕적 감정 등을 고려하여 국가의 형사상 정책으로서 질서유지를 위하여 「형법」이나 「군형법」 등에 사형이라는 처벌의 종류를 규정하여도 위헌은 아니라는 입장이다.

사회복지사들은 다양한 요인에 의하여 일상생활에서 영향을 받고 있는 클라이언트들을 위하여 업무를 수행하여야 한다. 사회복지사들은 이용자의 피임, 유산, 암과 같은 질병의 말기 치료 등과 관련된 실무를 수행하면서 심각한 윤리적 딜레마(중학생의 의도하지 않은 임신, 대학입시를 앞둔 고등학생의 임신 등)에 직면하게 된다. 그러나 이들이 이용자를 원조하는 실천활동에 있어서 무엇보다도 우선적으로 고려해야 하는 것이 바로 생명의 가치와 질이다.

2. 인간의 존엄성

인권에 내재된 제일의 가치는 인간의 존엄성이라 할 수 있다. 근대 헌법의 기본원리로 전제되었던 인간의 존엄과 가치는 20세기에 들어와서 이를 정면으로 부정하는 현실이 세계 곳곳에서 발생하면서 현실적인 문제로 부각되었다. 특히 산업혁명 이후에 심화된 빈부의 갈등과 두 차례의 세계대전을 통하여 인간에 의한 인간존엄성 말살의 극단적인 형태가 드러났고, 그 대표적인 예가 나치에 의한 유태인 학살이었다. 그 결과 인간 존엄에 대한 심각한 침해를 절실하게 느끼고 있던 국가를 중심으로 20세기의 각국 헌법에서 인간의 존엄과 가치가 명문화되었다. 인간 존엄성의 불가침을 규정한 독일기본법 제1조가 대표적인 예이다.

현행 「형법」은 "모든 국민은 인간으로서의 존엄과 가치를 가지며"라고 규정하는데 「독일기본법」의 예를 바탕으로 인간의 존엄성을 명시적으로 규정하고 있다. 인간의 존엄과 가치는 1962년 제5차 개정 헌법에서 규정한 이래 1980년 제8차 개정 헌법에서 행복추구권을 추가하여 현행 「헌법」에 이르고 있다. 이는 기본권 보장의 일반원칙으로서 인간의 존엄이라는 윤리적 내지 자연법적 원리를 헌법 규범화한 것이다. 이러한 맥락에서 볼 때 「헌법」 제10조의 규정은 '모든 인간은 단지 인간이라는 이유만으로도 존엄하고 가치가 있다'는 의미로 해석된다. 즉, 「헌법」의 중심 가치는 인간이고, 국가 권력은 이를 존중하고 보호하여야 한다는 것이다. 여기서 인간이라 함은 생물학적 의미의 모든 인간을 의미하며, 일정한 요건이나 자격을 요구해서는 안 되는 것으로 합의되고 있다. 이는 나치의 집단학살과 같은 국가 권력의 자의적인 인간의 분류에 의한 인간존엄성의 극단적인 부정이 다시 발생해서는 안 된다는 인류의 다짐이기도 하다.

인간의 존엄이 헌법질서의 형성에 미치는 파급효과는 크게 세 가지로 정리된다. 첫째, 헌법질서를 구체화하고 형성함에 있어서 방향과 기준이 된다. 둘째, 헌법조항과 법령의 의미 등이 문제되는 경우에 해석의 기준이 된다. 셋째, 헌법조항과 법령의 흠결이 문제되는 경우에 보완을 위한 기준이 된다. 인간의 존엄은 헌법질서의 구체화를 위한 기준과 지침으로 작용할 뿐만 아니라 이에 반하는 국가작용을 금지하는 근거가 되기도 한다. 이러한 맥락에서 이야기되는 인간존엄의 통제적 역할은 다시 세 가지로 정리된다.

첫째, 인간의 존엄은 어떠한 경우에도 국가 활동이 침해해서는 안 될 한계가 된다. 둘째, 기본권 제한 방향의 한계가 된다. 셋째, 헌법 개정 방향의 한계가 된다.

헌법재판소의 결정 태도와 국내 학설의 일반적 태도는 현행 「헌법」상의 인간의 존엄과 가치를 일반적 인격권으로 이해하고 있다. 일반적 인격권이란 생명·신체·자유·명예 등에 관한 권리와 같이 권리주체와 떼어놓을 수 없는 인격적 이익을 누리는 것을 목적으로 하는 권리를 말한다. 인격권의 내용으로서는 명예권(名譽權, 자신의 인격적 품위와 사회적인 평가를 훼손당하지 아니할 권리), 성명권(姓名權, 필명, 가명 등을 포함하는 자신의 성명이 권리없는 타인에 의해 사용 당하지 아니할 권리), 초상권(肖像權, 자신의 얼굴 또는 모습을 권리 없는 타인에 의하여 사용 당하지 아니할 권리) 등을 들 수 있다.

최근 정보화 사회의 진행에 따라 컴퓨터와 인터넷을 통한 개인정보의 유출, 악의적인 명예훼손이 급증하고 있다. 이는 명백히 「헌법」이 보장하는 개인의 인격권을 침해하는 행위로서 인간의 존엄과 가치에 반하는 것이다. 그러나 인터넷이라는 매체의 특성상 이를 완벽하게 통제하는 것은 어렵다. 국가의 인격권 보호 의지와 함께 인터넷 이용자의 인간존엄성에 대한 자각이 요구된다. 서로 다른 인권을 통합하는 기초 역시 인간의 존엄성 가치이다. 앞에서 설명하였듯이 인권은 서로 다른 여러 가지의 인권으로 구성되어 존재한다. 이러한 서로 다른 인권을 하나로 통합하는 것이 가능한 것도 인권에 내재된 인간의 존엄성 가치이다. 개별 인권은 존엄성을 가진 인간이라는 주체에게 필요한 각각의 측면이다. 어떤 인권은 실현되고 다른 인권은 실현되지 않을 때 인간의 존엄성은 유지되지 못한다. 이처럼 인간의 존엄성이 하나이고 분리불가능하기 때문에 인권 역시 하나의 전제로 존재하는 것이다 (Moltmann, 2006).

3. 자유권

인류의 역사는 자유를 향한 역사라 할 수 있을 정도로 항시 인간의 자유는 인간생활의 기본적인 요망사항이었다. 근대입헌주의 이전의 단계에서도 인간의 자유에 관한 많은 논의가 있었고 그에 따라 일정한 가시적 성과[1]를 거두기도 하였다. 천부(天賦)·불가침(不可侵)적인 기본적 인권으로서의 자유권은 자유주의·개인주의에 기초한 근대자연법론의 사상적 영향하에 미국의 버지니아 권리장전(1776년)[2]과 프랑스의 인권선언(1789년)[3]을 통해서 「헌법」상 기본원리로 자리 잡았다. 그 이후에 탄생한 헌법에서는 자유권을 「헌법」상 권리로 규정하기에 이르렀고 그것은 곧 자연권으로서의 자유권의 실정권화를 의미하는 것이었다. 그러나 지난 2세기간에 펼쳐진 인류 역사의 발전과정에서 자유권은 사회권이라는 새로운 권리의 전개에 따른 도전을 받기도 하였고, 특히 제2차 세계대전을 통하여 자행된 비인간적인 행태에 대한 반성적 성찰로서 자연법의 재생을 논하게 되었다.

인권과 기본권의 역사적 발달 과정에서 자유권은 근대적 인권으로서 가장 근원적인 기본권이다. 국가에 대해 국민의 권리를 보장하기 위한 적극적 활동을 요청하는 것이 아니라 국가가 국민의 기본권을 침해하지 않도록 요청

1) 영국의 권리청원(Petition of Rights, 1628), 인신보호령(Habeas Corpus Act, 1679), 권리장전(Bill of Rights, 1689)을 통한 자유권의 쟁취
2) 미국의 버지니아 권리선언 제1조에 "모든 사람은 태어날 때부터 자유롭고 독립한 일정한 생에의 권리를 가진다", "그러한 권리는… 생명과 자유를 향유하는 권리이다".
3) 프랑스 인권선언 제1조에서도 "인간은 자유롭게 그리고 권리에 있어 평등하게 태어나 존재한다"라고 규정한다.

하는 소극적이고 방어적인 권리가 자유권인 것이다. 그러한 의미에서 자유권은 대국가적 방어권으로 지칭된다.

세계인권선언에서도 자유의 가치는 매우 중시되는 가치이다. 세계인권선언의 내용 중 자유권은 주로 국가 권력이나 타인의 억압의 배제라는 의미로 자유의 가치를 선언하고 있다. 즉, 소극적 가치로 신체적 자유권(노예상태 또는 예속상태의 금지, 고문 또는 비인도적인 형벌의 금지 등), 법 집행에 관한 권리(자의적 체포, 구금을 금지하는 내용), 시민적 자유권(사상, 언론, 출판, 집회의 자유 등), 정치적 권리(자유로운 선거권)로 구성되어 있다.

이러한 자유권의 의미는 특히 국민과 국가의 이해관계가 근본적으로 대립하는 군주국가에서 특별한 의미를 갖고 있었다. 그런데 현대의 민주국가에서도 국가에 의한 인권침해의 가능성은 여전히 남아 있기 때문에 자유권의 의미는 퇴색되지 않고 있다.

이처럼 자유는 인권에 내재된 중요한 가치이다. 그 중요성에 있어서 소극적 자유의 가치가 강조되지만 적극적 자유의 가치도 또한 포함하고 있다. 세계인권선언 제29조에서 “타인의 간섭을 받지 않는 소극적 자유도 민주사회의 도덕, 공중질서 및 일반적 복지에 대한 정당한 필요에 의한 경우 제한받을 수 있다”라고 명시하여 무한정 보장되는 것은 아님을 천명하고 있다. 그럼에도 불구하고 자유는 생명 그 자체 다음으로 가장 소중한 인간의 가치로 간주되며, 인간의 존엄과 인생의 보람에 밀접하게 연계되어 있다. 많은 사람이 자유와 억압으로부터의 해방을 원하기 때문에 일정한 지역의 지배로부터 벗어나고자 한다.

종교의 자유, 신체의 자유, 언론의 자유 등 각종 자유권의 보장은 국가에 의한 보장을 의미하는 것이 아니라 국가로부터의 보장, 즉 국가에 의한 부당한 침해로부터의 보장을 의미하는 것이다. 이러한 기본권의 보장은 그 기본권에 의하여 보호되는 영역의 확보라는 의미보다는 기본권에 대한 침해가 발생할 경우에 그에 대한 구체적이고 실질적인 구제수단의 마련이라는 측면에서 초첨을 맞춰서 발전되어 왔다.

4. 평등권

인간의 역사에서 평등은 항시 가장 기본적인 생활 속의 명제(命題)였다. 인간이 사회생활을 시작한 이래 평등의 실현은 곧 국가와 사회의 기본적인 과제였다. 그런 의미에서 근대입헌주의 헌법은 평등의 원리를 「헌법」상 최고의 원리로 선언하기에 이르렀다. 평등권은 1776년 미국의 버지니아 권리장전을 통하여 최초로 헌법상 원리로 수용되었다. 1789년 군주주권시대의 종언을 고하고 국민주권시대를 연 프랑스혁명의 구호는 자유·평등·박애였고, 1958년 제정되어 현재 시행되고 있는 프랑스 제5공화국 헌법 제1조와 제2조는 이를 프랑스의 국시로 채택하고 있다. 그러나 근대입헌주의시대에 주창되었던 평등의 원리는 자유의 원리와 갈등을 겪으면서 형식적인 평등에 머물고 말았다. 또한 산업혁명의 성공과 더불어 자본주의 발전의 고도화에 따라 불평등은 더욱 심화되었다. 이에 국민의 실질적인 평등이 국가와 사회생활 속에서 구현되지 않고는 국가공동체 자체의 형성과 유지가 위태로운 상황에 이르게 되었다. 여기에 20세기 현대복지국가 헌법에서는 국민의 실질적인 평등을 구현하기 위한 일련의 법과 제도를 헌법의 틀 속으로 포함하였고, 그것은 특히 인간과 시민의 권리로서의 생존권적 기본권의 입법화로 이어졌다. 경제적 약자의 인간다운 생활이 보장되지 않는 곳에서 평등의 원리는 공허한 구호에 머물고 말기 때문이다.

헌법의 평등권 규정은 평등이 여타의 자유와 권리보다도 헌법이 지향하는 기본원리임을 확인하는 것이다. 따라서 평등권이란 헌법에서 규정하고 있기 때문에 국민이 비로소 누리는 권리가 아니라 인간의 존엄과 가치와 더불어 실정법을 뛰어넘는 자연법적인 원칙이다.

현행 헌법은 헌법 전문에서 "정치·경제·사회·문화의 모든 영역에 있어서 각인의 기회를 균등히 하고 …… 국민생활의 균등한 향상을 기하고"라고 평등의 원리를 규정하고 있다. 이어 「헌법」 제11조에서 평등권에 대한 기본적인 규정을 두어 제1항에서는 법 앞의 평등·성별·종교·사회적 신분에 의한 차별금지와 정치·경제·사회·문화 각 생활영역에 있어서의 차별금지를 규정하고, 제2항에서는 사회적 특수계급의 부인을 규정하고, 제3항에서는 영전일대(榮典一代)의 원칙[4]을 규정하고 있다.

현행 「헌법」은 제11조의 일반적인 평등권 규정과 더불어 제31조에서는 교육의 기회균등, 제32조에서는 여성근로자의 차별금지, 제36조에서는 혼인과 가족생활의 양성평등을 규정하고 있다. 평등권의 핵심적 가치라고 할 수 있는 '법 앞의 평등'의 의미를 살펴보면, 단순히 법원리를 선언한 것에 불과한 것이 아니라 주관적 공권으로서의 기본권으로 규정한 것이다. 이는 단순히 법적용 내지 법집행의 평등만을 의미하는 법적용상의 평등이 아니라 행정·사법뿐만 아니라 입법까지도 구속하는 법 내용상의 평등을 의미하는 것이 확고한 판례와 학설을 통해서 확립되었다.

평등이란 '모든 것을 똑같이 취급해야 한다'는 절대적 평등을 의미하는 것이 아니라 '같은 것은 같게, 다른 것은 다르게 취급해야 한다'는 상대적 평등을 의미한다. 그러나 상대적 평등의 기준을 어디에서 찾아야 할 것인가는 그리 간단한 문제는 아니다. 우리나라의 헌법재판소는 외국의 판례이론을 수용하여 합리성, 자의금지의 원칙, 형평과 정의 등을 기준으로 제시하고 있다. 인권에는 기회의 평등을 넘어 결과의 평등가치를 부분적으로 반영하고 있다. 이러한 결과의 평등가치는 사회권, 사회권 중에서 특히 복지권에 반영되어 있다. 세계인권선언 제25조에 "모든 사람은 가족의 건강과 안녕에 적합한 생활수준을 누릴 권리와 불가항력적 상황으로 인해 생계결핍의 경우 보장받을 권리를 가진다"라고 선언하고 있다. 이는 국가가 사회보장제도를 통해 빈곤 등과 같은 사회적 위험에 빠진 사람에게 적정한 급여를 제공하여야 함을 의미하는 것이다. 따라서 사회적 약자에 대한 일정한 소득의 재분배를 의미하는 것으로 결과의 평등가치를 일정 정도 반영하고 있다고 볼 수 있다.

따라서 사회복지실천가는 전문가로서의 태도를 형성함에 있어서 평등을 중요한 가치로 삼아야 한다. 평등은 정의의 원칙에 있어서 기본이 된다. 즉, 생물학적 요인, 심리적·사회적·문화적·영적 욕구 등 다른 사람들의 복지를 위한 개인적 기여 등에 근거하여 공정한 평등과 불공정한 평등을 실천에 있어서 최우선으로 고려하여야 한다.

4) 훈장 등의 榮典은 이를 받은 자에게만 효력이 있고 세습되지 아니한다.

사회복지실천가가 일단 평등의 원칙을 받아들이면 어떠한 개인이나 집단을 차별하는 것은 불가능하다. 차별하지 않는다는 것은 실제로 평등과 존엄이라는 원칙에 바탕을 둔다. 이는 또한 인간의 전체성을 의미한다. 이에 반하여 차별은 한 개인을 그가 가지고 있는 특징, 즉 성별·인종·피부색·종교·기타의 관점에서 제한한다. 차별은 인간을 한 가지의 기능, 질, 의견으로 한정함으로써 한 개인을 독특한 다양성과 전체성 속에서 파악하지 못한다.

현대사회는 새로운 사회문제가 발생하고 기술 및 기타의 발전이 생활 방식과 작업 습관에 있어서 변화를 초래하고 있는 것과 같이 변화하는 세계에서 차별을 하는 새로운 이유인 성적취향, 인간면역결핍바이러스(HIV) 및 에이즈(AIDS) 감염 등이 끊임없이 나타나고 있다. 이와 같이 차별하는 새로운 이유들에 전문적으로 개입하기 위한 실천 원칙으로서 사회복지실천가는 그들 자신의 신념, 태도 그리고 행동 동기의 관점에서 끊임없이 자신을 인식하고 점검하는 것이 필요하다.

5. 연대책임

연대(solidarity)도 인권에 내재된 중요한 가치 중 하나이다. 연대책임은 인간의 아픔과 고통을 이해하고 감정을 이입하는 것뿐만 아니라 고통받는 사람과 그 고통의 원인을 확인하고, 분명한 입장을 취하는 것까지 의미하는 것으로 기본적이며 내재적인 가치이다. 사회복지실천가는 다양한 역할을 수행하는 중 투쟁하는 사람들의 곁에 있을 뿐만 아니라 사람들의 정치적·사회적·경제적·문화적·영적 권리를 부정하는 모든 형태의 행위에 대하여 전문가로서 연대책임의 의식을 갖고 행동해야 한다. 연대책임은 개인적 차원을 넘어 가족, 집단, 지역사회, 전체 인종으로 확대되어 나갈 수 있다. 사회복지전문직은 지구에서 발생하는 빈곤, 고령화, 저출산, 질병, 환경파괴, 자유박탈의 문제에 관여하여야 한다.

또한 불공평한 자원배분, 사회적 방임, 부정부패, 폭력, 고문 등에 기인하여 초래되는 비극적인 모든 문제에 개입함에 있어서도 연대책임 의식을 가져야 한다. 빈곤, 굶주림, 무주택, 실업, 생계수단의 부족 등은 지금까지 충분하게 인식되지 못한 인권침해 문제이며, 이러한 문제들이 오히려 일상생활에 심각하고 치명적인 상황이라고 할 수 있다. 이처럼 일상생활의 문제들은 그 고통의 빈도가 높고 강하다고 볼 수 있다. 그러나 그 모습이 드러나지 않는 인권침해의 상황에서 연대책임은 더욱 필요한 것이다. 따라서 고통 받는 사람들과 인권침해의 피해자들을 원조하는 사회복지실천가 및 사회복지 관련 전문가들은 이용자의 결심을 강화시켜 나가고 동시에 그들의 소외감 및 상실감을 경감시킴으로써 사회복지실천의 가치를 실현할 수 있다는 확고한 태도를 견지하여야 한다.

6. 사회적 책임

사회적 책임은 고통 받는 사람들과 희생자들을 대표하여 실천하는 활동이다. 즉, 그들을 위하여 대변하고, 그들의 주장을 옹호하는 역할을 수행하여야 한다. 따라서 사회적 책임은 연대책임의 당연한 결과에 따라 행동으로 옮겨가는 것이라고 할 수 있다. 대부분 종교적이며 철학적인 가치를 통하여 좋은 생각과 좋은 말은 반드시 좋은 행동으로 옮겨져야 한다고 믿고 있다. 대부분의 종교에서는 신도들에게 '특권을 누리는 자'는 불이익을 당하는 자를 위하여 배려와 봉사를 하여야 할 의무가 있음을 요구하고 있다. 여기에서 특권은 반드시 경제적 우위를 의미하는 것이 아니라 상대적인 의미로서 불이익을 당하는 사람들의 입장보다 비교적 행복한 상황에 있음을 의미하는 것이다.

사회적 책임이란 표현 속에는 우리가 가지고 있는 모든 것을 다른 사람들의 더 나은 삶을 위하여 공유하고 활용하도록 원조하는 수탁자의 직무라는 개념도 내포되어 있다고 보는 것이다. 수탁자의 직무라는 개념은 재산의 공유라는 차원을 넘어 인류의 발달을 위하여 개인의 지적 재능과 잠재적인 기능까지도 활용하고 헌신하는 것을 의미하는 것이다. 따라서 사회적 책임의 원칙은 사회복지실천가와 같은 전문직에 종사하는 자들에게는 중대한 원칙인 것이다. 그것은 다양한 문제를 갖고 있는 사람뿐만 아니라 개별적 욕구가 있는 사람들과 함께하며 그들에게 서비스를 제공하여 인간다운 생활을 영위할 수 있도록 관여하는 것이 사회복지전문직의 존재 이유이기 때문이다.

제2절 인권과 사회복지실천의 가치

인권에 내재되어 있는 가치들은 사회복지실천에서 매우 중요한 실천의 지침이라고 할 수 있다. 개념적으로 사회복지와 인권의 관계는 목표 내지 가치로서 인권개념을 설정할 경우 사회복지는 인권옹호를 위한 수단 중 하나라고 할 수 있다. 개념에 내재되어 있는 구체적 내용을 보더라도 사회복지는 인권의 내용 중 한 부분을 차지하고 있다고 볼 수 있다. 이러한 점에서 인권에 내재된 가치들은 사회복지가 추구하는 가치들이라 할 수 있다.

그렇지만 인권에 내재된 가치들의 의미와 수용적인 측면에서는 사회복지와 인권 간에 부분적으로 차이가 있는 것으로 여겨진다. 따라서 인권에 내재되어 있는 가치들이 사회복지에는 어떠한 의미로 적용되는지를 인권과의 관계 속에서 살펴보기로 한다.

1. 인간의 존엄성 실현

인권의 가치에 있어서 사회복지실천에서도 인간의 존엄성은 가장 기본적이며, 중요시해야 하는 핵심적 가치라고 할 수 있다. 궁극적으로 사회복지실천의 모든 활동은 사회복지실천의 대상이 되는 이용자의 인간의 존엄성을 실현하는 것을 목표로 하는 것이라 할 수 있다. 인간의 존엄성 가치는 사회복지실천 활동에서 하위 개념의 가치들을 통하여 반영되어 강조되고 있다. 즉, 고객의 자기결정권, 비밀보장의 원칙, 최대한의 이익추구 등이 다. 사회복지사는 고객의 다양한 문제를 클라이언트 자신이 최적의 결정을 할 수 있도록 원조하며, 그러한 활동에서 고객의 사적 비밀을 철저히 보장하고, 고객에게 최대한 욕구가 충족될 수 있도록 하여야 한다. 이와 같은 사회복지실천의 원칙들은 독립적이고, 주체적인 인간으로서 고객의 존엄성을 실현해 나가는 사회복지실천의 가치가 적용되고 있는 것이다.

2. 자유의 가치실현

인권에서 자유의 가치는 타인의 억압으로부터의 배제라는 의미를 가진 소극적 자유의 가치를 강조하고 있다. 그러나 사회권의 측면에서 원하는 것을 적극적으로 할 수 있는 적극적 자유의 가치도 적용하고 있다.

사회복지실천에 있어서 가치는 매우 중요한 가치이다. 소극적 자유와 적극적 자유 모두 사회복지실천에 있어서 중요하다. 그렇지만 사회복지실천에 있어서 자유의 가치는 상대적으로 적극적 자유의 가치를 강조하고 있다고 할 수 있다. 일반적으로 사회복지서비스가 확대되면 확대될 수록 사회복지서비스에서 국가의 역할이 확대되면 확대될 수록 소극적 자유에 대한 제한은 커지고, 적극적 자유의 보장은 강화된다. 그 이유는 사회복지서비스가 확대된다는 것은 재원의 확보를 위해 조세나 사회보험료의 증가가 불가피하게 수반된다. 따라서 개인의 사유재산권에 대한 침해가 커질 수밖에 없고, 수급대상자에게도 자산조사 등과 같은 개인의 자유에 대한 침해가 커질 수밖에 없기 때문이다. 또한 사회복지서비스의 확대를 통하여 사회복지서비스 수급대상자에게는 자신이 원하는 욕구를 충족할 수 있는 조건을 확대시켜 주고 적극적 자유의 보장이 강화되는 것이다.

그렇지만 사회복지서비스의 확대가 중요한 인권침해로 연결될 수 있을 정도로 소극적 자유를 침해하는 것은 아니다. 사회복지서비스 확대과정에서 나타나는 소극적 자유의 침해는 인권침해라고 볼 수 없다. 인간의 존엄성을 실현하는 과정에서 필수적이고 중요한 권리만이 인권이라 할 수 있다. 사회복지서비스 확대과정에서 발생하는 소극적 자유의 침해는 인간의 존엄성 유지와 관련된 정도의 권리침해가 아니기 때문이다. 세계인권선언에서도 개인의 자유와 권리는 민주사회의 도덕, 공공질서 및 일반적 복리에 대한 정당한 필요에 부응하기 위한 목적에서는 규정된 법에 제한을 받는다는 점을 명시[5]하고, 인권에서도 소극적 자유의 제한을 부분적으로 인정하고 있다. 이처럼 사회복지실천에서 자유의 가치는 소극적 자유보다 적극적 자유를 더 강조하고 있지만, 그렇다고 소극적 자유의 중요성을 간과하고 있는 것은 아니다.

3. 평등의 가치실현

인권에 내재된 평등의 가치는 사회복지실천에 있어서 매우 중요시하는 가치 중의 하나이다. 일부 학자의 경우 사회복지실천의 목적 중의 하나를 소득재분배를 통한 평등의 실현(이인재 외, 1999)이라고 할 정도로 평등의 가치는 사회복지실천에서 중요시된다. 사회복지실천에서 평등의 의미는 기회의 평등, 형평의 평등, 결과의 평등 세 가지의 의미로 사용되는데, 이 중에서 결과의 평등가치가 상대적으로 중요시된다고 할 수 있다. 물론 사회복지의 관점에 따라 결과의 평등보다 기회의 평등이나 형평의 평등을 강조하기도 하지만, 사회복지가 발전한 국가일수록 사회복지서비스에서 결과의 평등을 강조하고 있다.

그러나 사회복지실천에 있어서 결과의 평등가치가 완전한 결과의 평등실현을 목표로 하는 것은 아니다. 다만 시장을 통한 분배에서 나타나는 불평등의 완화를 목표로 하는 정도이다. 이와 같이 인권과 사회복지실천에서 평등의 가치는 모두 강조되지만 인권의 평등은 상대적으로 기회의 평등의 의미가 강조된다면, 사회복지실천에서는 결과의 평등 의미가 더 강조된다고 할 수 있다(손병돈 외, 2008).

4. 사회적 연대감 증진

사회적 연대의 가치도 사회복지실천에서 중요시하는 가치 중 하나이다. 자

---

5) 세계인권선언 제29조

본주의 사회는 계층 간의 갈등, 양극화, 사회적 일자리 등 다양한 사회적 분열을 야기하는 사회문제를 안고 있다. 이러한 자본주의의 문제점을 보완 내지 완화하는 기능을 수행하는 것이 사회복지실천이라고 할 수 있다. 사회복지서비스는 실업, 질병, 빈곤, 소외, 부적응 등 수많은 사회적 위험에 노출된 대상자들에게 기본적인 생활을 보장하고, 사회적응을 원조하는 등 사회적 연대감 또는 사회통합의 요소로 작용한다. 이러한 점에서 사회복지서비스 또는 사회보장의 중요한 목적 중의 하나가 사회적 연대감을 증진시키는 것으로 이해되는 것이다(나병균, 1986; Pieters, 1983). 이와 같은 사회적 연대의 가치는 사회복지의 정책 및 제도 등에 내재되어 있을 뿐만 아니라 사회복지실천가들의 사회복지실천의 방법에 있어서도 중요한 가치기반으로 자리매김되고 있는 것이다.

Chapter 12

인권과 사회복지의 가치

제1절 사회복지전문직의 사명과 가치
제2절 사회복지전문직 윤리의 변화와 인권
제3절 사회복지전문직의 인권보장
제4절 사회복지시설의 인권 제한 원칙
제5절 인권지향적 사회복지전문직의 과제

제1절 사회복지전문직의 사명과 가치

인간의 적극적 권리를 추구하고 그 자격을 보장하는 것이 인간의 욕구를 충족함에 있어서 서로 떼어 놓을 수 없는 한 쌍의 전제 조건이 되고 있다. 서로 다른 정치체계 속에서 일하는 각각의 사회복지사들은 클라이언트 개인 또는 클라이언트 집단의 욕구를 충족시키면서 동시에 이들의 권리를 보장하기 위하여 클라이언트를 지지하고 변호하여야 한다. 이때 사회복지사들은 일반적으로 기득권 계층이 인가한 조직에 고용되어 있으며, 피고용인으로서 또는 공무원으로서 이들의 신분은 사회복지사로서의 전문가 역할을 수행하는데 많은 혼란을 초래하기도 한다. 즉, 고용된 기관에 최선을 다하고자 하는 피고용인으로서의 욕구는 사회복지실천을 제공받는 클라이언트에 대한 의무와 상치될 수 있다. 그러나 양자는 가능한 한 일치되어야 하며, 일치되지 않을 경우, 사회복지전문직의 윤리강령과 사회복지대학의 의무 규정에 근거하여 클라이언트에 대한 서비스를 우선적으로 고려하여야 한다. 사회복지실천은 개인과 집단의 개별적 차이를 존중하고 보호하는 일에 관여하고 있다. 이때 사회복지사는 어떤 특정한 대의명분을 지키기 위하여, 그리고 특정한 개인이나 집단의 권리와 자유를 위협하는 국가의 공적 활동으로부터 해당 개인이나 집단을 보호하기 위하여 개인과 국가 그리고 다른 권력들 간의 관계를 중재하여야 한다. 중재적인 역할을 수행하는 전문직으로서 사회복지사는 실천 가치를 항상 의식하고 인권 분야를 비롯한 다양한 지식 기반을 단단하게 갖춤으로써 실천에 있어서 초래되는 많은 갈등 상황을 해결할 수 있다.

사회복지사들이 그들의 활동을 통해 클라이언트의 권리를 강화할 수 있는 반면에 그들의 잘못된 판단은 클라이언트의 권리를 오히려 위협할 수 있다. 따라서 사회복지사들이 자신의 실천을 보다 총체적인 인권의 관점에서 파악함으로써 자신들이 현재 활동하고 있는 지역사회의 가치, 상황, 욕구에 대한 관점은 물론 국제적이고 총체적인 통합과 연대의 감각을 인식할 수 있다. 다른 분야의 전문가보다 사회복지 교육자와 실무자들은 실천 현장에서 만나고 있는 클라이언트의 인권존중의 중요성을 의식하고 있다. 그들은 클라이언트의 인권과 기본적 자유는 서로 분리될 수 없으며, 경제적·사회적·문화적 권리가 보장되지 않고는 시민적·정치적 권리의 완전한 보장은 불가능하다는 전제를 받아들이고 있다. 또한, 그들은 클라이언트의 인권을 완전하게 보장하기 위해서는 국가 및 국제사회의 효과적인 경제·사회개발정책이 마련되어야 한다고 믿고 있다. 따라서 사회복지 교육자들과 사회복지 실천가들이 접근하고 있는 사회의 취약 계층 및 상황에 대한 직접적 지식은 사회 복지정책 형성에 있어서 중요한 바탕이 된다. 인권은 사회복지의 이론, 가치, 윤리, 실천과 분리될 수 없다. 인간의 욕구에 반응하는 인권은 반드시 옹호되고 촉진되어야 한다. 이를 통하여 인권은 사회복지실천 활동의 정당성을 구현하고 동기를 강화한다. 비록, 독재주의 정권하의 국가에 있어서 클라이언트를 위한 인권 옹호가 사회복지전문직에 심각한 위협을 초래할 수 있다고 하더라도 인권의 옹호는 사회복지실천의 중요한 부분이 되어야 한다.

인권과 사회복지전문직에 대해 논의할 때 가장 우선적으로 제기되어야 하는 질문은 사회복지전문직과 인권의 관계는 무엇인가이다. 그것은 사회복지전문직은 인권을 자신의 중요한 가치 가운데 하나로 설정하고 있다. 따라서 인권을 옹호하기 위한 전문적 실천 노력을 공식적으로 선언한 다음과 같은 자료를 통하여 사회복지전문직과 인권의 관계를 설명하고자 한다.

1. 국제사회복지사협회의 윤리강령

지구촌에서 활동하는 전 세계의 사회복지 전문가들 및 관련기구들의 공식적 조직체인 국제사회복지사협회(International Federation of Social Workers, ISFW)는 인권을 사회복지실천에 있어 매우 중요한 요소로 간주하고 있다. 국제사회복지사협회는 사회복지 분야의 실천 전문가들인 사회복지사들이 인권에 대하여 더 많이 더 깊이 알면 알수록 복지를 위한 전문적 활동과 개입이 증진될 수 있다고 확신하고 있다(UN centre of Human Rights, 1994).

국제사회복지사협회가 선언한 "사회복지의 윤리 원칙과 표준(The ethics of Social Work-Principles and Standards)"이라는 문건에 "사회복지의 윤리적 원칙에 대한 국제적 선언(International Declaration of Ethical Principles of Social Work)"을 보면 사회복지사는 인권을 존중하고 신장시켜야 한다고 명확하게 선언하고 있다(ISFW, 1994). 또한 사회복지실천의 윤리적 원칙을 "사회복지사는 유엔의 인권선언(United Nations Universal Declaration of Human Rights)과 이 선언으로부터 도출된 여타의 국제협약에서 표현된 개인과 집단의 기본적 인권(basic human rights)을 존중한다(국제사회복지사협회, 사회복지의 윤리원칙 제2조 제7항, 1994)"라고 분명하게 밝히고 있다. 또한 "모든 사람은 자신에 대한 도덕적 배려를 정당화하는 어떠한 독특한 가치(a unique value)를 가진다(국제사회복지사협회, 사회복지의 윤리원칙 제2조 제1항, 1994)"라고 밝히고 있으며 "모든 개인은 타인이 가진 동일한 권리를 침해하지 않는 한 자기실현의 권리(the rights of self-fulfillment)를 가진다"라고 밝히고 있다(국제사회복지사협회, 사회복지의 윤리원칙 제2조 제2항, 1994).

이와 같은 내용들을 살펴볼 때 국제사회복지사협회는 사회복지사들의 실천적 개입의 대상인 이용자들이 개별적 인간으로서 윤리적 배려를 받을 수 있는 자격이 있다는 가치를 가진 존재이며, 그러한 가치를 실현할 수 있는 천부적 권리를 분명하게 가지고 있다는 것과 그 권리를 사회복지사들이 존중해야 한다는 것을 명확히 하고 있다고 볼 수 있다. 또한 동일한 문건의 제3절에 "사회복지사를 위한 국제적 윤리기준(International Ethical Standards for Social Workers)"에서 보더라도 인권이 사회복지전문직의 중요한 가치임을 분명히 알 수 있다.

그리고 "전문가로서 사회복지사(Professional social workers)"는 사람들의 행복과 자기실현을 위한 서비스에 헌신하여야 한다고 밝힘으로써 전문적 사회복지실천은 궁극적으로 사람들이 가지고 있는 자기실현의 권리를 충족시킬 수 있는 서비스에 헌신하여야 한다는 것을 분명히 하고 있다.

결국 국제사회복지사협회는 사회복지실천이 인간의 행복과 자기실현권리의 충족에 기여함을 자신의 사명으로 하고 있으며, 전문직으로서의 사회복지사는 인권을 옹호하고 증진시키는 것을 자신의 사명으로 상정하고 있는 인권옹호전문직이라는 것을 명확하게 확인할 수 있다.

2. 미국사회복지사협회 정책선언

미국사회복지사협회 윤리강령(NASW code of Ethics)은 미국에서 활동하는 사회복지사의 사명과 의무를 규정하고 있는 대표적인 문건이다. 본 윤리강령은 공식적으로 채택된 이래 수차례의 개정을 통하여 인권과 관련된 내용을 많이 담아냈지만 인권(human rights)이라는 단어를 직접적으로 명확하게 기술하거나 사용하지는 않았었다(NASW, 1996).

1996년에 개정된 사회복지사 윤리강령에서 전문직으로서 사회복지가 지향하는 핵심가치(core values)를 처음으로 명확하게 밝힌 내용을 살펴보더라도 사회복지가 지향하여야 할 핵심가치로 서비스(service), 사회정의(social justice), 인간에 대한 존엄성과 가치(degnity and worth of the person), 인간관계의 중요성(importance of human relationship), 충실(integrity), 능력(competence) 등을 제시하고 있어 인권이라는 용어는 핵심적 가치에서 제외되어 있다.

물론 이들 핵심가치들을 인권개념의 이념적 토대 혹은 인권개념의 현실적 구현 상태라고 유추·해석할 수 있고, 핵심가치 가운데 하나인 인간에 대한 존엄성과 가치를 인권개념의 다른 표현이라고 해석할 수 있다(손병돈 외, 2008). 하지만 일반적으로 인권이나 권리는 보편적이고 추상적인 이념이나 가치와는 다르게, 그 해석과 적용의 효력을 일정 정도 달리한다는 측면에서 특정한 문건에서 인권개념을 명확히 사용하지 않은 것에는 어느 정도 차이가 있을 수밖에 없다. 이러한 측면이 얼마나 고려되었는지 여부는 분명하지 않지만 미국 사회복지사협회는 2000년에 자신들의 정책선언(policy statements)을 발표하면서 사회복지전문직은 인권에 근거하고 있으며 인권을 지향한다는 것을 분명히 밝히고 있다(NASW, 2000). 여기에서 보면 사회복지실천에 필요한 사회복지이론과 응용지식이 기초해야 할 토대가 될 원칙은 인권이라는 것을 분명히 하고 있다. 또한 사회복지사들은 세계인권선언과 경제적·사회적·문화적 권리에 대한 조약들을 활성화하여야 하며 무엇보다도 "개인, 가족, 집단, 지역사회, 국내 기구 혹은 국가들에 관계없이 사회복지의 모든 실천영역에서 사회복지는 인권에 근거하여야 한다"라고 선언하고 있다(NASW, 2000).

이러한 정책선언으로 인하여 과거에 불문명하고 애매하게 제시되었던 사회복지전문직과 인권과의 관계가 명확해졌으며, 이를 근거로 인권의 중요성이 전통적인 사회복지전문직이 추구해 왔던 핵심가치인 사회정의보다도 우위를 점하고 있음을 보여주는 것이라는 평가도 있다(Reichert, 2003).

3. 한국사회복지사 윤리강령

한국사회복지사협회에서 1988년에 제정·공포하였으며, 2001년에 제2차 개정된 윤리강령에서도 사회복지전문직과 인권의 관계를 명확하게 언급하고 있다. 한국사회복지사 윤리강령의 전문에서 "사회복지사는 인본주의·평등주의 사상에 기초하여 모든 인간의 존엄성과 가치를 존중하고 천부의 자유권과 생존권의 보장활동에 헌신한다"라고 명시하고 있다. 비록 전문에서 인권이라는 용어를 사용하지는 않았지만 천부의 자유권과 생존권이라는 인권의 하위범주를 명확하게 사용하고 있다. 이러한 내용은 한국사회복지사 윤리강령이 앞서 살펴본 국제사회복지사연맹의 윤리강령과 마찬가지로 한국사회복지사협회의 윤리강령 역시 모든 인간이 독특하고 고유한 존엄성과 가치를 가지고 있음을 인정하고 있으며, 이러한 가치에 근거한 권리의 보장에 헌신하여야 함을 천명하고 있는 것이다. 다만 그 용어 사용에 있어서 국제사회복지사연맹의 윤리강령이 포괄적으로 기본적 인권이라고 표현하고 있는 반면, 한국사회복지사협회의 윤리강령은 사회복지사가 지향하여야 할 인권의 개념을 자유권과 생존권이라는 인권의 하위개념으로 보다 분명히 밝히고 있다.

또한 한국사회복지사협회의 윤리강령은 사회복지사가 준수하여야 할 윤리기준에 해당하는 부분에서 클라이언트,[1] 동료, 사회 등에 대하여 사회복지사가 가져야 할 윤리기준을 명확히 하고 있다. 그 가운데 이용자에 대하여 준수하여야 할 사회복지사의 윤리기준에서 사회복지사와 인권의 관계를 명확히 규정하고 있다. 이 기준에 의하면 "사회복지사는 이용자의 권익옹호를 최

1) 이 책에서는 인권옹호적 측면에서 '이용자'라는 용어로 사용하고 있다.

우선의 가치로 삼고 행동한다"라고 언급하고 있으며(제1항), "사회복지사는 이용자가 자기결정권을 최대한 행사할 수 있도록 도와야 하며 저들의 이익을 최대한 대변해야 한다"라고 선언하고 있다(제3항).

그리고 한국사회복지사협회에서 채택하고 있는 사회복지사 선서문에서도 사회복지사가 인권을 지향하여야 한다는 것을 분명히 밝히고 있다. 선서문에 의하면 "나는 모든 사람들이 인간다운 삶을 누릴 수 있도록 인간존엄성과 사회정의의 신념을 바탕으로 …… 언제나 소외되고 고통받는 사람들의 편에 서서 그들의 인권과 권익을 지키며 …… 사회복지사로서 헌신한다"라고 밝히고 있어 사회복지전문직과 인권, 특히 이용자가 누릴 수 있는 권리에 대하여 분명히 선언하고 있다. 이에 근거하여 볼 때 한국사회복지사협회는 사회복지전문직이 인간으로서 가지는 근원적 가치에 근거하여 이용자의 인권을 옹호하는 전문직임을 분명하게 선언하고 있다고 볼 수 있다.

제2절 사회복지전문직 윤리의 변화와 인권

최근 들어 사회복지실천에서 이용자의 권리와 관련되어 커다란 변화가 일어나고 있다. 그 변화의 주된 방향은 이전에 비하여 사회복지사와 이용자가 계약하는 전문적 실천관계에서 이용자의 목소리가 점점 커지고 있으며, 이용자에 대한 서비스가 단순한 사회적 배려나 시혜가 아니라 이용자가 당연히 누려야 할 권리적 측면이라는 인식이 확장되고 있다.

따라서 이용자의 권리에 대한 최근의 변화와 흐름을 통하여 사회복지전문직 실천에 미치는 기회와 도전에 대하여 간략하게 제시한다.[2)]

2) 이 내용은 "변화하는 사회복지전문직 윤리: 그 가능성과 한계"(한국사회복지사협회, 2007) 중 관련 내용을 요약한 <사회복지와 인권>, (손병돈 외 지음, 2008)에 소개된 내용을 재요약하여 정리한 것이다.

1. 사회복지전문직 가치의 변화

Thompson은 최근 들어 사회복지 영역에서 기존의 전통적 가치를 보완하고 대체하고자 하는 새로운 가치들이 점진적으로 그 영향력을 강화하여 진행되고 있음을 지적하면서 이러한 새로운 가치들을 해방적 가치(emancipatory values)라고 통칭하고 있다(Thompson, 2005). 그가 전통적 가치와 구별되는 새로운 가치로 제시하고 있는 것들로는 탈개별화(de-individualization), 사회적 정의(social justice), 협력관계(partnership), 시민권(citizenship), 권력강화(empowerment), 실존적 진실성(authenticity) 등이다.

이처럼 해방적 가치는 개념들의 내용과 지향이라는 측면에서는 일정 차이를 보이지만 이용자의 인권과 관련하여 볼 때 일정한 방향의 윤리적 방향을 제시한다고 볼 수 있다. 무엇보다도 새로운 가치들이 지향하는 것은 이용자와 전문가로 이루어지는 전문직 관계의 새로운 정립인 것이다. 새로운 전문직 관계의 정립에서 가장 중요한 변화는 전문가와 이용자 사이의 권력관계이다(Dominelli, 2001). 기존 전문직 관계는 기본적으로 이용자에 비하여 상대적으로 자원과 권력을 많이 가지고 있는 전문가가 권위를 가지고 관계를 주도하는 것이었다면, 새로운 가치들은 모두 전문직 관계를 권위적 관계에서 동반협력관계 혹은 이용자 주도관계로 전환하고자 한다. 따라서 이전까지 사회복지사가 전문가로서 향유하던 권리의 정당성에 대하여 의문과 문제제기가 뒤따를 수밖에 없는 것이다. 즉, 사회복지사가 전문직 관계에서 주도적 권위를 행사하여야 하는 규범적 정당성에 대하여 비판을 제기하고 이에 근거하여 이제 전문가는 이용자와 함께 바람직한 실천을 함께 고민하고 협상해 나가야 할 동반자의 지위로 자리매김한다. 이렇게 약화된 전문가의 빈자리를 권한강화와 실존성을 앞세우고 등장한 이용자의 권리와 역할이 채우게 된다. 이와 같이 사회복지사의 역할이 권위적 관계에서 동반관계로 변화함에 따라서 전문가로서 갖추어야 할 기술 역시 분석적·진단적인 것에서 의사소통적(communicative)이며 관계적(rekational)인 것으로 전환된다(Askheim, 2003).

이러한 새로운 가치의 등장과 그 의미를 앞서 제시한 사회복지전문직의 세 가지 구성요소로 이루어진 분석틀로 평가하여 보면 한마디로 이용자의 자율성 및 권리의 신장과 더불어 사회복지사의 전문성 및 공공성의 약화라고 판단할 수 있을 것 같다. 이로서 사회복지전문직은 기존의 실천이 보여주었던 실증적·관료적·억압적 성격을 반성하고 이용자의 다양한 삶의 경험과 해석을 적극적으로 인정하며, 사회복지실천의 모든 과정에서 이용자의 역할과 권리를 강조하고 있다(손병돈 외, 2008 재인용).

2. 새로운 윤리적 변화의 가능성과 도전

최근에 사회복지전문직 윤리를 둘러싸고 진행되고 있는 변화는 사회복지전문직의 정체성 및 전문직 관계, 특히 이용자의 권리와 관련하여 긍정적 가능성을 열어 주는 동시에 해결하여야 할 도전관계를 던져 주고 있다.

전문직 윤리 변화가 가져온 가장 긍정적인 영향은 사회복지의 전통적 가치 가운데 하나인 온정주의(paternalism)의 규범적 한계를 극복하면서 그동안 간과되었던 이용자의 정체성 및 권리에 대한 확고한 인정과 정당화에 기여하고 있다는 점이다. 앞에서 살펴본 바와 같이 사회복지전문직 간계란 근본적으로 전문가란 타인이 이용자란 타인의 삶에 직·간접적으로 개입하는 것이다. 비록 전문가와 이용자가 동일한 공동체에 속하여 어느 정도 상호 간의 삶에 공감이 있다 하더라도 이용자의 삶에 사회복지사가 개입할 수 있는 윤리적 정당성과 근거는 명확하여야 한다.

사회복지전문직이 도입된 이후 이용자에 대한 전문가의 배타적 개입을 정당화해온 온정적 간섭주의는 지속적인 도덕적 정당성 논쟁에 빠지게 되었다. 논쟁의 핵심은 전문가들이 간섭적 온정주의를 근거로 이용자에 대해 부당한 억압과 권력행사를 자행하여 이용자의 권리를 침해한다는 것이다. 왜냐하면 온정주의의 시각에서 바라보는 이용자는 스스로의 권리를 행사할 수 없는 부족한 존재로서 자신만의 독자적 판단과 행동을 할 수 없다고 보기 때문이다.

그런데 최근에 진행되고 있는 전문직 윤리의 변화, 특히 시민권과 임파워먼트로 대별되는 해방적 관점을 취하면 이러한 온정적 간섭주의의 봉건성과 억압성은 규범적으로 해결된다. 시민권 이론과 임파워먼트 위주의 관점을 취하면 사회복지전문직 관계에서 이용자가 가지고 있는 본원적 의사결정능력과 권리성을 원칙적으로 인정하게 되고, 이용자의 자기의사결정의 권리를 사회복지사의 전문적 판단보다 우위에 위치시킬 수 있다. 따라서 사회복지사의 위치는 전문적 권위 혹은 자유재량의 담보자라기보다는 이용자가 의사결정을 하는 데 있어서의 동반자 혹은 협력자(partner)로서 자리매김한다(Thompson, 2005).

이용자의 권리에 대한 강조는 최근 임파워먼트 및 파트너십과 더불어 또 하나의 새로운 전문직 가치로 강조되고 있는 시민성(citizen) 개념에서 더욱 두드러진다(Thompson, 2005). 전문직 관계에서 기존의 실천대상을 이용자 개념에서 시민성 개념으로 전환한 것은 실질적 측면뿐만 아니라 규범적 측면에서 엄청난 질적 차이를 보인다. 시민(citizen)이라는 지위를 이용자에게 부여할 때 얻을 수 있는 가장 중요한 함의는 이용자가 특정 권리(entitlement)의 주체로 분명하게 상정된다는 것이다. 따라서 간섭적 온정주의에 근거한 사회복지전문직 관계 속에서 제한적 능력의 소유자로 위치하여 한시적이고 수혜적인 차원의 돌봄 대상자로 여겨지던 이용자가 이제 한 사람의 시민으로서 근원적이고 항구적인 권리의 소유자가 된다.

이용자에 대하여 시민성이라는 범주를 적용할 때 얻을 수 있는 또 하나의 함의는 사회적 배제와 통합이라는 개념과 연관되어 있다. 시민 혹은 시민성에 내포되어 있는 보편성 개념은 그동안 사회적 타자로 인식되어 비정상적 집단으로 취급되어 왔던 사회복지수혜집단을 사회의 보편적 일원으로 편입할 수 있게 한다. 결국 임파워먼트, 시민성, 파트너십 등의 새로운 가치 범주들은 전통적 사회복지전문직의 전문가-이용자의 관계를 시민-파트너의 관계로 재정립하는 데 중요한 기여를 하고 있는 것이다.

새로운 전문직 윤리의 등장이 이용자의 권리신장과 관련하여 많은 긍정적 가능성을 암시하고 있는 것은 사실이지만 그와 동시에 몇 가지 도전과제를 던져 주고 있는 것 또한 분명한 것이다. 앞서 살펴본 바와 같이 사회복지전문직의 핵심적·윤리적 기초 가운데 하나는 공공성 혹은 공적 책임성이며, 이것이 사회복지전문직을 여타의 전문직과 특별히 구별하게 하는 요소임을 알 수 있다. 전통적 사회복지전문직에서는 사회복지사가 제3자 혹은 공공의 이익과 권리를 대변하는 주체가 되어 이용자의 의사결정이 제3자의 이익을 위협할 경우 이를 제한하는 것이 윤리적이라고 규정하고 있다(김기덕, 2002). 그런데 문제가 되는 것은 이용자의 자기의사결정권을 강화하는 최근의 흐름이 이와 같은 사회복지전문직의 공공성 혹은 공적 책임성을 약화시킬 수 있을 것이라는 우려가 있을 수 있다는 것이다. 따라서 전문직 윤리에서는 어떻게 공적 책임성을 확보할 수 있으며 이용자와 사회복지사 가운데 어느 쪽이 개인 혹은 개인이 속한 집단의 당파적 정체성을 넘어 사회 전체의 보편적 이익과 부합하는 의사결정의 주체가 될 수 있을지를 보다 명확히 하여야 할 것이다.

이용자의 자기의사결정의 권리와 당사자주의를 강조하는 최근의 사회복지 전문직 윤리의 흐름은 이용자를 기존의 수동적 존재에서 의사결정의 확고한 권리주체로 인정하게 된다. 그런데 이용자의 자격과 권리를 인정하여 동등한 의사결정 주체로 통합하고자 하는 경향은 그 의도와는 달리 새로운 사회적 배제를 낳을 수 있다(손병돈 외, 2008).

현대 민주주의 사회에서 개인과 집단이 자신의 권리를 실질적으로 구현함으로써 의견을 표현하고 이를 집단적 의사결정에 반영하기 위해서는 구체적 능력과 수단을 필요로 한다. 그런데 현실 사회에서 사회복지전문직의 현재적 혹은 잠재적 이용자들은 자신의 의사를 표현하는 데 있어 자원과 능력의 정도에 있어 새로운 분리와 배제가 발생할 수 있는 것이다. 기존의 전문가 모델에서는 전문가의 권위를 바탕으로 클라이언트 집단 내부에 존재하던 의사표현능력과 수단의 차이를 적절하게 조정할 수 있는 자유재량의 여지가 상대적으로 많았다. 하지만 사회복지전문직 관계가 전문모델에는 협력모델로 전환되면서 전문가의 적극적 개입이 자제되고 이용자 스스로의 의사결정능력과 권리가 보다 강조될 경우 이용자 집단의 임파워먼트와 당사자주의의 이념 아래에서 실제로는 자신의 의사를 표현하여 파워를 행사할 수 있는 집단과 이와 같은 능력의 부족으로 의사결정구조에서 완전히 배제되는 집단으로 분리됨으로써 명목적 권리가 구체적으로 실현되는 것과 관련하여 또 다른 차별과 배제가 발생할 가능성도 있다(손병돈 외, 2008).

제3절 사회복지전문직의 인권보장

최근 사회복지현장에서 인권의 화두가 전면 대두된 것은 시대적 변화에 의하여 당연한 것이다. 실천 현장의 사회복지사(시설종사자) 입장에서는 어떻게 받아들여지는지에 대하여 인권적 변화에 적응하는 데 어려움이 많다고 할 수 있다. 이용자와 생활인들만의 인권이 부각되면서 현장의 사회복지사(시설종사자)를 예비가해자로 취급하거나 과중한 업무 후에 의무화된 교육이라는 이유로 자리를 채워야 하고, 인권 지킴이단 활동이 과외 활동으로 기존 업무에 더 부과되고 있으며 누군가에게 늘 감시당하고 있는 기분이거나 대상자들과 대립적 관계가 되어 가는 상황에 처하기도 한다. 예를 들면, 지적장애인을 원조하는 한 사회복지사(시설종사자)는 대상자가 어떤 위험한 행동을 해도 그것을 제지하는 과정에서 오히려 가해자로 오해 받을 수 있어 대상자들을 방임적 태도를 견지한다는 경우도 있다고 한다. 인권을 강조하는 것이 오히려 인권의 방임은 초래하기도 한다는 것이다. 인권은 어느 사람의 인권을 훼손하고 어떤 사람의 인권을 강화하는 것은 인권의 원칙에 어긋난다고 생각한다.

앞서 설명한 바와 같이 사회복지실천 현장에서 사회복지를 실천하는 모든 사람의 인권이 존중되는 인권 친화적 사회복지 문화를 조성하는 것이 필요하다. 이런 관점에서 시설 사회복지사들의 인권 또한 존중되어야 한다. 시설 생활인과 이용자의 인권과 마찬가지로 시설 사회복지사가 보장받아야 할 권리와 사회복지사의 인권을 침해했을 경우 대처 방법도 매뉴얼 지침을 만들어 상호적으로 적용되어야 한다. 그렇지만 인권침해 문제에 있어서 처리방침이나 처벌의 집행에서는 사회복지사가 시설 내에서 대상자에 비해 우월한 지위를 가지고 있다는 점을 감안해야 한다고 본다. 사회복지사(시설종사자)에게 시급하게 필요한 인권 매뉴얼의 내용을 보면 다음과 같다(유동철 외, 2013).

1. 사회복지사(시설종사자) 근로권의 보장

사회복지 분야에서 일하는 사회복지사들은 '직원'이란 용어보다는 '종사자'라는 용어로 불리는 경우가 일반화되어 있다. '종사(從事)한다'의 사전적 의미는 '어떤 일을 일삼아서 하다'로 직업이란 의미와 별반 다르지 않지만 사회복지사업법과 장애인, 아동, 노인복지법 등에서 사회복지사 직원들을 종사자로 표현하고 있다. 다양한 사회복지관련 법률에 종사자라고 표현하는데, 직원보다 종사자라는 표현이 가진 어법의 느낌, 맥락에서 보면 '헌신성'을 강조하기 위해 사용되는 의미로 해석된다. 사회복지에서 근무한다는 것이 특별한 사명감을 요구하기는 하지만, 헌신성을 강조하는 것은 조심스럽게 접근할 필요가 있다. 사회복지직의 노동현실이 열악하다는 사실은 모두가 알고 있는 사실이다. 그러나 이에 대한 개선방법 없이 헌신성만을 강요할 수는 없는 것이다. 사회복지시설의 노동현실은 매우 열악한 상황이다. 주 4~5일을 24시간 교대로 근무한 후 24시간을 휴식하는 시스템으로 운영되고 있는 시설도 아직 있는 상황이다.

사회복지직이라 하더라도 기본적으로 정당한 노동시간과 그에 대한 합당한 임금 및 근로조건(공정한 노동조건, 노동시간의 합리적 제한, 휴식 및 여가의 권리)이 보장되어야 한다. 그러나 현실은 복지라는 이름으로 봉사와 헌신을 강요하는 실정이다. 때로는 종사자 스스로도 근로자로 인식하기보다는 봉사하는 사람으로 인식하기도 한다. 따라서 스스로의 권리를 포기하거나 차별적 현실을 수긍하는 데 익숙해져 있다. 이러한 인식은 복지 실천현장을 발전시키기보다는 저하시킬 가능성이 높은 것이다. 근로조건이 열악할수록 이직률이 높고, 이직률이 높을수록 전문성은 떨어질 수밖에 없다. 따라서 기본적으로 근로자로서의 지위와 권리는 복지 실천현장에서도 보장되어져야 한다.

2. 성차별·성폭력 금지 및 여성근로자의 권리보장

사회복지 분야는 여성근로자가 압도적인 수를 차지하고 있다. 그만큼 여성

근로자에 대한 특별한 지원과 혜택이 있으면 좋겠지만 오히려 그 반대이다. 우리나라는 남녀 간 격차가 해를 거듭할수록 심각하게 벌어지고 있는 현실이다. 사회복지 분야도 예외는 아니다. 임금격차는 크지 않을 수 있으나, 승진 및 처우에서 있어서는 차별이 발생하고 있다. 현재 「남녀고용평등과 일·가정 양립 지원에 관한 법률」은 고용 영역에서의 성별 등에 의한 차별을 금지하고 있으나, 구제 절차 등 실효성에 대한 문제제기가 있으며, 차별금지를 폭넓게 규율하고 있는 「국가인권위원회법」은 구체적이지 않다거나 집행권한이 없다는 점이 지적되고 있다. 그렇다 하더라도 성에 의한 차별이 발생했을 때 이를 구제받기 위해서는 국가기관에 의뢰하는 것이 방법이다. 일상에서 많은 차별적 언행들이 발생하지만, 이런 상황들을 국가기관이나 관련 기관에 의뢰하기는 쉽지 않다. 예를 들면, 여성근로자가 사회복지실천 현장에 근로하는 경우가 많기 때문에 임신·출산·육아에 대한 적극적인 지원이 필요하지만 오히려 임신 후 시설장이나 기관의 입장을 고려해야 하는 경우가 많다. 임신과 출산을 이유로 부당한 해고나 부당한 징계 등의 처우를 받았을 때는 문제제기할 수 있으나 일상적 실천 활동에서 발생하는 차별적 언행 등은 대처하기 어려운 상황이다.

2013년에 서울시사회복지사협회가 발표한 '서울사회복지사들의 근로환경 실태조사' 결과에 따르면, 임신 및 출산 때문에 부당해 대우 경험을 받은 사람은 응답자의 29.8%에 달하고 있다. 출산휴가 반납, 승진 불이익, 언어적 비하, 사직압력, 부서이동, 이직압력 등의 부당대우가 있었던 것으로 조사되었다. 여성근로자가 다수인 시설에서조차 이러한 차별이 심각하게 벌어진다는 것은 사회구성원으로서의 삶의 질 향상을 원조하는 사회복지실천 현장의 입장에서 더욱 안타까운 상황이다. 사회복지실천 현장에서 부당한 처우를 받은 사회복지사(시설종사자)는 이러한 상황을 회피하지 말아야 할 것이다. 국가인권위원회의 '사회복지사 인권상황 실태조사 결과'(한국노동사회연구소, 2013)에 의하면, 사회복지사(시설종사자)들은 폭언, 폭행, 성희롱처럼 신체적 안전을 위협받는 수준이 심각하다고 밝히고 있다. 거주시설에의 상황에서 보면, 폭언, 폭행, 성희롱 경험 등이 동료 직원으로부터 6.3%, 상급관리자로부터 8.9%, 대상자(클라이언트)로부터 25.8%로 나타나고 있다.

그렇지만 이런 문제가 발생하여도 대부분의 여성근로자는 스스로 감당하고 있는 현실이다. 이러한 문제들을 제기하면 시설이나 기관으로부터 2차 피해가 예상되기 때문이다. 그러나 일반적으로 성폭력피해는 한 명의 가해자가 여러 명의 피해자에게 가해를 하거나, 피해자가 침묵할수록 가해행위가 장기간 지속되는 경우가 많기 때문에 피해자와 피해상황은 증가할 수밖에 없는 현실이다. 따라서 성폭력 피해에 대해서는 즉각적으로 관계기관에 상담하고 대처방법을 찾을 수 있도록 해야 하는 것이다.

3. 종교자유권의 보장

사회복지시설이나 기관을 운영하는 법인이 종교단체 또는 종교적 이념에 의해 설립된 경우 종교적 압력을 받고 있다는 조사결과가 발표[3)]된 바 있다. 사회복지실천 현장 내 종교 활동 참여강요, 특정 종교 강요, 종교로 인한 승진 누락, 시설후원금이나 헌금 강요 등이 사회복지사(시설종사자) 이직의 요인으로 나타나고 있다. 종교·사상·양심의 자유는 「헌법」이 보장하고 있는 권리임에도 불구하고, 학교법인이나 사회복지법인에서 특정 종교행위를 강요하거나 차별행위를 하는 사례들이 발생하고 있다. 최근에 이와 관련한 국가인권위원회의 결정이 발표되고 있는 현실이다. 기독교구호단체라 하더라도 종교행위를 강요해서는 안 되는 것이다.

4. 차별금지

「국가인권위원회법」 제2조 제3항에서는 '합리적인 이유 없이 성별, 종교, 장애, 나이, 사회적 신분, 출신 지역(출생지, 등록기준지, 성년이 되기 전의 주된 거주지 등을 말한다), 출신 국가, 출신 민족, 용모 등 신체조건, 기혼·미혼·별거·이혼·사별·재혼·사실혼 등 혼인 여부, 임신 또는 출산, 가족 형

3) 서울시사회복지사협회(2013년)가 발표한 '서울사회복지사들의 근로환경 실태조사'에 따르면, 27.9%가 종교적 문제로 어려움을 겪는다고 답하고 있다.

태 또는 가족 상황, 인종, 피부색, 사상 또는 정치적 의견, 형의 효력이 실효된 전과(前科), 성적(性的) 지향, 학력, 병력(病歷) 등을 이유로 한' 차별을 금지하고 있다. 예를 들면, 어떤 시설의 경우는 생활 재활교사의 정년을 사무직에 비해 5년 빠른 55세로 규정해 나이차별을 하여 생활재활교사들은 국가인권위원회를 통해 진정하여 부당한 차별로 권고되어 구제를 받은 사례도 있다. 사회복지사(시설종사자)들은 국가인권위원회를 시설이용자와 생활인만을 위한 기관으로만 생각할 수 있는데 그렇지 않다. 사회복지사(시설종사자)도 부당한 차별을 당했다면 진정하여 구제받을 수 있다.

제4절 사회복지시설의 인권 제한 원칙

사회복지시설에서 모든 사람의 인권을 동시에 존중한다는 것은 쉽지 않다. 예를 들면 시설종사자와 시설이용자, 시설장과 시설종사자, 교사와 학생, 부모와 자녀의 인권이 충돌하는 경우 양자의 인권을 동시에 존중하기란 매우 어려운 상황이다. 또한 범죄를 저지를 경우 사회 질서와 안전을 유지하기 위해 어떤 사람의 인권을 제한해야 할 경우도 발생한다. 인권을 제한해야 할 경우 법률에 의한 제한 원칙, 공공이익에 따른 제한 원칙, 최소 제한의 원칙, 약자우선의 원칙을 준수해야 한다.

1. 법률에 의한 제한 원칙

인권을 제한할 경우 법률에 의해 제한해야 한다. 그렇지 않을 경우 강자의 맘대로 약자의 인권 제한이 수시로 이뤄질 가능성이 높아진다. 예를 들어, 범죄자를 처벌할 때 형법에 의한 법률적 절차를 따라야 하며, 여론재판을 해서는 안 된다. 또한 시설에서 강제격리를 행하거나 외출제한 등을 행할 때도 법률과 명시적 규칙에 의해 이루어져야 한다.

2. 공공이익에 따른 제한 원칙

공공이익에 따른 제한 원칙이다. 인권을 제한할 경우는 공공의 이익을 추구할 경우에만 제한해야 한다. 사인의 이익을 위해 인권을 제한하는 조치는 정당할 수 없다. 예를 들어, 재개발을 추진하는 기업의 이익을 위하여 소외계층 주민의 낙후된 주거권을 침해하는 것은 인권에 기반을 둔 제한이라고 보기 어려운 것이다.

3. 최소제한의 원칙

인권을 제한할 경우 최소한도로 제한해야 한다. 예를 들어, 범죄자의 인권을 제한할 경우에도 공정한 재판과정을 통해 최소 제한해야 하며, 타인과 그 자신의 안전을 해할 위험이 높아 부득이하게 격리를 행해야 할 경우 시행 시간과 정도는 최소한도로 이루어져야 한다. 최소제한의 원칙은 시설보호에도 정당하게 적용되어야 한다. 거주지원이 필요한 장애인의 거주서비스 지원 방식을 결정할 때 집단생활로 인한 제약을 받게 되는 시설 입소보다는 지역사회에서 살아갈 수 있도록 주거지원, 자립지원이 우선되어야 한다.

4. 약자우선의 원칙

'인권을 제한할 경우 소수 약자의 관점에서 권한의 우월성을 갖는 사람들의 인권을 제한해야 한다'는 원칙이다. 소수 약자우선의 원칙은 권한의 우월성을 갖는 사람들이 소수의 약자를 억압하게 되는 권력의 속성으로부터 인권침해 양상이 비롯된다고 보고 있다. 인권침해는 권력을 갖는 사람이 소수 약자의 인권을 억압하는 방식으로 이루어진다고 본다. 예를 들면, 사업주가 노동자에게, 교사가 학생에게, 남성이 여성에게, 어른이 아이에게 내국인이 이주민을 억압하는 방식으로 인권침해가 이루어지고 있다. 모든 인간관계는 개인의 의도와 상관없이 힘의 관계일 수밖에 없는 것이다. 어떠한 관계에서라도 미묘한 힘의 차이는 늘 존재할 수밖에 없는 것이다. 인간은 이러한 힘의 차이를 본능적으로 인식하고 생활하고 있다. 상대적 약자를 대상으로 자신이 가진 힘의 우위를 사용하게 된다. 부당한 힘의 사용은 위계적 관계, 억압과 폭력, 차별과 무시 등의 형태로 이뤄진다. 인간관계에서 발생하는 인권침해를 방지하고 해결하고 줄이려면 약자의 관점에서 사안을 바라보고 해결하기 위한 의식적인 노력이 필요하다. 인권의 가치를 존중하고 실현하려면 약자의 인권을 우선하여 강자의 인권을 제한해야 한다는 것이다. 약자우선의 원칙을 인식하고 지키지 않을 경우 언제나 인권제한의 대상자는 약자가 될 가능성이 높다. 예를 들어, 자유롭게 외출하길 원하는 시설이용자와 생활인의 효율적인 관리를 원하는 시설종사자의 입장이 충돌할 때, 대체적으로 사회복지사(시설종사자)의 입장에서 규칙이 정해지게 된다. 결국 시설이용자와 생활인은 이러한 규칙을 받아들일 수밖에 없다. 이 경우 '약자우선의 원칙'을 적용하여 상대적 약자인 이용자와 생활인의 관점에서 외출을 자유롭게 할 수 있는 권리를 보장하는 규칙들을 만들어 나가야 하는 것이다.

제5절 인권지향적 사회복지전문직의 과제

사회복지전문직의 사명과 지향하는 가치를 천명한 여러 가지 공식적 문건과 관련 논의에 대한 검토를 통하여 사회복지전문직이 인권을 자신들이 중요한 기본가치 혹은 핵심가치 가운데 하나로 상정하고 있으며, 사회복지사가 인권을 옹호하는 인적 서비스 전문가로 변화하고 있다는 것을 제시하고 있다. 또한 사회복지전문직이 이용자의 인권을 옹호하고자 노력하는 것과는 별개로 사회복지전문직의 규범적 속성 내부에 이용자의 권리를 침해할 수도 있는 속성들 역시 내재되어 있다는 것도 알 수 있다. 즉, 억압적이고 반인권적 성향을 가진 개별 사회복지사나 단일의 사회복지기관과는 무관하게 사회복지를 전문직으로 자리매김하는 전문직 윤리 그 자체에 이용자의 인권과 갈등을 일으킬 수 있는 가능성이 내재되어 있다는 것으로 볼 수 있다.

그러면 인권을 사회복지전문직의 중요한 가치로 분명하게 정립하는 동시에 사회복지전문직에 내재되어 있는 인권침해적 요소를 억제하기 위해서는 다음과 같은 노력이 우선시 되어야 한다.

첫째, 우선적으로 인권과 그동안 사회복지전문직이 지향해 온 여타의 다른 가치들과의 관계정립이 필요하다. 사회복지전문직은 전문직으로 정립되어 오는 과정에서 사회적 욕구, 사회정의, 임파워먼트 등 다양한 윤리적 가치와 원칙들을 정립하여 왔으며, 인권은 상대적으로 늦게 사회복지의 핵심가치로 등장한 것이다(Ife, 2001). 따라서 사회복지전문직을 인권 지향적 전문직으로 설정하기 위해서는 인권과 다양한 가치 사이의 관계에 대하여 분명한 설정이 요구된다.

둘째, 사회복지전문직의 핵심가치로서 인권의 개념 및 내용을 보다 구체적이고 분명하게 확정하여야 한다. 다른 윤리적 가치에 비하여 인권이 보다 근본적이며 기본적인 가치인 것은 사실이지만, 인권 역시 사회적이고 역사적인 개념이기 때문에 우리 사회의 실정에 보합하는 현실적인 내용을 갖추어야 한다. 인권의 개념과 내용의 확정을 구분하면 보편적 인권(universal human rights)과 개별적 인권(individual human rights)의 관계를 중심으로 이루어지는 것이 보다 적절하다고 보인다. 보편적 인권과 개별적 인권의 관계는 다음과 같은 방향에서 인권의 개념과 내용으로 접근할 수 있다. 보편적 인권과 개별적 인권을 각각 전체 사회집단의 인권과 개별집단의 인권으로 구분하여 볼 수 있다. 특히 이러한 측면은 사회복지실천과 관련 사회복지전문직이 내재적으로 가진 인권 관련 제약요소 가운데 개별적 이용자 집단의 인권과 공공성의 충돌 가능성과 연관되어 있다. 경우에 있어서 사회복지전문직이 특정 이용자 집단의 인권을 구현하는 과정에 제3자 혹은 전체 사회구성원이 보장받아야 할 인권이 침해된다면 그러한 개별집단의 인권구현은 일정 정도 제한될 수밖에 없을 것이다.

따라서 이러한 충돌과 인권의 제한을 정당화하기 위해서는 공공선으로서의 보편적 인권과 개별 집단의 인권에 대한 적절한 관계설정이 요구된다고 볼 수 있다. 또 다른 방향으로는 기본적 인권으로서의 보편적 인권과 이러한 보편적 인권을 구성하는 개별적 인권, 즉 공민권·사회권·문화권 등의 관계에 대한 논의를 중심으로 한다. 특히 사회복지실천과 관련하여 중요한 것은 사회의 구성원이 사회복지를 향유할 권리인 복지권(welfare rights)에 대한 개념정립과 내용에 대한 논의인 것이다. 따라서 복지권이 기본적이고 보편적인 인권에 속하는지, 아니면 보편적 인권에 속한다고 하면 국가와 사회는 어느 정도 어떠한 방식으로 이러한 복지권의 구현의무가 있는지에 대한 논의가 시급히 요청된다고 볼 수 있다(이영환, 2006).

사회복지가 인권전문직으로 자리매김하기 위한 노력은 사회복지전문직 스스로가 인권에 대한 개념규정과 실천방안을 공식적으로 마련하는 것이다. 이러한 노력의 결과는 주로 사회복지전문직의 윤리적 방향과 실천기준을 제시하는 윤리강령(code of ethics) 및 정책선언(policy statements) 등의 공식적 문건에 제시하게 된다.

예를 들면, 미국의 사회복지전문직의 경우 자신들의 윤리강령과 정책선언을 통하여 사회복지전문직에서 차지하는 인권의 중요성을 분명하게 선언하고 있으며, 아울러 사회복지실천에서 이용자 및 관련 당사자의 인권과 관련된 문제가 제기되었을 경우 어떻게 이를 적절하게 해결하여야 할 것인지 어느 정도의 표준지침(standarsds)들이 제시되어 있다. 그러나 우리나라의 경우 아직 사회복지전문직의 핵심가치로서 인권에 대한 개념이 명확하게 윤리강령에 정립되어 있지 않고 있다. 또한 이용자 및 관련 당사자들이 보장받을 수 있는 권리의 종류와 정도 그리고 이러한 권리들이 충돌하거나 침해될 수 있는 경우 사회복지사들이 어떻게 행동하고 주어진 문제를 해결하느냐에 대한 구체적 표준지침은 거의 마련되어 있지 않다. 따라서 이러한 측면에 대한 적극적 사고와 함께 다양한 사회적 노력이 요청된다고 볼 수 있다. 그 중심에는 사회복지사협회와 같은 관련 단체의 확대된 노력이 절실하다고 보는 것이다.

사회복지전문직이 태동한 이래 기본적으로 인권은 최우선의 전문직 가치로 받아 들여졌으며 직접 또는 간접적으로 사회복지전문직은 인권전문직임을 선언하여 왔다. 특히 최근에 전지구적으로 진행되고 있는 경제주의의 확산과 문화적·윤리적 다원주의의 만연, 개인주의의 증대 등은 보편적 규범의 기초로서 인권이 가진 중요성을 더욱 각인시키고 있다고 볼 수 있다. 따라서 사회복지전문직이 내재적으로 가지고 있는 인권과 관련된 긴장요인을 적절하게 처리할 수 있는 구체적인 실천지침을 마련하여 사회복지전문직의 인권의식을 보편화시켜 나가야 한다.

Chapter 13

인권의 사회복지실천 원칙

사회복지전문직은 인간의 욕구에 초점을 둠으로써 인간 욕구의 본질은 선택의 문제로서 충족되는 것이 아니라 사회정의의 명령으로 충족되어야 한다는 믿음을 갖게 되었다. 이러한 믿음을 바탕으로 사회복지는 전문적 실천을 위하여 이미 형성된 실천 원칙들과 함께 인권에 대한 원칙도 단계적으로 고려하게 되었다. 바꾸어 표현하면, 우선 충족되어야 하는 인간의 욕구가 인간의 권리보다는 현실적으로 만져서 알 수 있는 구체적인 것들이기 때문에 인간 욕구 중심의 실천 원칙이 인권중심의 실천 원칙보다 불가피하게 먼저 발전되어 왔던 것이다. 인간의 욕구 충족을 위한 구체적인 사회복지실천 원칙은 욕구와 동등하게 중요한 인간의 권리 보장을 위한 사회복지실천 원칙으로 점차 변형시킬 수 있으며, 국가는 이러한 인권을 보장할 수 있는 제도를 발전시켜야 한다.

인권이 추상적이고 형식적 수준의 담론에 그친다면, 인권은 공허한 메아리에 불과할 것이다. 그러므로 인권을 현실에서 보장하고 실현할 수 있는 실질적인 메커니즘(mechanism)이 만들어져야 한다(이봉철, 2001; 조효제, 2007; 한국노인복지시설협회, 2009). 현대사회의 사회복지제도는 인권이 추구하는 가치들로부터 실천적 의미와 정당성을 확보할 수 있게 되며, 미래의 인권 담론이 인간의 자유와 존엄 그리고 가치라는 원래의 인권이념을 계승하되 모든 인간의 기본적 욕구를 보장해 주고 역량을 강화하여 행복을 증진시키는 복지형 체계를 비전으로 삼아야 한다는 점에서 인권과 사회복지실천은 깊은 연관성을 가지고 있다(조효제, 2007).

제1절 사회복지실천의 인권적 요소

인권은 인간으로서 살아가는 데 없어서는 안 될 인간 고유의 권리이다. 사회복지는 인간의 존엄성이 최대한 실현될 수 있는 상태를 이루기 위해서 개인에서부터 사회에 이르는 다양한 문제에 전문적·제도적인 개입을 하고 있다. 사회복지가 지향하는 궁극적인 목적이자 사회복지의 출발점이 바로 인간의 존엄성이며, 사회복지가 개입하는 다양한 문제 역시 빈곤, 차별, 가족, 질병, 노동, 교육, 자유, 학대와 폭력 등 인권의 문제와 다르지 않다.

국제사회사업가협회(IFSW)는 인권이 사회복지의 핵심이며 이를 실현하기 위해서 사회복지전문가와 사회복지대학에서 활용될 수 있는 '인권훈련매뉴얼(Human Rights Training Manual)'을 제작하였다.[1] 이 매뉴얼에는 인권과 사회복지에 대하여 다음과 같이 설명하고 있다.

첫째, 사회복지는 인도주의와 민주적 이상에서 탄생한 것이다. 따라서 사회복지실천은 그 시작에서부터 인간욕구의 충족과 인간의 잠재력 및 자원을 개발하는 것에 초점을 두어 왔다. 둘째, 사회복지는 변화에 관한 것이다. 개인, 가족 및 집단생활, 정책과 서비스, 법률과 사회태도에 있어서 어떠한 변화를 도모하는 것이다. 셋째, 사회복지는 단순히 개인을 직접적으로 돕는 일만은 아니다. 사회복지는 아동과 청소년을 포함한 모든 시민의 삶의 질을 향상시키는 것을 목적으로 하면서 집단과 지역사회를 위한 서비스와 활동들에도 개입한다. 넷째, 사회복지사는 다양한 지리적·정치적·사회경제적·문화적·정신적 문제를 가지고 있는 수많은 문화와 맥락 속에서 일한다(IFSW Manual, 2002).

이러한 맥락에서 인권의 원칙이 사회복지의 개념 자체에 이미 내재되어 있다고 본다(Hare, 2004). 인권은 사회복지의 이론, 가치, 윤리, 실천과 분리될 수 없으며, 인간의 욕구에 반응하는 인권은 반드시 옹호되고 촉진되어야 한다. 이를 통하여 인권은 사회복지실천활동의 정당성을 구현하고 동기를 강

---

1) 1992년 초판제작, 1994년 2판 제작

화할 수 있다(이혜원 역, 2005). 뿐만 아니라 사회복지실천의 기본원칙으로 알려져 있는 클라이언트의 자기결정권, 수용, 비심판적 태도, 비밀보장 등의 내용에는 인권의 원칙들이 내재되어 있음을 알 수 있다.

한편 미국 사회복지사협회 윤리강령에는 “사회복지사는 문화적·민족적 다양성에 민감하여야 하며, 차별과 억압, 빈곤과 다른 형태의 정의롭지 못하는 부분을 종식시키기 위해 노력해야 한다”라고 규정하고 있다. 사회복지전문직은 서비스와 사회통합, 능력개발, 사회정의, 개인의 가치와 존엄성, 인간관계의 중요성을 핵심적 가치로 포함하고 있는 것이다(Reichert, 2003).

제2절 사회복지실천의 원칙

역사적으로 사회복지실천의 원칙은 개인들과 집단들 사이의 불평등을 개선하는 일에 집중하여 왔다. 사회복지가 인도주의와 민주적 이념에서 출발한 까닭에 자원의 불평등한 배분이나 차별에 도전하도록 만들었다. 즉, 사회복지실천은 인간 존엄성 존중이라는 가치를 기반으로 하여, 빈곤, 차별, 고독과 소외, 질병 노동 교육, 자유, 학대와 폭력 등의 다양한 사회문제에 개입하여 사회구성원의 삶의 질 향상과 인간다운 삶을 영위할 수 있도록 돕는 데 그 목적을 두고 있다. 미국사회복지사협회(NASW)는 ‘대량 학살, 인종 청소, 전쟁과 같은 끔찍한 일들이 만연한 곳에서나 차별과 사회적 배제, 성 불평등, 구타, 강간, 여성의 성매매, 노동착취, 아동 노동, 노예, 인권의 억압 등이 만연한 곳에서 인권을 위한 투쟁이야 말로 21세기 사회복지사들의 주요한 소명’임을 밝히고 있다. 즉, 인권이 사회복지 업무의 주요한 역할을 담당한다. 이와 같이 인권에 민감한 사회복지실천이 이루어질 때 사회복지실천은 정당성을 확보할 수 있으며, 사회복지실천의 기본 원칙이자 원조관계의 핵심 원칙이라고 할 수 있는 사회복지 수급권자의 자기결정, 수용, 비심판적 태도, 비밀보장 등에는 인권의 원칙들이 내재되어 있으므로, 인권과 사회복지실천이 서로 별개의 것이라고 보아서는 안 된다(이혜원, 2005). 즉, 사회복지실천의 기반이 취약계층이나 필요를 느끼는 이들을 돕는 데 초점을 두고 있으므로 사회복지는 그에 맞는 원조들을 개입시키는 방법들을 발전시켜왔다. 이는 인권 분야와 밀접하게 연관되어 있다(국가인권위원회, 2008). 인권의 관점에서 권리를 행사하고 참여할 의무를 규정하는 것이라면 참여를 극대화하는 것은 인권활동의 중요한 부분이 되는 것이다.

국제사회사업가협회(IFSW)의 "International Policy on Human Rights"에서는 사회복지실천에 있어 인권 실현의 서비스 제공을 위해 준수해야 할 원칙을 다음과 같이 제시하고 있다.

첫째, 모든 사람은 교육의 가치를 가지고 있으며 그것은 그 사람을 위한 도덕적 배려로 정당화된다. 둘째, 모든 개개인은 자립(self-fulfllment)의 권리를 가지고 있으며, 다른 사람의 동등한 권리를 침해하지 않는 범위에서 최대화되어야 한다. 또한 모든 개개인은 사회의 안녕에 기여할 의무를 가지고 있다. 셋째, 어떠한 형태의 사회이던지 모든 사회는 그 구성원에게 최대의 이익을 제공하기 위한 기능을 해야 한다. 넷째, 사회복지사는 사회정의의 원칙에 대한 소신을 가져야 한다. 다섯째, 사회복지사는 개인과 집단, 지역사회와 사회에 대해 그들이 발전할 수 있고 개인 및 사회적 갈등을 해결하기 위한 객관적이고 훈련된 지식과 기술에 헌신할 책임을 지니고 있다. 여섯째, 사회복지사는 성, 연령, 장애, 인종, 사회계층, 종교, 언어, 정치적 신념, 성적 취향에 기초한 어떠한 차별 없이 가장 최선의 가능한 지원을 제공해야 한다.

위와 같은 관점에서 사회복지는 인권전문직이라고 할 수 있다. 이에 국제사회사업가협회와 사회복지교육과 사회복지실천 분야에 종사하고 있는 사회복지실천가들이 인권을 증진하고 보호하며, 기본적인 사회욕구를 충족시키는 일에 확실하고도 충분하게 관여하는 것이 당면과제임을 인식하고 있다. 인권에 대한 지식의 습득은 사회복지전문직이 원조전문직으로서의 역할을 잘 이해할 수 있도록 하며, 사회복지전문가들이 인권에 관하여 더 많이 알고, 더 깊이 이해할 수 있도록 사회복지서비스를 필요로 하는 사람들의 복지를 위한 전문적인 활동과 개입이 더욱 증진될 수 있음을 확신하고 있다(이혜원 역, 2005). 또한 인권을 전문직에 통합시켜 사회복지사가 전문직 수행에 있어 중요한 이슈에 대한 통찰력을 얻을 수 있다. 결국 인권의 보장은 사회복지실천과정을 통해서 이루어질 수 있는 것이며, 사회복지실천과정에서 인권의 원칙 및 인권에 대한 감수성과 실천기술들이 접목될 때 인권이 보다 잘 실천될 수 있을 것이다(Ife, 2000).

제3절 사회복지실천의 인권적 개입

사회복지는 개인을 돕는 것뿐만 아니라 보다 넓은 지구적 차원에서 변화를 도모하려고 한다. 이러한 실천의 이중적 초점을 증진시키는 데 있어 다양한 개입방식을 개발하여 왔다. 이러한 개입 방식을 이해함으로써 사회복지사들은 사회복지와 인권의 연계를 보다 쉽게 인식할 수 있게 되었다.

1. 억압에 대응하기

억압은 개인이나 집단에 대한 부당한 권력이나 권한의 사용과 연관성이 있다. 각기 다른 형태의 억압이 존재하는바, 이러한 것에는 인종, 민족, 계급, 성, 나이, 성적 지향성에 근거한 억압이 있다. 억압의 형태는 독특한 불의의 구조와 불공평한 권력구조를 만들게 되는데, 이러한 구조는 억압을 상존시키고 모든 영역에 걸쳐 광범위하게 적용되어 개인이나 집단의 현실로 나타나게 되는 것이다. 억압에 지속적으로 노출되면 내면적으로 억압 형태로 나아가며, 개인이나 집단이 외부적 억압자가 투사한 부정적 자기 이미지를 내면화하게끔 한다는 것이다. 개인들은 종종 내면적 억압에 따른 분노를 경험하기도 한다. 이러한 분노를 다시 억압하면 또다시 자기 파괴적인 행위나 타인에게 해를 입히는 행위로 연결되기도 한다(Shulman, 1999; 국가인권위원회, 2008). 사회복지사들은 억압을 만들어내고 이를 지속시키는 개인이나 사회적 관계에 도전해야 할 책무를 갖고 있다(Ife, 2001).

2. 권한의 부여

권한 부여는 개인이 사회에서 어떻게 취급되는가와 개인이 권력이나 자원에 얼마나 근접해 있는가에 초점을 맞춘다(Cowger, 1994; Roche & Dewees, 2001; Ife, 2001). 불평등한 권력구조를 타파하는 것이야 말로 권한 부여의 주요한 기반이 된다(Simon, 1994). 서로 연결되고 작용되는 두 개의 축이 권한 부여의 특징이다. 개인적 권한 부여는 자기결정이라는 규정과 비슷한데 클라이언트들은 원조과정으로 나아가 임무를 맡고 개인적 삶에 대해 통제를 하며, 자신들이 처한 상황에 대해 새로운 방법으로 사고하기를 배우며, 보다 만족할 수 있고, '보상이 돌아오는 결과'를 산출하는 새로운 행동양식들을 수용한다(Cowger, 1994). 개인적 권한 부여 역시 기회와 연관되어 있는바 기회 없이는 자기결정의 과정이 어렵기 때문이다. 사회적 권한 부여 부분에서 인식하고 있는 것은 한 개인의 특성을 그 개인이 존재하는 구조와 분리하여 생각하면 안 된다는 것이다(국가인권위원회, 2008). 한 개인의 행위나 습성은 사회적 연결망 내에 있는 다른 이들의 행위나 습성에 연관되어 있다. 개인적 권한 부여와 사회적 권한 부여는 상호 포용적이다. 개인과 그룹의 부당한 처우를 극복하도록 권한을 부여하는 것은 지위와 상관없이 모든 이의 동등한 처우를 강조하는 인권의 실현과 유사하다고 볼 수 있다.

3. 강점 시각

강점 시각에서 언급되는 것은 개인이나 그룹의 강점이 원조관계의 중심이 된다는 것이다. 이는 구조적 불의가 다수의 개인이나 집단을 필요한 자원이나 공평한 처우로부터 소외시킨다고 인식한다. 강점 시각은 많은 장애물과 불의에도 불구하고 사람들이 극복해야 할 방식과 타성에 초점을 두고 있다. 개인이나 집단의 강점을 인식함으로써 사회복지사들은 인권적 원칙들을 특정 상황과 보다 잘 연결시킬 수 있게 한다.

4. 인종적으로 민감한 실천

인권으로부터 취약한 힘없는 자들의 사회적 조건은 각기 다른 인종적 배경과 밀접히 연관되어 있다. 여기서는 개인들의 일상생활의 경험이나 그들의 주관적인 자아개념의 매개체로서 작용하는 인종이나 민족성의 중요성이 강조된 이러한 개입을 통해 사람들로 하여금 그들의 특정한 문화적 정체성이나 경험을 재인식하도록 해 준다.

5. 페미니스트 실천

여기서 강조되는 것은 특정성의 지배나 종속관계가 특징인 권력관계에 대한 비판적 시각이다. 따라서 경쟁보다는 협력과 조화에 기반을 둔 권력을 사용하고 이해하는 대안적 방식이다.

6. 문화적 역량

문화적 역량에는 서로 다른 편견들에 대한 인식을 포함한다. 여기서는 사회복지사들이 클라이언트의 문화와 그들의 규범, 언어, 상징, 강점에 대한 지식을 증대시키도록 하는 것이다(Wormer, 1997). 사회복지와 관련된 개입방식들은 인권이슈와 연관되어 있고 인권을 사회복지실천에 적용하는 방법들을 제시하고 있다.

제4절 인권에 근거한 사회복지 용어

인권과 사회복지실천에 대한 기본전제를 통하여 볼 때 전통적으로 사용되어 온 사회복지 용어상의 제 문제가 비판될 수 있다. 인권적 접근에서 사회복지 용어상의 문제를 지적하고 용어사용 인식의 전환 필요성에 대한 견해는 용어사용의 비판보다는 사용되어 온 '사회복지 용어' 자체에 담긴 세계관이 인권에 반하는 것으로 무의식적으로 강화될 수 있음을 지적하는 것이다. 예를 들면, 사회복지실천 현장에서 일반적으로 사용되는 전략, 표적 집단, 계약, 이탈, 동맹 철회 등과 같은 용어는 군사용어식 표현으로 이는 위압적이고 폭력적인 요소가 있다는 비판이다. 따라서 이러한 용어가 인권전문직으로서의 사회복지 영역에 적용하여 사용되는 것에 대하여 다른 견해적 입장에서 접근하고자 하는 것이다.

1. 클라이언트

원초적으로 클라이언트(client)라는 용어의 의미는 클라이언트가 요구하는 서비스를 제공하도록 전문가의 서비스에 자발적으로 참여한 사람을 지칭하는 것으로 클라이언트는 자신에게 제공되는 서비스의 종류나 정도를 통제할 수 있다. 그러나 실질적으로 사회복지실천 현장에서 사용되는 관점에서 상당한 모순이 있다고 보인다. 인권적 접근에서 클라이언트라는 용어를 모순으로 보는 이유를 설명하면 다음과 같다. 첫째, 클라이언트는 의존적이거나 상대적으로 권력이 없는 위치를 의미하고 있다. 둘째, 클라이언트라는 용어는 전문지식과 지혜가 하향식으로 이어지는 접근법을 의미하기 때문이다. 즉, 전문가의 상대적인 우월적 지식과 기술을 가정하고 있기 때문에 사회복지대상자의 가치와 지혜를 소홀히 하여 인권에 대항하는 결과를 초래할 우려가 있는 것이다. 인권적 시각에서 사회복지실천의 목표가 시민권의 보장이라면 클라이언트라는 용어보다는 고객(customer), 이용자(user) 등의 용어 사용이 바람직하다는 견해이다.

2. 슈퍼비전

슈퍼비전(supervision)이란 용어 사용도 사회복지에서는 전문성 개발과 전문적 실천을 위한 필수적인 요소로 간주하고 있다. 인권적 접근에서는 슈퍼비전을 받음으로써 슈퍼바이저(superviser)가 성장하는 것을 의미해야 하며, 여기에 감시와 통제의 의미는 없어야 함을 의미하고 있다. 그렇지만 사회복지실천 현장에서 사용되고 있는 슈퍼바이저라는 용어는 보다 높은 권력을 가진 위치에서 모든 업무가 어떻게 이루어지고 있는지, 어떻게 이루어져야 하는지에 대해 슈퍼바이저보다 더욱 잘 알고 있으며, 그에게 모든 업무에 대한 방법을 말해 주는 관리하고 감독하는 사람이라는 의미를 내포하고 있다. 그래서 이러한 통제와 감시의 요소를 가지고 있는 슈퍼비전이라는 용어보다는 헬퍼(helper)라는 용어 사용이 바람직하다는 견해이다.

3. 개입

개입(intervention)이라는 용어는 1970년대 이후 체계이론이 사회복지 영역에서 그 대중성을 확보하면서 널리 사용되어온 것으로 개인, 가족, 기관, 지역사회 등을 모두 체계로 분석하고 사회복지사는 이러한 체계들의 변화를 위해 개입하는 것으로 인식되었다. 개입이라는 용어는 간섭, 방해, 끼어들기, 중재, 조정 등의 의미로 해석되고 있는데, 이는 사회복지사가 개입이 일어나야 하는 체계 밖에서 존재한다는 것이다. 또한 모든 행동이 개입을 하는 사람인 사회복지사에 의하여 이루어진다고 보는 관점이 지배적이어서 적절치 않다는 견해이다.

따라서 인권적 접근에서는 사회복지사와 사회복지 대상자를 ‘행동과정의 동행자(process of action fellow travelers)’로 인식하여야 하며, 체계 내부에서 사회복지사가 자신과 일하는 사람과 합심해서 함께 역할을 수행해 나가는 역할임을 강조하고자 한다.

제5절 인권적 접근의 사회복지실천모델[2)]

인권적 접근에 있어서 실천모델은 일반적으로 이용자참여모델과 임파워먼트 모델 등이 논의되고 있다. 필자는 이용자참여모델을 간략하게 제시하고자 한다.

1. 이용자의 개념

사회복지실천에 있어서 다양한 문제에 대한 참여는 사회복지서비스 영역의 결정적인 요소로 등장하였다. 따라서 서비스를 계획하거나 전달하는 사람들은 원칙적으로 서비스이용자들의 영향력을 인정해야 한다(Braye, 2000). 영국의 사회복지 용어 사전에는 서비스이용자를 다음과 같이 설명하고 있다(Pierson & Thomas, 2002).

이용자라는 단어는 사회복지사나 사회적 보호서비스를 받는 모든 사람을 지칭하는 용어이다. 사회복지사들이 함께 일하는 다양한 집단에 대한 일반적 호칭으로 '서비스이용자(service user)' 또는 '이용자(user)'라는 용어가 사용된 것은 1990년대에 들어서이다. 그 이전까지 서비스를 받는 사람들에 대해 가장 흔히 사용되었던 용어는 '클라이언트'였는데, 1990년대 이후로 '이용자'라는 용어로 대체되기 시작하였다. 이 용어는 점진적으로 실천가, 관리자, 교육자들에게 폭 넓게 파급되고 있다. 이것은 이 용어가 서비스를 제공 받는 사람들의 권리와 영향력을 강조하는 최근의 추세에 부합하는 인권적 이미지를 전달하고 있기 때문으로 보인다.

2) 이용자 참여모델은 김미옥·김용득(2006)의 「제14회 RI Korea 재활대회 주제 발표집」 '이용자 참여의 이론과 전망' 참고하였다.

2. 이용자참여 영역과 지원요소

이용자참여를 위한 기본 전제는 전문가와 이용자 관계에 있어 불평등한 관계를 개선하는 것이다. 이용자참여의 유형은 크게 두 가지로 구분된다. 첫째는 자신들에게 영향을 미치는 결정에 대한 개별적인 참여이다. 둘째는 서비스이용자 집단들에게 영향을 미치는 결정에 대한 개인들의 참여이다. 이러한 이용자참여의 활성화를 위해서는 전문가 교육과 직원 훈련이 중요 하다.

1) 이용자참여를 위한 기본전제

일반적으로 '서비스이용자'라는 용어는 지역사회에서 살아가기 위해 일정한 지원을 필요로 하는 지역사회구성원을 지칭하는 용어이다. 또한 '이용자참여'는 그들이 어떠한 서비스를 어느 정도 받아야 하는가에 영향을 미치는 결정에 대한 이용자의 참여를 의미하는 용어이다(김미옥 외, 2007). 그리고 가족, 친구, 이웃 등은 그들 스스로가 서비스 제공자이면서 동시에 서비스이용자이다. 따라서 이들도 이용자참여의 주체에 포함될 수 있다. 이용자참여의 기본적인 전제는 바로 전문가와 이용자 간의 불평등한 관계를 개선하는 것이다.

2) 이용자참여의 영역

이용자참여는 두 가지 유형으로 나뉜다(Lindow & Morris, 1996). 첫째는 자신들의 개인적인 생활에 영향을 미치는 결정에 대한 개별적인 참여이다. 둘째는 서비스이용자 집단에게 영향을 미치는 결정에 대한 개인들의 참여이다. 역사적으로 개인 차원에서의 참여보다는 서비스이용자 집단에게 영향을 미치는 집단 차원의 참여가 더 큰 주목을 받아왔다.

(1) 개별적 참여

이용자참여는 그 자체가 목적이 아니라 이용자 자신이 일상생활에서 선택할 수 있도록 하고 스스로의 삶에 대한 통제력을 가지게 하는 하나의 방법이다. 이러한 이용자의 개별적인 참여가 보장되기 위해서는 서비스 실무자들의 가정이나 행동에 대한 점검이 요청된다. 또한 서비스 조직화 방식에 대한 고려와 이용자가 선택할 수 있는 환경적 여건의 조성이 필수적이다.

(2) 집단적 참여

이용자참여를 정책적으로 실행하는 데 많은 어려움이 있다. 이용자참여의 초기실행과정에서는 다음과 같은 다양한 패턴의 어려움들이 있다. 첫째, 기존의 네트워크와 관계를 어떻게 설정하고 강화할 것인가의 문제이다. 둘째, 서비스이용자와 보호제공자 및 자원봉사자의 혼합체계로 구성된 의사소통 및 계획을 위하여 전반적으로 새로운 틀의 구성을 시도해야 하는 문제이다. 셋째, 서비스이용자와 보호제공자에 대한 자원봉사위원회를 통하여 서비스이용자와 보호제공자의 직접적 투입을 최소화해야 하는 문제이다. 넷째, 서비스이용자와 보호제공자가 함께 계획을 확립해야 하는 문제 등이 그것이다(Means & Lart, 1994). 또한 사회복지의 전통적인 가정과 실천들은 서비스이용자의 집단적 참여에 많은 어려움을 제공하는데, 이러한 차원에서 참여를 방해하는 요소와 활성화는 요소를 구체적으로 고려해 나가야 한다.

이용자참여를 활성화하기 위한 중요한 요소는 이용자 주도 서비스로서의 전환이다. 이를 위해서는 이용자가 주도하는 조직(user controlled organization)으로서의 전환과 이용자 주도 서비스에 대한 논의가 필요한 것이다. 이용자 주도 서비스는 기관에 따라서 매우 다양하다. 그렇지만 다음과 같은 공통적인 점들을 참고하여야 한다.

첫째, 이용자참여조직들은 간혹 급진적 변화에 대한 기대와 저항의 결과로 나타난다.

둘째, 이용자 주도조직에 참여하는 사람들은 서로 일체감과 동일시의 감정을 가지고 이것을 통하여 강점을 얻는다. 그들이 누군가를 고용할 때 서비스를 계획하고 전달하기 위해서는 그것을 활용하기 좋아하는 사람들을 선발한다.

셋째, 이용자 주도 서비스(user controlled service)는 장애에 대한 의료모델과 정신건강에 대한 생활-의료모델에 저항하는 장애와 생존자 운동과 관련이 있다. 이는 사회적 모델 대신에 제공될 서비스의 본질과 접근 모두를 결정해 준다.

넷째, 이용자 주도 서비스는 특별한 시간에 특별한 욕구들을 반영한다. 서비스들은 사람들이 그들의 삶에서 필요한 것이 무엇인지에 대한 자기 확인으로부터 도출되며, 융통성 있고, 이용자 욕구에 반응하는 것을 목표로 한다.

다섯째, 이용자 주도 서비스는 사람들의 삶에 대한 선택과 통제력을 증가시키고자 한다.

여섯째, 이용자 주도 서비스는 어떠한 서비스가 전달되는지에 관한 결정에서 서비스를 이용하는 사람들을 참여시키는 데 목적을 둔다.

일곱째, 이용자 주도 서비스는 서비스를 계획하고 제공하는 데 참여하는 모든 사람이 그것을 이용하는 사람들에 대한 책임성을 가질 것을 주장한다.

3) 이용자참여 활성화를 위한 지원요소

이용자가 참여 서비스와 조직을 형성하기 위해서는 전문가 교육과 직원개발 훈련이 체계적으로 이루어 져야 한다. 이는 사회복지학과 교육에도 반영하여 기술 습득에 치우친 교육이 아니라 보다 기본적인 사회복지사의 태도, 가치, 철학, 윤리 등의 문제에 대한 심도 있는 교육이 이루어져야 한다.

직원개발에 있어서 다른 중요한 부분은 변화에 대한 저항을 다루는 것이다. 변화에 대한 저항의 다른 형태는 변화가 필요하다는 것에 대한 부인인 것이다. 그러나 이러한 실무자들에게 임파워먼트 접근을 통하여 진정한 동기를 부여한다면 이러한 저항이 오히려 강점으로 작용될 수도 있다.

3. 사회복지실천에서 이용자의 권리

사회복지사가 수행하는 전문직 실천에서 대상인 이용자는 어떠한 권리를 가지는지 그리고 이와 같은 이용자의 권리에 사회복지사는 어떠한 의무를 지는지에 대하여는 사회복지사와 이용자가 형성하는 전문적 관계의 구체적 성격과 내용 및 이용자가 누리는 권리의 종류와 정도는 개별적 법률에 의하여 명확히 규정되어 있다.[3] 예를 들면, 노인복지시설에서 이용자인 노인이 누릴 수 있는 권리의 종류와 정도는 「노인복지법」 및 「동법 시행령」에 규정되어 있고, 아동 및 그 가족이 누릴 수 있는 권리는 「아동복지법」에 상세하게 규정되어 있다.

따라서 특정한 이용자 집단별로 규정된 세부적인 권리와 의무를 자세하게 살펴보기보다는 일반적 사회복지전문직 관계에서 이용자가 누릴 수 있는 권리를 제시해 보고자 한다.

한국사회복지사협회에서 채택하고 있는 윤리강령을 살펴보면 다음과 같이 몇 가지 부분에 대해 이용자가 누릴 수 있는 권리의 종류와 성격을 분명히 선언하고 있다. 우선 사회복지사의 기본적인 윤리기준 항목을 보면, 전문성 개발을 위한 노력에서 "이용자를 대상으로 연구하는 사회복지사는 저들의 권리를 보장하기 위해 자발적이고 고지된 동의를 얻어야 한다(제2항)"라고 하였다. 또한 "연구과정에서 얻은 정보는 비밀보장의 원칙에 의하여 다루어져야 하고, 이 과정에서 이용자는 신체적·정신적 불편이나 위험·위해 등으로부터 보호되어야 한다(제3항)"라고 밝히고 있다. 이러한 내용을 보면 이용자는 기본적으로 사회복지전문직 실천과정과 전문성 개발노력의 과정에서 사회복지사가 행하는 모든 행위에 대하여 알 권리를 가지고 있으며, 이러한 권리를 충분히 누리기 위해서 필요한 모든 정보를 사회복지사로부터 제공받을 수 있는 권리를 가진다. 그리고 자신과 관련된 연구과정에서 얻어진 정보에 대하여 비밀을 보장받을 수 있는 권리 역시 가지고 있음을 알 수 있다.

3) 사회복지행정의 기준이 되고 있는 「사회복지사업법」 제2조에 의하면, "사회복지사업은 법률에 의한 보호, 선도 또는 복지에 관한 사업과 사회복지상담, 부랑인보호, 직업보도, 무료숙박, 지역사회복지, 의료복지, 재가복지, 사회복지기관 운영, 정신질환자 및 한센병력자 사회복귀에 관한 사업 등 각종 복지사업과 이와 관련된 자원봉사활동 및 복지시설의 운영과 지원을 목적으로 하는 사업"으로 규정하고 있으며, 여기서 법률이라 함은 국민기초생활보장법, 아동복지법, 장애인복지법, 한부모가족지원법, 영유아보육법, 성매매방지법, 정신보건법, 성범죄 방지 및 피해자보호등에 관한 법률, 입양촉진 및 절차등에 관한 특례법, 일제하 일본군 위안부등에 대한 생활안정지원법, 사회복지공동모금회법, 장애인·노인·임산부등의 편의증진에 관한 법률, 가정폭력방지 및 피해자보호등에 관한 법률, 농어촌주민의 보건복지증진을 위한 특별법, 식품기부화활성화에 관한 법률, 의료급여법, 기초노령연금법, 긴급복지지원법, 다문화가족지원법 등 20개의 법률을 포함하고 있다.

사회복지실천에서 이용자가 누릴 수 있는 권리는 사회복지사가 이용자에 대하여 준수하여야 할 윤리기준을 분명히 밝힌 부분과 특히 이용자와의 관계에서 언급한 부분에서 보다 명확하게 제시되고 있다. 이용자와의 관계에서 "사회복지사는 이용자의 권익옹호를 최우선의 가치로 삼고 행동한다(제1항)"라고 천명하고, "사회복지사는 이용자가 자기결정권을 최대한 행사할 수 있도록 도와야 하며, 저들의 이익을 최대한 대변해야 한다(제3항)"라고 하고 있다. 그리고 "사회복지사는 이용자의 사생활을 존중하고 보호하며, 직무수행과정에서 얻은 정보에 대해 철저하게 비밀을 유지해야 한다(제4항)"라고 하고 있다. 또한 "사회복지사는 이용자가 받는 서비스의 범위와 내용에 대해서 정확하고 충분한 정보를 제공함으로써 알 권리를 인정하고 존중해야 한다(제5항)"라고 하고 있으며, "사회복지사는 문서·사진·컴퓨터 파일 등의 형태로 된 이용자의 정보에 대해 비밀보장의 한계·정보를 얻어야 하는 목적 및 활용에 대하여 구체적으로 알려야 하며, 정보공개 시에는 동의를 얻어야 한다(제6항)"라고 선언하고 있다.

이러한 내용들을 근거로 하여 보면 전문직 실천관계와 관련된 연구에서 이용자가 누릴 수 있는 권리는 사회복지실천과 관련하여 첫째로 자신의 의사를 스스로 결정할 수 있는 자기의사결정권(right of self-determinnation), 둘째로 자신의 사생활을 존중받을 권리(right to privacy), 셋째로 비밀을 보장받을 수 있는 권리(right of confidentiality), 넷째로 자신과 관련된 정보를 충분히 제공받을 수 있는 알 권리(right to know) 등이 있다는 것을 알 수 있다.

미국 사회복지사 윤리강령 역시 "사회복지사가 이용자에 대해 가지는 윤리적 의무"라는 부분에서 이용자가 전문직 관계에서 누릴 수 있는 권리를 구체적으로 제시하고 있다. 미국 사회복지사 윤리규정에서 제시하고 있는 이용자의 권리 역시 한국사회복지사 윤리규정에서 제시하고 있는 권리와 거의 유사하다고 볼 수 있다.

미국의 사회복지전문직 실천과정에서 이용자는 사회복지실천에서 달성하고자 하는 목표를 결정하는 과정에서 스스로 의사를 결정할 수 있는 권리(right of self-determinnation)를 가지며, 전문적 서비스를 거부하거나(right to refuse the service) 혹은 서비스 제공 당시 행하였던 동의를 할 수 있는 권리(right to withdraw consent)를 가질 수 있다. 또한 이용자는 자신의 사생활에 관한 권리(right to privacy)를 전문가인 사회복지사로부터 존중받아야 하며, 전문적 실천과정에서 얻어진 정보에 대하여 비밀보장의 권리(right of confidentiality)를 가진다고 선언하고 있다.

Chapter 14

사회복지시설 인권보호

사회복지서비스를 이용하는 시설이용자의 욕구는 이전과 달리 지역의 여러 사람과 수평적인 관계를 통해 자신의 삶을 공유하려는 관계(shared destiny relationship)로 점진적으로 변해가고 있다. 이러한 상황은 사회복지사가 이용자의 인권 보호나 존중을 어떠한 관점에서 접근하고 지원해야 할 것인지에 대해서 고민하게 만들고 있다. 이 장에서는 사회복지실천 현장(노인, 장애인, 아동 분야 생활시설, 이용시설)에서 최선을 다하고 있는 사회복지사들에게 시설이용자들의 인권이 더욱 존중받고 보호받을 수 있는 방법, 기법 등 이론적 기반을 제공하고자 한다.

제1절 사회복지시설의 분류

사회복지시설이란 「사회복지사업법」 제2조 제3항에서 '「사회복지사업법」을 행할 목적으로 설치된 시설'로 규정하고 있으며, 사회복지시설은 사회문제가 있거나 가능성이 있는 사람들에게 생활 및 이용 등의 방식으로 일정한 사회복지서비스를 제공하는 기관이라고 정의할 수 있다. 사회복지시설 유형은 운영주체, 이용자의 부담 여부와 정도, 시설규모, 사회복지서비스법의 규정, 시설서비스의 기능 및 서비스제공 대상자 등에 따라 다양하게 분류되고 있다.

표 14-1 사회복지시설의 종류

구분	분류	세부종별	관련법령
아동복지시설		아동양육시설	아동복지법
		아동일시보호시설	
		아동보호치료시설	
		아동직업훈련시설	
		자립지원시설	
		아동단기보호시설	

(계속)

구분	분류	세부종별	관련법령
		아동상담소	
		아동전용시설	
		아동복지관	
		공동생활가정	
		지역아동센터	
보육시설		국·공립보육시설	영·유아보육법
		민간보육시설	
		직장보육시설	
		가정보육시설	
노인복지시설	노인주거 복지시설	양로시설	노인복지법
		공동생활가정	
		노인복지주택	
	노인의료 복지시설	노인요양시설	
		요양공동생활가정	
		노인전문병원	
	노인여가 복지시설	노인복지회관	
		경로당	
		노인교실	
		노인휴양소	
	재가노인 복지시설	주간보호시설	
		단기보호시설	
		재가방문요양센터	노인장기요양보험법
한부모자 복지시설		모(부)자보호시설	한부모가족지원법 다문화가족지원법
		모(부)자자립시설	
		미혼모(자)시설	
다문화복지시설		공동생활가정	
		여성복지관	
		한부모가족복지상담소	

(계속)

구분	분류	세부종별	교육대상	관련법령
장애인 복지시설	장애인 생활시설	장애유형별 생활시설	가능	장애인복지법
장애인 복지시설	장애인 생활시설	중증장애인요양시설	가능	장애인복지법
장애인 복지시설	장애인 생활시설	장애영유아생활시설	가능	장애인복지법
장애인 복지시설	장애인 지역사회 재활시설	장애인복지관	가능	장애인복지법
장애인 복지시설	장애인 지역사회 재활시설	장애인의료재활시설	가능	장애인복지법
장애인 복지시설	장애인 지역사회 재활시설	장애인주간보호시설	가능	장애인복지법
장애인 복지시설	장애인 지역사회 재활시설	장애인단기보호시설	가능	장애인복지법
장애인 복지시설	장애인 지역사회 재활시설	장애인공동생활가정	가능	장애인복지법
장애인 복지시설	장애인 지역사회 재활시설	장애인체육시설	가능	장애인복지법
장애인 복지시설	장애인 지역사회 재활시설	장애인수련시설	가능	장애인복지법
장애인 복지시설	장애인 지역사회 재활시설	장애인심부름센터	가능	장애인복지법
장애인 복지시설	장애인 지역사회 재활시설	수화통역센터	가능	장애인복지법
장애인 복지시설	장애인 지역사회 재활시설	점자도서관	가능	장애인복지법
장애인 복지시설	장애인 지역사회 재활시설	점서 및 녹음서 출판시설	가능	장애인복지법
장애인 복지시설	장애인직업 재활시설	장애인작업활동시설	가능	장애인복지법
장애인 복지시설	장애인직업 재활시설	장애인보호작업시설	가능	장애인복지법
장애인 복지시설	장애인직업 재활시설	장애인근로작업시설	가능	장애인복지법
장애인 복지시설	장애인직업 재활시설	장애인직업훈련시설	가능	장애인복지법
장애인 복지시설	장애인직업 재활시설	장애인생산품판매시설	가능	장애인복지법
장애인 복지시설	장애인유료 복지시설	장애인생활시설로서 장애인에게 필요한 치료, 상담, 훈련 등 편의를 제공하고 이에 소요되는 일체의 비용을 입소한 자로부터 수납하여 운영하는 시설	가능	장애인복지법
정신보건시설		사회복귀시설 중 생활(주거)시설	가능	정신보건법
정신보건시설		정신요양시설	가능	정신보건법
부랑인 및 노숙인 보호시설		부랑인복지시설	가능	사회복지사업법
부랑인 및 노숙인 보호시설		노숙인쉼터, 상담보호센터	가능	사회복지사업법

(계속)

구분	분류	세부종별	교육대상	관련법령
기타		(종합)사회복지관	가능	사회복지사업법
		일반지원시설		성매매방지및피해자보호등에관한법률
		청소년지원시설		
		외국인여성지원시설		
		자활지원센터		
		성폭력피해상담소		성폭력범죄의처벌및피해자보호등에관한법률
		성폭력피해자보호시설		
		가정폭력상담소		가정폭력방지및피해자보호등에관한법률
		가정폭력피해자보호시설		
기타		자활후견기관	가능	국민기초생활 보장법
		복합노인복지시설 (농어촌에 한함)		농어촌주민의 보건복지증진을 위한 특별법
		청소년쉼터, 청소년선도시설		청소년복지 지원법
		사회복지사업법에 의한 사회복지사업을 행하는 법인, 단체 및 개인		사회복지사업법

1. 생활(거주)시설의 기능 변화

소외계층에 대한 사회적 지원이나 관심이 적은 시기에 사회복지생활시설(이후 '생활시설')은 하나의 대안이었다. 소외계층에게 치료, 보호를 제공하는 곳이었고 이를 효과적으로 운영하기 위한 방안들이 마련되었다. 질병이나 보호가 결핍되어 있는 자들에게 사회복지시설은 종교기관이나 가족들이 제공하는 서비스를 제외하고는 사회적으로 유일하게 제공되는 서비스였다. 생활시설은 의식주가 필요한 대상자에게 보호와 치료를 제공하였고, 이를 가장 효과적으로 제공하기 위하여 운영체계가 마련되었다. 치료와 보호를 위한 공간을 지역사회와 격리되어 있는 보호적인 공간에서 제공하였고, 서비스를 제공하는 사회복지사(시설종사자)들은 그들이 가지고 있는 전문적인 서비스 내용을 중심으로 시설의 프로그램을 구성하였다. 시설에 입소된 이용자들은 구조화된 서비스를 충실하게 받게 하는 것이 가장 효과적인 치료와 보호를 받은 것으로 생각하였다. 시설에서 제공하는 재활 프로그램 내용도 훈련을 중심으로 하였고 이후에 취업을 연결하는 것이 가장 효과적인 것으로 진행되었으며, 시설 운영에 참여 역시 제한된 범위에서 참여를 허용하는 것이었다. 하지만 사회복지사업에 대한 정책이 확장되고 이와 관련한 재정이 급격하게 늘어나면서 기존 사회복지생활시설은 운영과 서비스 제공 등에 대한 변화를 꾀할 수밖에 없을 것으로 전망된다.

그동안 소수의 전문가들이 주도하던 사회복지사업의 한계를 경험하게 되면서 그 영역을 사회복지서비스를 받고 있는 당사자들과 이들과 연계된 휴먼서비스조직, 사회복지전문가를 포함한 타 영역의 전문가와의 협업(collaboration)을 통한 공동체들이 주도해 나가는 과정으로 변화되고 있다. 이러한 변화는 전통적인 사회복지시설인 생활시설에서 발생하고 있다. 시설에서 서비스를 제공하고 있는 사회복지사(시설종사자)들이 가지고 있는 전문성이라는 권력을 기반으로 서비스를 받고 있는 소외계층과의 관계에서(power-based relationship)에서 시설뿐 아니라 지역의 여러 구성원과 수평적인 관계를 통해 자신의 삶을 함께하려는 관계(shared destiny relationship)로 시설이용자들의 욕구가 바뀌어 가고 있는 사회복지 서비스의 변혁을 의미하는 것이다. 이러한 변혁은 앞에서 지적한대로 사회복지 생활시설 자체에서 일어나는 변화라기보다는 우리를 둘러싼 환경 변화와 사회적 요구에 의하여 재조정된다는 의미로 해석할 수 있다. 이는 사회복지현장에서 사회복지의 근본가치를 실천해 나가는 방향과도 일치하는 변화인 것이다.

사회복지사 윤리강령 전문을 보면 "사회복지사는 인본주의·평등주의 사상에 기초하여, 모든 인간의 존엄성과 가치를 존중하고 자유권과 생존권의 보장활동에 헌신한다. 특히 사회적·경제적 약자들의 편에 서서 사회정의와 평등·자유와 민주주의 가치를 실현하는 데 앞장선다. 또한 도움을 필요로 하는 사람들의 사회적 지위와 기능을 향상시키기 위해 저들과 함께 일하며, 사회제도 개선과 관련된 제반 활동에 주도적으로 참여한다. 사회복지사는 개인의 주체성과 자기결정권을 보장하는 데 최선을 다하고 어떠한 여건에서도 개인이 부당하게 희생되는 일이 없도록 한다"라고 되어 있다. 또한 사회복지사 선서문에는 "나는 모든 사람들이 인간다운 삶을 누릴 수 있도록, 인간존엄성과 사회 정의의 신념을 바탕으로, 개인·가족·집단·조직·지역사회·전체사회와 함께 한다. 나는 언제나 소외되고 고통 받는 사람들의 편에 서서, 저들의 인권과 권익을 지키며, 사회의 불의와 부정을 거부하고, 개인이익보다 공공이익을 앞세운다"라고 되어 있다.

이러한 사회복지실천을 위한 사회복지사들의 사고의 전환은 사회복지 생활시설의 운영방향에서 시설의 공간과 시설운영자와 시설이용자와의 권력관계의 변화로 해석되기도 한다. 즉, 사회복지사(시설종사자)들의 상대적으로 우월한 권력을 기반으로 한 공간의 형성은 이용자와 생활인들의 행동을 규제하거나 조절하게 된다는 것이다. 그동안 사회복지실천에서는 소외계층에게 스스로 생활할 수 있는 역할이나 힘을 강화하는 데 집중하여 왔다. 하지만 앞으로 소외계층을 둘러싸고 있는 시설의 환경과 지역사회가 소외계층과 함께 할 수 있는 구심적 역할을 수행해 나갈지에 더 관심을 가지고 고민하는 것이 필요할 것이다. 우리나라의 사회복지시설은 소관부처에 따라 보건복지부와 여성가족부로 나뉠 수 있으며 사회복지시설의 세부분류와 역할 등은 개별법[1]에 규정되어 있다. 그러나 개별법령에 따라 이용시설 체계 속에서도 생활시설의 기능이 혼재되어 있는 경우가 있고, 이용시설과 생활시설을 함께 운영하는 경우도 있다. 또한 생활시설 유형 간에도 개별법령에 의하여 기능과 역할 구분이 명확하지 않은 상황도 발생하고 있어 거주와 관련된 생활시설의 서비스를 제공하고 있는 시설의 수와 정원은 어떠한 해석을 하느냐에 따라 유동적이다. 하지만 더욱 문제가 발생할 수 있는 것은 사회복지시설로 신고되지 않고 운영되고 있는 미신고 시설 등은 이러한 통계에도 잡혀 있지 않아 인권의 사각지대로 관리되고 있다는 것이다.

1) 노인복지법, 아동복지법, 장애인복지법, 정신보건법, 노숙인 등의 복지 및 자립지원에 관한 법률, 한부모 가족지원법 등에 규정되어 있다. 우리나라의 사회복지시설 중 2017년 말 기준 생활시설은 16,814개소이고 입소정원은 약 250,000여명으로 추산된다.

2. 사회복지시설 인권 관련 정책 변화

국가인권위원회에서는 2013년부터 2017년까지 '장애인 인권 증진을 위한 중장기 계획'을 발표하였다. 물론 이러한 계획이 모든 사회복지시설에 적용되지 않을 수 있으나 그 방향성을 시사하는 바가 크다고 할 수 있다. 중장기 계획의 주요 전략목표로는 평등한 참여를 위한 기반구축, 적절한 삶의 향유를 위한 기본권 보장, 차별시정 및 예방강화, 중복적 차별을 받고 있는 장애인을 위한 사회적 기반구축으로 되어 있다(국가인원위원회, 2012).

4대 전략목표를 더 자세히 살펴보면 '평등한 참여를 위한 기반구축'을 통해, 장애인 등록등급제를 개선하여 개인의 욕구와 환경에 맞게 지원할 수 있는 기초를 마련하고, 서비스 전달체계를 새롭게 구축하여 장애인의 다양한 욕구에 적절히 대응하는 행정시스템을 마련하며, 사회복지서비스 신청권을 개선하여 이를 실질화하도록 한다. 또한 장애인 활동지원 제도를 개선하고 접근권을 보장하는 등 장애인이 지역 사회에서 비장애인과 동등하게 살아갈 권리를 보장하고, 장애인권리협약의 구체적 이행을 통해 장애인이 이러한 기본적 권리를 보장 받을 수 있는 기반을 마련하도록 한다. '적절한 삶의 향유를 위한 기본권보장'을 통해 「헌법」에서 보장하고 있는 기본권을 구체화하여 장애인의 인권이 보장되도록 한다. 적절한 생활수준 및 일할 수 있는 기회와 권리를 보장하고, 실질적으로 보장이 미흡한 교육권과 건강권이 현실화될 수 있도록 구체화하였으며, 더불어 적절한 주거생활을 할 수 있도록 지원하고 이동의 자유를 보장하여 장애인이 자유롭고 일상적으로 지역사회에서 생활할 수 있도록 하는 것이다. '차별시정 및 예방 강화'를 통해, 「장애인차별금지 및 권리구제 등에 관한 법률」(이하 장애인차별금지법)이 실효적으로 이행될 수 있도록 매년 「장애인차별금지법」 이행 모니터링을 실시하고, 지역사회에 장애인 인권센터를 설치하여 현장에서 인권침해에 대한 구제와 지원 요청을 할 수 있도록 하며, 장애인 인권교육 및 장애인 차별금지 홍보를 강화하여 장애인의 권리를 존중하고 보장할 수 있는 사회적 분위기를 조성하는 것이다. '중복적 차별을 겪고 있는 장애인을 위한 사회적 기반구축'을 통해, 현재 우리 사회에서 편견, 연령, 지원체계의 부족으로 다른 유형의 장애보다 중복적 차별에 직면해 있는 발달장애, 정신장애, 장애여성, 장애아동에 대하여 보다 적극적인 조치와 함께 집중적인 지원을 하도록 함으로써, 장애유형 및 성, 연령에 관계없이 모든 장애인이 인권을 보장받고 향유할 수 있도록 한다. 이러한 목표의 주요 특징으로는 시혜와 복지 차원에서 인식되던 장애인 정책을 인권의 문제로 전환하고, 국가기준을 토대로 장애인 인권의 측면에서 장애인 관련 법령 및 정책방향을 제시하고 있다. 국가의 핵심의무를 가용자원의 양이나 다른 요소와 상관없이 반드시 해야 하는 국가의 최소의무에 우선순위를 두고, 실천지향성을 유지하면서 제한된 기간 내에 성취할 수 있는 목표를 제시하고 있다. 또한 기본권 보장을 위한 목표만이 아니라 기본권을 중심으로 이를 실현하기 위해 필요한 사회적 기반과 기본권 보장을 위한 구체적인 시스템을 제시하였다. 이러한 4대 목표는 21개의 추진목표와 57개 주요 추진 과제를 연동하여 계획이 수립되어 추진되고 있다.

1) 사회복지시설에 진정함 설치

「국가인권위원회법」 제31조 제1항은 "시설수용자가 위원회에 진정하고자 하는 경우 그 시설에 소속된 직원은 그 사람에게 즉시 진정서를 작성하는데 필요한 시간과 장소 및 편의를 제공하여야 한다"라고 규정하고 있다. 또한 「동법 시행령」 제6조 제2항은 "구금·보호시설의 장 또는 관리인은 인권침해에 관하여 위원회에 진정할 수 있다는 뜻과 그 방법을 기재한 안내서를 시설수용자가 언제든지 열람할 수 있는 곳에 비치하여야 한다"라고 규정하고 있으며, 「동법 시행령」 제7조 제1항은 "구금·보호시설의 장은 구금 보호시설 안에 적절한 장소에 진정함을 설치하고, 용지 필기도구 및 봉합봉투를 비치하여야 한다"라고 규정하고 있다. 또한 같은 조 제4항은 "보호시설에 소속된 직원은 매일 지정된 시간에 시설수용자가 위원회에 제출할 목적으로 작성한 진정서 또는 서면이 진정함에 들어 있는지 여부를 확인하여야 하며, 진정함에 진정서 또는 서면이 들어 있을 때는 지체 없이 이를 위원회에 송부하여야 한다"라고 규정하고 있다. 「동법」 제24조에는 시설의 방문조사에 대한 내용으로 위원회는 필요시 시설의 방문·조사가 가능하며, 이때 시설장은 필요한 편의를 제공하여야 하며, 방문조사 시 시설 직원 및 시설생활자와 면담·구술·서면의견 진술이 가능하며, 시설 직원은 면담장소에 입회할 수 있으나 녹음하거나 녹취는 못하게 되어 있다. 또한 「동법」 제31조에 의한 시설생활자의 진정권이 보장에 대한 내용으로 시설생활자가 진정하고자 하는 경우 시설 직원은 즉시 진정서 작성에 필요한 편의를 제공하고 시설생활자가 진정하기를 원하는 경우, 그 뜻을 즉시 위원회에 통보하며 진정서는 위원회에 송부하고 위원회로부터 접수증명원을 발급받아 이를 진정인에게 교부하도록 되어 있다. 시설 직원 등은 시설생활자가 작성한 진정서 또는 서면을 열람하지 못하게 되어 있다. 인권진정함의 경우 법의 취지상 구금·보호시설에 대한 내용이 주를 이루고 있지만 생활시설에 국한되지 않고 전체 사회복지시설에 확대하여 적용하고 있다. 인권지킴이 활동 장애인시설과 정신보건시설 중 생활시설에게 적용되는 규정으로 입소생활시설, 종합시설(입소생활시설이 결합된 시설)의 시설장은 이용자의 인권침해 예방 및 인권보장을 위하여 '인권지킴이단'을 구성하고, 그 운영을 활성화하도록 노력하여야 한다고 규정하고 있다. 인권지킴이단의 구성으로는 보호자, 시설 직원(시설장 제외), 인권관련 전문가 등을 포함하여 5인 이상 10인 이하 위원으로 구성하고, 임기는 2년으로 하되 연임할 수 있으며 인권지킴이단은 정기회의(연 2회 이상), 사례회의(분기별 1회 이상), 임시회의(필요시) 등을 운영하도록 되어 있다. 이러한 인권지킴이 활동은 기존 사회복지시설의 과외 활동으로 기존 업무에 더하여 업무가 부과되거나 시설 직원들이 누군가에게 늘 감시당하는 기분이 든다든지, 이용자들과 대립적 관계로 운영되어서는 그 취지와 맞지 않을 수 있을 것이다. 그러므로 사회복지를 실천하는 모든 사람의 인권이 존중되는 인권 친화적인 문화를 시설에서 만들어 가는 것이 필요하다. 단 인권지킴이 운영 시 실제 처리방안이나 집행에서는 시설 직원이 시설의 이용자와 생활인들에 비하여 우월한 권력적 지위를 가지고 있다는 점이 감안되어야 할 것이다. 이는 '약자 우선의 원칙'으로 인권을 제한할 경우 약자의 관점에서 강자의 인권을 제한해야 한다는 원칙이다. 그러므로 인간관계에서 발생하는 시설 내 인권침해를 방지하고 해결하기 위해서는 약자의 관점에서 사안을 바라보는 의식적인 노력이 필요할 것이다.

2) 사회복지시설의 인권보호 기능

시설에서 제공되는 서비스를 크게 분류하자면 본원적 활동(primary activities)과 이를 지원하는 활동(support activities)으로 나누어 설명할 수 있을 것이다. 근원적 활동은 사회복지서비스의 중요한 가치 창출과 관련된 활동을 의미하는 것으로 생활시설에서 이용자와 생활인에게 제공하는 단계별 서비스 내용과 보호 활동으로 설명할 수 있다. 반면 지원하는 활동은 사회복지서비스 가치창출을 지원하는 활동으로 시설의 행정, 예산, 직원 관리, 홍보활동과 지역자원 연계 등이 이에 속할 것이다. 최근 사회복지시설에 대한 행정과 회계에 대한 내용이 점점 강조되고 있는 현실이다. 이는 시설운영의 투명성을 강조하는 것으로 당연한 면도 있으나 사회복지사 업무의 많은 부분이 지원하는 활동에 더 많은 시간이 투여되는 것은 문제가 있을 수 있고, 사회복지사의 정체성 혼란을 가지게 되는 원인이 될 수 있다고 본다. 최근 보건복지부의 사회복지시설 정보시스템 활용으로 행정이나 회계의 정보화가 진행되고 있고, 사회복지 실천가들이 행정 직원이 아닌 만큼 자신들이 사회복지사로서 역할에 충실할 수 있도록 사회복지사들의 본래적 활동과 지원하는 활동의 균형을 맞추어 나가는 것이 필요할 것이다. 이를 위하여 사회복지시설 회계와 행정에서 중복된 내용이 있는지 과거의 사용서류를 단순히 시스템에 입력하는 것은 아닌지 파악하여 줄여가도록 하는 것이 필요할 것이다. 이는 생활시설의 이용하는 대상자들에게 민감하게 반응하는 사회복지사의 민감성을 높이고 유지하는 방안일 것이다. 생활시설의 사회복지사로서 생활시설이용자와 생활인의 인권보장을 위해서 지향해야 할 가치는 이용자가 시설이 아닌 지역사회에서의 보편적인 삶을 보장하는 탈 시설화의 이념을 지향해야 한다는 점이다. 근본적으로 생활시설에서의 서비스 개선을 통한 인권보장 강화가 이용자와 생활인의 인권보장을 위한 최선은 아니라는 점을 명심해야 하고, 이러한 가치가 지향하는 바를 실천하기 위해 사회복지 실무자는 노력해야 한다. 또한 생활시설의 인권보장을 위해서 최대한 가정과 같은 환경에서 자유롭고 안전하며 사생활이 보장된 삶을 살 수 있도록 지원해야 할 것이다. 이를 위해 정부와 지방자치단체뿐 아니라 시설 차원에서도 이용자와 생활인이 지역사회에서 보편적인 삶을 누릴 수 있는 로드맵을 마련하고 시설 구조 및 운영 체계, 서비스 개혁, 나아가 시설의 변화와 인권지향적 서비스 마련을 위해 적극적으로 노력해야 한다.

제2절 노인복지시설의 인권보호

조선 말엽에 활동하였던 선교사 게일(Gale)은 '조선은 노인의 천국이다'(Korean Sketches)라고 묘사하며, "내가 다시 태어난다면 조선에서 노인으로 태어나 살고 싶다"라고 말하였다.

우리나라는 산업화 이전에는 존친(尊親), 능양(能養), 불욕(不辱)이라는 '효유삼(孝有參)'의 윤리가 지배적이었던 사회였다. 그러나 산업화 이후 노인차별주의(ageism)가 팽배해짐에 따라서 이제는 '한국은 노인의 지옥'이라는 말까지 나올 정도로 노인 공경의식은 약화되어 있다.

2001년도 유니세프(Unicef)가 실시한 조사에 의하면 한국 청소년의 노인 공경도가 17%로 아시아태평양지역 17개국 청소년 중 최하위를 기록하였다. 우리나라는 가정과 사회에서 노인의 자유권과 생존권 등의 인간적 권리가 침해당하고, 학대 받는 노인의 사례가 급증하고 있다. 재가노인의 인권과 학대 문제뿐만 아니라 노인장기요양보험제도의 도입과 함께 시설 생활노인의 인권과 학대문제가 주요한 이슈로 등장하고 있는 실정이다. 그러나 이에 대한 법적·제도적 대응은 매우 미흡한 실정에 놓여 있는 것이 현실이다. 2004년 1월 「노인복지법」 개정으로 인하여 설치된 긴급전화나 노인보호전문기관은 주로 가정이나 지역사회에서의 노인 학대문제에 개입하고 있으며, 노인복지시설의 장이나 종사자들은 학대 상황을 목격할 경우 신고할 법적 의무를 지니고 있지만, 그 의무를 성실히 이행하지 않고 있는 상황에 있다.

이처럼 노인복지시설의 인권침해 또는 학대의 문제는 겉으로 드러나지 않은 잠복된 현상이며, 노인장기요양보험제도의 도입과 함께 시설의 생존 자체를 위협할 수 있는 위험한 요소로 볼 수 있다. 「노인장기요양보험법」 제37조에 "장기요양기관의 종사자 등이 제1항에 수급자의 신체에 폭행을 가하거나 상해를 입히는 행위, 제2항에 수급자에게 성적 수치심을 주는 성폭행, 제3항에 자신의 보호·감독을 받는 수급자를 유기하거나 의식주를 포함한 기본적 보호 및 치료를 소홀히 하는 방임행위를 한 경우에는 장기요양기관의 지정을 취소할 수 있다"라고 규정되어 있다. 노인장기요양보험제도의 시행과 더불어 관심이 높아지고 있는 노인복지시설의 인권과 학대문제에 대응하기 위하여 2006년 5월 보건복지부에서는 '노인복지시설 인권보호 및 안전관리 지침'을 마련하여 전국의 시설에서 노인들의 인권보호와 학대예방에 최선을 다할 것을 요구하고 있다. 그리고 2007년 3월에 일부 노인복지시설을 선정하여 생활노인의 인권보호 실태점검을 예고 없이 실시한 바 있다.

이처럼 노인장기요양보험제도에서 생활노인 인권침해와 학대 사건의 발생은 시설의 존폐를 결정하는 중대한 문제로서 시설운영에 있어서 가장 최우선의 관심을 기울여야 할 핵심적 과제라고 할 수 있다(따라서 모든 노인복지시설은 시설의 생존과 발전을 위해 시설환경의 개선, 전문 인력 확충, 서비스의 질적 개선과 함께 생활노인 인권보호와 학대예방을 위한 노력을 경주하지 않으면 안 될 것이다).

이에 따라서 첫째, 노인복지시설 생활노인의 보장받아야 할 권리와 이를 보호하기 위해 노인복지시설종사자가 어떻게 행동하고, 둘째, 노인인권의 침해사례인 노인 학대는 무엇이며, 셋째, 노인복지시설에서 발생할 수 있는 위험 요인을 어떻게 관리해나가야 하는지 다음과 같이 살펴볼 수 있다.

1. 노인복지시설 생활노인 권리선언

인권이란 사전적 의미로 인간이 자연인으로 누려야 할 당연한 권리를 의미한다. 인권에 대해 앞에서도 살펴보았듯이 여러 가지 개념정의가 존재하지만, 인권은 「국가인권위원회법」 제2조 제1호에서와 같이 "「헌법」 및 법률에서 보장하거나 대한민국이 가입 비준한 국제인권조약 및 국제관습법에서 인정하는 인간으로서의 존엄과 가치 및 자유와 권리"라고 정의할 수 있다. 그리고 인권의 정의와 특성을 바탕으로 볼 때, 인권은 첫째, 인간으로서의 존엄과 가치, 행복추구권, 둘째, 평등권, 셋째, 자유권적 기본권, 넷째, 생존권적 기본권, 다섯째, 청구권적 기본권으로 분류할 수 있다.

노인만을 위한 국제인권선언이나 국제조약이 채택되지는 않았지만, 1882년 유엔총회에서 인준한 국제고령화행동계획(International Plan of Action on Ageing), 1991년의 노인을 위한 유엔원칙(United Nations Principles for Older Persons), 2002년 채택된 마드리드 고령화국제행동계획(International Plan of Action on Ageing)은 노인 인권의 내용과 이를 보호하기 위한 국가 및 국제적 노력의 지침을 제공하고 있다(보건복지부, 2002). 그리고 우리나라의 「노인복지법」과 노인 인권에 대한 기존연구(국가인권위원회, 2006; 서혜경, 2001; 권중돈, 2006)를 근거로 볼 때, 노인의 인권 역시 자유권적 기본권과 생존권적 기본권, 청구권적 기본권을 포함하는 것으로 볼 수 있다. 노인 인권의 영역 중에서 첫째, 자유권으로 신체적 자유권과 사생활에 관한 자유권, 정치·문화·종교 활동의 자유권, 차별과 학대를 받지 않을 권리, 둘째, 생존권으로 건강권, 환경권, 소득 보장권, 국가와 사회로부터 부양받을 권리, 교육문화권, 노동기본권, 복지수급권, 셋째, 서비스 청구권이 포함되는 것으로 규정할 수 있다.

이와 같은 노인의 인권은 노인이 당면한 상황에 따라서 달라지지는 않지만 노인의 개별 상황에 따라서 구체화될 수 있다. 즉, 가정에서 생활하는 노인과 노인복지시설에서 생활하는 노인은 각기 다른 상황에 직면해 있으므로 개별 상황에 따라서 구체화된 인권의 정의가 요구된다. 보건복지부에서는 노인주거복지시설, 노인의료복지시설 등의 노인복지시설에서 생활하는 노인의 인권을 보다 구체화하여 다음과 같은 생활노인의 권리선언을 채택하였다.

표 14-2 시설 생활노인 권리선언

노인복지시설 생활노인은 대한민국 국민으로서 그리고 후손의 양육과 국가 및 사회의 발전에 기여하여 온 자로서 헌법과 법률에 정한 기본적 권리와 안정된 생활을 보장받을 권리를 지니고 있다. 노인복지시설 생활노인은 다음과 같은 기본적 권리를 가지며 어떠한 이유로도 권리의 침해를 받아서는 안 되며, 국가와 시설은 생활노인의 인권을 보호하고 삶의 질을 향상시키기 위하여 최선의 노력을 기울여야 한다.
1. 존경과 존엄한 존재로 대우받고, 차별·착취·학대·방임을 받지 않고 생활할 수 있는 권리
1. 개인적 욕구에 상응하는 질 높은 수발(care)과 서비스를 요구하고 제공 받을 권리
1. 안전하고 가정과 같은 환경에서 생활할 권리
1. 시설 내·외부 활동에 신체적 구속을 받지 않을 권리
1. 개인적 사생활과 비밀 보장에 대한 권리
1. 우편, 전화 등 개인적 통신을 주고받을 권리
1. 정치적·문화적·종교적 활동에 제약을 받지 않고 자유롭게 참여할 권리
1. 개인 소유 재산과 소유물을 스스로 관리할 권리
1. 비난이나 제약을 받지 않고 시설운영과 서비스에 대한 개인적 견해와 불평을 표현하고 이의 해결을 요구할 권리
1. 시설 내외부에서 개인적 활동, 단체 및 사회적 관계에 참여할 권리
1. 시설 입·퇴소, 일상생활, 서비스 이용, 제반 시설활동 참여 등 개인의 삶에 영향을 미치는 모든 부분에서 정보에 접근하고 자기결정권을 행사할 권리

2. 생활노인의 인권보호를 위한 윤리강령

시설운영자, 종사자, 동료, 생활노인, 가족, 지역사회 등 노인복지시설에서의 보호서비스와 관련된 모든 자는 '시설 생활노인의 권리 선언'에 포함된 기본적 권리를 보장하고, 인간다운 생활을 보장하기 위하여 다음과 같이 행동해야 한다(보건복지부, 2006).

1) 존엄한 존재로 대우 받을 권리

① 노인의 의사에 반하는 어떠한 노동행위도 시켜서는 안 된다.

② 노인이 시설의 모든 서비스에 자유롭게 접근 또는 이용할 수 있는 기회를 부여하여야 한다.

③ 생활노인이 시민으로서 또한 노인으로서 갖는 권리를 안전히 행사할 수 있도록 어떠한 차별, 감금, 방해, 강압 또는 보복 행위를 해서는 안 된다.

④ 어떠한 이유로도 신체적 학대, 언어 및 심리적 학대, 성적학대, 재정적 착취, 방임 등의 학대행위를 해서는 안 되며, 학대행위가 발생했을 경우 법률과 지침에 따라 피학대 노인에 대한 보호조치를 신속하게 취해야 한다.

⑤ 가족은 면회나 전화 접촉 등을 통하여 노인과 유대관계를 지속적으로 유지하고 존경하며, 시설의 서비스나 운영에 관하여 적극 협조하여야 한다.

⑥ 시설은 종사자에게 노인의 권리에 대한 홍보와 교육을 분기별로 실시해야 한다.

⑦ 종사자는 수발 및 서비스 과정에서 노인의 권익신장을 위한 상담과 조치를 적극적으로 취하여야 하며, 노인의 권리가 침해될 우려가 있거나, 침해 받은 경우 이의 회복과 구제를 위한 적극적 조치를 강구하여야 한다.

2) 질 높은 서비스를 받을 권리

① 노인의 삶의 질을 증진시키고, 잔존능력을 유지하고 자립능력을 고양시키기 위한 질 높은 전문적 수발과 서비스를 제공하여야 한다.

② 정기적인 상담을 통해 노인의 개별적 욕구와 선호, 기능 상태를 고려하여 개별화된 서비스와 수발 계획을 수립하고, 이를 적극적으로 이행해야 한다.

③ 개인적 선호와 건강 및 기능 상태에 따라 다양한 영양급식을 제공해야 한다.

④ 건강에 해롭다는 의학적 판정 없이 노인이 개인적으로 복용하는 약물을 금지시켜서는 안 된다.

⑤ 시설은 종사자의 능력 개발을 위한 직무훈련과 교육기회를 충분히 부

여하여 이들의 수발 및 서비스 능력을 제고하여야 한다.

⑥ 종사자는 직무수행상의 사고로 인하여 노인에게 위험을 초래하지 않기 위해서 직무안전에 최선을 다해야 한다.

3) 가정과 같은 환경에서 생활할 권리

① 시설은 안전하고 깨끗하며 가정과 같은 환경을 제공하여야 한다.

② 공간이 허용하는 한 개별적인 수납공간을 제공하여야 한다.

③ 목욕, 의복 및 침구의 세탁 등 노인의 위생관리에 만전을 기해야 한다.

④ 적절하고 편안한 조명과 음향을 제공하여야 한다.

⑤ 편안하고 안전한 실내온도를 유지하여야 한다.

4) 신체적 제한을 받지 않을 권리

① 생활노인 또는 종사자 등의 생명이나 신체에 위험을 초래할 가능성이 현저히 높거나, 대체할 만한 간호나 수발방법이 없거나, 증상의 완화를 목적으로 불가피하게 일시적으로 신체적 제한을 하는 경우 등의 긴급하거나 어쩔 수 없는 경우를 제외하고는 노인의 의사에 반하는 신체적 제한을 해서는 안 된다.

② 긴급하거나 어쩔 수 없는 경우로 인해 일시적으로 신체를 제한할 경우에도 노인의 심신의 상황, 신체 제한을 가한 시간, 신체적 제한을 할 수밖에 없었던 사유에 대하여 자세히 기록하고, 노인 본인이나 가족에게 그 사실을 통지하여야 한다.

③ 시설규정에 위반되거나 의료적 목적을 달성하기 위한 경우를 제외하고는 신체적인 제한이나 심리적인 영향을 미치는 약물을 처방해서는 안 된다.

5) 사생활 및 비밀 보장에 대한 권리

노인의 사생활을 보장하고, 직무수행과정에서 얻은 비밀을 철저히 지켜야 하며, 질병과 치료, 통신, 가족 등과 같은 어르신의 사생활에 관한 정보나 기록을 사전 동의 없이 공개해서는 안 된다. 다만 인지능력이 제한된 노인의 경우에는 가족 등 관계자의 동의를 받은 후 노인의 서비스 증진을 위한 전문적 목적에 한하여 정보를 공개할 수 있다.

6) 통신의 자유에 대한 권리

노인은 자유롭게 전화를 이용하고, 우편물을 발송할 수 있어야 하며, 노인의 우편물을 개봉하지 않는 등 개인적 통신의 권리를 최대한 보장하여야 한다.

7) 정치, 문화, 종교적 신념의 자유에 대한 권리

① 노인의 정치적 이념을 존중하고, 투표 등의 정치적 권리행사에 부당한 영향력을 행사해서는 안 된다.
② 노인의 종교적 신념을 인정하고, 특정 종교행사 참여의 강요 등 종교적 신념의 변화를 목적으로 부적절한 영향력을 행사해서는 안 된다.
③ 노인의 문화적 다양성을 인정하고, 이에 따른 생활양식의 차이를 최대한 존중하여야 한다.

8) 소유 재산의 자율적 관리에 대한 권리

① 노인 개인 소유의 재산과 소유물은 갖거나 이용할 권리를 최대한 보장하고, 이를 스스로 관리할 수 있는 권리를 보장하여야 한다.
② 다만, 노인이 스스로 재산을 관리할 수 있는 능력이 없어 노인이나 가족 또는 기타 후견인의 특별한 요청이 있을 경우에는 시설에서 사용 또는 처분할 수 있으며, 이 경우 분기별 또는 수시로 재정 사용에 대한 결과를 알려주어야 한다.

9) 불평의 표현과 해결을 요구할 권리

① 노인의 의견이나 불평을 수렴하기 위한 공식적 절차(예: 건의함, 운영

위원회 등)를 마련하여 시행하여야 한다.

② 노인이나 가족에 의해 제기된 불평을 즉각적으로 해결하기 위한 조치를 취해야 한다.

③ 노인이나 가족이 불평을 제기했다는 이유로 노인에게 차별적 처우나 불이익을 주어서는 안 된다.

10) 시설 내 외부 활동 참여의 자유에 대한 권리

① 시설 내의 자발적 모임이나 다른 노인과 사귀고 의사소통할 수 있는 권리를 보장하여야 한다.

② 다른 생활노인의 권리를 침해하지 않는 범위 내에서 자신의 의사에 따라 시설 내부의 다양한 서비스, 여가, 문화 활동에 참여할 수 있는 기회를 부여해야 한다.

③ 시설 외부의 건강, 사회, 법률 또는 다른 서비스 기관의 이용을 적극적으로 조장하고, 필요시 지역사회 서비스를 연계하여야 한다.

④ 노인이 원하지 않는 경우를 제외하고는 면회나 방문객을 거부해서는 안 된다.

⑤ 노인의 자유로운 외출, 외박 기회를 최대한 보장하여야 한다.

⑥ 지역사회 주민들은 시설 생활노인의 지역사회 활동 참여를 적극적으로 조장하고 지원하며, 지역사회와의 유대관계 증진을 위하여 노력하여야 한다.

11) 정보 접근과 자기결정권 행사의 권리

① 노인의 의사에 반하는 전원 또는 퇴소를 하여서는 안 되며, 불가피한 경우 전원 또는 퇴소 시 그 사유를 통보하고 의사결정 과정에 노인 또는 가족을 참여시켜야 한다.

② 노인이 요구할 경우 건강상태와 치료, 수발, 제반 서비스에 관한 정보와 기록에 대한 접근을 허용하여야 한다.

③ 노인의 의식주, 보건의료서비스, 여가활용 등 개인의 삶에 영향을 미치

는 모든 부분에서 자기결정권을 행사할 수 있도록 해야 한다.

④ 노인의 권리 변화, 건강과 일상생활의 변화, 수발 및 의료적 처치의 변화 등과 관련하여서는 충분한 시간을 갖고 사전에 노인과 가족에게 통보하고, 의사결정과정에 노인 또는 가족을 참여시키고 이들의 결정을 존중하여야 한다.

⑤ 생활노인의 권리, 시설 입·퇴소 및 운영과 관련된 시설의 규칙과 규정을 구두 또는 문서로 생활노인과 가족에게 충분히 설명 또는 공지하여야 한다.

3. 시설 생활노인의 학대예방과 인권적 개입

1) 노인 학대의 개념과 유형

노인 학대(elder abuse)에 대한 일반적인 용어로 학대(abuse), 유기(abandonment), 방임(neglect), 자기 방임(delf-neglect), 부적절한 처우(maltreatment or mistreatment), 착취(exploitation) 등의 용어를 사용하는데, 최근에는 광의의 개념인 '부적절한 처우'라는 용어를 사용하는 경향이 있다. 이처럼 노인 학대의 개념은 단순히 누군가가 의도적으로 노인에게 위해(危害)를 가하는 소극적이고 협의적인 개념에서부터 노인의 인권보호를 전제로 하는 적극적이고 관의의 개념에 이르기까지 매우 다양하다. 좁은 의미로서의 노인 학대는 신체적 증거가 명백한 신체적 학대만을 노인 학대로 간주하는 경우로서 현재는 이러한 개념정의는 학계나 실무분야에서 잘 받아들여지지 않고 있는 실정이다. 넓은 의미로서의 노인 학대에는 신체적 학대, 심리·정서적 학대, 언어적 학대, 경제·재정적 학대, 성적 학대, 타인과 자신에 의한 방임, 부적절한 처우 그리고 더 나아가 기본적 권리의 침해까지를 포함시키는 것이 일반적인 경향이다.

현재까지 노인 학대에 대한 개념적 합의가 이루어지지 않고 있지만, 광의의 개념을 따르고 있는 추세이다. 따라서 노인 학대를 "노인 자신, 노인의 가정이나 전문노인시설의 모든 관계에서 발생되는 노인에게 해가 되거나 장애를 일으킬 수 있는 일회성이거나 반복적 행동 또는 적절한 행동의 부족”으로 정의하는 것이 바람직하다고 본다.

노인 학대의 개념이 어떻게 규정되는지에 따라 노인 학대에 포함되는 학대의 유형 구분이 달라질 수 있으며, 문화적 가치관의 차이에 따라 학대의 범주가 다르게 규정될 수 있다. 미국의 노인법(Older Americaans Act)에서는 노인 학대를 학대, 방임, 착취라는 세 가지 개념을 포괄하는 것으로 규정하고 있다. 우리나라의 노인 학대는 「노인복지법」에서 다음과 같이 규정하고 있다.

첫째, 노인의 신체에 폭행을 가하거나 상해를 입히는 행위, 둘째, 노인에게 성적 수치심을 주는 성폭행·성희롱 등의 행위, 셋째, 자신의 보호·감독을 노인을 유기하거나 의식주를 포함한 기본적 보호 및 치료를 소홀히 하는 방임행위, 넷째, 노인에게 구걸을 하게 하거나 노인을 이용하여 구걸하는 행위, 다섯째, 노인을 위하여 증여 또는 급여된 금품을 그 목적 외 용도에 사용하는 행위 등으로 구분하고 있다. 즉, 「노인복지법」에서는 신체적 학대, 성적 학대, 방임, 재정적 착취 등으로 구분하고 있으며, 욕설과 같은 언어적 학대, 수치심 유발 등과 같은 심리적 학대, 유기 및 기본권 침해 등은 학대의 유형에서 제외하고 있다. 그러나 「노인복지법」의 노인보호전문기관 업무수행지침(보건복지부, 2007)에서는 학대의 범위를 보다 폭넓게 다음과 같이 규정하고 있다.

표 14-3 노인 학대의 유형

유형	정의
신체적 학대	물리적인 힘 또는 도구를 이용하여 노인에게 신체적 혹은 정신적 손상, 고통, 장애 등을 유발시키는 행위
언어·정서적 학대	비난, 모욕, 위협 등의 언어 및 비언어적 행위를 통하여 노인에게 정서적으로 고통을 주는 행위
성적 학대	성적 수치심 유발 행위 및 성폭력(성희롱, 성추행, 강간) 등의 노인의 의사에 반하여 강제적으로 행하는 모든 성적 행위
재정적 학대(착취)	노인의 자산을 노인의 동의 없이 사용하거나 부당하게 착취하여 이용하는 행위

(계속)

유형	정의
방임	부양의무자로서의 책임이나 의무를 의도적으로 거부, 불이행 혹은 포기하여 노인의 의식주 및 의료를 적절하게 제공하지 않는 행위(필요한 생활지, 병원비 및 치료 의식주를 제공하지 않는 행위)
자기방임	노인 스스로가 의식주 제공 및 의료 처치 등의 최소한의 자기보호 관련 행위를 의도적으로 포기 또는 비의도적으로 관리하지 않아 심신이 위험한 상황 또는 사망에 이르게 하는 행위
유기	보호자 또는 부양의무자가 노인을 버리는 행위

「노인복지법」에 규정된 위와 같은 학대의 유형별 개념정의로 학대로 의심되는 행위가 실제로 학대에 해당하는 것인지를 판단하기가 여의치 않다. 따라서 시설장 및 종사자들은 보건복지부(2007)에서 발표한 「노인학대예방센터 업무지침」에 제시된 학대 유형별 구체적인 행위와 증상에 대한 이해를 인지하고 있어야 할 것이다.

표 14-4 노인학대예방센터 업무지침의 유형

유형	내용
신체적 학대	때린다, 세게 친다, 꼬집는다, 물건을 사용하여 때린다, 강하게 누른다, 찌른다, 밀친다, 강하게 흔든다, 강하게 붙잡는다, 난폭하게 다룬다, 무리하게 먹인다, 신체 구속한다, 감금(가둠)한다, 의자나 침대에 묶어둔다, 불필요한 약물 투여한다, 담배 등으로 화상 입힌다, 도구를 사용하여 위협한다.
언어·정서적 학대	말로 욕을 퍼붓는다, 노인에게 고함을 지른다, 노인에게 쓸모없는 늙은이라고 하는 등 자존심을 상하게 하는 말을 한다. 신체적 저하로 인한 노인의 실수를 비난하고 꾸짖는다, 노인이 수치심을 느끼게 하는 모욕적인 말을 한다, 유아처럼 다룬다, 고령자를 가족과 친구로부터 격리한다, 외출시키지 않는다, 노인을 보지 않는다, 노인만 따로 식사를 하게 한다, 창피를 준다, 비웃거나 조소를 한다, 재앙을 가져오는 사람으로 취급한다, 노인의 일상적인 사회 활동이나 종교 활동을 노골적으로 방해한다, 위협적으로 무례한 태도를 취한다, 말로 혐오스럽게 한다.
성적 학대	노인이 성적 수치심을 갖게 하는 성관련 언어 표현 및 행위를 한다, 성 관련 언어, 시각자료, 행동으로 성적 굴욕감을 유발하는 행위를 한다, 폭행한 후 강제적으로 성행위 및 강간하는 행위를 한다, 물건이나 흉기를 사용하여 강제적으로 성폭행을 행한다, 원치 않는 성행위 및 강간을 행한다, 성적 수치심을 유발하는 환경(남녀 구별 필요공간에 구별 없는 경우, 탈의실, 화장실 개방 등)을 조성한다.

(계속)

유형	내용
재정적 학대	노인의 유언장을 허위로 작성하거나 노인이 작성한 유언장을 동의 없이 수정한다, 노인 허락 없이 노인의 이름을 사용해서 계약한다, 노인 허락 없이 부동산(재산)을 사고 팔거나 빌린다, 노인 허락 없이 노인 명의의 증서를 변경한다, 노인 허락 없이 노인 재산을 증여한다, 노인의 허락 없이 노인의 금전에서 돈을 빌려준다, 노인의 허락 없이 노인 명의의 은행계좌에서 돈을 인출한다(돈을 훔친다, 돈을 악용한다, 연금을 가로채서 악용한다 등), 노인의 허락 없이 노인 명의의 은행계좌를 해약한다, 노인의 소득(연금, 임대료 등)을 가로챈다, 대리권을 악용한다, 노인에게서 빌린 돈이나 물건을 돌려주지 않는다, 노인의 값나는 물건을 빼앗는다.
방임	식사와 물은 주지 않는다, 약물을 불충분하게 투여한다, 치료를 받게 하지 않는다(병원에 데려가지 않는 등), 청결유지를 태만히 한다(속옷 갈아입히기, 기저귀교환, 손톱깍기, 신발, 목욕 등), 노인에게 필요한 가구를 제공하지 않는다(안경, 의치, 보청기 등), 거동이 불편한 노인을 장기간 혼자 있게 둔다, 노인 방만 청소하지 않는다, 와상 시 몸의 위치 변경을 태만히 한다, 노인이 사고를 당할 수 있는 위험한 상황에 처하게 한다.
자기방임	노인 스스로 할 수 있음에도 불구하고 신병의 청결, 건강관리, 가사 등을 포기하거나 관리하지 않아 심신의 문제가 발생한다, 자기의 신변청결, 건강관리, 가사 등을 본인이 할 능력이 부족하거나 어떤 이유로 노인도 모르는 사이에 심신의 문제가 발생한다.
유기	노인을 낯선 장소에 버린다, 노인을 다른 주거지에 기거하게 하고 연락을 두절한다, 노인을 강제적으로 반감금 형태 시설에 보내 집으로 돌아오지 못하게 한다, 거동이 불편한 노인을 시설에 맡기고 연락을 두절한다, 입소비용을 납부하지 않았다는 이유로 어떤 보호조치도 없이 시설에서 퇴소시킨다.

2) 시설 생활노인 학대예방 지침

노인복지시설 운영자와 종사자는 종사자 또는 동료 노인들 간에 발생할 수 있는 부적절한 처우와 학대를 사전에 예방하기 위하여 다음과 같은 노력을 기울여야 한다(보건복지부, 2006).

① 시설은 노인 학대에 대한 명확한 기준을 설정하여 시설운영규정에 학대행위에 대한 예방과 해결을 위한 규정을 명문화하고, 이에 대해 철저한 교육과 지도감독을 실시해 나가야 한다.

② 시설은 시설 내에 노인 학대에 해당하는 구체적 행위를 공시하여 노인과 종사자 모두가 학대에 대해 정확한 이해를 갖출 수 있게 하여야 한다.

③ 시설은 학대예방을 위하여 종사자와 생활노인들에게 인권교육 자료를 보급하고, 노인인권 및 학대와 관련된 외부강사 초빙 등의 교육을 분기 1회 이상 정기적으로 실시하여야 한다.

④ 종사자는 동료 종사자와의 노인에 대한 학대행위를 목격하였을 경우, 해당 시설이나 노인 학대 관련 기관에 신속히 신고하고, 제반 법률 규정이나 윤리기준에 따라 조치를 취해야 한다.

⑤ 종사자는 노인들 간의 집단 따돌림이나 학대행위를 예방하고 해결해야 한다.

⑥ 치료나 요양의 목적 이외에 노인의 뜻에 반하는 노동행위를 강요해서는 안 된다.

⑦ 종사자는 어떠한 이유로도 노인을 언어적으로 협박, 무시하거나 조롱 또는 욕설을 하여서는 안 되며, 항상 존대어를 사용하여야 한다.

⑧ 종사자는 노인이 수치심을 느끼거나 자존심을 상하게 하는 말을 해서는 안 된다.

⑨ 종사자는 목욕이나 기저귀 교체 시 노인이 성적 수치심을 느끼지 않도록 노력해야 한다.

⑩ 종사자는 노인의 잔존능력을 유지시키기 위한 최선의 서비스를 제공해야 한다.

3) 시설 생활노인 학대사례 개입 지침

노인복지시설 운영자와 종사자는 종사자 또는 동료 노인들 간에 학대사례가 발생한 경우 다음과 같은 보호조치를 취해야 한다(보건복지부, 2006).

(1) 학대사례 발견과 신고

① 시설은 노인 학대 방지를 위하여 건의함, 신고함 등과 같은 노인 학대 사례를 조기에 발견하기 위한 조치를 취하여야 한다.

② 시설은 노인 학대를 예방하기 위하여 시설운영위원회에 생활노인 대표

또는 가족을 1인 이상 참여시켜 노인들의 요구와 불만사항을 청취하고, 불만사항에 대해서는 신속하게 처리하여야 한다.

③ 시설종사자는 생활노인에게 서비스를 제공하는 과정에서 노인의 신체, 심리적 건강상태를 주의 깊게 살펴야 하며 노인 학대의 증상이 있는지를 면밀히 관찰하여야 한다.

④ 모든 시설종사자는 동료 종사자 또는 생활노인에 의해 이루어지는 구체적 학대행위를 목격하거나, 노인이 각각의 학대 유형과 관련된 증상을 보이는 사실을 목격하였거나 노인이 학대 받을 우려나 위험이 있다고 판단되는 경우 즉시 해당 시설이나 노인 학대 관련 기관(노인학대예방센터, 보건복지콜센터), 시·군·구 노인복지담당부서의 관계 공무원 또는 노인복지상담원, 경찰 등에 신고하여야 한다.

⑤ 학대 위험상황에 처하거나 학대를 당한 생활노인은 해당 시설이나 노인 학대 관련 기관에 학대 위험 또는 그 사실을 신고할 수 있다.

⑥ 생활노인이 동료 생활노인의 학대 위험 또는 학대를 당하는 것을 목격한 경우 해당 시설이나 노인 학대 관련 기관에 신고하여야 한다.

⑦ 촉탁의 또는 외부 의료기관의 의료진은 노인을 진료하는 과정에서 학대가 의심되거나, 학대를 당한 것이 확실한 경우 이를 해당 시설 또는 노인 학대 관련 기관에 신고하여야 한다.

⑧ 시설의 생활노인 학대와 관련된 정보를 접한 노인복지상담원, 사회복지전담공무원 등의 관계자는 노인 학대 관련 기관에 시설의 학대의심 사례를 신고하여야 한다.

⑨ 시설은 「노인복지법」 제39조의6 제3항에 의거하여 신고인의 신분을 보장하여야 하며 그의 의사에 반하여 신분을 노출시켜서는 안 되며, 학대사례 신고를 이유로 어떠한 불이익을 주어서도 안 된다.

⑩ 신고를 받은 시설운영자는 지체 없이 학대 의심사례에 대해 조사와 조치를 취해야 한다.

⑪ 신고받은 학대사례에 대한 응급조치와 안전조치가 요구되는 경우(학대행위자로부터 신체적 학대가 지속적으로 이루어지고 있다고 의심되며 노인의 상처가 심각한 경우, 노인 유기 및 노인의 영양상태 불량 등으

로 생명이 위급한 사례, 방임사례일 경우 노인의 연령과 건강상태, 학대의 지속성 정도에 따라 위험하다고 판단되는 사례) 신속한 조치를 취해야 한다.

⑫ 시설은 업무일지 또는 별도의 상담일지에 신고된 학대사례에 대한 접수, 상담기록과 서비스 내용을 기록으로 유지하여야 한다.

(2) 조사와 사정

① 학대사례에 대한 현장조사는 시설의 특별한 상황이 없는 한 발견 또는 신고 즉시 실시되어야 한다.

② 시설의 장, 사무국장은 신고인의 의견을 경청하고, '노인 학대의 구체적 행위와 증상' 기준을 참고하여, 노인학대사례로서의 적합성과 노인의 안전 및 응급성 여부를 확인하여야 한다.

③ 응급상황인 경우에는 학대사례로서의 적합성 여부와 관계없이 우선적으로 피해노인의 신변보장과 안전조치를 취해야 한다.

④ 학대의심 사례에 대한 실질적인 조사 이전에 신고인과 학대 가해자, 피학대 노인의 비밀보장을 위한 방안을 우선적으로 강구하여야 한다.

⑤ 시설의 장과 사무국장은 학대의 위험에 노출되거나 학대를 당한 생활노인과 학대 행위자 각각에 대한 직접 면접을 통하여 자세한 학대가 이루어진 상황과 장소, 원인, 가해자에 관한 자세한 정보를 수집하여야 한다.

⑥ 학대 사례 조사과정에서 피해 노인의 보호를 위하여 정황 증거 및 증인 확보 등 최대한 노력한다.

⑦ 정확한 자료 수집을 위하여 이 지침에 제시된 구체적 학대행위 및 증상 지표, 녹음기, 카메라 등 증거를 확보할 도구를 지참한다.

⑧ 학대행위자로 의심되는 자가 진술하는 학대 상황과 노인의 상처 및 정황 등이 일치하지 않는 경우, 징후가 심각하지 않을지라도 학대 발생의 가능성이 충분하므로 주의하여 살핀다.

⑨ 학대행위자와 피해노인의 진술이 일치하지 않을 경우 주변 목격자 또는 증인의 진술 청취 등을 통하여 구체적인 정황 증거를 확보하여야 한다.

⑩ 피해노인, 학대행위자, 신고인, 목격자 또는 증인 등의 진술은 육하원칙에 입각하여 그 내용을 구체적으로 기록하여야 한다.

⑪ 시설의 장과 사무국장은 현장조사결과를 바탕으로 하여 보다 상세한 조사와 사정이 요구될 경우 시설장, 사무국장, 간호사(또는 촉탁의, 물리치료사), 영양사, 생활지도원 등 시설 내부 인사 5인 이하와 외부의 노인 학대 전문가와 관련 기관 종사자(노인학대예방센터 상담원, 경찰, 법조인, 학계, 관계 공무원 등) 등의 2인 이상 5인 이내로 학대사례조사판정위원회를 구성하여 운영하여야 한다.

⑫ 시설의 장은 현장조사 완료와 함께 학대사례조사판정위원회를 개최하여 학대사례의 특성, 학대의 정도, 학대의 원인, 노인에게 미치는 영향, 학대행위자가 가지고 있는 문제 등을 포괄적으로 파악하고, 이를 근거로 학대사례에 대한 정확한 판정과 피해노인의 후속 보호조치, 학대행위자에 대한 조치 등에 대하여 구체적인 개입계획을 수립하여야 한다.

⑬ 신고 접수된 사례가 학대에 해당하는지의 여부를 판정함에 있어서는 '노인학대예방센터 업무수행지침'의 사례판정과 관련된 절차를 준용한다.

⑭ 학대 사례를 판정함에 있어서 가능한 한 피해자와 학대행위자 및 제3자의 상담 등을 통해 결정하도록 하며, 어느 한쪽의 의견만으로 학대 여부 및 그 심각성을 평가하지 않도록 주의한다.

⑮ 시설은 학대 사례 현황과 조치결과를 분기별로 시·군·구에 보고하여야 하며, 노인의 삶의 질에 중대한 위험이 초래된 학대 사례에 대해서는 조사완료와 함께 그 사실을 시·군·구에 조속히 보고하여야 한다.

⑯ 보고를 받은 시·군·구는 시·도에 분기별 보고(시·도는 반기별로 복지부에 보고)함과 동시에 학대 사례에 대한 시설의 보호조치의 계획과 실행을 지도·감독하여야 한다.

(3) 학대 사례에 대한 보호조치

① 시설의 장은 피해 노인, 학대행위자를 위해 가장 효과적이고 적절한 서비스 계획을 수립하고, 학대를 유발하는 시설의 제반 조건을 변화시킬 수 있는 구체적인 계획을 수립하여야 한다.

② 학대 사례에 대한 조치를 계획함에 있어서는 학대를 유발시키는 위험요인의 제거, 피해 노인의 욕구, 학대행위자의 욕구를 바탕으로 누가, 무엇을, 언제, 어떻게 제공할 것인지에 대한 구체적인 계획을 수립하고 목표의 우선순위 결정하여야 한다.

③ 학대 의심 또는 피해 생활노인에 대해서는 지속적 상담을 통한 심리적 지지, 학대 행위자와 피해노인의 격리와 특별보호서비스, 수발, 영양, 재활, 사회적 활동 등의 서비스 개선, 의료적 처치, 법률적 상담과 법률적 조치, 노인 학대 전문기관 의뢰, 가해자 치료 및 교육서비스 등의 종합적인 사례관리가 이루어져야 한다.

④ 학대 행위자에 대해서도 처벌을 우선시하기보다는 상담 등을 통한 치료적 개입을 먼저 실시하여야 하며, 학대 행위자에 대한 징계가 요구될 경우 학대의 정도와 빈도, 상황 등을 종합적으로 고려하여 학대사례조사판정위원회의 자문을 받아 시설의 인사관리규정에 의거하여 시설의 장이 징계의 수준을 최종 결정한다.

⑤ 학대 행위자에 대한 형사 고발과 고소, 민사소송 등 사법적 조치가 필요하다고 판단될 경우 경찰이나 사법기관에 수사와 조치를 의뢰하고, 해당 시·군·구에 행정조치를 취해야 한다.

(4) 평가와 사후조치

① 시설의 장은 학대 사례의 진행 정도, 개입 정도, 서비스 제공의 정도를 파악하여 체계적인 조치가 이루어졌는지를 평가한다.

② 사례평가의 경우 피학대 노인과 가족 등 관계인이나 대리인, 시설종사자, 시설운영위원과 외부 학대사례조사판정위원을 참석시켜야 한다.

③ 학대 행위가 재발될 가능성이 희박하고, 피학대노인의 신체 및 심리적 기능이 회복되었을 경우 사례에 대한 개입을 종결할 수 있다.
④ 노인의 안전 유지 및 학대 재발 가능성을 방지하기 위하여 종결된 사례에 대해서도 일정기간 정기적으로 관리하여 노인 학대 문제의 재발 여부를 확인하여야 한다.

4. 시설 생활노인의 위험관리

노인복지시설은 질 높은 서비스와 안전한 서비스의 제공이라는 두 가지 목표를 동시에 달성하도록 하여야 한다. 특히 신체장애가 있거나 인지장애가 있는 생활노인의 경우에는 다양한 안전사고에 노출될 수 있으므로, 시설에서 생활노인의 안전한 생활을 보장할 수 있는 위험관리는 매우 중요하다. 위험관리란 생활노인의 사고를 방지하고 안전한 생활환경을 조성하기 위하여 시설환경이나 일상생활서비스에서 위험을 야기할 수 있는 요인을 효과적으로 관리하는 기법이다. 노인의 안전한 삶에 위험을 초래할 수 있는 시설환경이나 서비스는 다양하지만, 외출 시 사고 및 실종, 응급환자 발생, 사망, 화재, 전염병 및 식중독 등의 대표적 위험관리를 필요로 하는 요인이다. 노인복지시설 안전관리를 위한 안전관리 지침의 내용을 살펴보면 다음과 같다(보건복지부, 2006).

1) 생활노인 외출 및 실종 시 조치사항

시설 생활노인 중 보행, 인지기능이 양호한 노인의 경우 자유로운 외출, 외박이 가능하다. 그렇지 않은 경우는 보호자가 동행하여야만 목적지로의 외출이 가능하다. 그러나 인지·판단력이 저하된 노인(치매 등)이 보호자 동행 없이 무단으로 시설 내를 이탈하여 상황이 발생하였을 때 신속한 대처와 안전한 귀원(歸院)을 돕기 위해 다음의 조치를 취하여야 한다.

(1) 외출 · 외박 절차

<table>
<tr><th>자립 외출이 가능한 노인</th><th colspan="3">보호자의 동행이 필요한 노인</th></tr>
<tr><td>• 자립으로 보행 가능(보장구 사용하여 자립 보행 가능)
• 인지기능상 외출에 어려움이 없는 어르신</td><td colspan="3">• 안전하게 자립보행이 어려운 어르신
• 인지기능이 저하된 어르신</td></tr>
<tr><td>본인 및 가족의 의사</td><td colspan="3">본인 및 가족의 의사</td></tr>
<tr><td>직원에게 알림
본인이 희망할 경우 행선지 파악</td><td colspan="3">직원과의 상담
가능한 행선지, 용무 등을 파악하고 지원방법을 모색</td></tr>
<tr><td></td><td>단순외출</td><td>가족협조가 가능한 경우</td><td>가족협조가 어려운 경우</td></tr>
<tr><td rowspan="2">직원의 명함, 신상정보 지참 확인</td><td rowspan="2">정기외출, 프로그램 활용, 시장보기 등</td><td>가족상담,
노인상담</td><td>자원봉사자
직원연결</td></tr>
<tr><td>일정, 차량 등 조정</td><td>일정, 차량 등 조정</td></tr>
<tr><td rowspan="2">필요시 대중교통편 안내
인근차량 지원</td><td rowspan="2">• 1 : 1 또는 다수로 이동 동행 → 완료
• 용무 대행</td><td>외출준비 안내</td><td>외출준비, 봉사자 교육</td></tr>
<tr><td>• 의복, 약 등 준비
• 처치방법 설명
• 유의사항 안내</td><td>• 의복, 약 등 준비
• 처치방법 설명
• 유의사항 안내</td></tr>
<tr><td>외출</td><td>• 구입, 전달 업무처리
• 영수증 지참</td><td>외출</td><td>외출</td></tr>
<tr><td>귀원
• 안부 여쭙고 건강 확인</td><td>• 결과확인 및 교환
• 대장에 기록</td><td>귀원
• 안부 여쭙고 건강 확인</td><td>귀원
• 안부 여쭙고 건강 확인</td></tr>
</table>

(2) 실종 시 처리 절차

① 노인이탈 발견(노인 담당직원에게 비상연락, 직원 간 역할 분담(3개조), 위급 시 즉시신고)

㉠ 원내를 다시 샅샅이 살펴본다.

- 장롱, 창고, 계단 아래, 욕실, 기타 잘 사용하지 않는 공간 등

㉡ 마당, 대문 밖 가까운 거리로 나가 노인을 찾는다.

㉢ 주변노인과의 상담을 통하여 이탈당시 정보를 얻는다.

- 노인이 언제까지 머물렀는지

- 최근 어디를 가고자 생각을 말한 적이 있는지
- 나가는 상황을 목격한 자가 있는지(언제쯤, 무엇을 입고, 누구와 함께, 무엇을 타고… …)
- 교회, 사찰, 친지방문의 가능성 확인

㉣ 신상정보를 소재(목걸이, 팔찌, 명함 등)하고 있었는지 확인

② 신고절차

㉠ 가장 가까운 지구대(파출소)를 방문하여 신고

- 사진, 신상정보 지참, 이탈 당시 옷차림, 용모 등의 정보를 설명할 수 있는 직원이 직접 방문하여 신고 접수
- 위에서 확인한 내용을 상세하게 설명

㉡ 지역 내 도움을 받을 수 있는 곳에 대한 정보 수집

- 콜택시 연락처를 사전에 확보하여 비상시 무전을 통하여 이송 여부를 확인할 수 있도록 함

③ 보고(직원비상연락, 원장에게 보고)

㉠ 낮에 발생 시

- 사무국장 또는 생활복지사의 지시하에 대처

㉡ 야간에 발생 시

- 시설 내 조직체계에 따라 상황을 보고 함
- 필요시 평상시 마련되어 있는 비상연락망을 가동하여 노인이탈 상황을 교류하고 찾을 수 있도록 함
- 인근 지역 거주 직원의 협조를 구함

* 평상시 정확한 연락망을 구비하고, 실제 상황을 예상하여 연습이 필요함

④ 보호자연락

㉠ 노인의 가출상황을 알리고 협조를 구함

- 노인이 평소 기억하고 있는 장소가 있으면 가보도록 함
- 집으로 도착 시 시설로 통보해 줄 것을 요청
- 노인 찾는 상황을 수시로 교류하도록 하여, 서로 협조관계를 만들어 나가도록 함

㉡ 평소 가족 상담을 담당하는 직원이 전화하여 상황을 상세하게 안내하며, 가족의 반응, 의견에 대처할 수 있도록 함

- 가족이 예상 장소에 가보지 못할 경우, 직원-파출소와 연계하여 대처 함

⑤ 노인 찾기 재신고 및 확인

㉠ 차량으로 2인 1조로 나누어 한 명은 운전, 한 명은 살피는 역할로 4~5팀 구성

- 인근대로, 골목길 안쪽, 지하철, 하천아래, 슈퍼 안 등을 꼼꼼히 살핌
- 노인의 건강상태와 이탈시간을 고려함
- 바깥으로 출동 시 반드시 휴대폰을 소지하여 수시로 정보 교환이 가능하도록 함

㉡ 이탈발견 1시간이 경과한 후에도 찾지 못할 경우 파출소에 다시 신고하여 협조를 구함

- 콜택시에도 연락하여 무전을 요청함

⑥ 전단배포 유관기관 협조, 신고

㉠ 1~2시간이 지나도 발견하지 못할 경우 전단지 작성 및 배포

- 사무실에서 대기하는 직원이 사진, 인상착의, 의복상태 등의 내용으로 전단을 작성하여 출동조에 전달
- 인근지역 주민들이 노인을 보호하고 있을 경우 연락을 취할 수 있도록 배포

㉡ 경찰서, 구청, 관련 복지시설에 공문으로 가출노인 정보를 제공하고, 입소의뢰 시 협조 구함

㉢ 한국노인복지시설협회의 '가출노인 찾아주기' 사이트에 접속하여 이탈 노인에 대한 정보를 게시 함

결과조치	
찾았을 경우	찾지 못했을 경우
① 각 신고처에 다시 연락하여 찾았음을 보고해야 함 ② 가족, 출동 직원들에게 연락하여 귀원 조치 ③ 노인의 건강 상태 체크 후 조치 • 체온, 혈압, 맥박, 혈당, 심리상태 등을 꼼꼼히 확인 • 따뜻한 음료를 제공하거나, 청결유지, 필요 시 병원 연계하여 치료를 받도록 함	① 관할 경찰서에 가출노인 신고공문 발송 ② 병원 등 보호 가능한 유관기관으로 확대하여 공문발송, 전단배포 ③ 계속하여 찾지 못할 경우 실종신고 • 파출소(지구대)

2) 응급환자 발생 및 안전사고 시 조치사항

① 시설에서 위독, 사고 등으로 인해 갑작스러운 응급환자가 발생할 경우 간호사의 응급처치를 실시하고 119 호출, 촉탁의사 연락, 자체 구급차량 이용 등 가장 신속한 방법으로 의료기관을 이용할 수 있도록 한다.

② 시설의 물리치료사와 간호사는 응급대처 요령을 숙지하고 시설의 여건상 의사와 간호사가 현장에 즉시 투입할 수 없는 야간 등의 상황을 대비하여 생활지도원 등 모든 직원이 조치방법을 습득할 수 있도록 교육을 실시한다.

③ 시설 생활노인의 응급상황 및 안전사고에 대하여 긴급조치 후 보호자 연락을 신속하게 취하여야 하며, 사례보고, 의무기록지 등을 참고하여 최선의 방지대책을 수립하도록 한다.

④ 시설 생활노인이 넘어졌을 경우 골절, 외상, 뇌출혈 등이 예측될 수 있으므로 의식상태, 통증 유무, 출혈 유무 등을 확인하고 필요한 조치를 취하도록 하여야 한다.

⑤ 고령자의 경우 뼈가 약하므로 수발 시 이를 유념하여야 하며, 넘어짐이나 안전사고로 인해 골절이 발생하였을 경우 전신을 주의 깊게 관찰하는 등 적절한 조치를 취하여야 하며, 이동시에는 가급적 골절 부위를 고정 후 이동하도록 한다.

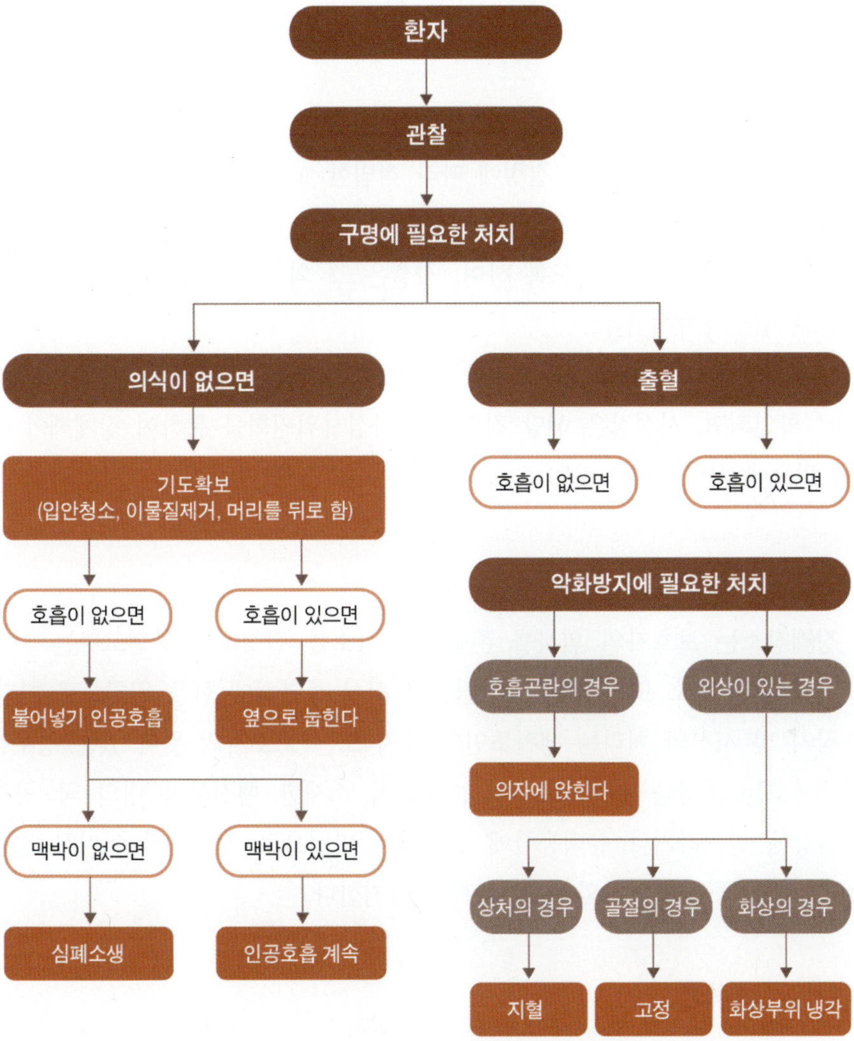

그림 14-1 응급환자 발생 시 처리 순서

3) 사망자에 대한 조치사항

시설장은 시설 생활노인이 사망한 경우 그 의식을 경건한 장례 절차에 따라 행하여야 한다. 장례사유 발생 시 시설의 조치는 다음과 같다.

첫째, 장례 사유발생 시 사망자 처리에 대하여 시설장은 관계기관에 보고하여야 하며, 필요한 조치를 취해야 한다.

둘째, 사망자가 발생했을 경우 시설은 보호자에게 지체 없이 통보하여야 한다.

셋째, 장례 절차는 생활노인의 유지와 보호자 뜻에 따라 결정한다. 다만 무연고자인 경우는 시설의 결정에 따라 적법한 절차로 실시하며, 생활노인의 유지를 우선으로 한다. 보호자들이 별도의 장례를 희망하는 경우에는 보호자에게 모든 절차를 이전하도록 하며, 시설은 그 외 가능한 사항에 대해 적극적으로 협조하여야 한다.

넷째, 생활노인 사망의 직접 원인이 직원의 현저한 과실이나 고의적인 사실로 확인되면, 시설장은 해당 직원을 인사심사위원회를 통하여 징계해야 하며, 필요에 따라 형사 고발 조치해야 한다.

(1) 장례장소

장례장소는 보호자의 의사를 존중하여 장소를 결정하되 무연고자는 시설 내에 지정된 장소 또는 병원 영안실에서 시설 주관하에 함을 원칙으로 한다.

장지 및 시신의 처리는 생활노인의 유지 또는 보호자의 뜻이 있는 경우를 제외하고는 화장을 원칙으로 하며, 시설이 소재한 행정구역 내의 국·공립 납골당에 안치하거나 유택동산에 산골하는 방법으로 처리하되 어떠한 경우에도 시설 내에 사망자의 유골 보관은 금지한다.

(2) 장례비용

장례비용은 「국민기초생활보장법」에 의한 수급권자인 생활노인이 사망하였을 경우 「국민기초생활보장법」에서 제시한 비용으로 충당하되 추가비용이 발생할 경우에는 보호자가 부담함을 원칙으로 한다. 다만, 무연고자의 경우에는 추가 비용을 시설에서 부담하여야 한다. 이외에는 보호자가 장례비용 일체를 부담하여야 한다.

(3) 유류금품

생활노인의 사망 후 유류금품은 본인의 의사에 따라 처리하여야 한다. 의사 표시 없이 사망한 경우에는 우선 장례비용으로 사용하고, 그 외 잔여금품은 직계혈족 등 유족의 의사에 따라 처리한다. 이와 같은 조치가 불가능한 경우의 잔여 유류금품처리는 시설운영위원회에 상정하여 심의 결과에 따라 운영비 등에 편입하여 사용할 수 있다.

그리고 위와 같은 내용에 불구하고 사망자의 유족이 생활노인 생존 시 보호자로서 의무를 전혀 행사하지 않았다고 입증될 경우에는 유족의 의사를 따르지 않고 시설운영위원회 심의결과에 따라 처리할 수 있다. 다만, 이 경우 시설 입소 시 보호자로부터 각서를 받는 등의 선행조치를 취할 필요가 있다. 시설은 생활노인 사망 후, 행정기관에 사망 1개월 이내에 제반 관련 서식에 의거하여 사망 사실을 보고하여 퇴소 처리를 하여야 한다.

4) 화재예방 및 발생 시 조치사항

시설은 화재예방을 위하여 다음과 같이 연소방지시설을 설비하고 방화관리계획을 수립하고, 전기, 가스, 소방시설물에 대한 정기안전 점검을 실시하여야 하며, 시설의 종사자는 화재 발생 시 노인대피 등 행동요령을 숙지하여야 한다.

(1) 건축물 및 내장제에 대한 연소방지시설 설비

시설은 층별, 용도별, 방화벽, 방화문, 경계벽 등에 대하여 방화구역을 설정하여야 하며, 내장재의 불연화 시설의 설비 및 커텐, 카페트, 종이류를 제외한 벽지, 방출입문 등 목재시설에 대하여 방염 처리하여야 한다.

(2) 방화관리계획 수립 및 교육

시설은 방화관리 책임자를 선임하여 비상연락망 및 자위소방대 조직 등 방화관리를 위한 방화관리 종합계획을 수립하고 이행하여야 하며, 전 종사자를 대상으로 소화요령, 인명대피, 유도요령 등에 대한 소방교육을 정기적으로 실시하여야 한다.

(3) 전기 및 가스시설 안전점검

시설은 화기 사용시설(난방시설, 취사시설), 가연성 가스시설 점검(LNG시설, LPG시설, 도시가스시설 저장 및 취급), 전기시설(변전, 발전, 옥내외배선, 누전경보시설, 환기시설 등), 냉난방시설(보일러, 냉동기, 공조기, 각종배관 등)에 대하여 정기적으로 안전점검을 실시하고 점검일지를 기록하여야 한다.

(4) 소방시설 점검

시설은 소화시설의 정상작동 여부(소화기구, 자동탐지기, 옥내외소화전, 스프링클러설비 등) 피난시설의 작동 여부(비상벨, 비상방송설비, 누전경보기 등), 비상구(복도, 직통계단) 등 소방시설에 대한 점검을 정기적으로 실시하고 점검일지를 기록하여야 한다.

(5) 화재발생 시 조치사항

① 전 생활노인 및 종사자는 화재를 감지하는 데 신경을 써야 하며, 누구든지 화재의 발생 사실을 최초로 목격하는 자는 119에 신고, 구내전파 및 초기소화 등의 조치를 취해야 한다.

② 화재발생 사실이 구내에 전파되면 평소 편성운영 중인 자위소방대의 분대 또는 반별로 개별 임무를 즉각 수행해야 한다.

③ 화재발생 시 건물구조에 가장 익숙한 종사자들이 질서 있고 적절한 노인대피를 유도하여야 하며, 대피 유도 시에는 큰 소리로 외치는 등 생활노인들에게 불안감을 조성할 수 있는 행동을 자제하고 침착하게 행동하여야 한다.

④ 대피 시에는 유독가스와 연기로 인한 질식을 방지하기 위하여 수건 등을 물에 적셔서 입과 코를 막고 숨을 짧게 쉬며 가능한 한 낮은 자세로 엎드려 대피토록 유도하여야 하며, 엘리베이터는 이용하지 않도록 한다.

⑤ 아래층으로의 대피가 불가능할 때는 옥상으로 대피시켜 구조를 기다리도록 하며, 이 경우 대피한 노인들이 동요하지 않게 하거나 바람을 등

지게 하는 등의 적절한 조치를 취하여야 한다.

5) 전염병 및 식중독 예방 등 조치사항

시설에서 필요한 최저한의 전염병과 식중독 등 위생관리에 관한 다음의 사항을 준수하여야 하며, 시설장은 생활노인의 전염병 또는 식중독이 발생하거나 만연되지 않도록 다음과 같이 강구·조치하여야 한다.

첫째, 시설에서는 전염병 및 식중독 예방과 만연을 방지하기 위한 대책을 검토하는 대책위원회를 구성하여 운영하여야 한다. 대책위원은 시설장, 사무국장, 의사, 간호사, 사회복지사, 영양사, 생활지도원으로 구성하며, 구성원의 책임 및 역할 분담을 명확히 하여야 한다.

둘째, 시설에서는 전염병 및 식중독 예방과 만연 방지를 위한 지침을 마련하여야 하며, 평상시 대책 및 발생 시 대응 등에 대한 내용이 포함되어야 한다. 평상시 대책으로는 시설 내의 위생관리(환경의 정비, 배설물의 처리, 혈액 및 체액관리 등), 일상의 수발과 관련된 예방대책(표준적인 예방대책), 조기 발견을 위한 일상의 관찰 항목 등을 마련하고, 발생 시의 대응으로는 관계기관과의 연대, 의료처치, 행정기관에의 보고, 시설 내의 연락체제 등을 마련하여야 한다.

셋째, 시설에서는 시설종사자를 대상으로 위 지침을 토대로 전염병 및 식중독 예방과 방지를 위한 교육을 실시하여야 하며, 특히 신규 채용 시에는 반드시 위생관리 교육을 실시토록 하고, 조리나 세탁 등 위생과 관련된 업무를 실시하는 종사자에 대해서는 위 지침에 의거하여 실시 내용과 점검 기록을 비치하여야 한다.

넷째, 시설은 입소예정자의 전염병에 관한 사항도 포함한 건강상태를 확인하여야 하며, 그 결과 전염병에 대한 병력이 있어도 특별한 경우를 제외하고는 서비스 제공을 거절하지 않아야 한다. 다만 전염병 병력이 있는 생활노인에 대해서는 전염대책 담당자가 다른 시설종사자에게 전염병에 대한 지식, 수발 시 주의사항 등에 대하여 주지시켜야 한다.

6) 노인복지시설의 인권보호 실천

노인복지시설 생활노인의 인권이 충분히 보장되어야 함은 아무리 강조해도 무리가 없는 것이다. 또한 노인복지정책과 실천에서 인권관점(right-based perspective)이 확대되고, 노인장기요양보험제도의 도입, 국가인권위원회의 노인복지시설 생활노인의 인권 증진을 위한 대책 등으로 노인복지시설 생활노인의 인권은 지속적으로 개선되고 있다. 그리고 노인복지시설 생활노인의 인권보호 조치가 강화되면서 그 이면에는 "노인의 인권이 중요한 것을 알지만, 시설종사자의 인권은 어디에서 찾고, 누가 보장해 주느냐"라는 자조적인 종사자들의 목소리가 있다. 언제까지나 종사자의 인권이 현장에서만 메아리치는 자조적인 회한의 소리로 그쳐서는 안 되며, 노인복지시설협회, 한국개인운영신고시설협회, 한국개인노인요양시설협회 및 사회복지사협회 등 노인복지시설종사자의 권익을 대변하는 단체에서 종사자의 인권문제에 대하여 공론화하기 위한 공청회나 정책토론회를 꾸준히 전개해 나가는 과정에서 종사자의 인권보호를 위한 조치 또한 강화해 나가야 한다.

그렇지만 인간에 대한 봉사전문직에서는 이용자 및 생활인의 인권이 우선적으로 보장되어야 한다. 그러므로 시설종사자의 인권보호 장치가 다소간 지연된다고 하더라도 우선적으로 시설에서 생활하는 노인의 인권을 보호하기 위한 노력을 경주하는 것이 바람직하다고 볼 수 있다. 시설 생활노인의 인권보호를 위해서는 노인에게 직접적 서비스를 제공하는 종사자가 노인의 인권에 대하여 정확한 인식을 갖추는 것이 중요하다. 그러므로 시설종사자들은 앞에서 제시한 노인복지시설 인권보호 및 안전관리지침에 규정된 노인의 권리와 그 권리를 보장하기 위한 윤리강령과 각종 조치사항들을 명확하게 이해하고, 이를 서비스과정에서 구현해 나가고자 하는 노력이 이루어져야 한다. 그리고 노인복지시설의 장은 시설종사자를 대상으로 노인 인권보호, 학대예방, 위험관리와 관련된 지속적 교육을 실시하여 생활노인의 인권을 보호하고 삶의 질을 향상시키기 위한 노력을 게을리 해서는 인권옹호전문직으로서의 사회적 인정을 받을 수 없는 것이다.

5. 성년후견인제도

우리나라는 과거 정신적 장애로 판단능력이 부족한 성년인 자를 보호하기 위해 「민법」에 판단 능력의 정도에 따라 금치산자 또는 한정치산자로 구별하여 정하는 무능력자제도가 있었다. 그러나 이 제도는 무능력자로 인정되는 자의 자기결정권을 제한하고, 지나치게 획일적이며, 잔존능력을 무시하여 재활의 기회 배제 및 사회적 편견을 초래하는 결과를 가져왔다. 또한 일반인에게 거부감을 주는 한정치산자 또는 금치산자라는 용어가 가족관계등록부에 공시되기 때문에 사회적 수치심으로 인해 제도의 이용이 매우 제한적이었다. 재산관리에 중점을 두어 본인의 의사와 잔존능력에 대한 고려 없이 행위능력을 획일적으로 제한하는 「민법」의 행위무능력자제도는 자기결정권의 존중, 인간존엄성의 보장이라는 측면에서 바라보았을 때 매우 낙후된 제도라는 비판과 함께 이들의 복지증진과 인권의 보호를 위해 성년후견인제도를 도입해야 한다는 사회적 요구가 증가되었다. 이에 따라 2009년 민법개정위원회를 출범·운영하여 2009년 12월 29일 국회에 새로운 후견제도 도입에 대한 개정안을 제출하였고 2010년 국회에서 대안입법을 마련하였다. 이 대안의 내용은 기존의 금치산·한정치산 제도를 폐지하고, 현재 정신적 제약이 있는 사람은 물론 미래에 정신적 능력이 약해질 상황에 대비하여 후견인제도를 이용하려는 사람이 재산 행위뿐 아니라 치료, 요양 등 복리에 대해서도 폭넓은 도움을 받을 수 있도록 성년후견인제도를 확대·개편하고 내실화하여 장애인과 노인 등에 관한 보호를 강화하도록 한다는 것이었다. 이 대안은 2011년 2월 18일 국회 본회를 통과하였고 절차법 등의 준비 작업을 거쳐 2013년 7월 1일부터 시행하게 되었다. 기존 한정치산·금치산제도와의 차이점으로는 기존 한정치산·피후견인을 판단능력이 없는 존재로 보고 부족한 부분을 지원하여 피후견인의 권익 및 복지증진을 목표로 하는 제도임에 반해 성년후견제도는 피후견인을 판단능력이 있는 존재로 보고 부족한 부분을 지원하여 피후견인의 권익 및 복지증진을 목표로 한다는 점이다.

1) 성년후견인제도의 개념

성년후견인제도란 질병, 장애, 노령, 그 밖의 사유로 인한 정신적 제약을 가진 사람들이 존엄한 인격체로서 주체적으로 후견인제도를 이용하고 자신의 삶을 영위해 나갈 수 있도록 기존 금치산·한정치산제도를 폐지하고 피후견인의 권익과 복지증진을 중심으로 개정된 제도를 말한다. 성년후견인 제도는 성년후견인이 필요한 곳에 필요한 만큼, 성년후견인 이외의 것으로 원조할 수 있는 방안이 마련되어 있다면 우선 그것에 의하고 그것이 없는 경우에 보충적으로만 이용되는 것으로서(필요성의 원칙과 보충성의 원칙), 자기결정(자율)의 존중, 신상보호의무, 잔존 능력의 활용, 보편화이념, 애드보커시(adnocacy)[2] 등을 기본이념으로 하고 있다. 그리고 입법의 주된 취지는 이러한 이념과 본인 보호 이념과의 조화에 있다(백승흠, 2010).

첫째, 자기결정의 존중이란 신상의 보호와 함께 성년후견제도의 기념이 되는데, 성년후견인 등은 본인(성년피후견인 등)의 생활, 요양 간호 및 재산의 관리에 관한 사무를 봄에 있어서 성년피후견인 등의 의사를 존중하고, 한편 그 심신상태 및 생활을 고려하지 않으면 안 된다는 것이다.

둘째, 잔존 능력의 활용은 피후견인에게 남아 있는 잔존능력을 가능한 한 최대한 활용하여 스스로 생활관계를 형성해 나갈 수 있도록 하는 것이 피후견인의 사회에 복귀·통합되게 하는 것으로 보는 사고방식이다. 잔존능력이 활용되어야만 하는 이유는 성년후견인제도의 피보호자는 판단능력을 일시에 상실하거나 일정 수준 저하되는 경우는 드물고, 대부분의 경우 판단능력이 단계적·점차적으로 감퇴하기 때문에 획일적·기계적 기준의 적용은 올바른 보호를 할 수 없기 때문이다.

셋째, 보편화이념은 고령자나 장애인 등이 그 지역에서 보편적으로 생활할 수 있는 것이 당연하다는 사고방식이다. 이 사고방식에 따라 고령자나 장애인 등이 보편적으로 생활할 수 있는 환경을 성년후견인제도의 활용에 의해 실현하려고 하는 것이다. 또 애드보커시는 본인의 신상에 관한 이익을 주장

2) 변호, 지지, 옹호, 고취, 창도

하는 것을 보조하거나, 본인의 신상에 관한 이익을 대변하는 것을 말하며, 본인(피성년후견인 등)이 인지증 등으로 말하고 싶어도 말할 수 없는 것을 대변하는 것이나 노인성 폐렴 등으로 긴급하게 입원할 필요가 있을 때는 성년후견인 등이 보조하거나 대변하여 본인의 건강을 지원하는 것이다.

(1) 피후견인과 후견인의 이해

피후견인은 질병, 장애, 노령, 그 밖의 사유로 인해 자신의 행위의 의미나 결과를 합리적으로 판단할 수 있는 능력 내지 지능이 결여되어 단독으로 유효한 법률행위를 할 수 있는 능력이 없는 행위 무능력자로서 보호를 필요로 하는 성인을 말한다. 피후견인이 되려면 본인, 배우자, 4촌 이내의 친족, 후견인, 후견감독인, 검사 또는 지방자치단체의 장이 가정법원에 후견 신청을 하여 가정법원으로부터 성년후견 심판을 받아야 한다. 성년후견인은 성년후견인제도에 따라 피성년후견인에게 1차적인 후견 사무를 해 주는 사람들을 말한다.

(2) 성년후견의 개시

성년후견은 청구자격을 갖춘 자가 가정법원에 청구함으로써 성년후견개시 심판이 개시[3]된다. 기존의 행위무능력자제도는 행위무능력자의 심신상실이나 심신박약 등 주로 정신적 능력의 여하에 따라 한정치산 내지 금치산이 개시되었음에 반해, 성년후견제도는 정신적 제약만으로는 성년후견이 개시되지 않고, 이러한 제약으로 인해 사무를 처리할 능력이 지속적으로 결여된 것을 그 요건으로 한다. 또한 성년후견의 청구권자[4]에 검사와 지방자치단체의 장을 추가하여 근친이 없는 사람이 성년후견을 필요로 하는 경우에도 성년

3) 「민법」 제9조(성년후견개시의 심판) ① 가정법원은 성년후견은 질병, 장애, 노령, 그 밖의 사유로 인한 정신적 제약으로 사무를 처리할 능력이 지속적으로 결여된 사람에 대하여 본인, 배우자, 4촌 이내의 친족, 미성년후견인, 미성년후견감독인, 한정후견인, 한정후견감독인, 특정후견인, 특정후견감독인, 검사 또는 지방자치단체의 장이 가정법원에 청구함으로써 성년후견개시 심판이 개시된다.

4) 「민법」 제9조(성년후견개시의 심판) ② 가정법원은 성년후견개시의 심판을 할 때 본인의 의사를 고려하여야 한다.

후견을 활용할 수 있도록 하였다. 비록 정신적 제약으로 사무를 처리할 능력이 결여된 상태라고 하여도 반드시 본인의 의사를 고려하도록 하고 있다.

2) 기존 제도와의 차이점

성년후견제도의 도입 이전에는 사무처리 능력에 도움이 필요한 성인을 위한 제도로서 금치산·한정치산제도라는 것이 있었는데, 이 제도는 첫째, 경제적 문제에 대한 지원에 국한된 제도이고 둘째, 후견인의 임무수행에 대한 실질적인 감독도 어려웠으며 셋째, 금치산·한정치산의 선고사실이 가족관계등록부에 그대로 공시되어 개인정보가 침해되는 등 여러 가지 문제점들 때문에 현실적으로 거의 이용되지 않았다.

성년후견제도는 위와 같은 금치산·한정치산 제도의 문제점을 극복하기 위해 도입된 것으로, 새로운 제도 하에서는 첫째, 사무처리 능력에 도움이 필요한 성인의 재산보호뿐만 아니라 의료행위, 거주지 결정 등 신상에 관한 폭넓은 지원이 이루어지고 둘째, 가정법원 또는 후견감독인에 의한 실질적인 후견업무의 감독이 가능해졌으며 셋째, 후견과 관련한 별도의 등기제도를 운영하여 후견인 선임여부에 대한 개인정보도 보호된다.

표 14-5 기존 제도와 새로운 성년후견제도의 차이점

	금치산· 한정치산제도		성년후견제도
후견인 선임	자연인		자연인, 법인
	1인		복수 가능
	후견인 자격 및 순위 有 ※ 배우자 → 3촌 이내 직계혈족, 방계혈족 중 최근친 연장자 순	▶	가정법원이 결정(법정후견) 후견계역에 따른(임의후견)
지원범위	재산관리 중심		재산관리뿐 아니라 신상결정 가능
행위능력	잔존능력 무시		잔존능력 존중(보충성)
	탄력적 조치 불가		탄력정 적용가능
후견감독	친족회가 감독(형식적)		후견감독인이 감독(실질적)

성년후견제도 시행에 따른 경과조치는 다음과 같다.

성년후견제도는 2013년 7월 1일부터 시행되고 있으며, 법 시행 이전에 이미 금치산 또는 한정치산의 선고를 받은 사람에 대하여는 종전의 규정을 적용한다(「민법」 부칙<법률 제10429호> 제2조제1항).

다만 위의 금치산자 또는 한정치산자에 대해 성년후견, 한정후견, 특정후견이 개시되거나 임의후견 감독인이 선임된 경우 또는 2018년 7월 1일이 경과한 경우에는 그 금치산 또는 한정치산의 선고는 장래를 향하여 그 효력을 잃는다(「민법」 부칙<법률 제10429호> 제2조제2항).

3) 성년후견인의 선임

(1) 성년후견인 선임 자격

가정법원은 「민법」 제936조(성년후견인 선임)에 의하여 성년후견인은 가정법원이 직권으로 선임한다(제936조 제1항). 가정법원은 성년후견인이 사망, 결격, 그 밖의 사유로 없게 된 경우에도 직권으로 또는 피성년후견인, 친족, 이해관계인, 검사, 지방자치단체장의 청구에 의하여 성년후견인을 선임한다.

(2) 성년후견인 수

2인 이상일 수도 있고 법인도 가능하다. 「민법」 제936조(성년후견인 선임)에서 가정법원은 성년후견인이 선임된 경우에도 필요하다고 인정하면 직권으로 또는 제2항의 청구권자나 성년후견인의 청구에 의하여 추가로 성년후견인을 선임할 수 있다.

(3) 성년후견인 선임 시의 고려사항

성년후견인을 선임할 때 피성년후견인 당사자의 의사를 존중함이 무엇보다 중요하며, 피성년후견인과 성년후견인과의 이해관계 등의 사정도 신중하게 고려해야만 한다. 「민법」제936조(성년후견인 선임)에 의하면 가정법원이 성년후견인을 선임할 때는 피성년후견인의 의사를 존중하여야 하며, 그 밖에 피성년후견인의 건강, 생활관계, 재산상황, 성년후견인이 될 사람의 직업과 경험, 피성년후견인과의 이해관계의 유무(법인이 성년후견인이 될 때는 사업의 종류와 내용, 법인이나 그 대표자와 피성년후견인 사이의 이해관계 유무를 말한다) 등의 사정도 고려하여야 한다.

4) 성년후견인의 임무

성년후견인은 피후견인의 법정대리인이 되며, 가정법원은 성년후견인이 가지는 법정대리권의 범위나 성년후견인의 신상에 관하여 결정할 수 있는 권한의 범위를 정할 수 있다(「민법」 제939조 제2항, 제3항). 성년후견인은 피성년후견인을 대리하여 피성년후견인이 거주하고 있는 건물 또는 그 대지에 대하여 매도, 임대, 전세권 설정, 저당권 설정, 임대차의 해지, 전세권의 소멸, 그 밖에 이에 준하는 경우에는 가정법원의 허가를 받아야만 한다(「민법」 제947조 제2항, 제5항). 성년후견인은 선임된 후 피후견인의 재산을 조사하여 2개월 내에 그 목록을 작성해야 한다. 이때 후견 감독인이 있는 경우, 재산조사의 목록작성은 후견감독인의 참여가 없으면 그 효력이 없다(제941조 제2항). 또한 성년후견인은 피성년후견인의 신상과 관련하여 치료 등의 목적으로 정신병원이나 그 밖의 다른 장소에 격리할 수 있다. 그러나 이 경우에는 가정법원의 허가를 받아야 한다(「민법」 제947조의2 제2항). 피성년후견인의 신체를 침해하는 의료행위에 대해 피성년후견인이 동의할 수 없는 경우에는 성년후견인이 그를 대신하여 동의할 수 있으며(「민법」 제947조의2 제3항), 의료행위의 직접적인 결과로 사망하거나 상당한 장애를 입을 위험이 있을 때는 가정법원의 허가를 받아야 한다. 허가절차로 의료행위가 지체되어 피성년후견인의 생명에 위험을 초래하거나 심신상의 중대한 장애를 초래할 때는 사후에 허가를 청구할 수 있다(「민법」 제947조의2 제4항). 「민법」 제947조(피성년후견인의 복리와 의사존중)에는 성년후견인은 피성년후견인의 재산관리와 신상 보호를 할 때 여러 사정을 고려하여 그의 복리에 부합하는 방법으로 사무를 처리하여야 하며, 성년후견인은 피성년후견인의 복리에 반하지 아니하면 피성년후견인의 의사를 존중하여야 한다. 성년후견인은 피성년후견인의 복리와 의사를 존중하여 임무를 수행하여야만 한다고 규정하고 있다.

5) 성년후견제도의 유형

성년후견제도는 크게 법정후견제도와 임의후견제도로 나뉜다. 법정후견제도는 법으로 미리 후견인의 역할과 권한 그리고 의무, 책임에 대해 정해두고, 가정법원이 피후견인의 판단능력의 정도에 따라 성년후견, 한정후견, 특정후견을 판정하는 제도를 말한다. 임의 후견제도는 본인이 온전한 판단 능력을 갖고 있을 때 후견인이 될 사람을 미리 지정해 그 의사를 물어 선임하고, 추후 예상되는 후견의 내용에 관한 사항을 공증증서로 작성해 등기를 하고, 후견 개시의 필요가 발생할 경우 법원에 신청해 임의 후견감독인을 선임하면 효력이 발생하는 제도이다.

기존 금치산 또는 한정치산의 후견인에 대하여 후견이 종료된다. 더 이상 후견인의 조력을 받을 수 없으므로 후견인을 선임하기 위해서는 먼저 성년후견제도에 대한 이해가 필요하다.

2013. 7. 1.부터 도입된 성년후견제도는 질병·장애·노령 등의 사유로 인해 정신적 제약을 가진 사람들이 존엄한 인격체로서 주체적으로 후견제도를 이용하고 자신의 삶을 영위해 나갈 수 있도록 한다. 사물을 판단하는 능력이 부족한 사람에 대해 본인의 의사를 존중하면서 일상생활을 위한 신상보호와 재산관리 등을 지원하는 민법상의 제도다. 이는 미성년후견제도와 대비되는 개념으로 성년을 위한 후견제도를 의미한다.

(1) 성년후견

'성년후견'은 질병, 장애, 노령, 그 밖의 사유로 인한 정신적 제약으로 사무를 처리할 능력이 지속적으로 결여된 성인이 가정법원의 후견개시심판으로 선임된 후견인의 지원을 통해 보호를 받는 제도입니다(「민법」 제9조 참조).

어떤 사례에 성년후견제도가 적용될 수 있을까요?

현수씨(가명, 지적장애 1급)의 어머니는 젊어서 남편을 잃고 장애가 있는 외아들을 위해 상당한 재산을 모았습니다. 그러나 현수씨의 어머니는 70대 중반이 넘어서고 최근 건강이 나빠져 자신이 죽고 난 뒤 아들의 장래가 염려되나 재산으로 인해 가까운 친척도 믿기 곤란한 상황인데요. 현수씨의 주변에 현수씨를 도울 사람으로는 평소 유대관계가 높은 현수 씨의 사촌형 A씨, 같은 교회에 다니는 집사 B씨, 현수씨의 특수학교 담임이었던 C씨가 있습니다.

평소 유대관계가 높은 A씨가 후견인이 되고, B와 C가 후견감독인이 된다면 어머니 사후에도 현수씨의 재산관리나 신상보호에 적절하게 대응할 수 있을 것입니다.

(2) 한정후견

'한정후견'은 질병, 장애, 노령, 그 밖의 사유로 인한 정신적 제약으로 사무를 처리할 능력이 부족한 성인이 가정법원의 후견개시심판으로 선임된 후견인의 지원을 통해 보호를 받는 제도입니다(「민법」 제12조 참조).

어떤 사례에 한정후견제도가 적용될 수 있을까요?

현우씨(가명, 지적장애 2급)는 어릴 때 가족으로부터 버려져 시설에서 성장해왔습니다. 시설에서는 현우씨에 대한 장애인연금급여 등 복지급여와 기부금, 직업재활시설에서 받은 급여 등을 잘 관리해 주었고 그 덕분에 현우씨의 통장에는 수 천 만원이 모였으며 이에 현우씨는 시설을 나와 자립할 계획을 세우게 되었는데요. 이후 우연히 가족들이 시설로 찾아왔고 현우 씨는 반가운 마음에 자신의 통장을 자랑했습니다. 이후 경제적 상황이 어려웠던 가족들은 현우 씨를 시설에서 데리고 나갔는데, 수개월 뒤 현우씨의 저축은 가족이 다 소모해 버렸고 현우 씨는 혼자 집에 방치되었습니다.

현우씨에게 통장관리를 담당하는 후견인이 선임되어 있었다면 가족들이 현우 씨의 재산을 모두 탕진하는 것을 막을 수 있었을 것입니다.

(3) 특정후견

'특정후견'은 질병, 장애, 노령, 그 밖의 사유로 인한 정신적 제약으로 일시적 후원 또는 특정한 사무에 관한 후원이 필요한 성인이 가정법원의 후견개시심판으로 선임된 후견인의 지원을 통해 보호를 받는 제도입니다(「민법」 제14조의2 참조).

어떤 사례에 특정후견제도가 적용될 수 있을까요?

김복동 할머니(가명, 75세. 치매)는 남편 사별 후 혼자 생활하다 최근 치매에 걸리셨습니다. 치매 증세가 심하지 않고 할머니께서 원래 거주하던 주택을 떠나기 싫어해 홀로 생활하시는 중인데요. 그러나 최근 할머니께서 필요 없는 물건들을 사 모으는 등 이상행동이 보이자 자녀들은 할머니의 유일한 재산인 주택을 임의로 처분하여 탕진할까 걱정입니다.

장남을 특정후견인으로 선임하여 주택의 매매는 후견인을 통해서만 할 수 있도록 조치하면 우려되는 상황을 예방할 수 있을 것입니다.

(4) 임의후견

'임의후견'은 일반 성인이 질병, 장애, 노령, 그 밖의 사유로 인한 정신적 제약으로 사무를 처리할 능력이 부족한 상황에 있거나 부족하게 될 상황에 대비하여 스스로 후견계약을 체결하여 자신의 재산관리 및 신상보호에 관한 사무의 전부 또는 일부를 후견인에게 위탁하고 그 위탁사무에 관하여 대리권을 수여하는 것을 내용으로 하는 제도입니다(「민법」 제959조의14 참조).

어떤 사례에 임의후견제도가 적용될 수 있을까요?

길동씨(가명, 80세)는 최근 기억이 가물가물해지는 등 치매에 걸릴까봐 걱정입니다. 이에 길동씨는 자신이 치매에 걸렸을 때를 대비해 평소 사이가 소원한 장남 대신 차남을 임의후견인으로 선임하는 임의후견계약을 체결하는데요.

길동씨가 치매에 걸리게 되는 경우 차남이 가정법원에 임의후견감독인 선임을 청구하고 법원이 이를 선임할 경우 임의후견계약의 내용대로 차남이 후견인으로 활동하게 될 것입니다.

표 14-6 성년후견제도 유형과 내용

<table>
<tr><th colspan="2">후견유형</th><th>개시요건</th><th>피후견인 의견반영</th><th>후견내용</th><th>피후견인 행위능력</th><th>후견종료</th><th>후견 감독인</th></tr>
<tr><td rowspan="3">법정 후견</td><td>성년후견</td><td>사무처리 능력이 지속적으로 결여</td><td rowspan="2">본인 의사 고려</td><td rowspan="2">재산관리와 신상보호(가정법원이 정한 범위 내)</td><td rowspan="2">일상생활에 필요하지만 대가가 과도하지 않은 것 구입</td><td rowspan="2">개시 원인 소멸 시</td><td rowspan="3">필요할 경우 가정법원 선임</td></tr>
<tr><td>한정후견</td><td>사무처리 능력이 부족</td></tr>
<tr><td>특정후견</td><td>특정 문제해결을 위해 일시적으로 보호</td><td>전적으로 본인 의사</td><td>정해진 기간과 사무 범위 내</td><td>행위능력에 대한 제한이 없음</td><td>기간이 지나면 종료</td></tr>
<tr><td>임의 후견</td><td>후견계약</td><td>능력 부족 상황 대비 위인계약</td><td>당사자의 의견대로 계약</td><td>피후견인과의 합의된 내용</td><td>계약사항에 따름</td><td>종료 가능</td><td>선결 요건</td></tr>
</table>

표 14-7 금치산·한정치산제도와 성년후견제도 비교

내용		금치산·한정치산 제도	성년후견제도
제도	본질	가족제도	복지제도
	목적	재산관리에 중점	재산관리 및 신상보호에 중점
	방식	능력박탈(제한)	능력 지원
피후견인	사유	심신상실/심신미약	질병·장애·노령 등으로 정신적 제약
	종류	금치산/한정치산	성년/한정/특정/임의 후견
후견인	자격	친족	친족 또는 제3자(법인 포함)
	선임방식	법정되어 있음	법원의 직권선임
	감독기관	친족회	법원(후견감독인)
법원	역할	능력발달(제한)의 선언	후견인 선임과 감독
	성격	사법적(司法的)	행정적(行政的)

표 14-8 금성년후견제도의 청구절차 등 안내

내용	성년후견	한정후견	특정후견	임의후견
개시사유	정신적 제약으로 사무처리 능력의 지속적 결여	정신적 제약으로 사무처리 능력의 부족	정신적 제약으로 일시적 후원 또는 특정 사무 후원	정신적 제약으로 사무처리 능력의 부족
관할	피후견인의 주소지 가정법원	피후견인의주소지 가정법원	피후견인의 주소지 가정법원	피후견인의 주소지 가정법원
후견개시 청구권자	본인, 배우자, 4촌 이내의 친족,	본인, 배우자, 4촌 이내의 친족,	본인, 배우자, 4촌 이내의 친족,	본인, 배우자, 4촌 이내의 친족, 임

(계속)

내용	성년후견	한정후견	특정후견	임의후견
	미성년후견(감독)인, 한정후견(감독)인, 특정후견(감독)인, 임의후견(감독)인, 검사 또는 지방자치단체의 장	미성년후견(감독)인, 성년후견(감독), 한정후견(감독)인, 특정후견(감독)인, 임의후견(감독)인, 검사 또는 지방자치단체의 장	미성년후견인, 미성년후견감독인, 임의후견(감독)인, 검사 또는 지방자치단체의 장	의후견인, 검사 또는 지방자치단체의 장 (※ 임의후견 개시 요건인 임의후견감독심판 청구권자)
후견개시 시점	성년후 개시 심판 확정 시	한정후견 개시 심판 확정 시	특정후견 심판 확정 시	임의후견감독인 선임 심판 시
공시방법	법원의 등기촉탁→ 후견등기부에 기록	법원의 등기촉탁→ 후견등기부에 기록	법원의 등기촉탁→ 후견등기부에 기록	당사자의 등기신청/ 법원의 등기촉탁→ 후견등기부에 기록
개시 심판 확정 이후 관할	성년후견개시 심판 가정법원	한정후견개시 신판 가정법원	특정후견 심판 가정법원	임의후견 감독인 선임 심판 가정법원
본인의 행위능력	• 원칙: 행위무능력자 • 다만, 가정법원은 취소할 수 없는 피성년후견인의 법률행위의 범위를 정할 수 있고(민법 제10조 제2항), 일상품의 구입 등 일상생활에 필요하고 그 대가가 과도하지 아니한 법률행위는 취소 못함(같은 조 제4항)	• 원칙: 행위능력자 • 다만, 가정법원이 한정후견인의 동의를 받아야 하는 행위의 범위를 정함으로써 제한됨(민법 제13조) • 이 경우도 일상품 구입 등의 경우에는 취소 제한	• 행위능력자 • 행위능력 제한되지 않음	• 행위능력자 • 행위능력 제한되지 않음
후견인의 권한	• 성년후견인은 필수적이고 가정법원이 직권으로 선임 • 성년후견은 포괄적인 법정대리인(민법 938조 제1항) • 다만, 가정법원은 위 법정대리권의 범위 및 피성년후견인의 신상에 관하여 결정할 수 있는 권한의 범위를 정할 수 있음(민법 제938조 제2, 3항)	• 한경후견인은 필수적이고 가정법우너이 직권으로 선임 • 가정법원이 후견인의 동의를 받도록 규정한 행위에 대하여 취소 가능 • 가정법원은 한정후견인에게 대리권을 수여하는 심판을 할 수 있고(민법 제959조4), 그 범위 내에서 대리권 존재	• 특정후견인의 선임은 임의적 • 가정법원의 기간이나 범위를 정한 대리권 수여심판에 의하여 대리권 가짐(민법 제959조의11)	• 각 계약에서 정함

표 14-9 성년후견제도의 유형

구분		내용
법정후견	성년후견	판단능력의 지속적 결여
	한정후견	판단능력의 지속적 부족
	특정후견	중요 사무처리에 후원이 필요(정신감정을 요하지 않음)
임의후견	후견계약	장래 노후대비, 공정증서, 후견등기, 치매가 왔을 때 가정법원이 감독인 선임

6) 성년후견인제도 감독

후견인을 감독하는 사람을 후견감독인이라 한다. 가정법원이 후견인 감독의 필요성을 판단해 선임 여부를 결정한다. 이는 후견비용의 증가를 방지하고 후견감독인의 개입에 따른 번거로움을 예방하기 위해서이다. 후견감독인의 역할은 후견인의 사무를 감독하고, 후견인이 없는 경우 지체 없이 가정법원에 후견인의 선임을 청구하며(「민법」 제940조의6 제1항), 피후견인의 신상이나 재산에 대해 급박한 사정이 발생한 경우에는 후견의 역할을 수행하기도 하며(「민법」 제940조의6 제2항), 후견인과 피후견인 사이에 이해가 상반되는 행위에 관해서는 후견감독인이 피후견인을 대리하는 역할을 한다(「민법」 제940조의6 제3항). 후견감독인은 성년후견인과 감독하는 후견인의 후견유형에 따라 성년후견감독인, 한정후견감독인, 특정 후견감독인으로 나뉜다.

7) 사회복지서비스와 성년후견인제도

성년후견인제도와 사회복지와의 관계를 기본 복지법상에서의 역할과 개별법인 노인복지 관련 법에서 성년후견인의 역할은 무엇인지와 성년후견인제도의 이용현황, 노인복지현장에서의 실제 적용함에 있어서의 애로사항과 앞으로 노인복지서비스에서 성년후견제도의 전망 등을 통해서 알아보고자 한다.

(1) 사회복지서비스에서 성년후견인의 역할

① 사회보장기본법

서비스 유형으로 복지, 보건의료, 교육, 고용, 주거 등 분야에서 상담, 재활, 돌봄, 정보제공, 시설이용, 사회참여 지원서비스를 받으려는 사람은 관계 법령에서 정하는 경우 국가나 지자체가 대신 신청 가능하다. 후견인의 업무로는 모든 사회보장입법에 통일적으로 적용되기 때문에 서비스를 받으려는 사람을 대리하여 신청이 가능하다.

② 사회복지사업법

사회복지서비스 유형은 상담, 재활, 직업소개, 사회복지시설 이용 등이며, 신청권자로는 보호대상자, 친족, 그 밖의 이해관계인, 복지담당공무원(보호대상자 동의 필요) 등이다. 업무로는 사회복지 서비스 신청(변경, 취소)과 복지요구 조사과정에서의 의견진술 등이다.

③ 사회서비스 이용 및 이용권 관리에 관한 법률

사회서비스 유형은 사회복지서비스, 보건 의료서비스, 그 밖에 대통령이 정하는 서비스로 노인돌봄종합서비스, 장애인활동지원사업서비스, 가사간병 방문사업 사회서비스 등이다. 신청권자는 이용권 발급신청권자 본인, 친족, 법정대리인이다. 업무로는 사회서비스 이용권 발급신청, 본인부담금 납부 및 환수를 위한 은행계좌 개설, 변경, 해지 등을 할 수 있다(서울특별시사회복지사협회, 2015).

(2) 노인복지 관련 법에서 성년후견인의 역할

노인복지 관련 법으로는 「노인복지법」, 「기초연금법」, 「노인장기요양보험법」이 있으며 이 법과 관련하여 성년후견인이 가능한 구체적인 업무를 살펴보면 「노인복지법」에서는 후견인이 입소대상자의 계약체결 또는 입소신청을 대리하고, 본인부담금 지급 및 환급을 위한 은행계좌 개설 및 부담금 지급, 학대행위에 대하여 신고, 고소, 손해배상 청구 등을 할 수 있다.

① 노인복지법

서비스 유형으로 노인주거복지시설, 노인의료복지시설 입소, 재가노인복지서비스의 방문요양서비스, 주·야간보호서비스, 단기보호서비스, 방문목욕서비스, 기타 생업지원, 경로우대, 건강진단 등, 장례 등의 조치, 상담 및 지도, 노인 학대에 대한 조치 등이 있다.

신청권자는 입소대상자, 입소대상이 불가능할 경우 입소대상자의 부양의무자가 계약이나 신청 당사자가 된다. 가능한 업무로는 입소대상자의 계약체결 또는 입소신청을 대리, 서비스대상자의 계약체결 대리 및 본인부담금 지급 및 환급을 위한 은행계좌 개설 및 부담금 지급 가족 등의 노인 학대 행위에 대한 신고나 고소, 손해배상청구 등을 할 수 있다.

② 기초연금법

서비스 유형으로 일정소득인정액 이하의 65세 이상 노인에게 소득수준, 부부 2인 수급 여부 등을 고려하여 최대 30만 원의 연금 지급이 있고, 신청권자는 본인, 친족, 그 밖의 관계인, 관계공무원, 계좌개설권자(본인은 예외적으로 배우자나 직계혈족 등의 계좌로 입금)가 가능하다. 업무로서는 기초연금신청, 변경의 대리, 본인명의 계좌개설, 변경, 해지 등의 대리 업무를 할 수 있다.

③ 노인장기요양보험법

서비스 유형으로는 치매 등으로 일상생활이 어려운 노인에게 사회보험 방식으로 재가급여(방문요양, 방문목욕, 방문간호 등) 및 시설급여(시설입소를 통한 생활보호)를 제공 등이 있다. 신청권자는 장기요양보험료를 납부하는 보험가입자와 그 피부양자(가족, 친족, 그 밖의 이해관계인 대리 가능), 사회복지전담공무원(동의 필요), 시장 등이 지정한 자도 대리 가능하다. 업무로는 장기요양 인정신청 대리, 등급판정 후 장기요양기관과 장기요양급여계약 체결·변경·해지의 대리, 본인부담금 납부 및 환수 등의 업무 처리 등이다(서울특별시사회복지사협회, 2015).

④ 치매노인 성년후견인 제도

성년후견제도가 적용되는 사례

"재산관리 · 요양원 입소가 필요한 치매 노인"

고령남씨(가명, 85세. 치매)는 몇 년 전 병원에서 치매 판정을 받았습니다. 그 동안은 큰아들이 보살펴 왔으나 병세가 심해져 이제는 전문 요양원에서 돌봐야 할 상황이 되었습니다. 요양원 비용을 위해 고령남씨 명의로 된 부동산을 처분하는 등 그를 대신해 재산관리를 해줄 사람이 필요하다.

"어렵고 복잡한 일은 처리하기 어려운 초기 치매"

초기 치매인 나도움 씨는 자신의 신변처리나 식사, 외출 등 일상생활을 하는 데는 무리가 없지만, 은행 업무를 보거나 부동산계약 등 법률적인 문제를 처리하는 데는 어려움을 겪고 있습니다. 나 씨는 복잡하고 어려운 일을 대신 처리해 주거나 도와줄 사람이 필요하다.

"딸이 없는 한 달 동안만 도움을 받고 싶은 치매 노인"

외국인 회사에 다니는 외동딸과 살고 있는 필요녀씨(76세)는 치매로 인해 기억력과 판단력이 많이 떨어진 상태입니다. 최근 외동딸이 한 달 동안 외국 출장을 가게 되어 가사도우미를 고용했으나, 필요녀 씨를 도와 도우미 관리 등 일상 사무를 처리해줄 사람이 필요하다.

"미리 후견인을 지정해 두고 싶은 분"

최근 치매판정을 받은 형의 자녀들이 재산분쟁에만 골몰하는 것을 본 대비남씨(60세). 정신이 온전한 지금 미리 후견인을 지정해 두려고 합니다. 그러면 나중에 치매에 이르더라도 자신의 의사대로 재산관리를 할 수 있고, 자녀들의 분쟁도 막을 수 있다.

⑤ 후견인 신청절차 및 신청기관

2018. 7. 1.부터는 기존 금치산·한정치산제도에서 성년자에 대한 후견에

관한 사항의 증명서로 사용하던 가족관계 등록사항별 증명서는 더 이상 성년자에 대한 후견에 관한 사항의 증명서가 될 수 없다. 가족관계등록부 기본증명서에서 금치산·한정치산 및 후견에 대한 기록이 직권말소 되고, 가족관계등록부에 후견이 종료되었다는 취지의 기록 여부와는 상관없이 효력을 잃게 된다(후견종료의 기록이 누락되어 종전 후견에 관한 사항이 가족관계등록부에 남아있더라도 효력이 없음).

이전에 발급받았던 '기본증명서(상세 또는 특정)'도 2018. 7. 1. 이후에는 성년자에 대한 후견에 관한 사항의 증명서로 사용할 수 없고, 2018. 7. 1.부터는 성년자 후견에 관한 사항의 증명은 '후견등기사항증명서'로 하여야 한다. 다만, 미성년자의 경우는 종전과 같이 가족관계등록부에 공시된다.

후견개시가 되고 후견인이 선임되면 이를 등기하여 공시하는데 이것을 '후견등기'라고 하며 후견등기부에는 누가 후견인으로 선임되었는지, 후견인에게 어떤 권한이 있는지 등재된다.

후견등기사항증명서는 전국 가정법원, 지방법원, 각 지원의 '종합민원실' 또는 '종합접수실'에서 발급받을 수 있으며 서울의 경우 서울가정법원에서만 발급이 가능하다(서울동부·남부·북부·서부지방법원은 제외).

⑥ 후견인이 해야 할 일과 의무사항

후견인은 법률 및 복지서비스에 해당되는 직무를 수행하게 되는데, 피후견인의 안정된 생활과 건강관리를 위한 신상보호가 그중 하나다. 의료행위의 동의, 간병서비스의 선택, 주소나 거소의 결정, 사생활과 관련된 결정(주거내 폐쇄회로 카메라 설치), 면접교섭에 관한 결정 등과 같이 피후견인의 인간으로서의 존엄 유지와 관련된 법률행위 등이 신상보호의 범주에 포함된다. 그러나 식사관리나 간병과 같은 순수한 사실행위는 신상보호의 범주에 포함되지 않는다.

또한 피후견인 스스로 재산을 관리하는 능력이 충분하지 않기 때문에 피후견인을 대신해 그 재산을 유지하거나 관리·처분하는 '재산관리'를 수행한다. 후견인은 피후견인의 생활용품 구입, 간병비, 재산관리를 위해 필요한 예상 지출 금액을 계획해야 하며 특별한 사정이 없는 한 피후견인 명의의 수

입과 재산은 피후견인 명의로 관리되어야 한다.

후견인의 의무 중에는 재산목록보고서 작성의 의무가 있다. 후견인은 후견개시 심판 확정 후 2개월 이내에 앞으로 후견인이 관리하게 될 피후견인의 모든 재산을 정리한 재산목록보고서를 제출하여야 한다. 후견인은 후견개시 심판이 확정되면 즉시 상속인금융거래 조회서비스를 신청하고, 조회 결과를 재산목록보고서와 함께 제출해야 한다. 조회 결과가 확인된 피후견인의 금융재산 및 채무의 구체적인 내역을 해당 기관에서 확인한 후 재산목록보고서에 기재하고 증빙서류도 반드시 첨부하여야 한다.

후견사무보고서 작성 또한 후견인의 의무다. 후견사무보고서는 후견인이 일정 기간에 진행한 재산관리 내역과 신상보호 내용을 감독받기 위해 법원에 제출하는 서류로서 통상 1년에 1회 제출하지만, 후견특성에 따라 제출 횟수가 변동될 수 있고, 후견사무보고서 제출 기한을 어길 경우 가사조사 등의 감독절차나 후견인 변경 등이 이루어질 수 있다.

후견사건은 한번 개시되면 피후견인이 사망하거나 능력을 회복하지 않는 한 피후견인의 일생동안 지속되는 특징이 있다. 그래서 장기적으로 보면 개시에 관한 재판업무보다 관리·감독업무가 더 큰 비중을 차지한다. 기존에 실질적인 감독기능을 제대로 수행하지 못한다는 비판을 받던 '친족회'를 폐지하고 '법원'이 후견감독기능을 담당하게 되었으므로, 피후견인의 신상과 재산이 적절히 보호받고 있는가에 정기적이고 지속적인 관찰과 감독이 필요하다. '성년후견사무의 감독'은 단순히 후견인의 비위행위에 대한 감시만을 의미하는 것이 아니라, 피후견인과 후견인에 대한 지원과 관리가 포함되어야 한다.

(3) 성년후견제도의 현황과 전망

① 성년후견인제도 현황

기초생활수급자인 A(69·여)씨는 2014년 치매 진단을 받았다. 외아들은 그에게 욕설을 하는 등 학대를 일삼았다. 기초생활수급비는 술값으로 탕진하기 일쑤였다. A씨가 경찰에 직접 신고한 적도 있었다. A씨의 이런 어려운 가정 형편을 잘 아는 동주민센터 복지 담당 직원은 관할 지방검찰청에 후견인 선임 청구 절차를 문의했다. A씨에게 후견인이 생기면 A씨가 보다 안전하게 살아갈 수 있다는 생각에서였다. 현행 민법상 검사도 법원에 성년후견 심판을 청구할 수 있다. 담당 검사는 관할 가정법원에 A씨에 대한 후견 심판을 청구했고, 법원은 지난해 특정후견(정신적 제약으로 일시적 후원 또는 특정 사무 후원) 개시를 결정하며 사회 복지사 B씨를 후견인으로 선임했다.

그 뒤 A씨는 B씨 도움을 받아 거주지를 옮기고 기초생활수급비를 온전히 자신을 위해 사용하면서 여생을 보다 편안히 보내고 있다. B씨는 그런 A씨를 위해 무보수로 일한다. 지적 장애인 C(31·여)씨도 후견인이 선임된 뒤 삶의 질이 한결 나아졌다. 어머니와 단둘이 살던 C씨는 분노를 조절하지 못하는 문제가 있었는데, 후견인과 의사소통하며 자신에게 필요한 사회 서비스를 활용하게 되면서 증상이 완화되었다고 한다.

이처럼 노령·장애·질병 등의 사유로 정신적 제약이 있는 사람들이 주체적 삶을 살아갈 수 있도록 금치산·한정치산 제도를 없애고 성년후견 제도를 도입한 것이다.

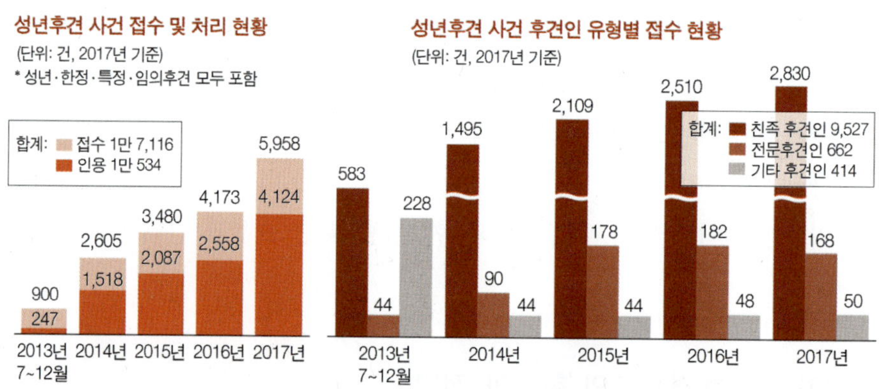

금치산·한정치산제도와 성년후견제도 차이점 * 전문 후견인은 변호사·사회복지사 등 전문가

	본질	목적	방식	법원 역할
금치산·한정치산제도	가족 제도	재산 관리	능력 박탈(제한)	능력 박탈(제한) 선언
성년후견제도	복지 제도	재산 권리, 치료·요양 등 신상보호	능력지원	후견인 선임과 감독

자료: 대법원

그림 14-2 성년후견인 처리현황 및 접수현황

대법원에 따르면 민법 개정으로 2013년 7월1일 성년후견 제도가 도입된 뒤 지난해 말까지 전국 법원에 접수된 성년후견 심판 청구 사건은 총 1만 7,116건에 달한다. 이 중 1만 534건이 받아들여져 후견이 개시됐다. 612건은 기각됐고 나머지는 처리되지 않은 경우 등이다.

한국 사회의 고령화와 맞물려 치매나 인지 기능 장애 등 노인성 질병이 증가 추세인 점을 감안하면 성년후견 제도에 대한 수요는 더 증가할 것으로 예상된다. 다만 전문가들 사이에서는 제도가 자리 잡으려면 대국민 인식 제고 등 넘어야 할 산이 적지 않다는 지적이 나온다.

법학전문가들은 "성년후견 제도는 '치매나 발달·정신 장애가 있는 사람의 의사 결정을 가족이나 친척, 주변 사람들이 법적 권한 없이 대신해서는 안 된다'는 인식을 확산하는 데 큰 기여를 했다"면서도 "치매나 발달·정신 장애가 있는 사람들이 스스로 의사 결정을 할 수 있는 사회적 안전망을 만들어 나가는 게 중요하다"고 강조했다.

사회복지법인 성민의 '성민성년후견지원센터' 센터장은 "치매 유병률을 생각해 보면 성년후견 제도는 모든 사람이 이용자가 될 수 있다고 전제한 제도이고, 누구도 예외일 수 없다"며 "그런 의미에서 인식 제고를 위한 대국민 캠페인이 필요하다"고 한다.

한편, 기존의 금치산·한정치산 선고 효력은 사라진다. 이에 따라 금치산자나 한정치산자 가운데 후견인 선임 등이 필요한 경우에는 각각 성년후견이나 한정후견 심판을 법원에서 새로 받아야 한다. 대법원은 2018년 기준 금치산자와 한정치산자가 각각 약 1,000건, 1,020건인 것으로 추산하고 있다.

② 성년후견인제도의 전망

성년후견인제의 성공적 정착을 위하여 후견인 양성 시스템 구축이 필요하다. 성년후견제도가 성공적으로 정착하기 위해서는 후견업무를 담당할 후견인 양성시스템 구축이 시급하지만 주무 관청들은 아직 본격적인 준비 작업에 나서지 않고 있다. 후견인 양성시스템은 누구에게 후견인의 자격을 부여할 것인지, 후견인에게 어떠한 교육을 할 것인지 등 성년후견제도의 핵심인 후견인을 교육하고 관리하는 시스템을 말한다. 이를 구축하기 위해서는 막대한 예산과 시간이 소요될 것으로 예측된다. 하지만 법무부와 보건복지부 등 주무 관청들은 제도가 본격적으로 시행되기까지는 아직 시간이 많다며 손을 놓고 있는 실정이다. 오히려 법무사나 변호사 단체들이 후견인 양성시스템 구축에 적극적이다. 하지만 전문가들은 "성년후견제도는 사회복지차원에서 접근해야 할 문제로서 개별자격사 단체에 맡길 문제가 아니라 국가차원의 후견법인을 설치하는 등 정부의 주도적인 역할이 필요하다"고 지적하고 있다.

가. 후견인 양성시스템 마련 시급

성년후견제도의 성공적인 정착을 위해서는 우선 후견업무를 담당할 후견인양성이 중요하다고 전문가들은 "새로운 성년후견제도는 기존처럼 친척들 중에서 후견인이 선정되는 것이 아니라 후견업무의 전문가인 후견인이 선임되는 것"이라며 "성년후견인을 양성하기 위한 시스템을 구축하기 위해서는 상당한 시일과 예산이 소요되는 만큼 주무 관청들은 시급히 후견인양성 시스템 구축에 착수해야 한다"고 지적하고 있다. 또한 "단순히 종전의 금치산과 한정치산 제도와는 질적으로 다른 완벽히 새로운 제도인 만큼 그에 맞는 후견인양성이 성년후견제도 성공의 핵심이 될 것"이라고 한다.

하지만 주무 관청들은 후견인 양성시스템 구축에 손을 놓고 있는 상황이다. 법무부 관계자는 "성년후견인의 역할을 수행할 수 있는 인력의 양성 등 제도의 시행초기까지 운영시스템을 완벽하게 구비하는 것이 급선무라는 것을 알고 있다"면서도 "성년후견제도가 종전의 행위능력제한의 기능에서 사회복지기능으로 확대된 만큼 향후 보건복지부의 주도아래 관련 기관들이 협의해야 할 것으로 보인다."고 한다.

보건복지부 또한 본격적인 시스템 마련에 착수하지 못하고 있는 실정이다. 보건복지부 관계자는 "아직 제도가 정착되려면 많은 시간이 필요하기 때문에 그 전까지 충분히 성년후견인 양성시스템을 구축할 수 있다"라며 "후견인이 얼마나 필요할지와 후견인에게 어떤 교육을 해야 할지 등에 관한 연구용역을 외부에 의뢰할 계획을 갖고 있다"고 한다.

표 14-10 신·구 후견제도 비교표

	현행 후견제도	새로운 후견제도
용어	금치산, 한정치산 등 부정적 용어 사용	부정적 용어 폐지
대상	중증 정신질환자에 국한	치매노인 등 고령자까지 확대
보호 범위	재산행위	의료, 요양 등 복리영역까지 확대
독자적 행위권	• 금치산자 -독자적인 법률행위 불가 -한정치산자 -모든 행률행위에 후견인의 동의 필요 (수익적 법률행위 제외)	• 피성년후견인 -일용품 구입 등 일상 행위 가능 -피한정후견인 -가정법원이 정한 행위에만 후견인 동의 필요
후견인 선임	일률적으로 순위 규정 (배우자 → 직계혈족 → 3촌 이내의 친족)	가정법원이 전문성, 공정성 등을 고려하여 선임
본인의사	반영절차 없음	후견심판 시 본인의 의사 청취
감독기관	친족회(실질적인 활동 없었음)	가정법원이 선임한 후견감독인
자격	1인만 가능, 법인은 불가 (전문 후견인 양성 불가)	복수 또는 법인 후견인 가능 (전문 후견인 양성 가능)
후견계약	불가능 (법원이 후견인과 후견내용 결정)	가능 (본인이 후견인과 후견내용 결정)

자료: 법무부.

나. 전문자격사 단체의 시스템 구축

후견인 양성시스템 구축에는 정부보다 오히려 전문자격사 단체들의 관심이 더 크다. 전문자격사단체 내외에서 경쟁이 가속화되면서 성년후견제도를 새로운 시장확보의 기회로 여기기 때문이다. 우선 기존의 전문자격사들 중에서는 법무사가 가장 빠른 행보를 보이고 있다. 대한법무사협회는 일본의 성년후견지원센터와 같은 사단법인을 설립할 계획이다.

일본의 성년후견지원센터는 일본의 사법서사를 중심으로 설립된 성년후견제도 지원법인으로 후견인의 교육과 성년후견제도에 관한 연구는 물론 일반 국민에게 성년후견제도를 교육하고 홍보하는 업무까지 담당하고 있다. 대한법무사협회는 "협회에서는 성년후견법안이 국회에 제출되기 이전부터 성년후견인 양성시스템에 관심을 보이며 일본의 성년후견지원센터와 같은 성년후견제도 지원법인의 설립을 준비하고 있다"고 한다.

변호사단체도 성년후견제도에 관심을 보이며 제도정착을 위해 대한변협 차원에서 준비를 하고 있다. 대한변협 성년후견제연구소에서는 "사회복지사협회와 연계해서 원하는 회원들을 대상으로 성년후견제도에 대한 교육연수를 계획하고 있다"며 "성년후견제도는 피후견인이 겪을 다양한 사회적 행위에 대해 후견업무를 하는 만큼 개별 전문직종이 제도에 관여하는 것보다는 다양한 전문직종이 연합해 함께 제도를 연구하고 검토해 나가는 것이 중요하다"고 한다.

다. 국가차원의 후견법인 설립

이처럼 개별 자격사 단체들에게만 성년후견제도의 핵심이 되는 후견인 양성시스템을 맡겨서는 안된다고 지적한다. 성년후견제도가 새로운 사회복지 시스템의 일환으로 도입된 만큼 자격사들의 새로운 시장분야확보가 아닌 국가복지 차원에서 접근해야 한다는 이유에서다.

사회복지전문가들은 "성년후견인제도는 사회복지차원에서 접근해야 하는 문제인 만큼 민간단체가 나설 것이라 아니라 정부가 직접 나서야 한다"며 "정부에서 후견법인을 설치해 후견업무의 대행을 전담하도록 한다면 누구나 손쉽게 후견인제도를 이용할 수 있고, 후견인을 감독하는 문제도 자연스럽게 해결될 것이며, 저소득층도 성년후견제도를 이용할 수 있도록 국가에서 지원하는 공공기관이 후견과 후견감독의 역할을 해야 한다"고 주장하고 있다.

우리나라보다 13년 먼저 성년후견제도를 실시하고 있는 일본도 우리나라와 같이 처음에는 장애인을 대상으로 시작하였으나 현재는 성년후견제도를 이용하고 있는 대상자 수 가운데 노인의 수가 더 많은 비중을 차지하고 있다. 2012년 보건복지부가 실시한 치매유병률 조사에 의하면 우리나라도 치매노인 유병률이 9.18%를 차지하고 있고, 경도인지장애 유병률은 27.82%로 65세 이상 전체 노인 인구의 1/4를 넘는 것으로 추산되는 등 앞으로 지속적인 증가추세에 있기 때문에 성년후견제도의 이용자는 점차 증가할 것으로 예견된다. 또한 성년후견에도 변화가 일고 있다. 먼저 후견업무가 재산관리에서 신상보호로 변하고 있으며 사회복지서비스와 성년후견 제도의 연계가 시도되고 있다. 피후견인 권리옹호기관 및 사법서비스기관으로서 후견인 역할을 확대하고 있으며, 후견인이 가족 아닌 제3자 후견인(전문가, 시민, 법인)이 되는 후견의 사회화가 이루어지고 있는 실정에 있다. 일본의 경우 제도초기에는 친족 후견인의 비율이 월등히 높았으나 점차 제3자 후견인이 증대하고 현재는 친족 후견인보다도 높아지고 있는 추세이다. 또한 국가가 공공후견인을 양성하고 지원하는 후견의 공공화가 이루어지고 있다. 이러한 점에서 볼 때 노인복지에서 성년후견인제도는 활성화될 것이며, 이에 따른 후견인으로서 사회복지사의 활동 범위 역시 확대될 것으로 전망된다. 그러나 이 제도는 피후견인의 자기결정권 제한에 따른 인권침해 소지가 있다는 우려가 제기되기도 한다. 이러한 문제점을 최소화하면서 피후견인의 욕구와 가치관을 존중하며 이들에게 최선의 이익 활동을 할 수 있도록 후견인은 윤리적 태도를 갖추고 인권에 대한 민감성을 유지해야 한다.

의사결정능력이 부족한 성년자들에게 법률 지원을 돕는 후견 용역에 대해 세금이 면제될 것으로 전망된다. 국회 기재위에 따르면 지난 2018년 정기국회에서 발의된 후견용역 면세 규정이 포함된 부가가치세법 개정법률안에 대해 심의 후 시행령에 반영하기로 의결했다. 성년후견제도는 정신적 제약으로 사무처리 능력이 부족한 치매고령자, 발달장애인, 정신장애인 등 취약계층에게 법률을 지원하는 제도로 2013년 7월 1일부터 시행됐다. 피후견인을 지원하는 후견인의 보수는 민법에서 피후견인의 재산에서 지급하되 보수의 수준은 가정법원이 정하도록 규정하고 있다.

이에 따라 성년후견기관 및 단체들은 국선변호, 의료용역과 마찬가지로 성년후견제도의 공익성을 인정해 후견용역에 대해 면세해 줄 것을 요구해 왔다. 성년후견단체인 한국후견협회에서는 "피후견인의 사회통합적 삶을 지원하는 최전선에 있는 후견인에 대한 보수는 고령사회, 복지사회의 틀을 유지하는 필수적 비용"이라며 "국선변호, 의료용역에 대해 부가세를 면제하는 것과 마찬가지로 후견용역의 보수를 면세하는 것은 타당한 결정이다"고 성명을 발표했다.

이어 "후견용역에 대한 면세는 지금까지 세액을 부담해 온 피후견인 본인 및 후견인의 부담을 줄여 후견제도가 조속히 정착하는데 기여할 것으로 기대된다"고 덧붙였다.

한국후견협회는 교수, 변호사, 법무사, 사회복지사 등 후견제도와 관련된 전문가들이 모여 설립한 비영리 사단법인으로 지난 10월 제5회 세계성년후견대회를 공동 주최하는 등 민간 영역에서 후견 활동을 펼치고 있다.

제3절 장애인복지시설의 인권보호

1. 장애인의 인권

장애인의 인권이란 우리나라 「헌법」과 국내외 인권에 관한 규범에 근거하여 모든 장애인이 인간의 존엄과 가치를 가지고 스스로 행복을 추구할 수 있어야 한다는 기본적·필수적·당위적 권리이다. 그러므로 누구나 법 앞에 평등하며 자유롭게 인간다운 삶을 누릴 수 있는 거주, 직업, 사생활, 종교, 양심, 통신, 교육, 재산, 정치, 언론 등의 제반 권리가 개별적·사회적으로 보호되어야 한다.

표 14-11 장애인의 법적 권리

구 분	영역별 권리	기본적 인권
장애인 복지법	천부적 권리	생명권, 자유권, 평등권
	규범적 권리	생활, 직업, 교육, 언론, 재산, 참정권, 권리구제
	형성적 권리	우리의 사회적 공동체를 위한 구성원으로서 권리, 재구성되어야 할 인권, 장애인에 대한 차별금지
장애인 차별금지 및 권리구제 등에 관한 법률	차별유형	내 용
	장애인에 대한 차별과 인권침해	• 장애인에게 정당한 사유 없이 제한·배제·분리·거부 등에 의하여 불리하게 대하는 경우 • 장애인에 대하여 형식상으로는 제한·배제·분리·거부 등에 의하여 불리하게 대하지 아니하지만 정당한 사유 없이 장애를 고려하지 아니하는 기준을 적용함으로써 장애인에게 불리한 결과를 초래하는 경우 • 정당한 사유 없이 장애인에 대하여 정당한 편의 제공을 거부하는

(계속)

		경우 • 정당한 사유 없이 장애인에 대한 제한·배제·분리·거부 등 불리한 대우를 표시, 조장하는 광고를 직접 행하거나 그러한 광고를 허용, 조장하는 경우, 이 경우 광고는 통상적으로 불리한 대우를 조장하는 광고효과가 있는 것으로 인정되는 행위를 포함한다. • 장애인을 돕기 위한 목적에서 장애인을 대리, 동행하는 자(장애아동의 보호자 또는 후견인 그 밖에 장애인을 돕기 위한 자임이 통상적으로 인정되는 자를 포함한다.) • 보조견 또는 장애인보조기구 등의 정당한 사용을 방해하거나 보조견 및 장애인보조기구 등을 대상으로 금지된 행위를 하는 경우

2. 장애인의 인권유형

구분	인권유형	일반적으로 보장되어야 할 인권의 내용
평등권	차별금지	연령, 성, 장애정도, 장애유형, 종교, 출신지역, 가족배경 등 어떠한 이유에서라도 장애인의 차별금지
생존권	의식주 생활	개인적인 옷들을 구입, 소유 또는 선택하고 보관할 수 있는 권리, 식사 및 간식의 선택과 결정, 숙소의 크기와 인원의 적절한 규모
	의료 및 건강	의료인 및 의료장비의 구비, 화장실 등 공중위생 관리, 의료적 욕구의 표현과 자신의 의료적 상태에 대해 설명 받을 권리
	안전의 권리	숙소 및 생활시설의 친환경적 건축자재 사용, 화재에 대한 대비장치
	신체 및 정신적 안전의 권리	신체적 강요, 신체적 체벌 및 구타로부터의 자유, 비하적 언어사용 및 정신적 괴롭힘으로부터의 자유
자유권	자기결정권	원하는 호칭으로 불려질 권리, 자신이 할 수 있는 한 스스로 돌볼 수 있는 권리
	종교의 자유	특정종교의 강요 금지. 종교생활의 자유
	사생활 보호권	개인물품 보관함 제공, 개인의 방을 잠글 수 있는 권리, 개인의 동의 없이 외부에 노출시키거나 정보제공 하지 않음
	외부와의 소통	방에 초대하여 사적인 대화를 나눌 수 있는 권리, 지역사회 다른 사람들과 교제할 수 있는 기회 보장
사회권	입·퇴소의 자유 표현	입·퇴소 시 자신의 의지 반영, 전화 및 통신기구의 사용보장
	정보의 자유	인터넷을 통한 정보접근성 제공
	가족권	가족과의 자유로운 변화 및 교류의 권리, 임신, 출산, 양육시 보호제공의 권리

(계속)

구분	인권유형	일반적으로 보장되어야 할 인권의 내용
	사회보장권	국가의 생계급여 등 수당의 지급액에 대한 정보와 관리, 적절한 사회복지서비스를 받을 권리, 기관의 프로그램에 참여할 권리
정치권	교육권	연령 및 능력에 적합한 교육을 제공받을 권리, 교육기관을 이용할 권리
	노동권	시설 내 노동의 권리 보장 및 강제노동으로부터의 자유, 직업훈련 프로그램, 직업소개 서비스 제공받을 권리
	경제권	개인재산 소유 및 관리의 자유, 노동에 적정보수 지급 및 관리의 자유
	정치적 표현의 자유	자유로운 정치적 의사표현 보장, 피선거권자(후보자)로 참여할 수 있는 권리
	투표권	투표에의 참여 보장, 투표와 관련된 정보의 제공, 비밀투표의 원칙 보장
문화권	문화, 예술, 체육 및 여가활동	자유로운 문화 여가생활의 보장 및 프로그램의 제공, 시설 내 문화매체의 구비 및 자유로운 이용
법절차적 권리	법률상의 도움	인격과 재산보호에 필요한 법률상의 도움을 받을 권리, 장애아동 관련 소송에서 아동의 최대 이익 고려
	시설운영 참여	시설서비스에 대한 이의가 있을 시 보복을 우려하지 않고 이를 표현할 권리, 시설생활 및 시설의 운영에 있어 생활장애인의 의견반영

3. 장애인복지시설의 유형별 인권침해 사례 및 개입

1) 장애인복지시설 인권침해 사례

영역	인권유형	인권침해의 사례	비고
평등권	차별금지	• 생활인의 사진, 이름, 장애 등을 전시한다. • 관심이 없어서 아예 부르지 않는다. • 나이에 상관없이 친구처럼 '야', '자' 한다. • 시설에서는 대화를 한 적이 없어서 나를 뭐라고 한지 모른다. • 시설의 방문자에게 생활상을 공개한다. • 시설의 환경이 열악한 경우가 있다. • 종사자와의 친밀도에 따라 우호적이다. • 시설 내의 생활인간의 갈등에 무관심하다.	• UN장애인 권리협약 • 세계인권선언 • 장애인인권 헌장

(계속)

영역	인권유형	인권침해의 사례	비고
생존권	• 의식주 및 안전 관리 의료 및 건강 유지 • 신체 및 정신적 안전 성폭력으로부터 안전	• 식사나 밥과 반찬을 매번 섞어서 준다. • 식사 시 밥을 남기지 못하게 한다. • 식사 시 먹기 싫은 반찬을 먹게 한다. • 몸이 아파도 진료 스케줄에 맞춰야 한다. • 나는 많이 고통스러운데 소통이 어렵다. • 이성의 자원봉사자에게 목욕을 하게 한다. • 시설에서 생활인간의 폭력을 방치한다. • 종사자가 월급받는 만큼만 생활인에게 서비스를 하겠다고 한다.	
자유권	• 사생활 보장 • 자기결정권 • 종교 자유 • 표현 및 정보의 자유 • 입·퇴소 자유 • 의사소통의 자유 • 성생활 보장	• 생활인 개인정보가 노출되거나 공개된다. • 애로사항을 말하면 오히려 불이익을 당한다. • 조금 잘 못 한 것 같은데 제제가 심하다. • 주로 언어적인 폭력으로 속상하게 한다. • 종사자들이 말로는 사랑한다고 하지만, 실제로 그렇지 않으며, 보이지 않게 차별한다. • 인권의 침해에 대하여 말하면 생활하는 동안 후한이 두려워 말하지 못한다. • 종사자가 지적 장애인은 우선 제압을 해야 관리할 수가 있다고 생각한다. • 나의 코디나 헤어스타일을 마음대로 할 수 없는 경우가 있다. • 외출과 외박이 자유롭지 않은 경우가 있다. • 여자(남자)만 좋아한다고 지적하거나 조롱을 한다.	
사회권	• 가족권 • 교육권 • 노동 및 경제 • 사회보장	• 가족을 면회하고 만나는 절차가 복잡하다. • 관리가 잘 되는 사람만 기회를 갖게 한다. • 생활인은 항상 종사자들에게 신세지고 있다는 식으로 대한다. • 사회보장수당 사용에 제한이 따른다. • 비장애인들과 교류할 수 있는 기회가 적다.	
문화권	취미여가	시설에서 지역사회의 문화생활과 활동을 위한 접근이 쉽지 않다.	
정치권	참정권	시설에서는 투표에 참여하기가 어렵다.	
권리구제	법적도움	시설운영에 관여하기가 실질적으로 어렵다.	

2) 장애인복지시설 인권침해 개입과 문제해결

(1) 평등권

침해영역	개입 및 문제해결
차별금지	• 시설의 누구나 평등한 인격체로서 인식을 갖게 해야 한다. • 시설의 현관이나 벽면에 생활인의 사진, 이름, 생년월일 등을 전시하지 않는다. • 종사자들에게 장애의 이해와 윤리의식, 인식개선 등의 교육을 지속적으로 실시한다. • 장애인의 의사표현을 최대한 존중하고 시설운영에 참여하도록 한다. • 목욕 및 의복 착·탈의의 경우 이용자의 프라이버시를 침해하지 않는다. • 장애인에 대한 호칭은 사회통념상 일반적으로 사용되는 언어를 사용하도록 한다. • 장애인의 의사표현에 대해 무관심·무시하지 않도록 교육을 강화하여야 한다. • 구체적이고 실효성 있는 인권 규정이나 기준을 제정한다. • 한 개인으로 존중받을 권리, 즉 인격에 대한 존중이 바탕이 되어야 한다. • 시설의 환경을 개선하고 종사자의 전문성을 강화한다. • 인권침해가 발생할 경우 문제해결을 위한 즉각적이고 합리적 조치가 필요하다. • 시설 내에서 종사자들끼리만 정서적인 대화를 하지 않는다.

(2) 생존권

침해영역	개입 및 문제해결
의·식·주 및 권리	• 피복은 가능한 집단적인 착용·보관이 아닌 개별적인 것으로 이루어지도록 한다. • 장애인의 식사 및 간식 지급에 있어 욕구를 반영하는 노력이 필요하다. • 장애인이 쾌적하고 안락한 주거환경을 영위할 수 있도록 노력하여야 한다. • 장애인의 안전은 무엇보다 우선적으로 보호되어야 한다. • 시설 내 감금장치가 되어 있는 시설물의 폐지 및 개보수를 하도록 한다.
의료 및 건강의 권리	• 적절한 치료를 받을 수 있도록 진료계획을 세우고 진행하여야 한다. • 진료하는 데 있어 참여하고 알아야 할 권리에 대해 고지와 협조를 구하여야 한다. • 장애특성에 따라 개별적으로 적절한 보장구를 지원받아야 한다.
신체 및 정신적 안전의 권리	• 어떠한 이유에서든지 신체적 체벌을 가하거나 방임·유기되어서는 안 된다. • 장애인의 신체·정신적 안전의 권리를 침해하지 않도록 하여야 한다. • 신체적 폭력은 어떤 이유에서든지 정당화될 수 없다. • 시설 운영의 전문성을 제고하기 위하여 종사자의 자격 요건을 강화한다. • 시설의 구조적 환경을 개선할 필요가 있다. • 시설 운영위원회의 구성과 운영이 체계화되어야 한다.
성폭력으로부터의 권리	• 성폭력에 따른 관련 교육 및 예방책을 수립하여야 한다. • 장애인에 대한 성폭력을 인지하거나 발견한 때는 반드시 신고토록 한다. • 성폭력 신고자에 대한 보호 장치도 제시하는 등의 예방이 필요하다.

(3) 자유권

집단적 생활공간에서 발생할 수 있는 사생활 및 개인별 프라이버시의 침해를 미연에 방지케 함으로써 장애인의 신체적 권익보호 및 자립생활능력 향상을 도모하는 데 그 목적이 있다. '사생활'이라고 하는 개념이 집단생활을 하는 생활시설의 특성상 어려움이 있다는 것은 인정되지만 그러한 어려움으로 개인의 사적생활이 침해된다는 것은 용인이 될 수 없다. 또한 본인의 의지와는 상관없이 시설에 입소한 장애인에 대하여 획일적인 헤어스타일이나 의복의 착용, 타인에게 수시로 개방되는 사적 공간 등은 장애인을 더욱 극빈적이고 나약한 존재로 전락시키는 원인이 되고 있기 때문이다. 업무적인 생활일지기록을 이유로 사생활이 방해받지 않도록 해야 한다.

또한 「헌법」상 보장된 종교자유의 원리가 생활시설의 장애인에게도 보장됨을 말하며, 이와 더불어 장애인이 자유로운 종교생활을 영위할 수 있도록 지원함에 그 목적이 있다. 사회복지시설이 한 개인이나 단체에 의해 운영되는 사유적 개념이 아닌 사회적 문제에 있어 국가를 대신하여 수행하는 공적 개념으로 이해해야 하기 때문이다.

2006년 유엔의 장애인권리조약은 장애인들의 표현과 의견 및 정보접근의 자유를 매우 구체적이고 현실적인 내용으로 보장될 수 있도록 규정하고 있다(제21조). 특히 현대사회 의사소통 수단의 핵심인 인터넷의 사용과 접근권 및 인터넷을 통한 정보제공 등을 권장하고 있다. 또한 장애인인권헌장은 "장애인은 자유로운 이동과 시설이용에 필요한 편의를 제공받아야 하며, 의사표현과 정보이용에 필요한 통신, 수화통역, 자막, 점자 및 음성도서 등 모든 서비스를 제공받을 권리를 가진다"라고 규정하여 장애인의 접근성을 명시하고 있다.

침해영역	개입 및 문제해결
사생활과 자기결정권 보장	• 사생활을 보호하기 위한 시설 차원의 개인정보 보호대책과 업무지침이 필요하다. • 취향, 욕구에 따라 의복·헤어스타일·목욕·개인물품 등을 선택·결정할 수 있어야 한다. • 사생활 보호를 위한 획일적이고 폐쇄적인 시설의 건축 구조나 설비를 개선한다. 그리고 특별한 사정이 있는 한 개인 소유 물품들에 대해 제한을 두지 말아야 한다. • 생활인의 이름과 사진, 나이, 장애종류 등 개인정보는 공개하지 말아야 한다.

(계속)

침해영역	개입 및 문제해결
종교의 자유	• 종교 선택 및 활동은 개인의 욕구에 따라 자유스럽게 지원되어야 한다. • 종교 활동에 대하여 어느 누구도 이를 제한하여서는 안 되는 것을 인식하여야 한다. • 시설장 및 관련자 교육 시 종교의 자유에 대한 인식전환이 필요하다. • 정관이나 시설운영규정 등에 종교의 자유가 포함될 수 있도록 한다. • 시설운영자의 종교적 신념을 생활인들에게까지 강요하거나 특정 종교의 행사를 시설 내의 정규 프로그램이나 일과에 포함시켜 운영하는 관행은 종교의 자유에 대한 침해 행위일 수 있다.
표현 및 정보의 자유	• 장애인은 어떠한 제한 없이 공공정보에 접근하고 이용할 수 있어야 한다. • 권리를 실현하기 위해 의사소통이 필요한 보조기구를 지원받을 수 있도록 한다. • 장애인들이 자기표현을 할 수 있는 기회와 여건 제공을 강화하도록 하여야 한다. • 장애인거주시설에 대한 정보이용 및 접근을 위한 지원방안이 검토되어야 한다. • 장애인거주시설에 대한 정보매체의 기술 증진 및 국민으로의 확대가 필요하다.
입·퇴소 및 의사소통	• 장애인의 입·퇴소 사유가 발생한 경우에는 최대한 의사를 존중하도록 한다. • 시설에 입소하는 사유를 검토하여 입소가 최후의 보루로서 승인되어야 한다. • 시설에 퇴소하는 경우는 장애인의 자유로운 결정과 절차를 확보해야 한다. • 장애인은 시설 내·외에서 자유로이 외부인과 만날 수 있어야 한다. • 시설의 생활을 자제할 수 있도록 하며, 사후관리가 가능할 수 있도록 한다.
성생활의 보장	• 장애인은 한 인간으로서 성을 존중받을 권리가 있다. • 일반적으로 장애인의 성에 대하여 터부시하거나 무성의 존재로 여겨서는 안 된다. • 장애인의 성에 대한 올바른 교육과 인식의 전환이 필요하다.

(4) 사회권

가족관계, 결혼, 출산, 부모로서의 신분 등에 대하여 동등하게 누릴 권리를 보장하는 것으로서 새로운 가정을 만들어갈 권리와 기회를 방해 받지 않아야 한다. 시설에서도 가정을 꾸릴 수 있는 공간을 마련하는 것이 바람직하며, 기본적인 생활을 할 수 있도록 배려하는 것이 중요하다.

그리고 장애인 특히 장애아동에게 있어 지속적인 교육의 보장은 장애인들의 존엄성과 잠재적 능력을 개발할 수 있는 매우 중요한 권리이다. 특히 장애인의 직업생활 및 노동기회 부여 등 노동권의 보장은 성인기에 도달하는 장애인이 직업을 선택하고, 직업생활을 유지할 수 있도록 다양한 직업훈련 프로그램이나 직업소개 서비스 시설 내 서비스의 기본을 갖춤으로써 온전한 직업생활을 영위할 수 있는 것을 말한다. 또한 노동을 통한 정당한 보수를 보장 받고 시설 내 강제노동으로부터 자유로운 권리를 포함한다.

장애인의 사회보장권은 공적급여를 포함하여 장애인은 장애유형과 장애정도, 연령, 성별에 따라 정부나 지방자치단체의 적절한 서비스를 받을 권리가 있음을 말하며, 이는 장애인이 비장애인과 동등한 권리와 의무를 이행하기 위하여 정부에서 실시하는 각종 공적서비스를 명확하게 수급받을 수 있도록 기관에서 보장되어야 함을 의미하고 있다.

침해영역	개입 및 문제해결
가족권	• 가족구성원들과의 지지체계가 자연스럽게 형성될 수 있도록 서비스를 실행한다. • 생활인 부모 및 형제자매 간의 자조집단인 '부모회' 등이 구성될 수 있도록 한다. • 가족 방문 시 개별적인 시간을 보낼 수 있도록 공간을 마련하도록 한다. • 부모회 등 자조집단의 구성과 운영에 따른 지원책을 마련하도록 한다.
교육권	• 「교육법」 및 「특수교육진흥법」에 의해 차별 없는 교육기회가 부여되어야 한다. • 본인의 능력과 정도에 따른 다양한 교육방식의 지원을 받을 수 있도록 한다. • 교육, 학습에 대한 욕구처리를 위한 방안도 모색되어야 한다. • 교육, 학습권이 보장되고 직원의 자의적인 판단에 의하여 기회를 제공해서는 안 된다. • 개별화된 지원계획(통합교육 및 특수교육)에 의거한 학습과 평가가 필요하다. • 학습과 교육을 위한 공간이 지원되고 다양한 프로그램을 마련하여 운영하여야 한다.
노동권 경제권	• 직업생활 유지에 필요한 상담 및 직업훈련이 필요하다. • 능력과 욕구에 따라 재활지원계획을 수립, 운영하여야 한다. • 시설 내의 장애인 근로소득액은 전액 장애인의 소유가 되어야 한다. • 시설 내의 장애인 금전관리를 위한 구체적인 지침이 필요하다.
사회보장	• 국가의 장애인복지시책에 대한 정보 파악 및 제공하여야 한다. • 장애인에게 지원되는 공적수급비의 철저한 관리 및 집행이 이루어져야 한다. • 시설생활인의 사회보장수급권에 대한 안내 및 교육이 이루어져야 한다.

(5) 문화권

침해영역	개입 및 문제해결
문화권	• 다양한 공간과 장소에서 프로그램이 운영되도록 아웃소싱을 촉진한다. • 비장애인들과 교류할 수 있는 프로그램 및 기회를 많이 가질 수 있도록 한다. • 기존 시설의 공간을 개방화하여 지역주민이 참여할 수 있는 프로그램을 운영한다. • 장애인의 문화를 위한 선택과정에 있어서 장애인의 참여를 적극적으로 보장한다. • 개별 장애인에 대한 문화 활동의 자원체계가 확보될 수 있도록 최대화 한다. • 장애인의 문화향유를 위해 통합적 지역사회 속에서 참여할 수 있도록 지원한다. • 장애인의 접근성이 확보되어야 한다. • 물리적 장애의 제거와 공유 공간 확보를 통한 생활환경을 개선한다. • 비장애인과의 거리를 좁혀주고 진정한 의미의 사회통합을 달성하게 한다.

(6) 정치권

침해영역	개입 및 문제해결
참정권	• 선거 관련 정보와 선거를 위한 교육이 요구된다. • 선거와 관련되어 기관장 및 직원은 중립성을 확보한다. • 선거 및 참정에 필요로 하는 기구 및 편의용품을 최대한 확보하여야 한다. • 피선거권과 공무담임권이 보장될 수 있도록 한다.

(7) 권리구제

권리구제는 마지막으로 이루어지는 절차이다. 그렇지만 신체적·정신적·성적 폭력이 시설에서 자행된다면 이러한 사항은 바로 신고해야 한다. 정신적 폭력은 장애인을 비하하는 용어를 사용하거나 장애인의 연령에 상관없이 무조건 어린 아이처럼 취급하면서 반말과 욕설을 사용하는 경우이다. 이떤 이유로도 신체적 체벌은 허용되지 않는다. 성적폭력도 마찬가지이다.

권리구제를 하는 방법은 인권을 지키기 위해 활동하는 기관이나 단체를 알아보는 것이다. 대표적인 기관으로 국가인권위원회가 있다. 이들을 통해 주체적으로 법으로 항소한 방법을 찾아나가는 것이다. 각 사례마다 대응 방법이 다양하다. 따라서 국가인권위원회에 우선 진정을 하는 것이 필요하다.

침해영역	개입 및 문제해결
권리구제	• 피해자 인권침해 내용의 진정(국가인권위원회), 국가인권위원회 사전조사 • 상황에 따라 긴급구제 • 인권침해에 대한 실질조사 • 조사종결 및 조치

4. 장애인복지시설 인권 감수성 향상방안

1) 시설의 인권침해 예방

현실적으로 장애인복지시설이란 인권적 관점에서 바라볼 때 시설 자체가 인권침해라는 일부의 주장도 있다. 현재의 시설이 노후 되어 있거나 생활하기에 불편한 경우가 있는 것은 사실이기 때문이다. 시설이란 획일적으로 집단생활을 해야 하는 상황에 처해 있다는 점과 시설의 생활자들은 서비스를 일방적으로 제공받아야 하는 입장에서 시설의 종사자들과 상하관계를 형성할 개연성이 많다는 것, 또한 시설의 종사자들이 생활자를 단순한 서비스의 객체로만 인식하고 생활자들의 인권을 중요하게 여기지 않는다는 사실 등을 고려할 때 시설의 생활자들에 대한 인권침해 가능성은 상존하고 있다고 볼 수 있는 것이다.

이와 같은 현실을 감안하여 시대적 또는 사회적으로 요구되는 인권에 대한 시설의 기능과 역할은 변화되고 향상되어 인권 지킴이의 역할을 기대하는 것이다. 공급자중심의 서비스가 아닌 이용자중심의 서비스 제공을 위해서도 변화와 관리가 요구되고 있다.

인권적 관점에서 장애인 인권이란 법률적 접근 외에 효과적으로 이해될 수 있는 방식이 존재하는가에 대한 논쟁이 있을 수 있다. 그러나 실제로 인권 각각의 요소가 사회복지에서 중요한 역할을 하고 있다. 사회복지실천에서 인권이 별도의 행동을 요구한다는 것이 오히려 잘못 되는 것이라 볼 수 있다. 우리의 사회복지현장에서는 개별상담, 대화기법, 옹호나 지지, 정책개발, 지역사회 개발 등과 관련하여 인권에 대한 사고의 전환이 필요하기 때문이다.

마샬 로젠버그(Marshall B. Rosenberg)는 평화를 위한 '비폭력 대화 모델'을 제시하였는데 그 내용은 다음과 같다.

첫째, 일상의 관찰(우리의 삶에 영향을 미치는 구체적인 행동), 둘째, 느낌의 표현(구체적인 행동들에 대한 느낌 표현), 셋째, 필요의 찾기(구체적인 욕구, 가치에 대한 소망사항), 넷째, 행동의 부탁(우리의 삶이 행복하기 위해 구체적 부탁), 당신이(나를 이유 없이 나무랄 때), 나의 (마음이 아프게)느껴진다. 왜냐하면(나는 당신을 그렇게 생각하지 않았기) 때문이다. 이제부터 (나에게 이유 없이 나무라지 않을 수)없나요.

2) 시설 인권보호의 정상화 영역

정상화에는 인간 기능의 가능한 한 많은 측면에서 환경들과 인간의 행동적 잠재력이 허용하는 한 일반적인 사실에 접근하는 행동과 모습을 유도하고 유지하려는 사회복지실천 현장 종사자들의 의지를 내포하고 있다. 또한 어떠한 서비스가 다른 것들보다 더 나을 수 있다는 것을 내포하고 있다고도 볼 수 있다. 사실 때로는 즉각적인 효력을 가진 기법이 더 나은 효력을 가진 기법보다 더 좋을 수도 있다. 그 이유는 후자는 개인의 인식된 일탈을 강화함으로써 길게 보아 정상화하기보다는 개인을 더욱 허약하게 만들 수 있기 때문이다. 다음과 같은 정상화와 관련된 각 영역들은 생활시설에서 이루어져야 하는 주요한 42개 영역들을 나열한 것으로서 포괄적으로 인권홍보에 긍정적인 해답을 구하는 것이다.

연번	영 역	연번	영 역
1	이용자 중심의 기본적 권리와 자유	22	일상생활
2	이용자 중심의 욕구와 서비스	23	식사
3	인테이크	24	가사일
4	개별 계획수립	25	기념일
5	욕구 확인과 사정	26	소규모 지역사회 거주시설
6	프로그래밍	27	가족 참여
7	이용자에 관한 기록들	28	지역사회 생활로의 통합
8	집과 같은 거주 시설	29	공식적인 방문자들
9	사생활 보호	30	자원봉사자들
10	물리적 환경	31	아동의 욕구
11	위험의 가치	32	성인의 욕구
12	생활의 공유	33	노인의 욕구
13	건강	34	일거주 상황의 변화
14	종교적 및 영적 욕구	35	여가직원 훈련
15	안전	36	문제행동
16	이용자의 의복	37	원조제공자의 역할과 자질
17	개인위생, 몸치장, 용모	38	거주 상황의 변화
18	개인 소유물	39	직원훈련
19	이용자의 금전	40	직접 원조제공자들의 근무 규칙
20	흡연과 음주	41	운영위원회
21	관계	42	책임

3) 장애인 인권 헌장 및 교육프로그램

(1) 장애인 인권

장애인인권헌장의 주요 내용은 모든 장애인이 인간의 존엄성과 가치를 가지며 행복을 추구할 권리를 가진다. 장애인은 건전한 사회구성원으로 책임 있는 삶을 살아가며, 자신의 능력을 개발하여 자립하도록 노력하여야 한다. 국가와 사회는 헌법과 국제연합의 장애인권리선언의 정신에 따라서 장애인의 인권을 보호하고 완전한 사회참여와 평등을 이루어 더불어 살아가는 사회를 만들기 위한 여건과 환경을 조성하여야 한다. 또한 다음과 같이 장애인의 인권 관련 내용들로 규정되어 있다.

- 장애인은 장애를 이유로 정치·경제·사회·교육 및 문화생활 등 모든 영역에서 차별을 받지 아니한다.
- 장애인은 인간다운 삶을 영위할 수 있도록 소득·주거·의료 및 사회복지 서비스 등을 보장받을 권리를 가진다.
- 장애인은 다른 모든 사람과 동등한 시민권과 정치적 권리를 가진다.
- 장애인은 자유로운 이동과 시설이용에 필요한 편의를 제공받아야 하며 의사표현과 정보이용에 필요한 통신·수화 통역·자막·점자 및 음성도서 등 모든 서비스를 제공 받을 권리를 가진다.
- 장애인은 자신의 능력을 계발하기 위하여 장애 유형과 정도에 따라 필요한 교육을 받을 권리를 가진다.
- 장애인은 자신의 능력에 따라 직업을 선택하고 그에 따른 정당한 보수를 받을 권리를 가지며, 직업을 갖기 어려운 장애인은 국가의 특별한 지원을 받아 일하고 인간다운 생활을 보장받을 권리를 가진다.
- 장애인은 문화·예술·체육 및 여가활동에 참여할 권리를 가진다.
- 장애인은 가족과 함께 생활할 권리를 가진다. 장애인이 전문시설에서 생활하는 것이 필요한 경우에도 환경이나 생활조건은 같은 나이 사람의 생활과 가능한 한 같아야 한다.
- 장애인은 사회로부터 분리학대 및 멸시받지 않을 권리를 가지며, 누구든

지 장애인을 이용하여 부당한 이익을 취하여서는 안 된다.

- 장애인은 자신의 인격과 재산의 보호를 위하여 필요한 법률상의 도움을 받을 권리를 가진다.
- 여성 장애인은 임신·출산·육아 및 가사 등에 있어서 생활에 필요한 보호와 지원을 받을 권리를 가진다.
- 혼자 힘으로 의사결정하기 힘든 장애인과 그 가족은 인간다운 삶을 영위하기 위하여 필요한 지원을 받을 권리를 가진다.
- 장애인의 특수한 욕구는 국가정책의 계획단계에서부터 우선 고려되어야 하며 장애인과 가족은 복지증진을 위한 정책결정에 민주적 절차에 따라 참여할 권리를 가진다.

(2) 인권교육 프로그램

단계	횟수	주제	목표	내용	교육방법
인권의식 키우기	1	인권보기	• 빙고게임을 통해 인간의 특징을 살펴보고, 인간의 존엄성과 인권과의 관련성을 알아본다. • 인권이란 무엇인지 확실히 안다.	• 인간존재 표현하기 • 인간존엄성과 인권과의 관련성 알아내기 • 인권개념 표현하기	• 레크리에이션 • 창의적 표현
	2	인권내용	• 우리에게 필요한 것을 보장받는 것이 인권의 첫걸음 이해 • 연구분석을 교육함으로써 생활시설에서 보장 받아야 하는 인권을 구체적으로 파악하기	• 인권보장의 영역을 이해 • 영역별 인권보장 내용목록 작성하기 • 시설장애인의 인권 알기	• 브레인스토밍 • 교육
생활 속의 인권찾기	3	사람의 소중함	• 인권의 기본이 사람존중임을 이해하고, 자신과 타인을 존중할 수 있도록 한다.	• 장점 찾아주기 • 존엄한 타인 찾기 • 생활 속의 인권실천 약속 만들기	• 자아탐색
	4	생활시설 이해하기	• 시설에서의 인권침해문제와 해결책 찾기 • 장애인생활시설의 기능과 다양한 형태를 알아본다.	• 시설에서 생기는 문제가 무엇인가 목록작성하기 • 시설의 인권보장 방법 찾기	• 브레인스토밍 • 정보제공

(계속)

단계	횟수	주제	목표	내용	교육방법
	5	나의 일 찾아보기	• 자신이 갖고 싶은 직업에 대한 구체적인 정보수집 • 취업을 위해 구체적인 세부 계획을 세운다.	• 내가 하고 싶은 일에 대한 정보수집 • 취업을 위한 계획세우기	• 계획서 작성 • 시청각 자료
	6	사회보장의 제도 누리기	• 사회보장제도 교육	• 장애인 사회보장제도의 내용알기	• 교육 • 정보제공
인권표현	7	효과적인 의사소통	• 시설 내에서 있었던 속상한 일을 짝에게 얘기하기 • 타인의 감정을 공감하고 이해한다.	• 짝에게 얘기하기 • 짝의 이야기 발표하기	• 의사소통 기술
	8	생활 속에서 인권 지키기	• 인권보장을 위한 토대가 되어야 할 것이 무엇인지 찾기 • 토론을 통한 자기주장, 의견 교환의 기회를 경험함	• 인권보장을 위해 가장 필요한 것이 무엇인지 토론	• 자기주장 • 자기표현 훈련
인권 누리기	9	권리를 찾아서	• 인권침해사례가 발생했을 경우 기관과 단체의 도움을 받을 수 있도록 한다.	• 인권침해사례 토론 • 인권침해사례 해결방법 모색 • 진정서 써보기	• 토론 • 간접기관 방문
	10	인권의 씨앗들	• 인권보장과 실천이 되는 세상을 희망하고, 그것을 위해 내가 할 수 있는 일을 찾아본다.	• 인권씨앗 만들기 • 인권공동체 형성	• 창의적 표현

제4절 아동복지시설의 인권보호

1. 아동복지의 정의

아동복지를 본질적으로 이해하기 위해서는 아동에 대한 이해가 선행되어야 한다. 아동을 어떻게 이해하느냐에 따라서 아동복지에 대한 이해의 방향이 달라지기 때문이다. 아동을 통일적·본질적 관점에서 이해했다면 이는 아동을 어른과 대비되는 상대적 존재로 이해하지 않고, 아동을 그냥 사람으로 이해하는 절대적 존재 관점이 가능해진다. 이때 아동복지는 아동이 인간으로서 기본적 인권을 향유하는 것으로 이해할 수 있을 것이다.

아동을 사회적·현상적으로 이해한다면 어른과 다른 아동의 특성을 강조한 것이므로 이 경우의 아동복지는 아동이 근심 없이 재미있게 놀고 필요한 공부를 부담 없이 하며 친구들과 어울려 세상을 경험하는 것이 되기 때문에 이를 위한 어른의 역할과 정부의 책임 등이 아동복지의 주요 내용이 될 것이다.

그리고 아동복지에 대한 본질적 이해는 아동을 아동으로 보기 전에 한 인간으로 바라봐야만 가능해진다. 나이에 상관없이 누려야 할 인간으로서의 기본권, 소망, 행복 등이 향유되어야 한다. 아동으로서의 특성은 이러한 기본적 가치를 누리는데 그 방법을 결정하는 데 소용되어야 한다. 어른의 보호와 배려, 아동 한 사람의 절대적 존재가치, 자신의 일을 스스로 결정할 수 있도록 기다려 주는 일 등이 아동을 아름답게 대우하는 것이다.

아동복지는 사회적으로 관계 지향적 존재이다. 인간이 근본적으로 관계 지향적 존재이기도 하지만 성장기에 있는 아동의 특성상 아동은 특별히 부모와의 관계, 형제자매와의 관계, 친구와의 관계 등 문화, 교육, 음식 등 환경과의 관계 등 주변과의 관계에 매우 큰 영향을 받는다. 아동복지는 이러한 아동의 특성을 적극적으로 고려하여야 한다. 최우선적으로 가정으로부터 격리되어서는 안 된다. 가정으로부터의 격리는 아동의 경우 최악의 상황에 급속도로 빠져드는 결과를 초래할 수 있다. 친구와의 정상적인 관계에도 관심을 가져야 한다. 아동기의 아동에게는 때로는 가족보다 친구가 더 큰 영향을 끼치기도 하기 때문이다. 먹고 입는 문제나 노는 것, 공부하는 것 등도 아동에게는 매우 중요한 일이다. 아동에게 기성세대가 정한 규칙을 따르는 것만을 강요할 것이 아니라 자신의 소망을 펼치고 무한한 상상력과 가능성으로 세상을 대할 수 있도록 배려하여야 한다. 아동복지는 아동의 환경적 행동특성을 최대한 감안하여 아동 전체가 아닌 한 사람의 아동이 행복할 수 있도록 세심한 배려를 하여야 한다. 일반적으로 사회복지 관점인 인간으로서의 최소한의 물질적 복지가 아니라 적정 수준의 정서적 복지가 필수적이다.

또한 「아동복지법」 제3조는 아동복지의 기본이념을 선언한 것으로서, "아동은 자신 또는 부모의 성별, 연령, 종교, 사회적 신분, 재산, 장애유무, 출생지역, 인종 등에 따른 어떠한 종류의 차별도 받지 아니하고 자라나야 한다(제1항)"고 명시하고 있다. 또한 "아동은 완전하고 조화로운 인격발달을 위하여 안정된 가정환경에서 행복하게 자라나야 한다(제2항)", "아동에 관한 모든 활동에 있어서 아동의 이익이 최우선적으로 고려되어야 한다(제3항)"라고 밝히고 있다.

그리고 「동법」 제4조에서는 아동복지에 대한 책임 소재를 "국가와 지방자치단체는 아동의 건강과 복지증진에 노력하여야 하며, 이를 위한 시책을 시행하여야 한다(제1항)", "아동의 보호자는 아동을 가정 안에서 그의 성장 시기에 맞추어 건강하고 안전하게 양육하여야 한다(제2항)", "모든 국민은 아동의 권익과 안전을 존중하여야 하며, 아동을 건강하게 양육하여야 한다(제3항)", "국가와 지방자치단체는 장애아동의 권익을 보호하기 위하여 필요한 시책을 강구하여야 한다(제4항)", "국가와 지방자치단체는 아동이 자신 또는 부모의 성별, 연령, 종교, 사회적 신분, 재산, 장애유무, 출생지역 또는 인종 등에 따른 어떠한 종류의 차별도 받지 아니하도록 필요한 시책을 강구하여야 한다(제5항)"라고 명시하는 등 더욱 적극적이고 구체적인 내용을 담고 있으며, 국제연합 아동권리협약의 내용을 확대 반영하고 있는 추세이다.

2. 아동복지시설의 정의

아동복지시설에 대한 본질적 정의는 아동복지시설의 기능에 대한 것이 아니고, 아동복지시설의 존립의 핵심을 말하는 것이다. 이러한 측면에서 아동복지시설은 어동을 인간답게 대우하고 아동답게 성장할 수 있도록 배려하는 곳이다. 아동복지시설은 아동에게 공간적으로 정서적으로 집과 생명과 같은 곳이다. 또한 삶의 터전이며, 놀이터, 미래를 위한 준비기관이다. 동시에 언젠가는 떠나야 하는 이중적인 성격도 가지고 있다.

아동복지시설의 주인은 아동이 되어야 한다. 시설 직원이나 법인·단체의 임원 등이 주인이 되어서는 안 된다. 아동은 시설이 자기 집이고 삶의 중요한 터전이기 때문이다. 아동복지시설에서 임직원은 아동을 위하여 존재하는 사람이라는 인식을 가져야 한다. 아동이 있기 때문에 아동복지시설이 있고 아동복지시설이 있기 때문에 그 구성원이 될 수 있다는 사실을 겸허히 받아들여야 한다. 이러한 인식이 모든 구성원에게 공유된다면 아동은 시설의 주인이 될 수 있다. 우리의 사명은 아동을 아동복지시설의 주인으로 자리매김하는 것이다.

그리고 아동복지시설은 가정에서 유리된 아동을 보호하는 곳이다. 부모에게서 버림받고 사회에서도 소외된 상태를 극복하기 위해서 몸과 마음을 의탁하는 곳이다. 의식주를 해결하고 공부하고 자신의 처지를 비관할 수도 있다. 결국은 다시 사회로 밀려 나가야 하는 곳이다.

우리나라 아동복지시설은 시설이나 기능이나 외국에 비하여 뒤지지 않는 곳이 많다. 다양한 선택도 가능하고 자신의 노력으로 얼마든지 미래를 펼쳐 나갈 수 있는 곳이다. 하지만 사회적 인식은 아직도 긍정적이지는 않다. 아동복지시설 출신에 대한 사회적 몰이해와 냉대는 아동복지시설 내에서 거주하는 때도 상당한 상처를 받게 되며, 사회에 나가서는 그 강도가 더욱 심해지는 현실이다. 출신이 불분명하고 결손가정의 아동이라는 인식을 갖고 취급하고 있다.

또한 아동복지시설은 법률적으로 아동 중 시설보호가 필요한 경우 아동복지시설을 누구든지 이용할 수 있다. 수용시설을 연상케 하는 대규모의 시설은 현재 소규모화를 거쳐 가정위탁의 형태로 변화하고 있다. 이것은 아동의 정서와 사회적 인식을 반영한 것이다.

현재 「아동복지법」에 규정된 시설의 종류는 다음과 같이 종류와 기능이 다양하다.

① **아동양육시설:** 보호를 필요로 하는 아동을 입소시켜 보호, 양육하는 것을 목적으로 하는 시설

② **아동일시보호시설:** 보호를 필요로 하는 아동을 일시적으로 보호하고 아동에 대한 향후의 양육대책수립 및 보호조치를 행하는 것을 목적으로 하는 시설

③ **아동보호치료시설:** 불량행위를 하거나 불량행위를 할 우려가 있는 아동으로서 보호자가 없거나 친권자나 후견인이 입소를 신청한 아동 또는 가정법원, 지방법원소년부지원에서 보호위탁된 아동을 입소시켜 그들을 선도하여 건전한 사회인으로 육성하는 것을 목적으로 하는 시설

④ **아동직업훈련시설:** 아동복지시설에 입소되어 있는 만 15세 이상의 아동과 생활이 어려운 가정의 아동에 대하여 자활에 필요한 지식과 기능을 습득시키는 것을 목적으로 하는 시설

⑤ **자립지원시설:** 아동복지시설에서 퇴소한 자에게 취업준비기간 또는 취업 후 일정기간 보호함으로써 자립을 지원하는 것을 목적으로 하는 시설

⑥ **아동단기보호시설:** 일반가정에 아동을 보호하기 곤란한 일시적 사정이 있는 경우 아동을 단기간 보호하며 가정의 복지에 필요한 지원조치를 하는 것을 목적으로 하는 시설

⑦ **아동상담소:** 아동과 그 가족의 문제에 관한 상담, 치료, 예방 및 연구 등을 목적으로 하는 시설

⑧ **아동전용시설:** 어린이공원, 어린이놀이터, 아동회관, 체육, 연극, 영화, 과학실험전시시설, 아동휴게숙박시설, 야영장 등 아동에게 건전한 놀이·오락 기타 각종 편의를 제공하여 심신의 건강유지와 복지증진에 필요한 서비스를 제공하는 것을 목적으로 하는 시설

⑨ **아동복지관:** 지역사회 아동의 건전육성을 위하여 심신의 건강유지와 복지증진에 필요한 서비스를 제공하는 것을 목적으로 하는 시설

⑩ **공동생활가정:** 보호를 필요로 하는 아동에게 가정과 같은 주거여건과 보호를 제공하는 것을 목적으로 하는 시설

⑪ **지역아동센터:** 지역사회 아동의 보호·교육, 건전한 놀이와 오락의 제공, 보호자와 지역사회의 연계 등 아동의 건전육성을 위하여 종합적인 아동복지서비스를 제공하는 시설이다.

이러한 아동복지시설에서는 사람의 기본적 욕구를 해소하고 아동의 특별한 상황을 고려한 보호방법을 실시하고 있다. 이 외에도 다음과 같은 사업을 하도록 규정하고 있다.

① **아동가정지원사업**: 지역사회아동의 건전한 발달을 위하여 아동, 가정, 지역주민에게 상담, 조언 및 정보를 제공해 주는 사업
② **아동주간보호사업**: 부득이한 사유로 가정에서 낮 동안 보호를 받을 수 없는 아동을 대상으로 개별적인 보호와 교육을 통하여 아동의 건전한 성장을 도모하는 사업
③ **아동전문상담사업**: 학교부적응아동 등을 대상으로 올바른 인격형성을 위한 상담, 치료 및 학교폭력예방을 실시하는 사업
④ **학대아동보호사업**: 학대아동의 발견, 보호, 치료 및 아동 학대의 예방 등을 전문적으로 실시하는 사업
⑤ **공동생활가정사업**: 보호를 필요로 하는 아동에게 가정과 같은 주거여건과 보호를 제공하는 것을 목적으로 하는 사업
⑥ **방과 후 아동지도사업**: 저소득층 아동을 대상으로 방과 후 개별적인 보호와 교육을 통하여 건전한 인격형성을 목적으로 하는 사업

3. 아동인권과 행복권의 기본원리

1) 인권과 행복권이 추구하는 목적

아동이 복지서비스의 대상자이기 전에 한 인간으로서 기본적 인권과 행복권을 지닌 자로서 존중되어야 함에도 인지능력과 의사결정이 약하여 그 기본적 권리가 훼손되기 쉽다. 일단 훼손된 인권과 행복권은 회복시키기도 어렵다는 현실을 바로 보고, 이러한 문제점을 지속적이며 구조적으로 해소해 나감으로써 아동복지시설에서 생활하는 모든 아동이 밝고 건강하게 웃으며, 꿈을 실현하며 살아가는 데 보다 적절한 환경을 조성하여야 한다.

2) 인권과 행복권에 대한 기본정신

아동복지시설의 시설장 및 종사자들은 위 목적을 달성하기 다음과 같은 기본정신을 인식하고 실천해야 한다.

첫째, 사회적 약자의 인권과 행복권 등 기본적 권리는 무시되기 쉽고, 한 번 무시된 권리는 회복되기도 어렵다. 인권과 행복권의 향유체계는 이러한 문제점을 해결하기 위하여 꼭 필요한 제도로서의 확고한 위상을 가져야 한다.

둘째, 이 문제를 우리의 중요한 소임으로 여기는데 그 이유의 하나는 인간의 보편적 가치인 인권과 행복권을 스스로 누리기 힘든 아동에게 특별한 보호 장치를 마련하여야 한다는 것이고, 다른 하나는 그 보호 장치가 이미 침해된 인권과 행복권의 회복은 물론이며, 특히 아직 침해되지 않은 상태에서의 예방이 그 무엇보다도 중요하기 때문이다.

셋째, 아동에 대한 기본적 권리인 인권과 행복권을 보장하기 위하여 그 실태를 조사하고 해결방안을 수립하는 데 최선을 다하여야 한다.

넷째, 아동의 인권과 행복권의 핵심적 가치를 경시하여서는 안 되는 것이다. 아동의 모든 자유와 권리는 기관의 안전 및 질서유지 또는 공공복리를 위하여 필요한 경우에는 제한될 수도 있겠지만, 이러한 경우에도 인권과 행복권의 본질적인 내용을 침해하여서는 안 될 것이다.

다섯째, 앞서 제시한 아동의 권리는 인권과 행복권을 보장하기 위한 하나의 수단으로 제시된 것이고 최소한의 것일 뿐 완전한 이상은 아니라는 것이다. 또한 인권과 행복권의 보장은 각자의 인식과 의지를 통해서 최상의 실천력을 발휘할 수 있다는 사실을 명심하여야 한다.

3) 인권과 행복권의 실무원칙

아동복지시설의 시설장 및 종사자는 위 목적을 달성하기 위하여서는 다음과 같은 실무원칙을 준수하여야 한다.

원칙	내용
개별성의 원칙	아동의 욕구 특성에 맞추어 최대한 개별화되어야 한다.
지속성의 원칙	시작된 제도와 프로그램은 특별한 사유가 없는 한 장기간 지속되어야 한다.
공익성의 원칙	인권과 행복권은 다수의 공익에 해를 끼쳐서는 안 된다.
적응성의 원칙	때와 장소 등 변화되는 요소에 적정하게 맞도록 적응성을 향상시켜야 한다.

4) 인권과 행복권의 이념과 권리

(1) 인권의 3대 이념

인권의 3대 이념	권리 내용
기본적 권리	• 인권은 인간이기 때문에 가지고 있는 권리를 말한다. • 인권은 모든 인간에게 예외 없이 적용되는 권리를 말한다. • 인권에는 여성·약자·아동·노인 등 인간 자체 이외의 요소가 배제된 권리를 말한다.
천부적 권리	• 인권은 잉태되었을 때부터 사망 이후 그 형체가 완전히 없어질 때까지 존속하는 권리를 말한다. • 인권은 정부나 법률이 인간에게 부여하기 이전의 권리를 말한다. • 인권은 시혜의 대상이 아니며 인간 존재와 함께 원래 인정되고 보호되어야 할 권리를 말한다.
보편적 권리	• 인권은 인정하고 보호하는 때와 그렇지 않은 때로 차별할 수 없는 권리를 말한다. • 인권은 인정하고 보호할 수 있는 곳과 그렇지 않은 곳으로 차별할 수 없는 권리를 말한다. • 인권은 인정하고 보호할 대상과 그렇지 못한 대상으로 차별할 수 없는 권리를 말한다.

(2) 행복권의 3대 이념

행복권의 3대 이념	권리 내용
개인적 권리	• 행복권은 개인의 차이를 인정하며, 적극적인 욕구를 추구할 수 있는 권리를 말한다. • 행복권은 개성을 지닌 독특한 자로서의 권리를 말한다. • 행복권은 여성·약자·아동·노인 등 각자의 처지를 고려하는 권리를 말한다.
후천적 권리	• 행복권은 태어난 이후 개인에 의하여 획득되는 권리를 말한다. • 행복권은 정부나 법률이 인정하고 보호하는 바에 대하여 독립적인 권리를 말한다. • 행복권은 시혜의 대상이 아니며 사회에 속함과 함께 인정하고 보호되어야 할 권리를 말한다.
특성적 권리	• 행복권은 때와 장소 및 대상에 따라 달리 적용되며, 때에 따른 특성이 고려되어야 할 권리를 말한다. • 행복권은 장소에 따른 특성이 고려되어야 할 권리를 말한다. • 행복권은 대상에 따른 특성이 고려되어야 할 권리를 말한다.

(3) 행복의 3대 원리

행복의 원리	원리 내용
자족성	• 주어지지 않아도 스스로 만족하는 성질 또는 그러한 성질이 발휘된 상태 • 행복의 가장 본질적 요소 • 불가침성
보편성	• 언제 어디서나 한결같을 수 있는 성질 또한 그러한 성질이 발휘된 상태 • 행복의 가장 불변적 요소 • 초월성
관계성	• 환경과의 상호작용에서 영향을 받는 성질 또는 그러한 성질이 발휘된 상태 • 행복의 가장 역동적 요소 • 가변성

(4) 행복원리에 작용하는 4대 요소

4대 요소	내용
제1요소 욕구	• 당사자 및 보호자의 욕구 • 담당 직원의 욕구 • 해당 기관의 욕구 • 지역사회의 욕구 • 정부의 욕구 • 국민의 욕구
제2요소 급여	• 서비스의 양 • 서비스의 질 • 서비스의 다양성 • 서비스의 변화성 • 서비스의 지속성 • 서비스의 방향성
제3요소 역할	• 당사자 및 보호자의 역할 • 담당 직원의 역할 • 해당 기관의 역할 • 지역사회의 역할 • 정부의 역할 • 국민의 역할
제4요소 이해	• 아동에 대한 이해 • 사회복지에 대한 이해 • 복지정책에 대한 이해

4. 아동의 인권과 행복권

1) 아동의 본질적 권리

아동이 누려야 하는 본질적 권리는 가정에서 가족과 함께 행복하게 자라는 것이다. 임신 중에는 생명의 존귀함을 인정받고, 태어나서는 엄마의 헌신적인 보호와 아빠의 사려 깊은 보살핌이 필요하다. 걷고 말을 하기 시작할 때면 안정적인 가정의 보호 아래서 함께 지낼 수 있는 형제자매가 필요하다. 자신이 스스로 생각과 말을 할 수 있을 때는 친구와 사귀고 주위사람들과의 관계형성이 필요하다. 사춘기를 맞이하고 자신의 장래를 고민할 때는 일에 대한 자신감과 이웃과의 공존공영 그리고 미래에 대한 희망 등이 필요해진다. 이러한 모든 것이 가정에서 시작되므로 아동기에서 가정과 가족의 중요성은 이루 말할 수 없을 정도로 중요하다.

그러나 어느 시기에 이러한 조건을 박탈당하고 혼자가 되었다면, 아동에게 최우선적으로 제공되어져야 할 것은 가정과 가장 유사한 환경이다. 의식주나 문화, 체육 활동보다 더욱 중요한 건 정서적 관계이다. 주위 사람과 세상과 자연과의 관계이다. 문제의 핵심은 관계의 박탈에 있기 때문에 그 회복이 가장 우선적인 것이다.

아동복지시설에서 이러한 가치를 실현하기 위해서는 후원자, 결연자, 자원봉사자 등과의 관계 강화를 최우선의 직무로 여겨야 한다. 그들을 단지 시설을 돕는 사람으로 여길 것이 아니라 아동에게 부모나 가정의 결손을 보충해 줄 수 있는 결정적인 역할을 할 사람으로 인식하는 것이 중요하다. 그들은 자발적으로 아동을 돕고자 시설을 찾은 사람이기 때문에 아동에게 단절된 관계 회복의 중요한 요인이다.

2) 아동의 사회적 권리

아동은 그 사회의 일원이다. 모든 사회구성원은 본인이 속한 사회의 특성과 관련 없이 인간으로서의 기본적인 권리를 향유한다. 그러한 권리는 나이와 관련하여 증가하거나 축소되는 것이 아니라 모든 아동에게 동등하게 존재한다. 국가나 사회가 부여하는 것이 아니라 태어날 때부터 무차별적으로 존재하는 것이다.

사회구성의 핵심은 사적인 가치나 환경을 기초로 일반가치를 추구하는 것이다. 다양한 직업, 취미, 인생관, 고향, 나이, 성별 등이 개인적인 것이라면, 윤리, 법률, 문화, 전통 등은 사회적 가치인 것이다. 아동의 사회적 권리를 논하는 것은 철저히 아동의 특성을 감안하여야 한다. 같은 아동이라 하더라도 나이·성별·개성·문화·국가·환경 등을 고려하여야 한다. 특히 아동복지시설에서 생활하고 있는 아동은 독특한 환경과 정서를 가지고 있다. 자신만의 개성을 발휘하기 어렵고 세상에 대한 긍정적인 사고가 부족하며, 자신감이나 성취욕구가 상대적으로 부족한 실정에 있다.

아동에게는 사회와 함께 할 권리가 있다. 사회의 문화와 전통을 접하고 이를 향유할 권리가 있다. 동시에 자신의 개성을 마음껏 발휘할 권리가 있다. 친구들과 어울려 신나게 놀 권리도 있다. 공부하고 싶은 아동에게는 공부를 계속 할 권리를 보장해 주어야 한다. 자신의 처지를 극복할 기회와 노력할 권리가 있는 것이다. 자신의 꿈을 키우고 이를 위해 준비할 권리가 있다. 아동복지시설에서는 아동의 일률적인 보호나 통제된 환경유지보다는 아동 한 사람 한 사람의 개인적 취향과 생각 그리고 정서를 더욱 소중한 가치로 받아 들여야 한다. 그것이 아동을 아동답게 성장시키는 원동력이 되는 것이다. 똑같은 음식, 기상시각, 놀이, 의복 등은 아동의 생각을 획일화시키고 가치관을 협소하게 만들 수 있다. 아동이 각자 자신의 가치관과 보편적 사고를 갖출 수 있도록 그들만의 개성을 최대한 보장해 주어야 하는 것이다.

5. 아동복지시설의 인권과 행복권의 범주[5)]

1) 신체적 인권

(1) 생존에 필요한 최소한의 의식주를 제공받을 수 있는 권리

인권 유형	권리 내용
신체적 인권	• 계절에 따른 겉옷 및 속옷을 제공받을 권리 • 계절에 따른 침구류를 제공받을 권리 • 조식, 중식, 석식을 꾸준히 제공받을 권리 • 연령기준에 맞는 열량(Kcal)을 섭취 받을 권리 • 열악한 환경(추위, 더위 등) 등으로부터 생활실이 침해받지 않을 권리 • 방 면적에 따른 적정인원이 거주할 권리 • 냉, 난방, 수도, 채광이 적절한 곳에서 생활할 권리

5) 전국의 8개 사회복지법인 22개 사회복지시설에서 추진된 파랑새모델(중장기종합발전계획, 2001-2007) 중 인권행복추구권향유예규 제2장 인권·행복추구권의 범주 참조

(2) 생리에 의한 배변욕 · 성욕 · 수면욕 · 월경 등을 해소할 수 있는 권리

인권 유형	권리 내용
신체적 인권	• 자유스럽게 화장실을 이용할 권리 • 개인의 취침 및 기상시간을 선택할 권리 • 성욕과 관련하여 자존심을 상하지 않도록 배려 받을 권리

(3) 신체에 대한 물리적 고통을 받지 않을 권리

인권 유형	권리 내용
신체적 인권	• 타인에 의해 구타당하지 않을 권리 • 신체에 관련한 고문을 받지 않을 권리 • 지속적인 괴롭힘, 물리적 강제를 받지 않을 권리

(4) 신체의 이동 · 체류 · 여행 등 활동을 자유롭게 할 수 있는 권리

인권 유형	권리 내용
신체적 인권	• 원내를 자유롭게 산책할 수 있는 권리 • 외출, 외박 등 원외 활동을 요구할 수 있는 권리 • 위험이 없는 범위에서 지역 내에서 여가를 즐길 수 있는 권리

(5) 신체의 질병, 부상 등 신체적 이상을 해소할 수 있는 권리

인권 유형	권리 내용
신체적 인권	• 질병, 부상 등 발생 시 신속한 응급처치를 받을 권리 • 정기적인 건강검진을 받을 권리 • 신체적 이상 발생시 병원진료를 요구할 권리

2) 정신적 인권

(1) 양심의 자유를 누릴 수 있는 권리

인권 유형	권리 내용
정신적 인권	• 자신만의 감성으로 대인관계를 유지할 권리 • 자신의 논리에 의해 의사를 결정할 권리 • 자신만의 의지를 실천할 수 있는 권리

(2) 종교의 자유를 누릴 수 있는 권리

인권 유형	권리 내용
정신적 인권	• 신앙을 유지할 수 있는 권리 • 종교 활동에 참여할 수 있는 권리 • 종교를 선택하거나 선택하지 않을 권리

(3) 정신적 고통을 받지 않을 권리

인권 유형	권리 내용
정신적 인권	• 언어적인 욕설, 비난, 성희롱 등으로 불쾌감을 받지 않을 권리 • 자존감을 상실시키는 언행으로 정신적 고통을 받지 않을 권리 • 외부의 유해환경(소음, 폭력 등)으로부터 보호받을 권리

(4) 자신에게 불리한 진술을 강요당하지 않을 권리

인권 유형	권리 내용
정신적 인권	• 묵비권을 행사할 수 있는 권리 • 원치 않는 각서를 쓰지 않을 권리 • 원치 않는 반성문 또는 사유서를 쓰지 않을 권리

(5) 표현의 자유를 누릴 권리

인권 유형	권리 내용
정신적 인권	• 표현능력이 없을 경우 대변인을 선임할 수 있는 권리 • 표현력 향상을 위한 교육을 받을 수 있는 권리

(6) 정신적 이상을 해소할 수 있는 권리

인권 유형	권리 내용
정신적 인권	• 전구증상을 식별할 수 있도록 교육을 받을 권리 • 지속증상(환시, 환청, 망상 등)을 식별할 수 있도록 교육을 받을 권리 • 공포, 불안을 느꼈을 때 보호 받을 권리 • 정신과 의사와 상담 받을 수 있는 권리 • 정신과 의사의 처방으로 증상에 맞는 약을 복용할 수 있는 권리

3) 사회적 인권

(1) 부당한 조건에 차별받지 않을 권리

인권 유형	권리 내용
사회적 인권	• 연령에 의하여 차별받지 않을 권리 • 외모에 의하여 차별받지 않을 권리 • 종교에 의하여 차별받지 않을 권리 • 개인 선입견에 의하여 차별받지 않을 권리

(2) 사생활의 비밀과 자유를 침해받지 않을 권리

인권 유형	권리 내용
사회적 인권	• 개인정보(병명, 학력, 가족관계 등)에 대한 비밀을 보장받을 권리 • 방문객으로부터 개인의 생활공간을 침해받지 않을 권리 • 동의 받지 않은 사진촬영 등으로 초상권을 침해받지 않을 권리

(3) 통신의 비밀과 자유를 침해받지 않을 권리

인권 유형	권리 내용
사회적 인권	• 개인 전화통화 내용의 비밀을 보장 받을 권리 • 편지 등을 검열 받지 않고 자유롭게 주고받을 수 있는 권리 • 인터넷 사용내용에 대해서 보장받을 권리

(4) 타인의 행위로 인하여 불이익한 처우를 받지 않을 권리

인권 유형	권리 내용
사회적 인권	• 문제행동에 대해 사유를 설명할 수 있는 권리 • 불이익한 처우에 대해 이의를 제기할 수 있는 권리

(5) 자신과 관련된 입 · 퇴소심사회의에 참여할 수 있는 권리

인권 유형	권리 내용
사회적 인권	• 입소에 대한 의견('동의' 또는 '반대')을 제시할 권리 • 퇴소에 대한 의견('동의' 또는 '반대')을 제시할 권리 • 입, 퇴소심사회의에서 보호자의 의견보다 먼저 의견을 수용 받을 권리

(6) 생활공간 선택 및 거주 · 이전을 요구할 수 있는 권리

인권 유형	권리 내용
사회적 인권	• 생활하고 싶은 방에 대해서 의견을 제시할 수 있는 권리 • 같은 생활실의 동료로 인해 신체적 학대를 받을 경우 이전을 요구할 수 있는 권리 • 같은 생활실의 동료로 인해 정신적 학대를 받을 경우 이전을 요구할 수 있는 권리

(7) 사적 재산권을 보장받을 권리

인권 유형	권리 내용
사회적 인권	• 본인의 재산을 소유할 수 있는 권리 • 본인의 재산을 사용할 수 있는 권리 • 사적 재산에 대한 관리 능력이 없을 경우 대리인을 선임할 수 있는 권리

(8) 직업선택의 자유를 누릴 수 있는 권리

인권 유형	권리 내용
사회적 인권	• 자신의 욕구와 능력에 맞는 훈련을 받을 수 있는 권리 • 자신의 능력과 적성에 맞는 직업을 선택할 수 있는 권리 • 직장 및 직업훈련을 거부할 수 있는 권리

(9) 개인의 능력에 따라 균등하게 교육을 받을 권리

인권 유형	권리 내용
사회적 인권	• 자신의 병명 또는 장애의 유형에 대한 정보를 알 권리 • 자신의 기능수준이 최상의 상태를 유지할 수 있도록 교육받을 권리

4) 신체적 행복권

(1) 의식주에 관한 행복권

인권 유형	권리 내용
신체적 행복권	• 옷의 디자인을 결정할 권리 • 옷의 색상을 결정할 권리 • 옷의 크기를 결정할 권리 • 옷에 관한 기타의 사항을 결정할 권리 • 음식의 양을 결정할 권리

(계속)

인권 유형	권리 내용
	• 반찬 수 또는 종류를 결정할 권리 • 음식에 관한 기타의 사항을 결정할 권리 • 생활방의 면적을 결정할 권리 • 생활방의 환경을 결정할 권리 • 생활방에 관한 기타의 사항을 결정할 권리 • 의식주에 관한 기타의 사항을 결정할 권리

(2) 생리욕구에 관한 행복권

인권 유형	권리 내용
신체적 행복권	• 배변욕구 해소에 필요한 서비스 및 교육을 받을 권리 • 성욕 해소에 필요한 서비스 및 교육을 받을 권리 • 수면욕 해소에 필요한 서비스 및 교육을 받을 권리 • 월경 해소에 필요한 서비스 및 교육을 받을 권리 • 생리욕구 중 기타의 욕구 해소에 필요한 서비스 및 교육을 받을 권리

(3) 신체의 건강에 관한 행복권

인권 유형	권리 내용
신체적 행복권	• 적절한 운동을 할 수 있는 권리 • 적절한 간호를 받을 수 있는 권리 • 적절한 진찰을 받을 수 있는 권리 • 적절한 치료를 받을 수 있는 권리 • 신체의 건강에 관한 기타의 보호를 받을 수 있는 권리

(4) 신체의 활동에 관한 행복권

인권 유형	권리 내용
신체적 행복권	• 원내를 돌아다닐 수 있는 권리 • 동네를 돌아다닐 수 있는 권리 • 원하는 곳을 여행할 수 있는 권리 • 돌아다니지 않을 수 있는 권리

5) 정신적 행복권

(1) 양심에 관한 행복권

인권 유형	권리 내용
정신적 행복권	• 자신의 신념을 자유롭게 표현할 수 있는 권리 • 자신의 판단에 의해 행동할 수 있는 권리 • 삶의 계획을 설계할 수 있는 권리 • 사회적 풍습, 윤리에 위배되지 않도록 교육받을 권리

(2) 종교에 관한 행복권

인권 유형	권리 내용
정신적 행복권	• 자유롭게 종교를 선택할 권리 • 선택한 종교의 전례에 참여할 수 있는 권리 • 신앙 유지를 위한 기조, 묵상 등을 할 수 있는 권리 • 올바른 신앙생활을 위한 교육을 받을 수 있는 권리 • 신앙지도자에게 종교와 관련한 상담을 받을 수 있는 권리 • 무신론을 고집할 수 있는 권리

(3) 정신의 건강에 관한 행복권

인권 유형	권리 내용
정신적 행복권	• 정신과 의사와 정기적으로 상담할 수 있는 권리 • 처방에 의해서만 약물을 복용할 수 있는 권리 • 정신적 이상에 대해 즉각적인 처치를 받을 수 있는 권리 • 타인과 자신에게 위협이 없는 한 면회를 요청할 수 있는 권리 • 타인과 자신에게 위협이 없는 한 외박을 요청할 수 있는 권리 • 전구증상, 지속증상을 식별할 수 있도록 증상교육을 받을 권리 • 복용 중인 약물에 대한 교육을 받을 권리 • 정신적 스트레스 해소를 위한 프로그램에 참여할 수 있는 권리 • 좋은 말이나 행동에 대하여 칭찬을 받을 수 있는 권리

(4) 정신의 활동에 관한 행복권

인권 유형	권리 내용
정신적 행복권	• 개인의 취미에 맞는 활동을 즐길 수 있는 권리 • 여가시간을 자유롭게 활용할 수 있는 권리

(계속)

인권 유형	권리 내용
	• 다양한 정신활동을 위한 정보를 제공받을 권리 • 원활한 활동(취미, 여가 등)을 위해 도우미를 요청할 수 있는 권리 • 일방적인 언어 등 폭력에 대해 중재를 요청할 수 있는 권리 • 억울함을 해소해 줄 대변인을 선임할 수 있는 권리 • 유해환경 발생 시에는 안전을 위한 환경변화를 요청할 수 있는 권리 • 타인에게 위협이 되지 않은 한 일방적인 감금, 격리되지 않을 권리

6) 사회적 행복권

(1) 서비스에 관한 행복권

인권 유형	권리 내용
사회적 행복권	• 제공되는 서비스의 종류, 실시방법 등 관련 정보를 알 권리 • 서비스 제공자와 부서 등의 기능에 대하여 알 권리 • 본인의 욕구에 맞는 서비스를 선택할 수 있는 권리 • 쾌적한 서비스 공간에서 교육받을 권리 • 개별 교육을 요청할 권리 • 타인으로부터 서비스를 방해받지 않을 권리 • 본인에게 불이익을 주는 서비스를 받지 않을 권리

(2) 개성에 관한 행복권

인권 유형	권리 내용
사회적 행복권	• 개인의 활동영역에서 최대한의 개별성을 유지할 수 있는 권리 • 자기자랑 및 개성을 키우기 위한 훈련 및 교육을 받을 권리 • 자신이 원하는 머리모양을 할 권리

(3) 표현에 관한 행복권

인권 유형	권리 내용
사회적 행복권	• 자신의 감정을 적극적으로 표현할 수 있는 권리 • 자신의 의견을 제시할 수 있는 권리 • 표현능력이 없을 경우 대변인을 선임할 수 있는 권리 • 표현력 향상을 위한 교육을 받을 수 있는 권리

(4) 자율에 관한 행복권

인권 유형	권리 내용
사회적 행복권	• 본인의 의지로 자신의 행동을 규제할 수 있는 권리 • 책임의식을 고취시킬 수 있는 교육을 받을 권리 • 사회적 풍습, 윤리에 위배되지 않도록 교육받을 권리

(5) 거주 · 이전에 관한 행복권

인권 유형	권리 내용
사회적 행복권	• 본인의 생활공간을 자유롭게 꾸밀 수 있는 권리 • 쾌적한 주거공간에서 생활할 권리 • 친한 동료와 함께 거주할 수 있는 권리

(6) 재산에 관한 행복권

인권 유형	권리 내용
사회적 행복권	• 통장관리 및 금전거래 등 경제활동을 할 권리 • 고가의 장식품 및 개인소지품을 관리할 권리 • 재산관리를 위한 교육을 받을 권리 • 재산관리능력이 없을 경우 대리인을 선임할 권리 • 재산관리 대행인을 선임할 경우 재산의 손익에 대한 보고를 받을 권리

(7) 직업에 관한 행복권

인권 유형	권리 내용
사회적 행복권	• 직업에 대한 적성검사를 받을 권리 • 취업 및 직장유지를 위한 기술훈련과 교육을 받을 권리 • 임금, 연령, 근로 기준 등 제반 취업조건에서 불이익을 받지 않을 권리 • 본인 스스로 사업주와 근로기준에 대한 협상이 곤란할 경우 대리인을 선임할 권리

(8) 교육에 관한 행복권

인권 유형	권리 내용
사회적 행복권	• 일상생활에 필요한 제반 교육을 받을 권리 • 대인관계에 필요한 제반 교육을 받을 권리 • 개별교육을 요청할 권리

(9) 결혼에 관한 행복권

인권 유형	권리 내용
사회적 행복권	• 건전한 이성교제에 대해 인정받을 권리 • 이성과의 교제와 관련하여 필요한 정보(성교육, 예절 등)와 교육을 받을 권리 • 결혼을 선택할 권리 • 출산, 양육 등에 대한 상담을 받을 수 있는 권리 • 임신, 육아에 대한 상담을 받을 수 있는 권리

(10) 노후 보장에 관한 행복권

인권 유형	권리 내용
사회적 행복권	• 노후 보장에 관한 정보를 제공받을 권리 • 사회보장제도(교통비, 국민연금 등)를 활용할 수 있는 권리 • 평생 서비스와 지원체계를 요구할 권리

6. 아동의 인권침해와 개입

1) 인권침해의 정의

아동에 대한 인권침해라 함은 아동에게 아동의 권리를 알려주지 않은 것을 포함하여 아동이 자신의 권리를 행사하는 데 방해하거나 방치하거나 방조하는 것을 포괄한다. 또한 적극적 침해, 소극적 침해, 말에 의한 침해, 행위에 의한 침해, 보호자로서 권리를 행사하지 않은 침해, 책임자로서 의무를 다하지 못한 침해 등 그 형태는 매우 다양하지만 결과적으로 아동의 권리를 제한하거나 축소시켰다면 이를 모두 인권침해로 규정할 수 있다.

아동의 인권을 매우 포괄적으로 규정할 필요가 있는 이유는 아동의 인지능력, 자기결정능력, 표현능력 등이 모두 미약하므로 특별한 보호가 필요하다는 것이다. 따라서 아동의 인권침해는 아동의 권리를 제한하는 것뿐만 아니라 결과적으로 그 권리를 향유하지 못하게 되는 과정도 포함된다고 할 수 있다. 국내·외의 강제적 권리규범과 다양한 인권과 행복권에 대한 다양한 사례 등은 구체적인 인권의 모습들이라고 볼 수 있다. 이러한 아동의 권리는 기본적인 것이므로 예외 없이 향유되어야 한다.

아동복지시설에서 아동에 대한 인권침해는 다수의 집단적 생활과 시설관리의 효율성, 재산 및 인력의 부족이라는 시설의 특성을 아동의 기본적 권리를 침해하는 합리화된 수단으로 여기고 있다는 데 그 이유가 있다고 본다. 아동복지시설은 아동의 인권을 보호하여 각자의 소질을 개발하고 미래를 준비하는 곳임에도 불구하고 본래의 뜻을 잃는 것이다.

아동복지시설에서의 인권침해의 유형은 너무 다양하여 일일이 열거할 수 없겠지만 자주 발생하는 침해사례를 바탕으로 다음과 같이 정리한다.

(1) 신체적 인권침해

① 말을 안 듣는다고 끼니를 거르게 한다.
② 한 방에 너무 많은 인원이 거주한다.
③ 출발시간이 늦었다고 화장실을 못 가게 한다.
④ 잠자는 시간과 일어나는 시간을 일률적으로 정하고 엄격히 지키도록 한다.
⑤ 성욕을 나쁜 것으로 가르친다.
⑥ 성희롱을 오랜 관행으로 묵인한다.
⑦ 친구들에게 괴롭히는 것을 방치한다.
⑧ 사고 난다고 멀리 여행가는 것을 못하게 한다.
⑨ 놀이터 근처에 위험물이 있는데 제때 치우지 않는다.
⑩ 아프다고 호소하는데 즉각적인 조치를 취하지 않는다.

(2) 정신적 인권침해

① 시설을 찾는 손님에게 무조건 고맙다고 말하라고 강요한다.
② 일요일마다 교회에 반드시 가도록 한다.
③ 성적이 떨어졌다고 심하게 윽박지른다.
④ 다른 아동과 비교하여 나무란다.
⑤ 유리창을 깼다고 원치 않는 반성문을 쓰라고 한다.

⑥ 표현능력이 없을 경우 반영하지 않고 그냥 무시한다.

(3) 사회적 인권침해

① 나이가 어리다고 의견을 무시한다.
② 선입견을 가지고 아동을 지도한다.
③ 방문객으로부터 개인의 생활공간을 함부로 개방한다.
④ 인터넷을 사용하지 못하게 한다.
⑤ 같이 생활하는 친구가 잘못했다고 연대책임을 묻는다.
⑥ 자신의 입·퇴소에 대해 '동의' 또는 '반대' 등의 의견을 묻지 않는다.
⑦ 생활하는 방을 옮겨달라고 하여도 이를 무시한다.
⑧ 개인의 통장을 보여주지 않고 사용내역을 밝히지도 않는다.
⑨ 자신의 욕구와 능력에 맞는 훈련을 받을 기회를 주지 않는다.

(4) 신체적 행복권의 침해

① 입을 옷을 일률적으로 구매하여 입힌다.
② 식단을 정할 때 개인의 취향을 전혀 묻지 않는다.
③ 너무 좁은 생활공간에 거주하게 한다.
④ 생리에 대한 적절한 교육을 적절한 때 실시하지 않는다.
⑤ 시끄럽다고 운동을 못하게 한다.
⑥ 동네를 돌아다니고 싶어도 차 사고 난다고 못나가게 한다.

(5) 정신적 행복권의 침해

① 미래에 대한 어두운 말을 반복하여 한다.
② 생활공간에 시설이 공식적으로 채택한 종교와 다른 의식을 치루지 못하게 한다.
③ 복용 중인 약물에 대해 상세한 설명을 해 주지 않는다.
④ 남의 칭찬을 비난한다.
⑤ 개인의 취미활동을 할 수 없다.

⑥ 억울한 일이 있어도 호소할 데가 없다.

(6) 사회적 행복권의 침해

① 본인이 좋아하는 서비스를 선택할 수 없다.
② 프로그램에 참여하고 싶지 않아도 강제적으로 가야 한다.
③ 자기자랑을 못하게 한다.
④ 자신의 감정을 제대로 표현하지 못하게 한다.
⑤ 본인의 생활공간을 자유롭게 꾸미지 못하게 한다.
⑥ 꼭 필요한데도 고가의 장식품 및 개인소지품을 못가지게 한다.
⑦ 직업에 대한 적성검사를 한 번도 받은 적이 없다.
⑧ 부족한 부분에 대하여 개별교육을 받지 못한다.
⑨ 이성교제는 무조건 못하게 한다.
⑩ 출산, 양육 등에 대한 교육을 받지 못한다.
⑪ 사회보장제도(교통비 감면, 국민연금 등)를 잘 활용하지 못한다.

2) 인권침해 시 대응방안

인권이 침해되었을 때는 다음과 같은 대응방식으로 대처할 수 있다.

첫째, 참고 그냥 지나간다. 이 방법은 상대방의 실수로 인권침해를 하였고 다시는 그러지 않겠다는 깊은 반성이 있을 경우에는 의미가 있지만, 대부분의 경우 또 다른 인권침해를 유발할 수 있다. 상대방은 같은 잘못을 반복하게 되며 자신의 인내에도 한계가 있어 많은 불만족을 느끼게 된다. 사회의 건전한 인권보호를 위하여 좋은 방법이 아니다. 참는 것은 인권침해를 예방하는 것이 아니고 유발하는 결과를 가져오는 것이다.

둘째, 잘못된 점을 즉시 지적하고 적절한 구제 절차를 밟아야 한다. 인권의 침해는 매우 심각한 문제로 그 자리에서 상대방에게 그 사실을 알게 하여야 한다. 상대방이 이를 시인하고 잘못을 뉘우친다면 처벌을 원하기보다는 재차 그러한 일이 발생하지 않도록 노력하게 하는 것이 좋은 방법이다. 하지만 그렇지 못한 경우에는 적절한 구제 절차를 통하여 처리하는 것이 좋은 방법이다. 우선적으로 자신의 피해에 대하여 공식적으로 사과를 받고 피해를 보상하며 재발방지를 약속받는 것이 중요하다.

셋째, 개별적인 보복을 한다. 지금 눈앞에서 인권침해 상황이 벌어지고 있다면 물리력을 동원해서라도 이를 제거하여야 하겠지만 일반적으로 지나친 대응은 새로운 문제를 야기시킬 수 있기 때문에 자제를 할 필요가 있다. 현명한 언행을 통하여 해결하여야 한다. 개별적인 보복은 자신이 힘의 우위에 있을 때 상대방을 제압하는 방식으로 최후의 방법으로 남겨주도록 하고, 가능하면 법에 의하여 처리할 수 있는 수준으로 대응하는 것이 바람직하다.

인권침해는 예방이 최우선이지만 현실은 그렇지 못한 경우가 많다. 특히 아동복지시설 중 생활시설에서는 많은 아동이 같은 공간에서 생활하기 때문에 인권침해의 가능성이 매우 높다고 볼 수 있다. 이러한 특성을 감안하여 인권이 침해되었을 때 모든 구성원이 바른 가치관으로 자신의 일처럼 호응해 주는 것이 매우 바람직하다.

인권침해에는 공개적인 장소보다 은밀하고 사적인 공간에서 발생하는 경우가 많다. 그렇다고 사생활을 공개하는 방식으로 접근하는 것은 바람직하지 않다. 사생활이 보호되는 상태에서 인권을 보호할 수 있는 방안을 모색하여야 한다. 일단 인권이 침해되면 혼자 해결하려는 것보다 주위 동료나 슈퍼바이저의 도움을 받는 것이 좋다. 가까운 친구나 평소 신뢰하는 슈퍼바이저에게 사실을 알리고 대책을 합리적으로 마련하는 노력이 필요하다. 먼저 공식적인 해결경로를 이용하고 공식적인 경로가 마련되어 있지 않다면 비공식적인 경로라도 찾아야 한다.

기록하는 방법도 매우 중요하다. 증거가 될 만한 것을 없애거나 방치하지 말고 인권침해라는 생각이 들면 즉시 관련 증거를 수집하고 보관하여야 한다. 자신의 주장을 보충할 수 있거나 상대방이 인권침해 사실을 인정하지 않을 때 반드시 필요한 자료이다. 특히 성(性)적인 인권침해의 경우 그 자리에서 분명한 의사표시를 하여야 한다.

3) 위기관리와 문제해결

(1) 위기관리 예방

① 인권행복위원회 운영

- 인권·행복향유사업을 원활하게 추진하기 위하여 원장 직속으로 인권행복위원회를 설치한다.
- 시설 내 아동의 인권·행복권 향유 실태를 조사한다.
- 시설 내·외의 아동의 인권·행복권 향유 실태 자료를 수집한다.
- 시설 내 아동의 인권·행복권 향유 실태 분석 및 보고한다.
- 시설 내 아동의 인권·행복권 향유 계획 수립 및 시행한다.
- 인권·행복권에 관해 유권해석 및 개선명령을 한다.

② 1인 담당제 실시

- 모든 아동에 대하여 직원 또는 내·외부 보호자 중에서 아동 개인별 평생 보호·지원담당자를 지칭한다.
- 보호자 중 후견인은 담당 아동의 인권·행복권 상황을 정기 또는 수시로 점검하여 인권·행복권 상황 점검 보고서를 위원회에 보고한다.
- 보고내용은 아동 인권·행복권 상황 점검 보고대장을 기록 및 관리한다.
- 위원회는 인권·행복권 침해의 징후가 있는 경우 즉시 이의 해소를 위한 조치를 취한다.

③ 교육 강화

- 직원에 대한 교육과정에 아동 인권·행복권의 중요성을 강조하는 내용을 반영한다.
- 교육과정에는 평가에 의한 점수를 많이 배정하여 그 효과를 높이도록 한다.
- 여러 교육과정에 필수과목으로 지정함으로써 지속적인 예방사업을 펼친다.

- 아동에게도 다양한 방법을 통한 교육을 실시하여 스스로의 인권을 보호할 수 있는 능력을 키운다.

④ 인식개선 홍보활동

- 시설 홈페이지에 아동 인권에 대한 글을 지속적으로 게시하거나 홈페이지에 내에서 인권·행복권에 대한 게시판 또는 대화방 등을 따로 마련하여 인식개선의 장으로 삼는다.
- 시설 부지 입구, 각 건물 출입구, 식당, 회의실 등 다중의 눈에 쉽게 띄는 장소를 물색하여 아동 인권·행복권에 관한 홍보물을 게시한다.
- 차량용 스티커, 마우스패드, 디스켓 케이스 등을 제작하여 배포·부착한다.
- 어린이날, 세계인권선언의 날 등에 후원자, 봉사자 등 지역주민 및 아동이 함께 주최하는 캠페인을 실시한다.

⑤ 토론회 개최

- 아동의 인권·행복권을 주제로 하는 정기적 또는 부정기적 토론회·강연회 등 개최
- 법인 내 시설들의 연합, 외부 기관과의 합동 또는 상호 초청 세미나 개최
- 법인 내 시설의 설립기념일 등에 맞추어 인권·행복권에 대한 세미나 개최

⑥ 연구모임 운영

- 법인 및 시설에서 아동의 인권·행복권 향유를 목적으로 하는 연구모임을 유도·지도한다.
- 아동의 인권·행복권 향유를 목적으로 하는 자치조직(동아리) 설립을 유도·지원한다.
- 다른 기관 및 외국의 사례 등을 조사·분석하는 연구 활동을 전개한다.
- 연구결과의 정기적 또는 부정기적 발표회를 개최한다.

- 연구 성과물에 대한 자료집 발간, 홈페이지, 기관회지 및 운영계획서 등에 게재하여 인식을 공유한다.

4) 문제해결 방안

(1) 보호자에 대한 통보 의무화

① 인권·행복권이 침해되었을 때는 평생보호자에게 즉시 통보한다.

② 인권·행복권이 침해되었을 때는 아동 인권·행복권 침해사실 통보서를 가족, 법정보호자 또는 평생담당자 등 보호자에게 송부한다.

③ 원활한 송부를 위하여 평소 보호자에 대한 인적사항을 적절하게 유지·관리한다.

④ 통보는 규정된 서식에 의한 서면으로 하는 것을 원칙으로 하며, 신속한 통보를 위하여 우선 전화 등의 가장 빠른 통신수단을 이용한다.

(2) 기관 내 보고조치 활성화

① 인권·행복권이 침해되었을 때는 이 사실을 직장상급자에게 즉시 보고한다.

② 인권·행복권이 침해되었을 때는 인권·행복권 침해사실 보고서를 직상급자에게 제출한다.

③ 보고는 정해진 서식에 의한 서면으로 하는 것을 원칙으로 하며, 신속한 보고를 위하여 우선 전화 등의 가장 빠른 통신수단을 허용한다.

④ 내부 의사결정규정을 만들어 이 규정에 의하여 처리한다.

(3) 사실조사 실시

① 인권·행복권이 침해되었을 때는 선 조사, 후 조치한다.

② 사실조사를 담당하는 자는 위원회에서 지명한다.

③ 사실조사 요원은 2인 이상으로 하고 관련 부서의 직원은 참여시키지 않는다.

④ 사실조사는 인권·행복권향유실태조사표에 근거하여 작성하되 조사가 필요하다고 판단하여 별도의 양식을 추가한다.
⑤ 사실조사가 이루어진 경우에는 반드시 이의 결과를 위원회에 보고한다.

(4) 위원회의 결정 및 조치

① 위원회는 인권·행복권이 침해되었다고 판단하는 즉시 적절한 결정 및 조치를 취한다.
② 위원회는 인권·행복권이 침해된 것으로 판단하는 경우에는 이를 공고한다.
③ 공고는 사안에 따라 시설 내와 시설 외로 구분하여 그 내용을 달리한다.
④ 시설 내는 법인이사회, 시설 전 직원, 시설 내 전 이동 및 그 보호자 등을 대상으로 한다.
⑤ 시설 외는 인권·행복권을 침해한 자가 속한 기관과 같은 종류의 국내외 다른 기관, 지도 및 감독관청 등을 대상으로 한다.
⑥ 위원회는 인권·행복권을 침해당한 아동에 대하여 침해한 자로부터 그 피해를 보상받을 권리를 충분히 행사할 수 있도록 조력한다.
⑦ 위원회는 피해보상이 법적·도덕적으로 모두 이루어지도록 조치한다.
⑧ 위원회는 피해보상과는 별도로 인권·행복권을 침해당했거나 침해한 자가 속한 해당 기관의 장에게 행정적 보호 또는 불이익 등 필요한 조치를 취하도록 권고한다.
⑨ 위원회로부터 행정적 권고를 받은 기관의 장이 이를 이행하였을 경우 그 결과를 위원장에게 통보한다. 권고를 거부, 유예한 경우에도 이와 같으나 그 사유를 함께 밝힌다.

(5) 소속기관의 징계조치

① 인권·행복권을 침해한 자가 속한 기관의 장은 규정된 징계의 절차에 따라 해당자를 징계한다.
② 징계하기로 결정한 경우에는 규정이 없거나 적절한 해당 조문이 없어

서 판단을 내리기 곤란한 경우에는 위원회에 이의 조치방안을 검토하도록 한다.

5) 인권·행복지수 관리

(1) 인권 · 행복지수 측정도구

상대성이 강한 인권과 주관성이 높은 행복을 객관적 기준에 의하여 측정하려는 의미는 다음과 같다.

첫째, '인권보장'은 사회복지 이전의 문제로서 시설이 사회복지기관으로서 수행해야 하는 것이 아니고 사람이 생활하는 곳에서 기본적으로 행하여야 할 책무이다. 이에 반하여 '행복권 보호'는 아동복지시설이 사회복지기관으로서 국가와 국민으로부터 소명 받은 사회적 책무이다.

둘째, 인권이 인간의 기본적 권리로서 쉽게 그 보장수준을 알 수 있는 바와 달리 아동의 적극적 권리인 '행복권'은 상대적으로 그 보호수준을 판단하기 어렵다. 이로 인하여 아동의 행복권은 소홀히 대해질 가능성이 높아진다.

셋째, 이러한 책무를 우리 스스로 실천할 의지가 있다면, 먼저 우리 기관을 이용하고 있는 아동의 인권이 얼마나 잘 보장되고 있는지 또 얼마나 행복하게 살아가고 있는지를 알아볼 수 있는 방법을 찾아야 하며, 이를 최대한 객관화시켜야만 할 필요성이 있다.

위와 같이 인권과 행복의 정도를 절대적으로는 알 수 없지만 최소한 보충적 개념으로라도 그 객관적 측정도구를 개발함으로써 행복의 정도를 파악하고 이에 맞는 보호체계를 갖추어야 한다.

(2) 인권 · 행복지수 측정도구 개발과정

인권보다는 먼저 행복이란 무엇인지를 밝혀야 할 것이나 이것은 고도의 정신적 판단으로서 오랜 기간의 인류문명사를 통하여서도 그 결론을 내지 못하여 우리는 차선의 방법을 통하여 접근해갈 필요가 있다. 그리고 행복에 대한 정의는 쉽게 합의될 수 없는 과제임을 인정하고 그 행복을 느낄 수 있는 몇 가지 원리를 추출하여 간접적으로 행복의 정도를 측정할 수 있는 기초를 만든다. 행복을 느끼는 원리에 작용하는 다양한 요소를 발굴하고 이를 체계적으로 정리해 나간다. 또한 행복권의 범주를 적절하게 정하고 가능하면 '인권'과의 연계체계를 감안하여 '인권'에서의 분류방식을 최대한 활용하여야 한다. 그리고 원리와 그 원리에 미치는 요소의 상관성을 점수화하거나 원리 간의 비중을 점수화하여 이를 행복의 범주에 맞춰 재편한 조사표를 작성한다.

(3) 인권 · 행복지수 산출의 원칙

분석결과가 현 실정에 가장 부합되도록 하여야 한다. 그리고 동일 설문항목에 의하여 반복 조사할 경우 그 추이가 잘 나타나도록 한다. 단위 설문항목보다는 분야별 분석에 유리하도록 한다. 또한 만족도의 백분율과 평점(문항점수)이 동일한 의미를 지니도록 한다.

(4) 인권 · 행복지수 측정도구

① 측정도구의 구성 원리

- 백분율 자체로는 만족도를 쉽게 이해할 수 없으므로 평점제를 실시한다.
- 등급은 평점을 사회적 가치척도에 대응시켜 보다 쉽게 이해할 수 있도록 '수우미양가' 제도를 실시한다.
- 각 배점과 그 간격, 각 등급과 그 간격 등은 상기와 같은 의도에 따라 책정되었으며 외부이론은 배제한다.

② 배점

- '보통'의 배점은 평균 평점에 정 또는 부의 영향을 미치지 않도록 중앙값으로 한다.
- '충족' 및 '양호'의 평점 합과 '미흡' 및 '불량'의 평점 합이 해당 분석대상의 평균 평점에 동일한 영향을 미치도록 '보통'을 기준으로 등간 배점한다.

③ 백분율

- 백분율은 5개 설문 응답항목을 모두 반영하여 상대적 비율로 한다.

④ 평점

- 평점은 응답항목별 배점과 백분율을 곱한 결과치들의 합을 응답항목 수로 나눈 산술평균값으로 한다.

⑤ 등급

- 0~100을 5등분한 1개 간격을 '가'에서 '수'까지 순차적으로 배분한다.
- 0 미만 또는 100 초과의 평점은 이를 적용하지 않는다.

표 14-12 산출공식

〈평점 산출표〉

구분	배점(a)	백분율 (b)예	평점 (a×b)예
(계)		100%	
충족	5	5%	25
양호	4	30%	80
보통	3	50%	150
미흡	2	20%	40
불량	1	5%	5

〈평점 구간별 등급〉

등급	최저점수		최고점수
(제외)	100 초과		
수	80	~	100
우	60	~	79
미	40	~	59
양	20	~	39
가	0	~	19

출처: 김미옥 외(2007). 사회복지 인권길라잡이, 한국사회복지사협회 재인용.

(5) 가치변화의 필요성

아동복지시설의 가장 큰 문제는 아동을 예의바른 아이, 정상적으로 성장하는 아이, 보호해 주어야 하는 아이로만 삼으려 하고, 그들이 지금 당장 무엇을 간절히 소망하는지 또한 성장하여 뭐가 되려고 하는지에 대해서는 관심을 둘 수 없는 환경에 있다. 진정한 인권은 아동을 잘 보호하는 것이 아니라 그들의 꿈을 키워주는 것이 가장 필요한 것이다.

Chapter 15

인권보호 복지기반 구축을 위한 과제

제1절 사회복지전문직은 인권 옹호의 초석
제2절 인권 실행을 위한 체계 구축

제1절 사회복지전문직은 인권 옹호의 초석

인권을 보호하고 향상시키는 데 봉사하고 사회를 발전시켜 나가는 것은 시대의 사명이자 국제 사회의 보편적 요구이다. 사람이 사람답게 사는 세상을 구현하는 것이 현대사회에서 모든 국가가 지향해야 하는 지상의 숭고한 목표인 것이다. 따라서 우리 사회에서 가장 취약한 환경에 처해 있는 국민을 보호하는 국가의 의무를 대신 수행하는 사회복지전문직들은 인권을 보호하고 향상시키는 사회를 만들어 가는데 핵심적인 위치에 있는 것이다. 사회복지전문직이 어떠한 생각을 갖고, 또한 어떻게 행동하느냐에 따라서 사회복지전문직이 인권을 보호하고 향상시키는 전문직으로 올바르게 설 수 있는지 여부를 결정하는 중요한 요소가 되는 것이다.

인권은 시대와 장소에 따라서 구체적인 내용이 끊임없이 변해 가는 역동적인 것이다. 그러면서도 모든 인간에게 요구되는 보편적인 실천 대상이자, 「헌법」을 비롯하여 법률을 포함한 다양한 법 규범에서 보편적으로 요구되는 인권을 보장하고 있지만, 실제적으로 우리 사회에서 실천되지 않으면 인권은 아무런 의미가 없는 것이다. 그래서 인권의 보편적 실천을 위하여 적절한 사회적 장치가 필요하며, 사회복지실천 현장의 구성원들이 적극적으로 노력해야 하는 것이다. 특히, 정부의 사회복지 조직체가 인권의 보장을 구체적으로 실행하기 위하여서 노력해야 한다. 그것은 복지 정책의 형성과 집행으로 나타나고, 복지서비스 조직의 운용이나 예산의 집행으로 나타나며, 예산의 편성에도 반영되어야 한다. 이러한 서비스 실천을 이끌어가는 핵심 주체인 사회복지전문직이 인권의 실천에 앞장서야 한다는 것은 몇 번을 강조해도 부족함이 없는 것이다. 사회복지전문직들이 인권을 보호하고 향상시키는 사회를 변화시키는 데 초석의 역할을 수행하기 위해서는 다음과 같은 사항들이 우선적으로 요구된다.

1. 인권 의식이나 인권 감수성을 높여야 한다

인권은 사회적 소수자나 약자들에게만 요구되고 보장되는 것은 아니다. 인권은 모든 사람에게 보편적으로 존중되며, 실행되어야 하는 것이다. 그렇지만, 가장 인권침해의 가능성이 높은 집단은 무엇보다도 사회적 소수자나 약자이다. 그렇기 때문에 먼저 그들의 입장에서 생각하고 배려하며 도움을 주는 '역지사지'의 자세가 필요하다. 이러한 자세의 바탕에는 인권의식과 인권에 대한 감수성이 기본적으로 뿌리를 내리고 있어야 한다.

인권은 인간이 향유하는 권리이므로 인권의식은 인간에 대한 기본 인식을 반영한다. 사회복지사가 가져야 할 기본인식은 모든 사람이 존엄성을 누리며 평등하게 살아가야 한다고 믿는 것이다. 인권의식이 투철해지면, 사람 사이의 관계를 다르게 보게 된다. 아울러 인권에 대하여 느끼는 감수성이 높게 되면, 사회 전반의 인권 실천에 대한 기대가 높아지고, 또한 인권의 실현 여부를 판단하는 기준도 높아지게 되는 것이다.

모든 사회복지전문직이 인권의식을 갖고, 사회 전반적으로 인권에 대한 감수성이 확산된다면, 인권은 훨씬 적극적으로 실천될 것이다. 그렇기 때문에 특히 사회복지전문직이 인권의식과 인권에 대한 감수성을 갖고 있다면, 전반적으로 사회복지 인권 실천의 수준은 한결 높아지게 될 것이다. 그 결과, 사회복지전문직은 인권이 실천되는 장치를 마련하는 데 앞장서며, 사회복지 전반의 인권 실현을 높여야 하는 원동력이 될 것이다.

2. 정책 수립과 집행에 '인권 중심의 사고방식'이 필요하다

사회복지 정책은 국정 목표를 실현하는 구체적인 방안이므로 다양한 측면이 고려되어야 할 것이다. 그렇지만 인권을 보호하고 향상시키는 국가에서는 사회복지 정책은 인권의 보호와 증진에 부합되어야 하는 것이다. 사회복지 정책의 출발부터 입법과정, 정책집행에 이르기까지 인권중심의 사고방식(human rights oriented thinking)이 요구되는 것이다. 이것은 실질적으로 정책을 수립하고 집행하는 사회복지 공무원이 인권중심에 서서 생각하고 판단할 때 가장 인권 친화적인 사회복지 정책의 입안과 수립 및 집행이 가능하게 될 것이다.

3. 사회 전반에 인권 문화의 확산에 기여하여야 한다

인권은 인간의 존엄성을 강조하는 삶의 자세를 반영하는 것이다. 인권은 언제나 위협받고 침해될 수 있는 대상이다. 따라서 인권의 보장을 위해 항상 사회적 감시가 필요하다. 이러한 점을 고려할 때 인권의 보호와 증진을 위한 실질적인 토대는 '사회'의 인권의식이나 인권중심의 행위 그리고 인권문화에 있다고 볼 수 있다. 인권문화의 확산은 개인이 갖는 인권의식이나 인권에 대한 감수성이 사회적으로 널리 확산되어 있다는 것을 의미한다. 따라서 인권의식, 인권에 대한 감수성, 인권문화는 같은 맥락이며, 일상생활에서 인권의 실천이 가장 잘 이루어지게 만드는 사회적 토양분이다. 우리 사회 전체가 인권을 중요하게 여기는 문화적 풍토가 조성되었을 때 진정으로 인권이 존중되는 사회가 이루어질 것이다. 이러한 점에서 인권을 보호하고 향상시키는 사회로 변화시키기 위해서는 인권문화의 확산이 중요한데 이를 위해 우리 사회 모든 공동체구성원이 노력하여야 할 것이다. 특히 인권을 보호하고 향상시키는 사회의 변화에 가장 큰 책임과 의무를 가지고 있는 사회복지전문직들의 역할이 중요한 것이다.

이와 같이 인권을 보호하고 향상시키는 국가 또는 인권을 존중하는 사회를 만들어 가기 위해서는 사회복지전문직의 인권의식, 인권중심의 사고방식이나 태도, 그리고 인권문화 확산에의 참여가 매우 중요하다는 것을 확신할 수 있다. 사회복지전문직들이 그러한 의식이나 태도를 갖기 위하여서는 사회복지 정책 입안자, 집행자, 학계, 실천현장 등 전체가 끊임없이 노력하여야 한다. 사회복지 분야에서는 그러한 노력의 일환으로 크게 두 가지 방안을 강구할 수 있을 것이다.

첫째, 지속적인 인권교육이 필요하다.

인권교육은 인권에 대한 지식을 전달하는 것만이 아니라 인권중심의 삶의 태도를 갖고 행동하도록 하는 것이다. 인권교육을 통하여 인권발전의 역사, 국제사회의 노력 등을 알게 된다. 그리고 인권을 실현하기 위해서 사회적 장치가 필요하며, 인권 실천의 구체적인 방안을 모색하는 것이 중요하다고 깨닫게 되는 것이다. 더 나아가 투철한 인권의식이나 인권중심의 사고방식을 갖게 되고, 인권문화 확산에 앞장서게 되는 것이다. 사회복지전문직은 인권교육을 통하여 인간다운 삶에 대한 사회적 요구, 인권의 철학적 근거와 영역이 확대되는 추세, 국제사회에서 인권이 실현되는 경향, 인류사회의 기대와 전망 등을 알게 되며, 그 결과 사회적 요구와 시대적 조류, 미래 사회에 대한 전망을 인식하게 되면서 사회의 소수자인 국민들에게 봉사하는 기본 소양을 갖추게 되고 사회적으로 신뢰받는 사회복지전문직이 될 것이다. 특히, 인권이 소극적인 실천(복지대상자 인권침해의 방지)으로부터 적극적인 실천(복지대상자 인권의 보호와 증진)으로 변화되어가는 세계적인 인권문화에 비추어 볼 때, 인권을 보호하고 향상시키는 사회의 변화가 국제사회의 요구이자 우리 사회의 시대적 소명이라는 사실에서 인권에 대한 교육은 사회복지전문직의 실천 자세에 변화를 가져오며, 적극적으로 인권을 보호하고 향상시키는 사회 변화에 앞장서야 할 것이다.

둘째, 인권침해에 대한 대응체계를 갖추어야 한다.

인권의 증진을 위해서는 개인적인 차원의 인식과 태도의 변화도 중요하지만, 사회 제도로서 인권침해를 방지하고 증진하는 시스템을 갖추는 것이 절실하게 필요하다. 인권은 성격상 언제 어디에서나 침해당할 수 있다는 점에서 인권침해가 발생하면, 즉각적으로 대항하여 피해자를 구제하는 시스템을 갖추는 것이 사회 전체에 필요하며, 그 시스템의 운용에는 사회복지 공직 사회가 앞장서야 할 것이다. 또한 사회복지 공직 사회나 사회복지실천 현장 내에서 인권침해가 발생하였을 때 신속하고 적절하게 대응하는 체계를 갖추는 것도 필요하다. 모든 사회복지행정조직 내에 '인권조정담당관'과 같은 제도를 도입하는 것도 하나의 방안이라고 생각한다. 이러한 것들은 궁극적으로 인권침해 대상자와 복지전문직들을 보호하게 되고, 더 나아가 인권침해를 통한 손실을 최소화하는 기본적인 장치가 될 것이다. 더불어 사회복지전문직이 국가와 국민에게 신뢰받으며 충실히 봉사해야 한다는 기본정신에도 부합될 수 있는 체계를 갖추는 것이다.

제2절 인권 실행을 위한 체계 구축

앞서 인권의 보호와 증진을 위한 사회복지전문직의 태도를 강조하였는데, 이에 따른 인권 실행을 위한 체계적인 구축의 중요성을 살펴보도록 하겠다. 오늘날 국가에서는 국민의 뜻을 받들어 통치하는 민주주의 원칙이 중요하고, 그에 따라 국민의 공공복리를 추구하는 체계를 갖추는 것이 필요하다. 그 핵심 내용으로서 인권의 보호와 보장을 중요시 하지 않을 수 없을 것이다. 특히, 21세기는 인권의 시대라고 여겨지고 있으며, 인권 주류화(human rights mainstreaming)나 인권지배체제(human rights regime)로 규정되는 시대적 요구와 국제사회의 추세에 비추어 인권 실행의 체계를 구축하는 것이 매우 중요하다. 이와 관련하여 주요 과제로서 다음 사항을 제시할 수 있을 것이다.

1. 헌법을 포함한 국내 법률과 국제 사회에서 요구하는 인권 실천 기준에 맞는 정책 형성 및 집행이 필요하다

우리나라 「헌법」과 여러 법률은 인권을 국민들이 누릴 기본적 권리로 명시하고 있다. 또 국제사회는 여러 협약과 선언을 통하여 인권의 지평을 넓혀가고 있다. 이것은 인권이 선택적으로 누릴 수 있는 것이 아니라 필수적으로 실천되어야 한다는 것을 밝히고 있다. 인권의 실천은 명시적이든 묵시적이든 국정 목표의 주요 내용이며, 그에 근거하여 국가의 정책과 행정이 이루어져야 한다는 것이다. 그러므로 인권을 반영하는 정책의 형성과 집행과정에서 중요한 기준이 되어야 한다. 인권의 실천이 오늘날 국제사회의 주요한 요구

사항이라는 점에서 인권을 보호하고 향상시키는 국가로서 올바로 서는 것은 국제사회에서 우리나라의 위상을 정립하는 데도 기여하게 될 것이다. 정책은 인권보호 및 증진에 직결되어 있는 것도 있고, 전혀 무관한 것처럼 여겨지는 것도 있다. 인권과 직결되어 있는 것은 말할 것도 없지만, 무관한 것처럼 여겨지는 정책마저 인권과의 관련성을 면밀하게 검토하는 것이 중요하다. 인권은 인간이 관계되는 모든 사안에 관련되어 있다는 점에서 어떠한 정책도 인권과 무관할 수 없는 것이다. 따라서 모든 정책에서 인권의 요소가 고려되어야 할 것이다.

2. 인권보호와 증진을 중시하는 행정적 협조가 필요하다

인권의 실천은 선언의 수준이 아니라 실질적인 복지행정 집행과정의 단계마다 요구되는 기준이다. 인권을 보호하고 증진하는 복지정책을 입안하고 집행하려는 정부의 의지도 중요하지만, 그것을 실현하려는 조직 구성, 예산 편성, 인원 배치 등이 병행되어야 한다. 인권을 보호하고 증진하기 위한 복지정책을 수립하고 집행하기 위해서는 예산의 뒷받침이 필요하고, 복지업무를 수행하는 공직자들의 인권의식이나 실행 의지도 중요하며, 조직이나 기구의 협력이 요구되기도 한다. 또한 인권 관련 사항을 해결하기 위한 기구의 확장이 필요하고, 그에 따른 적정한 인원의 배치도 이루어져야 한다. 이렇게 복지행정 전반의 협력이 있을 때 비로소 인권의 실천은 효율적으로 이루어지게 되는 것이다. 인권의 증진을 위한 행정기관에서는 인권에 관련된 정보를 교환하며 정책의 수립을 위한 협력이 필요하다. 경우에 따라서는 인권의 실천을 증진시키기 위한 목적에서 정책의 수립과 집행을 위한 협력기구의 설립도 검토할 필요가 있다.

3. 인권 전문가의 자문이 필요하다

인권의 범위와 내용은 시대적 상황에 따라 변화되고 발전해 가고 있다. 때에 따라서는 사회의 관습이나 제도 또는 사람들의 행동 방식과 충돌하는 경우도 있다. 심지어는 여러 내용을 담고 있는 인권의 특성으로 인권 간의 충돌이 이루어지는 경우도 있다. 그렇기 때문에 행정집행 과정에서 '인권문제'를 판단하는 것이 간단한 문제가 아닌 것이다. 이러한 점에서 행정 과정, 특히 정책을 수립하고 집행하는 과정에서 인권전문가의 자문을 받는 것이 필요하다. 우리나라는 국가인권기구로서 국가인권위원회를 설치하고 있으며, 정책을 형성하고 집행하는 과정에서 협의를 하도록 규정하고 있다(「국가인권위원회법」 제20조).[1] 이러한 제도적 장치와 규정을 최대한 활용하고 준수함으로써 행정 과정에서 발생하는 인권 관련 갈등을 미리 예방할 수 있을 것이다. 위와 같은 과제를 실천하면서 아울러 실질적인 인권 실천의 제고에 기여할 것으로 판단되는 제도는 아주 많을 것이다. 그 가운데 다음과 같은 방안이 필요하다고 판단된다.

첫째, '인권영향평가' 제도의 도입이다.

정책 수립과정에서 그 정책이 인권의 측면에 미칠 영향을 미리 평가하여 정책의 도입 여부를 결정하는 것이 필요하다. 예를 들어, 건축이나 토목 공사를 할 때 환경영향평가나 교통영향평가를 거쳐야 하듯이 새로운 정책을 입안하고 집행할 때 그 정책 등이 인권에 어떻게 영향을 미칠 것인가에 대하여 사전에 인권전문가의 판단을 구하는 것이다. 그렇게 함으로써 인권을 존중하는 사회를 만들어 가는 데 기여하는 정책들이 수립될 것이다.

둘째, '인권정책협의체'의 구성이다.

인권의 실천은 사회구성원의 일상생활에서 이루어지게 마련이다. 따라서 삶의 현장에서 인권의 보호와 증진이 이루어질 수 있도록 행정적 지원을 제공하는 것이 중요하다. 이러한 측면에서 각 지역 사회 수준에서 인권을 보호하고 증진하기 위한 행정지원시스템을 구축함으로써 실질적으로 인권 실천

---

1) ① 관계 국가행정기관 또는 지방자치단체의 장은 인권의 보호와 향상에 영향을 미치는 내용을 포함하고 있는 법령을 제정하거나 개정하려는 경우 미리 위원회에 통지하여야 한다.
② 위원회는 그 업무를 수행하기 위하여 필요하다고 인정하면 국가기관, 지방자치단체, 그 밖의 공사(公私) 단체(이하 "관계기관등"이라 한다)에 협의를 요청할 수 있다.
③ 제2항에 따른 요청을 받은 관계기관등은 정당한 사유가 없으면 이에 성실히 협조하여야 한다.

의 수준을 높일 수 있을 것이다. 예를 들면, 각 지방자치단체에서 인권을 담당하는 각 부처 담당자들 간의 연락 및 협력 체계를 강화하면서 인권 실천의 지도와 개선 방안을 집단적으로 도모하는 '인권정책협의체'를 구성한다면 인권 증진의 효과는 더욱 향상될 것이다. 또한 시민사회가 발전하면서 인권 관련 시민사회단체를 지원하며 협력하여야 할 업무들이 증가되었는데, 이러한 기구 또는 조직이 이러한 업무를 맡는다면 훨씬 업무의 효과성이 높아질 것이다. 또한 이러한 기구나 조직은 삶의 현장에서 발생하는 인권의 실천을 지도하고 평가하며, 또한 인권침해의 원인과 개선방향 등을 모색하는 데도 기여하게 될 것이다. 인권의 증진은 어느 한 부처의 활동으로 이루어지는 것은 아니다. 각 부처의 유기적인 협력, 더 나아가 시민사회의 여러 단체와의 협력을 통하여 더욱 효과를 얻을 수 있기 때문이다.

지금까지 인권을 보호하고 향상시키는 사회를 만들어가기 위한 향후 과제를 간략하게 살펴보았다. 오랜 세월 우리 사회는 민주화를 위해 끊임없이 노력해 왔다. 이제 인간존엄성과 평등, 삶의 질 향상을 강조하는 인권의 실천이 요구되는 시점에 왔다. 인권을 보호하는 사회를 만들어 가는 것은 이 시대 우리에게 주어진 과제이며 사명이다. 이러한 실천은 사회복지전문직의 임무이자 책임인 것이다. 따라서 사회복지서비스 시스템 자체가 인권의 보장과 증진을 위해서 구축되어야 하는 것과 함께 정책입안, 행정집행, 서비스실천의 전반이 인권실천을 위하여 작동해야 한다는 시대적 요구를 받고 있는 것이다. 복지행정의 중심은 사회복지 공무원이다. 사회복지 공무원들이 인권의식을 갖추고, 인권중심의 사고방식에서 업무를 수행하며, 인권 감수성과 인권문화가 사회복지 분야 전반에 확산되는 것에 기여하게 된다면 우리 사회복지 전달체계의 인권 존중은 아주 빠르게 실현될 것이다. 우리 사회복지 분야가 모두 서로를 존중하며, 공평하게 인권을 토대로 복지를 실천하는 '인권복지사회'가 만들어지고 발전해 나가는 데 사회복지 공무원, 민간 사회복지사 등 사회복지전문직의 상호존중과 역할이 절대적으로 중요하다는 사실을 다시 한 번 강조하는 것이다.

부록

1. 세계인권선언문
2. 대한민국헌법
3. 국가인권위원회법
4. 장애인차별금지 및 권리구제 등에 관한 법률

1. 세계인권선언문

(1948년 12월 10일 유엔총회 결의 217 A(Ⅲ)에 따라 채택되고 선포됨)

전문(前文)

인류 가족 모든 구성원의 타고난 존엄성과 평등하고도 양도할 수 없는 권리를 인정하는 것이 전 세계의 자유와 정의와 평화의 기초이며, 인권에 대한 무시와 경멸이 인류의 양심을 짓밟는 야만적 행위로 귀착되었으며, 인류가 언론의 자유와 신념의 자유를 누리고 공포와 궁핍으로부터 자유로운 세상은 보통 사람의 지고한 열망으로 천명되었고, 인간이 폭정과 억압에 대항하는 마지막 수단으로서 반란에 호소하도록 강요받지 않으려면, 인권이 법에 의한 통치에 의해서 보호되어야 함이 필수적이며, 나라 사이의 우호관계의 발전을 촉진하는 것이 반드시 필요하며, 유엔의 여러 국민들은 그 헌장에서 기본적 인권과 인간의 존엄성과 가치, 남녀의 동등한 권리에 대한 신념을 재확인하였으며, 더 폭넓은 자유 속에서 사회적 진보와 생활수준의 개선을 촉진할 것을 다짐하였고, 회원국은 유엔과 협력하여 인권과 기본적 자유에 대한 보편적 존중과 준수의 신장을 성취할 것을 서약하였으며, 이러한 권리와 자유에 대한 공통의 이해가 이 서약의 이행을 위해 가장 중요하기에, 그리하여 이제 유엔총회는 모든 개인과 사회의 각 기관은 이 선언을 항상 마음속에 간직한 채, 교육과 학업을 통하여 이러한 권리와 자유에 대한 존중을 신장시키기 위해 노력하고, 점진적인 국내적 및 국제적 조치를 통하여 회원국 관할권 아래에 있는 영토의 국민들 양자 모두에게 권리와 자유의 보편적이고 효과적인 인정과 준수를 보장하기 위해 힘쓰도록, 모든 국민들과 나라들이 성취해야 할 공통의 기준으로서 본 세계인권선언을 선포한다.

제1조: 우리는 모두 형제자매다.

우리 모두는 태어날 때부터 자유롭고, 존엄성과 권리에 있어서 평등하다. 우리 모두는 이성과 양심을 가졌으므로 서로에게 형제자매의 정신으로 행해야 한다.

제2조: 차별은 안 된다.

피부색, 성별, 종교, 언어, 국적, 갖고 있는 의견이나 신념 등이 다를지라도 우리는 모두 평등하다.

제3조: 안심하고 살아간다.

우리는 누구나 생명을 존중받으며, 자유롭게 그리고 안전하게 살아갈 권리가 있다.

제4조: 노예는 없다.

어느 누구도 사람을 노예처럼 다루거나 물건처럼 사고팔 수 없다.

제5조: 고문이나 모욕은 싫다.

사람은 누구나 고문이나 가혹하거나 비인도적이거나 모욕적인 처우 또는 형벌을 받지 않는다.

제6조: 법의 보호를 받는다.

우리는 모두 어디서나 똑같이 법의 보호를 받으며 인간답게 살아간다.

제7조: 법은 누구에게나 똑같다.

법은 누구에게나 평등해야 하며 차별적이어서는 안 된다.

제8조: 억울할 때는 법의 도움을 청하라

우리는 누구나 기본적인 권리를 침해당했을 때 법의 도움을 구할 수 있다. 그리고 재판을 해서 그 권리를 되찾을 수 있다.

제9조: 제멋대로 잡아 가둘 수 없다.

사람은 정당한 법률에 의하지 않고는 제멋대로 잡히거나 갇히거나 그 나라에서 쫓겨나지 않는다.

제10조: 재판은 공정하게 받는다.

우리는 어느 누구를 편들지 않는 독립되고 편견 없는 법원에서 공정한 재판을 받을 권리를 갖는다.

제11조: 잡혀도 반드시 유죄라고 볼 수 없다.

공정한 재판으로 유죄가 결정될 때까지는 어느 누구도 죄인이 아니다. 또한 자신을 변호할 수 있는 모든 방법을 보장받아야 한다. 그리고 사람은 죄를 범했을 때에 존재하는 법률에 따라서만 벌을 받는다. 나중에 만들어진 법률로는 처벌받지 않는다.

제12조: 나만의 세상을 가질 수 있다.

나의 사생활, 가족, 집, 편지나 전화 등 통신에 대하여 아무도 함부로 간섭할 수 없다. 나의 명예와 신용에 상처 입지 않는다. 만약 그런 일이 있을 때는 법의 보호를 받을 수 있다.

제13조: 떠나고 돌아올 수 있다.

우리는 모두 지금 살고 있는 나라 안에서 어디든 오고 갈 수 있으며, 살고 싶은 곳에서 살 수 있다. 어떤 나라에서도 떠날 수 있고 또 자기 나라로 돌아올 수 있는 권리가 있다.

제14조: 도망치는 것도 권리다.

누구나 괴롭힘을 당하면 다른 나라로 도망쳐 피난처를 찾아 살 권리가 있다. 그러나 그 사람이 누가 보아도 나쁜 짓을 저지른 경우는 제외된다.

제15조: 어느 나라 사람이든 될 수 있다.

우리는 누구나 한 나라의 국민이 될 권리를 가지며, 국적을 바꿀 권리도 가진다. 누구도 함부로 나의 국적을 빼앗거나 국적을 바꿀 권리를 방해할 수 없다.

제16조: 사랑하는 사람끼리 살 수 있다.

어른이 되면 누구나 결혼하여 가정을 가질 수 있다. 인종, 국적, 종교를 이유로 한 제한이 있어서는 안 되며 결혼할 사람 둘 간의 자유로운 동의에 의해서만 결혼할 수 있다. 결혼에 있어서나 가정생활에 있어서나 설령 이혼할 때에도 남녀는 동등한 권리를 갖는다. 가정은 나라의 보호를 받는다.

제17조: 재산을 갖는다.

사람은 누구나 혼자 또는 다른 사람과 함께 재산을 가질 수 있다. 재산은 함부로 빼앗기지 않는다.

제18조: 생각하는 것은 자유다.

우리는 누구나 사상, 양심, 종교의 자유를 누릴 권리를 갖는다. 스스로 자유롭게 생각할 수 있으며, 생각을 바꾸는 것도 자유이고, 혼자서 또는 여럿이 함께 자기의 생각을 표현할 자유도 있다.

제19조: 표현하는 것도 자유다.

우리는 누구나 의견을 가질 수 있고 또 표현할 수 있다. 누구도 그것을 방해해서는 안 된다. 사람은 누구나 모든 매체를 통해 국경과 상관없이 다른 나라 사람들과 정보와 의견을 교환할 수 있다.

제20조: 모일 수 있다.

우리는 누구나 평화롭게 집회를 열고 단체를 만들 자유가 있다. 그러나 싫어하는 사람에게 소속을 강요할 수는 없다.

제21조: 선거할 수 있다.

우리는 모두 선거로 자기 나라 정치에 참여할 권리를 가진다. 그리고 누구나 공무원이 될 수 있다. 선거는 올바르게 평등하게 해야 하며, 누구에게 표를 찍는지는 비밀로 할 수 있다.

제22조: 사회보장제도를 누릴 수 있다.

우리는 모두 사회의 일원으로서 사회보장제도에 대한 권리를 가진다. 각 나라의 구조와 자원에 따라서 또한 국제협력을 통해서 사람답게 살 수 있는 권리를 실현할 수 있다.

제23조: 마음 놓고 일할 수 있다.

사람은 직업을 자유롭게 골라서 일할 권리를 갖는다. 노동조건은 일하는 사람에게 공정하고 유리한 것이어야 하며, 일터를 잃지 않도록 보호받을 권리가 있다. 차별 없이 동일 노동에 대해서는 동일 임금을 받을 권리를 갖는다. 일에 대한 대가는 일한 사람과 그 가족이 인간다운 생활을 누릴 수 있는 수준이어야 한다. 일하는 사람의 이익을 보호하기 위하여 노동조합을 만들고 참여할 권리를 갖는다.

제24조: 쉬는 것도 중요하다.

사람에게는 쉴 권리가 있다. 무한정 일하는 것이 아니라 노동시간은 합리적으로 제한되어야 하며, 정기적인 유급휴가를 포함한 휴식과 여가를 누릴 권리를 갖는다.

제25조: 적합한 생활수준을 누릴 권리가 있다.

누구에게나 가족과 함께 건강하고 행복하게 살아갈 권리가 있다. 이 권리를 위하여 실업, 질병, 장애, 배우자와의 사별, 노령 또는 자신이 어찌할 수 없는 상황에서는 나라가 제공하는 보장제도를 누릴 권리를 갖는다. 어머니와 아이는 특별한 보살핌과 도움을 받을 권리를 갖는다.

제26조: 배울 수 있다.

누구나 교육을 받을 수 있다. 초등 기초단계의 교육은 무료여야 한다. 기술교육과 직업교육은 원하는 누구나 받을 수 있어야 하며, 고등교육은 실력 있는 모든 사람에게 평등하게 개방돼야 한다. 교육을 통해 우리는 자기의 인격을 발전시키고 사람의 권리와 자유가 소중하다는 것을 배워야 한다. 그리고 전 세계 모든 나라와 모든 인종과 모든 종교 간에 서로를 이해하고 우호적으로 지내는 법을 배워야 한다.

제27조: 즐거운 생활을 누릴 수 있다.

누구나 자유롭게 문화생활에 참여하고 예술을 감상할 권리를 갖는다. 과학의 진보와 그 혜택을 나눠 가질 권리를 갖는다. 그리고 사람은 자기가 만들어낸 과학·문학·예술의 산물에서 나오는 이익을 보호받을 권리를 갖는다.

제28조: 이 선언이 바라는 세상은 이렇다.

우리 모두는 이 선언에 선포된 권리와 자유를 충분히 실현할 수 있는 사회적, 국제적 질서를 누릴 권리를 갖는다.

제29조: 우리의 의무는 이렇다.

우리에게는 모든 사람의 자유와 권리를 지키고 살기 좋은 세상을 만들기 위한 의무가 있다. 다른 사람의 권리와 자유를 존중하기 위하여 필요한 경우에만 우리의 자유와 권리는 법률에 따라 제한된다.

제30조: 권리를 짓밟는 권리는 없다.

이 선언에서 말한 어떤 권리와 자유도 다른 사람의 권리와 자유를 짓밟기 위해 사용될 수 없다. 누구에게도 어떤 나라에도 남의 권리를 파괴할 목적으로 자기 권리를 사용할 권리는 없다.

2. 대한민국헌법

[시행 1988. 2. 25.] [헌법 제10호, 1987. 10. 29. 전부개정]

전문

유구한 역사와 전통에 빛나는 우리 대한국민은 3·1운동으로 건립된 대한민국임시정부의 법통과 불의에 항거한 4·19민주이념을 계승하고, 조국의 민주개혁과 평화적 통일의 사명에 입각하여 정의·인도와 동포애로써 민족의 단결을 공고히 하고, 모든 사회적 폐습과 불의를 타파하며, 자율과 조화를 바탕으로 자유민주적 기본질서를 더욱 확고히 하여 정치·경제·사회·문화의 모든 영역에 있어서 각인의 기회를 균등히 하고, 능력을 최고도로 발휘하게 하며, 자유와 권리에 따르는 책임과 의무를 완수하게 하여, 안으로는 국민생활의 균등한 향상을 기하고 밖으로는 항구적인 세계평화와 인류공영에 이바지함으로써 우리들과 우리들의 자손의 안전과 자유와 행복을 영원히 확보할 것을 다짐하면서 1948년 7월 12일에 제정되고 8차에 걸쳐 개정된 헌법을 이제 국회의 의결을 거쳐 국민투표에 의하여 개정한다.

제1장 총강

제1조 ①대한민국은 민주공화국이다.
②대한민국의 주권은 국민에게 있고, 모든 권력은 국민으로부터 나온다.

제2조 ①대한민국의 국민이 되는 요건은 법률로 정한다.
②국가는 법률이 정하는 바에 의하여 재외국민을 보호할 의무를 진다.

제3조 대한민국의 영토는 한반도와 그 부속도서로 한다.

제4조 대한민국은 통일을 지향하며, 자유민주적 기본질서에 입각한 평화적 통일 정책을 수립하고 이를 추진한다.

제5조 ①대한민국은 국제평화의 유지에 노력하고 침략적 전쟁을 부인한다.
②국군은 국가의 안전보장과 국토방위의 신성한 의무를 수행함을 사명으로 하며, 그 정치적 중립성은 준수된다.

제6조 ①헌법에 의하여 체결·공포된 조약과 일반적으로 승인된 국제법규는 국내법과 같은 효력을 가진다.
②외국인은 국제법과 조약이 정하는 바에 의하여 그 지위가 보장된다.

제7조 ①공무원은 국민전체에 대한 봉사자이며, 국민에 대하여 책임을 진다.
②공무원의 신분과 정치적 중립성은 법률이 정하는 바에 의하여 보장된다.

제8조 ①정당의 설립은 자유이며, 복수정당제는 보장된다.
②정당은 그 목적·조직과 활동이 민주적이어야 하며, 국민의 정치적 의사형성에 참여하는데 필요한 조직을 가져야 한다.
③정당은 법률이 정하는 바에 의하여 국가의 보호를 받으며, 국가는 법률이 정하는 바에 의하여 정당운영에 필요한 자금을 보조할 수 있다.
④정당의 목적이나 활동이 민주적 기본질서에 위배될 때에는 정부는 헌법재판소에 그 해산을 제소할 수 있고, 정당은 헌법재판소의 심판에 의하여 해산된다.

제9조 국가는 전통문화의 계승·발전과 민족문화의 창달에 노력하여야 한다.

제2장 국민의 권리와 의무

제10조 모든 국민은 인간으로서의 존엄과 가치를 가지며, 행복을 추구할 권리를 가진다. 국가는 개

인이 가지는 불가침의 기본적 인권을 확인하고 이를 보장할 의무를 진다.

제11조 ①모든 국민은 법 앞에 평등하다. 누구든지 성별·종교 또는 사회적 신분에 의하여 정치적·경제적·사회적·문화적 생활의 모든 영역에 있어서 차별을 받지 아니한다.
②사회적 특수계급의 제도는 인정되지 아니하며, 어떠한 형태로도 이를 창설할 수 없다.
③훈장등의 영전은 이를 받은 자에게만 효력이 있고, 어떠한 특권도 이에 따르지 아니한다.

제12조 ①모든 국민은 신체의 자유를 가진다. 누구든지 법률에 의하지 아니하고는 체포·구속·압수·수색 또는 심문을 받지 아니하며, 법률과 적법한 절차에 의하지 아니하고는 처벌·보안처분 또는 강제노역을 받지 아니한다.
②모든 국민은 고문을 받지 아니하며, 형사상 자기에게 불리한 진술을 강요당하지 아니한다.
③체포·구속·압수 또는 수색을 할 때에는 적법한 절차에 따라 검사의 신청에 의하여 법관이 발부한 영장을 제시하여야 한다. 다만, 현행범인인 경우와 장기 3년 이상의 형에 해당하는 죄를 범하고 도피 또는 증거인멸의 염려가 있을 때에는 사후에 영장을 청구할 수 있다.
④누구든지 체포 또는 구속을 당한 때에는 즉시 변호인의 조력을 받을 권리를 가진다. 다만, 형사피고인이 스스로 변호인을 구할 수 없을 때에는 법률이 정하는 바에 의하여 국가가 변호인을 붙인다.
⑤누구든지 체포 또는 구속의 이유와 변호인의 조력을 받을 권리가 있음을 고지받지 아니하고는 체포 또는 구속을 당하지 아니한다. 체포 또는 구속을 당한 자의 가족등 법률이 정하는 자에게는 그 이유와 일시·장소가 지체없이 통지되어야 한다.
⑥누구든지 체포 또는 구속을 당한 때에는 적부의 심사를 법원에 청구할 권리를 가진다.
⑦피고인의 자백이 고문·폭행·협박·구속의 부당한 장기화 또는 기망 기타의 방법에 의하여 자의로 진술된 것이 아니라고 인정될 때 또는 정식재판에 있어서 피고인의 자백이 그에게 불리한 유일한 증거일 때에는 이를 유죄의 증거로 삼거나 이를 이유로 처벌할 수 없다.

제13조 ①모든 국민은 행위시의 법률에 의하여 범죄를 구성하지 아니하는 행위로 소추되지 아니하며, 동일한 범죄에 대하여 거듭 처벌받지 아니한다.
②모든 국민은 소급입법에 의하여 참정권의 제한을 받거나 재산권을 박탈당하지 아니한다.
③모든 국민은 자기의 행위가 아닌 친족의 행위로 인하여 불이익한 처우를 받지 아니한다.

제14조 모든 국민은 거주·이전의 자유를 가진다.

제15조 모든 국민은 직업선택의 자유를 가진다.

제16조 모든 국민은 주거의 자유를 침해받지 아니한다. 주거에 대한 압수나 수색을 할 때에는 검사의 신청에 의하여 법관이 발부한 영장을 제시하여야 한다.

제17조 모든 국민은 사생활의 비밀과 자유를 침해받지 아니한다.

제18조 모든 국민은 통신의 비밀을 침해받지 아니한다.

제19조 모든 국민은 양심의 자유를 가진다.

제20조 ①모든 국민은 종교의 자유를 가진다.
②국교는 인정되지 아니하며, 종교와 정치는 분리된다.

제21조 ①모든 국민은 언론·출판의 자유와 집회·결사의 자유를 가진다.
②언론·출판에 대한 허가나 검열과 집회·결사에 대한 허가는 인정되지 아니한다.
③통신·방송의 시설기준과 신문의 기능을 보장하기 위하여 필요한 사항은 법률로 정한다.
④언론·출판은 타인의 명예나 권리 또는 공중도덕이나 사회윤리를 침해하여서는 아니된다. 언론·출판이 타인의 명예나 권리를 침해한 때에는 피해자는 이에 대한 피해의 배상을 청구할 수 있다.

제22조 ①모든 국민은 학문과 예술의 자유를 가진다.

②저작자·발명가·과학기술자와 예술가의 권리는 법률로써 보호한다.

제23조 ①모든 국민의 재산권은 보장된다. 그 내용과 한계는 법률로 정한다.

②재산권의 행사는 공공복리에 적합하도록 하여야 한다.

③공공필요에 의한 재산권의 수용·사용 또는 제한 및 그에 대한 보상은 법률로써 하되, 정당한 보상을 지급하여야 한다.

제24조 모든 국민은 법률이 정하는 바에 의하여 선거권을 가진다.

제25조 모든 국민은 법률이 정하는 바에 의하여 공무담임권을 가진다.

제26조 ①모든 국민은 법률이 정하는 바에 의하여 국가기관에 문서로 청원할 권리를 가진다.

②국가는 청원에 대하여 심사할 의무를 진다.

제27조 ①모든 국민은 헌법과 법률이 정한 법관에 의하여 법률에 의한 재판을 받을 권리를 가진다.

②군인 또는 군무원이 아닌 국민은 대한민국의 영역안에서는 중대한 군사상 기밀·초병·초소·유독음식물공급·포로·군용물에 관한 죄중 법률이 정한 경우와 비상계엄이 선포된 경우를 제외하고는 군사법원의 재판을 받지 아니한다.

③모든 국민은 신속한 재판을 받을 권리를 가진다. 형사피고인은 상당한 이유가 없는 한 지체없이 공개재판을 받을 권리를 가진다.

④형사피고인은 유죄의 판결이 확정될 때까지는 무죄로 추정된다.

⑤형사피해자는 법률이 정하는 바에 의하여 당해 사건의 재판절차에서 진술할 수 있다.

제28조 형사피의자 또는 형사피고인으로서 구금되었던 자가 법률이 정하는 불기소처분을 받거나 무죄판결을 받은 때에는 법률이 정하는 바에 의하여 국가에 정당한 보상을 청구할 수 있다.

제29조 ①공무원의 직무상 불법행위로 손해를 받은 국민은 법률이 정하는 바에 의하여 국가 또는 공공단체에 정당한 배상을 청구할 수 있다. 이 경우 공무원 자신의 책임은 면제되지 아니한다.

②군인·군무원·경찰공무원 기타 법률이 정하는 자가 전투·훈련등 직무집행과 관련하여 받은 손해에 대하여는 법률이 정하는 보상외에 국가 또는 공공단체에 공무원의 직무상 불법행위로 인한 배상은 청구할 수 없다.

제30조 타인의 범죄행위로 인하여 생명·신체에 대한 피해를 받은 국민은 법률이 정하는 바에 의하여 국가로부터 구조를 받을 수 있다.

제31조 ①모든 국민은 능력에 따라 균등하게 교육을 받을 권리를 가진다.

②모든 국민은 그 보호하는 자녀에게 적어도 초등교육과 법률이 정하는 교육을 받게 할 의무를 진다.

③의무교육은 무상으로 한다.

④교육의 자주성·전문성·정치적 중립성 및 대학의 자율성은 법률이 정하는 바에 의하여 보장된다.

⑤국가는 평생교육을 진흥하여야 한다.

⑥학교교육 및 평생교육을 포함한 교육제도와 그 운영, 교육재정 및 교원의 지위에 관한 기본적인 사항은 법률로 정한다.

제32조 ①모든 국민은 근로의 권리를 가진다. 국가는 사회적·경제적 방법으로 근로자의 고용의 증진과 적정임금의 보장에 노력하여야 하며, 법률이 정하는 바에 의하여 최저임금제를 시행하여야 한다.

②모든 국민은 근로의 의무를 진다. 국가는 근로의 의무의 내용과 조건을 민주주의원칙에 따라 법률로 정한다.

③근로조건의 기준은 인간의 존엄성을 보장하도록 법률로 정한다.

④여자의 근로는 특별한 보호를 받으며, 고용·임금 및 근로조건에 있어서 부당한 차별을 받지 아니한다.

⑤연소자의 근로는 특별한 보호를 받는다.

⑥국가유공자·상이군경 및 전몰군경의 유가족은 법률이 정하는 바에 의하여 우선적으로 근로의 기회를 부여받는다.

제33조 ①근로자는 근로조건의 향상을 위하여 자주적인 단결권·단체교섭권 및 단체행동권을 가진다.

②공무원인 근로자는 법률이 정하는 자에 한하여 단결권·단체교섭권 및 단체행동권을 가진다.

③법률이 정하는 주요방위산업체에 종사하는 근로자의 단체행동권은 법률이 정하는 바에 의하여 이를 제한하거나 인정하지 아니할 수 있다.

제34조 ①모든 국민은 인간다운 생활을 할 권리를 가진다.

②국가는 사회보장·사회복지의 증진에 노력할 의무를 진다.

③국가는 여자의 복지와 권익의 향상을 위하여 노력하여야 한다.

④국가는 노인과 청소년의 복지향상을 위한 정책을 실시할 의무를 진다.

⑤신체장애자 및 질병·노령 기타의 사유로 생활능력이 없는 국민은 법률이 정하는 바에 의하여 국가의 보호를 받는다.

⑥국가는 재해를 예방하고 그 위험으로부터 국민을 보호하기 위하여 노력하여야 한다.

제35조 ①모든 국민은 건강하고 쾌적한 환경에서 생활할 권리를 가지며, 국가와 국민은 환경보전을 위하여 노력하여야 한다.

②환경권의 내용과 행사에 관하여는 법률로 정한다.

③국가는 주택개발정책등을 통하여 모든 국민이 쾌적한 주거생활을 할 수 있도록 노력하여야 한다.

제36조 ①혼인과 가족생활은 개인의 존엄과 양성의 평등을 기초로 성립되고 유지되어야 하며, 국가는 이를 보장한다.

②국가는 모성의 보호를 위하여 노력하여야 한다.

③모든 국민은 보건에 관하여 국가의 보호를 받는다.

제37조 ①국민의 자유와 권리는 헌법에 열거되지 아니한 이유로 경시되지 아니한다.

②국민의 모든 자유와 권리는 국가안전보장·질서유지 또는 공공복리를 위하여 필요한 경우에 한하여 법률로써 제한할 수 있으며, 제한하는 경우에도 자유와 권리의 본질적인 내용을 침해할 수 없다.

제38조 모든 국민은 법률이 정하는 바에 의하여 납세의 의무를 진다.

제39조 ①모든 국민은 법률이 정하는 바에 의하여 국방의 의무를 진다.

②누구든지 병역의무의 이행으로 인하여 불이익한 처우를 받지 아니한다.

제3장 국회

제40조 입법권은 국회에 속한다.

제41조 ①국회는 국민의 보통·평등·직접·비밀선거에 의하여 선출된 국회의원으로 구성한다.

②국회의원의 수는 법률로 정하되, 200인 이상으로 한다.

③국회의원의 선거구와 비례대표제 기타 선거에 관한 사항은 법률로 정한다.

제42조 국회의원의 임기는 4년으로 한다.

제43조 국회의원은 법률이 정하는 직을 겸할 수 없다.

제44조 ①국회의원은 현행범인인 경우를 제외하고는 회기중 국회의 동의없이 체포 또는 구금되지

아니한다.

②국회의원이 회기전에 체포 또는 구금된 때에는 현행범인이 아닌 한 국회의 요구가 있으면 회기중 석방된다.

제45조 국회의원은 국회에서 직무상 행한 발언과 표결에 관하여 국회외에서 책임을 지지 아니한다.

제46조 ①국회의원은 청렴의 의무가 있다.

②국회의원은 국가이익을 우선하여 양심에 따라 직무를 행한다.

③국회의원은 그 지위를 남용하여 국가·공공단체 또는 기업체와의 계약이나 그 처분에 의하여 재산상의 권리·이익 또는 직위를 취득하거나 타인을 위하여 그 취득을 알선할 수 없다.

제47조 ①국회의 정기회는 법률이 정하는 바에 의하여 매년 1회 집회되며, 국회의 임시회는 대통령 또는 국회재적의원 4분의 1 이상의 요구에 의하여 집회된다.

②정기회의 회기는 100일을, 임시회의 회기는 30일을 초과할 수 없다.

③대통령이 임시회의 집회를 요구할 때에는 기간과 집회요구의 이유를 명시하여야 한다.

제48조 국회는 의장 1인과 부의장 2인을 선출한다.

제49조 국회는 헌법 또는 법률에 특별한 규정이 없는 한 재적의원 과반수의 출석과 출석의원 과반수의 찬성으로 의결한다. 가부동수인 때에는 부결된 것으로 본다.

제50조 ①국회의 회의는 공개한다. 다만, 출석의원 과반수의 찬성이 있거나 의장이 국가의 안전보장을 위하여 필요하다고 인정할 때에는 공개하지 아니할 수 있다.

②공개하지 아니한 회의내용의 공표에 관하여는 법률이 정하는 바에 의한다.

제51조 국회에 제출된 법률안 기타의 의안은 회기중에 의결되지 못한 이유로 폐기되지 아니한다. 다만, 국회의원의 임기가 만료된 때에는 그러하지 아니하다.

제52조 국회의원과 정부는 법률안을 제출할 수 있다.

제53조 ①국회에서 의결된 법률안은 정부에 이송되어 15일 이내에 대통령이 공포한다.

②법률안에 이의가 있을 때에는 대통령은 제1항의 기간내에 이의서를 붙여 국회로 환부하고, 그 재의를 요구할 수 있다. 국회의 폐회중에도 또한 같다.

③대통령은 법률안의 일부에 대하여 또는 법률안을 수정하여 재의를 요구할 수 없다.

④재의의 요구가 있을 때에는 국회는 재의에 붙이고, 재적의원과반수의 출석과 출석의원 3분의 2 이상의 찬성으로 전과 같은 의결을 하면 그 법률안은 법률로서 확정된다.

⑤대통령이 제1항의 기간내에 공포나 재의의 요구를 하지 아니한 때에도 그 법률안은 법률로서 확정된다.

⑥대통령은 제4항과 제5항의 규정에 의하여 확정된 법률을 지체없이 공포하여야 한다. 제5항에 의하여 법률이 확정된 후 또는 제4항에 의한 확정법률이 정부에 이송된 후 5일 이내에 대통령이 공포하지 아니할 때에는 국회의장이 이를 공포한다.

⑦법률은 특별한 규정이 없는 한 공포한 날로부터 20일을 경과함으로써 효력을 발생한다.

제54조 ①국회는 국가의 예산안을 심의·확정한다.

②정부는 회계연도마다 예산안을 편성하여 회계연도 개시 90일전까지 국회에 제출하고, 국회는 회계연도 개시 30일전까지 이를 의결하여야 한다.

③새로운 회계연도가 개시될 때까지 예산안이 의결되지 못한 때에는 정부는 국회에서 예산안이 의결될 때까지 다음의 목적을 위한 경비는 전년도 예산에 준하여 집행할 수 있다.

1. 헌법이나 법률에 의하여 설치된 기관 또는 시설의 유지·운영
2. 법률상 지출의무의 이행
3. 이미 예산으로 승인된 사업의 계속

제55조 ①한 회계연도를 넘어 계속하여 지출할 필요가 있을 때에는 정부는 연한을 정하여 계속비

로서 국회의 의결을 얻어야 한다.

②예비비는 총액으로 국회의 의결을 얻어야 한다. 예비비의 지출은 차기국회의 승인을 얻어야 한다.

제56조 정부는 예산에 변경을 가할 필요가 있을 때에는 추가경정예산안을 편성하여 국회에 제출할 수 있다.

제57조 국회는 정부의 동의없이 정부가 제출한 지출예산 각항의 금액을 증가하거나 새 비목을 설치할 수 없다.

제58조 국채를 모집하거나 예산외에 국가의 부담이 될 계약을 체결하려 할 때에는 정부는 미리 국회의 의결을 얻어야 한다.

제59조 조세의 종목과 세율은 법률로 정한다.

제60조 ①국회는 상호원조 또는 안전보장에 관한 조약, 중요한 국제조직에 관한 조약, 우호통상항해조약, 주권의 제약에 관한 조약, 강화조약, 국가나 국민에게 중대한 재정적 부담을 지우는 조약 또는 입법사항에 관한 조약의 체결·비준에 대한 동의권을 가진다.

②국회는 선전포고, 국군의 외국에의 파견 또는 외국군대의 대한민국 영역안에서의 주류에 대한 동의권을 가진다.

제61조 ①국회는 국정을 감사하거나 특정한 국정사안에 대하여 조사할 수 있으며, 이에 필요한 서류의 제출 또는 증인의 출석과 증언이나 의견의 진술을 요구할 수 있다.

②국정감사 및 조사에 관한 절차 기타 필요한 사항은 법률로 정한다.

제62조 ①국무총리·국무위원 또는 정부위원은 국회나 그 위원회에 출석하여 국정처리상황을 보고하거나 의견을 진술하고 질문에 응답할 수 있다.

②국회나 그 위원회의 요구가 있을 때에는 국무총리·국무위원 또는 정부위원은 출석·답변하여야 하며, 국무총리 또는 국무위원이 출석요구를 받은 때에는 국무위원 또는 정부위원으로 하여금 출석·답변하게 할 수 있다.

제63조 ①국회는 국무총리 또는 국무위원의 해임을 대통령에게 건의할 수 있다.

②제1항의 해임건의는 국회재적의원 3분의 1 이상의 발의에 의하여 국회재적의원 과반수의 찬성이 있어야 한다.

제64조 ①국회는 법률에 저촉되지 아니하는 범위 안에서 의사와 내부규율에 관한 규칙을 제정할 수 있다.

②국회는 의원의 자격을 심사하며, 의원을 징계할 수 있다.

③의원을 제명하려면 국회재적의원 3분의 2 이상의 찬성이 있어야 한다.

④제2항과 제3항의 처분에 대하여는 법원에 제소할 수 없다.

제65조 ①대통령·국무총리·국무위원·행정각부의 장·헌법재판소 재판관·법관·중앙선거관리위원회 위원·감사원장·감사위원 기타 법률이 정한 공무원이 그 직무집행에 있어서 헌법이나 법률을 위배한 때에는 국회는 탄핵의 소추를 의결할 수 있다.

②제1항의 탄핵소추는 국회재적의원 3분의 1 이상의 발의가 있어야 하며, 그 의결은 국회재적의원 과반수의 찬성이 있어야 한다. 다만, 대통령에 대한 탄핵소추는 국회재적의원 과반수의 발의와 국회재적의원 3분의 2 이상의 찬성이 있어야 한다.

③탄핵소추의 의결을 받은 자는 탄핵심판이 있을 때까지 그 권한행사가 정지된다.

④탄핵결정은 공직으로부터 파면함에 그친다. 그러나, 이에 의하여 민사상이나 형사상의 책임이 면제되지는 아니한다.

제4장 정부

제1절 대통령

제66조 ①대통령은 국가의 원수이며, 외국에 대하여 국가를 대표한다.
②대통령은 국가의 독립·영토의 보전·국가의 계속성과 헌법을 수호할 책무를 진다.
③대통령은 조국의 평화적 통일을 위한 성실한 의무를 진다.
④행정권은 대통령을 수반으로 하는 정부에 속한다.

제67조 ①대통령은 국민의 보통·평등·직접·비밀선거에 의하여 선출한다.
②제1항의 선거에 있어서 최고득표자가 2인 이상인 때에는 국회의 재적의원 과반수가 출석한 공개회의에서 다수표를 얻은 자를 당선자로 한다.
③대통령후보자가 1인일 때에는 그 득표수가 선거권자 총수의 3분의 1 이상이 아니면 대통령으로 당선될 수 없다.
④대통령으로 선거될 수 있는 자는 국회의원의 피선거권이 있고 선거일 현재 40세에 달하여야 한다.
⑤대통령의 선거에 관한 사항은 법률로 정한다.

제68조 ①대통령의 임기가 만료되는 때에는 임기만료 70일 내지 40일 전에 후임자를 선거한다.
②대통령이 궐위된 때 또는 대통령 당선자가 사망하거나 판결 기타의 사유로 그 자격을 상실한 때에는 60일 이내에 후임자를 선거한다.

제69조 대통령은 취임에 즈음하여 다음의 선서를 한다.
"나는 헌법을 준수하고 국가를 보위하며 조국의 평화적 통일과 국민의 자유와 복리의 증진 및 민족문화의 창달에 노력하여 대통령으로서의 직책을 성실히 수행할 것을 국민 앞에 엄숙히 선서합니다."

제70조 대통령의 임기는 5년으로 하며, 중임할 수 없다.

제71조 대통령이 궐위되거나 사고로 인하여 직무를 수행할 수 없을 때에는 국무총리, 법률이 정한 국무위원의 순서로 그 권한을 대행한다.

제72조 대통령은 필요하다고 인정할 때에는 외교·국방·통일 기타 국가안위에 관한 중요정책을 국민투표에 붙일 수 있다.

제73조 대통령은 조약을 체결·비준하고, 외교사절을 신임·접수 또는 파견하며, 선전포고와 강화를 한다.

제74조 ①대통령은 헌법과 법률이 정하는 바에 의하여 국군을 통수한다.
②국군의 조직과 편성은 법률로 정한다.

제75조 대통령은 법률에서 구체적으로 범위를 정하여 위임받은 사항과 법률을 집행하기 위하여 필요한 사항에 관하여 대통령령을 발할 수 있다.

제76조 ①대통령은 내우·외환·천재·지변 또는 중대한 재정·경제상의 위기에 있어서 국가의 안전보장 또는 공공의 안녕질서를 유지하기 위하여 긴급한 조치가 필요하고 국회의 집회를 기다릴 여유가 없을 때에 한하여 최소한으로 필요한 재정·경제상의 처분을 하거나 이에 관하여 법률의 효력을 가지는 명령을 발할 수 있다.
②대통령은 국가의 안위에 관계되는 중대한 교전상태에 있어서 국가를 보위하기 위하여 긴급한 조치가 필요하고 국회의 집회가 불가능한 때에 한하여 법률의 효력을 가지는 명령을 발할 수 있다.
③대통령은 제1항과 제2항의 처분 또는 명령을 한 때에는 지체없이 국회에 보고하여 그 승인을 얻어야 한다.
④제3항의 승인을 얻지 못한 때에는 그 처분 또는 명령은 그때부터 효력을 상실한다. 이

경우 그 명령에 의하여 개정 또는 폐지되었던 법률은 그 명령이 승인을 얻지 못한 때부터 당연히 효력을 회복한다.

⑤대통령은 제3항과 제4항의 사유를 지체없이 공포하여야 한다.

제77조 ①대통령은 전시·사변 또는 이에 준하는 국가비상사태에 있어서 병력으로써 군사상의 필요에 응하거나 공공의 안녕질서를 유지할 필요가 있을 때에는 법률이 정하는 바에 의하여 계엄을 선포할 수 있다.

②계엄은 비상계엄과 경비계엄으로 한다.

③비상계엄이 선포된 때에는 법률이 정하는 바에 의하여 영장제도, 언론·출판·집회·결사의 자유, 정부나 법원의 권한에 관하여 특별한 조치를 할 수 있다.

④계엄을 선포한 때에는 대통령은 지체없이 국회에 통고하여야 한다.

⑤국회가 재적의원 과반수의 찬성으로 계엄의 해제를 요구한 때에는 대통령은 이를 해제하여야 한다.

제78조 대통령은 헌법과 법률이 정하는 바에 의하여 공무원을 임면한다.

제79조 ①대통령은 법률이 정하는 바에 의하여 사면·감형 또는 복권을 명할 수 있다.

②일반사면을 명하려면 국회의 동의를 얻어야 한다.

③사면·감형 및 복권에 관한 사항은 법률로 정한다.

제80조 대통령은 법률이 정하는 바에 의하여 훈장 기타의 영전을 수여한다.

제81조 대통령은 국회에 출석하여 발언하거나 서한으로 의견을 표시할 수 있다.

제82조 대통령의 국법상 행위는 문서로써 하며, 이 문서에는 국무총리와 관계 국무위원이 부서한다. 군사에 관한 것도 또한 같다.

제83조 대통령은 국무총리·국무위원·행정각부의 장 기타 법률이 정하는 공사의 직을 겸할 수 없다.

제84조 대통령은 내란 또는 외환의 죄를 범한 경우를 제외하고는 재직중 형사상의 소추를 받지 아니한다.

제85조 전직대통령의 신분과 예우에 관하여는 법률로 정한다.

제2절 행정부

제1관 국무총리와 국무위원

제86조 ①국무총리는 국회의 동의를 얻어 대통령이 임명한다.

②국무총리는 대통령을 보좌하며, 행정에 관하여 대통령의 명을 받아 행정각부를 통할한다.

③군인은 현역을 면한 후가 아니면 국무총리로 임명될 수 없다.

제87조 ①국무위원은 국무총리의 제청으로 대통령이 임명한다.

②국무위원은 국정에 관하여 대통령을 보좌하며, 국무회의의 구성원으로서 국정을 심의한다.

③국무총리는 국무위원의 해임을 대통령에게 건의할 수 있다.

④군인은 현역을 면한 후가 아니면 국무위원으로 임명될 수 없다.

제2관 국무회의

제88조 ①국무회의는 정부의 권한에 속하는 중요한 정책을 심의한다.

②국무회의는 대통령·국무총리와 15인 이상 30인 이하의 국무위원으로 구성한다.

③대통령은 국무회의의 의장이 되고, 국무총리는 부의장이 된다.

제89조 다음 사항은 국무회의의 심의를 거쳐야 한다.

1. 국정의 기본계획과 정부의 일반정책
2. 선전·강화 기타 중요한 대외정책

3. 헌법개정안·국민투표안·조약안·법률안 및 대통령령안
4. 예산안·결산·국유재산처분의 기본계획·국가의 부담이 될 계약 기타 재정에 관한 중요사항
5. 대통령의 긴급명령·긴급재정경제처분 및 명령 또는 계엄과 그 해제
6. 군사에 관한 중요사항
7. 국회의 임시회 집회의 요구
8. 영전수여
9. 사면·감형과 복권
10. 행정각부간의 권한의 획정
11. 정부안의 권한의 위임 또는 배정에 관한 기본계획
12. 국정처리상황의 평가·분석
13. 행정각부의 중요한 정책의 수립과 조정
14. 정당해산의 제소
15. 정부에 제출 또는 회부된 정부의 정책에 관계되는 청원의 심사
16. 검찰총장·합동참모의장·각군참모총장·국립대학교총장·대사 기타 법률이 정한 공무원과 국영기업체관리자의 임명
17. 기타 대통령·국무총리 또는 국무위원이 제출한 사항

제90조 ①국정의 중요한 사항에 관한 대통령의 자문에 응하기 위하여 국가원로로 구성되는 국가원로자문회의를 둘 수 있다.
②국가원로자문회의의 의장은 직전대통령이 된다. 다만, 직전대통령이 없을 때에는 대통령이 지명한다.
③국가원로자문회의의 조직·직무범위 기타 필요한 사항은 법률로 정한다.

제91조 ①국가안전보장에 관련되는 대외정책·군사정책과 국내정책의 수립에 관하여 국무회의의 심의에 앞서 대통령의 자문에 응하기 위하여 국가안전보장회의를 둔다.
②국가안전보장회의는 대통령이 주재한다.
③국가안전보장회의의 조직·직무범위 기타 필요한 사항은 법률로 정한다.

제92조 ①평화통일정책의 수립에 관한 대통령의 자문에 응하기 위하여 민주평화통일자문회의를 둘 수 있다.
②민주평화통일자문회의의 조직·직무범위 기타 필요한 사항은 법률로 정한다.

제93조 ①국민경제의 발전을 위한 중요정책의 수립에 관하여 대통령의 자문에 응하기 위하여 국민경제자문회의를 둘 수 있다.
②국민경제자문회의의 조직·직무범위 기타 필요한 사항은 법률로 정한다.

제3관 행정각부

제94조 행정각부의 장은 국무위원 중에서 국무총리의 제청으로 대통령이 임명한다.

제95조 국무총리 또는 행정각부의 장은 소관사무에 관하여 법률이나 대통령령의 위임 또는 직권으로 총리령 또는 부령을 발할 수 있다.

제96조 행정각부의 설치·조직과 직무범위는 법률로 정한다.

제4관 감사원

제97조 국가의 세입·세출의 결산, 국가 및 법률이 정한 단체의 회계검사와 행정기관 및 공무원의 직무에 관한 감찰을 하기 위하여 대통령 소속하에 감사원을 둔다.

제98조 ①감사원은 원장을 포함한 5인 이상 11인 이하의 감사위원으로 구성한다.
②원장은 국회의 동의를 얻어 대통령이 임명하고, 그 임기는 4년으로 하며, 1차에 한하여

중임할 수 있다.

③감사위원은 원장의 제청으로 대통령이 임명하고, 그 임기는 4년으로 하며, 1차에 한하여 중임할 수 있다.

제99조 감사원은 세입·세출의 결산을 매년 검사하여 대통령과 차년도국회에 그 결과를 보고하여야 한다.

제100조 감사원의 조직·직무범위·감사위원의 자격·감사대상공무원의 범위 기타 필요한 사항은 법률로 정한다.

제5장 법원

제101조 ①사법권은 법관으로 구성된 법원에 속한다.

②법원은 최고법원인 대법원과 각급법원으로 조직된다.

③법관의 자격은 법률로 정한다.

제102조 ①대법원에 부를 둘 수 있다.

②대법원에 대법관을 둔다. 다만, 법률이 정하는 바에 의하여 대법관이 아닌 법관을 둘 수 있다.

③대법원과 각급법원의 조직은 법률로 정한다.

제103조 법관은 헌법과 법률에 의하여 그 양심에 따라 독립하여 심판한다.

제104조 ①대법원장은 국회의 동의를 얻어 대통령이 임명한다.

②대법관은 대법원장의 제청으로 국회의 동의를 얻어 대통령이 임명한다.

③대법원장과 대법관이 아닌 법관은 대법관회의의 동의를 얻어 대법원장이 임명한다.

제105조 ①대법원장의 임기는 6년으로 하며, 중임할 수 없다.

②대법관의 임기는 6년으로 하며, 법률이 정하는 바에 의하여 연임할 수 있다.

③대법원장과 대법관이 아닌 법관의 임기는 10년으로 하며, 법률이 정하는 바에 의하여 연임할 수 있다.

④법관의 정년은 법률로 정한다.

제106조 ①법관은 탄핵 또는 금고 이상의 형의 선고에 의하지 아니하고는 파면되지 아니하며, 징계처분에 의하지 아니하고는 정직·감봉 기타 불리한 처분을 받지 아니한다.

②법관이 중대한 심신상의 장해로 직무를 수행할 수 없을 때에는 법률이 정하는 바에 의하여 퇴직하게 할 수 있다.

제107조 ①법률이 헌법에 위반되는 여부가 재판의 전제가 된 경우에는 법원은 헌법재판소에 제청하여 그 심판에 의하여 재판한다.

②명령·규칙 또는 처분이 헌법이나 법률에 위반되는 여부가 재판의 전제가 된 경우에는 대법원은 이를 최종적으로 심사할 권한을 가진다.

③재판의 전심절차로서 행정심판을 할 수 있다. 행정심판의 절차는 법률로 정하되, 사법절차가 준용되어야 한다.

제108조 대법원은 법률에 저촉되지 아니하는 범위안에서 소송에 관한 절차, 법원의 내부규율과 사무처리에 관한 규칙을 제정할 수 있다.

제109조 재판의 심리와 판결은 공개한다. 다만, 심리는 국가의 안전보장 또는 안녕질서를 방해하거나 선량한 풍속을 해할 염려가 있을 때에는 법원의 결정으로 공개하지 아니할 수 있다.

제110조 ①군사재판을 관할하기 위하여 특별법원으로서 군사법원을 둘 수 있다.

②군사법원의 상고심은 대법원에서 관할한다.

③군사법원의 조직·권한 및 재판관의 자격은 법률로 정한다.

④비상계엄하의 군사재판은 군인·군무원의 범죄나 군사에 관한 간첩죄의 경우와 초병·초소·유독음식물공급·포로에 관한 죄중 법률이 정한 경우에 한하여 단심으로 할 수 있다. 다만, 사형을 선고한 경우에는 그러하지 아니하다.

제6장 헌법재판소

제111조 ①헌법재판소는 다음 사항을 관장한다.

1. 법원의 제청에 의한 법률의 위헌여부 심판
2. 탄핵의 심판
3. 정당의 해산 심판
4. 국가기관 상호간, 국가기관과 지방자치단체간 및 지방자치단체 상호간의 권한쟁의에 관한 심판
5. 법률이 정하는 헌법소원에 관한 심판

②헌법재판소는 법관의 자격을 가진 9인의 재판관으로 구성하며, 재판관은 대통령이 임명한다.

③제2항의 재판관중 3인은 국회에서 선출하는 자를, 3인은 대법원장이 지명하는 자를 임명한다.

④헌법재판소의 장은 국회의 동의를 얻어 재판관중에서 대통령이 임명한다.

제112조 ①헌법재판소 재판관의 임기는 6년으로 하며, 법률이 정하는 바에 의하여 연임할 수 있다.

②헌법재판소 재판관은 정당에 가입하거나 정치에 관여할 수 없다.

③헌법재판소 재판관은 탄핵 또는 금고 이상의 형의 선고에 의하지 아니하고는 파면되지 아니한다.

제113조 ①헌법재판소에서 법률의 위헌결정, 탄핵의 결정, 정당해산의 결정 또는 헌법소원에 관한 인용결정을 할 때에는 재판관 6인 이상의 찬성이 있어야 한다.

②헌법재판소는 법률에 저촉되지 아니하는 범위안에서 심판에 관한 절차, 내부규율과 사무처리에 관한 규칙을 제정할 수 있다.

③헌법재판소의 조직과 운영 기타 필요한 사항은 법률로 정한다.

제7장 선거관리

제114조 ①선거와 국민투표의 공정한 관리 및 정당에 관한 사무를 처리하기 위하여 선거관리위원회를 둔다.

②중앙선거관리위원회는 대통령이 임명하는 3인, 국회에서 선출하는 3인과 대법원장이 지명하는 3인의 위원으로 구성한다. 위원장은 위원중에서 호선한다.

③위원의 임기는 6년으로 한다.

④위원은 정당에 가입하거나 정치에 관여할 수 없다.

⑤위원은 탄핵 또는 금고 이상의 형의 선고에 의하지 아니하고는 파면되지 아니한다.

⑥중앙선거관리위원회는 법령의 범위안에서 선거관리·국민투표관리 또는 정당사무에 관한 규칙을 제정할 수 있으며, 법률에 저촉되지 아니하는 범위안에서 내부규율에 관한 규칙을 제정할 수 있다.

⑦각급 선거관리위원회의 조직·직무범위 기타 필요한 사항은 법률로 정한다.

제115조 ①각급 선거관리위원회는 선거인명부의 작성등 선거사무와 국민투표사무에 관하여 관계 행정기관에 필요한 지시를 할 수 있다.

②제1항의 지시를 받은 당해 행정기관은 이에 응하여야 한다.

제116조 ①선거운동은 각급 선거관리위원회의 관리하에 법률이 정하는 범위안에서 하되, 균등한 기회가 보장되어야 한다.
②선거에 관한 경비는 법률이 정하는 경우를 제외하고는 정당 또는 후보자에게 부담시킬 수 없다.

제8장 지방자치

제117조 ①지방자치단체는 주민의 복리에 관한 사무를 처리하고 재산을 관리하며, 법령의 범위안에서 자치에 관한 규정을 제정할 수 있다.
②지방자치단체의 종류는 법률로 정한다.

제118조 ①지방자치단체에 의회를 둔다.
②지방의회의 조직·권한·의원선거와 지방자치단체의 장의 선임방법 기타 지방자치단체의 조직과 운영에 관한 사항은 법률로 정한다.

제9장 경제

제119조 ①대한민국의 경제질서는 개인과 기업의 경제상의 자유와 창의를 존중함을 기본으로 한다.
②국가는 균형있는 국민경제의 성장 및 안정과 적정한 소득의 분배를 유지하고, 시장의 지배와 경제력의 남용을 방지하며, 경제주체간의 조화를 통한 경제의 민주화를 위하여 경제에 관한 규제와 조정을 할 수 있다.

제120조 ①광물 기타 중요한 지하자원·수산자원·수력과 경제상 이용할 수 있는 자연력은 법률이 정하는 바에 의하여 일정한 기간 그 채취·개발 또는 이용을 특허할 수 있다.
②국토와 자원은 국가의 보호를 받으며, 국가는 그 균형있는 개발과 이용을 위하여 필요한 계획을 수립한다.

제121조 ①국가는 농지에 관하여 경자유전의 원칙이 달성될 수 있도록 노력하여야 하며, 농지의 소작제도는 금지된다.
②농업생산성의 제고와 농지의 합리적인 이용을 위하거나 불가피한 사정으로 발생하는 농지의 임대차와 위탁경영은 법률이 정하는 바에 의하여 인정된다.

제122조 국가는 국민 모두의 생산 및 생활의 기반이 되는 국토의 효율적이고 균형있는 이용·개발과 보전을 위하여 법률이 정하는 바에 의하여 그에 관한 필요한 제한과 의무를 과할 수 있다.

제123조 ①국가는 농업 및 어업을 보호·육성하기 위하여 농·어촌종합개발과 그 지원등 필요한 계획을 수립·시행하여야 한다.
②국가는 지역간의 균형있는 발전을 위하여 지역경제를 육성할 의무를 진다.
③국가는 중소기업을 보호·육성하여야 한다.
④국가는 농수산물의 수급균형과 유통구조의 개선에 노력하여 가격안정을 도모함으로써 농·어민의 이익을 보호한다.
⑤국가는 농·어민과 중소기업의 자조조직을 육성하여야 하며, 그 자율적 활동과 발전을 보장한다.

제124조 국가는 건전한 소비행위를 계도하고 생산품의 품질향상을 촉구하기 위한 소비자보호운동을 법률이 정하는 바에 의하여 보장한다.

제125조 국가는 대외무역을 육성하며, 이를 규제·조정할 수 있다.

제126조 국방상 또는 국민경제상 긴절한 필요로 인하여 법률이 정하는 경우를 제외하고는, 사영기

업을 국유 또는 공유로 이전하거나 그 경영을 통제 또는 관리할 수 없다.

제127조 ①국가는 과학기술의 혁신과 정보 및 인력의 개발을 통하여 국민경제의 발전에 노력하여야 한다.
②국가는 국가표준제도를 확립한다.
③대통령은 제1항의 목적을 달성하기 위하여 필요한 자문기구를 둘 수 있다.

제10장 헌법개정

제128조 ①헌법개정은 국회재적의원 과반수 또는 대통령의 발의로 제안된다.
②대통령의 임기연장 또는 중임변경을 위한 헌법개정은 그 헌법개정 제안 당시의 대통령에 대하여는 효력이 없다.

제129조 제안된 헌법개정안은 대통령이 20일 이상의 기간 이를 공고하여야 한다.

제130조 ①국회는 헌법개정안이 공고된 날로부터 60일 이내에 의결하여야 하며, 국회의 의결은 재적의원 3분의 2 이상의 찬성을 얻어야 한다.
②헌법개정안은 국회가 의결한 후 30일 이내에 국민투표에 붙여 국회의원선거권자 과반수의 투표와 투표자 과반수의 찬성을 얻어야 한다.
③헌법개정안이 제2항의 찬성을 얻은 때에는 헌법개정은 확정되며, 대통령은 즉시 이를 공포하여야 한다.

부 칙

제1조 이 헌법은 1988년 2월 25일부터 시행한다. 다만, 이 헌법을 시행하기 위하여 필요한 법률의 제정·개정과 이 헌법에 의한 대통령 및 국회의원의 선거 기타 이 헌법시행에 관한 준비는 이 헌법시행 전에 할 수 있다.

제2조 ①이 헌법에 의한 최초의 대통령선거는 이 헌법시행일 40일 전까지 실시한다.
②이 헌법에 의한 최초의 대통령의 임기는 이 헌법시행일로부터 개시한다.

제3조 ①이 헌법에 의한 최초의 국회의원선거는 이 헌법공포일로부터 6월 이내에 실시하며, 이 헌법에 의하여 선출된 최초의 국회의원의 임기는 국회의원선거후 이 헌법에 의한 국회의 최초의 집회일로부터 개시한다.
②이 헌법공포 당시의 국회의원의 임기는 제1항에 의한 국회의 최초의 집회일 전일까지로 한다.

제4조 ①이 헌법시행 당시의 공무원과 정부가 임명한 기업체의 임원은 이 헌법에 의하여 임명된 것으로 본다. 다만, 이 헌법에 의하여 선임방법이나 임명권자가 변경된 공무원과 대법원장 및 감사원장은 이 헌법에 의하여 후임자가 선임될 때까지 그 직무를 행하며, 이 경우 전임자인 공무원의 임기는 후임자가 선임되는 전일까지로 한다.
②이 헌법시행 당시의 대법원장과 대법원판사가 아닌 법관은 제1항 단서의 규정에 불구하고 이 헌법에 의하여 임명된 것으로 본다.
③이 헌법중 공무원의 임기 또는 중임제한에 관한 규정은 이 헌법에 의하여 그 공무원이 최초로 선출 또는 임명된 때로부터 적용한다.

제5조 이 헌법시행 당시의 법령과 조약은 이 헌법에 위배되지 아니하는 한 그 효력을 지속한다.

제6조 이 헌법시행 당시에 이 헌법에 의하여 새로 설치될 기관의 권한에 속하는 직무를 행하고 있는 기관은 이 헌법에 의하여 새로운 기관이 설치될 때까지 존속하며 그 직무를 행한다.

3. 국가인권위원회법

[시행 2016. 2. 3.] [법률 제14028호, 2016. 2. 3. 일부개정]

제1장 총칙

제1조(목적) 이 법은 국가인권위원회를 설립하여 모든 개인이 가지는 불가침의 기본적 인권을 보호하고 그 수준을 향상시킴으로써 인간으로서의 존엄과 가치를 구현하고 민주적 기본질서의 확립에 이바지함을 목적으로 한다.

제2조(정의) 이 법에서 사용하는 용어의 뜻은 다음과 같다. <개정 2016. 2. 3.>

1. "인권"이란 「대한민국헌법」 및 법률에서 보장하거나 대한민국이 가입·비준한 국제인권조약 및 국제관습법에서 인정하는 인간으로서의 존엄과 가치 및 자유와 권리를 말한다.

2. "구금·보호시설"이란 다음 각 목에 해당하는 시설을 말한다.

가. 교도소·소년교도소·구치소 및 그 지소, 보호감호소, 치료감호시설, 소년원 및 소년분류심사원

나. 경찰서 유치장 및 사법경찰관리가 직무 수행을 위하여 사람을 조사하고 유치(留置)하거나 수용하는 데에 사용하는 시설

다. 군 교도소(지소·미결수용실 및 헌병대 영창을 포함한다)

라. 외국인 보호소

마. 다수인 보호시설(많은 사람을 보호하고 수용하는 시설로서 대통령령으로 정하는 시설을 말한다)

3. "평등권 침해의 차별행위"란 합리적인 이유 없이 성별, 종교, 장애, 나이, 사회적 신분, 출신 지역(출생지, 등록기준지, 성년이 되기 전의 주된 거주지 등을 말한다), 출신 국가, 출신 민족, 용모 등 신체 조건, 기혼·미혼·별거·이혼·사별·재혼·사실혼 등 혼인 여부, 임신 또는 출산, 가족 형태 또는 가족 상황, 인종, 피부색, 사상 또는 정치적 의견, 형의 효력이 실효된 전과(前科), 성적(性的) 지향, 학력, 병력(病歷) 등을 이유로 한 다음 각 목의 어느 하나에 해당하는 행위를 말한다. 다만, 현존하는 차별을 없애기 위하여 특정한 사람(특정한 사람들의 집단을 포함한다. 이하 이 조에서 같다)을 잠정적으로 우대하는 행위와 이를 내용으로 하는 법령의 제정·개정 및 정책의 수립·집행은 평등권 침해의 차별행위(이하 "차별행위"라 한다)로 보지 아니한다.

가. 고용(모집, 채용, 교육, 배치, 승진, 임금 및 임금 외의 금품 지급, 자금의 융자, 정년, 퇴직, 해고 등을 포함한다)과 관련하여 특정한 사람을 우대·배제·구별하거나 불리하게 대우하는 행위

나. 재화·용역·교통수단·상업시설·토지·주거시설의 공급이나 이용과 관련하여 특정한 사람을 우대·배제·구별하거나 불리하게 대우하는 행위

다. 교육시설이나 직업훈련기관에서의 교육·훈련이나 그 이용과 관련하여 특정한 사람을 우대·배제·구별하거나 불리하게 대우하는 행위

라. 성희롱[업무, 고용, 그 밖의 관계에서 공공기관(국가기관, 지방자치단체, 「초·중등교육법」 제2조, 「고등교육법」 제2조와 그 밖의 다른 법률에 따라 설치된 각급 학교, 「공직자윤리법」 제3조의2제1항에 따른 공직유관단체를 말한다)의 종사자, 사용자 또는 근로자가 그 직위를 이용하여 또는 업무 등과 관련하여 성적 언동 등으로 성적 굴욕감 또는 혐오감을 느끼게 하거나 성적 언동 또는 그 밖의 요구 등에 따르지 아니한다는 이유로 고용상의 불이익을 주는 것을 말한다] 행위

4. "장애"란 신체적·정신적·사회적 요인으로 장기간에 걸쳐 일상생활 또는 사회생활에 상당한 제약을 받는 상태를 말한다.

5. "시민사회단체"란 「비영리민간단체 지원법」 제4조에 따라 중앙행정기관의 장 또는 시·도지사에게 등록을 한 비영리민간단체, 「민법」 제32조에 따라 주무관청의 허가를 받은 비영리법인, 「공익법인의 설립·운영에 관한 법률」 제4조에 따라 주무관청의 설립허가를 받은 공익법인, 그 밖에 특별법에 따라 설립된 법인을 말한다.[전문개정 2011. 5. 19.]

제3조(국가인권위원회의 설립과 독립성) ①이 법이 정하는 인권의 보호와 향상을 위한 업무를 수행하기 위하여 국가인권위원회(이하 "위원회"라 한다)를 둔다.

②위원회는 그 권한에 속하는 업무를 독립하여 수행한다.

제4조(적용범위) 이 법은 대한민국 국민과 대한민국의 영역안에 있는 외국인에 대하여 적용한다.

제2장 위원회의 구성과 운영

제5조(위원회의 구성) ①위원회는 위원장 1명과 상임위원 3명을 포함한 11명의 인권위원(이하 "위원"이라 한다)으로 구성한다.

②위원은 다음 각 호의 사람을 대통령이 임명한다. <개정 2016. 2. 3.>

1. 국회가 선출하는 4명(상임위원 2명을 포함한다)
2. 대통령이 지명하는 4명(상임위원 1명을 포함한다)
3. 대법원장이 지명하는 3명

③위원은 인권문제에 관하여 전문적인 지식과 경험이 있고 인권의 보장과 향상을 위한 업무를 공정하고 독립적으로 수행할 수 있다고 인정되는 사람으로서 다음 각 호의 어느 하나에 해당하는 자격을 갖추어야 한다. <신설 2016. 2. 3.>

1. 대학이나 공인된 연구기관에서 부교수 이상의 직이나 이에 상당하는 직에 10년 이상 있거나 있었던 사람
2. 판사·검사 또는 변호사의 직에 10년 이상 있거나 있었던 사람
3. 인권 분야 비영리 민간단체·법인·국제기구에서 근무하는 등 인권 관련 활동에 10년 이상 종사한 경력이 있는 사람
4. 그 밖에 사회적 신망이 높은 사람으로서 시민사회단체로부터 추천을 받은 사람

④국회, 대통령 또는 대법원장은 다양한 사회계층으로부터 후보를 추천받거나 의견을 들은 후 인권의 보호와 향상에 관련된 다양한 사회계층의 대표성이 반영될 수 있도록 위원을 선출·지명하여야 한다. <신설 2016. 2. 3.>

⑤위원장은 위원 중에서 대통령이 임명한다. 이 경우 위원장은 국회의 인사청문을 거쳐야 한다. <개정 2012. 3. 21., 2016. 2. 3.>

⑥위원장과 상임위원은 정무직공무원으로 임명한다. <개정 2016. 2. 3.>

⑦위원은 특정 성(性)이 10분의 6을 초과하지 아니하도록 하여야 한다. <개정 2016. 2. 3.>

⑧임기가 끝난 위원은 후임자가 임명될 때까지 그 직무를 수행한다. <개정 2016. 2. 3.>

[전문개정 2011. 5. 19.]

제6조(위원장의 직무) ①위원장은 위원회를 대표하며 위원회의 업무를 총괄한다.

②위원장이 부득이한 사유로 직무를 수행할 수 없을 때에는 위원장이 미리 지명한 상임위원이 그 직무를 대행한다.

③위원장은 국회에 출석하여 위원회의 소관 사무에 관하여 의견을 진술할 수 있으며, 국회에서 요구하면 출석하여 보고하거나 답변하여야 한다.

④위원장은 국무회의에 출석하여 발언할 수 있으며, 소관 사무에 관하여 국무총리에게 의안(이 법의 시행에 관한 대통령령안을 포함한다) 제출을 건의할 수 있다.

⑤위원장은 위원회의 예산 관련 업무를 수행할 때 「국가재정법」 제6조 제3항에 따른 중앙관서의 장으로 본다.[전문개정 2011. 5. 19.]

제6조(위원장의 직무) ①위원장은 위원회를 대표하며 위원회의 업무를 총괄한다.

②위원장이 부득이한 사유로 직무를 수행할 수 없을 때에는 위원장이 미리 지명한 상임위원이 그 직무를 대행한다.

③위원장은 국회에 출석하여 위원회의 소관 사무에 관하여 의견을 진술할 수 있으며, 국회에서 요구하면 출석하여 보고하거나 답변하여야 한다.

④위원장은 국무회의에 출석하여 발언할 수 있으며, 소관 사무에 관하여 국무총리에게 의안(이 법의 시행에 관한 대통령령안을 포함한다) 제출을 건의할 수 있다.

⑤위원장은 위원회의 예산 관련 업무를 수행할 때 「국가재정법」 제6조 제3항에 따른 중앙관서의 장으로 본다.[전문개정 2011. 5. 19.]

제7조(위원장 및 위원의 임기) ①위원장과 위원의 임기는 3년으로 하고, 한 번만 연임할 수 있다.

②위원 중 결원이 생기면 대통령은 결원된 날부터 30일 이내에 후임자를 임명하여야 한다.

③결원이 된 위원의 후임으로 임명된 위원의 임기는 새로 시작된다.[전문개정 2011. 5. 19.]

제8조(위원의 신분보장) 위원은 금고 이상의 형의 선고에 의하지 아니하고는 본인의 의사에 반하여 면직되지 아니한다. 다만, 위원이 장기간의 심신쇠약으로 직무를 수행하기가 극히 곤란하게 되거나 불가능하게 된 경우에는 전체 위원 3분의 2 이상의 찬성에 의한 의결로 퇴직하게 할 수 있다. <개정 2016. 2. 3.>

제8조의2(위원의 책임 면제) 위원은 위원회나 제12조에 따른 상임위원회 또는 소위원회에서 직무상 행한 발언과 의결에 관하여 고의 또는 과실이 없으면 민사상 또는 형사상의 책임을 지지 아니한다.[본조신설 2016. 2. 3.]

제9조(위원의 결격사유) ①다음 각 호의 어느 하나에 해당하는 사람은 위원이 될 수 없다.

1. 대한민국 국민이 아닌 사람
2. 「국가공무원법」 제33조 각 호의 어느 하나에 해당하는 사람
3. 정당의 당원
4. 「공직선거법」에 따라 실시하는 선거에 후보자로 등록한 사람

②위원이 제1항 각 호의 어느 하나에 해당하게 되면 당연히 퇴직한다.[전문개정 2011. 5. 19.]

제10조(위원의 겸직금지) ①위원은 재직 중 다음 각 호의 직을 겸하거나 업무를 할 수 없다.

1. 국회 또는 지방의회의 의원의 직
2. 다른 국가기관 또는 지방자치단체의 공무원(교육공무원은 제외한다)의 직
3. 그 밖에 위원회 규칙으로 정하는 직 또는 업무

②위원은 정당에 가입하거나 정치운동에 관여할 수 없다.[전문개정 2011. 5. 19.]

제11조 삭제 <2005.7.29>

[2005.7.29 법률 제7651호에 의하여 2004.1.29 헌법재판소에서 위헌결정된 이 조를 삭제함.]

제12조(상임위원회 및 소위원회) ①위원회는 그 업무 중 일부를 수행하게 하기 위하여 상임위원회와 침해구제위원회, 차별시정위원회 등의 소위원회(이하 "소위원회"라 한다)를 둘 수 있다.

②상임위원회는 위원장과 상임위원으로 구성하고, 소위원회는 3명 이상 5명 이하의 위원으로 구성한다.

③상임위원회와 소위원회에는 심의 사항을 연구·검토하기 위하여 성·장애 등 분야별 전문위원회를 둘 수 있다.

④상임위원회, 소위원회 및 전문위원회의 구성·업무 및 운영과 전문위원의 자격·임기 및

위촉 등에 관하여 필요한 사항은 위원회 규칙으로 정한다.[전문개정 2011. 5. 19.]

제13조(회의 의사 및 의결정족수) ①위원회의 회의는 위원장이 주재하며, 이 법에 특별한 규정이 없으면 재적위원 과반수의 찬성으로 의결한다.

②상임위원회 및 소위원회의 회의는 구성위원 3명 이상의 출석과 3명 이상의 찬성으로 의결한다.[전문개정 2011. 5. 19.]

제14조(의사의 공개) 위원회의 의사는 공개한다. 다만, 위원회, 상임위원회 또는 소위원회가 필요하다고 인정하면 공개하지 아니할 수 있다.[전문개정 2011. 5. 19.]

제15조(자문기구) ①위원회는 그 업무 수행에 필요한 사항을 자문하기 위하여 자문기구를 둘 수 있다.

②자문기구의 조직과 운영에 필요한 사항은 위원회 규칙으로 정한다.[전문개정 2011. 5. 19.]

제16조(사무처) ①위원회에 위원회의 사무를 처리할 사무처를 둔다.

②사무처에 사무총장 1명과 필요한 직원을 두되 사무총장은 위원회의 심의를 거쳐 위원장의 제청으로 대통령이 임명한다.

③소속 직원 중 5급 이상 공무원 또는 고위공무원단에 속하는 일반직공무원은 위원장의 제청으로 대통령이 임명하며, 6급 이하 공무원은 위원장이 임명한다.

④사무총장은 위원장의 지휘를 받아 사무처의 사무를 관장하고 소속 직원을 지휘·감독한다.[전문개정 2011. 5. 19.]

제17조(징계위원회의 설치) ①위원회 직원의 징계처분을 의결하기 위하여 위원회에 징계위원회를 둔다.

②징계위원회의 구성, 권한, 심의절차, 징계의 종류 및 효력 그 밖의 징계에 관하여 필요한 사항은 위원회의 규칙으로 정한다.

제18조(위원회의 조직과 운영) ①이 법에 규정된 사항 외에 위원회의 조직에 관하여 필요한 사항은 위원회의 독립성을 보장하고 업무를 효과적으로 수행할 수 있도록 최대한 고려하여 대통령령으로 정한다. <개정 2016. 2. 3.>

②이 법에 규정된 사항 외에 위원회의 운영에 필요한 사항은 위원회 규칙으로 정한다. <신설 2016. 2. 3.>

제3장 위원회의 업무와 권한

제19조(업무) 위원회는 다음 각 호의 업무를 수행한다.

1. 인권에 관한 법령(입법과정 중에 있는 법령안을 포함한다)·제도·정책·관행의 조사와 연구 및 그 개선이 필요한 사항에 관한 권고 또는 의견의 표명
2. 인권침해행위에 대한 조사와 구제
3. 차별행위에 대한 조사와 구제
4. 인권상황에 대한 실태 조사
5. 인권에 관한 교육 및 홍보
6. 인권침해의 유형, 판단 기준 및 그 예방 조치 등에 관한 지침의 제시 및 권고
7. 국제인권조약 가입 및 그 조약의 이행에 관한 연구와 권고 또는 의견의 표명
8. 인권의 옹호와 신장을 위하여 활동하는 단체 및 개인과의 협력
9. 인권과 관련된 국제기구 및 외국 인권기구와의 교류·협력
10. 그 밖에 인권의 보장과 향상을 위하여 필요하다고 인정하는 사항

[전문개정 2011. 5. 19.]

제20조(국가기관과의 협의) ①관계국가행정기관 또는 지방자치단체의 장은 인권의 보호와 향상

에 영향을 미치는 내용을 포함하고 있는 법령을 제정 또는 개정하고자 하는 경우 미리 위원회에 통보하여야 한다.

②위원회는 그 업무를 수행하기 위하여 필요하다고 인정하는 경우 국가기관·지방자치단체 그 밖의 공·사단체(이하 "관계기관 등"이라 한다)에 협의를 요청할 수 있다.

③제2항의 요청을 받은 관계기관 등은 정당한 사유가 없는 한 이에 성실히 응하여야 한다.

제21조(정부보고서 작성시 위원회 의견청취) 국제인권규약의 규정에 따라 관계 국가기관이 정부보고서를 작성할 때에는 위원회의 의견을 들어야 한다.

제22조(자료제출 및 사실조회) ①위원회는 그 업무를 수행하는 데 필요하다고 인정하는 경우 관계기관 등에 필요한 자료 등의 제출을 요구하거나 사실에 관하여 조회할 수 있다.

②위원회는 위원회의 업무를 수행하는 데 필요한 사실을 알고 있거나 전문적 지식 또는 경험을 가지고 있다고 인정되는 사람에게 출석을 요구하여 그 진술을 들을 수 있다.

③제1항의 규정에 의한 요구 또는 조회를 받은 기관은 지체없이 이에 응하여야 한다.

제23조(청문회) ①위원회는 그 업무를 수행하기 위하여 필요하다고 인정하면 관계기관등의 대표자, 이해관계인 또는 학식과 경험이 있는 사람 등에게 출석을 요구하여 사실 또는 의견의 진술을 들을 수 있다.

②제1항에 따라 위원회가 실시하는 청문회의 절차와 방법에 관하여는 위원회 규칙으로 정한다.[전문개정 2011. 5. 19.]

제24조(시설의 방문조사) ①위원회(상임위원회와 소위원회를 포함한다. 이하 이 조에서 같다)는 필요하다고 인정하면 그 의결로써 구금·보호시설을 방문하여 조사할 수 있다.

②제1항에 따른 방문조사를 하는 위원은 필요하다고 인정하면 소속 직원 및 전문가를 동반할 수 있으며, 구체적인 사항을 지정하여 소속 직원 및 전문가에게 조사를 위임할 수 있다. 이 경우 조사를 위임받은 전문가가 그 사항에 대하여 조사를 할 때에는 소속 직원을 동반하여야 한다.

③제2항에 따라 방문조사를 하는 위원, 소속 직원 또는 전문가(이하 이 조에서 "위원등"이라 한다)는 그 권한을 표시하는 증표를 지니고 이를 관계인에게 내보여야 하며, 방문 및 조사를 받는 구금·보호시설의 장 또는 관리인은 즉시 방문과 조사에 편의를 제공하여야 한다.

④제2항에 따라 방문조사를 하는 위원등은 구금·보호시설의 직원 및 구금·보호시설에 수용되어 있는 사람(이하 "시설수용자"라 한다)과 면담할 수 있고 구술 또는 서면으로 사실이나 의견을 진술하게 할 수 있다.

⑤구금·보호시설의 직원은 위원등이 시설수용자를 면담하는 장소에 참석할 수 있다. 다만, 대화 내용을 녹음하거나 녹취하지 못한다.

⑥구금·보호시설에 대한 방문조사의 절차와 방법 등에 관하여 필요한 사항은 대통령령으로 정한다.[전문개정 2011. 5. 19.]

제25조(정책과 관행의 개선 또는 시정권고) ①위원회는 인권의 보호와 향상을 위하여 필요하다고 인정하는 경우 관계기관 등에 대하여 정책과 관행의 개선 또는 시정을 권고하거나 의견을 표명할 수 있다.

②제1항의 규정에 의하여 권고를 받은 기관의 장은 그 권고사항을 존중하고 이행하기 위하여 노력하여야 한다.

③제1항의 규정에 의하여 권고를 받은 기관의 장이 그 권고내용을 이행하지 않을 경우 그 이유를 위원회에 문서로 설명하여야 한다.

④위원회는 필요하다고 인정하는 경우 제1항의 규정에 의한 위원회의 권고와 의견표명 및 제3항의 규정에 의하여 권고를 받은 기관의 장이 설명한 내용을 공표할 수 있다.

제26조(인권교육과 홍보) ①위원회는 모든 사람의 인권의식을 깨우치고 향상시키기 위하여 필요

한 인권교육과 홍보를 하여야 한다.

②위원회는 「초·중등교육법」 제23조의 규정에 의한 학교 교육과정에 인권에 관한 내용을 포함시키기 위하여 교육인적자원부장관과 협의할 수 있다. <개정 2005.7.29>

③위원회는 인권교육과 연구의 발전을 위하여 필요한 사항을 「고등교육법」 제2조의 규정에 의하여 설립된 학교의 장과 협의할 수 있다. <개정 2005.7.29>

④위원회는 공무원의 채용시험, 승진시험, 연수 및 교육훈련과정에 인권에 관한 내용을 포함시키기 위하여 국가기관 및 지방자치단체의 장과 협의할 수 있다.

⑤위원회는 「정부출연연구기관 등의 설립·운영 및 육성에 관한 법률」 및 「과학기술분야 정부출연연구기관 등의 설립·운영 및 육성에 관한 법률」에 따라 설립된 연구기관 또는 연구회의 장과 협의하여 인권에 관한 연구를 요청하거나 공동으로 연구할 수 있다. <개정 2005.7.29>

⑥위원회는 「평생교육법」에 의한 평생교육단체 또는 평생교육시설에 대하여 그 교육내용에 인권에 관하여 필요한 사항을 포함하도록 권고할 수 있다. <개정 2005.7.29>

제27조(인권도서관) ①위원회는 인권도서관을 둘 수 있다. <개정 2012. 3. 21.>

②인권도서관은 인권에 관한 국내외의 정보와 자료 등을 수집·정리·보존하여 일반인이 이용하도록 제공할 수 있다. <개정 2012. 3. 21.>

③삭제 <2012. 3. 21.>

④인권도서관의 설치와 운영에 필요한 사항은 위원회 규칙으로 정한다. <개정 2012. 3. 21.>[전문개정 2011. 5. 19.][제목개정 2012. 3. 21.]

제28조(법원 및 헌법재판소에 대한 의견제출) ①위원회는 인권의 보호와 향상에 중대한 영향을 미치는 재판이 계속중인 경우 법원 또는 헌법재판소의 요청이 있거나 필요하다고 인정하는 때에는 법원의 담당재판부 또는 헌법재판소에 법률상의 사항에 관하여 의견을 제출할 수 있다.

②제4장의 규정에 의하여 위원회가 조사 또는 처리한 내용에 관하여 재판이 계속중인 경우, 위원회는 법원 또는 헌법재판소의 요청이 있거나 필요하다고 인정하는 때에는 법원의 담당재판부 또는 헌법재판소에 사실상 및 법률상의 사항에 관하여 의견을 제출할 수 있다.

제29조(보고서 작성 등) ①위원회는 해마다 전년도의 활동내용과 인권상황 및 개선대책에 관한 보고서를 작성하여 대통령과 국회에 보고하여야 한다.

②위원회는 제1항의 규정에 의한 보고 이외에도 필요하다고 인정하는 경우 대통령과 국회에 특별보고를 할 수 있다.

③관계기관 등은 제1항 및 제2항의 규정에 의한 보고에 관한 의견, 조치결과 또는 조치계획을 위원회에 제출할 수 있다.

④위원회는 제1항 및 제2항의 규정에 의한 보고서를 공개하여야 한다. 다만, 국가의 안전보장, 개인의 명예 또는 사생활의 보호를 위하여 필요하거나 다른 법률에 의하여 공개가 제한된 사항은 공개하지 아니할 수 있다.

제4장 인권침해 및 차별행위의 조사와 구제 〈개정 2005.7.29〉

제30조(위원회의 조사대상) ①다음 각 호의 어느 하나에 해당하는 경우에 인권침해나 차별행위를 당한 사람(이하 "피해자"라 한다) 또는 그 사실을 알고 있는 사람이나 단체는 위원회에 그 내용을 진정할 수 있다. <개정 2011. 5. 19., 2012. 3. 21.>

1. 국가기관, 지방자치단체, 「초·중등교육법」 제2조, 「고등교육법」 제2조와 그 밖의 다른 법률에 따라 설치된 각급 학교, 「공직자윤리법」 제3조의2 제1항에 따른 공직유관단체 또는 구금·보호시설의 업무 수행(국회의 입법 및 법원·헌법재판소의 재판은 제외한다)과 관련하

여 「대한민국헌법」 제10조부터 제22조까지의 규정에서 보장된 인권을 침해당하거나 차별행위를 당한 경우

2. 법인, 단체 또는 사인(私人)으로부터 차별행위를 당한 경우

②삭제 <2005. 7. 29.>

③위원회는 제1항의 진정이 없는 경우에도 인권침해나 차별행위가 있다고 믿을 만한 상당한 근거가 있고 그 내용이 중대하다고 인정할 때에는 직권으로 조사할 수 있다. <개정 2011. 5. 19.>

④제1항에 따른 진정의 절차와 방법에 관하여 필요한 사항은 위원회 규칙으로 정한다. <개정 2011. 5. 19.>

제31조(시설수용자의 진정권 보장) ①시설수용자가 위원회에 진정하고자 하는 경우 그 시설에 소속된 공무원 또는 직원(이하 "소속 공무원 등"이라 한다)은 그 사람에게 즉시 진정서를 작성하는데 필요한 시간과 장소 및 편의를 제공하여야 한다.

②시설수용자가 위원회 위원 또는 소속직원(이하 "위원 등"이라 한다) 면전에서 진정하기를 원하는 경우, 소속공무원 등은 즉시 그 뜻을 위원회에 통보하여야 한다.

③소속공무원 등은 제1항에 따라 시설수용자가 작성한 진정서를 즉시 위원회에 송부하고 위원회로부터 접수증명원을 발급받아 이를 진정인에게 교부하여야 한다. 제2항의 통보에 대한 위원회의 확인서 및 면담일정서는 발급 받는 즉시 진정을 원하는 시설수용자에게 교부하여야 한다.

④제2항의 규정에 의하여 통보를 받은 경우 혹은 시설수용자가 진정을 원한다고 믿을 만한 상당한 근거가 있는 경우 위원회는 위원 등으로 하여금 구금·보호시설을 방문하게 하여 진정을 원하는 시설수용자로부터 구술 또는 서면으로 진정을 접수하여야 한다. 이때 진정을 접수한 위원 등은 즉시 접수증명원을 작성하여 진정인에게 교부하여야 한다.

⑤제4항의 규정에 의한 위원 등의 구금·보호시설의 방문 및 진정의 접수에 관하여는 제24조제3항 및 제4항의 규정을 준용한다.

⑥시설에 수용되어 있는 진정인(진정을 하려는 자를 포함한다)과 위원 등과의 면담에는 구금·보호시설의 직원이 참여하거나 그 내용을 청취 또는 녹취하지 못한다. 다만, 보이는 거리에서 시설수용자를 감시할 수 있다.

⑦소속 공무원 등은 시설수용자가 위원회에 제출할 목적으로 작성한 진정서 또는 서면을 열람할 수 없다.

⑧시설수용자의 자유로운 진정서 작성과 제출을 보장하기 위하여 구금·보호시설에서 이행하여야 할 조치 및 그 밖의 필요한 절차와 방법은 대통령령으로 정한다.

제32조(진정의 각하 등) ①위원회는 접수한 진정이 다음 각 호의 어느 하나에 해당하는 경우에는 그 진정을 각하(却下)한다.

1. 진정의 내용이 위원회의 조사대상에 해당하지 아니하는 경우
2. 진정의 내용이 명백히 거짓이거나 이유 없다고 인정되는 경우
3. 피해자가 아닌 사람이 한 진정에서 피해자가 조사를 원하지 아니하는 것이 명백한 경우
4. 진정의 원인이 된 사실이 발생한 날부터 1년 이상 지나서 진정한 경우. 다만, 진정의 원인이 된 사실에 관하여 공소시효 또는 민사상 시효가 완성되지 아니한 사건으로서 위원회가 조사하기로 결정한 경우에는 그러하지 아니하다.
5. 진정이 제기될 당시 진정의 원인이 된 사실에 관하여 법원 또는 헌법재판소의 재판, 수사기관의 수사 또는 그 밖의 법률에 따른 권리구제 절차가 진행 중이거나 종결된 경우. 다만, 수사기관이 인지하여 수사 중인 「형법」 제123조부터 제125조까지의 죄에 해당하는 사건과 같은 사안에 대하여 위원회에 진정이 접수된 경우에는 그러하지 아니하다.

6. 진정이 익명이나 가명으로 제출된 경우
7. 진정이 위원회가 조사하는 것이 적절하지 아니하다고 인정되는 경우
8. 진정인이 진정을 취하한 경우
9. 위원회가 기각한 진정과 같은 사실에 대하여 다시 진정한 경우
10. 진정의 취지가 그 진정의 원인이 된 사실에 관한 법원의 확정판결이나 헌법재판소의 결정에 반하는 경우

②위원회는 제1항에 따라 진정을 각하하는 경우 필요하다고 인정하면 그 진정을 관계 기관에 이송할 수 있다. 이 경우 진정을 이송받은 기관은 위원회의 요청이 있으면 지체 없이 그 처리 결과를 위원회에 통지하여야 한다.

③위원회가 진정에 대한 조사를 시작한 후에도 그 진정이 제1항 각 호의 어느 하나에 해당하게 된 경우에는 그 진정을 각하할 수 있다.

④위원회는 진정을 각하하거나 이송한 경우 지체 없이 그 사유를 구체적으로 밝혀 진정인에게 통지하여야 한다.

⑤위원회는 제4항에 따라 진정인에게 통지하는 경우 필요하다고 인정하면 피해자 또는 진정인에게 권리를 구제받는 데에 필요한 절차와 조치에 관하여 조언할 수 있다.

[전문개정 2011. 5. 19.]

제33조(다른 구제절차와 이송) ①진정의 내용이 다른 법률에 정한 권리구제절차에 따라 권한을 가진 국가기관에 제출하고자 하는 것이 명백한 경우에 위원회는 지체 없이 그 진정을 그 다른 국가기관에 이송하여야 한다.

②위원회가 제30조제1항의 규정에 의하여 진정에 대한 조사를 시작한 후에 진정의 원인이 된 사실과 동일한 사안에 관하여 피해자의 진정 또는 고소에 의하여 수사가 개시된 경우에는 그 진정을 관할 수사기관에 이송하여야 한다.

③제1항 및 제2항의 규정에 의하여 위원회가 진정을 이송한 경우 지체 없이 그 내용을 진정인에게 통보하여야 하며, 이송받은 기관은 위원회가 요청하는 경우 그 진정에 대한 처리결과를 위원회에 통보하여야 한다.

제34조(수사기관과 위원회의 협조) ①진정의 원인이 된 사실이 범죄행위에 해당된다고 믿을 만한 상당한 이유가 있고 그 혐의자의 도주 또는 증거의 인멸 등을 방지하거나 증거의 확보를 위하여 필요하다고 인정할 경우에 위원회는 검찰총장 또는 관할 수사기관의 장에게 수사의 개시와 필요한 조치를 의뢰할 수 있다.

②제1항의 규정에 의한 의뢰를 받은 검찰총장 또는 관할 수사기관의 장은 지체 없이 그 조치결과를 위원회에 통보하여야 한다.

제35조(조사의 목적) ①위원회의 조사는 국가기관의 기능수행에 지장을 초래하지 않도록 유의하여야 한다.

②위원회의 조사는 개인의 사생활을 침해하거나 계속 중인 재판 또는 수사중인 사건의 소추에 부당하게 관여할 목적으로 하여서는 아니 된다.

제36조(조사의 방법) ①위원회는 다음 각호에 정한 방법으로 진정에 관하여 조사할 수 있다.

1. 진정인·피해자·피진정인(이하 "당사자"라 한다) 또는 관계인에 대한 출석요구 및 진술청취 또는 진술서 제출요구
2. 당사자, 관계인 또는 관계기관 등에 대하여 조사사항과 관련이 있다고 인정되는 자료 등의 제출요구
3. 조사사항과 관련이 있다고 인정되는 장소, 시설, 자료 등에 대한 실지조사 또는 감정
4. 당사자, 관계인, 관계기관 등에 대하여 조사사항과 관련이 있다고 인정되는 사실 또는 정보에 대한 조회

②위원회는 조사를 위하여 필요하다고 인정하는 경우 위원 등으로 하여금 일정한 장소 또는 시설을 방문하여 장소, 시설, 자료 등에 대하여 실지조사 또는 감정을 하게 할 수 있다. 이때 위원회는 그 장소 또는 시설에 당사자나 관계인의 출석을 요구하여 진술을 들을 수 있다.

③제1항제1호의 규정에 의하여 진술서 제출을 요구받은 자는 14일 이내에 진술서를 제출하여야 한다.

④제1항 및 제2항의 규정에 의한 피진정인에 대한 출석요구는 인권침해행위나 차별행위를 행한 행위당사자의 진술서만으로는 사안을 판단하기 어렵고, 제30조제1항의 규정에 의한 인권침해행위와 차별행위가 있었다고 볼 만한 상당한 이유가 있는 경우에 한하여 할 수 있다.

⑤제2항의 규정에 의하여 조사를 하는 위원 등은 그 장소 또는 시설을 관리하는 장 또는 직원(이하 이 조에서는 "관계자"라 한다)에게 필요한 자료나 물건의 제출을 요구할 수 있다.

⑥제5항의 규정에 의하여 조사를 하는 위원 등은 그 권한을 표시하는 증표를 지니고 이를 관계자에게 제시하여야 한다.

⑦위원회가 자료나 물건의 제출을 요구하거나 그 자료·물건 또는 시설에 대한 실지조사 또는 감정을 하려고 하는 경우 당해 자료·물건 또는 시설이 다음 각호의 1에 해당한다는 사실을 관계 국가기관의 장이 위원회에 소명하고 그 자료·물건의 제출이나 그 자료·물건 또는 시설에 대한 실지조사 또는 감정을 거부할 수 있다. 이 경우 위원회는 관계 국가기관의 장에게 필요한 사항의 확인을 요구할 수 있으며, 요구를 받은 국가기관의 장은 이에 성실히 응하여야 한다.

1. 국가의 안전보장 또는 외교관계에 중대한 영향을 미치는 국가기밀사항인 경우
2. 범죄수사나 계속중인 재판에 중대한 지장을 초래할 우려가 있는 경우

제37조(질문·검사권) ①위원회는 제36조의 조사에 필요한 자료 등의 소재 또는 관계인에 관하여 알고자 할 때에는 그 내용을 알고 있다고 믿을 만한 상당한 이유가 있는 사람에게 질문하거나 그 내용을 포함하고 있다고 믿을 만한 상당한 이유가 있는 서류 및 그 밖의 물건을 검사할 수 있다.

②제36조제5항 내지 제7항의 규정은 제1항의 경우에 이를 준용한다.

제38조(위원의 제척 등) ①위원과 제41조의 규정에 의한 조정위원(이하 이 조에서 "위원"이라 한다)은 다음 각호의 1에 해당하는 경우에는 진정의 심의·의결에서 제척된다.

1. 위원 또는 그 배우자나 배우자이었던 자가 당해 진정의 당사자이거나 그 진정에 관하여 당사자와 공동권리자 또는 공동의무자인 경우
2. 위원이 당해 진정의 당사자와 친족관계에 있거나 있었던 경우
3. 위원이 당해 진정에 관하여 증언이나 감정을 한 경우
4. 위원이 당해 진정에 관하여 당사자의 대리인으로 관여하거나 관여하였던 경우
5. 위원이 당해 진정에 관하여 수사, 재판 또는 다른 법률에 의한 구제절차에 관여하였던 경우

②당사자는 위원에게 심의·의결의 공정을 기대하기 어려운 사정이 있는 경우에는 위원장에게 기피신청을 할 수 있으며 위원장은 당사자의 기피신청에 대하여 위원회의 의결을 거치지 아니하고 결정한다. 다만, 위원장이 결정하기에 상당하지 아니하는 경우에는 위원회의 의결로 결정한다.

③위원이 제1항 각호의 1의 사유 또는 제2항의 사유에 해당하는 경우에는 스스로 그 진정의 심의·의결을 회피할 수 있다.

제39조(진정의 기각) ①위원회는 진정을 조사한 결과 진정의 내용이 다음 각호의 1에 해당하는 경우에는 그 진정을 기각한다. <개정 2005.7.29>

1. 진정내용이 사실이 아님이 명백하거나 사실이라고 인정할 만한 객관적인 증거가 없는 경우
2. 조사결과 제30조제1항의 규정에 의한 인권침해나 차별행위에 해당하지 아니하는 경우

3. 이미 피해회복이 이루어지는 등으로 별도의 구제조치가 필요하지 아니하다고 인정하는 경우
②위원회는 진정을 기각하는 경우 진정의 당사자에게 그 결과와 이유를 통보하여야 한다.

제40조(합의의 권고) 위원회는 조사 중이거나 조사가 끝난 진정에 대하여 사건의 공정한 해결을 위하여 필요한 구제조치를 당사자에게 제시하고 합의를 권고할 수 있다.

제41조(조정위원회의 설치와 구성) ①조정의 신속하고 공정한 처리를 위하여 위원회에 성·장애 등의 분야별로 조정위원회를 둘 수 있다.
②조정위원회의 위원(이하 "조정위원"이라 한다)은 위원회의 위원과 다음 각 호의 어느 하나에 해당하는 사람 중에서 성·장애 등의 분야별로 위원장이 위촉하는 사람이 된다.
1. 인권문제에 관하여 전문적인 지식과 경험을 가진 사람으로서 국가기관 또는 민간단체에서 인권과 관련된 분야에 10년 이상 종사한 사람
2. 판사·검사·군법무관·변호사로 10년 이상 종사한 사람
3. 대학 또는 공인된 연구기관에서 조교수 이상으로 10년 이상 재직한 사람
③조정위원회의 회의는 다음 각 호의 사람으로 구성한다.
1. 위원회의 위원인 조정위원 중 회의마다 위원장이 지명하는 1명
2. 제2항에 따른 분야별 조정위원 중 회의마다 위원장이 지명하는 2명
④조정위원의 위촉 및 임기, 조정위원회의 구성·운영, 조정의 절차 등에 관하여 필요한 사항은 위원회 규칙으로 정한다.
⑤조정위원회의 조정 절차에 관하여 이 법 및 위원회 규칙에 규정되지 아니한 사항은 「민사조정법」을 준용한다.[전문개정 2011. 5. 19.]

제42조(조정) ①조정위원회는 인권침해나 차별행위와 관련하여 당사자의 신청이나 위원회의 직권으로 조정위원회에 회부된 진정에 대하여 조정절차를 시작할 수 있다. <개정 2005.7.29>
②조정은 조정절차의 개시 이후 당사자가 합의한 사항을 조정서에 기재한 후 당사자가 기명날인하고 조정위원회가 이를 확인함으로써 성립한다.
③조정위원회는 조정절차 중에 당사자사이에 합의가 이루어지지 않는 경우 사건의 공정한 해결을 위하여 조정에 갈음하는 결정을 할 수 있다.
④조정에 갈음하는 결정에는 다음 각호의1의 사항을 포함시킬 수 있다. <개정 2005.7.29>
1. 조사대상 인권침해나 차별행위의 중지
2. 원상회복·손해배상 그 밖의 필요한 구제조치
3. 동일 또는 유사한 인권침해나 차별행위의 재발을 방지하기 위하여 필요한 조치
⑤조정위원회는 조정에 갈음하는 결정을 한 경우에는 지체없이 그 결정서를 당사자에게 송달하여야 한다.
⑥당사자가 제5항의 규정에 의하여 결정서를 송달받은 날부터 14일 이내에 이의를 신청하지 아니하는 때에는 조정을 수락한 것으로 본다.

제43조(조정의 효력) 제42조제2항의 규정에 의한 조정과 제42조제6항의 규정에 의하여 이의를 신청하지 아니하는 경우의 조정에 갈음하는 결정은 재판상의 화해와 같은 효력이 있다.

제44조(구제조치 등의 권고) ①위원회가 진정을 조사한 결과 인권침해나 차별행위가 일어났다고 판단하는 때에는 피진정인, 그 소속기관·단체 또는 감독기관(이하 "소속기관 등"이라 한다)의 장에게 다음 각호의 사항을 권고할 수 있다. <개정 2005.7.29>
1. 제42조제4항 각호에 정한 구제조치의 이행
2. 법령·제도·정책·관행의 시정 또는 개선
②제1항의 규정에 의하여 권고를 받은 소속기관 등의 장에 관하여는 제25조제2항 내지 제4항의 규정을 준용한다.

제45조(고발 및 징계권고) ①위원회는 진정을 조사한 결과 진정의 내용이 범죄행위에 해당하고

이에 대하여 형사 처벌이 필요하다고 인정할 때에는 검찰총장에게 그 내용을 고발할 수 있다. 다만, 피고발인이 군인 또는 군무원인 경우에는 소속 군 참모총장 또는 국방부장관에게 고발할 수 있다.

②위원회가 진정을 조사한 결과 인권침해가 있다고 인정할 때에는 피진정인 또는 인권침해에 책임이 있는 자에 대한 징계를 소속기관 등의 장에게 권고할 수 있다.

③제1항의 규정에 의하여 고발을 받은 검찰총장, 군 참모총장 또는 국방부장관은 고발을 받은 날부터 3월 이내에 수사를 종료하고 그 결과를 위원회에 통보하여야 한다. 다만, 3월 이내에 수사를 종료하지 못할 때에는 그 사유를 소명하여야 한다.

④제2항의 규정에 의하여 위원회로부터 권고를 받은 소속기관 등의 장은 이를 존중하여야 하며 그 결과를 위원회에 통보하여야 한다.

제46조(의견진술기회의 부여) ①위원회는 제44조 또는 제45조의 규정에 의한 권고 또는 조치를 하기 전에 피진정인에게 의견을 진술할 기회를 주어야 한다.

②제1항의 경우 당사자 또는 이해관계인은 구두 또는 서면으로 위원회에 의견을 진술하거나 필요한 자료를 제출할 수 있다.

제47조(피해자를 위한 법률구조 요청) ①위원회는 진정에 관한 위원회의 조사, 증거의 확보 또는 피해자의 권리 구제를 위하여 필요하다고 인정하면 피해자를 위하여 대한법률구조공단 또는 그 밖의 기관에 법률구조를 요청할 수 있다.

②제1항에 따른 법률구조 요청은 피해자의 명시한 의사에 반하여 할 수 없다.

③제1항에 따른 법률구조 요청의 절차·내용 및 방법에 관하여 필요한 사항은 위원회 규칙으로 정한다.[전문개정 2011. 5. 19.]

제48조(긴급구제조치의 권고) ①위원회는 진정을 접수한 후 조사대상 인권침해나 차별행위가 계속중에 있다는 상당한 개연성이 있고, 이를 방치할 경우 회복하기 어려운 피해발생의 우려가 있다고 인정할 때에는 그 진정에 대한 결정이전에 진정인이나 피해자의 신청에 의하여 또는 직권으로 피진정인, 그 소속기관 등의 장에게 다음 각호의1의 조치를 하도록 권고할 수 있다. <개정 2005.7.29>

1. 의료, 급식, 피복 등의 제공
2. 장소, 시설, 자료 등에 대한 실지조사 및 감정 또는 다른 기관이 하는 검증 및 감정에 대한 참여
3. 시설수용자의 구금 또는 수용장소의 변경
4. 인권침해나 차별행위의 중지
5. 인권침해나 차별행위를 일으키고 있다고 판단되는 공무원 등의 그 직무로부터의 배제
6. 그 밖에 피해자의 생명, 신체의 안전을 위하여 필요한 사항

②위원회는 필요하다고 인정하는 때에는 당사자 또는 관계인 등의 생명 및 신체의 안전과 명예의 보호 또는 증거의 확보나 인멸의 방지를 위하여 필요한 조치를 하거나 관계인 및 그 소속기관 등의 장에게 그 조치를 권고할 수 있다.

제49조(조사와 조정 등의 비공개) 위원회의 진정에 대한 조사·조정 및 심의는 비공개로 한다. 다만, 위원회의 의결이 있는 때에는 이를 공개할 수 있다.

제50조(처리결과의 공개) 위원회는 이 장에 의한 진정의 조사 및 조정의 내용과 처리결과, 관계기관 등에 대한 권고와 관계기관 등이 한 조치 등을 공표할 수 있다. 다만, 다른 법률에 의하여 공표가 제한되거나 개인의 사생활의 비밀이 침해될 우려가 있는 경우에는 그러하지 아니하다.

제5장 보칙

제51조(자격사칭의 금지) 누구든지 위원회의 위원 또는 직원의 자격을 사칭하여 위원회의 권한을 행사하여서는 아니된다.

제52조(비밀누설의 금지) 위원회의 위원·자문위원 또는 직원이나 그 직에 있었던 자 및 위원회에 파견되거나 위원회의 위촉에 의하여 위원회의 업무를 수행하거나 수행하였던 자는 업무처리중 알게 된 비밀을 누설하여서는 아니된다.

제53조(유사명칭사용의 금지) 위원회가 아닌 자는 국가인권위원회 또는 이와 유사한 명칭을 사용하지 못한다.

제54조(공무원 등의 파견) ①위원회는 그 업무수행을 위하여 필요하다고 인정하는 경우 관계기관 등의 장에게 그 소속 공무원 또는 직원의 파견을 요청할 수 있다.

②제1항의 규정에 의한 요청을 받은 관계기관 등의 장은 위원회와 협의하여 소속 공무원 또는 직원을 위원회에 파견할 수 있다.

③제2항의 규정에 의하여 위원회에 파견된 공무원 또는 직원은 그 소속기관으로부터 독립하여 위원회의 업무를 수행한다.

④제2항의 규정에 의하여 위원회에 공무원 또는 직원을 파견한 관계기관 등의 장은 위원회에 파견된 공무원 또는 직원에 대하여 인사 및 처우 등에 있어서 불리한 조치를 하여서는 아니된다.

제55조(불이익 금지와 지원) ①누구든지 이 법에 따라 위원회에 진정, 진술, 증언, 자료 등의 제출 또는 답변을 하였다는 이유만으로 해고, 전보, 징계, 부당한 대우, 그 밖에 신분이나 처우와 관련하여 불이익을 받지 아니한다.

②위원회는 인권침해나 차별행위의 진상을 밝히거나 증거 또는 자료 등을 발견하거나 제출한 사람에게 필요한 지원 또는 보상을 할 수 있다.

③제2항에 따른 지원 또는 보상의 내용, 절차, 그 밖에 필요한 사항은 위원회 규칙으로 정한다.[전문개정 2011. 5. 19.]

제6장 벌칙

제56조(인권옹호업무방해) ①다음 각호의 1에 해당하는 자는 5년 이하의 징역 또는 3천만원 이하의 벌금에 처한다. <개정 2005.7.29>

1. 위원회의 업무를 수행하는 위원회의 위원 또는 직원을 폭행 또는 협박한 자
2. 위원회의 위원 또는 직원에 대하여 그 업무상의 행위를 강요 또는 저지하거나 그 직을 사퇴하게 할 목적으로 폭행 또는 협박한 자
3. 위계로써 위원회의 위원 또는 직원의 업무수행을 방해한 자
4. 이 법 제4장의 규정에 의하여 위원회의 조사대상이 되는 타인의 인권침해나 차별행위사건에 관한 증거를 인멸, 위조, 또는 변조하거나 위조 또는 변조한 증거를 사용한 자

②친족이 본인을 위하여 제1항제4호의 죄를 범한 때에는 처벌하지 아니한다. <개정 2005.3.31>

제57조(진정서작성 등의 방해) 제31조의 규정에 위반하여 진정을 허가하지 않거나 방해한 자는 3년 이하의 징역 또는 1천만원 이하의 벌금에 처한다.

제58조(자격사칭) 제51조의 규정에 위반하여 위원회의 위원 또는 직원의 자격을 사칭하여 위원회의 권한을 행사한 자는 2년 이하의 징역 또는 700만원 이하의 벌금에 처한다.

제59조(비밀누설) 제52조의 규정에 위반하여 업무처리중 알게 된 비밀을 누설한 자는 2년 이하의 징역이나 금고 또는 5년 이하의 자격정지에 처한다.

제60조(긴급구제조치방해) 제48조제1항 또는 제2항에 의하여 위원회가 하는 조치를 방해한 자는 1년 이하의 징역 또는 500만원 이하의 벌금에 처한다.

제61조(비밀침해) 제31조제6항 또는 제7항의 규정에 위반하여 비밀을 침해한 자는 1천만원 이하의 벌금에 처한다.

제62조(벌칙적용에 있어서의 공무원 의제) 위원회의 위원중 공무원이 아닌 자는 「형법」 그 밖의 법률에 의한 벌칙의 적용에 있어서는 이를 공무원으로 본다. <개정 2005.7.29>

제63조(과태료) ①다음 각호의 1에 해당하는 자는 1천만원 이하의 과태료에 처한다.

1. 정당한 이유없이 제24조제1항의 규정에 의한 방문조사 또는 제36조의 규정에 의한 실지조사를 거부, 방해 또는 기피한 자
2. 정당한 이유없이 제36조제1항제1호 또는 제2항의 규정에 의한 위원회의 진술서 제출요구 또는 출석요구에 응하지 아니한 자
3. 정당한 이유없이 제36조제1항제2호 및 제4호 또는 제5항의 규정에 의한 자료 등의 제출요구 및 사실조회에 응하지 아니하거나 거짓의 자료 등을 제출한 자

②제53조의 규정에 위반한 자는 300만원 이하의 과태료에 처한다.

③제1항 및 제2항의 규정에 의한 과태료는 대통령령이 정하는 바에 따라 위원장이 부과한다.

④제3항의 규정에 의한 과태료 처분에 불복이 있는 자는 그 처분의 고지를 받은 날부터 30일 이내에 위원장에게 이의를 제기할 수 있다.

⑤제3항의 규정에 의한 과태료 처분을 받은 자가 제4항의 규정에 의하여 이의를 제기한 때에는 부과권자는 지체없이 관할법원에 그 사실을 통보하여야 하며, 그 통보를 받은 관할법원은 「비송사건절차법」에 의한 과태료의 재판을 한다. <개정 2005.7.29>

⑥제4항의 규정에 의한 기간 이내에 이의를 제기하지 아니하고 과태료를 납부하지 아니한 때에는 국세체납처분의 예에 의하여 이를 징수한다.

부칙 <법률 제6481호, 2001.5.24>

①(시행일) 이 법은 공포후 6개월이 경과한 날부터 시행한다. 다만, 인권위원 및 소속 직원의 임명, 이 법의 시행에 관한 위원회규칙의 제정·공포, 위원회의 설립준비는 이 법 시행일 이전에 할 수 있다.

②(인권위원의 임기개시에 관한 적용례) 이 법에 의하여 최초로 임명된 인권위원의 임기는 이 법의 시행일부터 시작하는 것으로 본다.

③(대통령령의 제정) 위원장은 국무총리에게 이 법의 시행에 관한 대통령령안의 제출을 건의할 수 있다.

부 칙 <법률 제7427호, 2005.3.31> (민법)

제1조(시행일) 이 법은 공포한 날부터 시행한다. 다만, …생략… 부칙 제7조(제2항 및 제29항을 제외한다)의 규정은 2008년 1월 1일부터 시행한다.

제2조 내지 제6조 생략

제7조(다른 법률의 개정) ① 내지 ⑥생략

⑦국가인권위원회법 일부를 다음과 같이 개정한다.

제56조제2항중 "친족, 호주 또는 동거의 가족"을 "친족"으로 한다.

⑧ 내지 ㉙생략

제56조제2항중 "친족, 호주 또는 동거의 가족"을 "친족"으로 한다.

⑧ 내지 <29>생략

부 칙 <법률 제7651호, 2005.7.29>

이 법은 공포한 날부터 시행한다.

부 칙 <법률 제7655호, 2005.8.4> (치료감호법)

제1조(시행일) 이 법은 공포한 날부터 시행한다.

제2조 내지 제7조 생략

제8조(다른 법률의 개정) ① 내지 ⑥생략

⑦국가인권위원회법 일부를 다음과 같이 개정한다.

제2조제2호 가목을 다음과 같이 한다.

가. 교도소·소년교도소·구치소 및 그 지소, 보호감호소, 치료감호시설, 소년원 및 소년분류심사원

⑧ 및 ⑨생략

부 칙 <법률 제7796호, 2005.12.29> (국가공무원법)

제1조(시행일) 제1조(시행일)이 법은 2006년 7월 1일부터 시행한다.

제2조 내지 제5조 생략

제6조(다른 법률의 개정) ① 내지 ⑫생략

⑬국가인권위원회법 일부를 다음과 같이 개정한다.

제16조제3항중 "5급이상 공무원"을 "5급 이상 공무원 또는 고위공무원단에 속하는 일반직 공무원"으로 한다.

⑭ 내지 <68>생략

부 칙 <법률 제8050호, 2006.10.4> (국가재정법)

제1조(시행일) 이 법은 2007년 1월 1일부터 시행한다. <단서 생략>

제2조 내지 제10조 생략

제11조(다른 법률의 개정) ① 내지 ⑪생략

⑫국가인권위원회법 일부를 다음과 같이 개정한다.

제6조제5항 중 "예산회계법 제14조"를 "「국가재정법」 제6조"로 한다.

⑬ 내지 <59>생략

제12조 생략

부 칙 <법률 제8435호, 2007.5.17> (가족관계의 등록 등에 관한 법률)

제1조(시행일) 이 법은 2008년 1월 1일부터 시행한다. <단서 생략>

제2조 부터 제7조까지 생략

제8조(다른 법률의 개정) ①부터 <28>까지 생략

<29> 국가인권위원회법 일부를 다음과 같이 개정한다.

제2조제4호 본문 중 "원적지, 본적지"를 "등록기준지"로 한다.

<30>부터 <39>까지 생략

제9조 생략

부 칙 <법률 제9402호, 2009.2.3> (공직자윤리법)

제1조(시행일) 이 법은 공포한 날부터 시행한다. <단서 생략>

제2조 생략

제3조(다른 법률의 개정) ① 및 ②생략

③국가인권위원회법 일부를 다음과 같이 개정한다.

제2조제6호라목 중 "「공직자윤리법」 제3조제1항제10호"를 "「공직자윤리법」 제3조제1항제12호"로 한다.

④생략

4. 장애인차별금지 및 권리구제 등에 관한 법률

(시행 2010. 5.11] [법률 제10280호, 2010. 5.11, 일부개정)

제1장 총칙

제1조(목적) 이 법은 모든 생활영역에서 장애를 이유로 한 차별을 금지하고 장애를 이유로 차별받은 사람의 권익을 효과적으로 구제함으로써 장애인의 완전한 사회참여와 평등권 실현을 통하여 인간으로서의 존엄과 가치를 구현함을 목적으로 한다.

제2조(장애와 장애인) ①이 법에서 금지하는 차별행위의 사유가 되는 장애라 함은 신체적·정신적 손상 또는 기능상실이 장기간에 걸쳐 개인의 일상 또는 사회생활에 상당한 제약을 초래하는 상태를 말한다.

②장애인이라 함은 제1항에 따른 장애가 있는 사람을 말한다.

제3조(정의) 이 법에서 사용하는 용어의 정의는 다음과 같다. <개정 2008.3.21, 2009.5.22, 2010.5.11>

1. "광고"라 함은 「표시·광고의 공정화에 관한 법률」 제2조제1호 및 제2호에 따른 표시 및 광고를 말한다.
2. "보조견"이라 함은 「장애인복지법」 제40조에 따른 장애인 보조견을 말한다.
3. "장애인보조기구 등"이란 「장애인복지법」 제65조에 따른 장애인보조기구, 그 밖에 장애인의 활동을 돕기 위한 자동차 기타 기구를 말한다. 그 밖에 장애인의 활동을 돕기 위한 자동차 기타 기구의 구체적인 범위는 대통령령으로 정하되, 「장애인고용촉진 및 직업재활법」 제21조제1항제2호에 따른 작업보조공학기기 및 「정보격차해소에 관한 법률」 제9조에 따른 정보통신기기, 그 밖에 관계 법령에서 정하는 내용과의 관계 및 이 법에서 정하는 관련 조항과의 관계 등을 고려하여 정한다.
4. "공공기관"이라 함은 국가 및 지방자치단체, 그 밖에 대통령령으로 정하는 공공단체를 말한다.
5. "사용자"라 함은 「근로기준법」 제2조제1항제2호에 따른 사업주 또는 사업경영 담당자, 그 밖의 근로자에 관한 사항에 대하여 사업주를 위하여 행위하는 자를 말한다.
6. "교육기관"이란 「영유아보육법」에 따른 보육시설, 「유아교육법」·「초·중등교육법」 및 「고등교육법」에 따른 각급 학교, 「평생교육법」에 따른 평생교육시설, 「학점인정 등에 관한 법률」에서 정한 교육과학기술부장관의 평가인정을 받은 교육훈련기관, 「직업교육훈련 촉진법」에 따른 직업교육훈련기관, 그 밖에 대통령령으로 정하는 기관을 말한다.
7. "교육책임자"라 함은 교육기관의 장 또는 운영책임자를 말한다.
8. "정보"라 함은 다음 각 목의 사항으로 구분한다.

가. "전자정보"라 함은 「국가정보화 기본법」 제3조제1호에 따른 정보를 말한다. 이 경우 "자연인 및 법인"에는 이 법의 규정에 따른 공공기관도 포함되는 것으로 본다.

나. "비전자정보"라 함은 「국가정보화 기본법」 제3조제1호에 따른 정보를 제외한 정보로서 음성, 문자, 수화, 점자, 몸짓, 기호 등 언어 및 비언어적 방법을 통하여 처리된 모든 종류의 자료와 지식을 말하며, 그 생산·획득·가공·보유 주체가 자연인·법인 또는 공공기관 여부를 불문한다.

다. "개인정보"라 함은 「공공기관의 개인정보보호에 관한 법률」 제2조제2호에 따른 개인정보를 말한다.

9. “정보통신”이라 함은 「국가정보화 기본법」 제3조제5호에 따른 정보통신을 말하며, 그 주체가 자연인·법인 또는 공공기관 여부를 불문한다.

10. “문화·예술활동”이라 함은 「문화예술진흥법」 제2조제1항제1호의 문학, 미술(응용미술을 포함한다), 음악, 무용, 연극, 영화, 연예, 국악, 사진, 건축, 어문 및 출판에 관한 활동을 말한다.

11. “문화·예술사업자”라 함은 문화·예술의 요소를 담고 있는 분야에서 기획·개발·제작·생산·전시·유통·판매를 포함하는 일체의 행위를 하는 자를 말한다.

12. “체육”이라 함은 「국민체육진흥법」 제2조의 체육 및 학교체육, 놀이, 게임, 스포츠, 레저, 레크리에이션 등 체육으로 간주되는 모든 신체활동을 말한다.

13. “가정 및 가족”이라 함은 「건강가정기본법」 제3조제1호 및 제2호의 가정 및 가족을 말한다.

14. “복지시설 등”이라 함은 장애인이 장·단기간 생활하고 있는 시설로서, 「사회복지사업법」 제34조에 의한 사회복지시설, 「장애인복지법」 제58조에 따른 장애인복지시설 및 신고를 하지 아니하고 장애인 1인 이상을 보호하고 있는 시설을 말한다.

15. “시설물”이라 함은 「건축법」 제2조제1항제2호·제6호 및 제7호에 따른 건축물, 거실 및 주요구조부를 말한다.

16. “이동 및 교통수단 등”이라 함은 사람이 일상적으로 이용하는 도로 및 보도와 「교통약자의 이동편의증진법」 제2조제2호 및 제3호에 따른 교통수단 및 여객시설을 말한다.

17. “건강권”이라 함은 보건교육, 장애로 인한 후유장애와 질병 예방 및 치료, 영양개선 및 건강생활의 실천 등에 관한 제반 여건의 조성을 통하여 건강한 생활을 할 권리를 말하며, 의료 받을 권리를 포함한다.

18. “의료인 등”이라 함은 「의료법」 제2조제1항 따른 의료인과 국가 및 관련 협회 등에서 정한 자격·면허 등을 취득한 물리치료사, 작업치료사, 언어치료사, 심리치료사, 의지·보조기 기사 등 장애인의 건강에 개입되는 사람을 말한다.

19. “의료기관 등”이라 함은 「의료법」 제3조의 의료기관 및 의료인이 장애인의 건강을 위하여 서비스를 행하는 보건기관, 치료기관, 약국, 그 밖에 관계 법령에 정하고 있는 기관을 말한다.

20. “괴롭힘 등”이라 함은 집단따돌림, 방치, 유기, 괴롭힘, 희롱, 학대, 금전적 착취, 성적 자기결정권 침해 등의 방법으로 장애인에게 가해지는 신체적·정신적·정서적·언어적 행위를 말한다.

제4조(차별행위) ①이 법에서 금지하는 차별이라 함은 다음 각 호의 어느 하나에 해당하는 경우를 말한다.

1. 장애인을 장애를 사유로 정당한 사유 없이 제한·배제·분리·거부 등에 의하여 불리하게 대하는 경우

2. 장애인에 대하여 형식상으로는 제한·배제·분리·거부 등에 의하여 불리하게 대하지 아니하지만 정당한 사유 없이 장애를 고려하지 아니하는 기준을 적용함으로써 장애인에게 불리한 결과를 초래하는 경우

3. 정당한 사유 없이 장애인에 대하여 정당한 편의 제공을 거부하는 경우

4. 정당한 사유 없이 장애인에 대한 제한·배제·분리·거부 등 불리한 대우를 표시·조장하는 광고를 직접 행하거나 그러한 광고를 허용·조장하는 경우. 이 경우 광고는 통상적으로 불리한 대우를 조장하는 광고효과가 있는 것으로 인정되는 행위를 포함한다.

5. 장애인을 돕기 위한 목적에서 장애인을 대리·동행하는 자(장애아동의 보호자 또는 후견인 그 밖에 장애인을 돕기 위한 자임이 통상적으로 인정되는 자를 포함한다. 이하 “장애인

관련자"라 한다)에 대하여 제1호부터 제4호까지의 행위를 하는 경우. 이 경우 장애인 관련자의 장애인에 대한 행위 또한 이 법에서 금지하는 차별행위 여부의 판단대상이 된다.

6. 보조견 또는 장애인보조기구 등의 정당한 사용을 방해하거나 보조견 및 장애인보조기구 등을 대상으로 제4호에 따라 금지된 행위를 하는 경우

②제1항제3호의 "정당한 편의"라 함은 장애인이 장애가 없는 사람과 동등하게 같은 활동에 참여할 수 있도록 장애인의 성별, 장애의 유형 및 정도, 특성 등을 고려한 편의시설·설비·도구·서비스 등 인적·물적 제반 수단과 조치를 말한다.

③제1항에도 불구하고 다음 각 호의 어느 하나에 해당하는 정당한 사유가 있는 경우에는 이를 차별로 보지 아니한다.

1. 제1항에 따라 금지된 차별행위를 하지 않음에 있어서 과도한 부담이나 현저히 곤란한 사정 등이 있는 경우
2. 제1항에 따라 금지된 차별행위가 특정 직무나 사업 수행의 성질상 불가피한 경우. 이 경우 특정 직무나 사업 수행의 성질은 교육 등의 서비스에도 적용되는 것으로 본다.

④장애인의 실질적 평등권을 실현하고 장애인에 대한 차별을 시정하기 위하여 이 법 또는 다른 법령 등에서 취하는 적극적 조치는 이 법에 따른 차별로 보지 아니한다.

제5조(차별판단) ①차별의 원인이 2가지 이상이고, 그 주된 원인이 장애라고 인정되는 경우 그 행위는 이 법에 따른 차별로 본다.

②이 법을 적용함에 있어서 차별 여부를 판단할 때에는 장애인 당사자의 성별, 장애의 유형 및 정도, 특성 등을 충분히 고려하여야 한다.

제6조(차별금지) 누구든지 장애 또는 과거의 장애경력 또는 장애가 있다고 추측됨을 이유로 차별을 하여서는 아니 된다.

제7조(자기결정권 및 선택권) ①장애인은 자신의 생활 전반에 관하여 자신의 의사에 따라 스스로 선택하고 결정할 권리를 가진다.

②장애인은 장애인 아닌 사람과 동등한 선택권을 보장받기 위하여 필요한 서비스와 정보를 제공 받을 권리를 가진다.

제8조(국가 및 지방자치단체의 의무) ①국가 및 지방자치단체는 장애인 및 장애인 관련자에 대한 모든 차별을 방지하고 차별받은 장애인 등의 권리를 구제할 책임이 있으며, 장애인 차별을 실질적으로 해소하기 위하여 이 법에서 규정한 차별 시정에 대하여 적극적인 조치를 하여야 한다.

②국가 및 지방자치단체는 장애인 등에게 정당한 편의가 제공될 수 있도록 필요한 기술적·행정적·재정적 지원을 하여야 한다.

제9조(다른 법률과의 관계) 장애를 사유로 한 차별의 금지 및 권리구제에 관하여 이 법에서 규정한 것 외에는 「국가인권위원회법」으로 정하는 바에 따른다.

제2장 차별금지

제1절 고용

제10조(차별금지) ①사용자는 모집·채용, 임금 및 복리후생, 교육·배치·승진·전보, 정년·퇴직·해고에 있어 장애인을 차별하여서는 아니 된다.

②「노동조합 및 노동관계조정법」 제2조제4호에 따른 노동조합은 장애인 근로자의 조합 가입을 거부하거나 조합원의 권리 및 활동에 차별을 두어서는 아니 된다.

제11조(정당한 편의제공 의무) ①사용자는 장애인이 해당 직무를 수행함에 있어서 장애인 아닌 사람과 동등한 근로조건에서 일할 수 있도록 다음 각 호의 정당한 편의를 제공하여야 한다.

1. 시설·장비의 설치 또는 개조
2. 재활, 기능평가, 치료 등을 위한 근무시간의 변경 또는 조정
3. 훈련 제공 또는 훈련에 있어 정당한 편의 제공
4. 지도 매뉴얼 또는 참고자료의 변경
5. 시험 또는 평가과정의 개선
6. 화면낭독·확대 프로그램, 무지점자단말기, 확대 독서기, 인쇄물음성변환출력기 등 장애인 보조기구의 설치·운영과 낭독자, 수화 통역자 등의 보조인 배치

②사용자는 정당한 사유 없이 장애를 이유로 장애인의 의사에 반하여 다른 직무에 배치하여서는 아니 된다.

③사용자가 제1항에 따라 제공하여야 할 정당한 편의의 구체적 내용 및 적용대상 사업장의 단계적 범위 등에 관하여는 대통령령으로 정한다.

제12조(의학적 검사의 금지) ①사용자는 채용 이전에 장애인 여부를 조사하기 위한 의학적 검사를 실시하여서는 아니 된다. 다만, 채용 이후에 직무의 본질상 요구되거나 직무배치 등을 위하여 필요한 경우에는 그러하지 아니하다.

②제1항 단서에 따라 의학적 검사를 실시할 경우 그 비용은 원칙적으로 사용자가 부담한다. 사용자의 비용부담 방식 및 그 지원 등에 필요한 사항은 대통령령으로 정한다.

③사용자는 제1항 단서에 따라 취득한 장애인의 건강상태나 장애 또는 과거 장애경력 등에 관한 개인정보를 누설하여서는 아니 된다.

제2절 교육

제13조(차별금지) ①교육책임자는 장애인의 입학 지원 및 입학을 거부할 수 없고, 전학을 강요할 수 없으며, 「영유아보육법」에 따른 보육시설, 「유아교육법」 및 「초·중등교육법」에 따른 각급 학교는 장애인이 당해 교육기관으로 전학하는 것을 거절하여서는 아니 된다.

②제1항에 따른 교육기관의 장은 「장애인 등에 대한 특수교육법」 제17조를 준수하여야 한다. <개정 2010.5.11>

③교육책임자는 당해 교육기관에 재학 중인 장애인 및 그 보호자가 제14조제1항 각 호의 편의 제공을 요청할 때 정당한 사유 없이 이를 거절하여서는 아니 된다.

④교육책임자는 특정 수업이나 실험·실습, 현장견학, 수학여행 등 학습을 포함한 모든 교내외 활동에서 장애를 이유로 장애인의 참여를 제한, 배제, 거부하여서는 아니 된다.

⑤교육책임자는 취업 및 진로교육, 정보제공에 있어서 장애인의 능력과 특성에 맞는 진로교육 및 정보를 제공하여야 한다.

⑥교육책임자 및 교직원은 교육기관에 재학 중인 장애인 및 장애인 관련자, 특수교육 교원, 특수교육보조원, 장애인 관련 업무 담당자를 모욕하거나 비하하여서는 아니 된다.

⑦교육책임자는 장애인의 입학 지원 시 장애인 아닌 지원자와 달리 추가 서류, 별도의 양식에 의한 지원 서류 등을 요구하거나, 장애인만을 대상으로 한 별도의 면접이나 신체검사, 추가시험 등(이하 "추가서류 등"이라 한다)을 요구하여서는 아니 된다. 다만, 추가서류 등의 요구가 장애인의 특성을 고려한 교육시행을 목적으로 함이 명백한 경우에는 그러하지 아니하다.

⑧국가 및 지방자치단체는 장애인에게 「장애인 등에 대한 특수교육법」 제3조제1항에 따른 교육을 실시하는 경우, 정당한 사유 없이 해당 교육과정에 정한 학업시수를 위반하여서는 아니 된다. <개정 2010.5.11>

제14조(정당한 편의제공 의무) ①교육책임자는 당해 교육기관에 재학 중인 장애인의 교육활동에 불이익이 없도록 다음 각 호의 수단을 적극적으로 강구하고 제공하여야 한다.

1. 장애인의 통학 및 교육기관 내에서의 이동 및 접근에 불이익이 없도록 하기 위한 각종 이동용 보장구의 대여 및 수리
2. 장애인 및 장애인 관련자가 필요로 하는 경우 교육보조인력의 배치
3. 장애로 인한 학습 참여의 불이익을 해소하기 위한 확대 독서기, 보청기기, 높낮이 조절용 책상, 각종 보완·대체 의사소통 도구 등의 대여 및 보조견의 배치나 휠체어의 접근을 위한 여유 공간 확보
4. 시·청각 장애인의 교육에 필요한 수화통역, 문자통역(속기), 점자자료, 자막, 큰 문자자료, 화면낭독·확대프로그램, 보청기기, 무지점자단말기, 인쇄물음성변환출력기를 포함한 각종 장애인보조기구 등 의사소통 수단
5. 교육과정을 적용함에 있어서 학습진단을 통한 적절한 교육 및 평가방법의 제공
6. 그 밖에 장애인의 교육활동에 불이익이 없도록 하는 데 필요한 사항으로서 대통령령으로 정하는 사항

②교육책임자는 제1항 각 호의 수단을 제공하는 데 필요한 업무를 수행하기 위하여 장애학생지원부서 또는 담당자를 두어야 한다.

③제1항을 적용함에 있어서 그 적용대상 교육기관의 단계적 범위와 제2항에 따른 장애학생지원부서 및 담당자의 설치 및 배치, 관리·감독 등에 필요한 사항은 대통령령으로 정한다.

제3절 재화와 용역의 제공 및 이용

제15조(재화·용역 등의 제공에 있어서의 차별금지) ①재화·용역 등의 제공자는 장애인에 대하여 장애를 이유로 장애인 아닌 사람에게 제공하는 것과 실질적으로 동등하지 않은 수준의 편익을 가져다주는 물건, 서비스, 이익, 편의 등을 제공하여서는 아니 된다.

②재화·용역 등의 제공자는 장애인이 해당 재화·용역 등을 이용함으로써 이익을 얻을 기회를 박탈하여서는 아니 된다.

제16조(토지 및 건물의 매매·임대 등에 있어서의 차별금지) 토지 및 건물의 소유·관리자는 당해 토지 및 건물의 매매, 임대, 입주, 사용 등에 있어서 정당한 사유 없이 장애인을 제한·분리·배제·거부하여서는 아니 된다.

제17조(금융상품 및 서비스 제공에 있어서의 차별금지) 금융상품 및 서비스의 제공자는 금전대출, 신용카드 발급, 보험가입 등 각종 금융상품과 서비스의 제공에 있어서 정당한 사유 없이 장애인을 제한·배제·분리·거부하여서는 아니 된다.

제18조(시설물 접근·이용의 차별금지) ①시설물의 소유·관리자는 장애인이 당해 시설물을 접근·이용하거나 비상시 대피함에 있어서 장애인을 제한·배제·분리·거부하여서는 아니 된다.

②시설물의 소유·관리자는 보조견 및 장애인보조기구 등을 시설물에 들여오거나 시설물에서 사용하는 것을 제한·배제·분리·거부하여서는 아니 된다.

③시설물의 소유·관리자는 장애인이 당해 시설물을 접근·이용하거나 비상시 대피함에 있어서 피난 및 대피시설의 설치 등 정당한 편의의 제공을 정당한 사유 없이 거부하여서는 아니 된다.

④제3항을 적용함에 있어서 그 적용을 받는 시설물의 단계적 범위 및 정당한 편의의 내용 등 필요한 사항은 관계 법령 등에 규정한 내용을 고려하여 대통령령으로 정한다.

제19조(이동 및 교통수단 등에서의 차별금지) ①「교통약자의 이동편의증진법」 제2조제5호 및 제6호에 따른 교통사업자(이하 "교통사업자"라 한다) 및 교통행정기관(이하 "교통행정기관"이라 한다)은 이동 및 교통수단 등을 접근·이용함에 있어서 장애인을 제한·배제·분리·거부하여서는 아니 된다. <개정 2010.5.11>

②교통사업자 및 교통행정기관은 이동 및 교통수단 등의 이용에 있어서 보조견 및 장애인 보조기구 등의 동승 또는 반입 및 사용을 거부하여서는 아니 된다.

③교통사업자 및 교통행정기관은 이동 및 교통수단 등의 이용에 있어서 장애인 및 장애인 관련자에게 장애 또는 장애인이 동행·동반한 보조견 또는 장애인보조기구 등을 이유로 장애인 아닌 사람보다 불리한 요금 제도를 적용하여서는 아니 된다.

④교통사업자 및 교통행정기관은 장애인이 이동 및 교통수단 등을 장애인 아닌 사람과 동등하게 이용하여 안전하고 편리하게 보행 및 이동을 할 수 있도록 하는 데 필요한 정당한 편의를 제공하여야 한다.

⑤교통행정기관은 교통사업자가 장애인에 대하여 이 법에 정한 차별행위를 행하지 아니하도록 홍보, 교육, 지원, 감독하여야 한다.

⑥국가 및 지방자치단체는 운전면허시험의 신청, 응시, 합격의 모든 과정에서 정당한 사유 없이 장애인을 제한·배제·분리·거부하여서는 아니 된다.

⑦국가 및 지방자치단체는 장애인이 운전면허시험의 모든 과정을 장애인 아닌 사람과 동등하게 거칠 수 있도록 정당한 편의를 제공하여야 한다.

⑧제4항 및 제7항을 적용함에 있어서 그 적용대상의 단계적 범위 및 정당한 편의의 내용 등 필요한 사항은 대통령령으로 정한다.

제20조(정보접근에서의 차별금지) ①개인·법인·공공기관(이하 이 조에서 "개인 등"이라 한다)은 장애인이 전자정보와 비전자정보를 이용하고 그에 접근함에 있어서 장애를 이유로 제4조제1항제1호 및 제2호에서 금지한 차별행위를 하여서는 아니 된다.

②장애인 관련자로서 수화통역, 점역, 점자교정, 낭독, 대필, 안내 등을 위하여 장애인을 대리·동행하는 등 장애인의 의사소통을 지원하는 자에 대하여는 누구든지 정당한 사유 없이 이들의 활동을 강제·방해하거나 부당한 처우를 하여서는 아니 된다.

제21조(정보통신·의사소통에서의 정당한 편의제공의무) ①제3조제4호·제6호·제7호·제8호가목 후단 및 나목·제11호·제18호·제19호에 규정된 행위자, 제12호·제14호부터 제16호까지의 규정에 관련된 행위자, 제10조제1항의 사용자 및 같은 조 제2항의 노동조합 관계자(행위자가 속한 기관을 포함한다. 이하 이 조에서 "행위자 등"이라 한다)는 당해 행위자 등이 생산·배포하는 전자정보 및 비전자정보에 대하여 장애인이 장애인 아닌 사람과 동등하게 접근·이용할 수 있도록 수화, 문자 등 필요한 수단을 제공하여야 한다. 이 경우 제3조제8호가목 후단 및 나목에서 말하는 자연인은 행위자 등에 포함되지 아니한다.

②공공기관 등은 자신이 주최 또는 주관하는 행사에서 장애인의 참여 및 의사소통을 위하여 필요한 수화통역사·문자통역사·음성통역자·보청기기 등 필요한 지원을 하여야 한다.

③「방송법」에 따라 방송물을 송출하는 방송사업자 등은 장애인이 장애인 아닌 사람과 동등하게 제작물 또는 서비스를 접근·이용할 수 있도록 자막, 수화, 점자 및 점자 변환, 보청기기, 큰 문자, 화면읽기·해설·확대프로그램, 인쇄물음성변환출력기, 음성서비스, 전화 등 통신 중계서비스를 제공하여야 한다.

④제1항에 따른 필요한 수단을 제공하여야 하는 행위자 등의 단계적 범위 및 필요한 수단의 구체적인 내용과 제2항에 따른 필요한 지원의 구체적인 내용 및 범위와 그 이행 등에 필요한 사항은 대통령령으로 정한다.

제21조(정보통신·의사소통 등에서의 정당한 편의제공의무) ①제3조제4호·제6호·제7호·제8호가목 후단 및 나목·제11호·제18호·제19호에 규정된 행위자, 제12호·제14호부터 제16호까지의 규정에 관련된 행위자, 제10조제1항의 사용자 및 같은 조 제2항의 노동조합 관계자(행위자가 속한 기관을 포함한다. 이하 이 조에서 "행위자 등"이라 한다)는 당해 행위자 등이 생산·배포하는 전자정보 및 비전자정보에 대하여 장애인이 장애인 아닌 사람과 동등하

게 접근·이용할 수 있도록 수화, 문자 등 필요한 수단을 제공하여야 한다. 이 경우 제3조제8호가목 후단 및 나목에서 말하는 자연인은 행위자 등에 포함되지 아니한다.

②공공기관 등은 자신이 주최 또는 주관하는 행사에서 장애인의 참여 및 의사소통을 위하여 필요한 수화통역사·문자통역사·음성통역자·보청기기 등 필요한 지원을 하여야 한다.

③「방송법」 제2조제3호에 따른 방송사업자와 「인터넷 멀티미디어 방송사업법」 제2조제5호에 따른 인터넷 멀티미디어 방송사업자는 장애인이 장애인 아닌 사람과 동등하게 제작물 또는 서비스를 접근·이용할 수 있도록 폐쇄자막, 수화통역, 화면해설 등 장애인 시청 편의 서비스를 제공하여야 한다. <개정 2010.5.11>

④「전기통신사업법」에 따른 기간통신사업자(전화서비스를 제공하는 사업자만 해당한다)는 장애인이 장애인 아닌 사람과 동등하게 서비스를 접근·이용할 수 있도록 통신설비를 이용한 중계서비스(영상통화서비스, 문자서비스 또는 그 밖에 방송통신위원회가 정하여 고시하는 중계서비스를 포함한다)를 확보하여 제공하여야 한다. <개정 2010.5.11>

⑤다음 각 호의 사업자는 장애인이 장애인 아닌 사람과 동등하게 접근·이용할 수 있도록 출판물(전자출판물을 포함한다. 이하 이 항에서 같다) 또는 영상물을 제공하기 위하여 노력하여야 한다. 다만, 「도서관법」 제18조에 따른 국립중앙도서관은 새로이 생산·배포하는 도서자료를 점자, 음성 또는 확대문자 등으로 제공하여야 한다. <신설 2010.5.11>

1. 출판물을 정기적으로 발행하는 사업자
2. 영화, 비디오물 등 영상물의 제작업자 및 배급업자

⑥제1항에 따른 필요한 수단을 제공하여야 하는 행위자 등의 단계적 범위 및 필요한 수단의 구체적인 내용과 제2항에 따른 필요한 지원의 구체적인 내용 및 범위와 그 이행 등에 필요한 사항, 제3항과 제4항에 따른 사업자의 단계적 범위와 제공하여야 하는 편의의 구체적 내용 및 그 이행 등에 필요한 사항은 대통령령으로 정한다. <신설 2010.5.11>

[제목개정 2010.5.11]

[시행일 : 2011.5.12] 제21조제4항

제22조(개인정보보호) ①장애인의 개인정보는 반드시 본인의 동의하에 수집되어야 하고, 당해 개인정보에 대한 무단접근이나 오·남용으로부터 안전하여야 한다.

②제1항을 적용함에 있어서 「공공기관의 개인정보보호에 관한 법률」, 「정보통신망 이용촉진 및 정보보호 등에 관한 법률」 등 관련 법률의 규정을 준용한다.

③장애아동이나 정신장애인 등 본인의 동의를 얻기 어려운 장애인에 있어서 당해 장애인의 개인정보의 수집·이용·제공 등에 관련된 동의행위를 대리하는 자는 「민법」의 규정을 준용한다.

제23조(정보접근·의사소통에서의 국가 및 지방자치단체의 의무) ①국가 및 지방자치단체는 장애인의 특성을 고려한 정보통신망 및 정보통신기기의 접근·이용을 위한 도구의 개발·보급 및 필요한 지원을 강구하여야 한다.

②정보통신 관련 제조업자는 정보통신제품을 설계·제작·가공함에 있어서 장애인이 장애인 아닌 사람과 동등하게 접근·이용할 수 있도록 노력하여야 한다.

③국가와 지방자치단체는 장애인이 장애의 유형 및 정도, 특성에 따라 수화, 구화, 점자, 큰 문자 등을 습득하고 이를 활용한 학습지원 서비스를 제공받을 수 있도록 필요한 조치를 강구하여야 하며, 위 서비스를 제공하는 자는 장애인의 의사에 반하여 장애인의 특성을 고려하지 않는 의사소통양식 등을 강요하여서는 아니 된다.

제24조(문화·예술활동의 차별금지) ①국가와 지방자치단체 및 문화·예술사업자는 장애인이 문화·예술활동에 참여함에 있어서 장애인의 의사에 반하여 특정한 행동을 강요하여서는 아니 되며, 제4조제1항제1호·제2호 및 제4호에서 정한 행위를 하여서는 아니 된다.

②국가와 지방자치단체 및 문화·예술사업자는 장애인이 문화·예술활동에 참여할 수 있도록 정당한 편의를 제공하여야 한다.

③국가 및 지방자치단체는 장애인이 문화·예술시설을 이용하고 문화·예술활동에 적극적으로 참여할 수 있도록 필요한 시책을 강구하여야 한다.

④제2항을 적용함에 있어서 그 적용대상이 되는 문화·예술사업자의 단계적 범위 및 정당한 편의의 구체적인 내용 등 필요한 사항은 대통령령으로 정한다.

제25조(체육활동의 차별금지) ①체육활동을 주최·주관하는 기관이나 단체, 체육활동을 목적으로 하는 체육시설의 소유·관리자는 체육활동의 참여를 원하는 장애인을 장애를 이유로 제한·배제·분리·거부하여서는 아니 된다.

②국가 및 지방자치단체는 자신이 운영 또는 지원하는 체육프로그램이 장애인의 성별, 장애의 유형 및 정도, 특성 등을 고려하여 운영될 수 있도록 하고 장애인의 참여를 위하여 필요한 정당한 편의를 제공하여야 한다.

③국가 및 지방자치단체는 장애인이 체육활동에 참여할 수 있도록 필요한 시책을 강구하여야 한다.

④제2항을 시행하는 데 필요한 사항은 대통령령으로 정한다.

제4절 사법·행정절차 및 서비스와 참정권

제26조(사법·행정절차 및 서비스 제공에 있어서의 차별금지) ①공공기관 등은 장애인이 생명, 신체 또는 재산권 보호를 포함한 자신의 권리를 보호·보장받기 위하여 필요한 사법·행정절차 및 서비스 제공에 있어 장애인을 차별하여서는 아니 된다.

②공공기관 및 그 소속원은 사법·행정절차 및 서비스의 제공에 있어서 장애인에게 제4조제1항제1호·제2호 및 제4호부터 제6호까지에서 정한 행위를 하여서는 아니 된다.

③공공기관 및 그 소속원은 직무를 수행하거나 권한을 행사함에 있어서 다음 각 호에 해당하는 차별행위를 하여서는 아니 된다.

1. 허가, 신고, 인가 등에 있어 장애인을 정당한 사유 없이 장애를 이유로 제한·배제·분리·거부하는 경우
2. 공공사업 수혜자의 선정기준을 정함에 있어서 정당한 사유 없이 장애인을 제한·배제·분리·거부하거나 장애를 고려하지 아니한 기준을 적용함으로써 장애인에게 불리한 결과를 초래하는 경우

④공공기관 및 그 소속원은 사법·행정절차 및 서비스를 장애인이 장애인 아닌 사람과 실질적으로 동등한 수준으로 이용할 수 있도록 제공하여야 하며, 이를 위하여 정당한 편의를 제공하여야 한다.

⑤공공기관 및 그 소속원은 장애인이 사법·행정절차 및 서비스에 참여하기 위하여 장애인 스스로 인식하고 작성할 수 있는 서식의 제작 및 제공 등 정당한 편의 제공을 요구할 경우 이를 거부하거나 임의로 집행함으로써 장애인에게 불이익을 주어서는 아니 된다.

⑥사법기관은 사건관계인에 대하여 의사소통이나 의사표현에 어려움을 겪는 장애가 있는지 여부를 확인하고, 그 장애인이 형사사법 절차에서 조력을 받기를 신청할 경우 정당한 사유 없이 이를 거부하여서는 아니 되며, 그에 필요한 조치를 마련하여야 한다. <개정 2010.5.11>

⑦사법기관은 장애인이 인신구금·구속 상태에 있어서 장애인 아닌 사람과 실질적으로 동등한 수준의 생활을 영위할 수 있도록 정당한 편의 및 적극적인 조치를 제공하여야 한다.

⑧제4항부터 제7항까지의 규정에 필요한 사항은 대통령령으로 정한다.

제27조(참정권) ①국가 및 지방자치단체와 공직선거후보자 및 정당은 장애인이 선거권, 피선거권,

청원권 등을 포함한 참정권을 행사함에 있어서 차별하여서는 아니 된다.
②국가 및 지방자치단체는 장애인의 참정권을 보장하기 위하여 필요한 시설 및 설비, 참정권 행사에 관한 홍보 및 정보 전달, 장애의 유형 및 정도에 적합한 기표방법 등 선거용 보조기구의 개발 및 보급, 보조원의 배치 등 정당한 편의를 제공하여야 한다.
③공직선거후보자 및 정당은 장애인에게 후보자 및 정당에 관한 정보를 장애인 아닌 사람과 동등한 정도의 수준으로 전달하여야 한다.

제5절 모·부성권, 성 등

제28조(모·부성권의 차별금지) ①누구든지 장애인의 임신, 출산, 양육 등 모·부성권에 있어 장애를 이유로 제한·배제·분리·거부하여서는 아니 된다.
②입양기관은 장애인이 입양하고자 할 때 장애를 이유로 입양할 수 있는 자격을 제한하여서는 아니 된다.
③교육책임자 및 「영유아보육법」에 따른 보육시설 및 그 종사자와 「아동복지법」에 따른 아동복지시설 및 그 종사자 등은 부모가 장애인이라는 이유로 그 자녀를 구분하거나 불이익을 주어서는 아니 된다.
④국가 및 지방자치단체에서 직접 운영하거나 그로부터 위탁 혹은 지원을 받아 운영하는 기관은 장애인의 피임 및 임신·출산·양육 등에 있어서의 실질적인 평등을 보장하기 위하여 관계 법령으로 정하는 바에 따라 장애유형 및 정도에 적합한 정보·활동보조 서비스 등의 제공 및 보조기기·도구 등의 개발 등 필요한 지원책을 마련하여야 한다.
⑤국가 및 지방자치단체는 임신·출산·양육 등의 서비스 제공과 관련하여 이 법에서 정한 차별행위를 하지 아니하도록 홍보·교육·지원·감독하여야 한다.

제29조(성에서의 차별금지) ①모든 장애인의 성에 관한 권리는 존중되어야 하며, 장애인은 이를 주체적으로 표현하고 향유할 수 있는 성적 자기결정권을 가진다.
②가족·가정 및 복지시설 등의 구성원은 장애인에 대하여 장애를 이유로 성생활을 향유할 공간 및 기타 도구의 사용을 제한하는 등 장애인이 성생활을 향유할 기회를 제한하거나 박탈하여서는 아니 된다.
③국가 및 지방자치단체는 장애인이 성을 향유할 권리를 보장하기 위하여 관계 법령에서 정하는 바에 따라 필요한 지원책을 강구하고, 장애를 이유로 한 성에 대한 편견·관습, 그 밖의 모든 차별적 관행을 없애기 위한 홍보·교육을 하여야 한다.

제6절 가족·가정·복지시설, 건강권 등

제30조(가족·가정·복지시설 등에서의 차별금지) ①가족·가정 및 복지시설 등의 구성원은 장애인의 의사에 반하여 과중한 역할을 강요하거나 장애를 이유로 정당한 사유 없이 의사결정과정에서 장애인을 배제하여서는 아니 된다.
②가족·가정 및 복지시설 등의 구성원은 정당한 사유 없이 장애인의 의사에 반하여 장애인의 외모 또는 신체를 공개하여서는 아니 된다.
③가족·가정 및 복지시설 등의 구성원은 장애를 이유로 장애인의 취학 또는 진학 등 교육을 받을 권리와 재산권 행사, 사회활동 참여, 이동 및 거주의 자유(이하 이 항에서 "권리 등"이라 한다)를 제한·박탈·구속하거나 권리 등의 행사로부터 배제하여서는 아니 된다.
④가족·가정의 구성원인 자 또는 구성원이었던 자는 자녀 양육권과 친권의 지정 및 면접교섭권에 있어 장애인에게 장애를 이유로 불리한 합의를 강요하거나 그 권리를 제한·박탈하여서는 아니 된다.
⑤복지시설 등의 장은 장애인의 시설 입소를 조건으로 친권포기각서를 요구하거나 시설에

서의 생활 중 가족 등의 면접권 및 외부와의 소통권을 제한하여서는 아니 된다.

제31조(건강권에서의 차별금지) ①의료기관 등 및 의료인 등은 장애인에 대한 의료행위에 있어서 장애인을 제한·배제·분리·거부하여서는 아니 된다.

②의료기관 등 및 의료인 등은 장애인의 의료행위와 의학연구 등에 있어 장애인의 성별, 장애의 유형 및 정도, 특성 등을 적극적으로 고려하여야 하며, 의료행위에 있어서는 장애인의 성별 등에 적합한 의료 정보 등의 필요한 사항을 장애인 등에게 제공하여야 한다.

③공공기관은 건강과 관련한 교육 과정을 시행함에 있어서 필요하다고 판단될 경우 장애인의 성별 등을 반영하는 내용을 포함하여야 한다.

④국가 및 지방자치단체는 선천적·후천적 장애 발생의 예방 및 치료 등을 위하여 필요한 시책을 추진하여야 하며, 보건·의료 시책의 결정과 집행과정에서 장애인의 성별 등을 고려하여야 한다.

제32조(괴롭힘 등의 금지) ①장애인은 성별, 연령, 장애의 유형 및 정도, 특성 등에 상관없이 모든 폭력으로부터 자유로울 권리를 가진다.

②괴롭힘 등의 피해를 당한 장애인은 상담 및 치료, 법률구조, 그 밖에 적절한 조치를 받을 권리를 가지며, 괴롭힘 등의 피해를 신고하였다는 이유로 불이익한 처우를 받아서는 아니 된다.

③누구든지 장애를 이유로 학교, 시설, 직장, 지역사회 등에서 장애인 또는 장애인 관련자에게 집단따돌림을 가하거나 모욕감을 주거나 비하를 유발하는 언어적 표현이나 행동을 하여서는 아니 된다.

④누구든지 장애를 이유로 사적인 공간, 가정, 시설, 직장, 지역사회 등에서 장애인 또는 장애인 관련자에게 유기, 학대, 금전적 착취를 하여서는 아니 된다.

⑤누구든지 장애인의 성적 자기결정권을 침해하거나 수치심을 자극하는 언어표현, 희롱, 장애 상태를 이용한 추행 및 강간 등을 행하여서는 아니 된다.

⑥국가 및 지방자치단체는 장애인에 대한 괴롭힘 등을 근절하기 위한 인식개선 및 괴롭힘 등 방지 교육을 실시하고 적절한 시책을 강구하여야 한다.

제3장 장애여성 및 장애아동 등

제33조(장애여성에 대한 차별금지) ①국가 및 지방자치단체는 장애를 가진 여성임을 이유로 모든 생활 영역에서 차별을 하여서는 아니 된다.

②누구든지 장애여성에 대해 임신·출산·양육·가사 등에 있어서 장애를 이유로 그 역할을 강제 또는 박탈해서는 아니 된다.

③사용자는 남성근로자 또는 장애인이 아닌 여성근로자에 비하여 장애여성 근로자를 불리하게 대우하여서는 아니 되며, 직장보육서비스 이용 등에 있어서 다음 각 호의 정당한 편의 제공을 거부하여서는 아니 된다.

1. 장애의 유형 및 정도에 따른 원활한 수유 지원
2. 자녀상태를 확인할 수 있도록 소통방식의 지원
3. 그 밖에 직장보육서비스 이용 등에 필요한 사항

④교육기관, 사업장, 복지시설 등의 성폭력 예방교육 책임자는 성폭력 예방교육을 실시함에 있어서 장애여성에 대한 성인식 및 성폭력 예방에 관한 내용을 포함시켜야 하며, 그 내용이 장애여성을 왜곡하여서는 아니 된다.

⑤교육기관 및 직업훈련을 주관하는 기관은 장애여성에 대하여 다음 각 호의 차별을 하여서는 아니 된다. 다만, 다음 각 호의 행위가 장애여성의 특성을 고려하여 적절한 교육 및 훈련을 제공함을 목적으로 함이 명백한 경우에는 이를 차별로 보지 아니한다.

1. 학습활동의 기회 제한 및 활동의 내용을 구분하는 경우
2. 취업교육 및 진로선택의 범위 등을 제한하는 경우
3. 교육과 관련한 계획 및 정보제공 범위를 제한하는 경우
4. 그 밖에 교육에 있어서 정당한 사유 없이 장애여성을 불리하게 대우하는 경우

⑥제3항을 적용함에 있어서 그 적용대상 사업장의 단계적 범위와 제3항제3호에 필요한 사항의 구체적 내용 등은 대통령령으로 정한다.

제34조(장애여성에 대한 차별금지를 위한 국가 및 지방자치단체의 의무) ①국가 및 지방자치단체는 장애여성에 대한 차별요인이 제거될 수 있도록 인식개선 및 지원책 등 정책 및 제도를 마련하는 등 적극적 조치를 강구하여야 하고, 통계 및 조사연구 등에 있어서도 장애여성을 고려하여야 한다.

②국가 및 지방자치단체는 정책의 결정과 집행과정에 있어서 장애여성임을 이유로 참여의 기회를 제한하거나 배제하여서는 아니 된다.

제35조(장애아동에 대한 차별금지) ①누구든지 장애를 가진 아동임을 이유로 모든 생활 영역에서 차별을 하여서는 아니 된다.

②누구든지 장애아동에 대하여 교육, 훈련, 건강보호서비스, 재활서비스, 취업준비, 레크리에이션 등을 제공받을 기회를 박탈하여서는 아니 된다.

③누구든지 장애아동을 의무교육으로부터 배제하여서는 아니 된다.

④누구든지 장애를 이유로 장애아동에 대한 유기, 학대, 착취, 감금, 폭행 등의 부당한 대우를 하여서는 아니 되며, 장애아동의 인권을 무시하고 강제로 시설 수용 및 무리한 재활 치료 또는 훈련을 시켜서는 아니 된다.

제36조(장애아동에 대한 차별금지를 위한 국가 및 지방자치단체의 의무) ①국가 및 지방자치단체는 장애아동이 장애를 이유로 한 어떠한 종류의 차별도 없이 다른 아동과 동등한 권리와 자유를 누릴 수 있도록 필요한 조치를 다하여야 한다.

②국가 및 지방자치단체는 장애아동의 성별, 장애의 유형 및 정도, 특성에 알맞은 서비스를 조기에 제공할 수 있도록 조치하여야 하고, 이를 위하여 장애아동을 보호하는 친권자 및 양육책임자에 대한 지원책을 마련하여야 한다.

제37조(정신적 장애를 가진 사람에 대한 차별금지 등) ①누구든지 정신적 장애를 가진 사람의 특정 정서나 인지적 장애 특성을 부당하게 이용하여 불이익을 주어서는 아니 된다.

②국가와 지방자치단체는 정신적 장애를 가진 사람의 인권침해를 예방하기 위하여 교육, 홍보 등 필요한 법적·정책적 조치를 강구하여야 한다.

제4장 장애인차별시정기구 및 권리구제 등

제38조(진정) 이 법에서 금지하는 차별행위로 인하여 피해를 입은 사람(이하 "피해자"라 한다) 또는 그 사실을 알고 있는 사람이나 단체는 국가인권위원회(이하 "위원회"라 한다)에 그 내용을 진정할 수 있다.

제39조(직권조사) 위원회는 제38조의 진정이 없는 경우에도 이 법에서 금지하는 차별행위가 있다고 믿을 만한 상당한 근거가 있고 그 내용이 중대하다고 인정할 때에는 이를 직권으로 조사할 수 있다.

제40조(장애인차별시정소위원회) ①위원회는 이 법에서 금지하는 차별행위에 대한 조사와 구제 업무를 전담하는 장애인차별시정소위원회(이하 "소위원회"라 한다)를 둔다.

②소위원회의 구성·업무 및 운영 등에 관하여 필요한 사항은 위원회의 규칙으로 정한다.

제41조(준용규정) ①제38조 및 제39조에 따른 진정의 절차·방법·처리, 진정 및 직권에 따른 조

사의 방법에 관하여 이 법에 특별한 규정이 없는 사항에 관하여는 「국가인권위원회법」의 규정을 준용한다.

②「국가인권위원회법」 제40조부터 제50조까지의 규정은 이 법에 따른 진정 및 직권조사의 경우에 준용한다.

제42조(권고의 통보) 위원회는 이 법이 금지하는 차별행위로 「국가인권위원회법」 제44조의 권고를 한 경우 그 내용을 법무부장관에게 통보하여야 한다.

제43조(시정명령) ①법무부장관은 이 법이 금지하는 차별행위로 「국가인권위원회법」 제44조의 권고를 받은 자가 정당한 사유 없이 권고를 이행하지 아니하고 다음 각 호의 어느 하나에 해당하는 경우로서 그 피해의 정도가 심각하고 공익에 미치는 영향이 중대하다고 인정되는 경우 피해자의 신청에 의하여 또는 직권으로 시정명령을 할 수 있다.

1. 피해자가 다수인인 차별행위에 대한 권고 불이행
2. 반복적 차별행위에 대한 권고 불이행
3. 피해자에게 불이익을 주기 위한 고의적 불이행
4. 그 밖에 시정명령이 필요한 경우

②법무부장관은 제1항에 따른 시정명령으로서 이 법에서 금지되는 차별행위를 한 자(이하 "차별행위자"라 한다)에게 다음 각 호의 조치를 명할 수 있다.

1. 차별행위의 중지
2. 피해의 원상회복
3. 차별행위의 재발방지를 위한 조치
4. 그 밖에 차별시정을 위하여 필요한 조치

③법무부장관은 제1항 및 제2항에 따른 시정명령을 서면으로 하되, 그 이유를 구체적으로 명시하여 차별행위자와 피해자에게 각각 교부하여야 한다.

④법무부장관이 차별시정에 필요한 조치를 명하는 기간, 절차, 방법 등에 필요한 사항은 대통령령으로 정한다.

제44조(시정명령의 확정) ①법무부장관의 시정명령에 대하여 불복하는 관계 당사자는 그 명령서를 송달받은 날부터 30일 이내에 행정소송을 제기할 수 있다.

②제1항의 기간 이내에 행정소송을 제기하지 아니한 때에는 그 시정명령은 확정된다.

제45조(시정명령 이행상황의 제출요구 등) ①법무부장관은 확정된 시정명령에 대하여 차별행위자에게 그 이행상황을 제출할 것을 요구할 수 있다.

②피해자는 차별행위자가 확정된 시정명령을 이행하지 아니하는 경우에 이를 법무부장관에게 신고할 수 있다.

제5장 손해배상, 입증책임 등

제46조(손해배상) ①누구든지 이 법의 규정을 위반하여 타인에게 손해를 가한 자는 그로 인하여 피해를 입은 사람에 대하여 손해배상책임을 진다. 다만, 차별행위를 한 자가 고의 또는 과실이 없음을 증명한 경우에는 그러하지 아니하다.

②이 법의 규정을 위반한 행위로 인하여 손해가 발생한 것은 인정되나 차별행위의 피해자가 재산상 손해를 입증할 수 없을 경우에는 차별행위를 한 자가 그로 인하여 얻은 재산상 이익을 피해자가 입은 재산상 손해로 추정한다.

③법원은 제2항에도 불구하고 차별행위의 피해자가 입은 재산상 손해액을 입증하기 위하여 필요한 사실을 입증하는 것이 해당 사실의 성질상 곤란한 경우에는 변론 전체의 취지와 증거조사의 결과에 기초하여 상당한 손해액을 인정할 수 있다.

제47조(입증책임의 배분) ①이 법률과 관련한 분쟁해결에 있어서 차별행위가 있었다는 사실은 차별행위를 당하였다고 주장하는 자가 입증하여야 한다.

②제1항에 따른 차별행위가 장애를 이유로 한 차별이 아니라거나 정당한 사유가 있었다는 점은 차별행위를 당하였다고 주장하는 자의 상대방이 입증하여야 한다.

제48조(법원의 구제조치) ①법원은 이 법에 따라 금지된 차별행위에 관한 소송 제기 전 또는 소송 제기 중에 피해자의 신청으로 피해자에 대한 차별이 소명되는 경우 본안 판결 전까지 차별행위의 중지 등 그 밖의 적절한 임시조치를 명할 수 있다.

②법원은 피해자의 청구에 따라 차별적 행위의 중지, 임금 등 근로조건의 개선, 그 시정을 위한 적극적 조치 등의 판결을 할 수 있다.

③법원은 차별행위의 중지 및 차별시정을 위한 적극적 조치가 필요하다고 판단하는 경우에 그 이행 기간을 밝히고, 이를 이행하지 아니하는 때에는 늦어진 기간에 따라 일정한 배상을 하도록 명할 수 있다. 이 경우 「민사집행법」 제261조를 준용한다.

제6장 벌칙

제49조(차별행위) ①이 법에서 금지한 차별행위를 행하고 그 행위가 악의적인 것으로 인정되는 경우 법원은 차별을 한 자에 대하여 3년 이하의 징역 또는 3천만원 이하의 벌금에 처할 수 있다.

②제1항에서 악의적이라 함은 다음 각 호의 사항을 전부 고려하여 판단하여야 한다.

1. 차별의 고의성
2. 차별의 지속성 및 반복성
3. 차별 피해자에 대한 보복성
4. 차별 피해의 내용 및 규모

③법인의 대표자나 법인 또는 개인의 대리인·사용인, 그 밖의 종업원이 그 법인 또는 개인의 업무에 관하여 악의적인 차별행위를 한 때에는 행위자를 벌하는 외에 그 법인 또는 개인에 대하여도 제1항의 벌금형을 과한다. 다만, 법인 또는 개인이 그 위반행위를 방지하기 위하여 해당 업무에 관하여 상당한 주의와 감독을 게을리하지 아니한 경우에는 그러하지 아니하다. <개정 2010.5.11>

④이 조에서 정하지 아니한 벌칙은 「국가인권위원회법」의 규정을 준용한다.

제50조(과태료) ①제44조에 따라 확정된 시정명령을 정당한 사유 없이 이행하지 아니한 자는 3천만원 이하의 과태료에 처한다.

②제1항에 따른 과태료는 법무부장관이 부과·징수한다. <개정 2010.5.11>

③삭제 <2010.5.11>

④삭제 <2010.5.11>

⑤삭제 <2010.5.11>

부칙 <법률 제8341호, 2007.4.10>

①(시행일) 이 법은 공포 후 1년이 경과한 날부터 시행한다. 다만, 제10조부터 제37조까지의 각 차별영역에 규정된 세부내용별 시행시기 및 적용대상은 해당 규정에서 위임한 대통령령으로 정하는 바에 따른다.

②(소위원회의 설립준비) 제1항에도 불구하고 제40조의 소위원회의 위원 및 소속 직원의 임명 등 소위원회의 설립준비는 이 법 시행일 이전에 할 수 있다.

③(위원의 임기개시에 관한 적용례) 제40조의 소위원회 위원의 임기는 이 법의 시행일부터 시작하는 것으로 본다.

부칙 <법률 제8974호, 2008.3.21> (건축법)

제1조(시행일) 이 법은 공포한 날부터 시행한다. 다만, · · · <생략> · · · , 부칙 제13조제43항의 개정규정은 2008년 4월 11일부터 · · · <생략> · · · 시행한다.
제2조 부터 제12조까지 생략
제13조(다른 법률의 개정) ①부터 <42>까지 생략
<43> 법률 제8341호 장애인차별금지 및 권리구제 등에 관한 법률 일부를 다음과 같이 개정한다.
제3조제15호 중 "제2조제1항제2호 · 제5호 및 제6호"를 "제2조제1항제2호 · 제6호 및 제7호"로 한다.
<44>부터 <70>까지 생략
제14조 생략
부칙 <법률 제9705호, 2009.5.22> (국가정보화 기본법)
제1조(시행일) 이 법은 공포 후 3개월이 경과한 날부터 시행한다. <단서 생략>
제2조 부터 제5조까지 생략
제6조(다른 법률의 개정) ①부터 ⑥까지 생략
⑦장애인차별금지 및 권리구제 등에 관한 법률 일부를 다음과 같이 개정한다.
제3조제8호가목 전단 및 같은 호 나목 중 "「정보화촉진기본법」 제2조제1호"를 각각 "「국가정보화 기본법」 제3조제1호"로 하고, 같은 조 제9호 중 "「정보화촉진기본법」 제2조제3호"를 "「국가정보화 기본법」 제3조제5호"로 한다.
⑧부터 ⑫까지 생략
제7조 생략
부칙 <법률 제10280호, 2010.5.11>
이 법은 공포한 날부터 시행한다. 다만, 제21조제4항의 개정규정은 공포 후 1년이 경과한 날부터 시행하고, 같은 조 제6항(같은 조 제3항 및 제4항에 관련된 사항만 해당한다)의 개정규정에 따른 세부 내용별 시행 시기 및 적용 대상은 같은 항에서 위임한 대통령령으로 정하는 바에 따른다.

참고문헌

고명석 외(2010). 사회복지개론(제3판). 대왕사.

고명석(2008). 사회복지시설 종사자의 인권의식에 관한 연구. 서울기독대학교 대학원 박사논문.

고명석(2010). 사회문제와 사회복지. 대왕사.

고명석(2010). 사회복지법제론. 동문사.

국가인권위원회(2002). 2002년 지역사회에서의 노인학대 실태조사.

국가인권위원회(2002). 국내 거주 외국인노동자 인권실태조사.

국가인권위원회(2002). 여성장애인 차별에 관한 사례연구.

국가인권위원회(2002). 장애인 고용 및 승진 실태조사.

국가인권위원회(2002). 취학연기로 인한 취업연령 제한에 따른 장애인 고용차별 사례조사.

국가인권위원회(2004). 교사를 위한 인권교육 기본용어.

국가인권위원회(2004). 유엔인권해설집, 국제인권장전.

국가인권위원회(2004). 인권백서(2004년 제1집).

국가인권위원회(2005). 유엔인권해설집: 경제적, 사회적 및 문화적 권리위원회.

국가인권위원회(2006). 국가인권정책기본계획 권고안(2007-2011).

국가인권위원회(2006). 장애인생활시설 인권교육교재 및 프로그램 개발, 책임연구원 전북대 김미옥.

국가인권위원회(2007). 장애인권리협약 해설집.

국가인권위원회(2008). 차별판단지침, 차별판단지침연구테스크포스.

국가인권위원회(2017). 노인인권 길라잡이.

국가인권위원회(2017). 연간보고서.

국가인권위원회(2017). 인권교육가를 위한 인권교육 활동평가 길라잡이.

국가인권위원회, 엘리자베스 라이커트(2008). 국가인권위원회사회복지연구회 역. 사회복지와 인권. 인간과 복지. 국가인권위원회(2014), 연간보고서.

국가인권위원회, 유동철 외(2013). 장애인 복지시설 인권교육 교재개발.

국가인권위원회, 이준일 외(2014). 행정과 인권. 2014년도 연구용역사업 최종보고서.

권중돈(2006). 노인복지실천에서의 인권관점 도입방안 고찰. 광진 노인종합복지관 개관기념 세미나 자료집.

권중돈(2007). 노인장기요양보험제도하에서의 인권보호. 2007년도 전국노인복지시설 생활지도원 연수회 자료집, 30-41.

권중돈(2012). 우리사회의 노인인권과 정책. 2012년 노인분야 인권감수성 향상과정. 국가인권위원회.

김기덕(2002). 사회복지윤리와 철학. 나눔의 집.

김도균(2008). 권리의 문법. 박영사.

김미옥, 김용득(2006). **이용자 참여의 이론과 전망**. 한국장애인재활협회.
김미옥 외(2007). **사회복지분야 인권길라잡이**. 한국사회복지협의회.
김미혜(1999). **노인과 인권**. 복지동향, 8호, 참여연대.
김승권(2007). 한국아동권리의 현황과 권리수준 제공방안. 보건복지포럼.
김재인 외(2007). **성평등정책론**. 교육과학사.
김철홍(2014). **인권의 이해**. 유아인권감수성과정 자료집.
김형식(2006). **복지정책과 인권**. **행정과 인권**. 국가인권위원회.
김형식, 여지영 역(2001). **인권과 사회복지실천**. 인간과 복지, Jim Ife. Rights and Social Work.
나병균(1986). **사회보장의 기본원리**. 사회보장연구, 2. 한국사회보장학회.
문진영, 김진욱, 신영전, 홍인옥, 은수미(2007). **사회권 지표 개발을 위한 기초연구**. 국가인권위원회.
박수천(2005). 노인인권보호의 세계동향과 성년후견제 도입방안. 한국노인복지회 2005년 추계학술대회.
박태영(2002). **사회복지시설에서의 인권에 관한 소고**. 계간 사회복지, 155, 61-88.
변용찬 외(2005). 2005년도 **장애인실태조사**. 보건복지부, 한국보건사회연구원.
보건복지부(2000). 고령화 관련 국제행동계획과 노인을 위한 유엔원칙.
보건복지부(2002). 마드리드 고령화국제행동계획.
보건복지부(2006). 노인복지시설 인권보호 및 안전관리지침.
보건복지부(2007). 노인보호전문기관 업무수행지침.
보건복지부(2007). **노인인권과 노인학대의 이해**. 독거노인 생활지도사 파견사업의 실제, 173-195.
보건복지부, 중앙아동보호전문기관(2006). 전국아동학대현황보고서.
사회복지법인 가온(2007). 동그라미현행예규칙집.
사회복지법인 교남재단(2004). 교남예규칙집.
사회복지법인 귀일원(2007). 인권행복추구권향유예규, 인권행복추구권향유예규세칙, 인권행복위원회운영세칙, 귀일현행규정집.
사회복지법인 소화자매원(2007). 소화현행예규칙집.
사회복지법인 중도원(2006). 동그라미현행예규칙집.
사회복지법인 즈믄해(2007). 2007즈믄해연간운영계획서.
서혜경(2001). **노인권익운동의 오늘과 내일**. 밝은 노후, 창간호, 25-31.
서혜경, 나영희(2012). **고령화사회와 노인인권**. 경춘사.
신용호(2008). **장애인권리협약과 장애인의 인권**. 복지동향, 116. 나눔의 집.
신진욱(2007). **공공성과 시민사회**. 시민과 세계, 11, 18-39.
심창학 외(2013). 사회복지분야 대학교 인권과목 개설을 위한 기초연구.
양옥경(2007). **사회복지실천현장에서 인권관점의 중요성**. 인권과 사회복지실천 콜로키움 자료집. 국가인권위원회, 한국사회복지학회.
오혜경, 김정애(2000). **여성장애인과 이중차별**. 학지사.
유동철 외(2013). 장애인 복지시설 인권교육 교재개발. 국가인권위원회.

윤진수(2005). 아동권리협약과 한국 가족법. 국제인권법, 8, 1-46.
이봉철(2001). 현대인권사상. 아카넷.
이봉철(2003). 현대인권사상. 아카넷.
이상열(2001). 인권 개념의 발전과 사회운동, www.humanrights.or.kr.
이성훈 외(2007). 인권교육교재. 행정과인권.
이영환(2006). 인권과 사회복지. 김동춘, 한동구, 조효제 엮음. 편견을 넘어 평등으로. 창비.
이용교 외(2014). 인권과 복지. 광주대학교출판부.
이익섭(2003). 장애인 당사자주의와 장애인 인권운동의 배경과 철학. 장애와 사회, (사)장애인직업안정연구원.
이재연 외(2005). 아동권리 이행상황 모니터링. 보건복지부.
이창수, 윤영철, 김영옥(2005). 인권관련 정부통계 현황에 대한 실태조사. 국가인권위원회.
이혜원 역(2007). 인권과 사회복지실천. 학지사. UN Centre Human Rights. Human Rights and Social Work.
이호균(2006). 아동학대 실태 및 법적 한계와 개선방안. 가족법연구, 20(1), 163-192.
인권운동사랑방 www.sarangbang.or.kr.
임성택(2001). 사회복지시설과 인권. 한국의 사회복지와 인권, 183-247. 인간과 복지.
임형국(2004). 시설장애인의 인권보장을 위한 실천방안 모색, 시설장애인의 인권보장을 위한 실천방안 모색. 교남소망의 집 개원 22주년 기념세미나 자료집.
임홍빈(2003). 인권의 이념과 아시아적 가치론. 아연출판부.
장애우권익문제연구소(2003). 장애학생 교육차별 실태조사.
잭 도넬리(1996). 인권 개념의 보편성과 아시아적 가치. 계간 사상, 겨울호, 사회과학원.
전광석(2007). 사회적 기본권의 헌법적 실현구조. 국가인권위원회 사회권 포럼 자료집 1.
정순돌 외(2007). 사회복지와 임파워먼트. 학지사.
정영선(2000). 인권사상의 재인식과 인권의 보편성–권리 주체의 재인식과 '상대적 보편성' 논의를 중심으로. 한국동북아논총, 16. 207-225.
정원오 외(2012). 노숙인인권길라잡이. 국가인권위원회.
정진성(2004). 인권의 보편성과 특수성, www.humanrights.or.kr.
조문순, 이동석(2002). 장애인의 인간답게 살 권리를 확보하기 위한 일 제언. 대구재활연구.
조순경(2002). 차별 어떻게 이해할 것인가. 장애우권익문제연구소 자료집.
조형석(2007). 국제사회가 보는 한국 사회권의 현실과 문제점. 국가인권위원회 사회권 포럼 자료집, 1.
조효제(2007). 인권의 문법. 후미니타스.
짐 아이(2006). 인권과 사회복지 서비스, 사회복지분야 인권관점 도입확산을 위한 워크샵 자료집. 국가인권위원회.
파랑새모델(2001-2007). 중장기발전계획서. 전국 8개 사회복지법인, 22개 사회복지시설.
한국노동사회연구소(2013). 사회복지사 인권상황실태조사. 국가인권위원회.

한국노인복지시설협회(2009). 노인복지시설 인권 매뉴얼.

한국장애인단체총연맹(2000). 한국장애인 인권백서.

한국헬프에이지(2014). 노인인권 길라잡이.

한상진 편(2006). **현대사회와 인권**. 나남출판.

Brohmer. (1997). State Immunity and Violation of Human Rights. International Studies in Human Rights V.47. Netherlands: Kluwer Law International.

Cowger, C. D. (1994). Assessing client strengths: Clinical assessment for client empowerment. *Social Work*, 39(3), 262-268.

Dewees, M., & Roche, S. E. (2001). Teaching about human rights in social work. *Journal of Teaching in Social Work*, 21(1-2), 137-155.

Ife, J. (2001). *Human rights and social work: Towards Rights-Based Practice*. UK: Cambridge University Press.

Ife, J. (2006). *Human rights and human services: Opportunities and challenges*. 사회복지분야 인권관점 도입 · 확산을 위한 워크숍 자료집. 국가인권위원회.

International Federation of Social Workers(IFSW) (1988). *Human Rights: International Policy Papers*. Geneva: IFSW.

NASW. (1996). NASW Code of Ethics. Washington, D. C.: NASW. United Nations. 1948. Universal declaration of human rights. Resolution adopted by the General Assembly, 10(12). United Nations Center for Human Rights 2005, 이혜원 역. **인권과 사회복지실천**. 학지사.

Wormer, K. V. (2004). Restorative justice: A model for personal and societal empowerment. *Journal of Religion & Spirituality in Social Work*: Social Thought, 23(4), 103-120.

찾아보기

● ㅎ

● 기타

저자소개

■ 고명석
명지대학교 사회복지대학원 사회복지학 석사
서울기독대학교 대학원 문학박사
현) 명지대학교 사회복지사양성과정 주임교수
현) 청운대학교 인천캠퍼스 사회복지학과 교수
현) 국가인권위원회 전문상담위원
현) 한국인권사회복지학회 이사
현) 한국교정사회복지학회 이사
현) 사회복지법인 '나누리' 이사
현) 영등포구청 보육정책심의위원회 위원
현) 서울시복지재단 시민감사관
현) 인천복지재단 이사
전) 사회복지법인 '세림복지재단' 이사
전) 사회복지법인 '함께하는세상' 이사
전) 이천시장애인종합복지관장

〈저서〉
2002. 케어복지개론, 공저, 유풍출판사
2004. 사회복지개론, 공저, 유풍출판사
2005. 사회복지개론, 공저, 대왕사
2005. 사회문제론, 공저, 대왕사
2005. 사회복지법제론, 공저, 대왕사
2007. 사회복지개론, 저, 동문사
2008. 교정복지론, 공저, 청목출판사
2010. 사회복지법제론, 저, 동문사
2010. 사회문제론, 공저, 학지사
2010. 사회복지개론 제3판, 공저, 대왕사
2011. 인권과 사회복지 초판, 고명석 저, 대왕사
2014. 사회복지행정론, 사회복지실천론, 사회복지실천기술론, 아동복지론, 노인복지론, 장애인복지론, 공저, 대왕사, 동문사
2015. 사회복지법제론 제2판, 공저, 대왕사
2016. 가족복지론, 공저, 동문사
2018. 사회복지개론 제5판, 공저, 대왕사
노인복지론, 인간행동과 사회환경, 공저, 동문사

사회복지와 인권

초판 1쇄 발행 / 2019년 1월 30일
초판 2쇄 발행 / 2020년 8월 31일

•

저 자 / 고 명 석
발행인 / 이 중 수
발행처 / **동 문 사**

•

서울특별시 서대문구 홍제원 1길 12
(홍제동 137-8)
Tel : 02)736-3718(대), 736-3710, 3720
Fax : 02)736-3719
등록번호 : 1974.04.27. 제9-17호
가격 : 25,000원

•

ISBN : 979-11-6328-062-0(93330)
E-mail : dong736@naver.com
www.dongmunsa.com